民族文字出版专项资金资助项目

ཕོ་བྲང་པོ་ཏ་ལར་བཞུགས་པའི་དགེ་ལུགས་པའི་དཔེ་དཀོན་ཕྱོགས་བསྒྲིགས་འདོན་ཐེངས་དང་པོ།

༼༧༽

ཟབ་མོ་དབུ་མའི་སྐོར།

༄། །དབུ་མ་བཞི་བརྒྱ་པ་དང་རིན་ཆེན་ཕྲེང་བའི་དར་ཊཱིཀ །

རྩོམ་པ་པོ། རྒྱལ་ཚབ་དར་མ་རིན་ཆེན།

སྔོན་བཟང་དཔེ་རྙིང་འཚོལ་བསྡུ་ཁང་།
སེར་གཙུག་ནང་བསྟན་དཔེ་རྙིང་འཚོལ་བསྡུ་ཕྱོགས་སྒྲིག་ཁང་།
བོད་ལྗོངས་བོད་ཡིག་དཔེ་རྙིང་དཔེ་སྐྲུན་ཁང་།

图书在版编目（C I P）数据

布达拉宫馆藏格鲁派典籍汇编. 第一辑. 第七卷：藏文 / (元) 贾曹杰 · 达玛仁钦著. -- 拉萨：西藏藏文古籍出版社, 2024.3

ISBN 978-7-5700-0942-8

Ⅰ. ①布… Ⅱ. ①贾… Ⅲ. ①格鲁派—古籍—汇编—藏语 Ⅳ. ①B946.6

中国国家版本馆CIP数据核字(2024)第066986号

布达拉宫馆藏格鲁派典籍汇编·第一辑·第七卷

作　　者	贾曹杰 · 达玛仁钦
责任编辑	雄努洛桑
终　　审	达琼
封面设计	格次
排　　版	美桑古籍整理室
	色昭古籍办公室
出版发行	西藏藏文古籍出版社
印　　刷	成都新凯江印务有限公司
开　　本	787×1092　1/16
印　　张	31.375
字　　数	341千
印　　数	01－2,000
版　　次	2024年10月第1版
印　　次	2024年10月第1次印刷
书　　号	ISBN　978-7-5700-0942-8
定　　价	72.00元

དཀར་ཆག །

དཀར་ཆག །

རབ་བྱེད་གཉིས་པ།

རབ་བྱེད་གསུམ་པ།

རབ་བྱེད་བཞི་པ།

རབ་བྱེད་ལྔ་པ།

རབ་བྱེད་དྲུག་པ།

རབ་བྱེད་བདུན་པ།

རབ་བྱེད་བཅྭ་བརྒྱད་པ།

རབ་བྱེད་དགུ་པ།

རབ་བྱེད་བཅུ་པ།

རབ་བྱེད་བཅུ་གཅིག་པ།

རབ་བྱེད་བཅུ་གཉིས་པ།

རབ་བྱེད་བཅུ་གསུམ་པ།

རབ་བྱེད་བཅུ་བཞི་པ།

རབ་བྱེད་བཅོ་ལྔ་པ།

རབ་བྱེད་བཅུ་དྲུག་པ།

ལེའུ་དང་པོ།

ལེའུ་གཉིས་པ།

ལེའུ་གསུམ་པ།

ལེའུ་བཞི་པ།

ལེའུ་ལྔ་པ།

༄༅། །བཞི་བརྒྱ་པའི་རྣམ་བཤད་ལེགས་བཤད་སྙིང་པོ་ རྒྱལ་ཚབ་རྗེས་མཛད་པ་བཞུགས་སོ། །

མཆོད་བརྗོད་དང་བརྩམ་པར་དམ་བཅའ་བ།

༄༅། །རྗེ་བཙུན་དམ་པ་ཐུགས་རྗེ་ཆེན་པོ་དང་ལྡན་པ་རྣམས་ལ་ཕྱག་འཚལ་ལོ། །གངས་རིའི་ངོགས་ལྷར་ཤིན་ཏུ་དཀར་བའི་དགེ་ཚོགས་ལ། །ཡིད་བཞིན་ནོར་མཚུངས་འདོད་རྒྱུ་འབྱུང་བའི་གཞིར་མཚུངས་པ། །ས་སྟེང་འདི་ན་ཀུན་མཁྱེན་ཞེས་ནི་རབ་གྲགས་པ། །འགྲོ་བའི་བླ་མ་ཐུབ་དབང་ཞབས་ལ་ཕྱག་འཚལ་ལོ། །སངས་རྒྱས་གསུང་མཐའ་ཡས་པ་ལྟ་བའི་མིག་གཅིག་པུ། །རྒྱལ་བའི་གསུང་རབ་ཀུན་གྱི་སྙིང་པོའི་མཐར་ཐུག་སོགས། །ཐུབ་བསྟན་རྫོགས་པར་བཀྲལ་ནས་ཀུན་མཁྱེན་སར་གཤེགས་པ། །མགོན་པོ་ཀླུ་སྒྲུབ་ཞབས་ལ་སྒོ་གསུམ་གུས་པས་འདུད། །གཞོན་ནུའི་དུས་ནས་མང་ཐོས་ཕ་རོལ་སོན། །ཕ་མཐའ་ཡས་པའི་བློ་གྲོས་མཁྱེན་པ་རྒྱས། །གང་གི་བློ་ཡིས་སྲིད་པའི་རྒྱུད་པ་བཅོམ། །བཟང་པོའི་ཐུགས་རྗེས་ཞི་བའི་རྒྱུད་པ་བསལ། །གྲགས་པའི་འོད་ཀྱིས་འགྲོ་བའི་སྨོངས་པ་སེལ། །རྗེ་བཙུན་ཡབ་སྲས་ཞབས་ལ་སྤྱི་བོས་འདུད། །ཤིང་རྟ་ཆེན་པོའི་བཞེད་པ་རྫོགས་དཀའ་ནའང་། །རང་ཉིད་ལེགས་བཤད་གོམས་པ་འཕེལ་ཕྱིར་དང་། །སྐལ་ལྡན་གཞན་ལའང་ཕན་པར་བྱ་བའི་ཕྱིར། །བསྟན་བཅོས་ཆེན་པོའི་རྣམ་བཤད་དབྱེ་བར་སྦྱོ། །

ཀ༡ མཚན་གྱི་དོན།

དེ་ལ་འདིར་བྱང་ཆུབ་སེམས་དཔའི་རྣལ་འབྱོར་སྤྱོད་པ་བཞི་བརྒྱ་པའི་བསྟན་བཅོས་ཀྱི་ཚིག་ལེའུར་བྱས་པ་འདི་ལ་དོན་བཞི་སྟེ། མཚན་གྱི་དོན། འགྱུར་

གྱི་ཕྱག །གཞུང་གི་དོན་དང་། མཇུག་གི་དོན་ནོ། །(༢ན)དང་པོ་ནི། རྒྱ་གར་གྱི་སྐད་དུ། ཙ་ཏུ་ཤ་ཏ་ཀ་ནི་བོད་ཀྱི་སྐད་དུ་བཞི་བརྒྱ་པ་དང་ཤཱསྟྲ་ནི་བསྟན་བཅོས་ཞེས་པ་དང་། ཀཱ་རི་ཀཱ་ནི་ཚིག་ལེའུར་བྱས་པ་དང་ནཱ་མ་ནི་ཞེས་བྱའོ། །བསྟན་བཅོས་འདི་ལ་ལེའུ་བཅུ་དྲུག་པོ་རེ་རེ་ལ་ཚིགས་སུ་བཅད་པ་ཉི་ཤུ་ཙ་ལྔ་རེ་ཡོད་ལ། ཚིགས་བཅད་རེ་རེས་ཀྱང་ཕལ་ཆེར་དོན་ཚན་རྫོགས་པ་རེ་སྟོན་ཅིང་། ཚིགས་བཅད་བཞི་བརྒྱ་ཡོད་པས་ན་བཞི་བརྒྱ་པ་ཞེས་བྱའོ། །རྩ་བའི་གླེགས་བམ་དུ་ཤ་ཏ་ཀ་ཤཱསྟྲ་ཞེས་བསྟན་བཅོས་བརྒྱ་པ་ཞེས་འབྱུང་བ་ནི། འགྲེལ་པར་བསྟན་བཅོས་བཞི་བརྒྱ་པ་འདི་ནི། བཞིའི་སྒྲ་མི་མངོན་བྱས་པ་དང་། །རྟོག་རྣམས་སེལ་བར་བྱེད་པའི་ཕྱིར། །བརྒྱ་པ་ཞེས་བྱར་བརྗོད་པ་སྟེ། །འཛིན་པ་ཆོས་ཕྱིར་བསྟན་བཅོས་སོ། །ཞེས་ཙ་ཏུ་ཞེས་པའི་སྒྲ་མི་མངོན་པར་མཛད་པ་ཡིན་ལ། དེའི་དགོས་པ་ནི། ཕྱིན་ཅི་ལོག་གི་རྟོག་པ་བརྒྱས་མཚོན་པའི་མཐའ་ཡས་པ་སེལ་བར་བྱེད་པས། བསྟན་བཅོས་བརྒྱ་པ་ཞེས་བྱེད་ལས་ཀྱི་སྒོ་ནས་མིང་བཏགས་པ་མཛད་པ་ཡིན་ལ། བརྒྱ་པ་ཞེས་པ་ལ་བརྟེན་ནས། འགྲེལ་བྱེད་གཞན་གྱིས་དོན་ལོག་པར་བཀྲལ་བ་མི་འཐད་པར་བཤད་དོ། །མཚན་དོན་འདི་ལྟར་འབྱུང་བ་ནི་རྩ་བའི་དགོངས་པར་དོན་གྱིས་ཐོབ་པས། གཞན་གྱི་ལོག་རྟོག་དགག་པའི་ཆེད་དུ་འགྲེལ་པ་མཛད་པས་གསལ་དུ་བཏང་བ་ཡིན་ནོ། །

ཀ༢ འགྱུར་གྱི་ཕྱག །

གཉིས་པ་ནི། འཕགས་པ་འཇམ་དཔལ་ལ་ཕྱག་འཚལ་ལོ། །ཞེས་ཏེ་ལྷག་(༢བ)པ་ཤེས་རབ་ཀྱི་བསླབ་པ་དམིགས་པའི་སྒོ་ནས་རྒྱས་པར་གཏན་ལ་འབེབས་ཤིང་། བརྗོད་བྱའི་གཙོ་བོ་ཡིན་པས་མངོན་པའི་བསྟན་བཅོས་སུ་ཤེས་པའི་ཆེད་དུ་ཡིན་ནོ། །

ཀ༣ གཞུང་གི་དོན།

ཁ༡ སྤྱིའི་དོན།

ག༡ བསྟན་བཅོས་མཛད་པ་པོའི་ཆེ་བ།

གསུམ་པ་ལ་གཉིས། སྤྱིའི་དོན་དང་། སོ་སོའི་དོན་ནོ། །དང་པོ་ལ་གསུམ། བསྟན་བཅོས་མཛད་པ་པོའི་ཆེ་བ་དང་། འགྲེལ་བྱེད་གཞན་གྱི་ལོག་རྟོག་བསལ་བ་དང་། གནས་པའི་ཕྱོགས་མདོར་བསྡུས་ཏེ་བསྟན་པའོ། །དང་པོ་ནི། འགྲེལ་པ་ལས། གང་གི་ཕྱིར་ན་སློབ་དཔོན་འཕགས་པའི་ལྷ་འདི་ནི། སློབ་དཔོན་ཀླུ་སྒྲུབ་སློབ་མར་གནང་བར་འདོད་གྱུར་པ། །དེ་ཕྱིར་འདི་ཡི་དེ་ཉིད་ལུགས་ལས་ལུགས་གཞན་མིན། །འདི་ལྟར་སློབ་དཔོན་འཕགས་པ་ལྷ་ནི་སིང་ག་ལའི་གླིང་དུ་འཁྲུངས་པའི་རྒྱལ་པོའི་སྲས་ཤིག་སྟེ། མཐར་རྒྱལ་ཚབ་བོར་ནས་རབ་ཏུ་བྱུང་ཞིང་། དེ་ནས་ལྷོ་ཕྱོགས་ཀྱི་རྒྱུད་ལྟར་འོངས་ཏེ། སློབ་དཔོན་ཀླུ་སྒྲུབ་ཀྱི་ཉེ་གནས་སུ་གྱུར་ཅིང་། མདོ་སྔགས་ཀྱི་བསྟན་པ་རྒྱས་པར་ཐུགས་སུ་ཆུད་ནས་དེ་དག་གི་དོན་ཉམས་སུ་བླངས་པས། སྐུ་ཚེ་དེ་ཉིད་ལ་ངེས་པར་སངས་རྒྱས་ཀྱི་གོ་འཕང་བརྙེས་པ་ཞིག་སྟེ། སློབ་དཔོན་ཉིད་ཀྱིས་མཛད་པའི་སྤྱོད་བསྡུས་སུ་རྣལ་འབྱོར་བླ་མེད་ཀྱི་ཐུན་མོང་མིན་པའི་སྒྱུ་ལུས་ཐོབ་པར་ཞལ་གྱིས་བཞེས་ཤིང་། དེ་ཐོབ་པའི་ཚེ་དེ་ཉིད་ལ་མཆོག་གི་དངོས་གྲུབ་ངེས་པར་ཐོབ་པ་མགོན་པོ་ཀླུ་སྒྲུབ་ཀྱི་བཞེད་པ་ཡིན་ནོ། །དཔེ་ཁ་ཅིག་ལས། བསྐྱེད་རིམ་སྔོན་དུ་སོང་ནས་རྫོགས་རིམ་ཐོབ་ཅེས་འབྱུང་ཡང་དོན་སྔ་མ་ལྟར་བཞེད་དོ། །དེས་ན་སྐུ་ཚེའི་སྟོད་ལ་སོ་སྐྱེར་བཤད་པ་ཡང་འགལ་བ་མེད་ཅིང་། ཡེ་ཤེས་རྡོ་རྗེ་ཀུན་ལས་བཏུས་པའི་འགྲེལ་པར་སློབ་དཔོན་འདིས་ས་བརྒྱད་པ་ཐོབ་པར་(༣༩)བཤད་དོ། །འདིས་མཛད་པའི་མདོ་སྔགས་ཀྱི་གཞུང་མང་དུ་ཡོད་པ་མ་སྤྲོས་སོ། །

ག༢ འགྲེལ་བྱེད་གཞན་གྱི་ལོག་རྟོག་བསལ་བ།

གཉིས་པ་ནི། འགྲེལ་པ་ལས། དེ་འདི་ད་ལྟའི་སློབ་དཔོན་དངགས་མཁན་གྱིས་རྣམ་པ་གཉིས་སུ་བྱས་ཞེས་བཙུན་པ་ཆོས་སྐྱོང་གིས་བརྒྱ་པ་ཞེས་པའི་ཚིག་ལ་བརྟེན་ནས། བསྟན་བཅོས་ཀྱི་ལུས་གཉིས་སུ་བྱས་ཏེ། རབ་བྱེད་དང་པོ་བརྒྱད་ལ་ཆོས་སྟོན་པ་བརྒྱ་པ་དང་། ཕྱི་མ་བརྒྱད་ལ་རྩོད་པ་བརྒྱ་པ་ཞེས་པ་དང་། སྙིང་པོའི་དོན་ཡང་ཀུན་བརྟགས་རང་གི་མཚན་ཉིད་ཀྱིས་གྲུབ་པ་འགོག་པ་རྣམ་པར་རིག་པ་ཙམ་གྱི་ཚུལ་དུ་འགྲེལ་པར་མཛད་དོ། །དེ་ནི་རྩ་བའི་དགོངས་པ་མིན་ཏེ། འགྲེལ་པ་ལས། གང་ཞིག་གཞུང་ལུགས་མཚན་ཉིད་སོ་སོར་བྱས་ནས་སྨྲ་བྱེད་པ། །དེ་ཡི་གཞུང་ལུགས་སོ་སོར་སྨྲ་བ་ཤིན་ཏུ་བབ་ཅོལ་ཡིན། །ཞེས་གསུངས་པས། རྟེན་གྱི་གང་ཟག་ཐེག་པ་ཆེན་པོའི་རིགས་ཅན་བླ་ན་མེད་པའི་བྱང་ཆུབ་ཏུ་བགྲོད་པའི་ལམ་གྱི་རིམ་པ་ཡོངས་སུ་རྫོགས་པ་གཅིག་འབྲེལ་ཆགས་སུ་སྟོན་པ་ཡིན་པའི་ཕྱིར་དང་། སྙིང་པོའི་དོན་ཡང་། རྟེན་ཅིང་འབྲེལ་བར་འབྱུང་བ་རང་བཞིན་གྱིས་གྲུབ་པ་རྡུལ་ཙམ་ཡང་མེད་པ་གསལ་བར་གཏན་ལ་ཕབ་པས། གཞན་དབང་བདེན་གྲུབ་རང་ལུགས་ལ་ཁས་ལེན་ནམ་སྨྲམ་པའི་དོགས་པའི་གནས་མེད་དོ། །

གཞན་ཡང་ལུགས་དེ་དག་གིས་ནི། སྲིད་པ་ལས་གྲོལ་བ་ལ་བདག་མེད་ཕྲ་མོ་རྟོགས་མི་དགོས་པར་འདོད་ལ། བསྟན་བཅོས་འདིར་དེ་དགོས་པ་གསལ་བར་བསྒྲུབས་པའི་ཕྱིར་རོ། །

ག༣ གནས་པའི་ཕྱོགས་མདོར་བསྡུས་ཏེ་བསྟན་པ།

གསུམ་པ་ནི། འོ་ན་བསྟན་བཅོས་འདི་བརྩམས་པ་ལ་དགོས་པ་མེད་དེ། སློབ་དཔོན་ཀླུ་སྒྲུབ་ཀྱིས་དབུ་མ་རྩ་བ་ཤེས་རབ་ལ་སོགས་པར་(༣བ)རྒྱས་པར་བསྟན་པའི་

ཕྱིར་རོ་ཞེ་ན། སྐྱོན་མེད་དེ། སློབ་དཔོན་གྱིས་བསྟན་བཅོས་རྣམས་སུ་རང་གཞན་གྱི་སྡེ་པ་དག་གི་འདོད་པ་རིགས་པའི་ཚོགས་དུ་མས་དགག་པ་མཛད་པ་ན། དབུ་མའི་བསྟན་བཅོས་ནི། རྩོལ་བ་གཞན་ཟླ་ཀྱིས་གནོན་པའི་ཆེད་དུ་བྱས་པ་ནི་རྩོད་པ་ལྟར་ལེན་པའི་བསྟན་བཅོས་སྐབས་དུ་དོགས་པ་ན། རྩ་བ་ཤེས་རབ་སོགས་ནི། རྩོད་པ་ལྟར་ལེན་པའི་ཆེད་དུ་མིན་གྱི། ཐར་པ་དོན་དུ་གཉེར་བ་རྣམས་ཀྱིས་དངོས་པོའི་དེ་ཁོ་ན་ཉིད་རྟོགས་པའི་དོན་དུ་ཡིན་ལ། དེ་ཡང་ཐེག་པ་ཆེན་པོའི་རིགས་ཅན་རྣམས་རྣལ་འབྱོར་གྱི་སྤྱོད་པ་ཉམས་སུ་ལེན་པའི་ལམ་གྱི་རིམ་པ་འདིས་སངས་རྒྱས་འཐོབ་པར་བྱེད་པ་སློབ་དཔོན་གྱི་བཞེད་པ་རྟོགས་པའི་ཆེད་དུ་བསྟན་བཅོས་འདི་མཛད་ལ། ཐེག་པ་དམན་པའི་གང་ཟག་རྣམས་ཀྱིས་བྱང་ཆུབ་ཐོབ་པ། དངོས་པོའི་དེ་ཁོ་ན་ཉིད་རྟོགས་པ་ལ་རག་ལས་པ་ཡང་ཞར་ལ་བསྟན་ཏོ། །

དོན་དེ་དག་ཀུང་དབུ་མ་རིན་ཆེན་ཕྲེང་བ་སོགས་སུ་བསྟན་ཟིན་པ་མིན་ནམ་ཞེ་ན། སྐྱོན་མེད་དེ་ཐེག་པ་ཆེན་པོའི་སེམས་བསྐྱེད་སྐྱེ་བ་ལ། གཙང་བདེ་རྟག་བདག་ཏུ་འཛིན་པའི་ཕྱིན་ཅི་ལོག་བཞི་སྤོང་བ་སྐྱེས་བུ་ཆུང་འབྲིང་གི་བསམ་པ་སྦྱོང་བ་སྔོན་དུ་འགྲོ་དགོས་པའི་ཚུལ་ཆེས་གསལ་ལ་རྒྱས་པར་བསྟན་པ་དང་། མགོན་པོ་ཀླུ་སྒྲུབ་ཀྱིས་བདེན་པ་གཉིས་ཀྱི་རྣམ་གཞག་མཛད་པ་ལས། གཞན་གྱི་ལོག་རྟོག་འགོག་པའི་ཚུལ་ཚིག་ཟུར་ཕྱིན་ལ་རྒྱས་པར་མཛད་པས་ཟློས་པའི་སྐྱོན་མེད་ལ། རྩ་བར་མཆོད་བརྗོད་ཀྱི་ཚིག་མ་བཀོད་པ་ཡང་། སློབ་དཔོན་གྱི་གཞུང་ལ་དོགས་པ་གཅོད་པའི་ཆ་ཤས་ཙམ་དུ་ཤེས་པའི་ཆེད་དུ་མ་མཛད་པ་ཡིན་ནོ། །

བསྟན་བཅོས་འདིས་(༥ན)ལམ་གྱི་རིམ་པ་ཇི་ལྟར་བསྟན་ཅེ་ན། འགྲེལ་པར། གང་ལས་འཇིག་རྟེན་པ་ཡི་དངོས་པོ་ཇི་ལྟར་གནས་པ་བཞིན། །རྣམ་པར་ཕྱེ་ནས་རིམ་གྱིས་དོན་དམ་སྟོན་གྱུར་པ། །ཞེས་བཤད་པས། རབ་བྱེད་དང་པོ་བཞིས་ཟག་པ་དང་བཅས་པའི་ཕུང་པོ་ལྔ་རྟག་སོགས་སུ་འཛིན་པ་ཕྱིན་ཅི་ལོག་ཏུ་བསྟན་ནས་འཁོར་བ

ལ་ཡིད་འབྱུང་བསྐྱེད་པའི་ཚུལ་རྒྱས་པར་བསྟན་ལ། དེ་ཡང་རབ་བྱེད་དང་པོས། ཕུང་པོ་ལྔ་རྒྱུ་དང་རྐྱེན་ལ་རག་ལས་ནས་སྐྱེ་བས་མི་རྟག་པ་ཡིན་ལ། དེ་ཡང་འཆི་བ་མི་རྟག་པ་སྒོམ་ཚུལ་རྒྱས་པར་བསྟན་པའི་སྒོ་ནས་རྟག་འཛིན་ཕྱིན་ཅི་ལོག་སྤང་དགོས་པར་བསྟན་ལ། རབ་བྱེད་གཉིས་པས། གང་མི་རྟག་པ་དེ་ནི་རང་དོན་མཐར་ཐུག་པའི་ཡིད་བརྟན་པའི་གནས་སུ་མི་རུང་ལ། ཟག་པ་དང་བཅས་པའི་ཕུང་པོ་དེ་ཡང་གནོད་པའི་བདག་ཉིད་ཅན་ཡིན་པས་ཟག་བཅས་ངོ་བོ་ཉིད་ཀྱིས་བདེ་བར་འཛིན་པའི་ཕྱིན་ཅི་ལོག་སྤོང་ཚུལ་བསྟན་ཏོ། །རབ་བྱེད་གསུམ་པ་ལས། གང་སྡུག་བསྔལ་བ་དེ་རྟག་ཏུ་སྐྱོ་བ་བསྐྱེད་པར་བྱེད་པས་འཁོར་བ་གཙང་བར་འཛིན་པའི་ཕྱིན་ཅི་ལོག་སྤོང་ཚུལ་བསྟན་ལ། རབ་བྱེད་བཞི་པས། གང་མི་གཙང་ཞིང་དོར་བར་བྱ་བ་དེ་ནི་བདག་དང་། བདག་གིར་བཟུང་ནས་ང་རྒྱལ་བྱ་བར་མི་འོས་པས་ང་རྒྱལ་གྱི་ཞེན་ཡུལ་འགོག་པ་རིགས་པའི་བདག་ཕྱིན་ཅི་ལོག་སྤོང་ཚུལ་བསྟན་ཏོ། །དེ་ལྟར་རབ་བྱེད་བཞི་པོ་དེས་སྐྱེས་བུ་འབྲིང་གི་བསམ་པ་ལེགས་པར་སྦྱངས་ནས་ལས་ཉོན་གྱི་དབང་གིས་འཁོར་བར་གནས་པ་ལ་མེ་དོང་དུ་ཆུད་པ་ལྟ་བུའི་འདུ་ཤེས་བསྐྱེད་ནས། ཐེག་པ་ཆེན་པོའི་རིགས་ཅན་དེས་སངས་རྒྱས་ཉིད་ལ་ཐོབ་འདོད་བསྐྱེད་(༥བ)པའི་སྨོན་སེམས་བསྐྱེད་ཚུལ་དོན་གྱི་ཤུགས་ཀྱི་བསྟན་ལ། དམན་པའི་རིགས་ཅན་ཡིན་ན་ཐར་པ་ཙམ་དོན་གཉེར་བསྐྱེད་པའི་ཐབས་སྟོན་པ་ཡིན་ནོ། །རབ་བྱེད་ལྔ་པས་ནི། སངས་རྒྱས་ཐོབ་པ་དེ་ཡང་བྱང་ཆུབ་སེམས་དཔའི་སྤྱོད་པ་ལ་རག་ལས་པར་མཐོང་ནས་འཇུག་པའི་སེམས་བསྐྱེད་དེ་སྤྱོད་པ་ལ་འཇུག་པའི་ཚུལ་བསྟན་ཏོ། །ཉོན་མོངས་པའི་གཞན་དབང་དུ་གྱུར་པས་རང་དོན་ཡང་རྫོགས་པར་མི་ནུས་ན་གཞན་དོན་རྫོགས་པ་ལྟ་ཅི་ཞིག་སྨོས་སྙམ་དུ་མཐོང་ནས། རབ་བྱེད་དྲུག་པས་ནི། ཉོན་མོངས་སྐྱེ་ཚུལ་སོགས་རྒྱས་པར་བསྟན་ཏོ། །དེ་ཡང་ཉོན་མོངས་སྐྱེ་བ་དང་། གནས་པ་དང་། འཕེལ་བའི་རྒྱུ་གཟུགས་ལ་སོགས་པའི་ཡུལ་ཡིན་པས། རབ་བྱེད་བདུན་པས་

ཡུལ་རྣམས་ལ་དམིགས་ནས་ཉོན་མོངས་མངོན་གྱུར་སྐྱེ་བ་འགོག་པའི་ཚུལ་བསྟན་ཏོ། །རབ་བྱེད་བརྒྱད་པས་ནི། གཟུགས་ལ་སོགས་པའི་ཡུལ་རྣམས་གནས་ལུགས་མ་རྟོགས་ཤིང་། ཚུལ་མིན་ཡིད་བྱེད་དང་ལྡན་པ་རྣམས་ལ་ཉོན་མོངས་སྐྱེ་བའི་རྒྱུ་ཡིན་པས། ཉོན་མོངས་སྤོང་འདོད་བསྐྱེད་པ་དང་། གནས་ལུགས་ཀྱི་དོན་ལ་ཐེ་ཚོམ་ཙམ་གྱི་སྒོ་ནས་ཀྱང་འཇུག་རིགས་པར་གདམས་པ་སོགས་སློབ་མའི་རྒྱུད་སྣོད་རུང་དུ་བྱེད་པའི་ཚུལ་བསྟན་ཏེ། དེ་ལྟར་རབ་ཏུ་བྱེད་པ་དང་པོ་བརྒྱད་ཀྱིས་རྒྱུད་ཡོངས་སུ་སྨིན་པར་བྱེད་པའི་ལམ་བསྟན་ལ། རབ་ཏུ་བྱེད་པ་ཕྱི་མ་བརྒྱད་ཀྱིས། ཉོན་མོངས་པ་དང་ཤེས་བྱའི་སྒྲིབ་པ་འཇོམས་པར་བྱེད་པ་དོན་དམ་པའི་བདེན་པ་ལ་བརྟེན་པའི་ལམ་གྱི་རིམ་པ་བསྟན་ཏོ། །དེ་ལ་རབ་བྱེད་དགུ་པས། འདུས་བྱས་ལ་རྟག་པའི་སྙིང་པོ་ཅུང་ཟད་ཀྱང་མེད་པར་བསྟན་པའི་ཕྱིར་དུ་དངོས་པོ་རྟག་(༥ན)པ་དགག་པ་བསྒོམ་པར་བསྟན། བཅུ་པས། ནང་དང་ཕྱིའི་བདག་མེད་པར་བསྟན་ལ། བཅུ་གཅིག་པར། དུས་རྟག་པ་དགག་པར་བསྟན། བཅུ་གཉིས་པར། མཐར་ལྟ་འགོག་པ་རྒྱས་པར་བསྟན། བཅུ་གསུམ་པར། དབང་པོ་དང་དོན་བདེན་པ་མེད་པར་བྱེ་བྲག་ཏུ་བསྟན། བཅུ་བཞི་པར། རྟེན་འབྲེལ་གྱི་ཆོས་རྣམས་མགལ་མེའི་འཁོར་ལོ་ལྟར་རང་བཞིན་ཅུང་ཟད་ཀྱང་མེད་པ་ལ་ཐར་པ་དང་ཐམས་ཅད་མཁྱེན་པ་ཐོབ་པ་འཐད་པར་བསྟན་པ་སོགས་ཀྱི་སྒོ་ནས་མཐར་འཛིན་དགག་པ་བསྟན་ཏོ། །བཅོ་ལྔ་པས། འདུས་བྱས་སྐྱེ་འཇིག་གནས་གསུམ་རང་བཞིན་གྱིས་གྲུབ་པས་སྟོང་པར་སྒོམ་ཚུལ་རྒྱས་པར་བསྟན། བཅུ་དྲུག་པས་བསྟན་བཅོས་བརྩམས་པའི་དགོས་པ་དང་། རྩོལ་བ་དང་པའི་ལྐན་ཀ་ལྷག་མ་སྤང་བའི་སྒོ་ནས། སློབ་དཔོན་དང་། སློབ་མ་རྣམ་པར་གཏན་ལ་དབབ་པ་བསྒོམ་པ་བསྟན་ཏོ། །དེས་ན་ལམ་གྱི་དམིགས་པ་བཤད་པའི་སྒོ་ནས། ཀུན་རྫོབ་བདེན་པ་ལ་བརྟེན་པ་དང་། དོན་དམ་པའི་བདེན་པ་ལ་བརྟེན་པའི་ལམ་གྱི་རིམ་པ་རྒྱས་པར་བཤད་པ་ཡིན་ནོ། །

ཁ༢ སོ་སོའི་དོན་བཤད་པ།

ཀ༡ ཀུན་རྫོབ་བདེན་པ་ལ་བརྟེན་པའི་ལམ་གྱི་རིམ་པ་བཤད་པ།

ང༡ ཕྱིན་ཅི་ལོག་བཞི་སྤངས་པར་བསྟན་པའི་སྒོ་ནས་སྐྱེས་བུ་འབྲིང་གི་བསམ་པ་སྦྱངས་ཏེ་སྨོན་སེམས་སྐྱེད་ཚུལ་བསྟན་པ།

གཉིས་པ་སོ་སོའི་དོན་ལ་གཉིས། ཀུན་རྫོབ་བདེན་པ་ལ་བརྟེན་པའི་ལམ་གྱི་རིམ་པ་བཤད་པ་དང་། དོན་དམ་པའི་བདེན་པ་ལ་བརྟེན་པའི་ལམ་གྱི་རིམ་པ་བཤད་པའོ། །དང་པོ་ལ་གཉིས། ཕྱིན་ཅི་ལོག་བཞི་སྤངས་པར་བསྟན་པའི་སྒོ་ནས་སྐྱེས་བུ་འབྲིང་གི་བསམ་པ་སྦྱངས་ཏེ་སྨོན་སེམས་སྐྱེད་ཚུལ་བསྟན་པ་དང་། འཇུག་སེམས་བསྐྱེད་ནས་སྤྱོད་པ་ལ་སློབ་ཚུལ་བཤད་པའོ། །དང་པོ་ལ་བཞི། འཆི་བ་རྗེས་དྲན་གྱིས་པར་(༥བ)བསམས་པའི་སྒོ་ནས་རྟག་འཛིན་ཕྱིན་ཅི་ལོག་སྤོང་ཚུལ་བཤད་པ་དང་། ཟག་བཅས་ཀྱི་ལུས་སྡུག་བསྔལ་དུ་སྒོམ་པའི་སྒོ་ནས་བདེ་བར་འཛིན་པ་ཕྱིན་ཅི་ལོག་སྤོང་བའི་ཐབས་བཤད་པ་དང་། འཁོར་བ་མི་གཙང་བའི་རང་བཞིན་དུ་བསམས་པའི་སྒོ་ནས་གཙང་བར་འཛིན་པ་ཕྱིན་ཅི་ལོག་སྤོང་བའི་ཐབས་བཤད་པ་དང་། ཟག་བཅས་ཀྱི་དངོས་པོ་རྣམས་ལ་བདག་དང་བདག་གི་བར་བཟུང་མི་ནུས་པར་བསྟན་པའི་སྒོ་ནས་བདག་འཛིན་ཕྱིན་ཅི་ལོག་སྤོང་ཚུལ་བཤད་པའོ། །

རབ་བྱེད་དང་པོ།

ཅ༡ འཆི་བ་རྗེས་དྲན་གྱིས་པར་བསམས་པའི་སྒོ་ནས་རྟག་འཛིན་ཕྱིན་ཅི་ལོག་སྤོང་ཚུལ་བཤད་པ།

དང་པོ་ལ་གཉིས། ལེའུའི་གཞུང་བཤད་པ་དང་། ལེའུའི་མཚན་བསྟན་པའོ། །

ཆ༡ ལེའུའི་གཞུང་བཤད་པ།

ཇ༡ འཆི་བ་རྗེས་སུ་དྲན་པའི་སྒོ་ནས་ཐར་ལམ་ལ་བརྩོན་པའི་བག་ཡོད་ལ་བསྐུལ་བ་མདོར་བསྟན་པ།

དང་པོ་ལ་གསུམ། འཆི་བ་རྗེས་སུ་དྲན་པའི་སྒོ་ནས་ཐར་ལམ་ལ་བརྩོན་པའི་བག་ཡོད་ལ་བསྐུལ་བ་མདོར་བསྟན་པ་དང་། མི་རྟག་པ་སྒོམ་ཚུལ་རྒྱས་པར་བཤད་པ་དང་། མི་རྟག་པ་སྒོམ་པའི་ཕན་ཡོན་នོ། །དང་པོ་ནི། འཕགས་པའི་ལམ་བསྒྲུབ་པ་ལ་བརྩོན་པ་བསྐྱེད་པའི་གེགས་ཀྱི་གཙོ་བོ་ནི་འཆི་བ་ལ་མི་འཆི་སྙམ་པའི་ཕྱིན་ཅི་ལོག་གི་བློ་འདི་ཉིད་ཡིན་པས་ཡང་དང་ཡང་དུ་འཆི་བ་མི་རྟག་པ་བསམས་ནས་འཕགས་ལམ་བསྒྲུབ་པ་ལ་བརྩོན་པར་བྱ་སྟེ། དེ་གོམས་ན་སྡུག་བསྔལ་སོགས་ཀྱང་ཁོང་དུ་ཆུད་སླ་བའི་ཕྱིར་རོ། །དངོས་པོ་ལ་བདེན་པར་ཞེན་པས་ཁམས་གསུམ་གྱི་འཆིང་བ་ལས་མ་གྲོལ་ཞིང་། འཆི་བདག་གི་བདུད་ཀྱི་གཞན་དབང་དུ་གྱུར་པའི་སྐྱེས་བུ་གང་ལ་འདོད་པ་དང་གཟུགས་དང་གཟུགས་མེད་པའམ། ས་འོག་ས་སྟེང་ས་བླའི་འཇིག་རྟེན་གསུམ་ལ་དགའ་མགུར་དབང་བྱེད་པའི་མངའ་བདག་རང་ཉིད་འཆི་བདག་གི་རྒྱལ་པོ་གཞན་གྱིས་སྐྱུལ་བར་བྱེད་པ་པོ་མེད་ཅིང་། རང་གིས་ཀྱང་(༨ན) གཞན་བསྐུལ་བ་མིན་པས་རང་ཉིད་ཀྱིས་ཆད་པ་གཅོད་པར་བྱེད་པས་རང་ཉིད་འཆི་བདག་ཅེས་བྱའོ། །དེ་ལྟ་བུའི་འཆི་བདག་གཤེད་མ་རལ་གྲི་རྣོན་པོ་གདེངས་པ་ལྟ་བུ་སྲོག་གཅད་པར་བྱ་བའི་ཕྱིར་དུ་ཞུགས་པ་ཡོད་ཅིང་གསོན་མི་གསོན་འཆི་བདག་དེ་ལ་རག་ལས་པ་ཡོད་པ་དེས་འཆི་ལྟས་ཀྱིས་ཟིན་པའམ་མགོ་ལ་མེ་ཤོར་བ་ལྟར་བག་ཡོད་པས་འཕགས་ལམ་བསྒྲུབ་པ་ལ་བརྩོན་པར་མི་བྱེད་པར་འཆི་བདག་གི་བདུད་བཅོམ་པའི་རྣལ་མ་སངས་རྒྱས་དང་དགྲ་བཅོམ་པ་བཞིན་དུ་གཉིད་ལོག་ཅིང་འཆི་བདག་ཕྱིར་བཅོས་པའི་ཐབས་ལ་འབད་པར་མི་བྱེད་ན་དེ་ལས་མ་རུངས་ཤིང་བག་

མེད་ལ་བློན་པ་གཞན་ཅི་ཡོད་དེས་ན་མི་རྟག་པ་ཡང་དང་ཡང་དུ་བསྒོམས་ནས་དལ་འབྱོར་གྱི་རྟེན་ལ་སྙིང་པོ་ལེན་པ་ལ་འབད་པར་བྱའོ། །དཔེར་ན། བློན་པོ་ཞིག་གིས་རྒྱལ་པོའི་མར་མེ་འདེགས་པ་ཁ་ཅིག་མགུ་བར་མ་བྱས་པས་དེ་དག་གི་བློན་པོ་གསོད་པར་འགྱུར་བ་དེ་ལྟར། རྒྱལ་པོ་ལོག་པར་འཛིན་དུ་བཅུག་ལ། བློན་པོས་ཀྱང་རྒྱལ་པོས་བསད་དོགས་ནས་བསྒྲིམ་པ་དང་བཅས་པ་ལྟར་རང་ཅག་ཀྱང་བག་ཡོད་ལ་གནས་ཏེ། འཆི་བདག་གིས་མི་གནོད་པའི་ཐབས་ལ་བསྒྲིམ་པར་བྱའོ། །ཡང་དཔེར་ན་སྐྱེས་བུ་ཞིག་ལམ་བཟང་པོ་ནོར་ནས་འཕྲོག་དགོན་པར་འཇིགས་པ་ཤིན་ཏུ་ཆེ་བའི་གྲོང་ཞིག་ཏུ་ཡིད་བརྟན་པར་བྱས་པས་བཙོམ་ཞིང་ཤི་བར་གྱུར་པ་བཞིན་དུ་ཁམས་གསུམ་གྱི་གྲོང་འཆི་བདག་གི་ཆད་པ་ཉེ་བར་བག་མེད་པས་གནས་ན་འཆི་བདག་གིས་ངེས་པར་འཇོམས་པས། (༥བ)དམ་པའི་ཆོས་བསྒྲུབ་པ་ལ་བརྩོན་པར་བྱའོ། །

ཇ༢ མི་རྟག་པ་སྒོམ་ཚུལ་རྒྱས་པར་བཤད་པ།

ཉ༡ རང་ཉིད་འཆི་བ་རྗེས་སུ་དྲན་པ་སྒོམ་པའི་ཚུལ།

ཏ༡ རགས་པའི་མི་རྟག་པ་བསྒོམ་པ།

ཐ༡ གསོན་པ་འཆི་བ་ཟློག་བྱེད་མིན་ཞིང་དེ་ཙམ་ལ་ཡིད་བརྟན་མི་བྱ་བ།

ད༡ དངོས།

གཉིས་པ་ལ་གསུམ། རང་ཉིད་འཆི་བ་རྗེས་སུ་དྲན་པ་སྒོམ་པའི་ཚུལ་དང་། རང་ཉིད་འཆི་བའི་འཇིགས་པ་ལས་མ་གྲོལ་བཞིན་དུ་དེའི་ཉེས་དམིགས་མི་སེམས་པར་གཞན་འཆི་བ་འབའ་ཞིག་ལ་སྨྱ་ངན་མི་རིགས་པ་དང་། བྱ་བ་ངན་པ་ལ་ཆགས་པ་སྤངས་ནས་ཐར་པའི་ལམ་བསྒྲུབ་པ་ལ་བརྩོན་པར་གདམས་པའོ། །དང་པོ་ལ་གཉིས། རགས་པའི་མི་རྟག་པ་བསྒོམ་པ་དང་། ཕྲ་བའི་མི་རྟག་པ་བསྒོམ་པའོ། །དང་པོ་ལ་ལྔ། གསོན་པ་འཆི་བ་ཟློག་བྱེད་མིན་ཞིང་དེ་ཙམ་ལ་ཡིད་བརྟན་མི་བྱ་བ་དང་།

འཆི་བ་ཀུན་གྱི་ཐུན་མོང་ཡིན་པས་མི་འཇིགས་པར་མི་རིགས་པ་དང་། ན་བ་དང་རྒ་བ་བཅོས་ཐབས་ལ་བརྟེན་ནས་འཆི་བ་ལ་མི་འཇིགས་པར་མི་རིགས་པ་དང་། ནམ་འཆི་ངེས་པ་མེད་པས་འཆི་བ་ལ་མི་འཇིགས་པར་ཆེས་མི་རིགས་པ་དང་། དཔའ་བོ་ལ་འཆི་བ་འཇིགས་པའི་རྒྱུ་མིན་པ་དགག་པའོ། །དང་པོ་ལ་གཉིས། དངོས་དང་། གསོན་པ་ཡུན་རིང་བར་བསམས་ནས་མི་འཇིགས་པ་དགག་པའོ། །དང་པོ་ནི། འཇིག་རྟེན་གསུམ་ལ་མངའ་བསྒྱུར་བའི་འཆི་བདག་ཡོད་ཀྱང་སྔ་རོལ་ན་འཆི་བ་ཟློག་བྱེད་གསོན་པ་ཡོད་པས་གསོན་པའི་བར་དུ་འཆི་བ་ལ་མི་འཇིགས་སོ་ཞེ་ན། གསོན་པ་ནི་འཆི་བ་ཟློག་བྱེད་མིན་ཏེ། དེ་ཉིད་འཆི་བའི་དོན་དུ་ཞུགས་པའི་ཕྱིར་རོ། །འདི་ལྟར་ཀ་ཤི་སྐྱེ་བའི་རྐྱེན་ཙམ་ཡིན་པའི་ཕྱིར། བྱིས་པ་ཐམས་ཅད་འཆི་བར་བྱེད་པར་བྱ་བའི་ཕྱིར་དུ་དང་པོར་སྐྱེས་པར་གྱུར་ཅིང་གཤེད་མས་གསད་བྱ་གསོད་པར་བཀྲི་བ་ལྟར་བར་ཡང་རྒ་བ་དང་ན་བ་དང་རྒུད་པ་སོགས་རྐྱེན་(༧ན)གཞན་གྱི་དབང་གིས་སྐད་ཅིག་ཀྱང་མི་སྡོད་པར་འཆི་བདག་གི་དྲུང་དུ་འགྲོ་བའི་ངང་ཚུལ་ཅན་གྱི་གསོན་པ་ལ་ནི་ཡིད་བརྟན་ཅུང་ཟད་ཀྱང་བྱར་མི་རུང་སྟེ། འཆི་བ་བྱ་བ་བྱེད་བཞིན་པ་ལྟར་ཏེ་གསད་བྱ་མགོ་བོ་གཅོད་པ་ལྟར་རོ། །གསོན་པ་བྱ་བ་བྱེད་པ་མིན་པ་ལྟར་ཏེ། སྐྱེས་རབས་ལས། མི་དབང་དཔའ་བོ་ཐོག་མའི་མཚན་མོར་ནི། །གང་ནས་འཇིག་རྟེན་མངལ་ན་གནས་གྱུར་པ། །དེ་ནས་བརྩམས་ཏེ་དེ་ནི་ཉིན་རེ་ཞིང་། །འགྲོས་བསྐྱལ་མེད་པར་འཆི་བདག་དྲུང་དུ་འགྲོ། །ཞེས་བཤད་པ་ལྟར་རོ། །

དཔེར་ན་རྒྱལ་པོ་གཏུམ་པོ་སྙིང་རྗེ་མེད་པས་དུས་དེ་ཙམ་ལ་མ་སླེབས་ན་གསོད་པས་བསྡིགས་པའི་ཕོ་ཉ་བའི་བྱ་བ་ནི་འོང་བ་ཁོ་ན་ཡིན་གྱི་སྡོད་པ་མིན་པ་བཞིན་དུ་འགྲོ་འཆག་ཉལ་འདུག་གང་བྱེད་ཀྱང་ཚེ་ཕྱི་མི་འགྲོ་བའི་སྐབས་ཅུང་ཟད་ཀྱང་མེད་པས་གསོན་པ་ལ་ཡིད་བརྟན་མི་བྱའོ། །ཀུན་ཏུ་རྒྱུ་མོ་ཞིག་ཁྱིམ་དུ་འཇུག་པར་བྱའོ་སྙམ་སྟེ། སྒོ་ན་འདུག་པའི་ཇ་མོང་ལ་འགོམ་པར་ཞུགས་པ་དང་། ཇ་མོང

འཇིགས་ནས་ལངས་ཏེ་བརྒྱུགས་པ་དང་དེ་ཡང་དེའི་གཞན་དབང་དུ་གྱུར་པ་བཞིན་དུ་རང་ཅག་སྐྱེས་པ་རྣམས་འཆི་བའི་གཞན་དབང་དུ་ཤེས་པར་བྱའོ། །

ཡང་གཞན་གསོད་པའི་ཕྱིར་གཤེད་བྱེད་སློང་བ་དང་། གཞན་གསད་མ་ནུས་པས་སློང་བ་པོ་དེ་ཉིད་གསོད་པ་ལྟར་སྐྱེས་པས་ནི་འཆི་བ་ཉིད་བྱ་བ་ཡིན་གྱི་གསོན་པ་མིན་པར་ཤེས་པར་བྱའོ། །

༤༢ གསོན་པ་ཡུན་རིང་བར་བསམས་ནས་མི་འཇིགས་པ་དགག་པ།

གཉིས་པ་ནི། དེང་སང་ནི་མི་རྣམས་ཚེ་ལོ་བརྒྱ་པ་ཡིན་ལ། སྟར་ལོ་བཅུ་དྲུག་འདས་ཤིང་བརྒྱད་ཅུ་རྩ[༧བ]བཞི་ད་དུང་གནས་པས་དེའི་བར་དུ་བདེ་བ་ལ་ལོངས་སྤྱོད་ཅིང་། ཕྱིས་འཆི་བདག་ཕྱོག་པ་ལ་འབད་པས་གསོན་པའི་དུས་རིང་བས་དེ་ལ་རེ་འཆའ་བ་རིགས་སོ་ཞེ་ན། ཆེས་མི་རིགས་ཏེ། ཁྱོད་ཀྱིས་འདས་པའི་དུས་ཐུང་ངུ་ལྟར་མཐོང་ཞིང་མ་འོངས་པའི་ཚེ་ཐུང་ངུ་ལས་གཞན་དུ་རིང་པོ་ལྟར་མཐོང་ན་སྟེ་དེ་ལྟར་བཟུང་ནས་བག་མེད་པར་སྤྱོད་པ་ནི་ཤིན་ཏུ་མི་རིགས་ཏེ། རིན་ཆེན་ཕྲེང་བ་ལས། འཆི་བའི་རྐྱེན་ནི་མང་བ་སྟེ། །གསོན་པ་ཡི་ནི་ཉུང་ཟད་ཅིག །དེ་དག་རྣམས་ཀྱང་འཆི་བ་ཡང་། །དེ་བས་རྟག་ཏུ་ཆོས་མཛོད་ཅིག །ཅེས་པ་ལྟར་ནམ་འཆི་ངེས་པ་མེད་པས་ཁྱོད་འདས་མ་འོངས་ཀྱི་ཚེ་རིང་ཐུང་མཉམ་པའམ་འོན་ཏེ་འདས་པ་ཐུང་ཞིང་མ་འོངས་པ་རིང་བས་མི་མཉམ་པ་ལྟར་སེམས་པ་དེ་ནི་གསལ་བར་འཆི་བས་འཇིགས་པ་གོ་བར་བྱ་བ་ཡིན་ཏེ། ལམ་འཇིགས་པ་དང་བཅས་པར་ཞུགས་པའི་མི་ཞིག་ཚོམ་རྐུན་པས་འཇིགས་བཞིན་དུ་མི་འཇིགས་པ་སྐད་བྱས་ནས་བརྟན་པའི་འོ་དོད་འབོད་ཅིང་གླུ་ལེན་པ་དང་འདྲའོ། །

ཡང་དཔེར་ན་གྲོང་གི་ཁང་མིག་གཅིག་ཏུ་བྱིས་པ་བཟའ་གཅིག་གིས་མཚན་མོ་བསྡད་ནས་ཕྱོགས་ཕྱོགས་སུ་བཤང་བ་བཏང་སྟེ་གཞན་རྣམས་སྔ་མོར་ལངས་ཏེ་

དོང་ལ། བྲམ་ཟེ་ཁ་ཅིག་རྗེས་སུ་གནས་པ་ལ་ཁང་སྐྱོང་གིས་ བླུན་པོ་སྨད་པའི་གནས་མ་བསྟན་གྱི་བར་དུ་བཤང་བ་མྱུར་དུ་སོལ་ཅིག་ཅེས་སྨྲས་པ་དང་། བྲམ་ཟེ་དེ་དག་གིས་རང་རང་གི་བཤང་བ་སེལ་གྱི་གཞན་གྱི་མི་སེལ་ལོ། །ཞེས་སྨྲས་པར་གྲགས་ཏེ་མི་གཙང་བར་མཚུངས་པ་ལ་རང་གི་བཤང་བ་གཙང་བར་(འན)བཟུང་ནས་བདག་གིར་འཛིན་པ་བཞིན་དུ་ནམ་འཆི་ངེས་པ་མེད་པའི་མ་འོངས་པའི་ཚེ་རིང་བར་བལྟ་བ་ཡང་དེ་དང་འདྲའོ། །

བ༢ འཆི་བ་ཀུན་གྱི་ཐུན་མོང་ཡིན་པས་མི་འཇིགས་པར་མི་རིགས་པ།

གཉིས་པ་ནི། གལ་ཏེ་མ་འོངས་པ་རིང་བར་ངེས་མི་ནུས་ཀྱང་འཆི་བ་སེམས་ཅན་ཀུན་གྱི་ཐུན་མོང་བ་ཡིན་པས་དེ་ལ་རང་ཉིད་འབའ་ཞིག་སྐྲག་པ་བྱ་མི་དགོས་སོ་ཞེ་ན། ཆེས་མི་རིགས་ཏེ། འཆི་བ་སེམས་ཅན་གཞན་ལ་ཡང་སྤྱི་མཐུན་ཡིན་པའི་ཕྱིར་ཁྱོད་ལ་འཆི་བའི་འཇིགས་པ་མེད་ན། གང་ཟག་གཅིག་ལ་འཆི་བདག་གི་གནོད་པ་གང་ཡིན་པ་དེ་གཞན་ལ་མ་མཐོང་བ་ན་སྡུག་བསྔལ་ཞིང་ཀུན་ལ་མཐོང་ན་སྡུག་བསྔལ་གྱི་བློ་མི་འབྱུང་བ་ནི། གཅིག་པོ་དེ་ཕྲག་དོག་གི་སྒོ་ནས་སྡུག་བསྔལ་བར་འགྱུར་པ་ཡིན་ལ་འཆི་བ་ཡང་ཕྲག་དོག་གི་སྒོ་ནས་སྡུག་བསྔལ་བསྐྱེད་པར་འགྱུར་རམ་ཞེ་ན་མིན་ཏེ། རང་གི་ངོ་བོས་སྡུག་བསྔལ་བསྐྱེད་པ་ཡིན་པས་ཐུན་མོང་བ་ཉིད་སྡུག་བསྔལ་བཟློག་པའི་རྒྱུ་མིན་པས་སྐྲག་པའི་གནས་ལ་སྐྲག་པར་རིགས་སོ། །དཔེར་ན་རྒྱལ་པོས་གྲོང་པ་གཅིག་ལ་ཐོག་མར་དཔྱ་བླངས་པས་སྡུག་བསྔལ་བ་གྱུར་ལ། ཕྱིས་ཐམས་ཅད་ལ་བླངས་པ་ན་སྡུག་བསྔལ་མི་བྱེད་པའི་དང་པོ་དེ་ནི་ཕྲག་དོག་གིས་སྡུག་བསྔལ་བ་ཡིན་ལ། འཆི་བའི་སྡུག་བསྔལ་ནི་དེ་ལྟ་མིན་ནོ། །དམྱལ་བར་གནས་པའི་གྲོགས་མང་བས་སྡུག་བསྔལ་ཆུང་བ་ལ་མི་ཕན་པ་བཞིན་ནོ། །

ཐ༣ ན་བ་དང་རྒ་བ་བཅོས་ཐབས་ལ་བརྟེན་ནས་འཆི་བ་ལ་མི་འཇིགས་པར་མི་རིགས་པ།

གསུམ་པ་ནི། གལ་ཏེ་ན་བ་དང་རྒ་བ་མེད་པས་འཆི་བ་མི་འབྱུང་ཞིང་། དེ་དག་གསོ་དཔྱད་དང་བཅུད་ལེན་གྱིས་ཕྱིར་བཅོས[༢༠]སུ་རུང་བའི་ཕྱིར། འཆི་བ་ལ་མི་འཇིགས་སོ་ཞེ་ན། ན་བ་དང་རྒ་བ་ཅུང་ཟད་བཅོས་སུ་ཡོད་པས་འཆི་བ་ལ་མི་འཇིགས་པ་མི་རིགས་པར་ཐལ། གསོ་དཔྱད་ཀྱིས་ནད་བཅོ་བ་དང་རྒ་བ་བཅུད་ལེན་གྱིས་ཅུང་ཟད་གསོ་བར་བྱ་བ་ཡིན་པ་དེས་དེ་དག་ལ་ཁྱོད་རེ་ཞིག་མི་འཇིགས་སུ་ཆུག་མོད་ཆད་པ་ཕྱི་མ་འཆི་བའི་འཇིགས་པ་ཐབས་གང་གིས་ཀྱང་བཅོར་མེད་པས་ཁྱོད་ཆེས་གསལ་བར་དེ་ལ་འཇིགས་དགོས་པའི་ཕྱིར་རོ། །དཔེར་ན་རྒྱལ་པོའི་བློན་པོ་རེངས་པ་ཞིག་ཕོ་ཉ་བ་གཞན་མངགས་པ་དེས་བཅོས་པར་གྱུར་ལ། རྒྱལ་པོ་རང་ཉིད་དམག་ལ་ཆས་པ་བཅོས་སུ་མེད་པ་བཞིན་ནོ། །ཡང་ཁྲུས་མཁན་གྱིས་བྲམ་ཟེ་རྣམས་གོས་ཆུད་གཟན་པ་ཐབས་ཀྱིས་བསྐྱུན་པར་བྱེད་ལ་རྒྱལ་པོའི་ན་བཟའ་བརླག་པ་མགུ་བར་བྱ་མི་ནུས་པ་བཞིན། འགྲེལ་པར། ཚོགས་བཅད་དྲངས་པ་ལ་རྒྱལ་པོའི་ན་བཟའ་བརླག་པ་ལ་བསྟོད་པའི་ཚིག་སྙན་དངགས་ལེགས་པར་སྦྱར་བའི་ཞུ་བས་བཅོས་ནུས་པ་སྲིད་ལ། འཆི་བདག་ནི་ཞུ་བས་བཅོས་མི་ནུས་པའི་མི་མཐུན་དཔེ་བཀོད་པ་ཡིན་ལ། བཅོས་དཀའ་བ་དེ་ཡང་བཅོས་ནུས་ཀྱང་འཆི་བ་ཞུ་བས་བཅོས་མི་ནུས་པས་འཆི་བ་ལ་ཆེས་འཇིགས་དགོས་པར་བསྟན་ཏོ། །

ཐ༩ ནམ་འཆི་ངེས་པ་མེད་པས་འཆི་བ་ལ་མི་འཇིགས་པར་ཆེས་མི་རིགས་པ།

ད༡ འཆི་བ་ཀུན་གྱི་ཐུན་མོང་བ་ཡིན་ཞིང་མངོན་སུམ་དུ་མཐོང་བས་འཆི་བ་ལ་འཇིགས་དགོས་པ།

བཞི་པ་ལ་གཉིས། འཆི་བ་ཀུན་གྱི་ཐུན་མོང་བ་ཡིན་ཞིང་མངོན་སུམ་དུ་མཐོང་བས་འཆི་བ་ལ་འཇིགས་དགོས་པ་དང་། ནམ་འཆི་ངེས་པ་ཅན་དུ་མ་མཐོང་བས་འཇིགས་མི་དགོས་པ་དགག་པའོ། །དང་པོ་ནི། སོ་སོའི་སྐྱེ་བོ་རྣམས་ཀྱིས་བཟློག་ཏུ་མེད་པའི་འཆི་བ་ཡོད་མོད་ཀྱི་ད་ལྟར་ངེས་པ་མ་ཐེབ་པས་མི་འཇིགས་སོ་ཞེ་ན། འཆི་བ་ནི་རྟོགས་པར་དཀའ་བ་མིན་ཏེ་གསད་པར་བྱ་བའི་ཕྱུགས་རྣམས་ལ་འཆི་(ནྀ)བ་ཐུན་མོང་བ་ཡིན་ཞིང་གཅིག་གིས་གཅིག་འཆི་བ་ཡང་མཐོང་བ་ལྟར་འཆི་བ་ཡང་རང་ཅག་སོ་སོའི་སྐྱེ་བོ་ཀུན་གྱི་ཐུན་མོང་བ་ཡིན་ཞིང་གཞན་ཡང་དུ་མ་ཞིག་ཤི་ཟིན་པ་མཐོང་ཞིང་ད་ལྟ་ཡང་དུ་མ་ཞིག་འཆི་བཞིན་པ་དང་འཆི་བར་སྣང་བར་འགྱུར་ན་འཆི་བ་མ་མཐོང་བ་རྒྱུ་མཚན་དུ་བྱས་ནས་ཁྱོད་ལ་འཆི་བདག་གི་འཇིགས་པ་རྒྱུ་ཅིས་མེད་འཆི་བའི་འཇིགས་པ་བསམ་པར་བྱའོ། །གསོད་པའི་ཕྱུགས་རྣམས་བཤན་པས་ཕྱུགས་གཅིག་གསོད་པ་མཐོང་བཞིན་དུ་གཞན་དག་གསོད་པར་གནས་པ་བཞིན་དུ་མི་བྱ་བར་དགེ་བ་ལ་བག་ཡོད་པར་གནས་པར་བྱའོ། །

ད༢ ནམ་འཆི་ངེས་པ་ཅན་དུ་མ་མཐོང་བས་འཇིགས་མི་དགོས་པ་དགག་པ།

གཉིས་པ་ནི། གལ་ཏེ་འཆི་བ་མངོན་སུམ་དུ་དམིགས་ཀྱང་དུས་མ་ངེས་པས་འཆི་བ་བཟློག་པ་ལ་ཤིན་ཏུ་གུས་པས་ཅི་བྱ་སྙམ་ན་མི་རིགས་ཏེ། འཆི་བའི་དུས་ལ་ངེས་པ་མེད་པའི་ཕྱིར་བདག་རྟག་པོ་སྙམ་དུ་སེམས་ན་ནི་ཤིན་ཏུ་བླུན་པ་ཉིད་དེ་

ནམ་འཆི་ངེས་པ་མེད་པས་དེ་རིང་ཉིད་ནས་འཆི་བའི་ཐབས་བྱེད་དགོས་ཏེ། དེ་རིང་མ་ཤི་ནའང་སང་ལ་སོགས་པ་ནམ་ཞིག་གི་དུས་ན་འཆི་བདག་གིས་ཁྱོད་ལ་གནོད་པ་བྱེད་པར་འགྱུར་བས་གསོན་པའི་དུས་ལ་རེ་བ་དོར་ནས་འཆི་བ་བསམས་ནས་ཐར་ལམ་སྒྲུབ་པ་ལ་བག་ཡོད་པར་བྱའོ། །དཔེར་ན་སྲིན་པོ་བ་གའི་ཟླ་རེས་ལ་ཡུལ་དེའི་མི་ཀུན་རིམ་གྱིས་འགྲོ་བ་བཞིན་དུ་སྐྱེས་པ་ཐམས་ཅད་འཆི་བར་འགྱུར་རོ། །

ཐ༤ དཔའ་བོ་ལ་འཆི་བ་འཇིགས་པའི་རྒྱུ་མིན་པ་དགག་པ།

ད༧ སྟར་མ་ཁོ་ན་ལ་འཆི་བའི་འཇིགས་པ་བསྐྱེད་པ་མི་འཐད་པ།

ལྔ་པ་ལ་གཉིས། སྟར་མ་ཁོ་ན་ལ་འཆི་བའི་འཇིགས་པ་བསྐྱེད་པ་མི་འཐད་པ་དང་། རང་གི་སྲོག་བསྲུང་བའི་ཕྱིར་སྡིག་པ་བྱེད་པ་མི་འོས་པའོ། །དང་པོ་ནི། འདིར་འཆི་བར་ངེས་མེད་ཀྱི་(༡བ)འཆི་བའི་འཇིགས་པ་ནི་སྟར་མ་ཁོ་ན་ལ་མི་དགའ་བ་བསྐྱེད་པ་ཡིན་གྱི། དཔའ་བོ་རྣམས་ནི་རྙེད་བཀུར་དང་གྲགས་པ་བསྒྲུབ་པའི་ཕྱིར་དུ་གཡུལ་ངོར་མཆོན་རྣོན་པོ་ལུས་ལ་བབ་པས་ཀྱང་ཉམ་ང་བ་མེད་པས་འཆི་བ་ལ་མི་འཇིགས་སོ་ཞེ་ན། ཆེས་མི་རིགས་ཏེ། ཚེ་འདིའི་མ་འོངས་པའི་དོན་རྙེད་བཀུར་སོགས་ལ་འབད་པས་ལྟ་ཞིང་ཡོངས་སྤྱོད་སྒྲུབ་པའི་རྟེན་ལུས་གསོན་པ་ཟད་པ་ལ་བལྟ་བ་མ་ཡིན་ན་བདག་ཉིད་ཀྱི་སྲོག་འཚོང་བའི་བྱ་བས་མ་འོངས་པའི་རྙེད་བཀུར་སྒྲུབ་པ་ཁྱོད་ལ་བདག་ཉིད་ནི་རྣམ་དཔྱོད་དང་ལྡན་པ་ཡིན་ནོ། །ཞེས་པ་སུ་ཞིག་སྨྲ་སྟེ་སུ་ཡང་མིན་གྱི་རྫོངས་པ་ཁོ་ནར་སྨྲ་བར་བྱེད་དོ། །དེས་ན་སྲོག་དང་བྲལ་བ་ལ་བརྟག་པ་བྱ་ཡི་རྙེད་བཀུར་ལ་ཆགས་པར་མི་བྱའོ། །བྱམས་ལྡན་ཞེས་འདོན་པ་འགྲེལ་པའི་དོན་མིན་ནོ། །དཔེར་ན་ཚོང་པའི་བུ་ཆགས་འབྲེལ་མང་པོ་ཅན་ཞིག་ཕར་ཆགས་པ་ཁོ་ན་ལྟ་ཡི། ཚུར་འབྲེལ་བ་ལ་ལྟ་བ་མིན་པས་དེ་ནས་ཆགས་འབྲེལ་བགོད་སྒོ་བྱས་པས་དེ་མ་ཐག་ཕོངས་པ་བཞིན་ནོ། །ཡང་བྲམ་ཟེ་ཞིག་ལ་བུ་གསུམ་ཡོད་པ་ཆུ་གེའི་

ཚེ་ཁྲིམ་ཐབ་ལ་བུ་གཅིག་བཙོང་བར་སྨྲས་པ། རྒྱལ་པོ་ཞིག་གིས་མཐོང་ནས་བླངས་པས། ཕས་ཐུ་བོ་བཟུང་། མས་ཐ་ཆུང་བཟུང་བས་འབྲིང་པོ་དེས་རྒྱལ་བུ་ལ་ཁོ་བོ་བཙོངས་པར་གྱུར་གྱི་ཁྲིད་པར་མཛོད་ཅེས་རང་གིས་རང་བཙོངས་པ་དང་འདྲའོ། །

ད༢ རང་གི་སྲོག་བསྲུང་བའི་ཕྱིར་སྡིག་པ་བྱེད་པ་མི་འོས་པ།

གཉིས་པ་ནི། གལ་ཏེ་ནོར་གྱི་དོན་དུ་སྲོག་གཏོང་བ་སྨད་པ་ཡིན་ན། རང་གི་སྲོག་བསྲུང་བའི་ཕྱིར་སྡིག་པ་སྤྱད་པར་འོས་སོ་ཞེ་ན། མི་རིགས་ཏེ། བདག་ཉིད་ཕྱི་མར་སྡུག་བསྔལ་ཆེན་པོ་མྱོང་བའི་གཏའ་མར་བཞག(༧༠ན)པར་བྱས་ཏེ་ཚེ་འདིའི་བཟའ་བཏུང་ཙུང་ཟད་ཀྱི་ཆེད་དུ་སྡིག་པའི་ལས་ཅིའི་ཕྱིར་ན་བྱེད་ངེས་པར་ཁྱོད་ནི་མཁས་པ་དགྲ་བཅོམ་པ་རྣམས་ལྟར་བདག་ལ་འདོད་ཆགས་དང་བྲལ་བར་ཟད་དོ། །དཔེར་ན་སྨད་འཚོང་མས་གཡོ་ཅན་བཙོངས་པ་དང་། ཆང་མང་པོ་འཐུང་བ་ལ་རིན་མ་བྱིན་པ་གཏའ་མར་བཟུང་བ་བཞིན་ནོ། །

ཏ༢ ཕྲ་བའི་མི་རྟག་པ་བསྒོམ་པ།

ཐ༡ གསོན་པ་སྐད་ཅིག་རེ་རེ་བར་ཟད་པས་དེ་ལ་ཡིད་བརྟན་མི་བྱ་བ།

གཉིས་པ་ཕྲ་བའི་མི་རྟག་པ་བསྒོམ་པ་ལ་གཉིས། གསོན་པ་སྐད་ཅིག་རེ་རེ་བར་ཟད་པས་དེ་ལ་ཡིད་བརྟན་མི་བྱ་བ་དང་། ཡུན་རིང་པོ་གསོན་པ་ལ་དགའ་བ་དང་རྒས་པ་མི་འདོད་པ་འགལ་བས་རྒྱུན་ལ་ཆགས་པ་མི་རིགས་པའོ། །དང་པོ་ནི། ཡུན་རིང་དུ་གསོན་དུ་རེ་བས་ཚེ་འདིར་བདག་ཉིད་བཙོངས་ནས་སྡིག་པ་སྤྱོད་པ་མི་རིགས་ཏེ། དུས་གཉིས་པར་མི་སྡོད་པ་དངོས་པོའི་ཆོས་ཉིད་ཡིན་པས་སེམས་ཅན་སུ་ལའང་གསོན་པ་ཞེས་བྱ་བ་སེམས་ཀྱི་སྐད་ཅིག་རེ་རེ་བ་ལས་གཞན་མེད་ལ་རྟག་པར་འགྲུལ་བའི་རྒྱུས་ཟིན་པའི་སྐྱེ་བོས་དེ་ངེས་པར་མི་རིགས་པ་དེས་ན་འཇིག་

རྗེན་ན་བདག་ཉིད་ཀྱི་ངང་ཚུལ་ཤེས་པ་དཀོན་པས་ཕྲ་བའི་མི་རྟག་པ་བསྒོམ་པ་ལ་འབད་པར་བྱའོ། །དཔེར་ན་ཆུ་ཀླུང་དུ་ལྷུང་ནས་ཡུན་རིང་པོ་ཡོན་པའི་གོས་ཚོལ་བ་བཞིན་དང་། ལྷའི་བུ་འགྲོ་མགྱོགས་ཀྱི་འགྲོས་པར་སྣང་ལ་སྤྱོད་པའི་རྟ་སོགས་གང་གིས་ཀྱང་མི་ཐུབ་པ་བཞིན་དུ་སྐད་ཅིག་མར་འཇིག་པའི་གསོན་པ་ལས་དུས་ཐུང་བ་ཡོད་པ་མིན་ནོ། །

ཐ༢ ཡུན་རིང་པོ་གསོན་པ་ལ་དགའ་བ་དང་རྣམ་པ་མི་འདོད་པ་འགལ་བས་རྒྱུན་ལ་ཆགས་པ་མི་རིགས་པ།

གཉིས་པ་ནི། གསོན་པ་སྐད་ཅིག་མ་ཡིན་ཡང་དེ་རྒྱུན་མི་འཆད་པས་ཚེ་རིང་བའི་ཕྱིར་ན་དེ་ལ་ཞེན་པར་རིགས་སོ་ཞེ་ན། བློ་ཕྱིན་ཅི་ལོག་པ་ཞིག་སྙེ་ཁྱོད་ཚེ་ཡུན་རིང་དུ་གསོན་པ་ལ་དགའ་ཞིང་སྐྲ་དཀར་(༧༠བ)དང་གཉེར་མ་སོགས་དང་ལྡན་པའི་རྒན་པོ་ཉིད་ལ་ཁྱོད་མི་དགའ་ན་ཇེས་སུ་བརྩེ་བས་ན་ཨེ་མ་ཁྱོད་ཀྱི་སྤྱོད་ལོག་འདི་ནི་དམ་པ་མིན་པའི་སྐྱེ་བོ་ནི་ཁྱོད་རང་དང་འདྲ་བ་ཁོ་ན་ལ་དམ་པ་ལྟ་བུར་སྣང་གི་མཁས་པ་རྣམས་ལ་ནི་མིན་པས་རྣམ་པ་མི་འདོད་པས་རྒྱུན་ལ་ཆགས་པར་མི་བྱའོ། །དཔེར་ན་སྐྱིད་མོས་ཚལ་དུ་ཞུགས་པའི་རྒན་པོ་ཞིག་ལ་གཞོན་ནུ་ཁ་ཅིག་གིས་ཁྱོད་གཟུགས་ངན་ནོ་ཞེས་བཞད་གད་དུ་བྱེད་ཅིང་དེ་རྣམས་ཡུན་རིང་དུ་གསོན་པར་ཡང་འདོད་པ་དང་འདྲའོ། །

༩༢ རང་ཉིད་འཆི་བའི་འཇིགས་པ་ལས་མ་གྲོལ་བཞིན་དུ་དེའི་ཉེས་དམིགས་མི་སེམས་པར་གཞན་འཆི་བ་འབའ་ཞིག་ལ་སྨྲ་ངན་མི་རིགས་པ།

༥༡ མདོར་བསྟན་པ།

གཉིས་པ་ལ་གཉིས། མདོར་བསྟན་པ་དང་། བརྒལ་ལན་གྱིས་རྒྱས་པར་བཤད་པའོ། །དང་པོ་ནི། ཀ་ཤི་མི་འདོད་པ་ཡིན་མོད་ཀྱི་དེ་གཉིས་བུ་ལ་ཡོད་པ་སྨྲ་ངན་གྱི་རྒྱུར་འགྱུར་བ་ལྟར་རང་ལ་ཡོད་པ་མིན་པས་བུ་སོགས་འཆི་བ་ལ་སྨྲ་ངན་བྱེད་པར་རིགས་སོ་ཞེ་ན། མི་རིགས་ཏེ། འཆི་བདག་གི་གཞན་དབང་དུ་གྱུར་པའི་སྐྱེས་བུ་ཁྱོད་རང་ཕྱིག་པ་དང་བཅས་བཞིན་དུ་འཆི་བ་ལ་སྨྲ་ངན་བྱ་བར་འོས་ན་རང་འཆི་བ་རྗེས་སུ་དྲན་པ་ཡལ་བར་བོར་ནས་བུ་ལ་སོགས་པ་རྣམས་ཤི་བའི་ཕྱིར་ཅི་སྟེ། སྨྲ་ངན་བྱེད་རིགས་པ་ཡིན་ཏེ། རང་ཉིད་འཆི་བདག་གིས་སྐྱོ་བར་བྱ་བར་འགྱུར་བཞིན་དུ་དེ་སེམས་པ་བོར་ནས་གཞན་ཤིའོ་ཞེས་སྨྲ་ངན་བྱེད་པའི་སྐྱ་བ་པོ་ནི་ཇི་ལྟ་བུར་ན་དམ་པ་རྣམས་ཀྱིས་སྨད་པར་འོས་པར་མི་འགྱུར་ཏེ་སྨད་པར་བྱ་བ་པོ་ན་ཡིན་པས་རང་འཆི་བ་རྗེས་སུ་དྲན་པ་ལ་འབད་པར་བྱའོ། །དཔེར་ན་བྲམ་ཟེའི་བྲན་མཚན་མ་བཏབ་པ་གཞན་གྱི་བྲན་དུ་གོ་བར་བྱེད་ཀྱི་རང་ཉིད་བྲན་ཡིན་ནོ་སྙམ་དུ་མི་སེམས་པ་བཞིན་དུ་རང་ཉིད་འཆི་བའི་ཆོས་ཅན་ཡིན་པ་བརྗེད་ནས་བུ་ཤིའོ་ཞེས་སྨྲ་ངན་བྱེད་པ་ཡང་(༡༡ན)དེ་དང་འདྲའོ། །

ང༢ བརྐྱལ་ལན་གྱིས་རྒྱས་པར་བཤད་པ།

ཐ༡ བྱ་མ་དྲིས་པར་ཕ་རོལ་ཏུ་སོང་བས་སྒྱུ་ངན་བྱེད་རིགས་པ་དགག་པ།

ད༡ དངོས།

གཉིས་པ་ལ་དྲུག །བྱ་མ་དྲིས་པར་ཕ་རོལ་ཏུ་སོང་བས་སྒྱུ་ངན་བྱེད་རིགས་པ་དགག་པ་དང་། བྱ་ལ་ཆེས་ཆགས་པ་མི་རིགས་པ་དང་། འཇིག་རྟེན་པ་གཞན་གྱི་ངོར་བྱ་ཤི་བ་ལ་སྒྱུ་ངན་བྱེད་མི་རིགས་པ་དང་། ཉེ་དུ་ཕྱི་མ་རྣམས་དང་འབྲེལ་བ་ཟབ་མོ་ཐོབ་པའི་དོན་དུ་ཉེ་དུ་ཤི་བ་ལ་སྒྱུ་ངན་བྱེད་མི་རིགས་པ་དང་། ཉེ་དུ་སོགས་དང་ལྷན་ཅིག་ཏུ་འདུ་བ་ལ་ཆགས་པ་བྱེད་མི་རིགས་པ་དང་། དུས་ཚིགས་ཕུན་ཚོགས་ལ་ཆགས་པར་མི་རིགས་པའོ། །དང་པོ་ལ་གཉིས། དངོས་དང་། རང་ཉིད་སྔོངས་པར་ཟད་ཀྱི་དོན་གྱིས་འགྲོ་བ་དྲིས་པའོ། །དང་པོ་ནི། རང་འཆི་བ་ལ་སྒྱུ་ངན་བྱ་བར་མི་རིགས་མོད་ཀྱི་དེ་ལྟ་ན་ཡང་བུ་ཉིད་དུ་བདག་གིར་བྱས་པ་མ་དྲིས་པར་འཇིག་རྟེན་ཕ་རོལ་ཏུ་འགྲོ་བ་ལ་སྒྱུ་ངན་བྱ་བར་རིགས་སོ་ཞེ་ན། དེ་ཡང་མི་འཐད་དེ། གང་གི་ཚེ་འགའ་ཞིག་ཁྱོད་ཀྱིས་ངའི་བུ་གྱིས་ཞེས་མ་བཅོལ་བར་དེ་རང་གི་ལས་དབང་གིས་རང་ཉིད་ཀྱི་བུར་གྱུར་པ་དེའི་ཚེ་དེ་ཕ་རོལ་ཏུ་འགྲོའོ་ཞེས་ཕ་ལ་དྲི་བ་མ་བྱས་པར་འགྲོ་བ་རིགས་པར་མི་འགྱུར་བར་མིན་ནོ་སྐྱེ་འགྲོ་འོང་གཉིས་ཀ་རང་དགར་སྤྱོད་པ་དེའི་ཆོས་ཉིད་ཡིན་པས་སོ། །དཔེར་ན་བུད་མེད་ཞིག་གློ་བུར་དུ་འོངས་ནས་སྐྱིད་མོས་ཚལ་ན་གནས་པ་ཞིག་གི་ཚུང་མར་ཁས་བླངས་ལ་དེ་གང་ནས་འོངས་པ་ཡང་མི་ཤེས་སོ། །དུས་ཕྱིས་དེ་མ་དྲིས་པར་སོང་བ་ན་དེའི་དུས་སྒྱུ་ངན་བྱེད་དོ། །དེ་ལ་གཞན་གྱིས་དེ་གང་ནས་འོངས་ཤེས་སམ་ཞེས་དྲིས་པས་མི་ཤེས་ཞེས་སྨྲའོ། །འོ་ན་དེ་བཞིན་དུ་དེའི་འགྲོ་བ་ཡང་དེ་དང་འདྲ་བས་ཅིའི་ཕྱིར་སྒྱུ་ངན་བྱེད་ཅེས་པ་ལྟར་གང་ནས་(༡༡བ)འོངས་པ་དང་གང་དུ་འགྲོ་མི་ཤེས་པ་ཤི་བ་ལ་སྒྱུ་ངན་མི་རིགས་སོ། །

ད༢ རང་ཉིད་རྫོངས་པར་ཟད་ཀྱི་དོན་གྱིས་འགྲོ་བ་དྲིས་པ།

གཉིས་པ་ནི། གཅིག་ཏུ་ན་དེ་འགྲོ་བ་མ་དྲིས་པ་ཡང་མིན་ཏེ། ཁྱོད་རང་ཉིད་གཏི་མུག་པའི་ཕྱིར་ན་བུ་ཡི་ནི་ཕ་རོལ་ཏུ་འགྲོ་བའི་མཚན་མ་བསྟན་པ་ན་རྣམ་པར་རྟོག་པ་མེད་པར་ཟད་པ་ཡིན་ཏེ། འདི་ཡི་འཇིག་རྟེན་ཕ་རོལ་ཏུ་འགྲོའོ་ཞེས་དོན་གྱིས་འགྲོ་བར་སྨྲ་བ་ཉིད་གཉེར་མ་དང་། སྐྲ་དཀར་བ་སོགས་དང་ལྡན་པ་རྣམས་པས་སྟོན་པར་བྱེད་པར་འགྱུར་རོ། །དཔེར་ན་བུ་གཅིག་པ་ཞིག་ཁྱུར་གྱི་ཕྱིར་དུ་ཕས་བཏང་ལ་འགྲོ་བར་ཆས་པ་དང་མྱ་ངན་བྱེད་པ་བཞིན་དུ་བུ་སྐྱིད་པའི་ཕྱིར་འབད་ནས་སྐྱེས་པའི་འབྲས་བུ་ཤི་བ་ལ་མྱ་ངན་བྱེད་མི་རིགས་སོ། །

ཐ༢ བུ་ལ་ཆེས་ཆགས་པ་མི་རིགས་པ།

ད༡ བུ་ལ་ལྷག་པར་ཆགས་པ་མི་རིགས་པའི་རྒྱུ་མཚན།

གཉིས་པ་ལ་གསུམ། བུ་ལ་ལྷག་པར་ཆགས་པ་མི་རིགས་པའི་རྒྱུ་མཚན་དང་། ཕ་དང་རྗེས་སུ་མཐུན་མི་མཐུན་གང་ལ་ཡང་ཆགས་པར་མི་རིགས་པ་དང་། བུ་ལ་ཕའི་ཆགས་པ་གཞན་ལ་མ་ལྟོས་པར་བརྟན་པ་ཡོད་པ་མི་འཐད་པའོ། །དང་པོ་ནི། གལ་ཏེ་ཕ་རོལ་ཏུ་འགྲོ་བ་སྨྲ་བར་བསྟན་མོད་ཀྱི་དེ་ལྟ་ན་ཡང་བུ་ལ་ཆེར་ཆགས་པའི་མྱ་ངན་གྱི་རྒྱུར་འགྱུར་རོ་ཞེ་ན། ཆགས་པ་མི་རིགས་ཏེ། ཇི་ལྟར་ཕ་ལ་བུ་ཡིད་ལ་སྡུག་པ་སྐྱེ་བ་དེ་ལྟར་བུ་དེ་ལ་ཕ་ལ་སྡུག་པ་སྐྱེ་བ་མིན་ཏེ། འཇིག་རྟེན་པ་བུ་ལ་སོགས་པ་འོག་མ་དག་ལ་སྲེད་པ་སྐྱེ་བ་ལྟར་འོག་མ་དག་སྐྱེ་བོ་གོང་མ་ལ་སྲིད་པ་སྐྱེ་བ་མིན་ཏེ། དགའ་བ་བརྒྱ་ཕྲག་གིས་བསྐྱེད་པའི་བུ་ལ་སོགས་པ་བྱས་པ་ཤེས་པ་ལྗོད་པས་ཕ་ལ་སོགས་པ་སྐད་ཅིག་ལ་འདོར་བའི་ཕྱིར་རོ། །སྲེད་པ་ཇི་ལྟ་བ་བཞིན་དུ་ལས་འཕེན་པས་འཇིག་རྟེན་པ་འདི་ནི་ཕལ་ཆེར་དམྱལ་བ་ལ་སོགས་པ་འོག་ཏུ

འགྲོ་བ་དེའི་ཕྱིར་མཐོ་རིས་ཀྱང་རྙེད་དཀའ་ན་ཐར་པ་(༧༢ན)ལྟ་ཅི་སྨོས་པས་སྐྱེ་བོ་གོང་མ་ཀུན་ལ་གུས་པ་ལྷུར་བླང་བར་བྱའོ། །དཔེར་ན་ཤིང་ཀུན་གྱིས་དྲིལ་བུའི་སྐད་རིམ་གྱིས་ཆུད་ཟོས་པས་བརླག་པ་བཞིན་དུ་བྱས་པ་མི་གཟོ་བས་ཆོས་བཤིག་པས་མཐོ་རིས་ཀྱང་རྙེད་དཀའ་བར་འགྱུར་རོ། །

༤༢ ཕ་དང་རྗེས་སུ་མཐུན་མི་མཐུན་གང་ལ་ཡང་ཆགས་པར་མི་རིགས་པ།

གཉིས་པ་ནི། གཞན་ཡང་རང་གི་ཡིད་དང་རྗེས་སུ་མཐུན་པ་དང་མི་མཐུན་པའི་བུ་གང་ལ་ཡང་ཆགས་པ་མི་འཐད་དེ། དེ་ལ་གང་གི་ཚེ་བུ་ཕའི་རྗེས་སུ་མི་མཐུན་པ་ལ་འགའ་ཡང་ཡིད་དུ་སྡུག་ཅེས་བྱ་བ་ཡོད་པ་མ་ཡིན་པའི་ཕྱིར་རོ། །རྗེས་སུ་མཐུན་པ་ལ་ཆགས་སོ་ཞེ་ན། དེའི་ཚེ་ཆགས་པ་ཆོང་དང་ནི་འདྲ་བ་འབའ་ཞིག་སྐྱེ་བར་ཟད་ཀྱི་བུའི་རྒྱུ་མཚན་གྱིས་ཆགས་པ་མིན་ནོ། །དཔེར་ན་རྒྱལ་པོ་ཞིག་ལ་བུ་ཤིན་ཏུ་སྡུག་པ་གཅིག་ཡོད་པ་དེ་དུས་བྱས་པ་དང་བློན་པོ་རྣམས་ཀྱིས་རེངས་སོ་ཞེས་ཞུས་པས་འཁྲུགས་ནས་བསད་པའི་ཕྱིར་ཞུགས་སོ། །དེ་ནས་ཤིའོ་ཞེས་ཞུས་པ་དང་རྒྱལ་པོ་དགྱེས་པ་བཞིན་ནོ། །

༤༣ བུ་ལ་ཕའི་ཆགས་པ་གཞན་ལ་མ་ལྟོས་པར་བརྟན་པ་ཡོད་པ་མི་འཐད་པ།

གསུམ་པ་ནི། རྗེས་སུ་མཐུན་མི་མཐུན་ལ་མ་ལྟོས་པར་བུ་ལ་ཕའི་ཆགས་པ་བརྟན་པོ་ཡོད་དོ་ཞེ་ན། ཆགས་པ་ལ་བརྟན་པ་ཡོད་པ་མིན་ཏེ། ཆགས་ཡུལ་བུ་ལ་སོགས་པ་དང་བྲལ་བས་བསྐྱེད་པའི་སྡུག་བསྔལ་ནི་མི་རྣམས་ཀྱི་སྙིང་ལ་མྱུར་པོར་ལྡོག་སྟེ་ཡུན་རིང་དུ་མི་གནས་སོ། །ཆགས་པའི་འཆིང་བ་ལྡོད་པར་མི་འགྱུར་ན་དེས་བསྐྱེད་པའི་སྡུག་བསྔལ་མི་ལྡོག་རིགས་པ་ལ་ཆགས་པ་ལའང་དེའི་འབྲས་བུ་སྡུག་བསྔལ་དང་བྲལ་བར་མཐོང་བ་ཡིས་མཚོན་པའི་ཆགས་པ་མི་བརྟན་པ་ཉིད་ལྟོས་

ཤིག་པའོ། །དཔེར་ན་རྒྱལ་པོ་འགའ་(༧༢བ)ཞིག་ཆུའི་སྟེང་ནས་འགྲོ་བ་ན་མི་མ་ཡིན་གྱིས་གྲུ་བཟུང་བ་དང་། དེའི་བློན་པོ་གཅིག་གིས་བདག་གི་བུ་རྣམས་བསྐྱང་འཚལ་ལོ་ཞེས་བུ་རྒྱལ་པོ་ལ་བཅོལ་ནས་ཆུར་མཆོངས་ཏེ་ང་ཁྱེར་ལ་རྒྱལ་པོ་ཐོང་ཞེས་བྱས་པས་གྲུ་བཏང་བར་གྱུར་ལ། བུ་རྣམས་ཕ་ཤི་བ་ཐོས་ནས་སྡུག་བསྔལ་ལ། རྒྱལ་པོས་ལེགས་པར་བསྐྱངས་པས་ཕ་ཤི་བ་ཡོན་ཏན་གྱི་རྒྱུར་སེམས་པ་བཞིན་དུ་མྱ་ངན་ཡང་གཏན་དུ་བ་མ་ཡིན་ནོ། །

ཐ༣ འཇིག་རྟེན་པ་གཞན་གྱི་ངོར་བུ་ཤི་བ་ལ་མྱ་ངན་བྱེད་མི་རིགས་པ།

གསུམ་པ་ནི། བུ་ཤི་བ་སོགས་ལ་ཡིད་ལ་མྱ་ངན་བྱ་བ་མི་རིགས་ཀྱང་འཇིག་རྟེན་གྱི་མཐུན་འཇུག་ལ་ལྟོས་ཏེ་ལུས་ལ་བརྡེག་པ་སོགས་བྱ་དགོས་ཞེ་ན། མི་རིགས་ཏེ། སྐྲ་འབལ་བ་སོགས་ལུས་ལ་གནོད་པས་གཟིར་བ་བྱས་སུ་ཟིན་ཀྱང་ཡོན་ཏན་ཡེ་མེད་སྙམ་དུ་ཤེས་བཞིན་དུ་ཁྱོད་བདག་ཉིད་ལ་ཕྱི་ཚུལ་འཆོས་པའི་གཟིར་བ་འཐོབ་པར་བྱེད་པར་འགྱུར་ན་དེ་ཡང་གཡོན་ཅན་རྣམས་ཀྱི་ལུགས་ཡིན་པས་བདག་ལ་བྱེད་པར་མི་རིགས་སོ། །དཔེར་ན་བུད་མེད་གཅིག་བུད་མེད་གཞན་ལ་ལྟེབ་པ་བསླབ་པར་བྱའོ། །ཞེས་བདག་ཉིད་གསོད་ཅིང་སློབ་དཔོན་དུ་བསྒོམས་པ་དང་འདྲའོ། །

ཐ༤ ཉེ་དུ་ཕྱི་མ་རྣམས་དང་འབྲེལ་བ་ཟབ་མོ་ཐོབ་པའི་དོན་དུ་ཉེ་དུ་ཤི་བ་ལ་མྱ་ངན་བྱེད་མི་རིགས་པ།

བཞི་པ་ནི། གལ་ཏེ་གཟིར་བ་ལ་ཡོན་ཏན་མེད་མོད་ཀྱི་ཉེ་དུ་ཕྱི་མ་དང་འབྲེལ་བ་ཐོབ་པའི་ཕྱིར་དུ་གཟིར་བ་ཡང་སྤང་དུ་མེད་དོ་ཞེ་ན། འཇིག་རྟེན་པ་རྣམས་ལས་དབང་གིས་བུ་དང་བུ་མོར་གྱུར་ནས་སྡུག་བསྔལ་རྣམ་པར་འགོད་པ་ལྟ་བུར་འཇིག་རྟེན་པ་འདི་ནི་ཡོངས་སུ་འཁྱམ་པར་བྱེད་ལ་ངོ་བོ་ཉིད་ཀྱིས་སྡུག་བསྔལ་བར་

གྱུར་པའི་སྐྱོ་བོ་ལ་སྡུག་བསྔལ་གསར་པ་གཞན་འགོད་པས་ཅི་ཞིག་བྱ་རྨ་ལ་ཀྱུ་ཚྭ་འདེབས་པར་བྱེད་པ་དང་འདྲ་བ་དེ་དག་དང་འབྲེལ་བ་ཐོབ་པ་ལ་དགོས་པ་ཅུང་ཟད་ཀྱང་མེད་པས། རང་ཉིད་(༡༣ན)འཁོར་བ་ལས་ཐར་པའི་ཐབས་ལ་འབད་པར་བྱའོ། །དཔེར་ན་སྤུན་གཉིས་ཡོད་པ་གཅིག་གི་ཐད་དུ་ཕ་ཤི་ལ་ཅིག་ཤོས་ཀྱི་ཐད་དུ་མ་ཤི་ནས་ཕྲད་པ་དང་ཕན་ཚུན་སྡུག་བསྔལ་བསྐྱེད་པ་དང་འདྲ་བས་དགོས་པ་ཅུང་ཟད་ཀྱང་མེད་དོ། །

ཐ༥ ཉེ་དུ་སོགས་དང་ལྷན་ཅིག་ཏུ་འདུ་བ་ལ་ཆགས་པ་བྱེད་མི་རིགས་པ།

ང༡ དངོས།

ལྔ་པ་ལ་གཉིས། དངོས་དང་། འགྲོགས་པ་ཡུན་རིང་བ་ལ་ཆགས་པ་མི་རིགས་པའོ། །དང་པོ་(དངོས་)ནི། བྲལ་བ་སྡུག་བསྔལ་གྱི་རྒྱུ་ཡིན་ཀྱང་གཉེན་དང་འདུ་བ་བདེ་བའི་རྒྱུ་ཡིན་པས་ཆགས་པར་རིགས་སོ་ཞེ་ན་མིན་ཏེ། གང་གི་སྐྱེ་འདུ་བ་དགའ་བའི་རྒྱུ་ཡིན་པ་དེའི་བྲལ་བ་ཇི་ལྟར་དགའ་བའི་རྒྱུར་སེམས་རིགས་པ་མ་ཡིན་ཏེ་རིགས་པར་ཐལ། འདུ་བ་དང་ནི་བྲལ་བ་དག་ལྷན་ཅིག་རྒྱུ་བར་སྣང་བ་མིན་ནམ་སྐྱེ་གཅིག་ཁོ་ནར་རྒྱུ་བའི་ཕྱིར། དཔེར་ན་བཀྲ་ཤིས་མའི་རྗེས་སུ་རྣ་ནག་མ་ངེས་པར་འབྲང་བ་དང་། ཁ་ཟས་དུག་བཅས་ཀྱིས་བདེ་བ་ཅུང་ཟད་བསྐྱེད་ཀྱང་མཐར་སྡུག་བསྔལ་བསྐྱེད་པ་དང་འདྲ་བར་ཤེས་པར་བྱའོ། །

ང༢ འགྲོགས་པ་ཡུན་རིང་བ་ལ་ཆགས་པ་མི་རིགས་པ།

གཉིས་པ་ནི། མཐར་འབྲལ་བར་ངེས་ཀྱང་འགྲོགས་པ་ཡུན་རིང་བས་བྲལ་བའི་སྡུག་བསྔལ་དེ་ལ་རྗེས་སུ་བྱ་བ་ཡིན་ནོ་ཞེ་ན། བྲལ་བ་དང་ཕྲད་པ་ཡུན་ཐུང་ལ་འདུ

བ་ཡུན་རིང་བ་ཡིན་པར་ཐལ། འཁོར་བ་པའི་སྐྱེ་བོ་རྣམས་ཀྱིས་འདས་པའི་དུས་ལ་ཐོག་མ་ཡོད་པ་མིན་ཞིང་མ་འོངས་པའི་དུས་ལ་ཡང་ཐ་མ་ཡོད་པ་མིན་ན་རྒྱུ་མཚན་ཅིས་ན་ཁྱོད་ཀྱིས་དུས་ཤིན་ཏུ་ཐུང་བའི་འདུ་བ་མཐོང་ཞིང་དུས་རིང་པོར་གྱུར་ཀྱང་བྲལ་བ་མཐོང་བ་མིན་ཞིང་དེ་ལ་སྐྱོ་བར་མི་བྱེད་དུས་ཐུང་ཟད་ཀྱི་འདུ་བ་ལ་ཆགས་པ་དེས་དུས་རིང་པོར་བྲལ་བ་ལ་སྐྱོ་བར་བྱ་དགོས་སོ། །མི་ཁ་ཅིག །བྱིས་ན་གནས་པའི་ཆུང་མ་གཞན་གྱིས་བདག་གིར་བྱས་པ་ཡུལ་དུ་སླེབ་མ་(༧༣བ)ཐག་སྡུག་བསྔལ་བར་འགྱུར་བཞིན་དུ་འཇིག་རྟེན་པ་རྣམས་དུས་རིང་པོར་བྲལ་བ་ལ་མྱ་ངན་མི་བྱེད་པར་ཐུང་ཟད་བྲལ་བ་ལ་མྱ་ངན་བྱེད་པ་མི་རིགས་སོ། །

ཐ༨ དུས་ཚིགས་ཕུན་ཚོགས་ལ་ཆགས་པར་མི་རིགས་པ།

དགུ་པ་ནི། བྲལ་བ་ཡུན་རིང་ཡང་སོས་ཀ་མེ་ཏོག་རྒྱས་པ་དང་། སྟོན་དུས་ཟླ་བ་གསལ་བ་སོགས་དུས་ཚིགས་ཕུན་ཚོགས་ཀྱིས་སེམས་ཁྲིད་ནས་བྲལ་བའི་སྡུག་བསྔལ་མེད་དོ་ཞེ་ན། སྐད་ཅིག་དང་ཐང་ཅིག་དང་ཡུད་ཙམ་ལ་སོགས་པའི་དུས་དེ་རྣམས་རིམ་གྱིས་འཕེལ་བས་ཁྱོད་ཀྱི་གསོན་པའི་སྐད་ཅིག་ཟད་པར་བྱེད་པས་ངེས་པར་སྲོག་འཕྲོག་པའི་དགྲ་དང་འདྲ་བར་འགྱུར་ཏེ་རྒྱུ་མཚན་དེས་ན་དགྲར་གྱུར་པ་དེ་དག་ལ་རྣམ་པ་ཀུན་ཏུ་ཁྱོད་འདོད་ཆགས་མི་བྱའོ། །དཔེར་ན་རྒན་མོ་རྗེ་མོས་སྡུག་བསྔལ་འཁོར་མར་བསྐྱེད་ཀྱང་རྗེ་མོ་ལ་ཆགས་པར་བྱེད་ཀྱི་མྱ་ངན་མི་བྱེད་པ་བཞིན་དུ། དུས་ཚིགས་ལ་ཆགས་པའི་འཇིག་རྟེན་པ་ཡང་དེ་དང་འདྲའོ། །

༡༣ བྱ་བ་ངན་པ་ལ་ཆགས་པ་སྤངས་ནས་ཐར་པའི་ལམ་བསྒྲུབ་པ་ལ་བརྩོན་པར་གདམས་པ།

༥༡ ངེས་པར་བྱ་དགོས་པ་ཆད་ལས་ལ་སྤོས་པར་མི་རིགས་པ།

གསུམ་པ་ལ་གཉིས། ངེས་པར་བྱ་དགོས་པ་ཆད་ལས་ལ་སྤོས་པར་མི་རིགས་པ་དང་། བྱ་བ་ངན་པ་ལ་ཆགས་པ་བཏང་ནས་ཐོག་མ་ཉིད་ནས་དབེན་པ་བསྟེན་རིགས་པར་གདམས་པའོ། །དང་པོ་ནི། སྔར་བཤད་པ་དེ་ལྟར་རིགས་མོད་ཀྱི་གཉེན་དང་འབྲལ་བར་དཀའ་བས་དེས་འཇིགས་ནས་ནགས་སུ་མི་འགྲོའོ་ཞེ་ན། བློ་གྲོས་ངན་པ་ཁྱོད་གཉེན་བཤེས་དང་བྲལ་བའི་འཇིགས་པ་ཡིས་དབེན་པ་བསྟེན་པའི་ཆེད་དུ་ཁྱིམ་ནས་ངེས་པར་མི་འབྱུང་ན་གཉེན་བཤེས་དང་བྲལ་བ་དེ་ནི་འཆི་བདག་གིས་ངེས་པར་བྱེད་པས་སླང་དོར་ལ་མཁས་པ་སུ་ཞིག་ངེས་པར་ནི་བྱ་དགོས་པའི་ལས་དེ་ནི་ངེས་པར་འཆི་བདག་གི་ཆད་པས་བཅད་པའི་དབང་གིས་བྱེད་པར་འགྱུར། དེས་ན་འཆི་བདག་གི་ཆད་པས(༧༨ན)མ་བསྐུལ་བར་ནགས་སུ་སོང་སྟེ་ཐར་པ་བསྒྲུབ་པ་ལ་བརྩོན་པར་བྱའོ། །དཔེར་ན་གྲོང་པ་རྣམས་ངེས་པར་འབུལ་དགོས་པའི་དཔྱ་ཁྲལ་བརྡུང་གིས་མ་གཟིར་བར་དུ་མི་འབུལ་བ་ལྟར་མི་བྱའོ། །

༥༢ བྱ་བ་ངན་པ་ལ་ཆགས་པ་བཏང་ནས་ཐོག་མ་ཉིད་ནས་དབེན་པ་བསྟེན་རིགས་པར་གདམས་པ།

གཉིས་པ་ནི། ཉེ་དུ་རྣམས་ངེས་པར་བཏང་དགོས་མོད་ཀྱི་དེ་ལྟ་ན་ཡང་བུ་བསྐྱེད་དེ་ཁྱིམ་གྱི་ཁུར་ཕོག་ནས་ངེས་པར་ནགས་སུ་འགྲོའོ་ཞེ་ན། ཁྱོད་བུ་བསྐྱེད་པ་ལ་སོགས་བྱ་བ་འདི་བྱས་ནས་གསལ་བར་ཏེ་ངེས་པར་ནི་ཕྱིས་དབེན་པའི་ནགས་སུ་འགྲོ་བར་བྱའོ་སྙམ་དུ་སེམས་ན་བྱ་བ་གང་ཞིག་བྱས་ཀྱང་གདོན་མི་ཟ་བར་གཏང་བར་བྱ་

བ། འདོད་བྱའི་འབྲས་བུ་ཙུང་ཟད་ཀྱང་མི་འབྱིན་པ་དེ་བྱས་པ་ལ་ཡོན་ཏན་ཅི་ཞིག་ཡོད། དང་པོ་ནས་དོར་བར་རིགས་སོ། །དཔེར་ན་དགོས་པ་མེད་པའི་རྗེ་བདར་བ་དང་ཤིང་ཐོག་ཨ་སྨྲ་མི་གཙང་བས་གོས་པ་བཀྲུས་ནས་འདོར་བ་བཞིན་ནོ། །

ཇ༣ མི་རྟག་པ་སྒོམ་པའི་ཕན་ཡོན།

གསུམ་པ་མི་རྟག་པ་སྒོམ་པའི་ཕན་ཡོན་ནི། གལ་ཏེ་ནགས་སུ་འགྲོ་བ་གཙོ་བོ་ཡིན་མོད་ཀྱི། བདག་དང་བདག་གི་བ་ལ་ཆགས་པས་འཇིགས་ནས་འགྲོ་མི་ནུས་སོ་ཞེ་ན། འཆི་བ་མི་རྟག་པ་བསྒོམ་པ་ལ་བརྩོན་པར་བྱས་ན་བདག་དང་བདག་གི་བ་ལ་ཡང་ཆགས་པ་དང་བྲལ་བར་འགྱུར་ཏེ། འདི་ལྟར་བདག་གི་བ་ལ་ཡང་ཆགས་པ་དང་བྲལ་བར་འགྱུར་ཏེ། འདི་ལྟར་བདག་ནི་ནམ་འཆི་ངེས་པ་མེད་ཅིང་མྱུར་དུ་འཆིའོ་སྙམ་དུ་སེམས་པ་གང་ལ་མྱུར་དུ་འཆི་བར་ཐག་ཆོད་པའི་ངེས་པ་ཡོད་པར་གྱུར་པ་དེ་ནི། འདུ་འཛི་ཐམས་ཅད་སྤངས་ནས་བདག་ལ་ཡང་སྲིད་པའི་ཆགས་པ་ཡོངས་སུ་བཏང་བའི་ཕྱིར་འཆི་བདག་ལ་ཡང་ག་ལ་འཇིགས་ཏེ་འཇིགས་པ་སྤངས་ནས་ཐར་པ་འཐོབ་པར་འགྱུར་བས་ན་ནགས་སུ་འགྲོ་བ་དང་བུ་དང་བྲལ་བ་ལ་འཇིགས་(༧༨བ)པར་མི་འགྱུར་རོ། །དཔེར་ན་ཁ་ཟས་དུག་མེད་པར་བྱ་བའི་ཕྱིར་སོར་གདུབ་འཛུག་པ་དང་། ཁ་ཟས་དུག་ཅན་འདོར་བ་བཞིན་ནོ། །དཔེ་ཁ་ཅིག་ལས་འབྱུང་བ་ལྟར་ངེས་པར་ཡོད་ཅེས་ཀྱང་བཤད་པ་ལ་འགལ་བ་མེད་དོ། །

དེ་ལྟར་སྟར་བཤད་པ་ལྟར་འཆི་བདག་གི་གཞན་དབང་དུ་གྱུར་ནས་འཆི་ངེས་པ་དང་ནམ་འཆི་ངེས་པ་མེད་པ་ཡང་དང་ཡང་དུ་བསམ་པར་བྱ་སྟེ། འདི་ལ་ཁྱད་ལེགས་པར་ཚུད་ན་ལམ་གོང་མ་རྣམས་ཀྱང་འབད་པ་མེད་པར་སྐྱེ་ལ་གཞན་དུ་ན་དགེ་བའི་བཤེས་གཉེན་པོ་ཏོ་བས་གསུང་བ་ལྟར་འཆི་བ་མི་རྟག་པ་བློ་ལ་མ་སྐྱེས་བར་དུ་རྟོགས་པ་སྐྱེ་བའི་ལམ་འགགས་པ་ཡིན་པས་རགས་པའི་མི་རྟག་པ་དང་། ཕྲ་

བའི་མི་རྟག་པ་གཉིས་ཀ་རྒྱུན་ལྡན་དུ་བསྒོམ་པར་བྱའོ། །རྙེད་བཀུར་(༧༥བ)སྲིད་པའི་འཆིང་བ་གཅོད་བྱེད་ཅིང་། །དབེན་པར་སྒྲུབ་ལ་བརྩོན་པའི་སྐུལ་མ་མཆོག །གསུང་རབ་ཀུན་གྱི་གསང་བའི་དམ་པ་ནི། །ཐོག་མར་འཆི་བ་རྗེས་སུ་དྲན་པའོ། །ཞེས་པ་བསྡུ་བའི་ཚིགས་སུ་བཅད་པའོ། །

ཆ༢ ལེའུའི་མཚན་བསྟན་པ།

གཉིས་པ་ལེའུའི་མཚན་བསྟན་པ་ནི། བྱང་ཆུབ་སེམས་དཔའི་རྣལ་འབྱོར་སྤྱོད་པ་བཞི་བརྒྱ་པའི་རྣམ་བཤད་ལེགས་པར་བཤད་པའི་སྙིང་པོ་ཞེས་བྱ་བ་ལས་རྟག་པར་འཛིན་པ་སྤོང་བའི་ཐབས་བསྟན་པ་སྟེ་རབ་ཏུ་བྱེད་པ་དང་པོའི་འགྲེལ་པའོ།། །།

རབ་བྱེད་གཉིས་པ།

ཅ༢ ཟག་བཅས་ཀྱི་ལུས་སྡུག་བསྔལ་དུ་སྒོམ་པའི་སྒོ་ནས་བདེ་བར་འཛིན་པ་ཕྱིན་ཅི་ལོག་སྤོང་བའི་ཐབས་བཤད་པ།

ཆ༡ ལེའུའི་གཞུང་བཤད་པ།

ཇ༡ ཚིག་དོན་སོ་སོར་བཤད་པ།

གཉིས་པ་ཟག་བཅས་ཀྱི་ལུས་སྡུག་བསྔལ་དུ་སྒོམ་པའི་སྒོ་ནས་བདེ་བར་འཛིན་པ་ཕྱིན་ཅི་ལོག་སྤོང་བའི་ཐབས་བཤད་པ་ལ་གཉིས། ལེའུའི་གཞུང་བཤད་པ་དང་། ལེའུའི་མཚན་བསྟན་པའོ། །དང་པོ་ལ་གཉིས། ཚིག་དོན་སོ་སོར་བཤད་པ་དང་། རབ་ཏུ་བྱེད་པའི་དགོས་པ་བསྡུས་ཏེ་བསྟན་པའོ། །(༧༥ན)དང་པོ་ལ་གསུམ། རགས་པའི་ལུས་སྡུག་བསྔལ་དུ་སྒོམ་ཚུལ། དེས་ན་སྟོན་པས་ལུས་སྡུག་བསྔལ་དུ་བསྒོམ་པར་གསུངས་པ་དང་། ཕྲ་བ་འདུ་བྱེད་ཀྱི་སྡུག་བསྔལ་སྒོམ་པའི་ཚུལ་ལོ། །

ཀ༽ རགས་པའི་ལུས་སྡུག་བསྔལ་དུ་སྒོམ་ཚུལ།

ཁ༽ སྡུག་བསྔལ་དང་ལྡན་པའི་ལུས་བསྟན་པའི་ཚུལ།

ཐ༽ ལུས་སྡུག་བསྔལ་དུ་མཐོང་ཡང་དེ་མ་ཉམས་པར་བསྲུང་བའི་དགོས་པ།

དང་པོ་ལ་གསུམ། སྡུག་བསྔལ་དང་ལྡན་པའི་ལུས་བསྟན་པའི་ཚུལ་དང་། སྡུག་བསྔལ་སྒོམ་ཚུལ་རྒྱས་པར་བཤད་པ་དང་། བདེ་བ་རང་མཚན་པ་ཡོད་པ་དགག་པའོ། །དང་པོ་ལ་གཉིས། ལུས་སྡུག་བསྔལ་དུ་མཐོང་ཡང་དེ་མ་ཉམས་པར་བསྲུང་བའི་དགོས་པ་དང་། ལུས་ལ་ཧ་ཅང་ཆགས་པ་སྤོང་བའོ། །དང་པོ་ནི། ཟག་པ་དང་བཅས་པའི་ལུས་ནི་ནང་གི་གནོད་པ་ནད་བཞི་བརྒྱ་རྩ་བཞི་དང་། ཕྱིའི་གནོད་པ་དབྱིག་པ་དང་བོང་བ་སོགས་ཀྱིས་སླགས་སུ་བསྙུན་པས་སྡུག་བསྔལ་གྱི་འབྱུང་ཁུངས་སུ་གྱུར་པས་སྡུག་བསྔལ་གྱི་རང་བཞིན་མངོན་སུམ་དུ་གཟིགས་པའི་འཕགས་པ་རྣམས་ཀྱིས་དགྲ་ལྟར་མཐོང་མོད་ཀྱི་དེ་ལྟ་ན་ཡང་ལུས་དེ་མི་ཉམས་པར་བསྲུང་བར་བྱ་སྟེ། ཚུལ་ཁྲིམས་དང་ལྡན་པ་ယུན་རིང་པོ་འཚོ་བ་ནི་དེ་ལས་བསོད་ནམས་དང་ཡེ་ཤེས་ཀྱི་ཚོགས་རྒྱ་ཆེན་པོ་རྫོགས་པར་བྱེད་བསོད་ནམས་ཆེན་པོ་བྱེད་པའི་ཕྱིར་རོ། །དེ་ནི་ལུས་དགྲ་ལྟ་བུ་ཡིན་ན་བསྐྱང་བར་བྱ་བ་མིན་ནམ་སྙམ་པའི་དོགས་པ་གཅོད་པ་ཡིན་ལ་རྣམ་པ་གཅིག་ཏུ་ན་མི་རྟག་པའི་གཏམ་གྱིས་སེམས་སྐྱོ་ཞིང་ལུས་དོན་མ་ཡིན་པ་འདྲེན་པ་འདྲིས་ཅི་བྱ་སྙམ་དུ་བརྟས་པ་སྤངས་པའི་ཕྱིར་ལུས་ནི་དགྲ་ལྟར་ཞེས་སོགས་བཤད་པར་བྱའོ། །དཔེར་ན་ཚོང་དཔོན་གྱི་བུ་འཆིང་བ་གཅིག་གིས་སྦྲེལ་བའི་རྐུན་པོ་སྲུང་བ་བཞིན་ནོ། །

ཐ༢ ལུས་ལ་ཉ་ཚང་ཆགས་པ་སྤོང་བ།

གཉིས་པ་ནི། (༧༥བ)གལ་ཏེ་ལུས་བསྲུང་བྱ་ཡིན་ན་ཟས་གོས་ཀྱི་སྒོ་ནས་ལྷག་པར་ཆགས་པར་བྱ་དགོས་སོ་ཞེ་ན། སྐྱོན་མེད་དེ། མི་རྣམས་བཀྲེས་སྐོམ་ལ་སོགས་པའི་སྡུག་བསྔལ་གང་ཅུང་ཟད་འབྱུང་བ་དེ་ནི་ལུས་ཉིད་ལས་སྐྱེ་ཞིང་ཟས་སྐོམ་གྱིས་ཚིམ་པ་སོགས་ལུས་ལ་བདེ་བ་ཅུང་ཟད་འབྱུང་བ་དེ་ནི་ཕྱིའི་རྐྱེན་གཞན་ཕོ་ན་ལ་རག་ལས་ན་སྡུག་བསྔལ་ཀུན་གྱི་སྣོད་དུ་གྱུར་པའི་ལུས་ཀྱི་ཁོག་པ་འདི་ལ་ཁྱོད་ཅི་སྟེ་གུས་འབད་པས་དགེ་བ་སྒྲུབ་ནུས་པ་དང་། ཟས་གོས་ལ་བརྟེན་པའི་ཉེས་པ་མི་འབྱུང་བ་དེ་ཙམ་དུ་གཅད་པར་བྱའོ། །དཔེར་ན་ཤ་ཟ་མོ་གཟུགས་མཛེས་པའི་ཆ་བྱད་སྟོན་པ་ཞིག་མི་ཞིག་གིས་ཤིང་རྟ་ལ་བསྐྱོན་པ་དང་། དེ་ནས་རིང་པོ་མ་ལོན་པར་མདུན་དུ་ཤ་ཟ་མི་སྡུག་པ་ཞིག་བྱུང་བ་རལ་གྲི་རྣོན་པོས་བཅད་པ་དང་ཤ་ཟ་གཉིས་སུ་གྱུར། དེ་གཉིས་ཀྱང་བཅད་པས་བཞིར་གྱུར། དེ་ནས་ནམ་མཁའ་ནས་ལྷ་ཞིག་གིས་བུད་མེད་དེ་བསད་ན་ཐམས་ཅད་བསད་པར་འགྱུར་རོ་ཞེས་སྨྲས་སོ། །དེས་ཀྱང་དེ་ལྟ་བྱས་པ་ལྟར་མི་རྟག་པ་དང་སྡུག་བསྔལ་བསྒོམས་ནས་ལུས་ལ་ཆགས་པ་སྤངས་ཏེ། ལུས་མི་འབྱུང་བ་ལ་འབད་པར་བྱས་ན་སྡུག་བསྔལ་ཐམས་ཅད་མེད་པར་འགྱུར་རོ། །

ཏ༢ སྡུག་བསྔལ་སྒོམ་ཚུལ་རྒྱས་པར་བཤད་པ།

ཐ༡ ལུས་འདི་ཚོར་བ་སྡུག་བསྔལ་ཤས་ཆེ་བར་བསམ་པ།

ད༡ དངོས།

གཉིས་པ་ལ་བདུན། ལུས་འདི་ཚོར་བ་སྡུག་བསྔལ་ཤས་ཆེ་བར་བསམ་པ་དང་། རྩོལ་བ་ཆེན་པོ་མི་དགོས་པར་སྡུག་བསྔལ་འབྱུང་སླ་བར་བསམ་པ་དང་། ལུས་སྡུག་བསྔལ་གྱི་རང་བཞིན་ལས་མ་འདས་པར་བསམ་པ་དང་། སྡུག་བསྔལ་གྱིས་གནོད་

པ་བྱེད་ཚུལ་བསམ་པ་དང་། སྡུག་བསྔལ་ཆེས་སྟོབས་དང་ལྡན་པར་བསམ་པ་དང་། ཚོར་བ་བདེ་བ་ལུས་ཀྱི་འགྲོན་པོ་ལྟ་བུར་བསམ་(78ན)པ་དང་། དེས་ན་ལུས་སྡུག་བསྔལ་གྱི་རང་བཞིན་ལ་སྐྱོ་བ་བསྐྱེད་པར་འོས་པའོ། །དང་པོ་ལ་གཉིས། དངོས་དང་། བདེ་བ་འདོད་ཅིང་སྡུག་བསྔལ་མི་འདོད་ཀྱང་སྡུག་བསྔལ་རྗེས་སུ་འབྲང་བའི་ཚུལ་བསམ་པའོ། །དང་པོ་(དངོས་)ནི། གལ་ཏེ་སྡུག་བསྔལ་ལུས་ཁོ་ན་ལས་འབྱུང་ཡང་དེ་ཕྱིར་བཅོས་སུ་ཡོད་པས་སྟོབས་ཆུང་ཞིང་བདེ་བ་ཆེ་བས་སྡུག་བསྔལ་ལ་མི་འཇིགས་སོ་ཞེ་ན། གང་གི་ཚེ་ལྷ་སྦྱིན་གདིང་བ་འཇམ་པོ་ལ་འདུག་སྟེ་ཡུལ་ཡིད་དུ་འོང་བ་ལ་སྤྱོད་པའི་བདེ་བ་མྱོང་བཞིན་པ་སྦྲང་བུ་མཆུ་རིངས་ཀྱིས་ཕུག་པ་ན་བདེ་བ་ཉམས་ནས་སྡུག་བསྔལ་གྱིས་སྐྱོ་བར་འགྱུར་བ་བཞིན་དུ་སྡུག་བསྔལ་ཆེས་སྟོབས་དང་ལྡན་པས་བདེ་བ་ཤས་ཆེར་མི་ལ་མི་འབྱུང་ན་དེ་ལྟར་སྟོབས་ཆེན་པོ་དེ་ཆུང་ངུ་སྙམ་དུ་སེམས་པར་བྱེད་དམ་སྟེ་སེམས་པ་མི་རིགས་པས་སྡུག་བསྔལ་བསམས་ལ་སྐྱོ་བར་བྱའོ། །དཔེར་ན་སྒྲ་སྒྲོགས་ཀྱིས་སྡུག་བསྔལ་ཆེན་པོས་མགྲིན་བཟང་གི་ཆུང་མ་འཕྲོག་པར་བྱས་མོད་སྡུག་བསྔལ་གྱིས་དེ་ལ་བདེ་བ་ཆུང་ངུ་ཡང་ཡོད་པ་མིན་པ་ལྟར་སྡུག་བསྔལ་གྱི་འདམ་དུ་བྱིང་བའི་འཁོར་བ་ལ་བདེ་བར་སེམས་པ་ཡང་དེ་དང་འདྲའོ། །

དཀ བདེ་བ་འདོད་ཅིང་སྡུག་བསྔལ་མི་འདོད་ཀྱང་སྡུག་བསྔལ་རྗེས་སུ་འབྲང་བའི་ཚུལ་བསམ་པ།

གཉིས་པ་ནི། བདེ་བ་སྡུག་བསྔལ་གྱིས་ནོན་པ་དང་ཆུང་བ་ཉིད་ཀྱི་ཕྱིར་འཇིག་རྟེན་པ་རྣམས་བདེ་བ་བསྒྲུབ་པ་ལ་མངོན་པར་ཕྱོགས་ཤིང་སྡུག་བསྔལ་ལས་གྲོལ་མོད་ཀྱི་སྡུག་བསྔལ་གྱི་རང་བཞིན་གྱི་ལུས་བདེ་བར་གྱུར་པ་དག་ཀྱང་ཉེད་དཀའ་སྟེ། བདེ་བའི་རེ་བས་སྡུག་བསྔལ་གྱི་རྒྱུ་གསོག་པའི་ཕྱིར་རོ། །དེས་ན་སོ་སོ་སྐྱེ་བོ་སྐད་ཅིག་གིས་འཇིག་ཅིང་མི་རྟག་པ་འདི་ལ་སྡུག་བསྔལ་ལས་གྲོལ་སུ་ཟིན་ཀྱང་སྡུག་

བསྔལ་ནི་སྐྱེས་བུ་ལ་གྲིབ་མ་རྗེས་སུ་སྙེག་པ་དང་འདྲ་བར་སྡུག་(༧༨བ)བསྔལ་རྗེས་སུ་འབྲང་བས་སྤང་བར་དཀའོ། །དཔེར་ན། གླང་ཆེན་སྨྱོས་པས་འཇིགས་པ་ཁྲིན་པའི་ཆེད་དུ་ཕྱིན་ནས་བདག་ཐར་བར་སེམས་པ་དང་འདྲའོ། །

ཐ༢ རྩོལ་བ་ཆེན་པོ་མི་དགོས་པར་སྡུག་བསྔལ་འབྱུང་སླ་བར་བསམ་པ།

ད༡ བདེ་བ་དཀོན་པ་ལ་མོས་ན་མོད་པའི་སྡུག་བསྔལ་ལ་འཇིགས་རིགས་པ།

གཉིས་པ་ལ་གཉིས། བདེ་བ་དཀོན་པ་ལ་མོས་ན་མོད་པའི་སྡུག་བསྔལ་ལ་འཇིགས་རིགས་པ་དང་། ཆགས་པས་ལུས་ལ་གྲུས་པ་དགྲ་ལ་གྲུས་པ་དང་མཚུངས་པའོ། །དང་པོ་ནི། སྡུག་བསྔལ་འདོད་པས་རྙེད་འགྱུར་གྱི། །སྡུག་བསྔལ་ནི་རྟག་ཏུ་ཉེ་བ་དང་མི་ཉེ་ཡང་འབད་པས་བསྒྲུབ་མི་དགོས་པར་འདོད་པས་རྙེད་པར་འགྱུར་གྱི་འདོད་པས་བདེ་བ་རྙེད་པ་ག་ལ་ཡིན་ཏེ་སྡུག་བསྔལ་ཅན་གྱི་ལུས་ལ་དཀོན་པའི་ཕྱིར་རོ། །ཉི་ཚན་ལ་གྲང་བ་དཀོན་པ་བཞིན་ནོ། །འཇིག་རྟེན་པ་ཁྱོད་རྒྱུ་ཅིས་བདེ་བ་དཀོན་པ་ལ་གྲུས་ཤིང་སྡུག་བསྔལ་མོད་པ་ལ་ཅིས་ཏེ་ཁྱོད་མི་འཇིགས་འདོད་པའི་བདེ་བ་དཀོན་པ་ལ་གྲུས་པར་བྱེད་ན་མི་འདོད་པའི་སྡུག་བསྔལ་མོད་པ་ལ་ཡིད་འབྱུང་བྱ་བར་རིགས་སོ། །དཔེར་ན་རྒྱལ་པོའི་མཛོད་ཕུག་པ་ལ་རང་འདོད་ཀྱིས་སྡུག་བསྔལ་ཅན་གྱི་བདེ་བ་མི་འཐོབ་པ་བཞིན་ནོ། །

ད༢ ཆགས་པས་ལུས་ལ་གྲུས་པ་དགྲ་ལ་གྲུས་པ་དང་མཚུངས་པ།

གཉིས་པ་ནི། ལུས་གཞན་ཤ་ཅན་ལ་ཆེར་མས་ཀྱང་སྡུག་བསྔལ་ཆེན་པོ་བསྐྱེད་པ་ལྟར་ཙུང་ཟད་བདེ་བར་གྱུར་པའི་ལུས་པོ་ནི་སྡུག་བསྔལ་ཆེན་པོའི་སྣོད་དུ་གྱུར་པ་སྟེ་གང་ཟག་དེས་ལུས་ལ་གྲུས་པ་དང་དགྲ་ལ་གྲུས་པ་དེ་དག་གཉིས་ནི་མཚུངས་པར་སྣང་སྟེ་སྡུག་བསྔལ་གྱི་རྒྱུ་སྤྱོད་པར་འདྲ་བའི་ཕྱིར་རོ། །དཔེར་ན་ཤིང་རྟ་ལ་ཞལ་

བའི་མི་གཅིག་རྒྱལ་པོས་མཐོང་ནས་དེ་སྙིང་རྗེས་ལེགས་པར་བསྐྱངས་པས་ཡུངས་ཀར་གྱི་འབྲུ་གཅིག་གིས་རེག་པས་ཀྱང་གཉིད་མི་རྙེད་པ་དེ་ལྟ་འགྱུར་བ་ལྟར་བདེ་བའི་ཡོ་བྱད་ཇི་ལྟར་བསྟེན་པ་དེ་ལྟར་སྡུག་བསྔལ་གྱི་སྣོད་དུ་འགྱུར་རོ། །

ཐ༣ ལུས་སྡུག་བསྔལ་གྱི་རང་བཞིན་ལས་མ་འདས་པར་བསམ་པ།

གསུམ་པ་ནི། གཞན་ཡང་ལུས་ནི་ཡུན་རིང་པོར་བདེ་བའི་རྒྱུར་གྱུར་པའི་ལོངས་(༡༧ན)སྤྱོད་ཀྱིས་བསྐྱངས་ཏེ་ཤིན་ཏུ་འགོར་བས་ཀྱང་བདེ་བའི་བདག་ཏུ་མི་འགྱུར་ཏེ་སྡུག་བསྔལ་གྱི་རང་བཞིན་ཅན་ཡིན་པའི་ཕྱིར། རང་བཞིན་རྐྱེན་གཞན་གྱིས་ཟིལ་གྱིས་གནོན་ཞེས་བྱ་བར་རིགས་པ་མིན་ནོ། །དཔེར་ན་ཁུ་བྱུག་གི་ཕྲུག་གུ་བྱ་རོག་གིས་ཇི་ཙམ་བསྐྱེད་ཀྱང་ཁུ་བྱུག་ཕོ་ནའི་ཡིན་པར་འགྱུར་གྱི། བྱ་རོག་གི་མིན་པ་བཞིན་དུ་ལུས་བདེ་བའི་རང་བཞིན་དུ་འདོད་པ་ཡང་དེ་དང་འདྲའོ། །

ཐ༤ སྡུག་བསྔལ་གྱིས་གནོད་པ་བྱེད་ཚུལ་བསམ་པ།

བཞི་པ་ནི། གལ་ཏེ་རྒྱལ་རིགས་ལ་སོགས་པར་སྐྱེས་ནས་མ་ཤི་བར་ཚོར་བ་བདེ་བ་ཁོ་ན་དང་ལྡན་པར་མཐོང་བས་སྡུག་བསྔལ་གྱི་རང་བཞིན་ཡིན་པ་མི་རིགས་སོ་ཞེ་ན། འཁོར་དང་ལོངས་སྤྱོད་ཆེན་པོ་དང་ལྡན་པའི་རྒྱལ་པོ་ལ་སོགས་པ་མཆོག་རང་གི་ཕུན་ཚོགས་ཉམས་དོགས་པ་དང་གཞན་གྱི་ཕུན་ཚོགས་ལ་མི་བཟོད་པའི་ཡིད་ཀྱི་སྡུག་བསྔལ་དང་རྒྱུན་དུ་ལྡན་ཏེ་ཡོ་བྱད་ཀྱིས་ཕོངས་པའི་ཐ་མལ་བ་རྣམས་ལ་ཚོར་བ་སྡུག་བསྔལ་ལུས་ལས་སྐྱེས་སོ། །དེ་ལྟར་ལུས་སེམས་ཀྱི་སྡུག་བསྔལ་གཉིས་ཀྱིས་འཇིག་རྟེན་པ་འདི་ཉིན་རེ་ཉིན་རེ་བཞིན་དུ་འཇོམས་པར་བྱེད་དོ། །དཔེར་ན་རྒྱལ་པོས་གླང་པོ་ཆེ་ལ་བསྐྱོན་པའི་མི་འདུལ་སྤྱོད་མཁས་པ་དགའ་བ་དང་། དེ་མཐོང་ནས་གླང་པོ་ཆེ་ལ་དབང་བྱེད་པའི་མི་ཡིད་མི་བདེ་བ་དང་། མི་མཁས་པ

རྒྱལ་པོས་ཆད་པ་དང་སྦྱར་བས་ལུས་སྡུག་བསྔལ་བ་བཞིན་ནོ། །

ཐ༥ སྡུག་བསྔལ་ཆེས་སྟོབས་དང་ལྡན་པར་བསམ་པ།

ལྔ་པ་ནི། གལ་ཏེ་སྡུག་བསྔལ་གཉིས་ཡོད་མོད་ཀྱི་དེ་ལྟ་ནའང་བདེ་བ་ཆེན་པོས་ཟིལ་གྱིས་མནན་པས་མི་ཤེས་སོ་ཞེ་ན། སྡུག་བསྔལ་ཟིལ་གྱིས་གནོན་ནུས་པའི་བདེ་བ་ཆེན་པོ་མེད་དེ། བདེ་བ་ནི་སྡུག་བསྔལ་གྱི་དབང་དུ་གྱུར་པའི་རྟོག་པ་ལ་རག་ལས་ཏེ། འདི་ལྟར་བདག་ནི་གཏོང་བ་(༡༧བ)པོའོ་སྙམ་པ་སོགས་ཀྱི་ཚེ་ཡིད་ཀྱི་བདེ་བ་འབྱུང་ན་འཁོར་པ་ཡོད་ཀྱང་རྒྱུན་ཆད་ཀྱིས་དོགས་པའི་རྟོག་པས་ཡིད་ཀྱི་བདེ་བ་ཟློག་པར་འགྱུར་བ་བདེ་བ་སྐྱེ་བ་དང་འགག་པ་རྟོག་པའི་དབང་དུ་གྱུར་ཅིང་བདེ་བས་བསྡུས་པའི་རྟོག་པ་སྡུག་བསྔལ་གྱིས་འཇོམས་པས་སྡུག་བསྔལ་གྱི་དབང་དུ་གྱུར་པ་དེའི་ཕྱིར་འཇིག་རྟེན་ཀུན་ན་སྡུག་བསྔལ་ལས་ཤིན་ཏུ་སྟོབས་དང་ལྡན་པའི་ཚོར་བ་བདེ་བ་ཅི་ཡང་མེད་དོ། །དཔེར་ན་ཆེན་ཆུན་གཉིས་ལས་གཅིག་རང་གི་བུ་ཤི་བ་ལས་ཅིག་ཤོས་ཀྱི་བུ་བཀུར་བ་སྡུག་བསྔལ་ཆེ་བ་བཞིན་ནོ། །

ཐ༦ ཚོར་བ་བདེ་བ་ལུས་ཀྱི་འགྲོན་པོ་ལྟ་བུར་བསམ་པ།

དྲུག་པ་ནི། བདེ་བ་ཉིད་དཀའ་ཡང་གནོད་པ་མི་བྱེད་པའི་ཕྱིར། ལུས་ཀྱི་རང་བཞིན་ཡིན་ལ་སྡུག་བསྔལ་མང་ཡང་གནོད་པ་བྱེད་པས་ལུས་ཀྱི་གཞན་པོ་ལྟ་བུ་ཡིན་ནོ་ཞེ་ན། ཚོར་བ་བདེ་བ་ལུས་ཀྱི་རང་བཞིན་མིན་པར་ཐལ། བྱིས་པ་དང་གཞོན་ནུ་དང་དར་ལ་བབ་པ་དང་རྒས་པ་སོགས་ཇི་ལྟ་ཇི་ལྟར་དུས་འགྲོ་བ་དེ་ལྟ་དེ་ལྟར་རྒས་པ་སོགས་སྡུག་བསྔལ་འཕེལ་ལ་བདེ་བ་རྒྱབ་ནས་བྱེར་བ་དེའི་ཕྱིར་བདེ་བ་ལུས་འདིའི་གཞན་པོ་ཞག་རེ་ཙམ་སྡོད་པའི་འགྲོན་པོ་ལྟ་བུར་སྣང་བར་འགྱུར་བའི་ཕྱིར་རོ། །དཔེར་ན་ལམ་རིང་པོར་འགྲོ་བའི་སྐྱེས་བུ་ཉིན་རེ་བཞིན་ངལ་བ་དང་ལམ་

རྒྱགས་ཟད་པས་སྡུག་བསྔལ་འཕེལ་བ་བཞིན་ནོ། །

ཐ༧ དེས་ན་ལུས་སྡུག་བསྔལ་གྱི་རང་བཞིན་ལ་སྐྱོ་བ་བསྐྱེད་པར་རིགས་པ།

བདུན་པ་ནི། ལུས་སྡུག་བསྔལ་གྱི་རང་བཞིན་ཡིན་ཀྱང་བདེ་བའི་རྒྱུས་བཅོས་སུ་ཡོད་པས་སྐྱོ་བར་མི་བྱའོ་ཞེ་ན། མི་རིགས་ཏེ། ལུས་འདི་ལ་སྡུག་བསྔལ་གྱི་རྒྱུ་མང་པོ་སྟེ་ནང་གི་རྐྱེན་ནད་རྣམས་དང་། གཞན་ཕྱིའི་རྐྱེན་མང་པོ་སྣང་བར་གྱུར་པ་ཡིན་ལ་དེ་སྙེད་དུ་ནི་མི་རྣམས་ལ་བདེ་བའི་རྒྱུ་དག་སྣང་བ་མ་ཡིན་པའི་ཕྱིར་རོ། །དེས་ན་སྡུག་བསྔལ་བརྒྱུད་མར་འབྱུང་བས་སྐྱོ་བར་བྱ་དགོས་སོ། །དཔེར་ན་ཁ་ཅིག་རྒྱལ་པོའི་(༡༤ན)བུ་མོ་རང་གི་ཁྲིམ་ཐབ་ལ་དོན་དུ་གཉེར་བས་སྡུག་བསྔལ་མང་པོ་དང་འབྲེལ་བ་བཞིན་ནོ། །

ཏ༣ བདེ་བ་རང་མཚན་པ་ཡོད་པ་དགག་པ།

ཐ༡ སྡུག་བསྔལ་རང་མཚན་པ་ཡོད་ཀྱང་རང་གི་མཚན་ཉིད་ཀྱི་བདེ་བ་མེད་པར་བསྟན་པ།

ད༡ བདེ་བ་ཅུང་ཟད་འཕེལ་བ་མཐོང་བས་རང་མཚན་པའི་བདེ་བ་ཡོད་པར་མི་འགྲུབ་པའི་རྒྱུ་མཚན།

གསུམ་པ་བདེ་བ་རང་མཚན་པ་ཡོད་པ་དགག་པ་ལ་ལྔ། སྡུག་བསྔལ་རང་མཚན་པ་ཡོད་ཀྱང་རང་གི་མཚན་ཉིད་ཀྱི་བདེ་བ་མེད་པར་བསྟན་པ་དང་། སྡུག་བསྔལ་ལ་བདེ་བར་འཛིན་པ་ཕྱིན་ཅི་ལོག་ཏུ་བསྟན་པ་དང་། བཞོན་པ་ཞོན་པ་སོགས་ལ་བདེ་བ་རང་མཚན་པ་དང་པོ་ནས་མེད་པ་དང་། འཇིག་རྟེན་པ་རྣམས་སྡུག་བསྔལ་ཕྱིར་བཅོས་ཀྱི་ཚོར་བ་སིམ་པ་ལ་བདེ་བ་རང་མཚན་པར་ཞེན་པ་དང་། བདེ་བ་རང་མཚན་པ་མེད་པའི་རྒྱུ་མཚན་གཞན་བསྟན་པའོ། །དང་པོ་ལ་

གཉིས། བདེ་བ་ཅུང་ཟད་འཕེལ་བ་མཐོང་བས་རང་མཚན་པའི་བདེ་བ་ཡོད་པར་མི་འགྲུབ་པའི་རྒྱུ་མཚན་དང་། སྡུག་བསྔལ་རང་མཚན་སྐྱེད་པའི་རྒྱུ་ཡོད་ཀྱང་བདེ་བ་རང་མཚན་པའི་རྒྱུ་མེད་པའོ། །དང་པོ་ནི། གལ་ཏེ་བདེ་བ་མེད་ན་འཕེལ་བ་མི་རིགས་པ་ལ་འཕེལ་བ་མཐོང་བའི་ཕྱིར་ངོ་བོ་ཉིད་ཀྱིས་བདེ་བ་ཡོད་དོ་ཞེ་ན། མིན་ཏེ། གོང་ནས་གོང་དུ་འཕེལ་བཞིན་པའི་བདེ་བ་ལས་ཇི་ལྟར་བཟློག་པ་སྡུག་བསྔལ་འབྱུང་བ་མཐོང་བར་འགྱུར་བ་དེ་ལྟར་སྡུག་བསྔལ་འཕེལ་བཞིན་པ་ལས་བཟློག་པ་མཐར་བདེ་བ་འབབ་ཞིག་གིས་བསྒྱུས་པ་དེ་ལྟ་བུ་ཡོད་པ་མིན་ནོ། །སྡུག་བསྔལ་འཕེལ་ན་ལུས་སེམས་ཤིན་ཏུ་གདུང་བར་འགྱུར་ལ། བདེ་བ་འཕེལ་བའི་མཐའ་སྡུག་བསྔལ་གྱིས་སྣུད་པ་ཡིན་ནོ། །དཔེར་ན་རྒྱལ་པོ་ང་ལ་ནུ་བརྒྱ་བྱིན་གྱི་སྣན་ཕྱེད་འདོད་པས་འོག་ཏུ་ལྷུང་བ་བཞིན་ནོ། །

ད༢ སྡུག་བསྔལ་རང་མཚན་སྐྱེད་པའི་རྒྱུ་ཡོད་ཀྱང་བདེ་བ་རང་མཚན་པའི་རྒྱུ་མེད་པ།

གཉིས་པ་ནི། བདེ་བའི་རྒྱུ་ཁ་ཟས་སོགས་བསྟེན་དྲགས་ན་བདེ་བ་རང་གི་རྐྱེན་དང་ལྡན་ཅིག་བདེ་བ་ལས་བཟློག་པ་སྡུག་(༧༥བ)བསྔལ་འབབ་ཞིག་འབྱུང་བར་མཐོང་གི་སྡུག་བསྔལ་ལ། དེའི་རྒྱུ་བསྟེན་ན་སྡུག་བསྔལ་གྱི་རྐྱེན་རྣམས་དག་དང་ལྡན་ཅིག་ཏུ་བཟློག་པ་བདེ་བར་འགྱུར་བ་ཡོད་པ་མིན་ནོ། །དཔེར་ན། རྒྱལ་པོ་མྱ་ངན་མེད་ཀྱི་བཙོན་ར་ཉམས་དགའ་བ་ཞེས་སོགས་དང་པོར་རང་གང་དགའ་བའི་སྤྱོད་ལམ་བྱེད་དུ་འཇུག་ལ་དེ་ནས་སྤྱོད་ལམ་གཞན་བསྟེན་པ་མེད་པས་ཕྱིས་སྡུག་བསྔལ་བར་འགྱུར་བ་བཞིན་ནོ། །

ཐ༢ སྡུག་བསྔལ་ལ་བདེ་བར་འཛིན་པ་ཕྱིན་ཅི་ལོག་ཏུ་བསྟན་པ།

ད༡ འཆི་བཞིན་པ་ལ་བདེ་བར་ཞེན་པ་མི་རིགས་པ།

གཉིས་པ་ལ་དྲུག །འཆི་བཞིན་པ་ལ་བདེ་བར་ཞེན་པ་མི་རིགས་པ་དང་། གནོད་བཞིན་པ་ལ་བདེ་བར་ཞེན་པ་མི་རིགས་པ་དང་། དགྲ་ལྟ་བུ་མི་མཐུན་པ་དུ་མ་འདུས་པ་ལ་བདེ་བར་ཞེན་པ་མི་རིགས་པ་དང་། ནྲག་བཞིན་པ་ལ་བདེ་བར་ཞེན་པ་མི་རིགས་པ་དང་། ངལ་དུབ་ཀྱི་ལས་བྱེད་བཞིན་པ་ལ་བདེ་བར་ཞེན་པ་མི་རིགས་པ་དང་། བདེ་བ་ཉུང་ཟད་ཀྱི་དོན་དུ་སྡུག་བསྔལ་གྱི་རྒྱ་སྒྲུབ་པ་བདེ་བར་ཞེན་པ་མི་རིགས་པའོ། །དང་པོ་ནི། ལྷན་ཅིག་བདེ་བ་དང་ལྡན་ནོ་ཞེས་བརྗོད་པ་ལས་ན་བདེ་བ་ཡོད་དོ་ཞེ་ན། འདུ་བྱེད་རྣམས་ནི་སྐད་ཅིག་རེ་རེ་ལ་འཇིག་པའི་ངང་ཚུལ་ཅན་ཡིན་ཞིང་དེ་ཡང་དུས་གསུམ་ལ་མི་འབྲལ་བས་ཁྱོད་སྔར་འཇིག་ཅིང་འཆི་བཞིན་པ་ལ་དུས་སོང་ཞིང་། ད་ལྟར་ཡང་འགྲོ་བ་དང་མི་ཕྱིས་ཀྱང་འགྲོ་བར་འགྱུར་ན་འཆི་བཞིན་པ་ནི་བདེ་བར་འགྱུར་རོ། །ཞེས་རྣམ་པ་ཀུན་ཏུའང་རིགས་པ་མིན་ནོ། །དཔེར་ན་བྲན་ངན་པ་ཞིག་གིས་ཁྱིམ་བདག་གི་ཟས་མང་པོ་ཆུད་གསོན་པས་ཁྱོད་ནི་བྱས་པ་མི་ཤེས་པ་ཞིག་གོ་ཞེས་བརྗོད་པ་དང་། ང་ལ་ཡིད་ལ་བརྟེན་པ་ཁྱོད་ཉིད་བྱས་པ་ཆུད་གསོན་པ་ཡིན་ནོ་ཟེར་བ་ལྟར་བྱིས་པ་རྣམས་ཀྱང་འཆི་བཞིན་པ་ལ་བདེའོ་སྙམ་དུ་སེམས་(༡༨ན)སོ། །

ད༢ གནོད་བཞིན་པ་ལ་བདེ་བར་ཞེན་པ་མི་རིགས་པ།

གཉིས་པ་ནི། གཞན་ཡང་སྡུག་བསྔལ་ལ་བདེ་བར་ཞེན་པ་མི་རིགས་པར་ཐལ། ལུས་ཅན་རྣམས་ལ་བཀྲེས་པ་དང་སྐོམ་པ་སོགས་ཀྱི་གནོད་པ་རྟག་ཏུ་ཡོད་པར་གྱུར་ན་སྡུག་བསྔལ་གྱི་རྒྱུས་གནོད་བཞིན་པ་ནི་བདེའོ་ཞེས་རྣམ་པ་ཀུན་ཏུའང་

རིགས་པ་མིན་པའི་ཕྱིར་རོ། །དཔེར་ན་མནའ་མ་ཁ་ཅིག་ཁྱིམ་གྱི་དབང་དོན་དུ་གཉེར་བས་དེ་བྱས་པས་སྡུག་བསྔལ་བར་གྱུར་ཀྱང་བདེ་བར་རློམ་པ་བཞིན་ནོ། །

༨༣ དགྲ་ལྷ་བྲ་མི་མཐུན་པ་དུ་མ་འདུས་པ་ལ་བདེ་བར་ཞེན་པ་མི་རིགས་པ།

གསུམ་པ་ནི། འབྱུང་བཞི་གང་རུང་རེ་རེ་ལ་རང་གི་ལུས་འགྲུབ་པའི་ནུས་པ་མེད་པས་འབྱུང་བ་ཀུན་ལ་སྟེ་ཀུན་ཚོགས་པ་ལས་ལུས་ཞེས་བྱ་བ་སྐྱེ་བར་འགྱུར་ཏེ་ རླུང་གིས་གཞན་རྣམས་འཁོར་བ་དང་། མེས་ས་སྨིག་ཅིང་ཆུ་སྙེམ་པ་སོགས་ཕན་ཚུན་གནོད་པ་བྱེད་པར་ཞུགས་པ་ཡིན་ལ། ཕན་ཚུན་མི་མཐུན་ཞིང་འགལ་བ་ཚོགས་པ་རྣམས་བདེའོ་ཞེས་རྣམ་པ་ཀུན་ཏུའང་མི་རིགས་སོ། །དཔེར་ན་རྟ་དང་ཅེ་སྤྱང་དང་སྤྲུལ་དང་འདབ་ཆགས་དང་། རི་དྭགས་དང་ཆུ་སྲིན་བྱིས་པ་གསོད་དང་དུག་ལྡན་ཅིག་ཏུ་འདུས་པ་ལ་བདེ་བ་མེད་པ་དང་འདྲའོ། །

༨༤ ནད་བཞིན་པ་ལ་བདེ་བར་ཞེན་པ་མི་རིགས་པ།

བཞི་པ་ནི། ལུས་ཅན་རྣམས་གྲང་བ་དང་ཚ་བ་སོགས་རྣམས་ལ་ཕྱིར་འཆོས་པའི་ཐབས་སྟོབས་ལྡན་རྟག་ཏུ་ཡོད་པ་མ་ཡིན་ན་གནོད་བྱེད་ཀྱི་ནད་བཞིན་པ་ནི་བདེའོ་ཞེས་རྣམ་པ་ཀུན་ཏུའང་རིགས་པ་མིན་ནོ། །དཔེར་ན་ཞགས་པ་དང་དབྱུག་པ་ཅན་གྱིས་བདས་པའི་རྐུན་པོ་ལ་བདེ་བ་མེད་པ་བཞིན་ནོ། །

༨༥ ངལ་དུབ་ཀྱི་ལས་བྱེད་བཞིན་པ་ལ་བདེ་བར་ཞེན་པ་མི་རིགས་པ།

ལྔ་པ་ནི། གང་གི་ཕྱིར་འཛིག་རྟེན་ན་ལྟས་བྱིན་བདེ་བར་ཉལ་འདུག་གོ་ཞེས་པའི་ཐ་སྙད་ཡོད་པས་བདེ་བ་རང་མཚན་པ་ཡོད་དོ་ཞེ་ན། ལུས་སེམས་ཀྱི་འབད་རྩོལ་མེད་པར་ཉལ་བ་དང་འགྲོ་(༧(བ)འདུག་ལ་སོགས་པའི་སྤྱོད་པ་ཞེས་བྱ་བ་འགའ་

ཡང་ས་སྙིང་ན་ཡོད་པ་མིན་ན་ངལ་དུབ་ཀྱི་ལས་བྱེད་བཞིན་པ་བདེ་བ་ཡིན་ནོ་ཞེས་རྣམ་པ་ཀུན་ཏུའང་མི་རིགས་སོ། །དཔེར་ན་བརྫ་སྦྱོད་པ་ལ་སོགས་པའི་མཁན་པོ་ལྷས་གཟིར་བའི་རྒྱལ་པོའི་སྲུས་རྟག་ཏུ་སྡུག་པ་བཞིན་ནོ། །

༦༨ བདེ་བ་ཙུང་ཟད་ཀྱི་དོན་དུ་སྡུག་བསྔལ་གྱི་རྒྱུ་སྒྲུབ་པ་བདེ་བར་ཞེན་པ་མི་རིགས་པ།

དྲུག་པ་ནི། བདེ་བ་མེད་ན་བདེ་བའི་དོན་དུ་སྡུག་བསྔལ་མྱོང་བ་མི་འཐད་པ་ལ་བདེ་བ་བསྒྲུབ་པའི་ཆེད་དུ་སྡུག་བསྔལ་མྱོང་བ་མཐོང་བས་བདེ་བ་ཡོད་དོ་ཞེ་ན། མི་མཁས་པ་བདེ་བ་ཙུང་ཟད་ཀྱི་དོན་དུ་སྡིག་པ་སྤྱོད་པས་ཚེ་འདིར་འཆི་བ་སོགས་དང་ཕྱི་མར་ངན་འགྲོའི་སྡུག་བསྔལ་མྱོང་བར་འགྱུར་བས། མཁས་པ་རྣམས་ནི་བདེ་བ་འདོད་པས་ཚེ་འདི་དང་གཞན་དུ་བདག་ཉིད་ནི་རྟག་ཏུ་སྡིག་པའི་རྒྱུ་ཅན་གྱི་སྡུག་བསྔལ་ལས་བསྲུང་བར་བྱ་དགོས་པས་མི་མཁས་པ་བདེ་བའི་དོན་དུ་ལས་བྱས་པའི་འབྲས་བུ་ངན་འགྲོ་ཡོད་ན་དེ་ལ་བདེ་བ་ཞེས་རྣམ་པ་ཀུན་ཏུའང་རིགས་པ་མ་ཡིན་ནོ། །དཔེར་ན་མ་ཆོར་བར་འཇུག་པའི་དགྲ་ལ་རྟག་ཏུ་འཇིགས་པ་འབྱུང་བ་བཞིན་དུ་བདག་ཉིད་སྡིག་པ་ལས་བསྲུང་བར་བྱའོ། །

༥༩ བཙོན་པ་ཙོན་པ་སོགས་ལ་བདེ་བ་རང་མཚན་པ་དང་པོ་ནས་མེད་པ།

གསུམ་པ་ནི། བདེ་བ་དོན་དུ་གཉེར་བ་རྣམས་རྐང་པ་གཉིས་ཀྱིས་འགྲོ་བ་ལ་སྡུག་བསྔལ་དམིགས་ནས་རྟ་དང་གླང་པོ་སོགས་ལ་ཞོན་པ་མཐོང་བས་བདེ་བ་ཡོད་དོ་ཞེ་ན། བདེ་བའི་རྒྱུར་འདོད་པ་དེ་དག་དཔྱད་པའི་ཚེ་དང་པོ་ནས་སྡུག་བསྔལ་ཆུང་དུ་བརྩམས་པ་ཡིན་ཏེ། བཙོན་པ་ཙོན་པ་དང་བཟའ་བཏུང་ལོངས་སྤྱོད་པ་སོགས་ལ་མི་རྣམས་ཀྱི་བདེ་བ་དང་པོ་ནས་རྟག་ཏུ་ཡོད་པ་མ་ཡིན་ཏེ། ལྷག་པར་སྤྱོད

ན་སྡུག་བསྔལ་འབབ་ཞིག་ཏུ་འགྱུར་བའི་ཕྱིར་རོ། །དང་པོ་གང་ལ་སྡུག་(༢༠ན)བསྔལ་རྩོམ་པ་མེད་པ་དེ་ལ་མཐར་སྡུག་བསྔལ་ཆེན་པོར་འཕེལ་བ་ག་ལ་ཡོད། དང་པོ་ནས་སྡུག་བསྔལ་གྱི་རྒྱུ་ཆུང་ངུ་བརྩམས་པ་ལ་བདེ་བར་ཞེན་པ་ཡིན་ནོ། །དཔེར་ན། སྐྱེས་བུ་བླུན་པོ་ཞིག་ཕ་མའི་ཁུར་སྐྱ་ཕྱེད་བཀྲེས་པ་སེལ་བའི་རྒྱུར་སེམས་པ་བཞིན་ནོ། །

ཐ༩ འཇིག་རྟེན་པ་རྣམས་སྡུག་བསྔལ་ཕྱིར་བཅོས་ཀྱི་ཚོར་བ་སེམས་པ་ལ་བདེ་བ་རང་མཚན་པར་ཞེན་པ།

བཞི་པ་ནི། གལ་ཏེ་སྡུག་བསྔལ་ཕྱིར་བཅོས་པའི་རྒྱུ་ཅན་གྱི་བདེ་བ་ནི་ཡོད་དོ་ཞེ་ན། ཕྱུག་པོ་འགའ་ཞིག་གསེར་གྱི་སྣོད་དུ་སྐྱུགས་པ་ན་བྲན་པོ་སའི་སྣོད་དུ་སྐྱུགས་པ་མཐོང་ནས་སྐྱུག་པ་ལ་བདེ་བ་མེད་པར་ཁྱད་པར་མེད་ཀྱང་བདག་ནི་དབང་ཐང་ཕུན་སུམ་ཚོགས་པའོ་སྙམ་དུ་ཇི་ལྟར་ཕྱུག་པོ་འགའ་ཞིག་དགའ་བར་འགྱུར་བ་དེ་བཞིན་དུ་སྡུག་བསྔལ་ཕྱིར་བཅོས་པ་ཤུགས་ཆུང་དུ་སོང་བའི་གནས་སྐབས་ཀྱི་ཚོར་བ་སེམས་པ་ལ་རང་མཚན་པའི་བདེ་བར་བཟུང་ནས་བདེའོ་སྙམ་དུ་སེམས་པར་བྱེད་པ་ཡིན་གྱི་བདེ་བ་རང་མཚན་པ་མེད་དོ། །དཔེར་ན་ཉི་མས་གདུངས་ནས་གྲིབ་མ་ལ་འདུག་པའི་ཚེ་ཚིག་པའི་སྡུག་བསྔལ་ཅུང་ཟད་ཤུགས་ཆུང་བའི་སྐབས་ཀྱི་ཚོར་བ་སེམས་པ་ལ་སྡུག་བསྔལ་ཕྱིར་བཅོས་ཀྱི་བདེ་བ་ཞེས་བྱ་ལ། ཚ་བས་ཉེན་པའི་སྡུག་བསྔལ་གྱི་ཤུགས་ཡལ་མ་ཐག་གྲང་བའི་སྡུག་བསྔལ་མགོ་འཛུགས་པས་སྡུག་བསྔལ་ཡེ་མེད་པའི་ཚོར་བ་མི་སྲིད་ལ་འཇིག་རྟེན་པའི་ཚོར་བ་སྡུག་བསྔལ་ལ་ནི་དེའི་གཞིར་ཚོར་བ་བདེ་བ་ཤུགས་ཆུང་དུ་ཙམ་ཡང་དགོས་པ་མིན་ནོ། །

དེས་ན་འཇིག་རྟེན་པ་རྣམས་ལ་སྡུག་བསྔལ་རང་མཚན་པ་ཡོད་ལ། བདེ་བ་རང་མཚན་པ་མེད་ཅེས་བྱའོ། །ཐ་སྙད་དུ་ཚོར་བ་བདེ་བ་མེད་ཅེས་ཁས་བླང་དུ་མི་རུང་སྟེ། སྐུར་འདེབས་སུ་འགྱུར་བའི་(༢༠བ)ཕྱིར་རོ། །དཔེར་ན་སྔོན་པོ་དེ་སེར་

པོ་དང་བསྒྲིགས་ཀྱང་སྔོན་པོའི་བློ་སྐྱེ་ཡི་སེར་པོའི་བློ་མི་སྐྱེ་བ་དང་། རིང་པོ་དེ་དེ་བས་ཆེས་རིང་བ་དང་བསྒྲིགས་ན་ཐུང་ངུའི་བློ་སྐྱེ་བའི་ཁྱད་པར་ལྟར་ཤེས་པར་བྱ་ཡི། རྟགས་ཀྱི་དགག་བྱའི་ཆོས་ཀྱི་རང་མཚན་དང་འདྲ་བར་གོ་བར་མི་བྱའོ། །དཔེར་ན་ལྟ་སྟངས་ཀྱིས་བསྟུན་པ་ལ་བདེ་བར་སེམས་པ་དང་འདྲའོ། །

ཐ༥ བདེ་བ་རང་མཚན་པ་མེད་པའི་རྒྱུ་མཚན་གཞན་བསྟན་པ།

ད༡ སྡུག་བསྔལ་ཆུང་ངུ་བརྩམས་པས་སྡུག་བསྔལ་ཆེན་པོ་གཞན་ལྡོག་པར་མཐོང་བས་བདེ་བ་རང་མཚན་པ་ཡོད་པར་མི་འགྲུབ་པ།

ལྡེ་པ་ལ་གཉིས། སྡུག་བསྔལ་ཆུང་ངུ་བརྩམས་པས་སྡུག་བསྔལ་ཆེན་པོ་གཞན་ལྡོག་པར་མཐོང་བས་བདེ་བ་རང་མཚན་པ་ཡོད་པར་མི་འགྲུབ་པ་དང་། སོ་སོ་སྐྱེ་བོ་ལ་སྡུག་བསྔལ་ལེགས་པར་ཟིལ་གྱིས་གནོན་པའི་བདེ་བ་མེད་པའོ། །དང་པོ་ནི། བདེ་བ་ཡོད་དེ། ཐག་པ་གཅིག་ནས་ཐག་པ་གཉིས་པར་ཁུར་སྤོ་ཞིང་དེ་ལ་བདེ་བའི་བློ་འབྱུང་བ་ལྟ་བུ་སྟེ། བདེ་བ་མེད་ན་དེ་མི་སྤོ་བ་ཞིག་གོ་ཞེ་ན། ཐག་པ་གཡས་པས་ཁུར་ཡུན་རིང་དུ་ཁྱེར་བས་སྡུག་བསྔལ་ཆེན་པོ་འཕེལ་བ་ན་གཡོན་པར་སྤོ་ལ་དེ་ཡང་དང་པོར་སྡུག་བསྔལ་ཆུང་ངུ་བརྩམས་པས་སྔར་གྱི་སྡུག་བསྔལ་ཆེན་པོ་སྐྱེས་པ་ལྡོག་པར་འགྱུར་བ་ཙམ་དུ་ཟད་ཀྱི་དེར་ཡང་སྡུག་བསྔལ་མེད་པ་མིན་ན་སྡུག་བསྔལ་གསར་པ་གཞན་རྩོམ་པ་ལའང་བདེ་བ་ཅི་ཡོད་སྡུག་བསྔལ་ཆེན་པོ་འགག་བཞིན་པ་ལ་ཡང་བདེ་བ་ཅི་ཡོད། སྐྱེ་བ་ན་ཡང་སྡུག་བསྔལ་འགའ་ཞིག་འགག་པས་བདེའོ་སྙམ་དུ་མི་རིགས་པ་དེའི་ཕྱིར་ཐུབ་པས་ཀ་ཏ་ཡ་ན་ལ་གདམས་པའི་མདོ་ལས། ཀ་ཏ་ཡ་ནའི་བུ་སྐྱེ་བ་ན་ཡང་སྡུག་བསྔལ་ཁོ་ན་སྐྱེའོ། །འགག་པ་ན་ཡང་སྡུག་བསྔལ་ཁོ་ན་འགག་གོ་ཞེས་གསུངས་པ་སྙམ་སྟེ་རྩོམ་པ་པོ་རང་ཉིད་དེ་ལྟར་སེམས་སོ་ཞེས་པའོ། །རྒྱས་པར་དགའ་བོ་མངལ་འཇུག་ལས་གསུངས་པ་ལྟར་ཤེས་པར་བྱའོ། །དཔེ་

ཉི་ཁྲུར་ཁྲིར་བས་ཤེས་པར་(༡༧ན)བྱའོ། །

ད༢ སོ་སོ་སྐྱེ་བོ་ལ་སྡུག་བསྔལ་ལེགས་པར་ཐེལ་གྱིས་གནོན་པའི་བདེ་བ་མེད་པ།

གཉིས་པ་ནི། གལ་ཏེ་སྡུག་བསྔལ་རང་མཚན་པ་ཡོད་ཀྱང་དེ་བདེ་བས་བསྒྲིབས་པས་མི་མངོན་ནོ་ཞེ་ན། སྡུག་བསྔལ་རང་མཚན་པ་ཡོད་ཀྱང་སོ་སོ་སྐྱེ་བོས་སྡུག་བསྔལ་དེ་ནི་ཚོར་བ་བདེ་བས་གཡོགས་པ་ལྟར་བྱས་ནས་མི་མཐོང་ན་སྡུག་བསྔལ་ལས་སྟོབས་ཆེ་བའི་བདེ་བ་ཡོད་དགོས་ན་རྒྱུ་གང་གིས་སྡུག་བསྔལ་སྒྲིབ་པར་འགྱུར་བའི་བདེ་བ་ཞེས་བྱ་བ་ཅི་ཡང་མེད་དེ་སོ་སོ་སྐྱེ་བོ་རྣམས་ལ་བདེ་བ་རང་མཚན་པ་མེད་པའི་ཕྱིར་རོ། །དཔེར་ན་མི་ཞིག་སྐྱང་པོ་ཆེས་བདས་པས་ཁྲིན་པ་རྙིང་པར་ལྷུང་ཞིང་ལམ་ཕྱེད་དུ་རྩྭ་དུར་བའི་རྩ་བ་བྱི་བས་ཟ་བཞིན་པ་ལ་འཇུས་པས་ཐོགས་པ་འོག་ནས་སྦྲུལ་ཆེན་པོས་བསྒུགས་པ་ངོས་ནས་ལྟོ་འཕྱེ་ཆེན་པོས་བསྒྲིགས་སྟེང་ནས་སྦྲང་རྩིའི་ཐིགས་པ་བབ་པ་མྱངས་པ་ལ་བརྟེན་པ་ཞིག་བདེ་བར་སེམས་པ་བཞིན་དུ་བྱིས་པ་རྣམས་ཀྱང་འཁོར་བར་འཆིང་བའི་སྐྱང་ཆེན་གྱིས་བདས་ཏ་བའི་ཁྲིན་པར་ལྷུང་ཚེ་ཕྱེད་དུ་དགེ་བའི་ལས་ལམ་གྱི་རྩྭ་དུར་བའི་རྩ་བ་ལ་འཇུས་པས་ཐོགས་པ་འོག་ནས་ངན་སོང་གི་སྦྲུལ་གྱིས་བསྒུགས་ངོས་ནས་ཉོན་མོངས་པའི་ལྟོ་འཕྱེས་བསྒྲིགས་པ་ཚེའི་རྩྭ་དུར་བ་རྩ་བ་རྣམ་སྨིན་གྱི་བྱི་བས་ཟ་བཞིན་པ་ཡུལ་ཡིད་དུ་འོང་བ་སྲིད་པའི་སྦྲང་རྩིའི་ཐིགས་པའི་རོ་མྱངས་པ་ལ་བརྟེན་པ་ཡང་དེ་དང་འདྲ་བས་སྡུག་བསྔལ་མ་གནོགས་བདེ་བ་རང་མཚན་པ་ཙུང་ཟད་ཀྱང་མེད་དོ། །དཔེ་གཞན་ཡང་འགྲེལ་པ་ལྟར་ཤེས་པར་བྱའོ། །

༡༢ དེས་ན་སྟོན་པས་ལུས་སྡུག་བསྔལ་དུ་བསྒོམ་པར་གསུངས་པ།

གཉིས་པ་དེས་ན་སྟོན་པས་ལུས་སྡུག་བསྔལ་དུ་བསྒོམ་པར་གསུངས་པ་ནི། གལ་ཏེ་ལུས་སྡུག་བསྔལ་གྱི་རང་བཞིན་ཡིན་ན་སྟོན་པས་ལུས་སྡུག་བསྔལ་དུ་(༡༧བ)གསུངས་པ་ལ་དགོས་པ་མེད་པར་འགྱུར་ཏེ། ཉི་ཚན་དྲོ་ཞེས་བསྟན་མི་དགོས་པ་བཞིན་ནོ་ཞེ་ན། སྐྱོན་མེད་དེ། ལུས་སྡུག་བསྔལ་གྱི་རང་བཞིན་ཡིན་ཡང་གཏི་མུག་གི་དབང་གིས་དེ་མི་རྟོགས་ཤིང་བདེ་བར་བཟུང་ནས་འཁོར་བར་འཁོར་བས་སྟོན་པས་ཁྱོད་སྡུག་བསྔལ་ལ་བདེ་བར་བཟུང་ནས་ཆགས་པ་དང་བྲལ་བ་མེད་དོ། །ཞེས་སོ་སོ་སྐྱེ་བོ་རྣམས་ལ་བསྟན་པར་བྱ་དགོས་སོ། །དེས་ན་ངེས་པར་དེ་བཞིན་གཤེགས་པ་རྣམས་ཀྱིས་འདི་སྐད་དུ། ཆེ་ཞེས་འདི་ནི་སྲིབ་པ་རྣམས་ཀྱི་མཆོག་སྟེ། གང་འདི་མ་རིག་པའི་སྒྲིབ་པའོ། །ཞེས་སྡུག་བསྔལ་རང་མཚན་པ་ལ་བདེ་བར་རློངས་པ་གཏི་མུག་ཀུན་གྱི་ཐ་མར་ཏེ་ཐ་ཤལ་བར་གསུངས་སོ། །དཔེར་ན་བྲན་གཅིག་གླུ་བླངས་ཏེ་ལས་བྱེད་བྱས་ནས་བོར་བར་གྱུར་པ། དེ་ལ་མས་གང་བཟུང་བ་དེ་ལ་ལེགས་པར་ཟུངས་ཤིག་ཅེས་སྨྲས་པ་དང་། དེས་ནམ་ཞིག་གི་ཚེ་བོང་མཇུག་ནས་བཟུང་ལ་གཞན་གྱིས་མ་འཛིན་ཞེས་སྨྲས་ཀྱང་གང་གཟུང་བ་དེ་ལེགས་པར་གཟུང་བར་བྱའོ། །ཞེས་མི་གཏོང་བ་བཞིན་དུ་སྐྱེ་བོ་གཏི་མུག་གི་ཕྱིན་ཅི་ལོག་གིས་བཟུང་བ་ལ་སྟོན་པས་སྡུག་བསྔལ་ལས་ཡིད་འབྱུང་བར་གྱིས་ཤིག་ཅེས་སློབ་པར་མཛད་པའོ། །

༡༣ ཁྱབ་པ་འདུ་བྱེད་ཀྱི་སྡུག་བསྔལ་སྒོམ་པའི་ཚུལ།

གསུམ་པ་ཁྱབ་པ་འདུ་བྱེད་ཀྱི་སྡུག་བསྔལ་སྒོམ་པའི་ཚུལ་ནི། གལ་ཏེ་ལུས་མི་རྟག་པ་ཡིན་མོད་ཀྱི་བདེ་བ་ཡོད་དོ་ཞེ་ན། མིན་ཏེ། རྣམ་སྨིན་གྱི་ལུས་ལ་སོགས་པ་གང་མི་རྟག་པ་ལ་འཇིག་བྱེད་ཀྱིས་ངེས་པར་གནོད་པས་ཡིད་འབྱུང་བར་བྱེད་ལ་

གང་ལ། ཡིད་འབྱུང་སྐྱེ་བའི་མཚན་ཉིད་ཅན་གྱི་གནོད་པ་ཡོད་པ་དེ་བདེ་བ་མིན་པས་དེའི་ཕྱིར་ཟག་པ་དང་བཅས་པའི་མི་རྟག་པ་གང་ཡིན་པ་ཐམས་ཅད་སྡུག་བསྔལ་ཞེས་བྱ་བར་འགྱུར་རོ། །(༢༢ན)དཔེར་ན་ལན་ཚྭའི་འབྱུང་ཁུངས་སུ་གང་ལྷུང་བ་ལན་ཚྭ་ཅན་དུ་འགྱུར་བ་བཞིན་ནོ། །

ཐ༢ རབ་ཏུ་བྱེད་པའི་དགོས་པ་བསྡུས་ཏེ་བསྟན་པ།

ཀ༡ དགོས་པ་དངོས།

གཉིས་པ་རབ་ཏུ་བྱེད་པའི་དགོས་པ་བསྡུས་ཏེ་བསྟན་པ་ལ་གསུམ། དགོས་པ་དངོས་དང་། བདེ་བ་རང་མཚན་པ་མེད་པར་བསྟན་པ་དང་། གཞན་གྱི་སྐྱོན་ཀ་སྤང་བའོ། །དང་པོ་ནི། བསྟན་བཅོས་མཛད་པས་གདུལ་བྱ་འཁོར་བ་ལ་སྐྱོ་བ་བསྐྱེད་ནས་བླ་ན་མེད་པའི་བྱང་ཆུབ་ལ་དགོད་པའི་ཆེད་དུ་མདོ་ལས་སྐྱེ་བ་སྡུག་བསྔལ་ལོ་ཞེས་གསུངས་པ་དང་། སྟོན་པས་ཆོས་མངོན་པའི་བསྟན་བཅོས་ལས་ཀྱང་ཉེ་བར་ལེན་པའི་ཕུང་པོ་ལྔ་སྡུག་བསྔལ་ཞེས་གསུངས་ཏེ། སྡུག་བསྔལ་ཀུན་འབྱུང་འཇིག་རྟེན་དང་། །ལྟ་གནས་སྲིད་པའང་དེ་དག་ཡིན་ཞེས་དང་། སྡུག་བསྔལ་ཉིད་གསུམ་ལྡན་པའི་ཕྱིར། །ཅི་རིགས་མ་ལུས་སྡུག་བསྔལ་ལོ། །ཞེས་དང་། ཡིད་འོང་ཡིད་དུ་མི་འོང་དང་། །དེ་ལས་གཞན་ཟག་བཅས་རྣམས་ཀྱི། །ཞེས་སོགས་ཀྱི་དགོངས་པ་གཏན་ལ་ཕབ་ནས་འཁོར་བའི་ཉེས་དམིགས་བཤད་པས་སྐྲག་ཅིང་སྐྱོ་བར་འདོད་པ་རྣམས་ཐེག་པ་ཆེན་པོ་ལ་སྦྱར་བའི་དོན་དུ་མཛད་དེ། དེ་ཡང་སྟོན་པས་དགེ་སློང་དག་ལ་ཁྱེད་ཅག་ཡུན་རིང་པོར་འཁོར་བར་འཁོར་བ་ན་ཕ་མ་ལ་སོགས་པའི་གནས་སུ་མ་གྱུར་པ་ནི་འགའ་ཡང་མེད་དེ། ཞེས་གསུངས་པ་མཐོང་ནས་བྱང་ཆུབ་སེམས་དཔའ་རྣམས་ཀྱང་སེམས་ཅན་རྣམས་ཐེག་པ་ཆེན་པོའི་ཚུལ་གྱི་གཟིངས་ཀྱིས་འཁོར་བ་ལས་བསྒྲལ་བའི་ཕྱིར་མཆོང་བར་བཟོད་པ་ལྟར་བསྟན་བཅོས་མཛད་པ་པོས། རབ་བྱེད

དང་པོ་བཞིས་འཁོར་བའི་ཉེས་དམིགས་བཤད་ནས་སློན་པ་བྱང་ཆུབ་ཀྱི་མཆོག་ཏུ་སེམས་བསྐྱེད་(༢༢བ)པའི་ཚུལ་རྒྱས་པར་སྟོན་པ་ཡིན་ནོ། །འདིར་དྲངས་པའི་ཚིགས་བཅད་འདི་དག་སློབ་དཔོན་དབྱིག་གཉེན་གྱིས་མཛད་པའི་མཛོད་ལས་འབྱུང་ཡང་། ཆོས་མངོན་པའི་མདོ་ཚིག་ཏུ་གསལ་ལ། འདི་ལ་བརྟེན་ནས་བླ་མ་མཁས་པ་ཁ་ཅིག །སློབ་དཔོན་དབྱིག་གཉེན་མངོན་པ་སྡེ་བདུན་ཀ་མདོ་མིན་པར་བཞེད་ཀྱང་། ཀླུ་སྒྲུབ་ཡབ་སྲས་དེ་དག་ཅི་རིགས་མདོར་བཞེད་པ་འདྲ་གསུང་ངོ་། །

༦༢ བདེ་བ་རང་མཚན་པ་མེད་པར་བསྟན་པ།

གཉིས་པ་ནི། ཆོས་རྣམས་རང་བཞིན་གྱིས་གྲུབ་པ་རྡུལ་ཙམ་ཡང་མེད་པར་ཁས་ལེན་པའི་མགོན་པོ་ཀླུ་སྒྲུབ་ཀྱི་བཞེད་པ་ལ་ནི་སྡུག་བསྔལ་རང་མཚན་པ་ཡོད་ཀྱང་། ཟག་བཅས་ཀྱི་བདེ་བ་རང་མཚན་པ་ཙུང་ཟད་ཀྱང་མེད་ཅིང་དེ་ཡོད་པ་ལ་ཉེས་པ་དུ་མ་དང་བཅས་པས་སྔར་བཤད་པ་ལྟར་སྡུག་བསྔལ་ཕྱིར་བཅོས་ཀྱི་བདེ་བ་སྡུག་བསྔལ་ཙུང་ཟད་ཤུགས་ཆུང་བའི་གནས་སྐབས་ན་ཚོར་བ་སེམས་པ་འབྱུང་བ་ལ་བདེ་བར་རྣམ་པར་བཞག་གོ །

༦༣ གཞན་གྱི་ལྷན་ཀ་སྤང་བ།

གསུམ་པ་ནི། སློབ་དཔོན་དབྱིག་གཉེན་གྱིས་སློབ་དཔོན་འཕགས་པ་ལྷ་ལ། མཛོད་ཀྱི་འགྲེལ་པར། རེ་ཞིག་བདེ་བ་ལ་སྐྱུར་བ་འདེབས་པ་དེ་ལ་འདི་དྲི་བར་བྱ་སྟེ། ཞེས་སོགས་བདེ་བ་རང་མཚན་པ་དང་སྡུག་བསྔལ་རང་མཚན་པ་ཡོད་མེད་མགོ་མཚུངས་དུ་མ་མཛད་པ་ནི་དངོས་པོ་བདེན་གྲུབ་ཁས་ལེན་དགོས་པ་འོས་མེད་དུ་བྱས་པའི་ལུགས་ཡིན་ལ། དེ་ལ་འདིར་འགྲེལ་པ་མཛད་པས། དགག་པ་དུ་མ་མཛད་དེ། ཚོར་བ་བདེ་བ་རང་བཞིན་གྱིས་ཡོད་ན་སྔར་སྐྱེ་བ་དོན་མེད་

པར་ཐལ་བ་དང་། གཞན་ཡང་འབྲས་བུའི་ཚོགས་དེ་དག་དངོས་པོར་ཡོད་པར་བདེན་ན་རྒྱུས་བསྐྱེད་པ་དགོས་པ་མེད་པར་ཐལ་བ་དང་། དངོས་པོར་མེད་པར་བདེན་ན་བསྐྱེད་མི་ནུས་པར་ཐལ་བ་སོགས་དང་། འདས་མ་(༢༣ན)འོངས་ཀྱི་དངོས་པོ་རང་བཞིན་གྱིས་ཡོད་ན་ད་ལྟར་བར་ཐལ་བ་སོགས་གནོད་པ་དུ་མ་བརྗོད་ནས་སློབ་དཔོན་འཕགས་པ་ལྷ་ལ་ཟླུགས་དང་བཅས་པའི་ཚིག་གསུངས་པའི་སྐབས་མེད་པར་གསུངས་སོ། །དེས་ན་ཏིང་ངེ་འཛིན་རྒྱལ་པོ་ལས། ཇི་ལྟར་སོ་ཀའི་ཉི་མ་ཕྱེད་དུས་ན། །སྐྱེས་བུ་སྐོམ་པས་གདུངས་ཤིང་འགྲོ་བ་ཡིས། །སྨིག་རྒྱུ་དག་ལ་ཆུ་ཡི་ཕུང་པོར་མཐོང་། །ཆོས་རྣམས་ཐམས་ཅད་དེ་བཞིན་ཤེས་པར་གྱིས། །སྨིག་རྒྱུ་ལ་ཡང་ཆུ་ནི་ཡོད་མེད་ན། །སེམས་ཅན་རྨོངས་པ་དེ་ལ་འཐུང་འདོད་དེ། །མི་བདེན་ཆུ་ནི་བཏུང་བར་ཡོད་མི་ནུས། །ཆོས་རྣམས་ཐམས་ཅད་དེ་བཞིན་ཤེས་པར་གྱིས། །ཞེས་སོགས་གསུངས་པ་ལྟར་རྟེན་ཅིང་འབྲེལ་བར་འབྱུང་བ་རང་བཞིན་གྱིས་གྲུབ་པས་སྟོང་པར་ཁས་བླངས་ནས་ཐ་སྙད་ལ་ལྟོས་ཏེ་གཙང་བདེ་སོགས་སུ་འཛིན་པ་ཕྱིན་ཅི་ལོག་ཏུ་སེམས་པ་ལ་འབད་པར་བྱའོ། །

འདིར་སྨྲས་པ། འཁོར་བའི་རྒྱ་མཚོ་གཏིང་མཐའ་མེད་པར་གནས། །ཉོན་མོངས་ཆུ་སྲིན་དག་གིས་ལེགས་པར་གཟིར། །སེམས་ཤེས་སུ་ཞིག་སྐྱོ་བ་སྐྱེ་མི་འགྱུར། །འབད་དེ་བྱང་ཆུབ་བསྒྲུབ་ལ་བརྩོན་པར་བྱ། །བསྡུ་བའི་ཚིགས་སུ་བཅད་པའོ། །

ཆ༢ ལེའུའི་མཚན་བསྟན་པ།

གཉིས་པ་ལེའུའི་མཚན་བསྟན་པ་ནི། བྱང་ཆུབ་སེམས་དཔའི་རྣལ་འབྱོར་སྤྱོད་པ་བཞི་བརྒྱ་པའི་རྣམ་བཤད་ལེགས་པར་བཤད་པའི་སྙིང་པོ་ཞེས་བྱ་བ་ལས་བདེ་བར་འཛིན་པ་ཕྱིན་ཅི་ལོག་སྤོང་བའི་ཐབས་བསྟན་པ་སྟེ་རབ་ཏུ་བྱེད་པ་གཉིས་པའི་འགྲེལ་པའོ།། །།

རབ་བྱེད་གསུམ་པ།

ཅ༣ འཁོར་བ་མི་གཙང་བའི་རང་བཞིན་དུ་བསམས་པའི་སྒོ་ནས་གཙང་བར་འཛིན་པ་ཕྱིན་ཅི་ལོག་སྤོང་བའི་ཐབས་བཤད་པ།

ཆ༡ ལེའུའི་གཞུང་བཤད་པ།

ཇ༡ ཡུལ་ཡིད་དུ་འོང་བ་སྤྱད་པའི་རོལ་ཆོས་པས་བདེ་བ་སྐྱོང་བ་དགག་པ།

ཉ༡ སྲིད་པའི་ཡུལ་རྫོགས་པར་ལོངས་སྤྱད་ནས་ཆོམ་པ་དགག་པ།

གསུམ་པ་འཁོར་བ་མི་གཙང་བའི་རང་བཞིན་དུ་བསམ་པའི་སྒོ་ནས་གཙང་(༢༣ བ)བར་འཛིན་པ་ཕྱིན་ཅི་ལོག་སྤོང་བའི་ཐབས་བཤད་པ་ལ་གཉིས། ལེའུའི་གཞུང་བཤད་པ་དང་། ལེའུའི་མཚན་བསྟན་པའོ། །དང་པོ་ལ་ལྔ། ཡུལ་ཡིད་དུ་འོང་བ་སྤྱད་པའི་རོལ་ཆོས་པས་བདེ་བ་སྐྱོང་བ་དགག་པ་དང་། ལུས་གཙང་བར་ཞེན་པ་མི་རིགས་པའི་རྒྱུ་མཚན་རྒྱས་པར་བཤད་པ་དང་། དྲི་ལ་སོགས་པས་བརྒྱན་པས་གཙང་བར་ཞེན་པ་དགག་པ་དང་། གང་ལ་ཆགས་བྲལ་སྐྱེ་རིགས་པའི་ཡུལ་དེ་དག་གཙང་བར་ཞེན་པ་དགག་པ་དང་། ཐ་སྙད་ལ་ལྟོས་ཏེ་ཕྱིན་ཅི་མ་ལོག་པའི་ཡུལ་བཞི་དངོས་པོ་གཅིག་ལ་སྲིད་པར་བསྟན་པའོ། །དང་པོ་ལ་གཉིས། སྲིད་པའི་ཡུལ་རྫོགས་པར་ལོངས་སྤྱད་ནས་ཆོམ་པ་དགག་པ་དང་། སྲིད་པའི་ཡུལ་ཅི་ཙམ་སྤྱད་པ་ཙམ་གྱིས་འཕེལ་བར་འགྱུར་གྱི་ཆགས་བྲལ་དུ་མི་འགྱུར་བའི་དཔེའོ། །དང་པོ་ནི། ལུས་སྡུག་བསྔལ་གྱི་རང་བཞིན་ཡིན་ཡང་ཡུལ་ཡིད་དུ་འོང་བ་ལོངས་སྤྱད་པའི་རོལ་ཆོམ་ནས་བདེ་བར་འགྱུར་བས་ཡུལ་བསྟེན་པར་རིགས་སོ་ཞེ་ན། ན་ཆོད་དང་པོ་ལ་ཡུལ་རྫོགས་པར་ལོངས་སྤྱད་བར་དུ་ནོར་བསགས་ཡུལ་ལ་ཆགས་པ་དང་བྲལ་ནས་ཕྱིས་ཆེས་བསྟེན་པ་མི་རིགས་པར་ཐལ། བསྐལ་པ་ལ་སོགས་པའི་ཡུན་ནི་ཤིན་ཏུ་རིང་པོས་ཀྱང་སྲིད་པའི་ཡུལ་ལ་མུར་ཐུག་ནས་ཟད་པ་ཡོད་པ་མིན་ཏེ། མ་

ཡིན་པའི་ཕྱིར། སྨན་པ་ངན་པ་ནད་གསོ་བའི་ནུས་པ་མེད་པས་གསོ་དཔྱད་བྱས་ཀྱང་འབད་པ་འབྲས་བུ་མེད་པ་ལྟར་ཁྱོད་ལུས་ལ་བདེ་བས་ཚིམ་པའི་དོན་དུ་ངལ་བ་བྱས་པ་འབྲས་བུ་མེད་པར་འགྱུར་རོ། །དཔེར་ན་གཟིག་ལྤགས་བསྣོན་པའི་སྤྲེའུ་རྣམས་རྟག་ཏུ་སྐྱོ་བའི་རྒྱུར་འགྱུར་བ་བཞིན་ནོ། །

ཀ༢ སྲེད་པའི་ཡུལ་ཅི་ཙམ་སྤྱད་པ་ཙམ་གྱིས་འཕེལ་བར་འགྱུར་གྱི་ཆགས་བྲལ་དུ་མི་འགྱུར་བའི་དཔེ།

གཉིས་པ་ནི། འདོད་པས་ཚིམ་པ་དག་ཡུལ་(༢༥ན)ལ་སྲེད་པར་མི་འགྱུར་རོ་ཞེ་ན། སྲིན་བུ་སའི་ཞག་སྟེན་པར་བྱེད་པ་འགའ་ཞིག་ལ་སའི་སྲེད་པ་ལྡོག་པ་མེད་པ་ཇི་ལྟ་བ་བཞིན་སྲེད་པའི་ཡུལ་སྟེན་བཞིན་པའི་མི་རྣམས་ལ་ཡུལ་གྱིས་ཚིམ་པ་མེད་པར་མ་ཟད་འདོད་པའི་རེ་བ་གོང་ནས་གོང་དུ་འཕེལ་བའང་དེ་བཞིན་ནོ། །དཔེར་ན་སྐོམ་པས་ཉེན་པའི་རི་དྭགས་བཞིན་ནོ། །

ཇ༢ ལུས་གཙང་བར་ཞེན་པ་མི་རིགས་པའི་རྒྱུ་མཚན་རྒྱས་པར་བཤད་པ།

ཀ༡ བུད་མེད་ཀྱི་ལུས་ལ་ཆགས་པ་དགག་པ།

ཁ༡ བུད་མེད་ཀྱི་གཟུགས་མཛེས་ལ་ཆགས་པར་མི་རིགས་པ།

ག༡ བུད་མེད་ཀྱི་གཟུགས་མཛེས་ལ་ཆགས་པ་མི་རིགས་པའི་རྒྱུ་མཚན།

གཉིས་པ་ལ་གཉིས། བུད་མེད་ཀྱི་ལུས་ལ་ཆགས་པ་དགག་པ་དང་། ལུས་མི་གཙང་བར་མི་མཐོང་བཞིན་དུ་ཆགས་པ་དགག་པའོ། །དང་པོ་ལ་དྲུག །བུད་མེད་ཀྱི་གཟུགས་མཛེས་ལ་ཆགས་པར་མི་རིགས་པ་དང་། གཟུགས་མཛེས་རྙེད་དཀའ་བས་ཆགས་པར་མི་རིགས་པ་དང་། བུད་མེད་ཡོན་ཏན་ཅན་ལ་ཆགས་པ་དགག་པ་དང་། རང་ལ་ལྷག་པར་ཞེན་པའི་བུད་མེད་ལ་ཆགས་པ་མི་རིགས་པ་དང་།

ལུགས་ཀྱི་བསྟན་བཅོས་ལས་བུད་མེད་བསྟེན་པར་བཤད་པ་ཕྱིན་ཅི་ལོག་ཡིན་པ་དང་། བུད་མེད་ལ་ཆགས་པ་མི་རིགས་པའི་རྒྱུ་མཚན་གཞན་བསྟན་པའོ། །དང་པོ་ལ་གཉིས། བུད་མེད་ཀྱི་གཟུགས་མཛེས་ལ་ཆགས་པ་མི་རིགས་པའི་རྒྱུ་མཚན་དང་། གཟུགས་མཛེས་པོ་ན་ཆགས་པའི་རྒྱུར་མ་ངེས་པའོ། །དང་པོ་ནི། གལ་ཏེ་གོང་གི་ཉེས་དམིགས་བསྟན་པས་བུད་མེད་ཐུན་མོང་བ་ལ་ཆགས་པ་བཟློག་ནུས་ཀྱང་གཟུགས་དང་སྤྱོད་ཚུལ་ལྷག་པར་མཛེས་པའི་བུད་མེད་ལ་ཆགས་པ་བཟློག་མི་ནུས་སོ་ཞེ་ན། བུད་མེད་ཀྱི་ཁོག་པ་ལ་བརྒམ་པ་ཁྱོད་ལ་གཟུགས་དང་སྤྱོད་ཚུལ་མཛེས་པའི་མོ་མཆོག་གིས་ཅི་བྱེད་དེ་དེ་ལ་ལྷག་པར་ཆགས་པ་མི་རིགས་པར་ཐལ། བུད་མེད་ཀུན་གྱི་མི་གཙང་བའི་ཚོགས་རང་གི་ངང་གིས་དྲི་ང་ཞིང་རྟག་ཏུ་འཛག་པ་(༢༨བ)ལུས་ཀྱི་གྲོང་ཁྱེར་གྱི་མི་གཙང་བའི་གཏོར་ཁུང་དུ་གྱུར་པ། བཤང་ཁང་ལྟར་སྐྱེ་བོ་མང་པོས་བླུག་པའི་མི་གཙང་བ་ཁ་ནོད་པ་ལྟར་བྱེད་པ་བཤང་དོང་ལྟར་སྨུན་ནག་གི་མི་གཙང་བ་དེ་ལ་རང་གི་བློ་ཕྱིན་ཅི་ལོག་མ་གཏོགས་པ་དེ་ལ་འཕྲིག་པའི་རིག་པ་ལ་བཟང་ངན་ཐ་དད་ཙུང་ཟད་ཀྱང་ཡོད་པ་མིན་ཞིང་བུད་མེད་ཀྱི་གཟུགས་སྐྱེས་བུ་གཞན་དང་ཐ་ན་ཁྱི་དང་བྱ་རོག་ལ་སོགས་པ་གཞན་གྱི་ཡང་ལོངས་སྤྱོད་ཡིན་ན། གཟུགས་མཛེས་ལ་ལྷག་པར་ཆགས་པ་མི་རིགས་པའི་ཕྱིར་རོ། །དཔེར་ན་བུད་མེད་ངན་པ་ཞིག་ལ་ཁྱིམ་ཐབ་ཀྱིས་ཁྱོད་གཟུགས་ངན་ནོ་ཞེས་སྨྲས་པས་དེས་གཟུགས་ངན་ནམ། བཟང་ཡང་ཙུང་འཕྲིག་པ་བསྟེན་པ་ལ་ཁྱད་པར་མེད་དོ་ཞེས་སྨྲས་པ་ལྟར་རོ། །དཔེའི་འཕྲོས་གཞན་འགྲེལ་པ་ལས་ཤེས་པར་བྱའོ། །

ཐ༢ གཟུགས་མཛེས་པོ་ན་ཆགས་པའི་རྒྱུ་མ་ངེས་པ།

གཉིས་པ་ནི། བློ་གྲོས་ངན་པ་ཕྱིན་ཅི་ལོག་ཁྱོད་གཟུགས་མཛེས་པོ་ན་ལ་རྒྱུ་ཅིས་ཆགས་པར་མི་རིགས་པར་ཐལ། ཉག་པོའི་ཡིད་ལ་ཉག་མོ་སྡུག་པ་ལྟར་སྐྱེས་པ་གང་ལ་བུད་མེད་གང་ཡིད་དུ་འོང་བར་གྱུར་པ་དེ་ནི་དེ་ཡིས་འཚེངས་པར་རློམ་ཞིང་ཁྱི་དང་བྱ་རོག་སོགས་ལའང་རང་རང་གི་མོ་ལ་ཆགས་པ་ཐུན་མོང་བ་ཡིན་པས་སོ། །དཔེར་ན་གནོད་སྦྱིན་རང་གི་ཆུང་མ་ལ་ཕྱོགས་སུ་ལྷུང་བ་བཞིན་ནོ། །

ད༢ གཟུགས་མཛེས་རྙེད་དཀའ་བས་ཆགས་པར་མི་རིགས་པ།

གཉིས་པ་ནི། བུད་མེད་ཡིད་འཕྲོག་རྙེད་དཀའ་ཞིང་རྙེད་པ་ངོ་མཚར་བས་དེ་ལ་ཆགས་པར་རིགས་སོ་ཞེ་ན། ཁྱོད་ལ་ཡན་ལག་ཀུན་མཛེས་པའི་མོ་གང་ཡིན་པ་དེ་ཁྱོད་དང་ཕྲད་པའི་སྔར་ཡང་(༢༥ན)སྐྱེ་བོ་ཀུན་ལ་ཐུན་མོང་བ་ཡིན་ན་ཐུན་མོང་བ་དེ་རྙེད་པས་ཁྱོད་ལ་ངོ་མཚར་ལྟར་ཇི་ལྟར་ཡང་ནི་འགྱུར་བ་ཡིན་པར་ཐལ་ལོ། །དཔེར་ན་རྒྱལ་པོ་འཆར་བྱེད་ཀྱིས་བུད་མེད་ཐུན་མོང་བ་ཞིག་རྙེད་པས་ངོ་མཚར་བར་རློམ་པ་བཞིན་ནོ། །

ད༣ བུད་མེད་ཡོན་ཏན་ཅན་ལ་ཆགས་པ་དགག་པ།

ཐ༡ བུད་མེད་ཡོན་ཏན་ཅན་ལ་ཆགས་པ་མི་རིགས་པ།

གསུམ་པ་ལ་གཉིས། བུད་མེད་ཡོན་ཏན་ཅན་ལ་ཆགས་པ་མི་རིགས་པ་དང་། ཆགས་པ་ཡོན་ཏན་པོ་ནའི་རྗེས་སུ་འགྲོ་ལྡོག་བྱེད་པར་མ་ངེས་པའོ། །དང་པོ་ནི། བུད་མེད་ཀུན་ལ་ཆགས་པར་མི་རིགས་ཀྱང་རང་བཞིན་དྲང་བ་ལ་སོགས་ཡོན་ཏན་དང་ལྡན་པ་ལ་ཆགས་པར་རིགས་སོ་ཞེ་ན། གལ་ཏེ་ཡོན་ཏན་དང་ལྡན་པ་སྡུག་པ་འདོད་

ཆགས་ཀྱི་རྒྱུ་དང་ལྡོག་པ་སྐྱོན་དང་ལྡན་པ་ལ་ནི་ལྡོག་པ་ཞེ་སྡང་གི་རྒྱུར་མཐོང་ནས་ཡོན་ཏན་དང་ལྡན་པ་ཁོ་ན་ལ་ཆགས་པར་མི་རིགས་པར་ཐལ། གཅིག་ལ་ཡང་རིམ་གྱིས་སྐྱོན་ཡོན་གཉིས་ཀ་འབྱུང་བས་སྐྱོན་ཡོན་མཐའ་གཅིག་ཏུ་རྣམ་པར་གནས་པ་མེད་པས་སྔ་མ་ཡོན་ཏན་དང་ལྡན་པའམ་ཅིག་ཤོས་ཕྱི་མ་སྐྱོན་དང་ལྡན་པ་ལས་ནི་གང་ཞིག་བདེན་ན་ཅིག་ཤོས་བདེན་པར་འགལ་བས་མཐའ་གཅིག་ཏུ་ཆགས་སྡང་མི་རིགས་སོ། །དཔེར་ན་ཁ་ཟས་བཟང་པོ་ལོངས་སྤྱོད་པའི་ཚེ་དགའ་བ་དང་། བཤང་ཁང་དུ་འཇུག་པའི་ཚེ་མི་དགའ་བ་བཞིན་ནོ། །

ཐ༢ ཆགས་པ་ཡོན་ཏན་ཁོ་ནའི་རྗེས་སུ་འགྲོ་ལྡོག་བྱེད་པར་མ་ངེས་པ།

གཉིས་པ་ནི། ཡོན་ཏན་དང་ལྡན་པའི་བུད་མེད་ཁོ་ན་ཡིད་ལ་རྗེས་སུ་མཐུན་པས་ཆགས་པའི་རྒྱུར་མི་རིགས་པར་ཐལ། བླུན་པོའི་འདོད་ཆགས་ཡོན་ཏན་དང་ལྡན་པ་འབའ་ཞིག་ལ་མི་སྐྱེའི་སྐྱོན་ལྡན་ལ་ཡང་སྐྱེ་བར་མཐོང་བའི་ཕྱིར་དང་། ཡོན་ཏན་དང་ལྡན་པའི་རྒྱུ་མེད་པ་ལ་ཆགས་པ་འཇུག་པ་རྣམས་ཀྱི་ཆགས་པ་ལྡོག་པ་ཡོན་ཏན་དང་མི་ལྡན་པའི་རྒྱུ་ལས་(༢༥བ)ག་ལ་ཞིག་ཡིན་ངོ་ཚ་མེད་པ་ལ་ངེས་པ་མེད་པའི་ཕྱིར་རོ། །དཔེར་ན་བྲམ་ཟེ་མ་ཉིང་མོ་བུད་མེད་གཞན་གྱི་བདེ་བ་མི་ཚོར་བ་ལ་དྲུ་བ་བཞིན་ནོ། །

ཏ༤ རང་ལ་ལྷག་པར་ཞེན་པའི་བུད་མེད་ལ་ཆགས་པ་མི་རིགས་པ།

བཞི་པ་ནི། བུད་མེད་ཀྱིས་སྐྱེས་པ་ཤ་ཡང་ཕྱི་བཞིན་ལྟེབ་ཀྱི་སྐྱེས་པ་ནི་དེ་ལྟར་མིན་པས་རང་ལ་ཆགས་པའི་བུད་མེད་བསྟེན་པར་རིགས་སོ་ཞེ་ན། བུད་མེད་རང་ཁོ་ན་ལ་ཆགས་པ་མེད་པར་ཐལ། བུད་མེད་ཇི་སྲིད་སྐྱེས་པ་གཞན་གྱི་རོ་ཤེས་པར་མ་གྱུར་པ་དེ་སྲིད་དུ་ན་དེ་ནི་ཁྱོད་ལ་སྙིང་ཉེ་ཞིང་འདུག་ལ་གཞན་གྱི་རོ་མྱང་བ་ན་

ཁྱོད་ཀྱང་འདོར་བས་ནད་ངན་དང་མཚུངས་པའི་བུད་མེད་ནི་རྟག་ཏུ་སྐྱེས་པ་གཞན་གྱི་རྐྱེན་ལས་བསྲུང་བར་བྱ་དགོས་པས། ཡིད་བརྟན་མི་བྱའོ། །དཔེར་ན་བྲམ་ཟེ་མོ་དོན་དུ་གཉེར་བའི་སྐྱེས་བུ་ལ་དེས་ལེགས་པར་བསྒྲུབ་པ་བཞིན་ནོ། །

༨༥ ལུགས་ཀྱི་བསྟན་བཅོས་ལས་བུད་མེད་བསྟེན་པར་བཤད་པ་ཕྱིན་ཅི་ལོག་ཡིན་པ།

ལྔ་པ་ནི། ལུགས་ཀྱི་བསྟན་བཅོས་ལས། ལང་ཚོ་ལ་བབ་པའི་ན་ཚོད་དང་པོ་ལ་འདོད་པ་བསྟེན་པར་བཤད་པས་དེ་ལྟར་བྱ་བར་འོས་ཞེ་ན། རང་གཞན་བྱ་བ་མིན་པ་ལ་སྦྱོར་བའི་ལུགས་ལྟར་བྱ་བ་མི་རིགས་པར་ཐལ། ཆགས་ཅན་རྣམས་ཀྱིས་བར་མར་གྱུར་པའི་ཚེ་རང་གིས་བྱ་བ་ངན་པ་བྱས་པ་གང་ཡིན་པ་དེ་ནི་རྒན་པོའི་ཚེ་ཆགས་བྲལ་མ་ཐོབ་ཀྱང་ཡིད་ལ་དྲན་པ་ཙམ་གྱིས་མི་འདོད་ན་རྒྱུ་མཚན་ཇི་ལྟ་བུར་ན་གྲོལ་བ་དགྲ་བཅོམ་པ་རྣམས་འདོད་ཆགས་ཀྱི་སྤྱོད་པ་དེ་ལ་ཤིན་ཏུ་གདུང་ཞིང་སྨད་པར་མི་འགྱུར་ཏེ་ཤིན་ཏུ་སྨད་པ་དང་ཡིད་འབྱུང་གི་གནས་པོ་ནར་གཟིགས་པས་བདག་ལེགས་སུ་འདོད་པས་སྤང་བར་བྱའོ། །དཔེར་ན་བུད་མེད་ཅིག་དུས་སྟོན་ལ་རིངས་པས་གྲོས་པོའི་སྐྱེ་ལ་བེའུ་བཏགས་པ་དེས་ཅི་བྱེད་དྲིས་པས་ཤིན་ཏུ་ངོ་ཚ་བ་བཞིན་ནོ། །

༨༦ བུད་མེད་ལ་ཆགས་པ་མི་རིགས་པའི་རྒྱུ་མཚན་གཞན་བསྟན་པ།

༨༧ བུད་མེད་དང་ཕྲད་པའི་བདེ་བ་འདོད་པ་ན་བདེ་བའི་མཆོག་ཏུ་མི་འཐད་པ།

དྲུག་པ་ལ་ལྔ། (༢༦ན)བུད་མེད་དང་ཕྲད་པའི་བདེ་བ་འདོད་པ་ན་བདེ་བའི་མཆོག་ཏུ་མི་འཐད་པ་དང་། བུད་མེད་ལ་ཆགས་པས་རང་པོ་ནའི་དབང་དུ་བྱེད་པར་མི་འཐད་པ་དང་། བུད་མེད་དང་ཕྲད་པའི་བདེ་བའི་རྒྱུ་བུད་མེད་པོ་ནར་མི

འཐད་པ་དང་། ཆགས་ཅན་ཡང་དང་ཡང་དུ་བུད་མེད་དོན་དུ་གཉེར་བས་དེའི་བདེ་བ་འདོད་བྱར་མི་འཐད་པའོ། །དང་པོ་ནི། བུད་མེད་ལ་བརྟེན་པའི་བདེ་བ་ནི་འདོད་ཁམས་ན་བདེ་བའི་མཆོག་ཡིན་པས་དེའི་དོན་དུ་བུད་མེད་གཟུང་བར་བྱའོ། །ཞེ་ན། མི་རིགས་ཏེ། བུད་མེད་དེ་ལ་ཆགས་པ་གང་གི་ཡིད་རྟག་ཏུ་གནས་ལུགས་ཀྱི་དོན་ལ་ཕྱིར་ཕྱོགས་པ་དེའི་བདེ་བ་མཆོག་ཏུ་གྱུར་པ་ཅི་འདྲ་ཞིག་ཡིན་བདེ་བ་མཆོག་མིན་པར་ཐལ། བུད་མེད་ལ་མ་ཆགས་པ་ལ། དེ་ལ་དམིགས་པའི་བདེ་བ་མེད་ཅིང་ཆགས་པ་དེ་ཡང་ལྷུན་པོ་མིན་པ་ལ་མེད་ན་སྐྱེ་མེད་པའི་ཕྱིར་རོ། །དཔེར་ན་བྱིས་པ་རྒྱལ་པོའི་བཙུན་མོ་འདོད་པ་ཞིག་དེའི་ཆེད་དུ་སྡུག་བསྔལ་ཡུན་རིང་པོ་སྤྱོང་ཡང་འདོད་པ་མ་གྲུབ་པ་བཞིན་ནོ། །

ཐ༢ བུད་མེད་ལ་ཆགས་པས་རང་གི་ནའི་དབང་དུ་བྱེད་པར་མི་འཐད་པ།

གཉིས་པ་ནི། གལ་ཏེ་བུད་མེད་བདག་གིར་བྱེད་ན་ཡང་འདི་ང་ཡི་ཡིན་གྱི་གཞན་གྱི་མ་ཡིན་ནོ་ཞེས། སྐྱེས་པ་གཞན་ལ་ཕྲག་དོག་གི་སྒོ་ནས་ཡོངས་སུ་འཛིན་པ་འདི་ཀོ་སྐྱེ་འདི་ནི་ཅི་ཞིག་ཡིན་མི་རིགས་པར་ཐལ། འདོད་ལྡན་ཁྱོད་ལ་ལོངས་སྤྱོད་ཀྱི་ཆེད་དུ་བུད་མེད་ལ་རྒྱུན་དུ་གུས་པ་བཞིན་དུ་རྟག་པར་ནི་མོ་དང་ལྷན་ཅིག་ཕྲད་པའི་སྒོ་ནས་བསྟེན་པའི་ནུས་པ་མེད་པའི་ཕྱིར་རོ། །དཔེར་ན་ཁྲམ་ཟེ་མོ་དྲོད་ཉམས་པ་ཞིག་ཁ་ཟས་བཟང་ལ་མང་བ་དུ་མ་ཉེད་ཅིང་གཞན་ལ་སྦྱིན་པར་ཡང་མི་བྱེད་རང་གིས་ཟ་མི་ནུས་ཀྱང་ད་དུང་ལེན་པ་བཞིན་ནོ། །

ཐ༣ འདོད་ཆགས་ལ་བདེ་བར་བཟོད་པ་མི་འཐད་པ།

གསུམ་པ་ནི། འཇིག་རྟེན་(༢༨བ)ན་འདོད་ཆགས་ལ་བདེ་བར་བརྗོད་ལ་དེ་བུད་མེད་མེད་པར་མི་འབྱུང་བས་བུད་མེད་འདོད་པར་བྱའོ་ཞེ་ན། གལ་ཏེ་འདོད་

ཆགས་བདེ་བ་ཡིན་ན་དེ་འཇོམས་པའི་ཐབས་སུ་བུད་མེད་དག་གིས་དགོས་པ་མེད་པར་འགྱུར་བར་ཐལ། བདེ་བ་དོར་བྱ་ཡིན་ནོ་ཞེས་བྱ་བར་ཇི་ལྟར་ཡང་ནི་མ་མཐོང་སྟེ། མ་མཐོང་བའི་ཕྱིར་རོ། །དཔེར་ན་བཀྲེས་པ་ཞིག་ཁྱིམ་དུ་ཞུགས་ནས་སྣོད་གཅིག་ཏུ་ཐལ་བ་མཐོང་གཞན་དུ་ཆུ་མཐོང་དེ་ཕྱིར་འདུ་ཤེས་ནས་སླུས་ཏེ་ཟོས་པ་དང་བཀྲེས་པ་དང་བྲལ་བས་ཐལ་བར་ཤེས་ནས་དེས་སྐྱོ་སྟེ་ཟས་ཡོད་པ་ཡང་བོར་ནས་སོང་བ་བཞིན་ནོ། །

ཐ༤ བུད་མེད་དང་ཕྲད་པའི་བདེ་བའི་རྒྱུ་བུད་མེད་ཁོ་ནར་མི་འཐད་པ།

བཞི་པ་ནི། བུད་མེད་དང་སྦྱར་བས་བདེ་བ་འབྱུང་ངོ་ཞེ་ན། བུད་མེད་དང་ལྷན་ཅིག་སྦྱར་བའི་བདེ་བ་དེའི་རྒྱུ་མཛའ་མོ་ཉིད་ཁོ་ན་ཡིན་ཞེས་བློན་པོ་མིན་པ་སུ་ཞིག་འཛིན་དེ་ཁོ་ན་མིན་པར་ཐལ། བུད་མེད་དང་ལྷན་ཅིག་སྦྱོར་བ་ནའང་དེའི་བདེ་བ་ཚུལ་མིན་ཡིད་བྱེད་ཀྱི་རྒྱུ་གཞན་ལས་སྐྱེ་འགྱུར་ན་སྟེ་སྐྱེ་བའི་ཕྱིར་རོ། །དཔེར་ན་བྱིས་པ་རང་གི་ཁྱིམ་ཐབས་ཀྱིས་ལས་བྱེད་དུ་བཅུག་པས་མགུ་བ་བཞིན་ནོ། །

ཐ༥ ཆགས་ཅན་ཡང་དང་ཡང་དུ་བུད་མེད་དོན་དུ་གཉེར་བས་དེའི་བདེ་བ་འདོད་བྱར་མི་འཐད་པ།

ལྔ་པ་ནི། གལ་ཏེ་འདོད་པ་མ་སྐྱེས་པའི་བདེ་བ་རང་མཚན་པ་ཡོད་དེ། ཆགས་ཅན་ཡང་དང་ཡང་དུ་འདོད་པ་དོན་དུ་གཉེར་བའི་ཕྱིར་རོ་ཞེ་ན། འདོད་ཆགས་བདེ་བའི་རང་བཞིན་ཡིན་པས་དོན་དུ་གཉེར་བ་མིན་པར་ཐལ། ཁྲག་དང་ཆུ་སེར་འཛག་པ་སོགས་ཀྱི་ཉེས་པ་མ་མཐོང་བས་ཙུང་ཟད་བདེ་བས་མཛེ་པོ་ཕྲུགས་པ་བཞིན་དུ་འདོད་ཆགས་ཀྱིས་བློ་གྲོས་ཀྱི་མིག་མདོངས་པས་འདོད་པའི་སྐྱོན་མི་མཐོང་བས་ཡིན་པའི་ཕྱིར་རོ། །འཕགས་པ་ཆགས་བྲལ་རྣམས་ལ་མཛེ་པོ་ལྟར་ཆགས་ཅན་གྱི་

གང་ཟག་སྡུག་བསྔལ་དང་ལྡན་པར་སྣང་བས་བདེ་བར་མི་རིགས་སོ། །དཔེར་ན་རྒྱན་པོ་དང་ཆང་(༢༧ན)བསྟེན་པ་སོགས་རྫས་ཚུད་ཟ་བའི་རྒྱུར་འགྱུར་བ་བཞིན་ནོ། །

༧༢ ལུས་མི་གཙང་བར་མི་མཐོང་བཞིན་དུ་ཆགས་པ་དགག་པ།

༥༡ བུད་མེད་དང་འཕྲད་པའི་ཚེ་དེས་བཏུས་པ་ཆེན་པོ་བྱས་པ་བཟློད་པས་དེའི་ལུས་ངག་གི་གཡོ་བ་བདེ་བ་ཡིན་པ་དགག་པ།

གཉིས་པ་ལུས་མི་གཙང་བར་མི་མཐོང་བཞིན་དུ་ཆགས་པ་དགག་པ་ལ་ དྲུག །བུད་མེད་དང་འཕྲད་པའི་ཚེ་དེས་བཏུས་པ་ཆེན་པོ་བྱས་པ་བཟློད་པས་དེའི་ལུས་ངག་གི་གཡོ་བ་བདེ་བ་ཡིན་པ་དགག་པ་དང་། བུད་མེད་ཀྱི་ཆེད་དུ་སྐྱེས་པ་གཞན་ལ་ཕྲག་དོག་བྱེད་པས་བུད་མེད་ཀྱི་བདེ་བ་ཡོད་པ་དགག་པ་དང་། བུད་མེད་ཀྱི་ལུས་མི་གཙང་བར་རྟོགས་བཞིན་དུ་ཆེས་ཆགས་པར་མི་རིགས་པ་དང་། སྐྱོན་ཅན་མིན་པས་སྨད་བྱ་མིན་པ་དགག་པ་དང་། བུད་མེད་ཀྱི་ལུས་གཙང་བར་ཞེན་པ་དགག་པ་དང་། ལུས་གཙང་བར་ཞེན་པའི་རྒྱུ་མཚན་ལྟར་སྣང་གཞན་དགག་པའོ། །དང་པོ་ནི། གལ་ཏེ་འདོད་པ་དག་ལ་མི་གཙང་བ་ཡོད་ཀྱང་བུད་མེད་དེས་མཆིལ་མ་འཐོར་བ་སོགས་ཀྱི་བཏུས་པ་བཟློད་ཅིང་སླར་ཡང་དེ་ལ་བསྟོད་པའི་ཚིག་སྨྲ་བའི་ལུས་ངག་གི་གཡོ་བ་དེ་བདེ་བ་ཡིན་ནོ་ཞེ་ན་མི་རིགས་ཏེ། མགོན་མེད་ཅིང་བཀྲེས་པས་ཉེན་པ་རྣམས་ལ་མུ་གེར་བྱ་བ་ཕྱུག་པོ་བརྩེ་བ་མེད་པ་དག་གིས་ལན་བརྒྱར་བཏུས་སུ་ཟིན་ཀྱང་ཕྱིས་འདིས་ཅུང་ཟད་སྟེར་རོ་སྙམ་དུ་བཏུས་ཐབས་གང་འབྱུང་བ་དེ་ནི་བུད་མེད་དང་ཕྲད་པའི་ཚེ་ཆགས་ཅན་ཀུན་གྱི་ལུས་ངག་གི་གཡོ་བ་ནི་དཔེ་དེ་དང་འདྲ་བ་ཡིན་པས་བདེ་བར་མི་རིགས་སོ། །དཔེར་ན་བཙོན་རར་ཚུད་པ་འགའ་ཞིག་སྡེ་བའི་ཆུ་འཕྱུང་འདོད་པ་བཞིན་ནོ། །

༦༢ བུད་མེད་ཀྱི་ཆེད་དུ་སྐྱེས་པ་གཞན་ལ་ཕྲག་དོག་བྱེད་པས་བུད་མེད་ཀྱི་བདེ་བ་ཡོད་པ་དགག་པ།

གཉིས་པ་ནི། འདི་ན་བུད་མེད་ཀྱི་བདེ་བ་ལ་ཆགས་པས་གཞན་ལ་ཕྲག་དོག་བྱེད་པ་མཐོང་བའི་ཕྱིར་བུད་མེད་ཀྱི་བདེ་བ་རང་མཚན་པ་ཡོད་དོ་ཞེ་ན། དེས་བུད་མེད་ལ་བརྟེན་པའི་བདེ་བ་རང་མཚན་པ་ཡོད་པར་མི་འགྱུར་བར་ཐལ། (༢༧བ)ནོར་གྱིས་དྲེགས་པ་ཡིས་ནི་ཕྱུག་པོ་ཁ་ཅིག་འདིར་གཞན་མ་འཇུག་ཅིག་ཅེས་བཤད་ཁང་ལའང་ཆགས་པ་སྐྱེ་ཞིང་དེ་དང་འདྲ་བར་འདོད་ལྡན་ཁ་ཅིག་བུད་མེད་ལ་ལ་ལ་ཆགས་པ་འགའ་ཞིག་སྙིང་པོ་མེད་པར་སྐྱེས་པ་འགའ་ལ་ཕྲག་དོག་བྱེད་པ་མཐོང་བའི་ཕྱིར་རོ། །དཔེར་ན་རྒྱལ་པོ་སྨམ་པོ་རྩེ་མོ་མཐོ་དམའ་ལ་དྲེགས་པས་བྲན་མོ་ཆུ་འཐུང་དུ་མ་གནང་བ་བཞིན་ནོ། །

༦༣ བུད་མེད་ཀྱི་ལུས་མི་གཙང་བར་རྟོགས་བཞིན་དུ་ཆེས་ཆགས་པར་མི་རིགས་པ།

གསུམ་པ་ནི། བུད་མེད་ཀྱི་ལུས་མི་གཙང་བ་ཡིན་ཡང་དེ་ལས་བདེ་བ་འབྱུང་བས་ཆགས་པར་རིགས་སོ་ཞེ་ན། མི་གཙང་བར་རྟོགས་བཞིན་དུ་ཆགས་པ་མི་རིགས་པར་ཐལ། མི་གཙང་བ་རྐང་པས་ཐེབས་པ་ལ་དེ་མ་མཐོང་བས་གཏི་མུག་འབྱུང་ཞིང་དྲི་ང་བས་གནོད་པས་ཁྲོ་བ་འབྱུང་རིགས་ཀྱི་རྣམ་པ་ཀུན་ཏུ་རྗེས་སུ་མི་མཐུན་པའི་འདོད་ཆགས་ནི་འབྱུང་བར་རིགས་པ་མ་ཡིན་ནོ། །དེས་ན་བུད་མེད་ཀྱི་ལུས་ལ་ཆགས་པར་མི་རིགས་སོ། །དཔེར་ན་མཚན་མོ་མི་གཙང་བ་མནན་པ་བཞིན་ནོ། །

༦༤ སྐྱོན་ཅན་མིན་པས་སྨད་བྱ་མིན་པ་དགག་པ།

བཞི་པ་ནི། ལུས་མི་གཙང་བ་ཡིན་ཡང་འཇིག་རྟེན་ན་སྐྱོན་ཅན་མིན་པས་སྨད་པར་བྱ་བ་མིན་ཏེ། ཇི་སྐད་དུ། གཞན་ལས་བྲམ་ཟེ་རྣམས་གཙང་སྟེ། །བུད་མེད་རྣམས་ནི་ཀུན་ལས་གཙང་། །ཞེས་གྲགས་པས་སོ་ཞེ་ན། མི་རིགས་ཏེ། སེམས་རྣལ་དུ་མི་གནས་པའི་མི་རྣམས་མ་གཏོགས་ངན་སྨྲུགས་སོགས་མི་གཙང་བའི་སྐྱོན་ནི་ཤིན་ཏུ་སྨད་པར་འབྱུང་བར་འགྱུར་ན་ལུས་གང་ལས་མི་གཙང་བ་རྒྱུན་དུ་འབྱུང་བར་འགྱུར་བ་དེ་ནི་སྨད་པར་སེམས་རྣལ་དུ་གནས་པ་སུ་ཞིག་རྒྱུ་མཚན་ཅིས་མི་སེམས་བུད་མེད་ཀྱི་ལུས་སྨད་བྱ་བ་མ་ཡིན་ཞེས་བྱ་བ་མི་རིགས་སོ། །མི་རྣམས་མ་རྟོགས་ཞེས་འབྱུང་བ་ལྟར་ན་བུད་མེད་ཀྱི་ལུས་སྐྱོན་ཅན་དུ་མ་གྲགས་པ་མི་རྣམས་(༢༢ན)ཀྱིས་མ་རྟོགས་པར་ཟད་དེ་ཞེས་བཤད་དེ་འགྲེལ་པའི་དོན་སྔ་མ་ལྟར་སེམས་སོ། །དཔེར་ན་བུད་མེད་མཛེས་པ་ཞིག་ཡོད་པ་འདོད་ལྡན་ཁ་ཅིག་གིས་ཡོན་ཏན་ཅན་དུ་འཛིན་ལ། དེ་སྨྲུག་པའི་སྐྱོད་ཐོགས་པ་མཐོང་ནས་སྐྱོན་ཅན་དུ་སེམས་པ་བཞིན་ནོ། །

༦༥ བུད་མེད་ཀྱི་ལུས་གཙང་བར་ཞེན་པ་དགག་པ།

ལྔ་པ་ནི། བུད་མེད་ཀྱི་ལུས་ལ་གཙང་བ་ཡོད་དེ། །སྐྱེས་བུ་རྣམས་གཙང་བར་ཞེན་པའི་ཕྱིར་རོ་ཞེ་ན། བུད་མེད་ཀྱི་ལུས་དེ་ལ་གཙང་བ་རང་བཞིན་དུ་ཡོད་དོ་ཞེས་བློ་ལྡན་མི་ནི་གང་ཞིག་སྨྲ་བར་མི་རིགས་པར་ཐལ། མེ་ཏོག་དང་། དྲི་དང་། རྒྱན་ལ་སོགས་པ་དང་དངོས་པོ་གཙང་བ་ཐམས་ཅད་ཀྱི་ཐ་མ་དང་བུད་མེད་ཀྱི་ལུས་དང་ཕྲད་པའི་སྟོབས་ཀྱིས་གང་དུ་དམིགས་པར་འགྱུར་བའི་ཕྱིར་རོ། །དཔེར་ན་གང྄འི་ཆུ་མངར་བ་རྒྱ་མཚོ་དང་ཕྲད་པ་ན་བ་ཚ་ཅན་དུ་འགྱུར་བ་བཞིན་ནོ། །

ཏ༨ ལུས་གཙང་བར་ཞེན་པའི་རྒྱུ་མཚན་ལྟར་སྣང་གཞན་དགག་པ།

ཐ༡ ལུས་ཀྱིས་དྲིགས་པ་མཐོང་བས་ལུས་གཙང་བར་ཞེན་པ་དགག་པ།

དྲུག་པ་ལ་གསུམ། ལུས་ཀྱིས་དྲིགས་པ་མཐོང་བས་ལུས་གཙང་བར་ཞེན་པ་དགག་པ་དང་། ལུས་ཀྱི་མི་གཙང་བའི་ཆ་འབད་པས་སྦྱོང་བ་མཐོང་བས་གཙང་བ་ཡོད་པ་དགག་པ་དང་། དྲང་སྲོང་དཀའ་ཐུབ་ཅན་གྱིས་བུད་མེད་ཀྱི་ལུས་བསྟེན་པ་མཐོང་བས་བུད་མེད་ཀྱི་ལུས་སྤང་བྱ་མིན་པ་དགག་པའོ། །དང་པོ་ནི། གལ་ཏེ་ལུས་ཀྱི་དྲིགས་པ་མཐོང་བའི་ཕྱིར་ལུས་ལ་གཙང་བ་ཡོད་དོ་ཞེ་ན། མངལ་ནས་སྐྱེ་བཞིན་པ་གང་ཞིག་མའི་མངལ་དུ་ཕོ་བ་དང་ལོང་ག་གཉིས་ཀྱི་བར་བཤང་ཁང་དང་འདྲ་བའི་ནང་ན་འདུག་ཅིང་བཤང་བའི་ཉིང་ཁྲུས་གནས་པར་བྱས་པ་དེ་མེད་པར་ནི་མི་གནས་པ་མི་གཙང་བའི་སྲིན་བུ་ལྟ་བུ་དེ་ལ་རྫོངས་པས་གཙང་ངོ་སྙམ་དུ་དྲིགས་པ་སྐྱེ་བར་ཟད་པའི་(༢༨བ)ཕྱིར་རོ། །དེ་ཙམ་གྱིས་དྲིགས་མི་རིགས་པར་ཐལ་ལོ། །དཔེར་ན་བྱི་ཕོ་མི་གཙང་བའི་ཁྲིན་པར་བཙུག་པ་མི་གཙང་བས་སྲོག་འཚོ་བ་ཞིག་ཕྱིས་དེ་ལས་ཐར་པ་ན་གཞན་གྱི་གོས་ཀྱིས་རེག་པས་ཀྱང་མི་གཙང་བར་སེམས་པ་བཞིན་ནོ། །

ཐ༢ ལུས་ཀྱི་མི་གཙང་བའི་ཆ་འབད་པས་སྦྱོང་བ་མཐོང་བས་གཙང་བ་ཡོད་པ་དགག་པ།

གཉིས་པ་ནི། གལ་ཏེ་ཁྲུས་ལ་སོགས་པས་ལུས་ལ་མི་གཙང་བ་སྦྱོང་བའི་ཕྱིར་ངེས་པར་ལུས་ལ་གཙང་བ་ཡོད་དོ་ཞེ་ན། ཆུའི་བསང་གཏོར་དང་ཁྲུས་ལ་སོགས་པ་ཐབས་གང་གིས་ཀྱང་ལུས་ཀྱི་ནི་ནང་ཤུག་གཙང་བར་མི་འགྱུར་ན་ཁྱོད་ནི་ལུས་ཀྱི་ནང་ལ་གཙང་བའི་ཕྱིར་དུ་འབད་པ་བྱེད་པ་དེ་ལྟར་ལུས་ལས་བྱུང་བའི་ཕྱི་རོལ་གྱི་མི་གཙང་བ་ལ་མ་ཡིན། དེ་ལ་ཡང་གཙང་བའི་ཕྱིར་འབད་པར་རིགས་སོ། །དཔེར་

ན། ཅེ་སྤྱང་གཉིས་གཅིག་ནི་པ་ལྷ་ཤའི་མེ་ཏོག་ལྷུང་བ་ལ་བསམས་ནས་ཤིང་འདི་ཐམས་ཅད་འདི་འདྲའོ་སྙམ་པ་དང་། ཅིག་ཤོས་ནི། ལྷུང་བ་དེ་ཤ་མིན་གྱི་པ་ལྷ་ཤ་ལ་གནས་པ་དེ་ཤ་ཡིན་ནོ་སྙམ་པ་ལྟར་ལུས་ལས་བྱུང་བ་དེ་མི་གཙང་། གང་གནས་པ་དེ་གཙང་ངོ་སྙམ་པ་ཡང་དེ་དང་འདྲའོ། །

ཐ༣ དྲང་སྲོང་དཀའ་ཐུབ་ཅན་གྱིས་བུད་མེད་ཀྱི་ལུས་བསྟེན་པ་མཐོང་བས་བུད་མེད་ཀྱི་ལུས་སྤང་བྱ་མིན་པ་དགག་པ།

གསུམ་པ་ནི། བུད་མེད་ཀྱི་ལུས་ལ་དྲང་སྲོང་དཀའ་ཐུབ་ཅན་རྣམས་ཀྱིས་ཀྱང་མི་སྤོང་བའི་ཕྱིར་བུད་མེད་ལ་སྲེད་པ་སྤང་བྱ་མིན་ནོ་ཞེ་ན། བུད་མེད་གཙིན་ཅན་ཡིན་ཡང་དྲང་སྲོང་དེ་དག་གིས་མི་སྤོང་བ་ནི་རང་དང་རང་བཞིན་འདྲ་བས་ཡིན་ཏེ། གལ་ཏེ་མཛེ་ཅན་འགའ་ཞིག་ཕོ་ན་ལ་ཡོད་པ་བཞིན་དུ་དེ་ལྟར་གཙིན་ཅན་ཀུན་ལ་མཚུངས་པ་མིན་པར་འགའ་ཞིག་ཕོ་ན་ལ་ཡོད་ན་མཛེ་ཅན་སྣ་འགེབས་པ་དང་རིག་དོགས་བྱེད་པ་ཇི་བཞིན་དུ་གཙིན་ཅན་དེ་དེ་ལྟར་དེ་མེད་པར་མི་ཀུན་གྱིས་སྤོང་བར་འགྱུར་བས་(ཡ་ན)རང་བཞིན་མཚུངས་པས་ཡིན་གྱི་གཙང་བས་མིན་ནོ། །དཔེར་ན་ལྷྭ་བ་མེད་པའི་མི་ལྷྭ་བ་ཅན་གྱི་ཁྱིམས་པའི་ཡུལ་དུ་ཕྱིན་པ་ན་དེ་ལ་གཟུགས་ངན་པར་རྟོག་པ་བཞིན་ནོ། །རྒྱལ་པོའི་དཔེ་ནི་འགྲེལ་པ་ལྟར་རོ། །

ཛ༣ དྲི་ལ་སོགས་པས་བརྒྱན་པས་གཙང་བར་ཞེན་པ་དགག་པ།

གསུམ་པ་ནི། གལ་ཏེ་བུད་མེད་ཀྱི་ལུས་མི་གཙང་བ་ཡིན་ཡང་དྲི་ལ་སོགས་པས་མཛེས་པར་བྱས་པས་མི་གཙང་བ་སེལ་ནུས་སོ་ཞེ་ན། ཡན་ལག་ཉམས་པ་སྣ་རྣམ་འགའ་ཞིག་ནི་བཅོས་མའི་སྣའི་ཚབ་མས་དགའ་བར་འགྱུར་ཞིང་རློམ་པ་ལྟར་མེ་ཏོག་ལ་སོགས་པས་མི་གཙང་བ་ཕྱིར་འཆོས་པའི་ཐབས་མེ་ཏོག་ལ་སོགས་པ་ལུས་

ལ་འདོགས་ཤིང་དེའི་སྒོ་ནས་ལུས་གཙང་བར་འགྱུར་རོ་སྙམ་དུ་དེ་བཞིན་དུ་འདོད་པས་ལུས་གཙང་བར་མི་འགྲུབ་བོ། །དཔེར་ན་བྱི་ལའི་སྣ་ལ་མར་བསྐུས་པས་ཁ་ཟས་སྐྱ་བོའི་ཚང་བུ་ཡང་སྣུམ་བག་དང་ལྡན་པར་སེམས་པ་བཞིན་នོ། །

༦༤ གང་ལ་ཆགས་བྲལ་སྐྱེ་རིགས་པའི་ཡུལ་དེ་དག་གཙང་བར་ཞེན་པ་དགག་པ།

བཞི་པ་ནི། གལ་ཏེ་ངེས་པར་ཆགས་རིགས་པའི་དྲི་ལ་སོགས་པ་ཡོད་དོ་ཞེ་ན། ངེས་པར་འདོད་ཆགས་ཀྱི་རྒྱུར་གྱུར་པའི་དངོས་པོ་གང་ནའང་ཡོད་པ་མིན་པར་ཐལ། མཐར་ཀུན་ལ་ཆགས་བྲལ་དུ་འགྱུར་བའི་ཕྱིར་དང་། མཐར་ལུས་གང་དུ་འཕགས་པ་དགྲ་བཅོམ་པ་རྣམས་འདོད་ཆགས་དང་བྲལ་བ་སྐྱེ་བ་དེ་གཙང་ཞེས་བྱ་བར་མི་རིགས་ལ་སྐྱེ་མི་རིགས་པའི་ཕྱིར་རོ། །དཔེར་ན་ཚོང་པ་འགའ་ཞིག་རང་གི་བུ་མོ་མ་ཤེས་པའི་ཚེ་ཆགས་པ་དྲག་པོ་སྐྱེས་ལ། ཤེས་ནས་ཆགས་པ་དང་བྲལ་བ་བཞིན་ནོ། །

༦༥ ཐ་སྙད་ལ་ལྟོས་ཏེ་ཕྱིན་ཅི་མ་ལོག་པའི་ཡུལ་བཞི་དངོས་པོ་གཅིག་ལ་སྲིད་པར་བསྟན་པ།

ལྔ་པ་ནི། མི་རྟག་པ་ལ་སོགས་པའི་ཕྱིན་ཅི་མ་ལོག་པ་ལ་སོགས་པ་བཞི་པོ་(༥༠བ) འདི་དག་དངོས་པོ་གཅིག་ལ་སྲིད་དམ་འོན་ཏེ་མིན་ཞེ་ན། མདོར་ན་མི་རྟག་པ་དང་མི་གཙང་བ་དང་སྡུག་བསྔལ་བ་དང་བདག་མེད་ཅེས་བྱ་བ་བཞི་པོ་ཐམས་ཅད་ནི་དངོས་པོ་གཅིག་ཉིད་ལ་ནི་སྲིད་པར་འགྱུར་ཏེ་གང་འདུས་བྱས་ཡིན་པ་དེ་ནི་མི་རྟག་སྟེ། སྐད་ཅིག་མ་ཡིན་པའི་ཕྱིར་རོ། །གང་མི་རྟག་པ་དེ་ན་མི་གཙང་སྟེ། སྐྱོ་བ་བསྐྱེད་པའི་ཕྱིར་རོ། །གང་མི་གཙང་བ་དེ་ནི་སྡུག་བསྔལ་བ་སྟེ། གནོད་པ་བྱེད་པའི་

ཕྱིར་རོ། །གང་སྡུག་བསྔལ་བ་དེ་བདག་མེད་པ་སྟེ། རང་དབང་ཅན་མིན་པའི་ཕྱིར་རོ། །དེས་ན་རང་གི་ལུས་ཀྱིས་མཚོན་པའི་འཁོར་བ་མི་གཙང་བའི་རང་བཞིན་ཅན་དུ་གནས་པ་ལ་སྐྱོ་བ་བསྐྱེད་དེ། ཐར་པའི་ལམ་བསྒྲུབ་པ་ལ་བརྩོན་པར་བྱའོ། །མི་གཙང་བཙོན་རར་རང་ཉིད་བཅིངས་པ་ལྟར། །སེམས་ཅན་རྣམས་ཀུང་དེ་ལྟར་ཤེས་བྱས་ནས། །འགྲོ་ལ་དམིགས་པའི་སྙིང་རྗེ་འབད་པས་བསྐྱེད། །བླ་མེད་བྱང་ཆུབ་བསྒྲུབ་ལ་བརྩོན་པར་བྱ། །བསྡུ་བའི་ཚིགས་སུ་བཅད་པའོ། །

ཆ༢ ལེའུའི་མཚན་བསྟན་པ།

གཉིས་པ་ལེའུའི་མཚན་བསྟན་པ་ནི། བྱང་ཆུབ་སེམས་དཔའི་རྣལ་འབྱོར་སྤྱོད་པ་བཞི་བརྒྱ་བའི་རྣམ་བཤད་ལེགས་པར་བཤད་པའི་སྙིང་པོ་ཞེས་བྱ་བ་ལས་གཙང་བར་འཛིན་པ་ཕྱིན་ཅི་ལོག་སྤོང་བར་བསྟན་པ་སྟེ་རབ་ཏུ་བྱེད་པ་གསུམ་པའི་འགྲེལ་པའོ།། །།

རབ་བྱེད་བཞི་པ།

ཅ༩ ཟག་བཅས་ཀྱི་དངོས་པོ་རྣམས་ལ་བདག་དང་བདག་གི་བར་བཟུང་ མི་ཉུས་པར་བསྟན་པའི་སྒོ་ནས་བདག་འཛིན་ ཕྱིན་ཅི་ལོག་སྤོང་ཚུལ་བཤད་པ།

ཆ༡ ལེའུའི་གཞུང་བཤད་པ།

ཇ༡ ང་རྒྱལ་གྱི་ཞེན་ཡུལ་འགོག་པའི་ཚུལ་མདོར་བསྟན་པ།

བཞི་པ་ཟག་བཅས་ཀྱི་དངོས་པོ་རྣམས་ལ་བདག་དང་བདག་གི་བར་བཟུང་མི་འོས་པར་བསྟན་པའི་སྒོ་ནས་བདག་འཛིན་ཕྱིན་ཅི་ལོག་སྤོང་ཚུལ་བཤད་པ་ལ་གཉིས། ལེའུའི་གཞུང་བཤད་པ་དང་། ལེའུའི་མཚན་བསྟན་པའོ། །དང་པོ་ལ་གཉིས། ང་རྒྱལ་གྱི་ཞེན་ཡུལ་འགོག་པའི་ཚུལ་མདོར་བསྟན་པ་དང་། རྒྱས་པར་བཤད་

པའོ། །དང་པོ་(༣༠ན)ནི། བདག་འཛིན་གྱི་ས་བོན་དྲུངས་འབྱིན་པའི་གཉེན་པོ་ནི། རབ་བྱེད་ཕྱི་མ་བརྒྱད་ཀྱི་སྐབས་ནས་སྟོན་ལ། འདིར་ནི་བདག་འཛིན་མངོན་གྱུར་ཟིལ་གྱིས་གནོན་པའི་གཉེན་པོ་སྟོན་ཏེ། དེ་ཡང་ང་དང་ང་ཡིར་འཛིན་པ་ནི། རྒྱལ་པོ་ལ་ང་རྒྱལ་ཤས་ཆེ་བས་དེ་ལ་བརྩམས་ཏེ་གཙོ་བོར་སྟོན་ནོ། །བདག་ཉིད་ལ་བསྟོད་པའི་ཁྱད་པར་ཡོངས་སུ་རྟོག་པ་ལས་ང་ནི་མངའ་བདག་གོ་ཞེས་བདག་གམ་སྐྱེ་བདག་ཏུ་འཛིན་པ་དང་། ཡུལ་འདི་དག་ནི་བདག་གིའོ་སྙམ་དུ་དྲེགས་པའི་ང་རྒྱལ་ནི་སྲིད་པར་གནས་ལུགས་ལ་ཚུལ་བཞིན་དུ་སེམས་པའི་དམ་པ་སུ་ལ་འབྱུང་བར་འགྱུར་ཏེ་མི་འགྱུར་ལ། གང་གི་ཕྱིར་ན་སྐྱེ་བོ་འགའ་ཞིག་ལ་ཡུལ་འགའ་ཞིག་སྐྱེ་བ་ཐམས་ཅད་དུ་དབང་བྱར་ཡོད་ན་དེ་ལྟར་བསྐྱེད་རིགས་ན་ཡང་སོ་སོ་སྐྱེ་བོའི་ལུས་ཅན་ཐམས་ཅད་ལ་སྤྱོད་ལ་སོགས་པའི་ཡུལ་རྣམས་ཐམས་ཅད་ལས་དབང་གིས་རིམ་གྱིས་སྤྱད་བྱར་མཚུངས་པའི་ཕྱིར་རོ། །དཔེར་ན་ནགས་ཚལ་དང་ཁང་མིག་ཐུན་མོང་བ་བཞིན་དང་གློས་གར་མཁན་བཞིན་ནོ། །

ཛ༢ རྒྱས་པར་བཤད་པ།

ཉ༡ དབང་ཕྱུག་གིས་དྲེགས་པ་དགག་པ།

ཏ༡ རྒྱུ་མཚན་ལྷས་རྒྱགས་པ་སྤང་བ།

ཐ༡ བྲན་ལ་རྒྱལ་པོར་མིང་བཏགས་པས་དྲེགས་པ་མི་རིགས་པ།

གཉིས་པ་ལ་གསུམ། དབང་ཕྱུག་གིས་དྲེགས་པ་དགག་པ་དང་། རིགས་ཀྱིས་དྲེགས་པ་དགག་པ་དང་། སྡིག་པ་སྤོང་བའི་ཐབས་གཞན་བསྟན་པའོ། །དང་པོ་ལ་ལྔ། རྒྱུ་མཚན་ལྷས་རྒྱགས་པ་སྤང་བ་དང་། རྒྱལ་པོས་ང་རྒྱལ་བྱ་མི་རིགས་པ་དང་། ཆོས་དང་ཆོས་མིན་པ་བསམ་པ་དང་། རྒྱལ་པོས་སྐྱོ་བ་བསྐྱེད་རིགས་པ་དང་། རྒྱལ་སྲིད་ལ་ཆགས་པ་དྲག་པོ་མི་རིགས་པའོ། །དང་པོ་ལ་ལྔ། བྲན་ལ་རྒྱལ་པོར་མིང་

བཏགས་པས་དྲེགས་པ་མི་རིགས་པ་དང་། ནོར་གཏོང་བ་དང་སྟུད་པ་ལ་དབང་ཡོད་(༣༠བ)པས་དྲེགས་པ་མི་རིགས་པ་དང་། འདོད་རྒུར་ཡུལ་ལ་ལོངས་སྤྱོད་པས་དྲེགས་པ་མི་རིགས་པ་དང་། འཇིག་རྟེན་གྱི་སྲུང་བ་པོ་ཡིན་པས་དྲེགས་པ་མི་རིགས་པ་དང་། སྐྱེ་རྒུ་སྐྱོང་བར་བྱེད་པའི་བསོད་ནམས་ཅན་ཡིན་པས་དྲེགས་པ་མི་རིགས་པའོ། །དང་པོ་ནི། འཇིག་རྟེན་གྱི་རྗོམ་པ་ཐམས་ཅད་རྒྱལ་པོ་ལ་དབང་དུ་བྱར་ཡོད་པས་དྲེགས་པར་རིགས་སོ་ཞེ་ན། བསྐལ་པ་དང་པོའི་མི་རྣམས་ཀྱིས་མ་བཏབ་པའི་འབྲས་ས་ལུ་ནུབ་པའི་འོག་ཏུ་ཞིང་སོ་སོར་བགོས་པའི་འབྲས་བུ་རྣམས་ཕན་ཚུན་རྐུ་བར་བྱེད་པ་ན་དེ་བསྲུང་བའི་ཆེད་དུ་རང་གི་འབྲས་བུའི་དྲུག་ཆ་གླ་རྔན་བྱིན་ནས་ཞིང་སྲུང་བ་པོར་བསྐོས་པ་ལ་རྒྱལ་པོ་ཞེས་བརྗོད་པ་ཡིན་པས། རྒྱལ་པོ་ཁྱོད་ཀྱི་དྲེགས་པ་བྱ་རིགས་པ་ཅི་ཞིག་ཡིན་མི་རིགས་པར་ཐལ། སྐྱེ་པོ་མང་པོའི་ཚོགས་ཀྱི་བྲན་འབྲས་བུའི་དྲུག་ཆས་བཏབ་པའི་བྲན་དུ་གྱུར་པ་ཡིན་པའི་ཕྱིར། བྱ་བ་ཐམས་ཅད་ང་དབང་ཞེས་དྲེགས་པར་མི་རིགས་པར་ཐལ། གང་ངམ་སྐྱེ་ལས་གང་བྱ་བ་དེ་བྱེད་པ་པོ་དེ་ཙ་འགྱུར་བར་བྱ་བ་ནི་འཇིག་རྟེན་པ་རྣམས་ཀྱིས་དབང་བྱེད་པ་པོ་ཉིད་དུ་བྱས་ཤིང་བསྐོས་པ་ལ་རག་ལས་ནས་དེར་འགྱུར་དགོས་པའི་ཕྱིར་རོ། །དཔེར་ན་རྗེ་བོས་བྲན་ལས་བྱེད་པ་པོར་བསྐོས་པ་ལའང་ང་རྒྱལ་མི་རིགས་པ་བཞིན་ནོ། །

ཐ༢ ནོར་གཏོང་བ་དང་སྟུད་པ་ལ་དབང་ཡོད་པས་དྲེགས་པ་མི་རིགས་པ།

གཉིས་པ་ནི། གལ་ཏེ་རྒྱལ་པོ་ནོར་གཏོང་བ་དང་སྟུད་པ་ལ་དབང་བས་དྲེགས་པར་རིགས་སོ་ཞེ་ན། ཇི་ལྟ་ཇི་ལྟར། རྒྱལ་པོའི་གསོ་བྱའི་ཚོགས་རང་གི་ཞབས་འབྲིང་བྱས་པ་ལས་བྱུང་བའི་ལོ་ཐོགས་སོགས་འཐོབ་ཐོབ་པ་ཐོགས་བྱིན་པ་ན་རང་ཉིད་དམའ་བ་དང་། རྗེ་བོ་གཏོང་བ་པོར་སེམས་པ་དེ་བཞིན་དུ་རྗེ་བོས་(༣༡ན)གསོ་བྱའི་ཚོགས་ནོར་སྦྱིན་བྱ་བྱིན་པར་བྱས་ནས་རྒྱལ་པོ་དེ་དག་ནི་གཏོང་བ་པོ་སྙམ་དུ་རློམ་

ཞིང་དྲེགས་པར་མི་རིགས་ཏེ། དཔེར་ན་ཁོལ་པོ་ལ་སླ་ཇན་བྱིན་པས་གཡོང་བ་པོར་དྲེགས་པ་བཞིན་ནོ། །

ཐ༣ འདོད་རྒྱར་ཡུལ་ལ་ལོངས་སྤྱོད་པས་དྲེགས་པ་མི་རིགས་པ།

གསུམ་པ་ནི། རྒྱལ་པོ་ཡུལ་རྣམས་ལ་རང་དབང་དུ་ལོངས་སྤྱོད་པས་དྲེགས་པར་རིགས་སོ་ཞེ་ན། དེ་མི་རིགས་པར་ཐལ། སོ་སོར་རྟོག་པའི་ཤེས་རབ་དང་ལྡན་ཞིང་དབང་པོ་ཐུལ་བ་གཞན་རྣམས་ཀྱིས་ནི་སྡུག་བསྔལ་གྱི་གནས་རྒྱལ་པོ་ཁྱོད་ལ་ཕྱིན་ཅི་ལོག་ཏུ་བདེ་བ་ཕུན་ཚོགས་ཀྱི་རྒྱུར་དྲན་པའི་ཕྱིར། བདེ་བ་འབའ་ཞིག་གི་རྒྱུར་མི་རིགས་པར་ཐལ། སྐྱེ་བོའི་ཚོགས་མང་པོ་སྲུང་བའི་ལས་ཀྱིས་སྡུག་བསྔལ་བར་ཆད་མེད་པར་སྤྱོད་པའི་གཞན་གྱི་ལས་ཀྱིས་འཚོ་དགོས་པ་ཁྱོད་ལ་དགའ་བའི་རྒྱུ་གང་གིས་སྐྱེད་པར་འགྱུར་རྒྱུད་པ་དུ་མའི་རྒྱུ་ཡིན་པའི་ཕྱིར་རོ། །བུད་མེད་དང་ཆང་སོགས་ལ་ཆགས་པ་བཞིན་ནོ། །དཔེར་ན་རྐུན་པོ་ཆད་པས་གཅོད་པའི་ལས་སུ་བསྐོས་པ་ལ་དགའ་བར་མི་རིགས་པ་བཞིན་ནོ། །

ཐ༤ འཇིག་རྟེན་གྱི་སྲུང་བ་པོ་ཡིན་པས་དྲེགས་པ་མི་རིགས་པ།

བཞི་པ་ནི། རྒྱལ་པོ་འཇིག་རྟེན་གྱི་སྲུང་བ་པོ་ཡིན་པས་དྲེགས་པར་རིགས་སོ་ཞེ་ན། དེ་ཙམ་གྱིས་དྲེགས་མི་རིགས་པར་ཐལ། རྒྱལ་པོ་འཇིག་རྟེན་གྱི་ནི་སྲུང་བ་པོ་དང་སྐྱེ་སྲུང་བ་པོ་ཡིན་པས་དྲེགས་ན་འཇིག་རྟེན་པས་མ་བསྲུངས་ན་རྒྱལ་པོ་བྱར་མེད་པས་འཇིག་རྟེན་པའི་བསྲུང་བྱར་ས་བདག་ཉིད་ཀྱང་སྣང་བར་འགྱུར་ན་ཅི་སྟེ་རྒྱུ་གཅིག་གིས་དྲེགས་པ་ཡོད་ཅིང་ཅི་སྟེ་བསྲུང་བྱ་ཡིན་པའི་རྒྱུ་གཞན་གྱིས་དྲེགས་པ་དང་བྲལ་བ་རིགས་པ་མིན་ང་རྒྱལ་བྱ་བར་མི་རིགས་(༣༧བ)སོ། །དཔེར་ན་ཁྲོ་ཤུག་གཉིས་ཕན་ཚུན་གཅིག་གིས་གཅིག་བསྲུང་བ་ལ་ང་རྒྱལ་བྱ་མི་རིགས་པ

དང་། ནགས་དང་སེང་གེ་བཞིན་ནོ། །

༧༥ སྐྱེ་རྒྱུ་སྐྱོང་བར་བྱེད་པའི་བསོད་ནམས་ཅན་ཡིན་པས་དྲེགས་པ་མི་རིགས་པ།

ལྔ་པ་ནི། གལ་ཏེ་རྒྱལ་པོ་སྐྱེ་རྒུ་བུ་ལྟར་སྐྱོང་བའི་བསོད་ནམས་ཅན་ཡིན་པས་དྲེགས་པར་རིགས་སོ་ཞེ་ན། ད་ལྟ་སྙིགས་མ་ལྔའི་འཇུག་པ་ཤས་ཆེ་བས་བྲམ་ཟེ་ལ་སོགས་པའི་རིགས་ཀུན་གྱི་ནང་ནས་རང་རང་གི་ལས་ལ་དགའ་བས་ཚོགས་མེད་པར་འཚོ་བ་རྣམས་ཉེད་དཀའ་བས་ཕལ་ཆེར་མི་བརྟན་པར་མི་དགེ་བ་ལ་འཇུག་པས་གལ་ཏེ་ཁྱོད་དེ་དག་གི་བསོད་ནམས་ཀྱི་དྲུག་ཆའི་འཕྲོག་པ་པོ་ཡིན་ན། སྡིག་པའི་ཡང་དྲུག་ཆ་འཕྲོག་པ་པོར་འགྱུར་བས་ཁྱོད་ལ་མི་དགེ་བར་འགྱུར་བས་དེས་ན་ཁྱོད་ལ་འགྲོ་བ་བཟང་པོ་དཀོན་པས་དྲེགས་པར་མི་རིགས་སོ། །དཔེར་ན་མཛེ་ཅན་སྨན་མི་བསྟེན་པར་འོ་མ་དང་ཉ་ཟ་བར་འདོད་པ་བཞིན་ནོ། །

༧༦ རྒྱལ་པོས་ང་རྒྱལ་བྱ་མི་རིགས་པ།

གཉིས་པ་ནི། གལ་ཏེ་རྒྱལ་པོ་ནི་འཇིག་རྟེན་གྱི་མགོན་དང་རང་དབང་ཅན་ཡིན་པས་ང་རྒྱལ་བྱ་བར་རིགས་སོ་ཞེ་ན། མིན་ཏེ། ངེས་པར་བྱ་དགོས་པའི་ལས་གང་ཞིག་རང་གིས་བྱར་ཡོད་བཞིན་དུ་མི་བྱེད་པར་གཞན་གྱིས་བསྐུལ་ཏེ་བྱེད་པ་གང་ཡིན་པ་དེ་ནི་ས་སྟེང་ན་བླུན་པོ་ཞེས་བྱ་ལ་རྒྱལ་པོ་ཡང་བྱ་བ་ཐམས་ཅད་གཞན་གྱིས་ཞུས་ཤིང་བསྐུལ་བ་ལ་རག་ལས་པས་ཁྱོད་དང་མཚུངས་པའི་གཞན་དབང་ཅན་གཞན་འགའ་ཡང་ཡོད་པ་མིན་ནོ། །དེས་ན་ང་རྒྱལ་བྱ་བར་མི་རིགས་སོ། །དཔེར་ན། ཁྱི་དང་སྤྲེའུ་གཞན་གྱིས་བསྒོ་བ་ཉན་པ་ལ་ང་རྒྱལ་བྱ་མི་རིགས་པ་བཞིན་ནོ། །

ཏ༣ ཆོས་དང་ཆོས་མིན་པ་བསམ་པ།

ཐ༡ རྒྱལ་པོས་གཞན་ལ་འཚེ་བའི་ལས་ཆོས་མིན་པར་སྒྲུབ་པ།

ད༡ འཇིག་རྟེན་སྲུང་བ་རྒྱལ་པོ་ལ་རག་ལས་པས་ང་རྒྱལ་བྱ་མི་རིགས་པ།

གསུམ་པ་ལ་ལྔ། རྒྱལ་པོས་གཞན་ལ་འཚེ་བའི་ལས་ཆོས་མིན་པར་སྒྲུབ་པ་དང་། ཆོས་ཡིན་པ་དགག་པ་དང་། དྲང་སྲོང་གིས་བཤད་པ་ཀུན་ཚད་མར་མི་བྱེད་པ་(༣༢ན) དང་། དགྲ་བོ་ལ་འཚེ་བ་ཆོས་མིན་པ་དང་། གཡུལ་ངོར་ཤི་བ་བདེ་འགྲོའི་རྒྱུ་མིན་པའོ། །དང་པོ་ལ་གསུམ། འཇིག་རྟེན་སྲུང་བ་རྒྱལ་པོ་ལ་རག་ལས་པས་ང་རྒྱལ་བྱ་མི་རིགས་པ་དང་། རྒྱལ་པོས་སྡིག་ཏོ་ཅན་ཚར་གཅོད་པ་ཆོས་སུ་མི་རུང་བ་དང་། རྒྱལ་པོས་མ་རུངས་པ་ཚར་གཅོད་པ་སྡིག་པར་མི་འགྱུར་བ་དགག་པའོ། །དང་པོ་ནི། གལ་ཏེ་འཇིག་རྟེན་པ་རྣམས་ལ་གཞན་གྱི་གནོད་པ་སྲུང་བ་རྒྱལ་པོ་ལ་རག་ལས་པས་ང་རྒྱལ་རིགས་སོ་ཞེ་ན། སྡིག་པ་སྤྱོད་པའི་རྒྱལ་པོ་དེ་དང་མཚུངས་པའི་བརྩེ་བ་མེད་པ་སུ་ཞིག་ཡོད་དེ་མེད་པར་ཐལ། འཇིག་རྟེན་པ་རྣམས་བསྲུང་བ་ལ་རག་ལས་སོ་ཞེས་འཇིག་རྟེན་པ་ལ་ནི་གླ་མང་པོ་མ་བྱིན་པར་ནན་གྱིས་ལེན་ཅིང་རང་ཉིད་ཀྱིས་ཀྱང་སྲོག་གཅོད་སོགས་སྡིག་པ་མང་པོ་བྱེད་ན་སྡེ་བྱེད་པའི་ཕྱིར་རོ། །དཔེར་ན་སྨན་པ་ངན་པ་ནོར་མང་པོ་འདོད་ནས་ཟུག་རྔུ་དེ་མ་ཐག་མི་འབྱིན་པར་རིམ་གྱིས་འབྱིན་པ་བཞིན་ནོ། །

ད༢ རྒྱལ་པོས་སྡིག་ཏོ་ཅན་ཚར་གཅོད་པ་ཆོས་སུ་མི་རུང་བ།

གཉིས་པ་ནི། སྡིག་པ་ཅན་ལ་ཆད་པ་མ་བཅད་ན་འཇིག་རྟེན་པ་གཞན་ཉམས་པར་འགྱུར་བས་དེ་སྲུང་བའི་ཆེད་དུ་ཚར་བཅད་པར་རིགས་སོ་ཞེ་ན། མིན་ཏེ། སྐྱེ་བོ་སྲོག་གཅོད་སོགས་སྡིག་ཏོ་བྱེད་པ་རྣམས་ལ་གལ་ཏེ་བརྩེ་བ་བྱ་བར་རིགས་པ་

མིན་ན། སྡིག་པ་ཅན་གྱི་བྱིས་པ་སོ་སོའི་སྐྱེ་བོ་ནི་ཐམས་ཅད་བརྩེ་བའི་སྒོ་ནས་བསྲུང་བྱར་མི་འགྱུར་རོ། །དེས་ན་སྡིག་པ་བྱེད་པ་རྣམས་ལ་ལྷག་པར་ཡང་བརྩེ་བར་བྱ་སྟེ། གཞན་དུ་ན་ཆོས་ཀྱུན་པར་མ་གྲགས་པའི་ཆོས་ཀྱུན་པར་འགྱུར་རོ། །དཔེར་ན་རང་གི་ལུས་དང་ནོར་བསྲུང་བ་བཞིན་དུ་རྒྱལ་པོས་ཀྱང་བསྲུང་བར་བྱའོ། །

༥༣ རྒྱལ་པོས་མ་དུངས་པ་ཚར་གཅོད་པ་སྡིག་པར་མི་འགྱུར་བ་དགག་པ།

གསུམ་པ་ནི།(༣༢བ)གལ་ཏེ་སྐྱེ་རྒུ་བསྐྱང་བའི་ཕྱིར་སྡིག་པ་ཅན་ཚར་བཅད་པས་རྒྱལ་པོ་ལ་སྡིག་པར་མི་འགྱུར་ཏེ། དམ་པ་རྣམས་ལ་ཕན་འདོགས་པར་ཞུགས་པའི་ཕྱིར་རོ་ཞེ་ན། ཕྱིན་ཅི་ལོག་ཏུ་ཞེན་པས་བདག་ཉིད་དགའ་བ་བསྐྱེད་པ་ཡི་རྒྱུ་ནི་གང་དུ་ཡང་མེད་པར་མི་འགྱུར་ཏེ། ཉ་དང་ཕག་གསོད་པ་ལ་དགའ་བ་རྣམས་ཀྱང་འདི་ནི་བདག་གི་རིགས་རྒྱུད་ལས་འོངས་པའི་ལས་སོ་ཞེས་དགའ་བར་སེམས་པའི་ཕྱིར་རོ། །བྲམ་ཟེའི་བསྟན་བཅོས་ངན་པ་ལས་དུད་འགྲོ་རྣམས་ནི་སྐྱེ་རྒུའི་བདག་པོས་འཚོ་བའི་ཆེད་དུ་སྤྲུལ་པས་བསད་ཀྱང་སྡིག་པ་མེད་དོ་ཞེས་སྨྲ་བའི་ལུང་དང་རིགས་པ་ལྟར་སྣང་ལ་སོགས་པའི་རྒྱུ་རྣམས་ཀྱིས་གསོད་པའི་སྦྱོར་བ་ལ་བརྩོན་པ་དང་། དེ་ལྟར་གྲུབ་མཐའ་འཆའ་བ་རྣམས་ཀྱི་བསོད་ནམས་མིན་པ་སྡིག་པ་ལའང་འཛིག་ཅིང་ཟད་པ་ཡོད་པ་མིན་ཏེ། དེའི་སྡིག་པ་མཐའ་ཡས་པའི་ཕྱིར་རོ། །ཡོད་མི་འགྱུར་ཞེས་པ་ནི་དཔེ་མ་དག་པའོ། །དཔེར་ན་ཁ་ཟས་སྔ་མ་མ་ཞུ་བ་ཞུ་བར་བསམས་ནས་ཁ་ཟས་ཟ་བ་བཞིན་ནོ། །

ཐ༢ ཆོས་ཡིན་པ་དགག་པ།

ད༡ མ་རུངས་པ་ཚར་བཅད་ནས་འཇིག་རྟེན་སྐྱོང་བ་ ཆོས་ཡིན་པ་དགག་པ།

གཉིས་པ་ལ་གསུམ། མ་རུངས་པ་ཚར་བཅད་ནས་འཇིག་རྟེན་སྐྱོང་བ་ཆོས་ཡིན་པ་དགག་པ་དང་། བློ་ཕུན་ཚོགས་དང་ལྡན་པའི་རྒྱལ་པོ་སྲིད་པས་འཇིག་རྟེན་སྐྱོང་བ་ཆོས་མིན་པའི་དཔེ་དང་། རྒྱགས་པ་དང་བག་མེད་ཀྱི་གཞི་ཡིན་པས་ཆོས་མིན་པའི་རྒྱུ་མཚན་ནོ། །དང་པོ་ནི། རྒྱལ་པོས་འཇིག་རྟེན་སྐྱོང་བ་མཐོ་རིས་ཀྱི་རྒྱུ་ཡིན་པས་ཆོས་ཡིན་ལ་རྒྱལ་པོ་ལ་ཆོས་གཞན་མི་དགོས་སོ་ཞེ་ན། དྲུག་ཆས་བླངས་པའི་རྒྱལ་པོས་འཇིག་རྟེན་ཡང་དག་པར་སྲུང་བར་བྱེད་ཀྱང་དེ་ལྟར་བྱེད་དོ་ཞེས་བྱ་བ་གལ་ཏེ་ས་བདག་ལ་ཆོས་སུ་འགྱུར་བ་ཡིན་ན་གཞན་བསྲུང་བའི་ཆེད་དུ་གོ་མཚོན་བརྟུང་བ་དང་འོབས་བྱེད་པ་སོགས་ཉོན་མོངས་བཟོ་མཁན་རྣམས་(༣༣ན)ལ་ཡང་ལས་དེ་དག་ཅི་སྟེ་ཆོས་སུ་འགྱུར་བ་མ་ཡིན་དེ་དག་ཀྱང་ཆོས་སུ་འགྱུར་དགོས་ལ། འདོད་ན་ཆོས་མིན་པ་མེད་པར་འགྱུར་རོ། །དཔེར་ན་གྲོང་ཁྱེར་སྲུང་བའི་བླ་མི་བཞིན་ནོ། །

ད༢ བློ་ཕུན་ཚོགས་དང་ལྡན་པའི་རྒྱལ་པོ་སྲིད་པས་ འཇིག་རྟེན་སྐྱོང་བ་ཆོས་མིན་པའི་དཔེ།

གཉིས་པ་ནི། བློ་ཕུན་ཚོགས་དང་ལྡན་པའི་རྒྱལ་པོས་སྲིད་པས་འཇིག་རྟེན་སྐྱོང་བས། རྒྱལ་པོ་ལ་སྨད་པར་བྱ་བ་མིན་ནོ་ཞེ་ན། འཇིག་རྟེན་སྲུང་བས་བདག་ལ་རག་ལས་ཀྱི་ས་བདག་དེ་ནི་རྒྱགས་པ་དང་བག་མེད་པ་དུ་མའི་གཞིར་གྱུར་པས་སྨད་དོ། །དཔེར་ན་ཕྱིན་ཅི་མ་ལོག་པ་གཟིགས་པའི་འཕགས་པ་དམ་པས་འཇིག་རྟེན་པ་རྣམས་སྐྱིད་པར་བྱེད་པས་འཇིག་རྟེན་པ་ཀུན་གྱི་མ་སྲིད་པ་ཡི་ནི་སྲིད་པ་

འཇིག་རྟེན་པ་སྐྱིད་བྱེད་ཡིན་ཡང་། སྐྱོན་དུ་གཟིགས་ནས་རྩ་བ་ནས་དྲུངས་འབྱིན་པ་བཞིན་ནོ། །དཔེར་ན་འགྲོག་དགོན་པའི་ཚོང་པ་རྫས་ལ་ཏ་ཅང་རིན་ཐང་ཆེན་པོ་བྱེད་པ་སླད་པར་བྱ་བ་བཞིན་ནོ། །

ད༢ རྒྱགས་པ་དང་བག་མེད་ཀྱི་གཞི་ཡིན་པས་ཆོས་མིན་པའི་རྒྱུ་མཚན།

གསུམ་པ་ནི། བརྩེ་བ་དང་ལྡན་པས་འཇིག་རྟེན་སྐྱོང་བ་རྒྱལ་པོ་ལ་ཆོས་སུ་འགྱུར་རོ་ཞེ་ན། མིན་ཏེ། ཚུལ་ཁྲིམས་ལ་སོགས་པའི་ལམ་བཟང་པོ་བོར་ནས། དབང་ཕྱུག་ཙམ་ལ་ཆགས་པའི་ བློན་པོ་མིན་པས་རྒྱལ་སྲིད་མི་འཐོབ་ལ་ལས་འབྲས་ལ་རྨོངས་པའི་བློན་པོ་ལ་བརྩེ་བ་ཡོད་པ་མིན་ན་འཇིག་རྟེན་གྱི་སྲུང་བ་པོ་ཡིན་ཡང་མིའི་བདག་པོ་རྒྱལ་པོ་བརྩེ་བ་མེད་པ་ལ་ཆོས་མི་གནས་ཤིང་རྒྱགས་པ་དང་བག་མེད་ཀྱི་གཞིར་གྱུར་པའི་ཕྱིར། དཔེར་ན་རྒྱལ་པོ་དྲག་པོའི་བློན་པོ་བརྩེ་བ་མེད་པ་བཞིན་ནོ། །

ཐ༢ དྲང་སྲོང་གིས་བཤད་པ་ཀུན་ཚད་མར་མི་བྱེད་པ།

ད༡ དྲང་སྲོང་གིས་བཤད་པ་ཀུན་ཚད་མར་མི་རུང་བའི་རྒྱུ་མཚན།

གསུམ་པ་ལ་གཉིས། དྲང་སྲོང་གིས་བཤད་པ་ཀུན་ཚད་མར་མི་རུང་བའི་རྒྱུ་མཚན་དང་། ལུགས་ཀྱི་བསྟན་བཅོས་ཚད་མར་བྱས་པས་འཇིག་རྟེན་པ་བདེ་བའི་ངེས་པ་མེད་པར་བསྟན་པའོ། །(༢༢བ)དང་པོ་ནི། དྲང་སྲོང་གིས་བྱས་པའི་བསྟན་བཅོས་ལས། རྒྱལ་རིགས་ཀྱིས་ཆོས་ཀྱི་འཚོ་བ་བྱས་ཀྱང་རྒྱལ་པོ་ལ་སྡིག་ཏུ་མི་འགྱུར་བར་བཤད་པས་སོ་ཞེ་ན། དྲང་སྲོང་རྣམས་ཀྱི་བསྟན་བཅོས་ལས་བཤད་པའི་སྤྱོད་པ་ཀུན་དྲང་སྲོང་མཁས་པས་བྱེད་པ་མ་ཡིན་ཏེ་རྒྱུ་མཚན་གང་གི་ཕྱིར་ན་དྲང་སྲོང་དེ་དག་ལ་ཡང་དམན་པ་དང་འབྲིང་པོ་དང་ཁྱད་འཕགས་སྣ་ཚོགས་ཡོད་པའི་ཕྱིར་

རོ། །དཔེར་ན་དྲང་སྲོང་ཁ་ཅིག་གི་བསྟན་བཅོས་ལས་བགྲོད་བྱ་མིན་པར་བགྲོད་པར་བཤད་པ་བཞིན་ནོ། །

༧༢ ལུགས་ཀྱི་བསྟན་བཅོས་ཚད་མར་བྱས་པས་འཇིག་རྟེན་པ་བདེ་བའི་ངེས་པ་མེད་པར་བསྟན་པ།

གཉིས་པ་ནི། རྒྱལ་པོ་སྔ་རབས་པ་རྣམས་ཀྱིས་ལུགས་ཀྱི་བསྟན་བཅོས་ཚད་མར་བྱས་ནས། འཇིག་རྟེན་པ་ལེགས་པར་བསྐྱངས་པས་བསྟན་བཅོས་ཚད་མ་ཡིན་ནོ་ཞེ་ན། ལུགས་ཀྱི་བསྟན་བཅོས་ཀྱི་རྗེས་སུ་འབྲངས་པས་འཇིག་རྟེན་པ་བདེ་བའི་ངེས་པ་མེད་པར་ཐལ། འཁོར་ལོས་བསྒྱུར་བའི་རྒྱལ་པོ་ལ་སོགས་པ་སྔར་གྱིས་བདག་དགེ་བ་བཟང་པོ་རྣམས་ཀྱིས་འཇིག་རྟེན་པ་བུ་ལྟར་བསྐྱངས་པ་དེ་དག་གིས་བདེ་ཞིང་རྒྱས་ལ། རྩོད་དུས་ཀྱི་ཆོས་ལ་བརྟེན་པ་རྣམས་ཀྱིས་དིང་སང་རི་དྭགས་ཀྱི་དགོན་པ་ལྟར་འཇིག་རྟེན་པ་སྟོངས་པར་བྱས་པས་ཆོས་དང་མི་མཐུན་པའི་བསྟན་བཅོས་ཚད་མ་མིན་ནོ། །དཔེར་ན། ཟླ་སློའི་རྐུན་པོ་བུར་ཤིང་མ་སྨིན་པ་འཚོར་བ་བཞིན་ནོ། །

༨༤ དགྲ་བོ་ལ་འཆེ་བ་ཆོས་མིན་པ།

བཞི་པ་ནི། གལ་ཏེ་རྒྱལ་པོས་སྨྲགས་དག་ལ་བབས་ན་དགྲ་ལ་གནོད་པ་བྱས་ཀྱང་ཆོས་མིན་པ་མེད་པ་བསྟན་བཅོས་ལས་བཤད་པའི་ཕྱིར་རོ་ཞེ་ན། གལ་ཏེ་དགྲའམ་གཞན་ཡང་ཅུང་མི་རིགས་པ་བྱེད་པ་ལ་སྨྲགས་རྙེད་ཅིང་སྨྲགས་སུ་བབས་པ་ན་དབྱུག་པ་སོགས་ཀྱིས་བསྣུན་ཅིང་གནོད་པ་བྱེད་པའི་རྒྱལ་པོ་ལ་གལ་ཏེ་སྡིག་པ་ཡོད་པ་མིན་ན་རྐུན་པོ་གཞན་རྣམས་ལ་ཡང་སྡིག་པ་དེ་དང་པོ་ཉིད་དུ་ཡོད་པ་མིན་(༢༤ན)པར་ཐལ། རྐུན་པོ་རྣམས་ཀྱིས་ནོར་བདག་ལ་སྨྲགས་སུ་བསྣུན་པ་དང་པོ་ཡིན་པའི་ཕྱིར་དང་། རྒྱལ་པོས་རྐུན་པོ་སྨྲགས་སུ་བསྣུན་པ་ཕྱིས་ཡིན་པའི་ཕྱིར་

རོ། །གླགས་སུ་བསྟན་པ་སྟེ་གླགས་རྙེད་པ་ལ་ཡང་བཤད་པར་བྱའོ། །དཔེར་ན་བློན་པོ་ཁ་ཅིག་གིས་རྒྱལ་པོ་ཤི་བ་དང་རྒྱལ་བུ་གཞོན་ནུ་བསད་ཅིང་རང་ཉིད་ཀྱིས་རྒྱལ་སྲིད་བཟུང་བས་འདི་ཕྱིར་མི་འདོད་པ་དུ་མ་འབྱུང་བ་བཞིན་ནོ། །

༤༥ གཡུལ་ངོར་ཤི་བ་བདེ་འགྲོའི་རྒྱུ་མིན་པ།

ལྔ་པ་ནི། གལ་ཏེ་གཡུལ་ངོར་དགྲ་བོ་ཕམ་པར་བྱས་ཏེ། དེ་ལ་བརྟེན་ནས་ནོར་ཐོབ་ཅིང་རྒྱལ་པོ་དགའ་བར་བྱས་པ་དང་རྒྱལ་པོའི་ཆེད་དུ་གཡུལ་ངོར་ཤི་ན། མཐོ་རིས་སུ་འགྲོ་བས་རྒྱལ་པོས་གཡུལ་ལ་དགའ་བར་བྱའོ་ཞེ་ན། ཇི་ལྟར་ཆང་དང་རྒྱན་པོ་དང་བུད་མེད་སོགས་དག་ལ་བདོག་པ་ཀུན་ཡོངས་སུ་གཏོང་བ་དམ་པ་མཉེས་པའི་མཆོད་པ་མ་ཡིན་ན་སྟེ་མིན་ཞིང་བསོད་ནམས་ཀྱང་མིན་པ་དེ་བཞིན་དུ། གཡུལ་ངོར་ཁྲོ་ཞིང་ཧམ་པས་བདག་ཀྱང་ཡོངས་སུ་གཏོང་བ་དམ་པ་མཉེས་པའི་མཆོད་པ་སྙམ་དུ་སེམས་སམ་ཅི་རྒྱུ་མཚན་གང་གིས་ན་དེ་ལས་མཐོ་རིས་སུ་འགྱུར་བ་མི་རིགས་སོ། །དཔེར་ན། གནག་རྫི་མོས་ཀྱོས་པོ་ལ་ལུས་སྟོན་པ་བཞིན་ནོ། །

༦༨ རྒྱལ་པོས་སྐྱོ་བ་བསྐྱེད་རིགས་པ།

བཞི་པ་རྒྱལ་པོས་སྐྱོ་བ་བསྐྱེད་རིགས་པ་ནི། རྒྱལ་པོ་འཇིག་རྟེན་ཐམས་ཅད་ཀྱི་མགོན་ཡིན་པས་རྒྱལ་པོ་ལ་དགའ་བར་རིགས་སོ་ཞེ་ན། རྒྱལ་པོ་ནི་འཇིག་རྟེན་གྱི་མགོན་ཡིན་པས་དེས་རྗེས་སུ་བསྟན་པ་ལས་མི་རིགས་པ་སྤངས་ནས་རིགས་པའི་ལས་ལ་འཇུག་གོ་རྒྱལ་པོ་ཁྱེད་ལ་རྗེས་སུ་འདོམས་པའི་མགོན་འགའ་ཡང་ཡོད་པ་མ་ཡིན་ན་མགོན་མེད་པ་གྱ་རྒྱུད་ཀྱི་སྤྱང་ན་གནས་པས་སྤྱོད་པ་རང་ཡན་དུ་གྱུར་ཅིང་། འདོམས་(༣༤བ)པ་པོ་དང་བྲལ་བས་མགོན་ཉིད་ཐོབ་པ་དེ་ཡིས་བདག་ཉིད་ནི་ངན་སོང་གི་སྡུག་བསྔལ་གྱི་རྒྱུས་མ་བཏང་ཞིང་བཟུང་བ་ཡིན་ན། རྒྱལ་

སྲིད་ཐོབ་པས་སུ་ཞིག་དགའ་བར་འགྱུར་དགའ་བར་མི་རིགས་སོ། །དཔེ་ཐལ་ཆེར་ལས་འདི་ལྟར་འབྱུང་གི་དོན་ལ་དཔྱད་ན་མི་གཏོང་། ཞེས་བཤད་ནས་གཏོང་དང་གྲོགས་དང་མགོན་དང་བྲལ་བས་དགའ་བར་མི་རིགས་ཞེས་ཀྱང་བཤད་དུ་རུང་བ་འདྲའོ། །དཔེར་ན་དགེ་འདུན་གྱི་གནས་བརྟན་མགོན་མེད་པ་ཞིག་ཕྱུག་ལ་སོགས་པ་བྱས་པས་དགའ་བར་སེམས་པ་བཞིན་ནོ། །

༨༥ རྒྱལ་སྲིད་ལ་ཆགས་པ་དྲག་པོ་མི་རིགས་པ།

ལྔ་པ་ནི། གལ་ཏེ་ཆད་པ་ཞན་པའི་རྒྱལ་པོ་ལ་གྲགས་པ་མི་འབྱུང་ལ། ཆད་པ་དྲག་པོ་ཅན་ལ་ཤི་ཡང་གྲགས་པ་རྗེས་སུ་འཇུག་པས་ཆད་པ་དྲག་པོ་ཅན་དུ་བྱ་རིགས་སོ་ཞེ་ན། ཤི་བའི་རྗེས་སུ་གྲགས་པས་ཡོན་ཏན་གྱི་ཁྱད་པར་འགའ་ཞིག་འབྱུང་ན་དེ་ལྟར་རིགས་ཀྱང་རྒྱལ་པོ་ཤི་བར་གྱུར་པ་ལའང་གྲགས་པས་སྡིག་པ་འཇོམས་པ་སོགས་ཀྱི་ཡོན་ཏན་འགའ་ཡང་མི་འབྱུང་ངོ་། །གལ་ཏེ་གྲགས་པས་སྡིག་པའི་དྲི་མ་འཕྲུད་པར་བྱེད་ན་ཁྱོད་གཞན་གྱི་ནོར་འཕྲོག་པ་ལ་སོགས་པ་ཡོན་ཏན་མེད་པ་དང་ཁྲི་འཚོད་པ་རྣམས་ལ་ཁྲི་རྣམས་བརྗེད་དང་ལྡན་པ་ཉིད་ཀྱིས་གྲགས་པ་ཆེན་པོ་ཅི་སྟེ་མེད། དེས་ན་བདག་ལེགས་སུ་འདོད་པས་ཆད་པ་དྲག་པོ་ཅན་དུ་བྱ་བར་མི་རིགས་སོ། །དཔེར་ན། ཕྱུག་པོའི་བུ་མོ་ཤི་བའི་རོ་འཁྱེར་བ་ཆེན་པོས་ཕྱིར་འཁྱིན་པ་མཐོང་ནས་བུ་མོ་གཞན་ཞིག་བདག་ཀྱང་འདི་ལྟ་བུའི་འཁོར་བ་དང་ལྡན་པར་འགྱུར་རོ་སྙམ་ནས་སྲོག་དང་བྲལ་བར་བྱེད་པ་བཞིན་དུ། རྒྱལ་པོ་གྲགས་པའི་ཆེད་དུ་སྡིག་པ་བྱེད་པ་ཡང་དེ་དང་འདྲའོ། །

ཀ༢ རིགས་ཀྱིས་དྲིགས་པ་དགག་པ།

ང༡ རྒྱལ་པོའི་སྲས་ཀྱིས་དྲིགས་པ་དགག་པ།

གཉིས་པ་རིགས་ཀྱིས་དྲིགས་པ་དགག་པ་ལ་གསུམ། རྒྱལ་པོའི་སྲས་ཀྱིས་དྲིགས་པ་(༣༥ན)དགག་པ་དང་། རྒྱལ་རིགས་ཙམ་གྱིས་དྲིགས་པ་དགག་པ་དང་། སྐྱེ་རྒུ་སྐྱོང་བའི་ལས་ཀྱིས་རྒྱལ་རིགས་སུ་འགྱུར་བ་དགག་པའོ། །དང་པོ་ནི། རིགས་དང་ལྡན་པའི་རྒྱལ་བུ་དེ་ཉིད་རྒྱལ་ཐབས་ལ་འོས་ཀྱི་གཞན་མིན་པས་དྲིགས་པར་རིགས་སོ་ཞེ་ན། མིན་ཏེ་གང་གི་ཚེ་ཀུན་གྱི་རྒྱལ་སྲིད་ཀྱི་དབང་ཕྱུག་ཉིད་ལ་ལོངས་སྤྱོད་པ་ནི་རང་གི་བསོད་ནམས་ཀྱིས་བསྐྱེད་པ་ཡིན་པ་དེའི་ཚེ་སེམས་ཅན་འདི་ནི་སྐྱེ་བ་ནམ་ཡང་དབང་ཕྱུག་ལ་བརྟེན་པ་མིན་ནོ། །ཞེས་བརྗོད་པ་རྙེད་པ་མིན་ནོ། །དེས་ན་དེ་ང་རྒྱལ་བྱ་བ་མི་རིགས་སོ། །བསོད་ནམས་ཀྱི་ལས་ཅན་ཀུན་གྱི་ཐུན་མོང་བ་ཡིན་པའི་ཕྱིར་རོ། །དཔེར་ན་བཟོ་སྦྱོབ་པ་ཀུན་གྱི་ཐུན་མོང་བ་ཡིན་པས་དྲིགས་པར་མི་རིགས་པ་བཞིན་នོ། །

ང༢ རྒྱལ་རིགས་ཙམ་གྱིས་དྲིགས་པ་དགག་པ།

ཐ༡ ཐོག་མ་མེད་པ་ནས་རིགས་སོ་སོར་ངེས་པ་མེད་པ།

གཉིས་པ་ལ་གཉིས། ཐོག་མ་མེད་པ་ནས་རིགས་སོ་སོར་ངེས་པ་མེད་པ་དང་། རིགས་བཞི་ཡོད་པས་ངོ་བོ་ཉིད་ཀྱིས་རྒྱལ་རིགས་སུ་ངེས་པ་མེད་པའོ། །དང་པོ་ནི། གང་གི་ཕྱིར་རྒྱལ་སྲིད་སྐྱོང་བའི་ཆོས་ནི་རྒྱལ་རིགས་ཁོ་ན་ལ་བཤད་ཀྱི་རིགས་གཞན་གསུམ་རྣམས་མིན་པས། རྒྱལ་རིགས་ཁོ་ནས་རྒྱལ་སྲིད་བྱ་དགོས་པས་རིགས་ཀྱིས་དྲིགས་པར་རིགས་སོ་ཞེ་ན། ངོ་བོ་ཉིད་ཀྱིས་རིགས་སོ་སོར་ངེས་པ་མེད་དོ། །བསྐལ་པ་དང་པོའི་མི་རྣམས་རྫུས་ཏེ་སྐྱེ་ཞིང་ཡིད་ལས་བྱུང་བ། རང་གི་འོད་

ཅན་རྫུ་འཕྲུལ་དང་ལྡན་ཞིང་ནམ་མཁའ་ལ་འགྲོ་བ། དགའ་བའི་ཟས་ཅན་ཕོ་མོའི་དབང་པོ་དང་བྲལ་བ་ཡིན་ལ། དུས་ཕྱིས་རིམ་གྱིས་ཁམ་གྱི་ཟས་ལ་ཞུགས་ནས་ཕོ་དང་མོའི་དབང་པོས་བྱས་པའི་དབྱིབས་ཐ་དད་པར་གྱུར་ཏེ། མངལ་ནས་སྐྱེ་བའི་སྐྱེ་གནས་བྱུང་བར་གྱུར་ཏོ། །དེ་ནས་གསོག་འཇོག་(༣༥བ)གི་སྐྱོན་གྱིས་མ་བྱིན་པར་ལེན་པ་སོགས་ལ་ཞུགས་པ་བསྲུང་བའི་ཕྱིར་མི་དབུས་ལ་བབ་པ་ཞིག་སྐྱེ་བོའི་ཚོགས་ཕལ་པོ་ཆེས་ཞིང་སྲུང་བ་ལ་བསྐོས་ཤིང་ལས་དེ་ཁས་བླངས་པ་ལ་རྒྱལ་རིགས་ཞེས་གྲགས་སོ། །དབང་པོ་ཐུལ་བར་འདོད་པ་དག་དཀའ་ཐུབ་སྒྲུབ་པ་གྲོང་ནས་ཡིད་ཕྱིར་ཕྱོགས་པ་དེ་དག་ལ་བྲམ་ཟེ་ཞེས་དང་། རྒྱལ་པོའི་བཀའ་བཞིན་བྱེད་པ་ལ་རྗེའུའི་རིགས་དང་། ཞིང་རྨོ་བ་ལ་སོགས་ལས་ངན་པ་ལ་སྦྱོར་བ་དག་ནི་དམངས་རིགས་ཞེས་གྲགས་པས་འཚོ་བའི་ཚུལ་མི་འདྲ་བའི་འཚོ་ཐབས་སོ་ཚོག་ལ་ཡང་འཇིག་རྟེན་ན་ནི་རིགས་ཞེས་བརྗོད་པ་དེས་ན་སེམས་ཅན་ཐམས་ཅད་ལ་ངོ་བོ་ཉིད་ཀྱིས་སོ་སོར་ངེས་པའི་རིགས་ལས་བྱས་པའི་དབྱེ་བ་ཡོད་པ་མ་ཡིན་ནོ། །དཔེར་ན་བཙུད་མི་འདྲ་བས་བྱས་པའི་བུམ་པ་བཞིན་ནོ། །དེས་ན་དྲང་སྲོང་གིས་བྱས་པའི་བསྟན་བཅོས་ལས། རྒྱལ་རིགས་ཀྱིས་འཚེ་བ་བྱས་ཀྱང་ཚོས་མིན་པ་མེད་པར་འདོད་པ་ཤིན་ཏུ་མི་རིགས་སོ། །

ཐ༢ རིགས་བཞི་ཡོད་པས་ངོ་བོ་ཉིད་ཀྱིས་རྒྱལ་རིགས་སུ་ངེས་པ་མེད་པ།

གཉིས་པ་ནི། གལ་ཏེ་མི་རྣམས་ལ་ཊུས་མི་འདྲ་བ་བཞི་ཡོད་པ་དེའི་ཕྱིར་ངོ་བོ་ཉིད་ཀྱིས་རིགས་ཐ་དད་པ་ཡོད་དོ་ཞེ་ན། ཕ་དང་མ་དག་ལས་སྐྱེས་པའི་རིགས་ངེས་པ་ཅན་ཉིད་དཀའ་སྟེ། འཇིག་རྟེན་དུ་རིགས་བཞིའི་དབྱེ་བ་བྱུང་བ་ནས་འདས་པའི་དུས་ཤིན་ཏུ་རིང་བ་དང་མི་མོ་བུད་མེད་རྣམས་ཀྱི་ཡིད་སྐྱེས་པ་གཞན་ལ་ཤིན་ཏུ་གཡོ་བ་སྟེ་དེའི་ཕྱིར་རྒྱལ་རིགས་ཞེས་བྱ་བ་རིགས་ལས་སོ་སོར་ངེས་པ་ཅན་འགའ་

ཡང་ཡོད་པ་མ་ཡིན་པས་རིགས་རྒྱུད་ཀྱིས་ང་རྒྱལ་མི་རིགས་སོ། །དཔེར་ན་ཁ་ཅིག་གིས་བྲམ་ཟེའི་ཁྱིམ་དུ་གསེར་གྱི་སྤྱི་བླུགས་བརྐུམས། དུས་རིང་པོ་ལོན་ནས་ཁྱིམ་གྱི་བདག་པོ་ཡང་དུ་མ་འཕོས་ཤིང་སྤྱི་བླུགས་(༣༨ན)ཀྱང་མི་འདྲ་བ་འཕོས་པ་བཞིན་ནོ། །

ཏ༣ སྐྱེ་རྒྱ་སྐྱོང་བའི་ལས་ཀྱིས་རྒྱལ་རིགས་སུ་འགྱུར་བ་དགག་པ།

གསུམ་པ་ནི། གལ་ཏེ་རྒྱལ་རིགས་ཀྱིས་རྒྱལ་རིགས་སུ་མི་འགྱུར་ན། སྐྱེ་རྒུ་སྐྱོང་བའི་ལས་ཀྱིས་རྒྱལ་རིགས་སུ་འགྱུར་རོ་ཞེ་ན། གལ་ཏེ་འཇིག་རྟེན་སྐྱོང་བ་ལ་སོགས་པའི་རྒྱལ་རིགས་ཀྱི་ལས་ཀྱིས་དམངས་རིགས་ཀྱང་རྒྱལ་རིགས་ཞེས་བྱ་བར་འགྱུར་ན་ནི་རིགས་བྱེད་འདོན་པ་ལ་སོགས་པའི་བྲམ་ཟེའི་ལས་བྱས་པ་ཉིད་ཀྱིས་དམངས་རིགས་ཀྱང་བྲམ་ཟེར་ནི་རྒྱུ་མཚན་གང་གིས་འགྱུར་བ་མིན་པར་སེམས་དེས་ན་ལས་ཀྱིས་རྒྱལ་རིགས་སུ་འགྱུར་རོ། །ཞེས་འདོད་པ་མི་རིགས་ཏེ། དཔེར་ན། གྲུ་ཕ་རོལ་དང་ཚུ་རོལ་ཏུ་འགྲོའོ་འོང་ངོ་ཞེས་སྨྲ་མོད་ཀྱང་། ཕ་རོལ་དང་ཚུ་རོལ་ངོ་བོ་ཉིད་ཀྱིས་གྲུབ་པ་མེད་པ་བཞིན་ནོ། །

ཉ༣ ཕྱིག་པ་སྤོང་བའི་ཐབས་གཞན་བསྟན་པ།

ཏ༡ རྒྱལ་པོས་དུས་ལ་བབ་པ་ན་སྐྱེ་བོ་ཕལ་པོ་ཆེ་ལ་ནོར་ལ་སོགས་པའི་དབང་ཕྱུག་ཆེན་པོ་འགེད་ནུས་པས་ལོངས་སྤྱོད་ཆེན་པོ་ཅན་ཡིན་པས་དྲེགས་རིགས་པ་དགག་པ།

གསུམ་པ་ལ་གཉིས། རྒྱལ་པོས་དུས་ལ་བབ་པ་ན་སྐྱེ་བོ་ཕལ་པོ་ཆེ་ལ་ནོར་ལ་སོགས་པའི་དབང་ཕྱུག་ཆེན་པོ་འགེད་ནུས་པས་ལོངས་སྤྱོད་ཆེན་པོ་ཅན་ཡིན་པས་དྲེགས་རིགས་པ་དགག་པ་དང་། དེས་ན་རྒྱལ་པོས་རློམ་པ་ཆེན་པོ་བྱ་རིགས་པ་དགག་པའོ། །དང་པོ་ནི། རྒྱལ་སྲིད་ཀྱི་དབང་ཕྱུག་ཆེན་པོས་དུས་ལ་བབ་པ་ན་

སྐྱེ་བོ་ཕལ་པོ་ཆེ་ལ་ལོངས་སྤྱོད་འགེད་ནུས་པས་དྲིགས་པར་རིགས་སོ་ཞེ་ན། ཡུན་རིང་པོར་བསགས་པའི་ལོངས་སྤྱོད་འགེད་ནུས་པ་བདེན་མོད་ཀྱི་རྒྱལ་པོ་དེའི་དོན་དུ་བསགས་པའི་སྡིག་པ་ལ་དབང་ཕྱུག་ལྟར་འགེད་ནུས་པ་ཡོད་པ་མ་ཡིན་པར་སྡིག་པའི་འབྲས་བུ་རང་ཁོ་ནས་མྱོང་དགོས་ན་གཞན་གྱི་དོན་དུ་དགོས་པ་ཆུང་ངུས་མཁས་པ་ནི་སུ་ཞིག་རང་ཉིད་འཇིག་རྟེན་ཕྱི་མར་འཇོམས་པར་བྱེད་དེས་ན་ངོ་ཚ་བར་རིགས་ཀྱི་དྲིགས་པར་མི་རིགས་སོ། །དཔེར་(༣༨བ)ན་མ་ཏེ་བསད་ནས་མཆོད་སྦྱིན་བྱེད་པ་མང་པོས་ཟ་ན་ཡང་སྡིག་པ་དེ་གསོད་པ་པོ་ཁོ་ན་ལ་འབྱུང་བ་བཞིན་ནོ། །

ཏ༢ དེས་ན་རྒྱལ་པོས་རློམ་པ་ཆེན་པོ་བྱ་རིགས་པ་དགག་པ།

གཉིས་པ་ནི། དབང་ཕྱུག་ཆེན་པོ་ལ་གནས་པས་ང་རྒྱལ་བྱ་བར་རིགས་སོ་ཞེ་ན། རྒྱལ་སྲིད་ལ་སོགས་པའི་དབང་ཕྱུག་གིས་བསྐྱེད་པ་བདག་ནི་གཞན་ལས་ཕུལ་དུ་ཕྱིན་པའོ་སྙམ་པའི་ང་རྒྱལ་ནི། རང་དང་དབང་ཕྱུག་མཉམ་པ་དང་རང་ལས་ཆེས་ཁྱད་པར་འཕགས་པའི་ཕ་རོལ་ནུས་པ་དང་ལྡན་པའི་དབང་ཕྱུག་ཕུན་ཚོགས་ལ་བལྟ་བར་བྱ་སྟེ། དེ་ལྟར་བྱས་ན་ཚུལ་ལུགས་ལེགས་པར་རྟོག་ཤེས་པའི་དམ་པ་སྙིང་ལ་ང་རྒྱལ་མི་གནས་སོ། །དཔེར་ན་བྲམ་ཟེ་ནོར་འཛིན་གྱི་ཆུང་མ་གཟུགས་ཀྱིས་དྲིགས་ནས་ང་རྒྱལ་བ་རྒྱལ་པོའི་བཙུན་མོའི་འཁོར་དུ་བཅུག་ནས་རིམ་གྲོ་མ་མཐོང་བས་དྲིགས་པ་ཉམས་པ་བཞིན་ནོ། །ལུས་འདི་མི་རྟག་མི་གཙང་བསམ་བྱས་ཤིང་། །ལུས་ལ་སྲིད་པའི་ཉེས་པ་ཤེས་བྱས་ཏེ། །ལྷ་མེད་བྱང་ཆུབ་བསྒྲུབ་ལ་བརྩོན་བྱ་ཞིང་། །བདག་དང་བདག་གིར་དྲིགས་པ་སྤང་བར་བྱ། །བརྒྱུ་པའི་ཚིགས་སུ་བཅད་པའོ། །

ཆ༢ ལེའུའི་མཚན་བསྟན་པ།

གཉིས་པ་ལེའུའི་མཚན་བསྟན་པ་ནི། བྱང་ཆུབ་སེམས་དཔའི་རྣལ་འབྱོར་སྤྱོད་པ་བཞི་བརྒྱ་པའི་རྣམ་བཤད་ལེགས་པར་བཤད་པའི་སྙིང་པོ་ཞེས་བྱ་བ་ལས་བདག་ཏུ་འཛིན་པ་ཕྱིན་ཅི་ལོག་སྤོང་བའི་ཐབས་བསྟན་པ་སྟེ་རབ་ཏུ་བྱེད་པ་བཞི་པའི་འགྲེལ་པའོ།། ༎

རབ་བྱེད་ལྔ་པ།

ང༢ འཇུག་སེམས་བསྐྱེད་ནས་སྤྱོད་པ་ལ་སློབ་ཚུལ་བཤད་པ།

ཅ༡ དངོས་ཀྱི་དོན།

གཉིས་པ་འཇུག་སེམས་བསྐྱེད་ནས་སྤྱོད་པ་ལ་སློབ་ཚུལ་བཤད་པ་ལ་བཞི། དངོས་ཀྱི་དོན་དང་། སྤྱོད་པའི་གེགས་ཉོན་མོངས་སྤང་བའི་ཐབས་བཤད་པ་དང་། ཉོན་མོངས་ཀྱི་དམིགས་པ་འདོད་པའི་ལོངས་སྤྱོད་ལ་ཞེན་པ་སྤང་བ་དང་། (༣༧ན)ལམ་རྒྱུད་ལ་སྐྱེ་བའི་སྣོད་རུང་དུ་བསྒྲུབ་པ་སློབ་མའི་རྒྱུད་ཡོངས་སུ་སྦྱོང་བའི་ཐབས་བསྟན་པའོ། །དང་པོ་ལ་གཉིས། ལེའུའི་གཞུང་བཤད་པ་དང་། ལེའུའི་མཚན་བསྟན་པའོ། །

ཆ༡ ལེའུའི་གཞུང་བཤད་པ།

ཇ༡ ཐོབ་བྱའི་འབྲས་བུ་སངས་རྒྱས་ཀྱི་ཆེ་བ་བསྟན་པ།

ཉ༡ སངས་རྒྱས་ཀྱི་མཛད་པའི་ཁྱད་པར།

དང་པོ་ལ་བཞི། ཐོབ་བྱའི་འབྲས་བུ་སངས་རྒྱས་ཀྱི་ཆེ་བ་བསྟན་པ་དང་། དེའི་རྒྱུ་བྱང་ཆུབ་སེམས་དཔའི་སྤྱོད་པ་ཉམས་སུ་ལེན་ཚུལ་བཤད་པ་དང་། འབྲས་བུ་ཀུན་

མཁྱེན་གྱི་སྒྲུབ་བྱེད་དང་། བློ་དམན་ཐེག་ཆེན་ལ་སྐྲག་པའི་རྒྱུ་བསྟན་པའོ། །དང་པོ་ལ་གསུམ། སངས་རྒྱས་ཀྱི་མཛད་པའི་ཁྱད་པར་དང་། དེའི་འབྲས་བུ་དང་། དྲི་བ་བཅུ་བཞིའི་ལན་ལུང་དུ་མ་བསྟན་པ་ཀུན་མཁྱེན་མིན་པའི་སྒྲུབ་བྱེད་དུ་མི་རུང་བའོ། །དང་པོ་སྔར་བཤད་པའི་ལེགས་པར་བཤད་པ་རིན་པོ་ཆེའི་ཁྱད་པར་དམན་པའི་རིགས་ཅན་རྣམས་འཁོར་བ་ལ་སྐྱོ་ནས་ཐར་པ་དོན་དུ་གཉེར་ཞིང་། ཐེག་པ་ཆེན་པོའི་རིགས་ཅན་རྣམས་སྙིང་རྗེ་ཆེན་པོ་བསྐྱེད་དེ་སངས་རྒྱས་དོན་དུ་གཉེར་བའི་རྒྱུ་འདི་དག་གང་ལས་རྙེད་ཅེ་ན། སངས་རྒྱས་ལས་སོ། །དེ་ཅི་འདྲ་ཞིག་ཅེ་ན། ཐུགས་རྗེ་ཆེན་པོས་འགྲོ་བ་མ་ལུས་པའི་དོན་དུ་བསམ་གྱིས་མི་ཁྱབ་པའི་མཛད་པ་མཛད་པ་ཞིག་སྟེ། འདི་ལྟར་སངས་རྒྱས་རྣམས་ཀྱི་སྒོ་གསུམ་གྱི་གཡོ་བ་ནི་སེམས་ཅན་ལ་ཕན་པའི་རྒྱུ་མེད་པ་འགའ་ཡང་ཡོད་པ་མིན་ཏེ། ཏིང་ངེ་འཛིན་རྒྱལ་པོ་ལས། འོད་ཟེར་བརྒྱ་སྟོང་དཔག་ཏུ་མེད་པ་དག །ཆོས་ཀྱི་རྒྱལ་པོའི་ཞབས་ཀྱི་མཐིལ་ནས་བྱུང་། །སེམས་ཅན་དམྱལ་བ་ཐམས་ཅད་བསིལ་བར་གྱུར། །སྡུག་བསྔལ་མེད་པར་གྱུར་ནས་བདེ་བ་མྱོང་། །ཞེས་པ་དང་། རྒྱལ་བས་སྒོ་ཡི་ཐེམ་སྟེང་ཞབས་བཞག་ཚེ། །དམུས་ལོང་(༣༧བ)གྱུར་པའི་མི་གང་ཅི་ཡོད་དང་། །རྣ་བས་མི་ཐོས་མགོན་མེད་བསོད་ནམས་ཆུང་། །དེ་དག་ཐམས་ཅད་མིག་དང་རྣ་བ་ཐོབ། །ཅེས་གསུངས་པ་ལྟར་རོ། །དེ་བཞིན་དུ་འཕེན་པ་ལ་མི་ལྟོས་པར་རང་གི་ངང་གིས་འབྱུང་བའི་དབུགས་ཀྱང་དམྱལ་བ་པ་རྣམས་ཀྱི་སྣོད་ཀྱི་སྟེང་དུ་སྤྲིན་ཆེན་པོ་མིག་སྨན་གྱི་ཕུང་པོ་དང་འདྲ་ཞིང་དམྱལ་བ་པའི་ཡིད་འཕྲོག་པ་ལས་ཆར་གྱི་ཚོགས་རོ་ཞིམ་ཞིང་བསིལ་བ་བབ་པས་དམྱལ་བའི་མེའི་ཕུང་པོ་ཞི་བར་བྱས་པས། དམྱལ་བ་པ་རྣམས་སྡུག་བསྔལ་དང་བྲལ་ནས་གང་གི་མཐུས་སྡུག་བསྔལ་ཞི་བར་བྱས་སྙམ་དུ་སེམས་པ་ན་སངས་རྒྱས་ཀྱི་སྐུ་མཚན་དཔེས་སྤྲས་པ་མཐོང་ནས་དེ་ལ་དད་པའི་མཐུས་དམྱལ་བའི་སྡུག་བསྔལ་ཞི་ཞིང་། ཐར་པ་ཆ་མཐུན་གྱི་དགེ་བ་རྒྱུད་ལ་བསྐྱེད་པས་དབུགས་ཀྱང་སེམས་ཅན་

རྣམས་ལ་ནི། གནས་སྐབས་དང་མཐར་ཐུག་ཏུ་སྨན་པའི་སྙད་ཕོ་ནར་ཡང་དག་པར་འབྱུང་ན་ཆོས་སྟོན་པ་ལ་སོགས་པའི་མཛད་པས་ཕན་ཐོགས་པ་ལྟ་ཅི་སྨོས། དེས་ན་བདག་ལེགས་སུ་འདོད་པ་རྣམས་ཀྱིས་སངས་རྒྱས་བཅོམ་ལྡན་འདས་ལ་དད་ཅིང་གུས་པར་བྱའོ། །དཔེར་ན་རྩིབས་ལོགས་སྐྱེས་ཀྱི་དགེ་སློང་འཁྲུལ་འཁོར་མཁན་གྱི་ཁྱིམ་དུ་དབྱར་ཁས་བླངས་པའི་བྱུང་བ་འགྲེལ་པ་ལྟར་རོ། །

༧༢ དེའི་འབྲས་བུ།

གཉིས་པ་ནི། སངས་རྒྱས་ལ་ཉེ་བར་བསྟེན་པ་རྣམས་ནི་འཆི་བའི་འཇིགས་པ་ལ་ཐུག་པའི་འཇིགས་པ་ཐམས་ཅད་ལས་ཐར་པར་འགྱུར་ཏེ། འདི་ལྟར་འཇིག་རྟེན་པ་ཀུན་ལ་འཆི་བདག་གི་སྒྲ་ཇི་ལྟར་འཇིགས་པ་བསྐྱེད་པར་འགྱུར་བ་དེ་བཞིན་དུ་ཀུན་མཁྱེན་ཞེས་པའི་སྒྲ་འདི་ནི་གང་གིས་ཐོས་པ་ལས་མྱ་ངན་(༢༨ན)ལས་འདའ་བའི་སྐལ་བ་ཅན་དུ་འགྱུར་བས་འཆི་བདག་ལ་ཡང་འཇིགས་པ་བསྐྱེད་དེ་འཆི་བདག་འཇོམས་པར་འགྱུར་རོ། །མདོ་ལས། གང་དག་གིས་ངའི་མཚན་ཐོས་པར་གྱུར་པ་དེ་དག་ཐམས་ཅད་ཀྱང་ཐེག་པ་གསུམ་ལས་ཐེག་པ་གང་ཡང་རུང་བ་ཞིག་གིས་ཡོངས་སུ་མྱ་ངན་ལས་འདའ་བར་འགྱུར་རོ་ཞེས་གསུངས་པ་ལྟ་བུའོ། །དཔེར་ན། རྒྱལ་པོ་ཞིག་ལ་བུ་སྐྱེས་པ་དང་། བཙོན་ཐམས་ཅད་བཏང་བར་ཁྲིལ་བསྒྲགས་པ་དང་འབངས་རྣམས་དགའ་བ་སྐྱེས་པ་བཞིན་ནོ། །

༧༣ ཁྲི་བ་བཅུ་བཞིའི་ལན་ལུང་དུ་མ་བསྟན་པ་ཀུན་མཁྱེན་མིན་པའི་སྒྲུབ་བྱེད་དུ་མི་རུང་བ།

གསུམ་པ་ནི། གལ་ཏེ་བདག་དང་འཇིག་རྟེན་རྟག་མི་རྟག་སོགས་དྲི་བ་བཅུ་བཞིའི་བརྗོད་མི་སྤྱོད་པའི་ཕྱིར་ཐམས་ཅད་མཁྱེན་པ་མིན་པར་འགྱུར་བ་མིན་ནམ་

ཞེ་ན་མིན་ཏེ། དེ་ནི་ཀུན་མཁྱེན་མིན་པའི་སྒྲུབ་བྱེད་དུ་འགྱུར་བ་མིན་པར་མ་ཟད་ཀུན་མཁྱེན་གྱི་སྒྲུབ་བྱེད་དུ་འགྱུར་ཏེ། གང་གི་ཕྱིར་ན་ཐུབ་པ་ལ་གནས་སྐབས་དང་མཐར་ཐུག་གི་མཛད་པའི་དུས་དང་དུས་མིན་པ་དང་མཛད་པར་བྱ་བ་མིན་པ་མི་ཕན་པ་དང་གནོད་པ་དང་གསུང་བྱ་མཐའ་དག་མངོན་སུམ་དུ་གཟིགས་ཤིང་གསུང་བྱ་མིན་པ་ཡང་མངོན་སུམ་དུ་གཟིགས་པའི་གཟིགས་པ་མངའ་བ་ཡིན་པས་ལན་ལུང་མི་སྟོན་པ་ནི་གང་ཟག་དང་ཆོས་ཀྱི་བདག་ལས་བརྩམས་ནས་འདྲི་བ་ཡིན་པས་ཁྱད་གཞི་བཀག་པའི་ཁྱད་ཆོས་མི་རུང་ཞིང་བདག་མེད་པ་བསྟན་ན་ཟབ་མོའི་སྣོད་དུ་མི་རུང་བར་གཟིགས་ནས་ལན་ལུང་མ་བསྟན་པ་དེས་ན་སྣོད་དང་སྣོད་མིན་པ་མཐའ་དག་མངོན་སུམ་དུ་གཟིགས་པའི་ཀུན་མཁྱེན་ཀུན་མཁྱེན་ནི་མིན་ཞེས་བྱ་བ་ལ་རྒྱུ་མཚན་ཅི་ཡོད་མེད་ལ། དེ་ནི་ཀུན་མཁྱེན་ཀུན་མཁྱེན་ཡིན་(༣༨བ)པའི་རྒྱུ་མཚན་དུ་འགྱུར་བ་ཡིན་ནོ། །རིན་ཆེན་ཕྲེང་བ་ལས། འཇིག་རྟེན་མཐའ་དང་ལྡན་ནམ་ཞེས། །ཞུས་ན་རྒྱལ་བ་མི་གསུང་བཞུགས། །གང་ཕྱིར་དེ་ལྟར་ཟབ་པའི་ཆོས། །སྣོད་མིན་འགྲོ་ལ་མི་གསུང་བ། །དེ་ཉིད་ཕྱིར་ན་མཁས་རྣམས་ཀྱིས། །ཀུན་མཁྱེན་ཐམས་ཅད་མཁྱེན་པར་ཤེས། །ཞེས་གསུངས་པ་ལྟར་རོ། །དཔེར་ན་རྒྱལ་པོ་འགའ་ཞིག་བྲམ་ཟེ་འཁོར་བ་ཅན་ཆད་པས་གཅད་འདོད་པས་ཁྱོད་ཀྱི་ཁྱིམ་ན་ཕྲིན་པ་འདུག་པ་མྱུར་དུ་ཐོང་ཞིག་དེ་ལྟ་མིན་ན་ཆད་པར་འགྱུར་རོ་ཞེས་སྨྲས་པ་དང་། བྲམ་ཟེའི་བུ་མོས་ནོར་གྱིས་ནོར་འགུགས་པ་བཞིན་དུ་ཕྲིན་པ་གཞན་ཞིག་མངག་འཚལ་ལོ་ཞེས་པའི་ཐབས་ཀྱིས་ཆད་པ་དང་བྲལ་བ་བཞིན་དུ། སངས་རྒྱས་ཀྱང་ཐབས་མཁས་པས་འགྲོ་བའི་དོན་མཛད་པ་ཡིན་ནོ། །གལ་ཏེ་གསུང་བྱ་མིན་པ་མི་གསུང་ན། ལྷས་སྦྱིན་ལ་བརྩམས་ཏེ་གོས་དུམ་ཅན་གྱི་བུ་མཆིལ་ཟན་ལ་ཅི་ཞེས་གསུངས་པ་མིན་ནམ་ཞེ་ན། གསུང་མོད་ཀྱི་འདི་ནི་གཞན་ལ་གནོད་པ་ཡང་མིན་ལ། སྡིག་པ་ལས་ལྡོག་པའི་ཆེད་དུ་གསུངས་པའོ། །དེའི་ཚེ་ལྷས་སྦྱིན་དམའ་ཕབ་པར་མ་མཛད་ན་འགྲོ་བ་མང་

པོ་ལ་གནོད་པ་ཆེན་པོར་འགྱུར་བ་གཟིགས་པས་སོ། །

ཛ༢ དེའི་རྒྱུ་བྱང་ཆུབ་སེམས་དཔའི་སྤྱོད་པ་ཉམས་སུ་ལེན་ཚུལ་བཤད་པ།

ཉ༡ སྤྱོད་པ་ལ་སློབ་པའི་ཀུན་སློང་གི་ཁྱད་པར།

ཏ༡ སྒོ་གསུམ་གྱི་ནང་ནས་ཡིད་གཙོ་བོའི་དོན་ཅན་དུ་བསྟན་པ།

གཉིས་པ་ལ་གསུམ། སྤྱོད་པ་ལ་སློབ་པའི་ཀུན་སློང་གི་ཁྱད་པར་དང་། སེམས་བསྐྱེད་པའི་བསོད་ནམས་དང་། སྤྱོད་པ་ལ་སློབ་ཚུལ་དངོས་སོ། །དང་པོ་ལ་གཉིས། སྒོ་གསུམ་གྱི་ནང་ནས་ཡིད་གཙོ་བོའི་དོན་ཅན་དུ་བསྟན་པ་དང་། གཞན་ལ་མི་དགེ་བར་འགྱུར་བ་ཡང་བྱང་ཆུབ་སེམས་དཔའ་ལ་བསམ་པའི་དབང་གིས་དགེ་ལེགས་སུ་འགྱུར་བར་བསྟན་པའོ། །དང་(༤༡ན)པོ་ནི། སྒོ་གསུམ་གྱི་ལས་ཀུན་ལ་ཡིད་ནི་དོན་ཆེན་པོར་ཏེ་གཙོ་བོར་བསྒྲུབ་པར་བྱ་སྟེ། གང་གི་ཕྱིར་ན་ཀུན་སློང་གི་སེམས་དགེ་མི་དགེའི་དབང་དུ་མ་གཏོགས་པར་འགྲོ་བ་དང་འོང་བ་སོགས་ལ་བསོད་ནམས་དང་བསོད་ནམས་མིན་པ་ལ་སོགས་པ་མ་མཐོང་བ་དེའི་ཕྱིར། དཔེར་ན་གཅེར་བུ་བ་ཞིག་ལྷ་ཁང་དུ་ཞུགས་སྟེ་སྐུ་གཟུགས་གཅིག་ལ་ཕྱག་འཚལ་ལོ། །གཞན་ལ་འོག་སྨོས་རེག་པར་བྱེད་པས་དེ་དགེ་བ་དང་སྡིག་པར་འགྱུར་བ་བཞིན་ནོ། །

ཏ༢ གཞན་ལ་མི་དགེ་བར་འགྱུར་བ་ཡང་བྱང་ཆུབ་སེམས་དཔའ་ལ་བསམ་པའི་དབང་གིས་དགེ་ལེགས་སུ་འགྱུར་བར་བསྟན་པ།

གཉིས་པ་ནི། ལས་ཀུན་ལ་ཡིད་གཙོ་བོ་ཡིན་པ་དེའི་ཕྱིར་གཞན་ལ་ཕན་པའི་བསམ་པས་ཀུན་ནས་བསླངས་པས་སེམས་ལ་དབང་ཐོབ་པའི་བྱང་ཆུབ་སེམས་དཔའ་ལ་སྦྱིན་སོགས་དགེ་བའམ་འོན་ཏེ། སྲོག་གཅོད་སོགས་གཞན་ལ་མི་དགེ་བར་གྱུར་ཀྱང་ཅུང་བྱང་ཆུབ་སེམས་དཔའ་དེ་ལ་ཐམས་ཅད་དགེ་ལེགས་ཉིད་དུ་འགྱུར་

ཏེ། གང་གི་ཕྱིར་ན་ཡིད་ཇི་ལྟར་འདོད་པ་བཞིན་མི་དགེ་བ་ལ་མི་འཇུག་ཅིང་དགེ་བ་ལ་འཇུག་པ་དེའི་དབང་དུ་གྱུར་པ་ཐོབ་པའི་ཕྱིར། དཔེར་ན་བྱང་ཆུབ་སེམས་དཔའ་སྙིང་རྗེ་ཆེན་པོ་ཞེས་བྱ་བ་དེད་དཔོན་དུ་གྱུར་པ་ཞིག་གིས་བྱང་ཆུབ་སེམས་དཔའ་ལྔ་བརྒྱ་ཚོགས་པར་གྱུར་པ་གསོད་པར་འདོད་པའི་དེད་དཔོན་རྐུན་པོ་ཞིག་མདུང་ཐུང་གིས་བསད་པས་བསྐལ་པ་འབུམ་དུ་འཁོར་བ་ལ་རྒྱབ་ཀྱིས་ཕྱོགས་པར་བཤད་པ་བཞིན་ནོ། །

༦༢ སེམས་བསྐྱེད་པའི་བསོད་ནམས།

༥༧ དོན་དམ་པའི་སེམས་དང་པོ་བསྐྱེད་པའི་བསོད་ནམས།

གཉིས་པ་ལ་གཉིས། དོན་དམ་པའི་སེམས་དང་པོ་བསྐྱེད་པའི་བསོད་ནམས་དང་། གཞན་སེམས་བསྐྱེད་དུ་བཅུག་པའི་བསོད་ནམས་ཀྱི་ཁྱད་པར་རོ། །དང་པོ་ནི། བྱང་ཆུབ་སེམས་དཔའ་འདི་(༢༠བ)ལ་གང་ནས་བཟུང་སྟེ་དོན་དམ་པའི་བྱང་ཆུབ་སེམས་དཔའ་ཞེས་བྱ་ཞེ་ན། ས་དང་པོ་ཐོབ་པ་ནས་སོ། །དེའི་ཡོན་ཏན་གྱི་ཁྱད་པར་ནི་བྱང་ཆུབ་སེམས་དཔའི་དོན་དམ་པའི་སེམས་དང་པོ་བསྐྱེད་པའི་བསོད་ནམས་ནི་བསོད་ནམས་གང་ཞིག་ཉེ་བར་བསགས་པས་གླིང་བཞི་པའི་བདག་པོ་འཁོར་ལོས་སྒྱུར་བའི་རྒྱལ་པོར་འགྱུར་བའི་བསོད་ནམས་ཆེས་མང་ན་ས་སྟེང་གི་སྐྱེ་བོ་ཐམས་ཅད་དེར་འགྱུར་བའི་བསོད་ནམས་མང་བ་ལྟ་ཅི་སྨོས། སྔར་བཤད་པའི་བསོད་ནམས་དེ་ནི་ས་སྟེང་གི་སྐྱེ་བོ་ཐམས་ཅད་ནི་འཁོར་ལོས་སྒྱུར་བ་ཉིད་དུ་འགྱུར་བ་དེ་དག་གི་བསོད་ནམས་ལས་ཆེས་ཁྱད་པར་འཕགས་སོ། །དཔེར་ན་རྒྱལ་པོའི་དྲིལ་བསྒྲགས་ནས་རིགས་པ་རྣམ་པར་དཔྱོད་པ་ནི་དེའི་ནོར་མང་པོ་ཉིད་འདུ་བའི་སྒོ་ཡིན་པ་བཞིན་ནོ། ཁ་ཅིག་ཀུན་རྫོབ་པ་དང་དོན་དམ་པའི་བྱང་ཆུབ་སེམས་དཔའི་ཁྱད་པར་མ་ཕྱེད་པར། །སོ་སོ་སྐྱེ་བོ་ཡིན་ན། བྱང་ཆུབ་སེམས་དཔའ་མཚན་

ཉིད་པ་མིན་པར་འདོད་པ་ནི་སྡིག་པའི་ཕྱུལ་དུ་བྱུང་བ་ཡིན་པས་མཆིལ་མའི་ཐལ་བ་བཞིན་དུ་དོར་བར་བྱའོ། །

༨༢ གཞན་སེམས་བསྐྱེད་དུ་བཅུག་པའི་བསོད་ནམས་ཀྱི་ཁྱད་པར།

གཉིས་པ་ནི། གཞན་ཐེག་པ་ཆེན་པོར་སེམས་བསྐྱེད་དུ་བཅུག་པའི་བསོད་ནམས་ཇི་ལྟ་བུ་ཞེ་ན། སངས་རྒྱས་ཀྱི་སྣོད་དུ་དེའི་རིང་བསྲེལ་གྱི་སྙིང་པོ་ཅན་རིན་ཆེན་གསེར་དང་། བཻ་ཌཱུརྻ་ལ་སོགས་པ་རིན་པོ་ཆེ་སྣ་བདུན་གྱི་རང་བཞིན་གྱི་མཆོད་རྟེན་ནི་རྒྱར་སྟོང་གསུམ་གྱི་སྟོང་ཆེན་པོའི་འཇིག་རྟེན་གྱི་ཁམས་ཀྱི་ཚད་དང་མཉམ་པ། འཕང་དུ་འོག་མིན་གྱི་འཇིག་རྟེན་སྙེད་དུ་མཐོ་བ་རྒྱན་ཐམས་ཅད་ཀྱིས་བརྒྱན་པ་སྐྱེས་བུ་འགའ་ཞིག་བྱས་པའི་བསོད་ནམས་དེ་བས་སེམས་བསྐྱེད་དུ་བཅུག་ན་འདུལ་བ་པོའི་བསོད་ནམས་མཆོག་ཏུ(༤༠ན)བཀྲ་བས་ཤིན་ཁྱད་པར་འཕགས་པར་བརྗོད་པ་ཡིན་ནོ། །དཔེར་ན་སྐྱེས་བུ་གཅིག་ཤི་བ་ན་མཛའ་བཤེས་གཅིག་གིས་རོ་འབྱིན་པ་དང་། ཅིག་ཤོས་ཀྱིས་བུ་མང་སྐྱོང་བ་ཕྱི་མ་མཆོག་ཡིན་པ་བཞིན་དུ་སངས་རྒྱས་ཀྱི་ཕུར་སྦྱོང་བ་ལས་གདུང་རྒྱུན་མི་འཆད་པར་བྱ་བའི་དོན་གཞན་བྱང་ཆུབ་མཆོག་ཏུ་སེམས་བསྐྱེད་དུ་བཅུག་པ་བསོད་ནམས་མཆོག་ཏུ་གྱུར་པ་ཡིན་ནོ། །

༧༣ སྤྱོད་པ་ལ་སློབ་ཚུལ་དངོས།

༨༡ གཞན་དོན་མཛད་པའི་ལུས་ངག་གི་ཀུན་སྤྱོད།

གསུམ་པ་ལ་ལྔ། གཞན་དོན་མཛད་པའི་ལུས་ངག་གི་ཀུན་སྤྱོད་དང་། བསམ་པའི་ཁྱད་པར་དང་། སྙིང་རྗེ་དམན་པའི་ཉེས་དམིགས་དང་། བྱང་ཆུབ་སེམས་དཔའ་ལ་མ་དད་པའི་ཉེས་པ་དང་དད་པ་བསྒོམ་རིགས་པ་དང་། སྤྱོད་པ་མཐར་ཕྱིན་པར་མཛད་ནུས་པའི་རྒྱུ་མཚན་ནོ། །དང་པོ་ནི། བྱང་ཆུབ་སེམས་དཔས་ཇི་ལྟར་སེམས་

ཅན་གྱི་དོན་བྱ་ཞེ་ན། དེའི་བསམ་པ་དང་མཐུན་པར་བྱ་སྟེ་སློབ་མ་དེ་ལ་ཕན་པར་འདོད་པའི་བླ་མ་ཡིས་སློབ་མ་ལ་ནི་དེའི་བསམ་པ་དང་མཐུན་པར་ལུས་ངག་གིས་སྒྲི་ཞུ་བྱ་སྟེ། གང་གི་ཕྱིར་ན། སློབ་མ་དེས་བྱ་བ་གང་བྱས་ན་རང་ལ་ཕན་པ་མི་ཤེས་པ་གཞན་གྱི་རྗེས་སུ་བསྟན་དགོས་པ་དེའི་ཕྱིར་སློབ་མ་ཞེས་བྱའོ། །དཔེར་ན་སྟེང་རྒྱས་འོད་སྣང་སྟོན་པས་ཚོ་འཕྲུལ་གྱིས་རིམ་གྱིས་རྗེས་སུ་བཟུང་བ་བཞིན་ནོ། །

༦༢ བསམ་པའི་ཁྱད་པར།

ཐ༧ གནོད་མི་བཀུར་བའི་གང་ཟག་ལ་བརྟེ་བ་བྱ་བའི་དཔེ།

གཉིས་པ་ལ་ལྔ། གནོད་མི་བཀུར་བའི་གང་ཟག་ལ་བརྟེ་བ་བྱ་བའི་དཔེ་དང་། གདུལ་བྱ་དགྲི་བའི་རིམ་པ་དང་། ཉོན་མོངས་ཤས་ཆེ་བ་ལ་ལྷག་པར་བརྟེ་བར་བྱ་བ་དང་། དབང་པོ་དང་བསམ་པ་དང་མཐུན་པར་གཞན་དོན་མཛད་པའི་ཚུལ་དང་། སྙིང་རྗེའི་སྟོབས་རྒྱས་པའི་འབྲས་བུའོ། །དང་པོ་ནི། སློབ་མ་གནོད་མི་བཀུར་ན་ཡང་དེའི་(༨༠བ)ཉོན་མོངས་གཙོམ་པ་ལ་འབད་པར་བྱ་སྟེ། དཔེར་ན་གདོན་གྱི་དབང་གིས་ནད་པ་སྨན་པ་ལ་ལྷག་པར་ཁྲོ་ཡང་འབྱུང་པོས་བཟུང་བའི་ནད་པ་ལ་སྨན་པ་འཁྲུག་པ་མིན་པ་ལྟར་ཐུབ་པ་གདུལ་བྱའི་རྒྱུད་ཀྱི་ཉོན་མོངས་པ་དག །སེམས་ཅན་མ་རུངས་པར་བྱེད་པས་སྐྱོན་དུ་གཟིགས་ཀྱི་ཉོན་མོངས་དང་འབྲེལ་བའི་གང་ཟག་ལ་ཁྲོ་བ་མིན་པས་གདུལ་བྱ་རྗེས་སུ་འཛིན་པར་འདོད་པ་རྣམས་ཀྱིས་ཚུལ་དེ་ལྟར་སླབ་པར་བྱའོ། །དཔེར་ན་སེང་གེ་མཆོན་འཕེན་པ་པོ་ལ་བརྟུན་གྱི་འཕངས་པའི་མཆོན་ལ་མི་བརྟུན་པ་བཞིན་ནོ། །

ཐ༢ གདུལ་བྱ་དཀྲི་བའི་རིམ་པ།

གཉིས་པ་ནི། སློབ་མ་ལ་རྗེས་སུ་སྟོན་པའི་སློབ་དཔོན་གྱིས་གདུལ་བྱ་ལ། གང་ཞིག་སྦྱིན་པ་སོགས་གང་དང་གང་ལ་དགའ་བ་དེའི་གཏམ་དེ་དང་དེ་ཆེས་སྔར་ལེགས་པར་བསྟན་ནས་དཔྱད་པར་བྱ་སྟེ་ཐོག་མའི་གདམས་པ་དང་རྗེས་སུ་གདམས་པ་བྱས་ནས་ཕྱིས་ཟབ་མོའི་གཏམ་བྱ་སྟེ། དང་པོ་ནས་ཟབ་མོའི་གཏམ་གྱིས་ཡིད་ཕྱིར་ཕྱོགས་ནས་རྒྱུད་ཉམས་པར་འགྱུར་པ་ཡིན་ན། དོན་དམ་པའི་ཆོས་ཀྱི་སྣོད་ནི་ཅིས་ཀྱང་མ་ཡིན་ནོ། །དེ་ཡང་སེར་སྣ་ཅན་ནི་སྦྱིན་པའི་གཏམ་ལ་མི་དགའ་བས་ལོངས་སྤྱོད་འདོད་པ་དག་སྦྱིན་པ་བཏང་བར་བྱའོ་ཞེས་སོགས་བརྗོད་པ་བཞིན་ནོ། །དཔེར་ན་བྱང་ཆུབ་སེམས་དཔའ་སླ་མཛེས་ཀྱིས་ཚོང་པའི་བུད་མེད་རིམ་གྱིས་དེའི་བསམ་པ་དང་མཐུན་པར་ཁྲིད་པ་བཞིན་ནོ། །

ཐ༣ ཉོན་མོངས་ཤས་ཆེ་བ་ལ་ལྷག་པར་བརྩེ་བར་བྱ་བ།

གསུམ་པ་ནི། ཉེས་པ་ལས་ལན་བརྒྱར་བཟློག་ཏུ་ཟིན་ཀྱང་ཡང་དང་ཡང་དུ་མི་རིགས་པའི་ལམ་དུ་འཇུག་པ་དེ་ལ་བྱང་ཆུབ་སེམས་དཔས་ལྷག་པར་བརྩེ་བར་བྱ་སྟེ། ཇི་ལྟར་ཏེ་དཔེར་ན་མ་ནི་ཁྱད་པར་དུ་ནད་ཀྱིས་ཐེབས་པའི་བུ་ལ་གདུང་བར་འགྱུར་བ་དེ་བཞིན་དུ་བྱང་ཆུབ་སེམས(༤༧ན)དཔའི་བརྩེ་བ་ཡང་དམ་པ་མིན་པ་ལ་ཁྱད་པར་དུ་སྐྱེའོ། །དཔེར་ན་གདོལ་པ་མོའི་བུ་དྲུག་པ་བྱ་བ་མིན་པས་རྒྱལ་པོས་བསད་པར་དོགས་པ་ཤས་ཆེ་བ་བཞིན་ནོ། །

ཐ༩ དབང་པོ་དང་བསམ་པ་དང་མཐུན་པར་གཞན་དོན་མཛད་པའི་ཚུལ།

བཞི་པ་ནི། བྱང་ཆུབ་སེམས་དཔས་སེམས་ཅན་གྱི་དོན་བྱེད་པ་ན་སེམས་ཅན་རྣམས་བསམ་པ་དང་མོས་པ་དང་དབང་པོ་ཐ་དད་པས་ལ་ལའི་སློབ་མར་འགྱུར་བར་བྱ་སྟེ་ཕན་པ་རྗེས་སུ་སྟོན་པར་བྱེད་དོ། །རང་ཉིད་དམན་པར་སེམས་པ་ལ་ལ་ཡི་ནི་བླ་མར་འགྱུར་བར་བྱས་ནས་ཁྱད་པར་བསྟན་པའི་སྒོ་ནས་རྗེས་སུ་སྟོན་པས་སེམས་ཅན་འདུལ་བའི་ཐབས་དང་རིག་པ་སྣ་ཚོགས་པའི་ཐབས་རྣམས་ཀྱིས་ཆོས་ཀྱི་དེ་ཁོ་ན་ཉིད་མ་རྟོགས་པའི་སེམས་ཅན་རྣམས་ཀྱིས་དེ་ཁོ་ན་ཉིད་རྟོགས་པར་བྱེད་དོ། །དཔེར་ན་སྨན་པ་མཁས་པ་ནད་པ་ལ་སྨུམ་ཆོས་དང་སྐྱུ་ཆོས་སྣ་ཚོགས་བྱེད་པ་བཞིན་ནོ། །

ཐ༥ སྙིང་རྗེའི་སྟོབས་རྒྱས་པའི་འབྲས་བུ།

ད༡ སྙིང་རྗེའི་སྟོབས་ལྷག་པར་རྒྱས་ན་གདུལ་བྱ་མིན་པ་དཀོན་པ།

ལྔ་པ་ལ་གཉིས། སྙིང་རྗེའི་སྟོབས་ལྷག་པར་རྒྱས་ན་གདུལ་བྱ་མིན་པ་དཀོན་པ་དང་། གཞན་དོན་ལ་བསྐྱུལ་མ་མ་བྱས་པའི་ཉེས་དམིགས་སོ། །དང་པོ་ནི། སེམས་ཅན་ཡོངས་སུ་སྨིན་པར་བྱེད་པ་ལ་མཐུའི་ཁྱད་པར་འཕེལ་བའི་བྱང་ཆུབ་སེམས་དཔས་ཇི་ལྟར་སྨན་པ་མཁས་པར་གྱུར་པས་ནད་གསོར་མི་རུང་ཞིང་བསྒྲུབ་ཏུ་མེད་པ་དཀོན་པ་དེ་བཞིན་དུ་དབང་པོ་མཆོག་དང་མཆོག་མིན་པ་ཤེས་ཤིང་བསྡུ་བའི་དངོས་པོ་བཞི་ལ་མཁས་པའི་བྱང་ཆུབ་སེམས་དཔའི་སྟོབས་ཧྲེད་ནས་གདུལ་བྱ་མིན་པ་ཤིན་ཏུ་དཀོན་པར་ཤེས་པར་བྱའོ། །དཔེར་ན་སློབ་དཔོན་ཀླུ་སྒྲུབ་ཀྱིས་རྒྱལ་པོའི་བུའི་སེམས་ཀྱི་ནང་བུད་མེད་འདོད་པས་བསྐྱེད་པ་སྨན་པ་གཞན་ཐམས་ཅད་ཀྱིས་མ་ཤེས་པ་ཞི་བར་(༦༧བ)མཛད་པ་བཞིན་ནོ། །

༥༢ གཞན་དོན་ལ་བསླུ་མ་མ་བྱས་པའི་ཉེས་དམིགས།

གཉིས་པ་ནི། སེམས་ཅན་འདུལ་བའི་མཐུའི་ཁྱད་པར་རྙེད་པའི་བྱང་ཆུབ་སེམས་དཔའི་སྤྱོད་ཡུལ་དུ་ནི་གདུལ་བྱ་བསླུ་ན་ངན་འགྲོར་མི་འགྲོ་བ་དེ་ལ་གལ་ཏེ་འགའ་ཞིག་མ་བསླུ་བར་སེམས་ཅན་དེ་ངན་སོང་དུ་འགྲོ་བར་འགྱུར་ན་དེ་སེམས་ཅན་ཐམས་ཅད་ལ་ཕན་པར་དམ་བཅས་པའི་དམ་བཅའ་ཉམས་པས་བློ་ལྡན་གཞན་གྱིས་སྨད་བྱར་འགྱུར་བས་སེམས་ཅན་རྣམས་ལ་ཇི་ལྟར་འཚམ་པའི་ཆོས་བསྟན་པས་བསླུ་བར་བྱའོ། །དཔེར་ན་དེད་དཔོན་ཆེན་པོ་རང་རང་གི་འཁོར་ན་གནས་པའི་གྲོགས་མ་བྱས་ན་སྨད་པར་འགྱུར་བ་བཞིན་ནོ། །

༥༣ སྙིང་རྗེ་དམན་པའི་ཉེས་དམིགས།

གསུམ་པ་ནི། ལས་དང་པོ་པའི་བྱང་ཆུབ་སེམས་དཔའ་གང་ཞིག །སྡུག་བསྔལ་རྒྱུ་དང་བཅས་པས་ཉེན་པའི་སེམས་ཅན་གཞན་དག་ལ་ཕྲག་དོག་པའི་སྙིང་བརྩེ་བ་བྱེད་པ་ལེགས་སོ། །ཞེས་མི་འདོད་པ་དེ་རྗེས་སུ་བརྩེ་བས་སེམས་ཅན་མགོན་མེད་པ་དག་ལ་ལུས་ལོངས་སྤྱོད་དགེ་རྩ་ཇི་ལྟར་སྦྱིན་པ་གཏོང་བར་བྱེད་མི་བྱེད་དོ། །དཔེར་ན་ལོང་བ་ལས་རྫས་འཕྲོག་པ་དང་ལྐམ་གྱི་དོན་དུ་གསོད་པ་བཞིན་ནོ། །དེས་ན་སྙིང་རྗེའི་སྟོབས་རྒྱས་པ་ལ་འབད་པར་བྱའོ། །

༥༤ བྱང་ཆུབ་སེམས་དཔའ་ལ་མ་དད་པའི་ཉེས་པ་དང་དད་པ་བསྒོམ་རིགས་པ།

༦༡ བྱང་ཆུབ་སེམས་དཔའ་ལ་མ་དད་པའི་ཉེས་དམིགས།

བཞི་པ་ལ་གཉིས། བྱང་ཆུབ་སེམས་དཔའ་ལ་མ་དད་པའི་ཉེས་དམིགས་དང་། དད་པ་བསྒོམ་པར་རིགས་པའོ། །དང་པོ་ནི། བྱང་ཆུབ་སེམས་དཔའ་སྙིང་རྗེའི་གཞན་

དབང་དུ་གྱུར་པ་དེ་དག་ལ་སྣང་བའི་ཉེས་དམིགས་ཇི་ལྟ་བུ་ཞེ་ན། སེམས་ཅན་གྱི་ཁམས་མ་ལུས་པ་ཕུང་པོ་ལྷག་མ་མེད་པའི་མྱ་ངན་ལས་འདས་པའི་མཐར་ཐུག་པར་འདོད་པའི་བསམ་པ་ཅན་གྱིས་འགྲོ་བ་ལ་ཕན་པའི་ཕྱིར་དུ་གང་ཞིག་ལ་འཇིག་རྟེན་ཇི་སྲིད་དུ་གཞན་དོན་དུ་གནས་པའི་མཐུ་ཡོད་པ་དེ་ལ་དད་པ་དང་(༤༢ན)བཀུར་སྟི་སོགས་མ་བྱས་པའི་སོར་གནས་དག་ཀྱང་ཕུང་ན་དེ་ལ་ཞེ་སྡང་བ་ལ་སྡིག་པ་བསམ་ཐག་ཅི་ཞིག་ཡོད། རབ་ཏུ་ཞི་བ་རྣམ་པར་ངེས་པ་ཆོ་འཕྲུལ་གྱི་མདོ་དང་། དད་པའི་སྟོབས་བསྐྱེད་པ་ལ་འཇུག་པ་ཕྱག་རྒྱའི་མདོ་ལས་གསུངས་པ་ལྟར་ངན་འགྲོའི་སྡུག་བསྔལ་བརྒྱ་ཕྲག་ལྷག་པར་ངེས་པར་རབ་ཏུ་ཕུང་བར་འགྱུར་རོ། །དཔེར་ན་གླང་པོ་ཆེ་མང་པོ་དབང་དུ་བྱེད་པའི་མི་ལ་ཁ་ཅིག་གིས་གནས་ལུགས་བལྟམས་ལ་དུས་གཞན་ཞིག་ན་ཁྱེད་ཅག་བདེའམ་དྲིས་པས། གང་ལ་བདེ་ཆར་གླུང་གིས་གླང་ཆེན་དག་གཡེངས་སོ་ཞེས་ཟེར་བ་ན། དུད་འགྲོ་གཞན་གྱིས་གོ་བས་མ་དྲིས་པ་དང་། རྨམ་འཕྲུར་དང་དཀྲུག་པའི་དཔེ་བཞིན་ནོ། །

ཐ༢ དད་པ་བསྒོམ་པར་རིགས་པ།

ད༡ བྱ་དཀའ་བའི་སྤྱོད་པ་མཛད་པ་ལ་དད་རིགས་པ།

གཉིས་པ་ལ་གཉིས། བྱ་དཀའ་བའི་སྤྱོད་པ་མཛད་པ་ལ་དད་རིགས་པ་དང་། ཡོན་ཏན་མཐའ་ཡས་པ་བསམས་ནས་དད་པ་བྱ་བའོ། །དང་པོ་ནི། བྱང་ཆུབ་སེམས་དཔའ་ནི་མཆོག་ཏུ་བྱ་དཀའ་བ་མཛད་པས་སྔང་བ་སྤངས་ནས་ལྷག་པར་དད་པར་རིགས་ཏེ། སེམས་དཔའ་བཟོད་པ་ཐོབ་པ་གང་ལ་སྐྱེ་བ་ཐམས་ཅད་དུ་མི་ཉམས་པའི་མངོན་ཤེས་ལྔ་ཆར་ཡང་ཡོད་པ་དེའི་སེམས་ཅན་ལ་ཕན་པའི་ཆེད་དུ་ངན་སོང་གི་འགྲོ་བ་དམན་པར་སྐྱིན་བུ་དང་། ཕྱེ་མ་ལེབ་དང་། མ་ཧེ་དང་ཁྱི་ལ་སོགས་པ་དམན་པ་ལྟ་བུའི་ལུས་ཀྱི་དངོས་པོ་ཡོངས་སུ་བཟུང་ནས་གཟུགས་དེ་དང་། སྐད་

དང་དེས་སེམས་ཅན་ཡོངས་སུ་སྨིན་པར་མཛད་པའི་སྤྱོད་པ་འདི་ནི་ཤིན་ཏུ་བྱ་དཀའ་བའོ། །དཔེར་ན་བྱང་ཆུབ་སེམས་དཔའ་གཅིག་གིས་མ་འོངས་པ་ན་ཁྱི་མང་པོ་ལ་གནོད་པ་ཡོད་པ་གཟིགས་ནས་དེ་བཟློག་པའི་ཆེད་དུ་ཁྱིའི་སྐྱེ་གནས་བཟུང་བ་བཞིན་ནོ། །

ད༢ ཡོན་ཏན་མཐའ་ཡས་པ་བསམས་ནས་དད་པ་བྱ་བ།

གཉིས་(༤༢བ)པ་ནི། ཡོན་ཏན་མཐའ་ཡས་པ་བསམས་ནས་དད་པ་བསྐྱེད་པར་བྱ་སྟེ། སེམས་ཅན་གྱི་དོན་བྱ་དཀའ་བ་འབད་མེད་དུ་སྒྲུབ་ནུས་པའི་ཐབས་ཀྱིས་དུས་ཀུན་གྱི་ཚེ་སྒོ་གསུམ་གྱིས་བསྟེན་པའི་བསོད་ནམས་གང་ཤིན་ཏུ་ཡུན་རིང་པོ་བསྐལ་པ་གྲངས་མེད་པར་བསགས་པ་དེ། ནམ་མཁའ་ལྟར་མཐའ་ཡས་པའི་ཕྱིར། ཐམས་ཅད་མཁྱེན་པའི་གཞལ་བྱ་ཡང་མིན་ཞེས་དེ་བཞིན་གཤེགས་པས་གང་ཞིག་རྒྱ་མཚོའི་ཆུ་ཐིགས་དང་ཞེས་སོགས་གསུངས་སོ། །དཔེ་ནི་གོ་བར་ཟད་དོ། །

ཏ༥ སྤྱོད་པ་མཐར་ཕྱིན་པར་མཛད་ནུས་པའི་རྒྱུ་མཚན།

ཐ༡ སྦྱིན་པ་ལ་ལྷག་པར་སྤྲོ་བའི་རྒྱུ་མཚན།

ལྔ་པ་སྤྱོད་པ་མཐར་ཕྱིན་པར་མཛད་ནུས་པའི་རྒྱུ་མཚན་ལ་ལྔ། སྦྱིན་པ་ལ་ལྷག་པར་སྤྲོ་བའི་རྒྱུ་མཚན་དང་། དམན་པའི་སྦྱིན་པ་ལ་སྨད་པ་དང་། སྤྱོད་པ་མཐའ་དག་སྒྲུབ་ནུས་པའི་རྒྱུ་མཚན་དང་། རང་ཉིད་འབའ་ཞིག་ཞི་བདེ་དོན་དུ་མི་གཉེར་བའི་རྒྱུ་མཚན་དང་། ལུས་རྟེན་ཁྱད་པར་ཅན་ལེན་ནུས་པའི་རྒྱུ་མཚན་ནོ། །དང་པོ་ནི། སྐྱེས་པའི་རབས་ལ་སོགས་པར་བྱང་ཆུབ་སེམས་དཔའ་ལ་སྦྱིན་པའི་གཏམ་སྙན་པར་འདོན་གྱི་ཚུལ་ཁྲིམས་ལ་སོགས་པ་དེ་ཙམ་དུ་མིན་ཞེ་ན། སྦྱིན་པའི་སྒྲ་རྡ་ན་ནི་ཡི་གེ་བསྟན་པའི་ངེས་ཚིག་གིས་བཤད་པ་ན། སྐྱེ་བ་དང་རྗེས་སུ་མཐུན་པའི་

ཞི་བ་གསལ་བར་གོ་བར་བྱེད་པ་དང་། རེས་དགའ་སྦྱིན་པ་གསུམ་གྱི་དབྱེ་བས་ཕར་ཕྱིན་དྲུག་གིས་བསྡུས་པའི་ཆོས་གོ་བར་བྱེད་པ་དང་། རེས་དགའ་སྒོ་གསུམ་ཡོངས་སུ་དག་པར་བསྲུངས་པས་ཇི་ལྟར་འདོད་པའི་སྐྱེ་བ་གཞན་འགྲུབ་པ་གོ་བར་བྱེད་པས་ན། འཆི་བ་དང་ཆོས་དང་སྲིད་པ་གཞན་སྦྱིན་པའི་སྒྲ་ཡིས་གསལ་བར་བྱེད་པ་དེའི་ཕྱིར་བྱང་ཆུབ་སེམས་དཔའ་ལ་སྦྱིན་པའི་སྒྲ་ནི་རྟག་ཏུ་སྙན་པས་སྦྱིན་པ་ལ་ལྷག་པར་(༤༣ན)སྤྲོ་བར་མཛད་དོ། །དཔེར་ན་གསད་པར་བྱ་བ་ཉེས་པ་ལས་ཐར་བའི་གཏམ་ཐོས་པ་བཞིན་ནོ། །

ཐ༢ དམན་པའི་སྦྱིན་པ་ལ་སྨད་པ།

གཉིས་པ་ནི། བྱང་ཆུབ་སེམས་དཔའི་སྦྱིན་པ་ཕོ་ན་མཐའ་ཡས་ཀྱི་གཞན་གྱི་མིན་ཞེ་ན། ཚེ་འདིར་སྦྱིན་པ་ཡི་སྦྱིན་པ་ལ་འབྲས་བུ་ལོངས་སྤྱོད་ཆེན་པོ་འབྱུང་བར་འགྱུར་རོ་ཞེས་བསམས་ནས་རྫས་ལེན་པ་དང་། ཡོངས་སུ་གཏོང་བ་ནི་ཁེའི་ཆེད་དུ་རྫས་གཏོང་བའི་ཚོང་སོགས་བཞིན་དུ་དམ་པས་སྨད་པར་འགྱུར་རོ། །དཔེར་ན་ཡོ་བྱད་ཐམས་ཅད་བཙོངས་པའི་ཁེ་པ་བཞིན་ནོ། །

ཐ༣ སྤྱོད་པ་མཐའ་དག་སྤྲུལ་ནུས་པའི་རྒྱུ་མཚན།

གསུམ་པ་ནི། བསོད་ནམས་མཐའ་ཡས་པ་གསོག་པའི་བྱང་ཆུབ་སེམས་དཔའ་གང་ལ་སྟེར་བྱས་པའི་སྡིག་པ་ཡང་ཅུང་ཟད་ཡོད་པ་ཉིད་ཀྱང་འབྲས་བུ་འབྱིན་ནུས་སུ་ཡོད་པ་མ་ཡིན་པ་ཇི་སྐད་དུ། ལན་ཚྭ་སྲང་འགས་ཆུ་ནི་ཉུང་ངུ་ཞིག །རོ་བསྒྱུར་བགྱིད་ཀྱི་གངྒཱའི་ཀླུང་མིན་ལྟར། །དེ་བཞིན་སྡིག་པའི་ལས་ནི་ཆུང་ངུ་ཡང་། །དགེ་བའི་རྩ་བ་ཡངས་པ་མཁྱེན་པར་མཛོད། །ཅེས་གསུངས་པ་ལྟར་སྟོབས་དང་ལྡན་པའི་དགེ་བའི་ལས་ཅན་སེམས་དཔའ་དེ་ལ་ནི་གཞན་དོན་བསྒྲུབ་མིན་ཞེས་བྱ་བ

ཡོད་པ་མ་ཡིན་པས་སེམས་ཅན་གྱི་དོན་མཐའ་དག་འགྲུབ་པར་འགྱུར་རོ། །དཔེ་ནི་ཚོགས་སུ་བཅད་པ་དྲངས་པ་ལྟར་རོ། །

༣༤ རང་ཉིད་འབབ་ཞིག་ཞི་བདེ་དོན་དུ་མི་གཉེར་བའི་རྒྱུ་མཚན།

བཞི་པ་ནི། བྱང་སེམས་འཕགས་པ་རྣམས་གཅིག་ཏུ་དགེ་ཞིང་ལས་ཉོན་གྱི་དབང་གིས་འཁོར་བར་མི་སྐྱེ་ན། ཞི་བའི་དབྱིངས་སུ་སྙོམས་པར་མི་འཇུག་པ་ཅི་ཞེ་ན། བྱང་ཆུབ་སེམས་དཔའ་ལྷག་པའི་བསམ་པ་རླབས་ཆེན་པོའི་ཡིད་ཅན་དེ་ལ་ནི་སྡིག་པ་ཙུང་ཟད་ཀྱང་མི་བྱེད་ཅིང་འཁོར་བར་གནས་ཀྱང་སྲིད་པའི་ཉེས་པས་(༤༣བ) མི་གོས་པས་འཁོར་བ་འདི་ནའང་གནོད་པ་ཡོད་པ་མིན་ཏེ་དེས་ན་དེ་ལ་སྲིད་པར་གནས་པ་དང་མྱ་ངན་ལས་འདས་པར་ཞུགས་པ་ལ་གནོད་པ་མེད་པར་ཁྱད་པར་མེད་པས་ཞི་བ་ལས་ཞི་བ་ལ་ལྷག་པར་མི་སྤྲོའོ། །དཔེར་ན་བུ་གཅིག་པ་ན་བའི་མ་རིམ་གྲོ་བྱེད་པ་ལ་མི་སྐྱོ་བ་བཞིན་ནོ། །

༣༥ ལུས་རྟེན་ཁྱད་པར་ཅན་ལེན་ནུས་པའི་རྒྱུ་མཚན།

ལྔ་པ་ནི། དོན་དམ་པའི་སེམས་བསྐྱེད་པ་དང་པོ་ཐོབ་པ་ནས་བྱང་ཆུབ་སེམས་དཔའི་ལས་ཕལ་ཆེར་དབང་འབྱོར་བར་འགྱུར་བ་ལ་རྒྱུ་ཅི་ཡོད་ཅེ་ན། ས་ཐོབ་པའི་སེམས་དཔའ་གང་ལ་ཀུན་གྱི་ཚེ་སེམས་ལ་དབང་ནི་ཐོབ་པ་ཉིད་ལས་བསམ་བཞིན་དུ་སྲིད་པར་སྐྱེ་བ་ལེན་པའི་ནུས་པ་ཡོད་པར་གྱུར་པ་དེ་ཀོ་དེ་ནི་རྒྱུ་ཅིས་སེམས་ཅན་གྱི་དོན་ལ་དབང་འབྱོར་བའི་འཇིག་རྟེན་ནི་ཀུན་གྱི་མངའ་བདག་ཏུ་གྱུར་པ་མ་ཡིན། གླིང་བཞིའི་བདག་པོ་སོགས་སུ་སྐྱེ་བ་བླངས་ནས་གཞན་གྱི་དོན་མཛད་པའོ། །དཔེར་ན་ཡིད་བཞིན་གྱི་ནོར་བུ་དང་དཔག་བསམ་གྱི་ཤིང་དང་བུམ་པ་བཟང་པོ་བཞིན་ནོ། །

༢༣ འབྲས་བུ་ཀུན་མཁྱེན་གྱི་སྒྲུབ་བྱེད།

གསུམ་པ་འབྲས་བུ་ཀུན་མཁྱེན་གྱི་སྒྲུབ་བྱེད་ནི། བྱང་ཆུབ་སེམས་དཔའི་སྤྱོད་པ་སྤྱད་པའི་འབྲས་བུ་ཇི་ལྟ་བུ་ཞེ་ན། སངས་རྒྱས་བཅོམ་ལྡན་འདས་དཔེ་མི་མངའ་བའི་མཐུའི་ཁྱད་པར་བསམ་གྱིས་མི་ཁྱབ་པ་རྣམས་སོ། །དེ་ལ་མོས་པ་ཕྱིན་ཅི་ལོག་ཏུ་ཞུགས་པ་སྤྱོད་པ་བ་ལ་སོགས་པ་ན་རེ། དེ་བཞིན་གཤེགས་པ་ནི་ཀུན་མཁྱེན་མིན་ཏེ། སྐྱེས་བུ་ཉིད་ཡིན་པའི་ཕྱིར། ལམ་སོ་སོའི་མི་བཞིན་ནོ་ཞེས་སྨྲའོ། །དེ་ནི་མི་རིགས་ཏེ། ཁྱོད་ཀྱི་རྟགས་དེའི་རྩོད་གཞི་དང་བསྒྲུབ་བྱའི་ཆོས་གཉིས་གཅིག་གམ་ཐ་དད་དང་པོ་ལྟར་ན། གཞི་ཆོས་སུ་མི་འཐད་དེ། གཅིག་ཡིན་པའི་ཕྱིར་བུམ་པ་རང་ཉིད་རང་གི་ཁྱད་ཆོས་(༤༤ན)སུ་མི་འཐད་པ་བཞིན་ནོ། །གཉིས་པ་ལྟར་ན་ཡང་དེར་མི་འཐད་དེ། ཐ་དད་པའི་ཕྱིར། བུམ་སྣམ་བཞིན་ཞེས་ཀུན་ནས་མཚུངས་སོ། །དེ་བཞིན་རྟགས་དང་དམ་བཅའ་རང་བཞིན་གྱིས་གྲུབ་པར་ཁས་བླངས་པས་རང་བཞིན་གྱིས་གྲུབ་པའི་གཅིག་ཡིན་ན་གཅིག་ཡིན་དགོས་ལ། རང་བཞིན་གྱིས་གྲུབ་པའི་ཐ་དད་ཡིན་ན་འབྲེལ་བ་མེད་པས། གཉིས་ཀ་ལྟར་ཡང་གོ་བྱ་གོ་བྱེད་དུ་མི་འགྱུར་རོ། །གཞན་ཡང་རིག་བྱེད་ཀྱི་སྒྲ་ཆོས་ཅན། རྟག་པ་དང་མ་བྱས་པ་དང་། རང་བྱུང་དང་། ཚད་མ་མིན་ཏེ། སྒྲ་ཡིན་པའི་ཕྱིར། སྨྱོན་པའི་སྒྲ་བཞིན་ནོ། །ཁྱོད་ཀྱང་བྲམ་ཟེར་མི་འགྱུར་ཏེ། ལག་པ་དང་ལྡན་པའི་ཕྱིར། ཉ་གསོད་པ་བཞིན་ཞེས་ཁྱོད་ལ་མི་འདོད་པ་དུ་མར་འགྱུར་རོ། །དེས་ན་རྒྱུའི་ཁྱད་པར་ལས་འབྲས་བུའི་ཁྱད་པར་ཕུལ་དུ་བྱུང་བ་དམིགས་པར་བཞིན་དུ། །ཀུན་མཁྱེན་ཡང་ངེས་པར་ཁས་བླངས་ནུས་ཏེ། ཁྱད་པར་འཕགས་ཤིང་ཕུལ་དུ་འགྲོ་བ་ལས་ཆེས་ཕུལ་དུ་སྟེ་ཁྱད་པར་དུ་འཕགས་པར་འགྲོ་བ་འགའ་ཞིག་འཛིག་རྟེན་འདིར་ཡང་སྣང་སྟེ། རིགས་ཀྱི་ཕུལ་དུ་བྱུང་བ་བྲམ་ཟེ་དང་། སྐྱེ་གནས་ཀྱི་ཕུལ་དུ་བྱུང་བ་སྲིད་རྩེ་དང་། རིའི་ཕུལ་དུ་བྱུང་བ་རི་

རབ་དང་། རྒྱལ་པོའི་ཕྲུལ་དུ་བྱུང་བ་འཁོར་ལོས་སྒྱུར་བའི་རྒྱལ་པོ་མཐོང་བ་དེས་ན་བྱང་ཆུབ་སེམས་དཔའ་རྣམས་ཀྱིས་བསྐལ་པ་གྲངས་མེད་གསུམ་དུ་ཚོགས་བསགས་པའི་མཐུ་ལས་ཞེས་པའི་ཕྲུལ་དུ་བྱུང་བ་དེ་བཞིན་གཤེགས་པ་རྣམས་ཀྱི་བསམ་གྱིས་མི་ཁྱབ་པའི་མཐུ་ཡང་ངེས་པར་ཡོད་ཅེས་རྟོགས་པར་གྱིས་ཤིག །ཀུན་མཁྱེན་ཡོད་པ་བསྒྲུབ་བྱེད་ལུང་ལ་མི་བརྟེན་པའི་རིགས་པས་གྲུབ་པ་འདིར་ཡང་ཁས་བླང་བར་བྱའོ། །སངས་(༨༨བ)རྒྱས་ཀྱི་གཟུགས་སྐུ་སངས་རྒྱས་མིན་པར་འདོད་པ་ནི། དཔྱོད་པ་པའི་ལུགས་ཡིན་པས་མཆིལ་མའི་ཐལ་བ་བཞིན་དུ་དོར་བར་བྱའོ། །དཔེར་ན་འཛམ་བུ་མར་གྱི་བུམ་པ་བརྒྱ་ཉེ་བར་སྦྱོར་ལ། དགེ་སྦྱོང་གི་རྐྱེན་བཞིན་ཏེ། འགྲེལ་པ་ལྟར་རོ། །

༣༩ བློ་དམན་ཐེག་ཆེན་ལ་སྐྲག་པའི་རྒྱུ་བསྟན་པ།

བཞི་པ་ནི། ཡང་ཅིའི་ཕྱིར་སེམས་ཅན་ཕལ་ཆེར་ཐེག་པ་ཆེན་པོ་ལ་སྐྲག་ཅིང་། སངས་རྒྱས་ཐོབ་པའི་ཆེད་དུ་གུས་པར་མི་བྱེད་ཅེ་ན། མོས་པ་དམན་པའི་ཕྱིར་རོ། །འདི་ལྟར་བློ་མ་སྦྱངས་པའི་བླུན་པོ་ལ་ཤིན་ཏུ་ཟབ་པའི་ཆོས་རྟེན་འབྲེལ་རང་བཞིན་གྱིས་མ་སྐྱེས་པ་བྱ་བྱེད་ཐམས་ཅད་འཐད་པ་ལ་སྐྲག་པ་སྐྱེ་བ་ཇི་ལྟ་བ་དེ་བཞིན་དུ་མོས་པ་ཞན་པ་ལ་ཤིན་ཏུ་ནི་རྨད་དུ་བྱུང་བའི་ཆོས་ཟབ་པ་དང་རྒྱ་ཆེ་བའི་ཐེག་པ་ཆེན་པོ་དང་། སངས་རྒྱས་ཀྱི་མཐུ་ཕྲུལ་དུ་བྱུང་བ་ལ་སྐྲག་པ་སྐྱེ་བར་འགྱུར་རོ། །དཔེར་ན། བདག་ལུས་བཟང་དགེ་སློང་རྣམས་ལ་ཡིད་མི་ཆེས་པ་བཞིན་ནོ། །

འདིར་སྨྲས་པ། འཁོར་བའི་ཉེས་དམིགས་ལེགས་པར་བསམ་བྱ་སྟེ། །བློ་གྲོས་དམན་པ་སྐྲག་པ་སྐྱེ་བའི་གཞི། །ཟབ་དང་རྒྱ་ཆེའི་ཐེག་ཆེན་འདིར་ཞུགས་ཏེ། །བྱང་ཆུབ་སྤྱོད་ལ་སྒྲུབ་པ་སྙིང་པོར་བྱ། །བཞུ་བའི་ཚིགས་སུ་བཅད་པའོ། །

ཆ༢ ལེའུའི་མཚན་བསྟན་པ།

གཉིས་པ་ལེའུའི་མཚན་བསྟན་པ་ནི། བྱང་ཆུབ་སེམས་དཔའི་རྣལ་འབྱོར་སྤྱོད་པ་བཞི་བརྒྱ་པའི་རྣམ་བཤད་ལེགས་པར་བཤད་པའི་སྙིང་པོ་ཞེས་བྱ་བ་ལས། བྱང་ཆུབ་སེམས་དཔའི་སྤྱོད་པ་བསྟན་པ་སྟེ་རབ་ཏུ་བྱེད་པ་ལྔ་པའི་འགྲེལ་པའོ།། །།

རབ་བྱེད་དྲུག་པ།

ཅ༢ སྤྱོད་པའི་གེགས་ཉོན་མོངས་སྤང་བའི་ཐབས་བཤད་པ།

ཆ༡ ལེའུའི་གཞུང་བཤད་པ།

ཇ༡ ལུས་གཟིར་བའི་དཀའ་ཐུབ་ཀྱིས་ལས་དང་ཉོན་མོངས་སྤོང་བར་འདོད་པ་དགག་པ།

གཉིས་པ་སྤྱོད་པའི་གེགས་ཉོན་མོངས་པ་སྤོང་བའི་ཐབས་བཤད་པ་ལ་གཉིས། ལེའུའི་གཞུང་བཤད་པ་དང་། ལེའུའི་མཚན་བསྟན་པའོ། །དང་པོ་ལ་གཉིས། ལུས་གཟིར་བའི་དཀའ་ཐུབ་ཀྱིས་(ལྔན)ལས་དང་ཉོན་མོངས་སྤོང་བར་འདོད་པ་འགོག་པ་དང་། ཉོན་མོངས་སྤོང་བའི་ཐབས་བཤད་པའོ། །དང་པོ་ནི། འགྲོ་བའི་གཉེན་དུ་གྱུར་པའི་བྱང་ཆུབ་སེམས་དཔའ་དེས་ནི་རྒྱུད་པ་ཀུན་གྱི་གནས་འཁོར་བ་ཡིན་ལ་དེའི་རྒྱུ་ལས་དང་ཉོན་མོངས་པ་ཡིན་པས། གདུལ་བྱའི་ལས་དང་ཉོན་མོངས་པ་ཚར་གཅད་པ་ལ་སྦྱར་བར་བྱའོ། །གལ་ཏེ་དེ་ལྟ་ན་རབ་ཏུ་བྱུང་བ་རྣམས་ལ་ཁང་པ་བརྩེགས་པ་ལྔ་བརྒྱ་པ་དང་། ཁ་ཟས་རོ་བརྒྱ་པ་གནང་བ་མི་རིགས་པར་འགྱུར་ཏེ་དེ་དག་གི་བདེ་བ་དང་རྗེས་སུ་མཐུན་པས་འདོད་ཆགས་འཕེལ་བར་འགྱུར་བས། ཐོག་མར་འདོད་ཆགས་སྐྱེ་བའི་གཞི་གཟུགས་ལ་སོགས་པའི་ཡུལ་སྤང་བར་བྱ་སྟེ། ལུས་ཚ་གྲང་གིས་གཟིར་བ་དང་། སྐྲ་འབལ་བ་ལ་སོགས་པའི་སྡུག་བསྔལ་མངོན་

པ་ལ་ལས་དང་ཉོན་མོངས་འཇོམས་པའི་དཀའ་ཐུབ་ཅན་ཞེས་བྱའོ་ཞེ་ན། ལུས་ལོངས་སྤྱོད་ལ་སོགས་པའི་བདེ་བས་འདོད་ཆགས་འཕེལ་བར་འགྱུར་ཞིང་བདེ་བ་རྒྱུ་དང་བཅས་པ་སྤང་བྱ་ཡིན་ན་ལུས་སེམས་སྡུག་པས་ཁྲོ་བ་འཕེལ་བར་འགྱུར་བས་དེ་ཡང་སྤང་དགོས་ན་རྒྱུ་མཚན་ཅིས་བདེ་བ་དང་ལྡན་པ་དཀའ་ཐུབ་ཅན་མིན་ཞིང་ཟས་གཅོད་པ་དང་། ལུས་ཉེ་ལྷགས་ཀྱིས་གཟིར་བའི་སྡུག་པ་དཀའ་ཐུབ་ཅན་ཅིས་ཡིན། ཉོན་མོངས་འཇོམས་པ་ལ་དཀའ་ཐུབ་ཅན་ཞེས་བྱའི་ལུས་གཟིར་བ་ལ་མིན་ནོ། །བཅོམ་ལྡན་འདས་ཀྱིས་འདོད་ཆགས་སྐྱེ་བ་དགག་པའི་ཕྱིར་དུ། གང་ཟག་གི་ཁྱད་པར་ལ་སྦྱངས་པའི་ཡོན་ཏན་བཅུ་གཉིས་གནང་ལ། ཞེ་སྡང་ཅན་རྣམས་ལ་ཞེ་སྡང་སྐྱེ་བ་དགག་པའི་ཆེད་དུ་ཟས་དང་ཆོས་གོས་སོགས་ཀྱི་ནོམ་པ་(༤༥བ)གནང་བས་ཉོན་མོངས་འཇོམས་པའི་སྒྲུབ་པ་རྣམས་པོ་ན་དཀའ་ཐུབ་ཅན་ཞེས་བྱའོ། །དཔེར་ན་བུར་ཤིང་བཙིར་བས་བུ་རམ་སོགས་ཐོབ་པ་བཞིན་ནོ། །ཉོན་མོངས་བཙིར་བས་འདི་དང་ཕྱི་མར་བདེ་བ་སྣ་ཚོགས་འཐོབ་པར་འགྱུར་རོ། །

ཇ༢ ཉོན་མོངས་སྤོང་བའི་ཐབས་བཤད་པ།

ཉ༡ ཉོན་མོངས་མངོན་གྱུར་སྤོང་བའི་ཚུལ།

ཏ༡ དུག་གསུམ་སྤོང་ཚུལ་སྤྱིར་བསྟན་པ།

ཐ༡ དུག་གསུམ་གྱི་བྱེད་ལས་ཤེས་པར་བྱ་བ།

གཉིས་པ་ལ་གཉིས། ཉོན་མོངས་མངོན་གྱུར་སྤོང་བའི་ཚུལ་དང་། ས་བོན་དུངས་འབྱིན་པའི་གཉེན་པོ་སྒོམ་ཚུལ་ལོ། །དང་པོ་ལ་གསུམ། དུག་གསུམ་སྤོང་ཚུལ་སྤྱིར་བསྟན་པ་དང་། སོ་སོར་བཤད་པ་དང་། ཁྲོ་ཆགས་སྤོང་ཚུལ་བྱེ་བྲག་ཏུ་བཤད་པའོ། །དང་པོ་ལ་ལྔ། དུག་གསུམ་གྱི་བྱེད་ལས་ཤེས་པར་བྱ་བ་དང་། དུག་གསུམ་སྤང་དགོས་པའི་རྒྱུ་མཚན་དང་། ཁྲོ་ཆགས་ཀྱི་གཉེན་པོ་སོ་སོར་བསྟེན་

པར་བྱ་བ་དང་། ཁྲོ་ཆགས་ཅན་གྱི་སློབ་མ་བསྟེན་པའི་ཚུལ་དང་། ཉོན་མོངས་སྐྱེ་བའི་དུས་ཀྱི་རིམ་པ་ཤེས་ནས་གཉེན་པོ་བསྟེན་པའི་ཚུལ་ལོ། །དང་པོ་ནི། དུག་གསུམ་གྱི་བྱེད་ལས་ཤེས་པར་བྱས་ནས་སྤང་བར་བྱ་སྟེ། འདོད་ཆགས་ཀྱི་བྱེད་ལས་ནི་སེམས་ཅན་དང་སེམས་ཅན་མིན་པའི་དངོས་པོ་སྡུད་པ་སྟེ་དེའི་གཉེན་པོར་མི་སྡུག་པ་བསྒོམ་པ་དང་། འཁོར་དང་ལོངས་སྤྱོད་སྤོང་བའོ། །ཁྲོ་བ་ལས་ནི་འཐབ་ཅིང་རྩོད་པའོ། །དེའི་གཉེན་པོར་བྱམས་པ་བསྒོམ་པ་དང་། ཡིད་དང་མཐུན་པའི་གཙུག་ལག་ཁང་ལ་སོགས་ལོངས་སྤྱོད་པའོ། །མེ་ལ་སོགས་པའི་འབྱུང་བ་ཀུན་ལ་རླུང་གིས་སྟོབས་བསྐྱེད་པ་བཞིན་དུ་གཏི་མུག་གི་ལས་ནི་ཆགས་སྡང་གཉིས་ཀའི་གསོལ་འདེབས་སོ། །དེའི་གཉེན་པོར་རྟེན་འབྲེལ་བསྒོམ་པ་སོགས་སོ། །དཔེར་ན་ཆུའི་སྲིན་པོ་མེས་གསོད་པ་བཞིན་ནོ། །

ཐ༢ དུག་གསུམ་སྤང་དགོས་པའི་རྒྱུ་མཚན།

གཉིས་པ་ནི། དུག་གསུམ་གྱི་གཉེན་པོ་ཡོད་ཀྱང་ཅིའི་ཕྱིར་སྤང་བྱ་ཡིན་ཞེ་ན། སྡུག་བསྔལ་བསྐྱེད་པའི་ཕྱིར་རོ། །དེ་ཡང་མངོན་པར་འདོད་(༥༨ན)པའི་ཡུལ་དང་མ་ཕྲད་པ་ལས་འདོད་ཆགས་ནི་སྡུག་བསྔལ་བསྐྱེད་ལ། སྟོབས་ལྡན་འཇོམས་པའི་དཔུང་མེད་པ་ལས་ཁྲོ་བས་སྡུག་བསྔལ་བསྐྱེད་དོ། །དོན་ཞིབ་མོ་ཡོངས་སུ་མི་ཤེས་པ་ལས་གཏི་མུག་གིས་སྡུག་བསྔལ་འདྲེན་པ་སྟེ། ཆགས་སོགས་དེ་དག་གིས་ཟིལ་གྱིས་མནན་པ་ན་སྡུག་བསྔལ་དེ་དག་མི་རྟོགས་པ་ནི་ཆེར་སྡུག་བསྔལ་བ་ཡིན་པས་ཉོན་མོངས་སྤོང་བ་ལ་བརྩོན་པར་བྱའོ། །དཔེར་ན་དབུལ་པོའི་བུ་བཙུན་མོ་དོན་དུ་གཉེར་བས་སྡུག་བསྔལ་བསྐྱེད་པ་བཞིན་ནོ། །

ཐ༣ ཁྲོ་ཆགས་ཀྱི་གཉེན་པོ་སོ་སོར་བསྟེན་པར་བྱ་བ།

གསུམ་པ་ནི། གཏི་མུག་ཆགས་སྡང་གཉིས་ཟད་པ་བཞིན་དུ་དེ་ཟད་པ་ཡོད་དམ་མེད་ཅེ་ན། ཇི་ལྟར་བད་ཀན་ལ་མཁྲིས་པ་དང་། ལྷན་ཅིག་ཟད་པ་མེད་པ་མཐོང་བ་དེ་བཞིན་དུ་ཁྲོ་བ་ལ་འདོད་ཆགས་དང་རྒྱུད་གཅིག་ལ་མངོན་གྱུར་དུས་ལྷན་ཅིག་ཟད་པ་མེད་པར་མཐོང་སྟེ། འདོད་པ་དང་རྒྱབ་ཀྱིས་ཕྱོགས་པའི་རྣམ་པ་ཅན་ཡིན་པས་གཉིས་པོ་སོ་སོར་བསྟེན་པར་བྱའོ། །དཔེར་ན། ཚུའི་བུམ་པར་མེ་འཇུད་པ་བཞིན་ནོ། །

ཐ༤ ཁྲོ་ཆགས་ཅན་གྱི་སློབ་མ་བསྟེན་པའི་ཚུལ།

བཞི་པ་ནི། སློབ་མ་འཚོས་པའི་སློབ་དཔོན་གྱིས་ཆགས་སྡང་གི་མཚན་ཉིད་དང་། བྱེད་ལས་ཤེས་པར་བྱས་ནས་སློབ་མ་ལ་འདོད་ཆགས་ཅན་བྲན་བཞིན་དུ་བཀོལ་བར་བྱ་སྟེ། གང་གི་ཕྱིར་ན་མི་ཕོངས་ཤིང་སྲིད་པ་མེད་པ་ཆགས་པ་དེའི་སྨན་ཡིན་པའི་ཕྱིར། ཁྲོ་བ་ཅན་ལ་རྗེ་བོ་བཞིན་དུ་བལྟ་སྟེ་ཕངས་ཤིང་རིམ་གྲོ་བྱས་པས་ཞེ་སྡང་མི་སྐྱེ་བས་དེའི་སྨན་གཉེན་པོ་ནི་ཕངས་པ་ཡིན་པའི་ཕྱིར་རོ། །དཔེར་ན་ཁྲུས་མཁན་བོང་བུ་སྲིལ་བའི་རིམ་པ་བཞིན་ནོ། །

ཐ༥ ཉོན་མོངས་སྐྱེ་བའི་དུས་ཀྱི་རིམ་པ་ཤེས་ནས
གཉེན་པོ་བསྟེན་པའི་ཚུལ།

ལྔ་པ་ནི། ཉོན་མོངས་སྐྱེ་བའི་དུས་ཤེས་པར་བྱས་ནས་གཉེན་པོ་བསྟེན་པར་བྱ་སྟེ། མཚན་མོ་གཉིད་(༤༦བ)རྒྱུགས་འཕེལ་ཞིང་། བད་ཀན་ཤས་ཆེ་བས་སྔ་དྲོ་དང་པོར་གཏི་མུག་ཡང་དག་པར་འབྱུང་ལ། བར་དུ་ཚོལ་ཁྲོ་བའི་སྡུག་བསྔལ་གྱི་འཁོར་

པོ་ལ་བཞོན་ཏེ། བཀྲེས་སྐོམ་གྱིས་གདུངས་པས་ཁྲོ་བ་འབྱུང་བར་འགྱུར་ཞིང་སྲོད་ཀྱི་དུས་ཕྱིས་ནི་ངལ་དུབ་སྲོག་དང་བྲལ་ནས་འདོད་ཆགས་འབྱུང་བ་སྟེ་ལུས་ཀྱི་སྐྱོན་གྱི་རྗེས་སུ་བྱེད་པས་ཉོན་མོངས་རྣམས་ཉིན་ལ་རིམ་པ་གསུམ་དུ་འབྱུང་བའོ། །དེ་དང་རྗེས་སུ་མཐུན་པར་བག་ཡོད་པའི་གཉེན་པོ་བསྟེན་པར་བྱའོ། །དཔེར་ན་རྒྱལ་པོ་མཛེ་ཏ་ཀས་བྲམ་ཟེ་ལ་ཞུས་པས་ཞེ་སྡང་སྐྱེས་པ་དང་། འབྲུ་མར་གྱི་བུམ་པ་བྱིན་པས་འདོད་ཆགས་སྐྱེས་པ་བཞིན་ནོ། །

ཏ༢ སོ་སོར་བཤད་པ།

ཐ༡ འདོད་ཆགས་སྤྱོད་ཚུལ།

ད༡ འདོད་ཆགས་སྤང་བྱར་རིག་དཀའ་བས་འབད་པས་སྤང་བ།

གཉིས་པ་ལ་གསུམ། འདོད་ཆགས་སྤྱོད་ཚུལ་དང་། ཞེ་སྡང་སྤྱོད་ཚུལ་དང་། གཏི་མུག་སྤྱོད་ཚུལ་ལོ། །དང་པོ་ལ་གཉིས། འདོད་ཆགས་སྤང་བྱར་རིག་དཀའ་བས་འབད་པས་སྤང་བ་དང་། རྒྱུ་རྐྱེན་གྱི་ཁྱད་པར་ཤེས་པར་བྱས་ནས་སྤང་བར་བྱ་བའོ། །དང་པོ་ནི། འདོད་ཆགས་ནི་མཛའ་བཤེས་ཀྱི་གསོབ་ཏུ་གྱུར་ནས་འཇིག་རྟེན་བསླུ་བར་བྱེད་པ་སྟེ་རིག་དཀའ་བས་གུས་པས་སྤང་བར་བྱ་སྟེ། མཐར་སྡུག་བསྔལ་བསྐྱེད་པས་འདོད་ཆགས་མཛའ་བོ་མིན་ཡང་ཕན་པ་ལྟར་སྣང་བས་མཛའ་བོ་འདྲ་བ་དེས་ན་འདོད་ཆགས་དེ་ལ་ཁྲོད་མི་འཇིགས་ཏེ། དེས་ན་མི་ཕན་པའི་མཛའ་བོ་ཁྱད་པར་དུ་སྐྱེས་བུས་འབད་པས་སྤང་བར་བྱ་བ་མིན་ནམ་སྤང་བྱ་ཡིན་པ་བཞིན་ནོ། །དཔེར་ན་རྒྱལ་པོ་སྐྱ་བསེང་གིས། དྲང་སྲོང་རི་དྭགས་མོ་ལ་ལོག་པར་ཞུགས་པ་ལ་མདའ་བསྣུན་པས་དེས་དམོད་པ་བོར་བས་བུད་མེད་དང་ལྷན་ཅིག་སྦྱོར་མ་ཐག་ཤི་བ་བཞིན་ནོ། །

ད༢ རྒྱུ་རྐྱེན་གྱི་ཁྱད་པར་ཤེས་པར་བྱས་ནས་སྤང་བར་བྱ་བ།

གཉིས་པ་ནི། འདོད་ཆགས་སྐྱེ་བའི་སྐབས་དབྱེ་བར་མི་བྱ་སྟེ། འདོད་ཆགས་ནི་གཉིས་ལས་སྐྱེ་སྟེ། འདོད་ཆགས་ཁ་ཅིག་ནི་སྔོན་ཡང་ཡང་གོམས་པའི་རིགས་(༥༧ན)མཐུན་གྱི་རྒྱུ་ལས་སྐྱེ་བར་འགྱུར་ཞིང་། ཁ་ཅིག་ནི་གློ་བུར་དུ་ཡུལ་ཉེ་བའི་རྐྱེན་ལས་ཀྱང་ནི་སྐྱེ་བ་སྟེ། དེ་དག་ལས་འདོད་ཆགས་རྐྱེན་ལས་སྐྱེ་བ་གང་ཡིན་པ་དེ་ནི་གཉེན་པོ་བསྒྲུབ་སླ་སྟེ། ཡུལ་སྤངས་པས་སྤོང་ནུས་པའི་ཕྱིར་རོ། །ཅིག་ཤོས་ནི་དེ་ལྟ་མིན་ཏེ། གཉེན་པོ་སྟོབས་ཆེན་པོས་སྤང་དགོས་པའི་ཕྱིར་རོ། །དཔེར་ན། རྐྱེན་ལས་སྐྱེ་བ་ནི་འདབ་ཆགས་གཤོག་པ་ཞིག་མེད་ན་འཕུར་མི་ནུས་པ་བཞིན་དང་། སྤང་དཀའ་བ་ཕུག་རོན་གྱི་འདོད་ཆགས་བཞིན་ནོ། །

ཐ༢ ཞེ་སྡང་སྤོང་ཚུལ།

གཉིས་པ་ནི། ཁྲོ་བ་ནི་འདོད་ཆགས་ལས་ཉེས་པ་ཆེ་བས་འབད་པས་སྤང་བར་བྱ་སྟེ། ཁྲོ་བ་ནི་ཁོན་འཛིན་བསྐྱེན་ཅིང་དམ་དུ་འཛིན་པས་ངེས་པར་ནི་རང་གཞན་གྱི་རྒྱུད་སྲེག་པ་དང་། གཞན་ལ་གནོད་པ་བསྐྱེད་པས་མཐའ་གཅིག་ཏུ་མི་དགེ་ཞིང་མཚམས་མེད་སོགས་ཉེས་པ་ཆེན་པོ་བྱེད་པ་སྟེ། དེ་ལྟར་རྣམ་པ་ཀུན་ཏུ་ཉོན་མོངས་རྣམས་ཀྱི་སྐྱོན་གྱི་དབྱེ་བ་དང་། ཉེས་དམིགས་དང་། གཞི་དང་སྤོང་བའི་ཐབས་ཤེས་པར་བྱས་པས་ཉོན་མོངས་པ་རྣམས་མཐར་བྱེད་པར་འགྱུར་བས་སོ་སོའི་གཉེན་པོ་ཤེས་ནས་སྤང་བར་བྱའོ། །དཔེར་ན་ཆོས་སྲེད་ཁོང་ཁྲོས་བསྐལ་པ་དགུ་བཅུ་རྩ་གཅིག་དུད་འགྲོར་སྐྱེས་ཤིང་། སྟོན་པའི་བསྟན་པ་ལ་དགྲ་བཅོམ་པ་ཐོབ་པ་བཞིན་ནོ། །

ས༣ གཏི་མུག་སྤོང་ཚུལ།

ད༡ ཉོན་མོངས་ཀྱི་རྩ་བ་ངོས་བཟུང་བ།

གསུམ་པ་ལ་གཉིས། ཉོན་མོངས་ཀྱི་རྩ་བ་ངོས་བཟུང་བ་དང་། དེ་སྤོང་བྱེད་ཀྱི་གཉེན་པོ་ངོས་གཟུང་བའོ། །དང་པོ་ནི། འདོད་ཆགས་དང་ཞེ་སྡང་གི་མཚན་ཉིད་ཀྱི་དབྱེ་བ་སྨྲས་ཟིན་ན། གཏི་མུག་གི་མཚན་ཉིད་ཀྱི་དབྱེ་བ་ཇི་ལྟ་བུ་ཞེ་ན། ལུས་ལ་ལུས་ཀྱི་དབང་པོ་མིག་ལ་སོགས་པའི་དབང་པོ་གཞན་རྣམས་ལ་ཁྱབ་ཅིང་། དེ་དག་གི་རྟེན་དུ་གནས་ལ་དེ་མེད་ན་དབང་པོ་གཞན་རྣམས་ཀྱང་(༦༧བ)མི་གནས་པ་ཇི་ལྟ་བ་བཞིན་དུ་རྟེན་ཅིང་འབྲེལ་བར་འབྱུང་བ་རང་བཞིན་གྱིས་གྲུབ་པས་སྟོང་པ་ལ་བདེན་པར་ཞེན་པའི་གཏི་མུག་ཉོན་མོངས་ཅན་གྱི་མ་རིག་པ་ནི། ཆགས་སྡང་ལ་སོགས་པའི་ཉོན་མོངས་ཀུན་ལ་ཁྱབ་ཅིང་གནས་པར་འགྱུར་ཏེ། གཏི་མུག་གིས་བཏགས་པའི་དངོས་པོ་རང་བཞིན་གྱིས་གྲུབ་པའི་ཡིད་དུ་འོང་བ་དང་། མི་འོང་བར་ཞེན་ནས་འདོད་པ་དང་། རྒྱབ་ཀྱིས་ཕྱོགས་པ་སོགས་སུ་ཞེན་པའི་ཕྱིར་རོ། །དེས་ན་ཆགས་སྡང་གཉིས་ཀའི་འཛིན་སྟངས་ལ། བདེན་འཛིན་གྱི་འཛིན་སྟངས་འདྲེས་པའི་ཚུལ་ཤེས་པར་བྱའོ། །ཉོན་མོངས་གཞན་རྣམས་ཉོན་མོངས་ཅན་གྱི་མ་རིག་པ་ལ་བརྟེན་ཅིང་དེ་གཙོ་བོ་ཡིན་པ་དེའི་ཕྱིར་ཉོན་མོངས་གཞན་ཐམས་ཅད་ཀྱང་རྟེན་ཅིང་འབྲེལ་བར་འབྱུང་བ་རང་བཞིན་གྱིས་གྲུབ་པས་སྟོང་པ་བསྒོམ་སྟེ། གཏི་མུག་བཅོམ་པས་བཅོམ་པར་འགྱུར་བས། སྟོང་པ་རྟེན་འབྲེལ་གྱི་དོན་དུ་ཤེས་པ་ལ་འབད་པར་བྱའོ། །དཔེར་ན་དུག་གི་ལྡོན་ཤིང་བཅད་ན་དེ་ལ་བརྟེན་པའི་དོན་མེད་པ་རྣམས་མེད་པར་འགྱུར་བ་བཞིན་ནོ། །

༤༢ དེ་སྟོང་ཉིད་ཀྱི་གཉེན་པོ་ངོས་གཟུང་བ།

གཉིས་པ་ནི། དོན་མིན་པའི་རྩ་བ་གཏི་མུག་འདི་ཐབས་གང་གིས་སྤང་བར་བྱ་ཞེ་ན། མྱུ་གུ་དང་འདུ་བྱེད་ལ་སོགས་པ་རང་གི་ངོ་བོས་ཡོད་ན། ས་བོན་དང་མ་རིག་པ་སོགས་ལ་ལྟོས་པར་མི་འགྱུར་བ་ཞིག་ན། དེ་དག་ལ་ལྟོས་པའི་ཕྱིར། མྱུ་གུ་སོགས་ཀྱི་ཡོད་པ་ནི་ལྟོས་ནས་ཡོད་པ་ཁོ་ན་ཡིན་གྱི་རང་གི་ངོ་བོས་ཡོད་པ་མིན་པར་རིགས་པའི་ཚོགས་དྲུ་མ་ལ་བརྟེན་ནས་ཤེས་པར་བྱ་སྟེ། དེ་ལྟར་རྟེན་ཅིང་འབྲེལ་བར་འབྱུང་བ་རང་གི་ངོ་བོ་ཉིད་ཀྱིས་མེད་པ་ནི་མངོན་སུམ་ཚད་མས་མཐོང་བ་ན་གཏི་མུག་འབྱུང་བར་མི་འགྱུར་ལ་གཏི་མུག་ཟད་པས་ཉོན་མོངས་གཞན་ཐམས་ཅད་ཟད་པར་འགྱུར་བ་(༥༤ན)དེའི་ཕྱིར། འབད་པ་ཀུན་གྱིས་བསྟན་བཅོས་བཞི་བརྒྱ་པ་འདིར་སྟོང་པ་རྟེན་འབྲེལ་གྱི་དོན་དུ་འགྱུར་བའི་ཚུལ་གྱི་གཏམ་དེ་ཁོ་ན་བསྐྱེད་པར་བྱ་བ་ཡིན་ནོ། །མྱུ་གུ་རྟེན་འབྲེལ་དུ་རྟོགས་པ་ཙམ་གྱིས་བདེན་སྟོང་དུ་རྟོགས་པ་མིན་ཏེ། དེ་བདེན་སྟོང་དུ་སྒྲུབ་པའི་རྟགས་མིན་པར་འགྱུར་བའི་ཕྱིར་རོ། །དེས་ན་རང་གི་ངོ་བོས་ཡོད་པ་ལ་གནོད་པ་དུ་མ་མཐོང་ནས་ཆོས་རྣམས་ཀྱི་ཡོད་པ་རྙེད་པ་ནི། ལྟོས་ནས་ཡོད་པ་ཁོ་ནར་ཁོང་དུ་ཆུད་པ་ན། རང་གི་ངོ་བོས་མེད་པར་ཤུགས་ལ་རྟོགས་པ་ཞིག་དགོས་པའི་དོན་ཡིན་ཏེ། རིགས་པ་དྲུག་ཅུ་པའི་མཆོད་བརྗོད་རྩ་འགྲེལ་ལས་འབྱུང་བ་ལྟར་རོ། །དཔེར་ན་ཟླ་བ་ཉ་བ་ན་མུན་པ་འཛིག་པ་བཞིན་ནོ། །

༤༣ ཁྲོ་ཆགས་སྤོང་ཚུལ་ཞི་ཞིབ་ཏུ་བཤད་པ།

གསུམ་པ་ལ་གཉིས། འདོད་ཆགས་སྤོང་ཚུལ་དང་། ཁྲོ་བ་སྤོང་ཚུལ་རྒྱས་པར་བཤད་པའོ། །

ཐ༡ འདོད་ཆགས་སྤོང་ཚུལ།

ད༡ འདོད་ཆགས་ལ་སྤྱོད་པའི་གང་ཟག་གི་མཚན་ཉིད།

དང་པོ་ལ་གཉིས། འདོད་ཆགས་ལ་སྤྱོད་པའི་གང་ཟག་གི་མཚན་ཉིད་དང་། དེ་རྗེས་སུ་འཛིན་པའི་ཐབས་སོ། །དང་པོ་ནི། འདོད་ཆགས་ཤས་ཆེར་སྤྱོད་པའི་སེམས་ཅན་ཇི་ལྟར་ཤེས་པར་བྱ་ཞེ་ན། རྟག་ཏུ་ས་འཛིན་སོགས་གར་དང་བཞད་གད་དང་། འཛོ་སྒེག་དང་། མེ་ཏོག་དང་། དྲི་དང་། ཕྲེང་བ་དང་། རྒྱན་དང་། ཁ་དོག་སོགས་ལ་དགའ་ལ་གཞན་ལ་གཏོང་བ་པོ་དང་ཟ་བ་པོ་དང་གཙང་ཞིང་མཁས་ལ་བག་དང་ལྡན་པར་འགྱུར་བ་དང་། གསོང་པོར་སྨྲ་བ་སོགས་དེ་འདྲ་ལ་སོགས་མཚན་ཉིད་རྣམས་འདོད་ཆགས་ཅན་གྱི་མི་ལ་སྣང་ལ། དེ་ལས་ལྡོག་པ་ཞེ་སྡང་ལ་སྤྱོད་པ་དང་། འདྲེས་མར་སྤྱོད་པ་གཏི་མུག་ལ་སྤྱོད་པའོ། །དཔེར་ན་ནོར་སྐྱུར་གྱི་ཤ་ཟ་འཚོག་ཆས་སྣ་ཚོགས་སྤུད་པ་དང་། འདོར་བར་བྱེད་པ[༥༨]བཞིན་ནོ། །

ད༢ དེ་རྗེས་སུ་འཛིན་པའི་ཐབས།

གཉིས་པ་ནི། འདོད་ཆགས་ཤས་ཆེར་སྤྱོད་པ་འདུལ་བའི་ཐབས་གང་ཞེ་ན། སངས་རྒྱས་རྣམས་ཀྱིས་ཆགས་ཅན་ལ་ཁ་ཟས་དང་ཆོས་གོས་དང་གཙུག་ལག་ཁང་ལ་སོགས་པ་དགེ་ལེགས་ཏེ། ཆགས་པ་སྐྱེ་བའི་གཞི་མཛེས་པ་དང་། བཟང་པོ་སྤངས་པ་ཐམས་ཅད་དང་། རྟག་ཏུ་བླ་མའི་ཐད་དུ་གནས་པར་གསུངས་སོ། །རྟག་ཏུ་བླ་མས་བསྐུལ་བས་འདོད་ཆགས་ཐུལ་བར་འགྱུར་ལ་བསླབ་པས་གདམས་པས་ཚུལ་མིན་ཡིད་བྱེད་སྤོང་བར་འགྱུར་རོ། །ཆགས་ཅན་ལ་གནས་དང་མལ་སྟན་དང་། ཟས་དང་ཆོས་གོས་ལ་ཞེན་པའི་གཉེན་པོར་སྦྱངས་པའི་ཡོན་ཏན་བཅུ་གཉིས་གསུངས་སོ། །ཞེ་སྡང་ལ་སྤྱོད་པ་རྣམས་ལ། གནས་ལ་སོགས་པ་དེ་ལས་ལྡོག་པ་བསྟེན་པར་བྱའོ། །དཔེར་ན་

བྲམ་ཟེ་སྲིན་པོས་བསླུར་བ་ལ། མི་གཙང་བ་བྱིན་པས་འགྲོ་བ་བཞིན་ནོ། །

ཐ༢ ཁྲོ་བ་སྤོང་ཚུལ་རྒྱས་པར་བཤད་པ།

ད༡ ཁོང་ཁྲོའི་ཉེས་དམིགས་བསམས་པ།

གཉིས་པ་ལ་ལྔ། ཁོང་ཁྲོའི་ཉེས་དམིགས་བསམས་པ་དང་། ཁྲོ་བའི་གཉེན་པོ་བསྟེན་ཚུལ་རྒྱས་པར་བཤད་པ་དང་། སྐྱོན་མེད་པ་ལ་གཤེ་བ་ཚར་བཅད་ཀྱང་ཉེས་པ་མེད་པ་དགག་པ་དང་། བཟོད་པའི་ཕན་ཡོན་བསམས་ནས་ཁྲོ་བ་དགག་པ་དང་། གཞན་གྱིས་ཁྱད་དུ་བསད་པ་ལ་བཟོད་པ་བསྒོམ་རིགས་པའོ། །དང་པོ་ནི། ཁྲོ་བ་སྤོང་བར་འདོད་པས་དེའི་ཉེས་དམིགས་བསམ་པར་བྱ་སྟེ། གཞན་ལ་གནོད་པའི་ནུས་པ་མེད་པ་ལ་ཁྲོས་པས་བཞིན་རས་ནག་པོར་བྱེད་ཅིང་། ཁྲོ་གཉེར་སྡུད་པ་སོགས་བདག་ཉིད་ལ་མདོག་མི་སྡུག་པ་འབའ་ཞིག་བྱེད་ལ་སྟོབས་ཅན་ནུས་པ་ཅན་གང་ལའང་བརྩི་བ་མེད་པའི་ཁྲོ་བ་དེ་ནི་ཐ་ཆད་ཅེས་བྱར་བརྗོད་དེ། དེས་རང་གཞན་ཀུན་ཉམས་པར་བྱེད་པའི་ཕྱིར། དཔེར་ན་བྲམ་ཟེ་གཅིག་གིས་རིགས་དང་འགལ་བའི་ཉེས་པ་བྱས་པས་གཞན་ལའང་(༥༩)གནོད་པ་བཞིན་ནོ། །

ད༢ ཁྲོ་བའི་གཉེན་པོ་བསྟེན་ཚུལ་རྒྱས་པར་བཤད་པ།

ན༡ རང་གི་སྡིག་པའི་འབྲས་བུ་ཟད་བྱེད་ཀྱི་རྐྱེན་ལ་ཁྲོ་བ་མི་རིགས་པ།

གཉིས་པ་ལ་ལྔ། རང་གི་སྡིག་པའི་འབྲས་བུ་ཟད་བྱེད་ཀྱི་རྐྱེན་ལ་ཁྲོ་བ་མི་རིགས་པ་དང་། ཡིད་དུ་མི་འོང་བའི་ཚིག་རང་གིས་གནོད་པར་བརྟགས་པ་ཡིན་གྱི་ངོ་བོ་ཉིད་ཀྱིས་གནོད་བྱེད་མིན་པས་ཁྲོ་བར་མི་རིགས་པ་དང་། ལུགས་ཀྱི་བསྟན་བཅོས་ལས་གཤེ་བ་པོ་ལ་ཆད་པ་བྱ་བར་བཤད་པ་ཕྱིན་ཅི་ལོག་ཡིན་པ་དང་། གཞན་གྱི་བློ་ཡུལ་དུ་སྐྱོན་བསལ་བར་བྱེད་པ་ལ་ཁྲོ་བ་མི་རིགས་པ་དང་། དམན་པས་ཚིག་ངན་

སྨྲས་པ་ལ་ཁྲོ་བ་མི་རིགས་པའོ། །དང་པོ་ནི། ཚིག་རྩུབ་སྨྲ་བ་ཐོས་པ་དེ་ལ་ཁྲོ་བ་སྙོམ་པ་ནི་རླུན་པ་ཡིན་ཏེ། ཡིད་དུ་མི་འོང་བའི་སྒྲ་ཐོས་པ་ནི་རང་གིས་སྔར་བྱས་པའི་སྡིག་པའི་འབྲས་བུ་ཕྱུང་ནས་མཐར་བྱེད་པར་བརྗོད་པའི་འབྲས་བུ་ཟད་པའི་རྐྱེན་བྱེད་པ་ལ་དགའ་བ་མི་བྱེད་པར་ཁྲོ་བ་སྙོམ་པ་ནི། ལས་འབྲས་ལ་རྨོངས་ཤིང་དམ་པ་མ་ཡིན་པ་བདག་ཉིད་སྡིག་པ་རྣམ་པར་དག་པར་མི་འདོད་པར་ཟད་དེ། དཔེར་ན་གླང་ནད་ལ་སྨན་སྟེར་བའི་རྫི་བོ་གསོད་པ་བཞིན་ནོ། །

ན༢ ཡིད་དུ་མི་འོང་བའི་ཚིག་རང་གིས་གནོད་པར་བཏགས་པ་ཡིན་གྱི་ངོ་བོ་ཉིད་ཀྱིས་གནོད་བྱེད་མིན་པས་ཁྲོ་བར་མི་རིགས་པ།

གཉིས་པ་ནི། རྒྱུ་མཚན་འདིས་ཀྱང་ཚིག་རྩུབ་ལ་ཁྲོ་བ་མི་རིགས་ཏེ། ཚིག་རྩུབ་མོའི་མཉན་པ་ཡིད་དུ་མི་འོང་བའང་རང་ལ་ངོ་བོ་ཉིད་ཀྱིས་གནོད་པར་མི་བྱེད་དེ། དེ་བྱེད་ན་སྨྲ་བ་པོ་ལ་ཡང་གནོད་པར་འགྱུར་བས་སོ། །དེའི་ཕྱིར་བདག་ལ་འདིས་སྨད་དོ་སྙམ་དུ་རང་གི་རྣམ་རྟོག་ལས་ཞེ་སྡང་གི་གནོད་པ་བྱུང་བ་ན་གནོད་པ་འདི་གཞན་ལས་ཡིན་སྙམ་དུ་རློམ་པར་ཟད་དོ། །རང་གི་རྟོག་པས་གནོད་པར་བྱས་པ་ལ་གཞན་ལ་ཁྲོ་བ་མི་རིགས་སོ། །དཔེར་ན་ཕྱུགས་རྫི་མོ་ཞིག་མུན་ཁུང་ན་ཟས་ཟ་བའི་སྒྲ་ཐོས་པས། ཚུན་མའི་བུ་མོ་ཡིན་སྙམ་ནས་བན་གླང་མོ་འདི་ཅི་ཟ་ཞེས་སྨྲས་ལ། རང་གི་བུ་མོ་ཡིན་པར་ཤེས་པ་ན་བྱི་བ་མོ་ཞིག་ཟའོ་(༥༡)ཞེས་སྨྲ་བ་བཞིན་ནོ། །

ན༣ ལུགས་ཀྱི་བསྟན་བཅོས་ལས་གཤེ་བ་པོ་ལ་ཆད་པ་བྱ་བར་བཤད་པ་ཕྱིན་ཅི་ལོག་ཡིན་པ།

གསུམ་པ་ནི། ལུགས་ཀྱི་བསྟན་བཅོས་ལས་གཤེ་བ་པོ་ལ་ཆད་པ་བྱ་བར་བཤད་པས་སོ་ཞེ་ན། དེ་ནི་མི་སློམས་པ་འབབ་ཞིག་གིས་ཀུན་ནས་བསླངས་པ་ཡིན་ཏེ། ཇི་

ལྟར་གཞི་བ་པོ་ལ་ནི་ཆད་པས་གཅད་པར་བྱ་བར་མངོན་པར་བརྗོད་པ་དེ་བཞིན་དུ་སྙན་པར་སྨྲ་བ་པོ་ལ་མཆོད་པར་བྱ་བར་ཅིས་མི་འགྱུར་མཆོད་རིགས་པ་ལ་དེ་ལྟར་མི་བརྗོད་པས་བསྟན་བཅོས་ཕྱིན་ཅི་ལོག་ཞིག་གོ །དཔེར་ན་འགྲོ་ལྡིང་བ་འཐབ་པ་ཙམ་གྱིས་གསོད་པའི་སེམས་བསྐྱེད་ཅིང་། ཚིག་སྙན་པར་སྨྲ་བ་མཆོད་པར་མི་བྱེད་པ་བཞིན་នོ། །

༢༤ གཞན་གྱི་བློ་ཡུལ་དུ་སྐྱོན་བསལ་བར་བྱེད་པ་ལ་ཁྲོ་བ་མི་རིགས་པ།

བཞི་པ་ནི། གཞི་བས་རང་གི་སྐྱོན་གཞན་ལ་གསལ་བར་བྱས་པས་ཁྲོ་བར་རིགས་སོ་ཞེ་ན། ཁྱོད་ཀྱིས་ཞར་བ་དང་། འཐེང་པོ་ལ་སོགས་པ་ཁྱོད་ཀྱིས་སྨད་བྱ་ལ་མ་སྨྲས་ཀྱང་གལ་ཏེ་གཞན་གྱིས་ཤེས་ན་ནི་སྨྲ་བ་པོ་ལ་ཁྲོ་བར་མི་རིགས་ཏེ་མ་སྨྲས་ཀྱང་གཞན་གྱིས་མངོན་སུམ་དུ་གྲུར་པའི་ཕྱིར། དེ་མ་རིག་ན་རང་ལ་སྐྱོན་མེད་བཞིན་དུ་ཡང་དག་པ་མིན་པ་སྨྲ་བ་ལ་ཁྲོ་བ་མི་རིགས་པ་ལྟ་ཅི་སྨོས་དེས་ན་རྣམ་པ་ཀུན་ཏུ་ཁྲོ་བར་མི་རིགས་སོ། །དཔེར་ན་ཞར་བ་ལ་ཞར་བ་ཞེས་སྨྲས་པ་དང་། མ་ཞར་བ་ལ་ཞར་བ་ཞེས་སྨྲས་པ་གཉིས་ཀ་ལ་རྒྱལ་པོས་ཆད་པ་མི་རིགས་པ་བཞིན་ནོ། །

༢༥ དམན་པས་ཚིག་ངན་སྨྲས་པ་ལ་ཁྲོ་བ་མི་རིགས་པ།

ལྔ་པ་ནི། དམན་པ་ལ་མི་སྙན་པ་ཐོས་པ་ལ་ཁྲོ་བར་རིགས་སོ་ཞེ་ན། སྐྱེ་བོ་དམན་པ་ཆོས་མིན་པ་འདོད་ཅིང་། སྡིག་པ་ཀུན་ཏུ་སྤྱོད་པ་གཞན་སྡུག་བསྔལ་བ་ལ་དགའ་བ་དག་ལས་ཚིག་མི་སྙན་པ་ཞེས་བྱ་བ་དེ་ཙམ་ལས་ངེས་པར་འབྱུང་བ་མ་ཡིན་ཏེ། རྡེག་པ་དང་། གསོད་པ་སོགས་བྱེད་པའི་ཕྱིར་རོ། །དེའི་ཕྱིར་དམན་པ་ལས་བྱུང་བའི་ཚིག་མི་སྙན་པ་དེ་ཙམ་ནི་སྐྱོན་ཡན་གར་བ་ཉུང་ཟད་ལྟ་བུར་སྣང་བས་དགའ་བར་རིགས་སོ། །དཔེར་ན་འཕགས་པ་(༥༠ན)གང་པོས་སློ་ནའི་ཕ་

མཐའི་མིས་རྡེ་ལྟར་བྱས་ཀྱང་བཟོད་པ་སྒོམ་པར་ཁས་བླངས་པ་ལ། སྟོན་པས་འདི་དག་འདུལ་བར་གནང་བ་བཞིན་ནོ། །

ད༣ སྐྱོན་མེད་པ་ལ་གཉེ་བ་ཚར་བཅད་ཀྱང་ཉེས་པ་མེད་པ་དགག་པ།

གསུམ་པ་ནི། གལ་ཏེ་སྐྱོན་མེད་པ་ལ་གཉེ་བ་དེ་ཚར་བཅད་པ་ལ་ཉེས་པ་མེད་དོ་ཞེ་ན། གཉེ་བ་སོགས་གཞན་ལ་ལན་དུ་གནོད་པ་བྱས་པས་བདག་ལ་ནི་ཕྱར་བྱས་ཟིན་ལྡོག་པ་ལ་སོགས་པའི་ཡོན་ཏན་ཅུང་ཟད་ཀྱང་མེད་ན་ཁྱོད་ཁྲོ་བ་སྐྱོན་མ་གཏོགས་ཡོན་ཏན་མེད་པ་ལ་གུས་པ་ཕྱིན་ཅི་ལོག་ལ་ཞེན་པ་རྒྱང་བར་ཟད་དེ། དཔེར་ན་མཆོན་ཆ་རྡོ་མི་རྡོ་རྟོགས་པ་བཞིན་ནོ། །

ད༤ བཟོད་པའི་ཕན་ཡོན་བསམས་ནས་ཁྲོ་བ་དགག་པ།

ན༡ གཉེ་བ་ལ་བཟོད་པ་བསྒོམ་རིགས་པ།

བཞི་པ་ལ་གསུམ། གཉེ་བ་ལ་བཟོད་པ་བསྒོམ་རིགས་པ་དང་། ཞེན་པ་ཁོ་ན་འཛེམས་པའི་ཁྲོ་བ་ལ་གུས་པར་མི་རིགས་པ་དང་། ཁྲོ་བ་ལ་བཟོད་པ་ཡོན་ཏན་ཀུན་གྱི་གནས་ཡིན་པས་དགའ་བ་བསྒོམ་རིགས་པའོ། །དང་པོ་ནི། མཁས་པ་སུ་ཞིག་གཞན་གྱི་གཉེ་བ་ཡོན་ཏན་མེད་པ་ལ་བློས་བཟོད་པར་བྱེད་ཅེ་ན། གལ་ཏེ་བཟོད་པས་ཁྲོ་བའི་སྐབས་མི་འབྱེད་ཅིང་། གཞན་ལ་གནོད་པ་མི་བྱེད་པས་འབད་པ་མེད་པར་དྲི་དང་རྒྱན་དང་གནོད་སེམས་ཀྱིས་མི་འཛེམས་པའི་ཚུའི་རྒྱུན་དང་། གཟུགས་བཟང་པོ་འགྲུབ་པ་སོགས་བསོད་ནམས་ཆེན་པོ་འཐོབ་པར་འགྱུར་ན་སྐྱེས་བུ་གང་ཞིག་ལམ་གྱི་མཆོག་དེ་ལ་གེགས་བྱེད་པ་དེ་དང་མཚུངས་པའི་བླུན་པོ་སུ་ཞིག་ཡོད་རང་གི་ཡོན་ཏན་ནན་གྱིས་འཛེམས་པར་བྱེད་པའི་ཕྱིར་རོ། །དེས་ན་གཉེ་བ་ལ་བཟོད་པ་ཁོ་ན་མཁས་པ་ཞེས་བྱའོ། །དཔེར་ན་བུད་མེད་འགའ་ཞིག་རང་གི

ཁྱོ་སྲོག་གི་འཕྲོ་ཅུང་ཟད་ལུས་པ་གསོད་པར་བྱེད་པ་བཞིན་ནོ། །

ན༢ ཞེན་པ་ཁོ་ན་འཇོམས་པའི་ཁྲོ་བ་ལ་གུས་པར་མི་རིགས་པ།

གཉིས་པ་ནི། རྒྱུ་མཚན་འདིས་ཀྱང་ཁྲོ་བ་སྤང་བར་བྱ་སྟེ། ཁྲོ་བ་ཞེས་(༥༠བ)བྱ་བ་ཁྱད་པར་དུ་སྟོབས་ལྡན་དག་ལ་གནོད་པ་བྱེད་མི་ནུས་པས་སྐྱེ་བར་མི་འགྱུར་བ་དེས་ན་ཞེན་པ་འཇོམས་པའི་ངན་པ་འབའ་ཞིག་ལ་སྣང་བའི་ཁྲོ་བ་ལ་རྒྱུ་ཅི་ནས་ཁྱོད་གུས་པར་འགྱུར་ཏ་རེ་གུས་པར་མི་རིགས་སོ། །དཔེར་ན་བུད་མེད་འཇོམས་པ་ལ་དཔའ་བ་བཞིན་ནོ། །

ན༣ ཁྲོ་བ་ལ་བཟོད་པ་ཡོན་ཏན་ཀུན་གྱི་གནས་ཡིན་པས། དགའ་བ་བསྒོམ་རིགས་པ།

གསུམ་པ་ནི། གལ་ཏེ་བཟོད་པ་བྱས་ན་གནོད་པ་ཇི་མི་ནུས་སོ་སྙམ་ནས་གཞན་གྱིས་བརྙས་པར་འགྱུར་བས་ཁྲོ་བ་བྱེད་པར་རིགས་སོ་ཞེ་ན་མི་རིགས་ཏེ། གང་གི་ཁྲོ་བའི་གནས་ལ་བཟོད་པ་དེ་ལ་བྱམས་པའི་ཏིང་ངེ་འཛིན་ལ་སོགས་པའི་སྙོམས་པ་སྐྱེ་བར་འགྱུར་ལ་བྱམས་པ་ཐ་ན་པ་འཇོམས་ཙམ་གྱི་དུས་སུ་བསྒོམས་པས་གོམས་པར་བྱེད་ན་ཡོན་ཏན་བརྒྱད་འདྲེན་པར་བྱེད་དེ། རིན་ཆེན་ཕྲེང་བ་ལས། ལྷ་མི་དགའ་བར་འགྱུར་བ་དང་། །དེ་དག་ཀྱང་ནི་བསྲུང་བ་དང་། །ཡིད་བདེ་བ་དང་བདེ་མེད་དང་། །དུག་དང་མཚོན་གྱིས་མི་ཚུགས་དང་། །འབད་པ་མེད་པར་དོན་འཐོབ་དང་། །ཚངས་པའི་འཇིག་རྟེན་སྐྱེ་འགྱུར་ཏེ། །གལ་ཏེ་གྲོལ་བར་མ་གྱུར་ཀྱང་། །བྱམས་ཆོས་ཡོན་ཏན་བརྒྱད་འཐོབ་བོ། །ཞེས་གསུངས་པ་ལྟར་རོ། །

ཇི་སྐད་གསུངས་པའི་ཡོན་ཏན་གྱི་གནས་བཟོད་པ་ལ་གནོད་ལན་བྱེད་ནུས་སམ་ཞེས་བརྙས་པས་འཇིགས་ཞེས་བཟོད་པ་སྤོང་བ་ནི་ཁྱོད་ཀྱི་གླེན་པ་འབའ་ཞིག

ཡིན་ཏེ། ཡོན་ཏན་གྱི་གནས་ཕུལ་དུ་བྱུང་བ་འཛོམས་པའི་ཕྱིར་རོ། །དཔེར་ན་སྐྱེས་བུ་འགའ་ཞིག་ཉེས་སྤྱོད་ལས་བཟློག་པ་ངོ་ཚ་བར་སེམས་པ་བཞིན་ནོ། །

༢༥ གཞན་གྱིས་ཁྱད་དུ་བསད་པ་ལ་བཟོད་པ་བསྒོམ་རིགས་པ།

ལྔ་པ་ནི། དམན་པ་དག་གིས་ཁྱད་དུ་བསད་པ་སྤོབས་ལྡན་གྱིས་བསྲན་པར་དཀའ་བས་ཚར་བཅད་པར་རིགས་སོ་ཞེ་ན། སྐྱེས་བུ་སུ་ཞིག་དགྲ་ཐམས་ཅད་བཅོམ་ཞིང་ཁྱད་བསད་ནས་མཐར་ཙུང་(༥༧ན)ཟད་མེད་པར་བྱས་ནས། འཇིག་རྟེན་ཕ་རོལ་ཏུ་འགྲོ་བའམ་སོང་བ་ཡོད་ཙུང་ཟད་ཀྱང་མེད་པ་དེའི་ཕྱིར། གནོད་ལན་བྱས་པས་སྡིག་པ་བསགས་ནས་ངན་འགྲོར་འགྲོ་བས་བདག་ནི། དགྲ་འདུལ་བའི་སྡིག་པ་བསགས་པ་ལས་བཏྲས་པ་ལེགས་སོ་སྙམ་དུ་སེམས་པས་བཏྲས་པ་བཟོད་པར་བྱ་སྟེ། དེས་ངན་འགྲོར་མི་འགྲོ་ལ་སྡིག་པས་ངན་འགྲོར་འགྲོ་བའི་ཕྱིར། དཔེར་ན་ཟོ་ཆུན་གྱི་འཁྲུལ་འཁོར་ལ་མཐའ་མེད་པ་བཞིན་ནོ། ཁྱད་གསོད་སོགས་ལ་ཡང་ངོ་། །

༧༢ ས་བོན་དྲུངས་འབྱིན་པའི་གཉེན་པོ་སྒོམ་ཚུལ།

གཉིས་པ་ས་བོན་དྲུངས་འབྱིན་པའི་གཉེན་པོ་སྒོམ་ཚུལ་ནི། རྣམ་པར་ཤེས་པ་ནི་རྐྱེན་ལ་རག་ལས་ཏེ། སྐྱེ་བས་འདུས་བྱས་ཡིན་ལ། འདུས་བྱས་ནི་སྐད་ཅིག་རེ་རེ་ལ་གཞན་དུ་འགྱུར་བས། རང་བཞིན་གྱིས་གནས་པ་མེད་ལ་དེ་མེད་པས་སྐྱེ་བ་དང་། འཇིག་པ་ཡང་རང་བཞིན་གྱིས་གྲུབ་པ་མེད་དོ། །སྐྱེ་འཇིག་གནས་གསུམ་རང་བཞིན་གྱིས་མེད་པས། ཁམས་གསུམ་པོ་ཐམས་ཅད་སྒྱུ་མ་དང་འདྲ་བར་ཁོང་དུ་ཆུད་པར་བྱས་ནས་ཉོན་མོངས་ཐམས་ཅད་སྤང་བར་བྱ་སྟེ། རྣལ་འབྱོར་པ་གང་གིས་རྣམ་པར་ཤེས་པའི་སྐྱེ་བ་དང་འགག་པ་དང་། གནས་པ་ལ་སོགས་པ་ཡང་དག་ཏུ་ན་རང་བཞིན་གྱིས་གྲུབ་པ་རྡུལ་ཙམ་ཡང་མེད་པར་རྣམ་པར་ཤེས་པ་དེ་ཡོད་ན་

ནི་དེ་གོམས་པར་བྱས་པས་ཉོན་མོངས་པ་རྣམས་ནམ་ཡང་ཡིད་ཀྱི་བློ་གྲོས་ལ་མི་གནས་སོ། །དཔེར་ན་དུག་གི་ཤིང་གི་རྩ་བ་འདོན་པ་བཞིན་ནོ། །དེས་ན་ཐོག་མར་ཉོན་མོངས་མངོན་གྱུར་ཟིལ་གྱིས་གནོན་པའི་གཉེན་པོ་གོམས་པར་བྱས་ནས། མཐར་རྟེན་འབྱུང་རང་བཞིན་མེད་པར་རྟོགས་པ་ལས་ཉོན་མོངས་པའི་ས་བོན་མ་ལུས་པ་སྤང་བར་བྱའོ། །(༥༡བ)

འདིར་སྨྲས་པ། འགྲོ་བ་བྱང་ཆུབ་སྒྲུབ་པའི་སྤྱོད་པའི་གེགས། །ཆགས་སོགས་ཉོན་མོངས་གཞན་དབང་གྱུར་པ་རྣམས། །བྱམས་དང་མི་སྡུག་གོམས་པའི་རྣལ་འབྱོར་དང་། །དེ་ཉིད་བསྟན་པས་ཐར་པའི་བདེ་ལ་འགོད། །བསྡུ་བའི་ཚིགས་སུ་བཅད་པའོ། །

ཆ༢ ལེའུའི་མཚན་བསྟན་པ།

གཉིས་པ་ལེའུའི་མཚན་བསྟན་པ་ནི། བྱང་ཆུབ་སེམས་དཔའི་རྣལ་འབྱོར་སྤྱོད་པ་བཞི་བརྒྱ་པའི་རྣམ་བཤད་ལེགས་པར་བཤད་པའི་སྙིང་པོ་ཞེས་བྱ་བ་ལས་ཉོན་མོངས་སྤོང་བའི་ཐབས་བསྟན་པ་སྟེ་རབ་ཏུ་བྱེད་པ་དྲུག་པའི་འགྲེལ་པའོ།། །།

རབ་བྱེད་བདུན་པ།

ཅ༣ ཉོན་མོངས་ཀྱི་དམིགས་པ་འདོད་པའི་ཡོངས་སྤྱོད་ལ་ཞེན་པ་སྤང་བ།

ཆ༡ ལེའུའི་གཞུང་བཤད་པ།

ཛ༡ འཁོར་བའི་ཉེས་དམིགས་བསམ་པ།

གསུམ་པ་ཉོན་མོངས་ཀྱི་དམིགས་པ་འདོད་པའི་ཡོངས་སྤྱོད་ལ་ཞེན་པ་སྤང་བ་ནི། འཁོར་བའི་ཉེས་དམིགས་བཤད་པས་དེ་ལ་སྐྱོ་བ་བསྐྱེད་པའི་ཆེད་དུ་ཡང་སྲིད་འཕེན་བྱེད་ཀྱི་ལས་ལ་ཆགས་བྲལ་སྒོམ་པར་བྱེད་པ་སྟེ། དེ་ལ་གཉིས། ལེའུའི་

གཞུང་བཤད་པ་དང་། ལེའུའི་མཚན་བསྟན་པའོ། །དང་པོ་ལ་གསུམ། འཁོར་བའི་ཉེས་དམིགས་བསམ་པ་དང་། དེར་སྐྱེ་བའི་རྒྱུ་ཟག་བཅས་ཀྱི་ལས་སྤོང་བ་དང་། ལས་སྤངས་པའི་དགོས་པ་བསྟན་པའོ། །དང་པོ་ལ་གཉིས། འཁོར་བ་སྤྱིའི་ཉེས་པ་བསམ་པ་དང་། བྱེ་བྲག་བདེ་འགྲོ་ལ་སྲིད་པ་སྤངས་པའོ། །

༦༧ འཁོར་བ་སྤྱིའི་ཉེས་པ་བསམ་པ།

༥༧ འཁོར་བ་ལ་འཇིགས་པ་བསྒོམ་དགོས་པའི་རྒྱུ་མཚན།

དང་པོ་ལ་གཉིས། འཁོར་བ་ལ་འཇིགས་པ་བསྒོམ་དགོས་པའི་རྒྱུ་མཚན་དང་། སྐྱོ་བ་ཇི་ལྟར་བསྐྱེད་པའི་ཚུལ་ལོ། །དང་པོ་ནི། འཁོར་བའི་རྒྱུ་ལས་སྤང་བའི་ཆེད་དུ་ཐོག་མར་འཁོར་བའི་ཉེས་དམིགས་བསམ་པར་བྱ་སྟེ། མ་རིག་པ་དང་། ང་རྒྱལ་དང་། སྲིད་པ་ལས་བྱུང་བ་སྲིད་པའི་ཀུན་ཏུ་སྦྱོར་བ་སུམ་ཅུ་རྩ་དྲུག་གི་སྦྲུལ་གྱིས་ཁྱབ་པ། ལྟ་ངན་དྲུག་ཅུ་རྩ་གཉིས་ཀྱི་ཆུའི་སྲིན་པོས་དཀྲུགས་པ་སྐྱེ་འཆིའི་རྦ་ཀློང་འཁོར་མང་བ་ཐོག་མ་མེད་པའི་དུས་(༥༢༨)ཅན་གྱི་འཁོར་བ་སྡུག་བསྔལ་གྱི་རྒྱ་མཚོ་འདི་ལ་མཐའ་རྣམ་པ་ཀུན་ཏུའང་ཡོད་པ་མིན་ན་བྱིས་པ་སོ་སོའི་སྐྱེ་བོ་ཁྱོད་འཁོར་བ་འདིར་ནི་ཐོག་མ་མེད་པ་ནས་བྱིང་བ་ལ་ནི་འཇིགས་པ་རྒྱུ་ཅིས་ན་སྐྱེ་བར་མི་འགྱུར་འཇིགས་པར་བྱ་སྟེ། གཏིང་དང་ཕ་རོལ་མཐོང་པའི་མཚོར་བྱིང་བ་ལ་ཡང་འཇིགས་དགོས་ན། ཅིག་ཤོས་ལ་ལྟ་ཅི་སྨོས་སོ། །དཔེར་ན་དྲང་སྲོང་མངོན་ཤེས་ལྔ་དང་ལྡན་པ་ཞིག །འཇིག་རྟེན་གྱི་ཕ་མཐར་འགྲོའོ་སྙམ་ནས། རྐང་འགྲོས་ཀྱི་རྫུ་འཕྲུལ་གྱིས་ལྷུན་པོའི་ཟོམ་དུ་རྐང་པ་བཞག་ནས་ཕྱིན་པས་མཐར་མ་ཕྱིན་པར་ཤི་ནས་ལྷར་སྐྱེས་པ་བཞིན་ནོ། །

༥༢ སྐྱོ་བ་ཇི་ལྟར་བསྐྱེད་པའི་ཚུལ།

ཐ༡ ལང་ཚོ་ལ་ཆགས་པར་མི་རིགས་པ།

གཉིས་པ་ལ་བཞི། ལང་ཚོ་ལ་ཆགས་པར་མི་རིགས་པ་དང་། ལས་ཉོན་གྱི་གཞན་དབང་ཅན་ཡིན་པས་འཇིགས་པར་རིགས་པ་དང་། འཁོར་བར་སྐྱེ་བའི་རྒྱུ་སྤོང་བ་ལ་འབད་པར་གདམས་པ་དང་། འཁོར་བ་སྤོང་བའི་ཆེད་དུ་འབད་པ་ལ་དགོས་ནུས་མེད་པ་སྤོང་བའོ། །དང་པོ་ནི། འཁོར་བའི་ཉེས་དམིགས་མང་ཡང་ལང་ཚོ་ལ་སོགས་པས་རྒྱགས་པ་དག་ལ་འཇིགས་པ་མི་འབྱུང་ངོ་ཞེ་ན། ལང་ཚོ་ལ་སོགས་ཡུན་རིང་དུ་མི་གནས་པས་དེའི་སྒོ་ནས་རྒྱགས་པར་མི་རིགས་ཏེ། ཚེ་འདིར་ལང་ཚོ་རྒས་པའི་རྒྱབ་ཏུ་བྱུང་བར་གྱུར་ནས་ཤི་བའི་འོག་ཏུ་སླར་ཡང་མདུན་དུ་འབྱུང་བར་འགྱུར་ཞིང་། ཡང་རྒས་པའི་རྒྱབ་ཏུ་བྱུང་ནས་ལང་ཚོའི་སྐབས་ལ་གནས་པར་སྙོམ་མོད་ཀྱང་འཇིག་རྟེན་འདི་ལ་ནི་ལང་ཚོ་དང་། རྒ་བ་དང་འཆི་བ་རྣམས་ཕོ་བོ་སྔོན་ལའོ། །ཕོ་བོ་སྔོན་ལའོ་ཞེས་འགྲོས་ཀྱིས་འགྲན་པ་ལྟ་བུར་སྔོན་གྱི་གནས་སྐབས་དེ་ལ་རྟག་ཏུ་གནས་པ་མེད་པས་དེས་རྒྱགས་པར་(༥༢བ)མི་རིགས་སོ། །དཔེར་ན་ཏིལ་འཚེར་བའི་འཁོར་ལོའི་གྲིབ་མ་བཞིན་ནོ། །

ཐ༢ ལས་ཉོན་གྱི་གཞན་དབང་ཅན་ཡིན་པས་འཇིགས་པར་རིགས་པ།

གཉིས་པ་ནི། འཇིག་རྟེན་ཕ་རོལ་ཏུ་འགྲོ་ཡང་དེས་མི་འཇིགས་སོ་ཞེ་ན། སྲིད་པར་ཁྲིས་པ་ཁྱོད་ལ་རང་འདོད་ཀྱིས་ལྷ་དང་མི་ལ་སོགས་པའི་འགྲོ་བ་བཟང་པོ་གཞན་དུ་སྐྱེ་བའི་དབང་ཡོད་པ་མིན་ན་ལས་ཉོན་གྱི་དབང་དང་། འཇིག་པའི་གནས་སྐབས་ལས་མ་འདས་བཞིན་དུ་འཇིགས་པ་མེད་པར་བློ་དང་ལྡན་པ་སུ་ཞིག་འགྱུར་ལས་ཉོན་གྱི་གཞན་དབང་དུ་གྱུར་པས་རྟག་ཏུ་སྐྱོ་བར་བྱའོ། །དཔེར་ན་ཆུ་

ཀླུང་གིས་བདས་པའི་ཤིང་བཞིན་ནོ། །དཔེ་ཁ་ཅིག་ལས་གཞར་ཡང་ཞེས་འབྱུང་བ་ལྟར་ན། ནམ་ཡང་ཞེས་དུས་བཤད་པ་ལྟར་རོ། །

ཐ༣ འཁོར་བར་སྐྱེ་བའི་རྒྱུ་སྤོང་བ་ལ་འབད་པར་གདམས་པ།

གསུམ་པ་ནི། ཚེ་འདིར་བདེ་བས་ཕྲོགས་ནས་སྲིད་པ་བཅད་མ་ནུས་ཀྱང་། མ་འོངས་པའི་སྐྱེ་བ་ལ་འབད་དོ་ཞེ་ན། མ་འོངས་པའི་སྐྱེ་བ་ལ་ཐ་མ་ཡོད་པ་མིན་ཞིང་འདས་པའི་དུས་ལ་ཡང་ཐོག་མ་མེད་ལ། འདས་པའི་དུས་ཀུན་གྱི་ཚེའང་སོ་སོ་སྐྱེ་བོ་སྟེ་སོ་སོ་སྐྱེ་བོ་ཁོ་ན་བྱས་པ་ཡིན་ལ་ཁྱོད་འདས་པའི་དུས་སུ་སྲིད་པ་ལས་མ་གྲོལ་བ་ཇི་ལྟ་བ་དེ་བཞིན་དུ་ད་ལྟ་དང་མ་འོངས་པར་ཡང་དོན་མེད་པར་མི་འགྱུར་བ་དེ་ལྟར་ཕྱོས་ཤིག །དཔེ་ཁ་ཅིག་ལས། དེ་ཡང་ཞེས་འབྱུང་བ་ལྟར་ན་མ་འོངས་པའི་དུས་དེ་ཡང་ཞེས་སྦྱོར་རོ། །དཔེར་ན་གཞན་གྱི་བུད་མེད་ལ་འཕྱན་པ་མཛའ་བོས་ལྡོག་ཀྱང་ཕྱིས་ཀྱང་དེ་ལྟར་བྱེད་པ་བཞིན་ནོ། །སྔོང་པོ་བཀོད་པ་ལས། ཁྱོད་ཀྱི་འདོད་རྒྱུས་དོན་མེད་ཚད་གསན་པའི། །ལུས་ཀྱི་སྔོན་གྱི་མཐའ་གང་དྲན་བྱ་སྟེ། །དེ་རིང་བྱང་ཆུབ་ཡོངས་འཚོལ་བརྟུལ་ཞུགས་དང་། །བཅས་ཏེ་བརྟུལ་ཞུགས་ཀྱི་ནི་འདོད་པ་ཆོམ། །ཞེས་བཤད་པ་ལྟར། སྲིད་པར་(༥༣ན)སྐྱེ་བ་རྒྱུན་གཅད་པར་བྱའོ། །

ཐ༤ འཁོར་བ་སྤང་བའི་ཆེད་དུ་འབད་པ་ལ་དགོས་ནུས་མེད་པ་སྤང་བ།

ང༡ དངོས་ཀྱི་དོན།

བཞི་པ་ལ་གཉིས། དངོས་ཀྱི་དོན་དང་། ཚེ་འདིར་མི་འབད་པར་ཕྱི་མའི་དུས་ལ་རེ་བ་དགག་པའོ། །དང་པོ་ནི། གལ་ཏེ་འཁོར་བ་འདི་ལ་མཐའ་ཡོད་དམ་འོན་ཏེ་མེད། དང་པོ་ལྟར་ན་འབད་མི་དགོས་པར་གྲོལ་བར་འགྱུར་ལ། གཉིས་པ་ལྟར་ན་འབད་ཀྱང་མི་གྲོལ་བས་འཁོར་བ་གཅད་པའི་ཕྱིར་འབད་པ་དོན་མེད་དོ་ཞེ་ན། དཔལ་

འཁོར་གྱི་རྟེན་ཁྱད་པར་ཅན་ཐོབ་ནས་ལམ་རྒྱུད་ལ་སྐྱེ་བའི་ཉན་པ་པོ་དང་མཐུན་བྱ་དེ་ཁོ་ན་ཉིད་སྟོན་པའི་གསུང་དང་། འཆད་པ་པོ་དེ་བཞིན་གཤེགས་པ་རྣམས་ཨུ་དུམ་ཝ་རའི་མེ་ཏོག་ལྟར་འཇིག་རྟེན་དུ་འབྱུང་བ་ཤིན་ཏུ་རྙེད་དཀའ་སྟེ། དེ་བཞིན་གཤེགས་པ་བསྐལ་པ་གྲངས་མེད་གསུམ་དུ་ཚོགས་གསོག་པ་ལ་ལྟོས་པས་རྙེད་དཀའ་ལ། གཞན་གཉིས་ཀྱང་དེ་ལ་ལྟོས་པས་དེས་ན་མདོར་ན་འཁོར་བ་ནི་ལམ་རྒྱུད་ལ་སྐྱེ་བའི་རྒྱུ་དཀོན་མཆོག་གསུམ་ཚོགས་པའི་གང་ཟག་ལ་ལྟོས་ཏེ། མཐའ་མེད་པ་མིན་ཏེ་འཁོར་བ་ལྡོག་པའི་རྒྱུ་རྐྱེན་ཚོགས་པའི་ཕྱིར། དེ་དག་མ་ཚོགས་པའི་གང་ཟག་ལ་ལྟོས་ཏེ་མཐའ་དང་བཅས་པ་མིན་ཏེ། འདི་ཙམ་ན་འཁོར་བ་ལྡོག་ཅེས་ངེས་མི་ནུས་པའི་ཕྱིར་རོ། །དོན་དམ་པའི་གནས་ལུགས་ལ་ལྟོས་ནས་ཀྱང་མཐའ་ཡོད་མེད་གཉིས་ཀ་དོན་དམ་པར་གྲུབ་པ་ལུང་བསྟན་དུ་མེད་པའོ། །དེ་གསུམ་ནི་དཔེར་ན་ཨུ་དུམ་ཝ་རའི་མེ་ཏོག་བཞིན་ནོ། །

༥༢ ཚེ་འདིར་མི་འབད་པར་ཕྱི་མའི་དུས་ལ་རེ་བ་དགག་པ།

གཉིས་པ་ནི། གལ་ཏེ་གསུང་རབ་གནས་པ་དེ་སྲིད་དུ་དགེ་བའི་བཤེས་གཉེན་དང་། དེའི་ལུང་འདོགས་པ་ཡོད་པས་སྐྱེ་བ་གཞན་དུ་སྲིད་པ་ཟད་པ་ལ་འབད་དོ་ཞེ་ན། གསུང་རབ་གནས་པ་(༥༣བ)དང་གཉིས་པོ་ཡོད་ཀྱང་རང་ཉིད་ཉན་པ་པོར་འགྱུར་བ་དཀའ་སྟེ། འདི་ལྟར་ཕལ་མོ་ཆེར་ན་མི་རྣམས་ནི་དམ་པ་མ་ཡིན་པ་མི་དགེ་བ་བཅུའི་ལས་ལམ་གྱི་ཕྱོགས་ཡོངས་སུ་འཛིན་པ་དེས་ན་ལས་དབང་གིས་སྐྱེ་གནས་སོ་སོར་སྐྱེ་བས་སོ་སོ་སྐྱེ་བོ་རྣམས་ཕལ་ཆེར་ངེས་པར་ངན་འགྲོར་འགྲོ་བས་ཆོས་གཉིས་ཚོགས་པའི་ཚེ། ཆོས་མཉན་པ་ལ་འབད་པར་བྱའོ། །ཐོད་ལ་མེ་འབར་བ་ལྟར་ཐར་པ་ལ་བརྩོན་པར་མི་བྱེད་པ་ནི། རྒྱལ་པོར་བླུན་པོས་དབང་བསྐུར་བ་བཞིན་ནོ། །དཔེར་ན་ཤ་ནའི་ཤིང་ཁུར་བ་དང་འདྲ་བ་འགྲེལ་པ་ལྟར་རོ། །

ཉ༢ ཅེ་བྲག་བདེ་འགྲོ་ལ་སྲིད་པ་སྨྲངས་པ།

ད༡ བདེ་འགྲོ་ལ་ཡང་སྐྱེ་བ་བསྔོམ་པར་བྱ་བ།

གཉིས་པ་ལ་གཉིས། བདེ་འགྲོ་ལ་ཡང་སྐྱེ་བ་བསྔོམ་པར་བྱ་བ་དང་། སྲིད་པས་འཁོར་བར་གནས་པ་སྐྱོན་པ་དང་འདྲ་བར་བསྟན་པའོ། །དང་པོ་ནི། ངན་འགྲོ་ནི་མི་ཁོམ་པའི་གནས་དང་སྡུག་བསྔལ་སྣ་ཚོགས་ཡོད་པས་སྤང་བར་བྱ་བ་ཡིན་ཡང་། བདེ་འགྲོ་ནི་དགའ་བའི་གནས་ཡིན་པས་སྐྱེ་བར་མི་བྱའོ། །ཞེ་ན། ངན་འགྲོ་ལྟར་བདེ་འགྲོ་ལ་ཡང་སྐྱེ་བར་རིགས་ཏེ། བདེ་འགྲོར་སྐྱེས་པ་རྣམས་ཀྱང་སྔོན་གྱི་ལས་ཀྱི་ལྷག་མ་ལུས་པས་ཡན་ལག་དང་ཉིང་ལག་ཉམས་པ་དང་། དབང་པོ་མ་ཚང་བ་དང་། དབུལ་བ་སོགས་སའི་སྟེང་ན་གནས་པའི་མི་རྣམས་ཀྱི་སྡིག་པའི་རྣམ་སྨིན་ནི་མི་འདོད་བཞིན་དུ་ཅི་འདྲི་བ་ཁོ་ན་ཡིན་པར་མཐོང་ངོ་། །དེས་ན་སྲིད་པ་ནི་སྲོག་ཆགས་གསོད་པའི་སྲོག་གནས་བཤས་ར་དང་མཚུངས་པ་འཕགས་པ་དམ་པ་རྣམས་ལ་སྣང་ངོ་། །དཔེར་ན་ཤིན་ཏུ་གཅེས་པའི་བློན་པོ་ཞིག་རྒྱལ་པོ་ལ་མི་འཇིགས་པས་ཕྱིས་ཆད་པ་དང་སྦྱར་བ་བཞིན།

ད༢ སྲིད་པས་འཁོར་བར་གནས་པ་སྐྱོན་པ་དང་འདྲ་བར་བསྟན་པ།

གཉིས་པ་ནི། དམ་པ་རྣམས་ཀྱིས་སྲིད་པ་སྲོག་གནས་དང་མཚུངས་པར་མཐོང་ན་ཅིའི་ཕྱིར་འཇིག་རྟེན་པ་དག་མི་སྐྱོ་ཞེ་ན། སྐྱང་ཆེན་སྨྱོན་པ་ལྟར་སྨྱོ་བའི་རང་བཞིན་ཡིན་པའི་ཕྱིར། ཇི་ལྟར་སྨྱོ་ཞེ་ན། (༥༤ན)འཇིག་རྟེན་ན་ཁམས་མ་སྙོམས་པ་ལས་རྣམ་ཤེས་ཀྱི་འཇུག་པ་སོ་ན་གནས་པ་མེད་པ་ལས་སྨྱོན་པ་ཞེས་བརྗོད་ཅིང་། དེ་གལ་ཏེ་སྨྱོན་པར་འགྱུར་ན་ནི་སྲིད་པ་ན་གནས་པ་རྣམས་སྨྱོན་པ་མ་ཡིན་ཞེས་མཁས་པ་སུ་ཞིག་སྨྲ་བར་འགྱུར་སོ་སོ་སྐྱེ་བོ་རྣམས་ཀྱང་ཆེས་མི་རིགས་པའི་ཚུལ་མང་

པོ་འདོད་ཅིང་། གདོལ་ཐབས་སུ་སྨྲ་བ་ལ་སེམས་རྣལ་དུ་མི་གནས་སོ། །དཔེར་ན་རྒྱལ་པོ་ཞིག་བུ་ལ་ཆེས་འདོད་པ་ཡོད་ལ་སེམས་རྣལ་དུ་མི་གནས་པས། བུ་མཐོང་བར་མི་འདོད་པའི་བློ་སྐྱེས་པ་བཞིན་ནོ། །

ཛ༢ དེར་སྐྱེ་བའི་རྒྱུ་ཟག་བཅས་ཀྱི་ལས་སྤང་བ།

ཉ༡ ཡང་སྲིད་འཕེན་བྱེད་ཀྱི་ལས་སྤང་བར་གདམས་པ།

གཉིས་པ་ལ་གསུམ། ཡང་སྲིད་འཕེན་བྱེད་ཀྱི་ལས་སྤང་བར་གདམས་པ་དང་། སྤོང་དགོས་པའི་རྒྱུ་མཚན་དང་། ཇི་ལྟར་སྤོང་བའི་ཚུལ་དངོས་སོ། །དང་པོ་ནི། མཁས་པ་དག་གིས་ལས་དབང་གིས་འཁོར་བར་སྐྱེ་བ་སྤང་བར་བྱ་ལ། དེ་ཡང་ལས་ཀྱི་འཇུག་པ་བཀག་པའི་སྒོ་ནས་སྤང་བར་བྱ་སྟེ། འགྲོ་བ་དང་འཆག་པ་དང་ཉལ་བ་ལ་སོགས་པའི་སྤྱོད་ལམ་གྱིས་སྐྱེད་པའི་སྡུག་བསྔལ་དག་སྡོད་པ་སོགས་སྤྱོད་ལམ་དེ་ལས་བཟློག་པ་ལ་སྔ་མའི་ཤུགས་རིམ་གྱིས་ཟད་ནས་ཉམས་པ་མཐོང་བར་འགྱུར་ཏེ། ལས་ཐམས་ཅད་རྒྱུན་བཅད་པས་སྡུག་བསྔལ་ཐམས་ཅད་འགག་པར་འགྱུར་རོ། །དེས་ན་ཡང་སྲིད་འཕེན་བྱེད་ཀྱི་ལས་ཀུན་ཟད་པའི་གོ་འཕང་མྱ་ངན་ལས་འདས་པ་ཐོབ་པ་ལ་བློ་གྲོས་དང་ལྡན་པས་དེ་ཐོབ་པའི་ཐབས་ལ་བློ་བསྐྱེད་དོ། །དཔེར་ན་བྱིས་པ་འཁོར་བར་གནས་པ་ནི་ལམ་རིང་པོར་འགྲོ་བའི་ངལ་བའི་སྡུག་བསྔལ་དང་། ལམ་རྒྱགས་ཆད་པས་སྡུག་བསྔལ་བར་འགྱུར་བ་བཞིན་ནོ། །

ཉ༢ སྤོང་དགོས་པའི་རྒྱུ་མཚན།

ཏ༡ འཁོར་བ་འཇིགས་པའི་གནས་ཡིན་པས་དེའི་རྒྱུ་ལས་སྤང་བར་བྱ་བ།

གཉིས་པ་ལ་བཞི། འཁོར་བ་འཇིགས་པའི་གནས་(༥༤བ)ཡིན་པས་དེའི་རྒྱུ་ལས་སྤང་བར་བྱ་བ་དང་། ལས་ཀྱི་འབྲས་བུ་ལ་བསམས་ནས་འཇིགས་པ་བསྒོམ་པ་དང་།

ལས་རང་གི་ངོ་བོ་ལ་བསམས་ནས་འབད་པས་སྤང་བར་བྱ་བ་དང་། ལས་བདེ་བའི་རྒྱུ་ཡིན་པས་ཆགས་པར་མི་རིགས་པའོ། །དང་པོ་ནི། བློ་དང་ལྡན་པ་རྣམས་ཀྱིས་ཟག་པ་དང་བཅས་པའི་ལམ་གྱི་འཇུག་པ་བཀག་པའི་སྒོ་ནས་འཁོར་བ་སྤང་བར་བྱ་སྟེ། གང་གི་ཚེ་ཐོག་མ་མེད་པ་ནས་བརྒྱུད་དེ་འོངས་པའི་འབྱུང་བ་འབྱུང་འགྱུར་དང་། སེམས་ལ་སོགས་པ་འབྲས་བུ་གཅིག་གི་ཡང་ཐོག་མའི་རྒྱུ་ནི་སུ་ལ་ཡང་སྣང་བ་མིན་པ་དེའི་ཚེ་འབྲས་བུ་གཅིག་ལ་ཡང་རྒྱུ་མཐའ་ཡས་པ་རྒྱས་པར་མཐོང་ནས་ཤེས་པ་གང་ལ་འཛིགས་པ་མི་འབྱུང་སྟེ། འདི་ནི་རྒྱུན་དཔག་གིས་མི་ལང་བའི་མ་རིག་པའི་ཚང་ཚིང་གིས་ཆེས་རྒྱ་དཀའ་བའི་འཁོར་བའི་འབྲོག་ཆེན་པོ་ལ་ཧག་ཏུ་སྐྲོ་བ་དང་། དེ་ལས་ཐར་པའི་ཐབས་ལ་འབད་པར་བྱའོ། །དཔེར་ན་རྫའི་བུམ་པ་ལྟ་བུ་གཅིག་ལ་ཡང་རྒྱུའི་གསལ་བའི་དབྱེ་བ་མཐའ་ཡས་པ་དགོས་པ་བཞིན་ནོ། །

༢༢ ལས་ཀྱི་འབྲས་བུ་ལ་བསམས་ནས་འཛིགས་པ་བསྒོམ་པ།

གཉིས་པ་ནི། གང་གི་དོན་དུ་སྲིད་པས་ཀུན་ནས་བསླངས་ནས་ལས་བྱེད་པའི་འབྲས་བུ་ངེས་པར་འགྲུབ་ན་འབད་རིགས་ནའང་། བདེ་བ་ཕུན་སུམ་ཚོགས་པ་ལ་སོགས་པའི་འབྲས་བུ་ཡང་ཐམས་ཅད་ངེས་པར་ནི་འགྲུབ་པར་འགྱུར་བ་མ་ཡིན་ཞིང་གྲུབ་པ་ཐམས་ཅད་ཀྱང་ངེས་པར་མཐར་འཛིག་པར་འགྱུར་ན། ཕྱིན་ཅི་ལོག་དེའི་དོན་དུ་སློ་གསུམ་ཅི་སྟེ་འཛོམས། དེས་ན་འཁོར་བར་འཕེན་པའི་ལས་སྤང་བ་ལ་འབད་པར་བྱའོ། །དཔེར་ན་འགྲུབ་པར་མ་ངེས་ཤིང་གྲུབ་པ་རྣམས་ངེས་པར་འཛིག་པའི་རྫ་མཁན་སོ་གཏོང་བ་བཞིན་ནོ། །

༨༣ ལམ་རང་གི་ངོ་བོ་ལ་བསམས་ནས་འབད་པས་སྤང་བར་བྱ་བ།

གསུམ་པ་ནི། འབྲས་བུ་བཞིན་དུ་(༥༥ན)ལམ་ཀྱང་ངེས་པར་འཇིག་པས་དགོས་པ་མེད་པར་འབད་པར་མི་བྱ་སྙམ། མཁར་བསྒྲིག་པ་ལ་སོགས་པའི་ལམ་ནི་འབད་པས་བྱེད་པར་འགྱུར་ཞིང་བྱས་ཟིན་པ་འབད་པ་མེད་པར་འཇིག་པས་དེ་ལྟར་གྱུར་ཀྱང་ཁྱོད་ལ་ཀོ་ཁྱོད་ལ་ནི་ད་དུང་དེ་དག་བྱེད་པས་ལམ་ལ་ཆགས་པ་དང་བྲལ་བ་འགའ་ཡང་ཡོད་པ་མིན་པས་བདག་ཉིད་བླུན་པོར་སྟོན་པར་བྱེད་པ་ཡིན་ནོ། །དཔེར་ན་རིའི་རྩེར་རྡོ་འབད་པས་འཇོགས་ཤིང་དེ་འབད་པ་མེད་པར་འགྲེལ་བ་བཞིན་ནོ། །

༨༤ ལམ་བདེ་བའི་རྒྱུ་ཡིན་པས་ཆགས་པར་མི་རིགས་པ།

བཞི་པ་ནི། ན་པས་ཆགས་པ་དང་བྲལ་བར་མི་བྱའོ། །ཞེ་ན། རྣམ་ཤེས་འདས་པ་ལ་བརྟེན་པའི་བདེ་བ་རང་མཚན་པ་ཡོད་པ་མིན་ཞིང་སྐྱེ་འགག་པའི་ཕྱིར། རྣམ་ཤེས་མ་འོངས་པ་ལའང་ཡོད་པ་མིན་ལ་སྙམ། དེ་མ་སྐྱེས་པའི་ཕྱིར་རོ། །རྣམ་ཤེས་ད་ལྟར་བྱུང་བའང་སྐད་ཅིག་གིས་འཇིག་ཅིང་འགྲོ་བ་ཉིད་དེ། ཡིད་བརྟན་དུ་རུང་བའི་བདེ་བ་མེད་ན་ཁྱོད་ཀྱི་ངལ་བ་འདི་གང་གི་ཕྱིར་ཡིན་འབྲས་བུ་མེད་པ་ལ་འབད་པར་མི་རིགས་སོ། །དཔེར་ན་ཆུ་འགྲམ་དུ་ཁང་པ་རྩིག་པ་བཞིན་ནོ། །

༡༣ རྡི་ལྟར་སྤྲོང་བའི་ཚུལ་དངོས།

༨༧ བསོད་ནམས་ཀྱི་ལམ་ལ་སྲེད་པ་དགག་པ།

གསུམ་པ་ལ་གཉིས། བསོད་ནམས་ཀྱི་ལམ་ལ་སྲེད་པ་དགག་པ་དང་། བསོད་ནམས་མིན་པའི་ལམ་གསོག་པ་དགག་པའོ། །དང་པོ་ལ་གསུམ། སྲིད་པས་མཐོ་རིས་ཀྱི་དོན་དུ་ལམ་གསོག་པ་སྤྱིར་དགག་པ་དང་། བདེ་བ་ནས་བདེ་བར་འགྲོ་བ་རྙེད་

དཀའ་བ་དང་། མཐོ་རིས་ཀྱི་དོན་དུ་ལས་གསོག་པ་ཕྱི་ཐག་ཏུ་དགག་པའོ། །

ཐ༡ སྲིད་པས་མཐོ་རིས་ཀྱི་དོན་དུ་ལས་གསོག་པ་སྤྱིར་དགག་པ།

ད༡ འཕགས་པ་རྣམས་ཀྱིས་མཐོ་རིས་ཀྱང་དམྱལ་བ།

དང་པོ་ལ་གཉིས། འཕགས་པ་རྣམས་ཀྱིས་མཐོ་རིས་ཀྱང་དམྱལ་བ་དང་། མཚུངས་པར་གཟིགས་པས་འཇིགས་པར་རིགས་པ་(༥༥བ)དང་དེ་ལྟར་སོ་སོ་སྐྱེ་བོ་རྣམས་ཀྱིས་རྟོགས་ན་དེ་མ་ཐག་བརྒྱལ་བར་འགྱུར་བའོ། །དང་པོ་ནི། དེ་ཁོ་ན་ཉིད་མངོན་སུམ་དུ་གཟིགས་པའི་མཁས་པ་རྣམས་ལ་ལྷ་ལ་སོགས་པའི་མཐོ་རིས་ཀྱང་ཉོན་མོངས་དྲག་པོའི་མེ་འབར་བ་དང་། གཏི་མུག་གི་མུན་པས་བསྒྲིབས་པ་སོགས་དམྱལ་བ་དང་མཚུངས་པར་འཇིགས་པ་སྐྱེད་པར་འགྱུར་ཏེ་རྣམ་པ་ཀུན་ཏུ་འཕགས་པ་དེ་རྣམས་ལ་སྲིད་པ་གང་འཇིགས་པ་མི་སྐྱེད་པ་དཀོན་པས་བློ་དང་ལྡན་པ་རྣམས་ཀྱིས་འཁོར་བའི་ཉེས་དམིགས་བསམ་པར་བྱའོ། །སྲིད་པ་ལ་སྐྱོ་བ་མི་སྐོམ་པར་མཐོ་རིས་ལ་རང་གི་ངོ་བོའི་སྒོ་ནས་ཡིད་འོང་དུ་མཐོང་ནས་དེའི་དོན་དུ་སྲིད་པས་ལས་གསོག་པ་བཀག་པ་ཡིན་གྱི། ཐར་པའི་ཆེད་དུ་ལྷ་མིའི་རྟེན་གྱི་རྒྱུ་གསོག་པ་འགག་པ་ལོག་ན་རྣམ་པ་ཐམས་ཅད་དུ་མི་རུང་ངོ་། །དཔེར་ན་རྒྱལ་པོ་ཕྱིས་པའི་བཙོན་ར་ནས་ཐར་ཡང་ཚེའི་མཐར་ཐུག་པར་སྐྱོད་ལམ་གཅིག་པོ་ནས་གནས་དགོས་པས་འཆིང་བ་ལས་མི་གྲོལ་བ་བཞིན་ནོ། །

ད༢ མཚུངས་པར་གཟིགས་པས་འཇིགས་པར་རིགས་པ་དང་དེ་ལྟར་སོ་སོ་སྐྱེ་བོ་རྣམས་ཀྱིས་རྟོགས་ན་དེ་མ་ཐག་བརྒྱལ་བར་འགྱུར་བ།

གཉིས་པ་ནི། འཕགས་པ་རྣམས་ཀྱིས་གཟིགས་པ་དེ་ལྟར་གལ་ཏེ་བྱིས་པའང་རྣམ་པ་ཀུན་ཏུ་འཁོར་བའི་སྡུག་བསྔལ་མངོན་སུམ་དུ་ཤེས་པར་གྱུར་ན་སྐད་ཅིག་

དེ་ལ་སེམས་ཏེ་སྙིང་དང་ནི་ལུས་ལྷན་ཅིག་གཏན་དུ་འཇིག་པར་འགྱུར་བ་ཞིག་ན་མ་རྟོགས་པས་བདེ་བ་ལྟར་གནས་སོ། །དཔེར་ན་དབང་པོའི་བྱིས་པ་སྟེ་དཔོན་ལ་ཆགས་པས་དེའི་དོན་དུ་སྲོག་གཏོང་བ་བཞིན་ནོ། །

ཐ༢ བདེ་བ་ནས་བདེ་བར་འགྲོ་བ་རྙེད་དཀའ་བ།

ང༡ དངོས་ཀྱི་དོན།

གཉིས་པ་ལ་གཉིས། དངོས་ཀྱི་དོན་དང་། སྡིག་པ་མི་སྤྱོད་པས་མཐོ་རིས་ཀྱི་དོན་དུ་སྲིད་པ་དགག་པའོ། །དང་པོ་ནི། འཁོར་བ་ན་རིགས་དང་ལོངས་སྤྱོད་ཕུན་སུམ་ཚོགས་པ་དང་ལྡན་པ་(༥༨ན)བདེ་བར་གྲགས་ན། དེ་ལ་ཡང་སྐྱོ་བར་རིགས་ཏེ། རིགས་བཟང་པོ་ལ་སོགས་པའི་སེམས་ཅན་ང་རྒྱལ་གྱིས་རློམ་པ་ཅན་མིན་པ་དཀོན་ཞིང་རློམ་པ་ཅན་དེ་ཡང་རང་མཆོག་ཏུ་རྟོག་ཅིང་རང་དང་མཉམ་པ་དང་ལྷག་པ་ལ་ཕྲག་དོག་གིས་གཞོམ་པར་འདོད་པས་སྙིང་རྗེ་དང་ལྡན་པ་མེད་པ་དེས་ན་སྣང་བ་ནས་སྣང་བར་ནི་འགྲོ་བ་ཤིན་ཏུ་རྙེད་དཀའ་བར་ལུང་བཞི་ལ་སོགས་པ་ལས་གསུངས་སོ། །དཔེར་ན་རྣ་མང་དག་ནའི་བུས་ལན་ཉེར་གཅིག་ཏུ་ས་སྟེང་ན་རྒྱལ་རིགས་མེད་པར་བྱས་པ་བཞིན་ནོ། །

ང༢ སྡིག་པ་མི་སྤྱོད་པས་མཐོ་རིས་ཀྱི་དོན་དུ་སྲིད་པ་དགག་པ།

གཉིས་པ་ནི། ང་རྒྱལ་ཅན་སྡིག་པ་ལ་སྤྱོད་པས་སྨད་པ་ཡིན་ཡང་ང་རྒྱལ་ཅན་མིན་པས། མཐོ་རིས་ཀྱི་དོན་དུ་འབད་པར་རིགས་སོ། །ཞེ་ན། འཇིག་རྟེན་འདི་ན། ཕྱི་མའི་མཐོ་རིས་ཀྱི་དོན་དུ་ཚངས་སྤྱོད་ཁས་བླངས་ཏེ། འདོད་པའི་ཡུལ་ལ་ཡིད་འབྱུང་བསྒོམས་ནས་ཡིད་ལོག་པར་གྱུར་པ་ལ་སླར་ཡང་མཐོ་རིས་སུ་སྐྱེས་ནས་ཆོས་ཀྱི་འབྲས་བུ་ཡུལ་ཡིད་དུ་འོང་བ་ནི་དམིགས་པར་ཏེ་འདོད་བཞིན་དུ་བྱུང་བར་གྲགས་

པར་འགྱུར་ཏེ་དེ་ལྟར་ན་རང་གིས་ཐོབ་པའི་ཡུལ་སྐྱོ་བཞིན་དུ་སྤངས་ནས་སླར་ཡང་དེ་ཉིད་དོན་དུ་གཉེར་བས་དེ་ནི་ཕྱིན་ཅི་ལོག་ཏུ་གྱུར་པའི་ཆོས་ཡིན་ལ་མཁས་པ་དག་དེ་ལྟ་བུའི་འཇུག་པ་རྒྱུ་ཅི་ཞིག་གིས་ཡང་དག་པར་འདོད་པར་བྱེད། ནན་གྱིས་དོར་བ་དེ་ཉིད་ལེན་པར་མི་རིགས་སོ། །དཔེར་ན་ལུག་རྫུང་བར་འདོད་པ་རིང་པོར་སོང་ཡང་ད་དུང་ལོག་པ་མིན་པ་བཞིན་ནོ། །

ཐ༣ མཐོ་རིས་ཀྱི་དོན་དུ་ལས་གསོག་པ་བྱེ་བྲག་ཏུ་དགག་པ།

ད༡ ལོངས་སྤྱོད་ཀྱི་དོན་དུ་ལས་གསོག་པ་དགག་པ།

གསུམ་པ་ལ་ལྔ། ལོངས་སྤྱོད་ཀྱི་དོན་དུ་ལས་གསོག་པ་དགག་པ་དང་། འཇིག་རྟེན་གྱི་ཆོས་ལུགས་ལ་ཞེན་པས་ལས་གསོག་པ་དགག་པ་(༥༨བ)དང་། ཡུལ་ཡིད་དུ་འོང་བའི་དོན་དུ་གསོག་པ་དགག་པ་དང་། དབང་ཕྱུག་གི་དོན་དུ་གསོག་པ་དགག་པ་དང་། ཕྱི་མར་ཕྱུག་པའི་དོན་དུ་སྲིད་པས་ལས་གསོག་པ་དགག་པའོ། །དང་པོ་ནི། འབྲས་བུ་ལོངས་སྤྱོད་ཆེན་པོ་ཅན་ཡང་དེ་ལ་སྲིད་པར་མི་བྱ་སྟེ། སྦྱིན་པ་ལ་སོགས་པའི་བསོད་ནམས་ཀྱི་འབྲས་བུ་ཕྱུག་པ་སྟེ་ཁྱོད་ལོངས་སྤྱོད་དེ་ཆོམ་རྐུན་དང་། མེ་དང་ཆུ་སོགས་གཞན་ལས་ཡི་རྟག་པར་བསྲུང་བར་བྱ་དགོས་ན་རྟག་ཏུ་གཞན་ལས་འབད་པས་བསྲུང་བར་བྱ་བ་གང་ཡིན་པ་དེ་ནི་ཇི་ལྟར་རང་དབང་དུ་གྱུར་པའི་བདག་གི་བར་འགྱུར་འབྲས་བུ་གྲུབ་ཀྱང་འདོད་བཞིན་ཕན་ཐོགས་མི་ནུས་སོ། །རྟག་ཏུ་དེའི་ཆེད་དུ་འབད་དགོས་པ་དཔེར་ན་བླ་མ་བཞིན་ནོ། །

ད༢ འཇིག་རྟེན་གྱི་ཆོས་ལུགས་ལ་ཞེན་པས་ལས་གསོག་པ་དགག་པ།

གཉིས་པ་ནི། སྦྱིན་སོགས་ཀྱི་ཆོས་ཕྱིན་ཅི་ལོག་ཡིན་ན་འཇིག་རྟེན་ན་གྲགས་པའི་ཆོས་ལུགས་ཀྱི་རྗེས་སུ་འཇུག་པར་བྱའོ། །ཞེ་ན། དེ་ལ་ཞེན་པ་ཡང་མི་རིགས་

ཏེ། འཇིག་རྟེན་གྱི་ཚུལ་ལུགས་བག་མ་གཏོང་ལེན་སོགས་གང་དང་གང་ཡིན་པ་དེ་དང་དེ་ལ་ཆོས་ཀྱི་སྒྲ་རྗེས་སུ་འཇུག་སྟེ། ཚུལ་ལུགས་དེ་ལ་ཆོས་ཞེས་གྲགས་པས་སོ། །དེ་ཡང་ཡུལ་དང་དུས་ཀྱི་ཁྱད་པར་ལས་རྣམ་པ་གཞན་དང་གཞན་དུ་འགྱུར་བ་དེའི་ཕྱིར་ན་ཆོས་པས་ཀྱང་འཇིག་རྟེན་པ་སྟོབས་དང་ལྡན་པ་ལྟ་བུར་སྣང་ཡང་མཐའ་གཅིག་ཏུ་མི་གནས་པ་དེ་ལ་ཞེན་པར་མི་རིགས་སོ། །དཔེར་ན་ཡུལ་འགའ་ཞིག་ན་བུ་མོ་བག་མར་ལེན་པ་བཞིན་ནོ། །

༨༣ ཡུལ་ཡིད་དུ་འོང་བའི་དོན་དུ་གསོག་པ་དགག་པ།

གསུམ་པ་ནི། ཡུལ་ཡིད་དུ་འོང་བ་མེད་པར་བདེ་བ་མི་འབྱུང་ལ། དེ་ཡང་བསོད་ནམས་ཀྱི་འབྲས་བུ་ཡིན་པས་བདེ་བའི་དོན་དུ་ཡུལ་ཡིད་དུ་འོང་བ་ལ་སྲིད་པས་བསོད་ནམས་བྱའོ་ཞེ་ན། གཟུགས་སྒྲ་ལ་སོགས་པའི་ཡུལ་ནི་སྦྱིན་སོགས་དགེ་(༥༧ན)བས་ཡིད་དུ་འོང་བ་ཐོབ་པར་ནུས་ན་འདོད་པའི་ཡུལ་དེའང་ཐར་པ་འདོད་པ་རྣམས་ཀྱིས་ངན་པར་རྩི་ཞིང་སྨད་པར་བྱ་བ་ཡིན་ཏེ། དོན་མེད་པའི་རྩ་བ་ཡིན་པའི་ཕྱིར་དང་། མི་རྟག་པ་དང་སྡུག་བསྔལ་སོགས་ཀྱིས་རྟག་ཏུ་རྣམ་པར་གཡེང་བར་བྱེད་པའི་ཕྱིར་རོ། །ཉེས་པའི་འབྱུང་ཁུངས་གང་ཞིག་བཏང་བས་ཤིན་ཤིང་དགེ་བར་གྱུར་པའི་གྲུབ་པ་ཡིས་ཅི་ཞིག་དགོས་ཏེ། དགོས་པ་ཅི་ཡང་མེད་དོ། །དཔེར་ན་དགེ་སློང་འགའ་ཞིག་གམ་པོ་རྩེའི་ཡུལ་དུ་བསོད་སྙོམས་ལ་སོང་བ་ན་གཡོ་སྒྱུ་ཅན་ཞིག་གིས་ཡུལ་འདིར་ཅི་ཡང་མ་སྨྲ་ཞིག་ཅེས་སྨྲས་པ་བཞིན་ཏེ། འགྲེལ་པ་ལྟར་རོ། །

༨༤ དབང་ཕྱུག་གི་དོན་དུ་གསོག་པ་དགག་པ།

བཞི་པ་ནི། ཡུལ་སྨད་པར་བྱ་བ་ཡིན་ཡང་རྒྱལ་སྲིད་ནི་བདེ་བ་ཐུལ་དུ་བྱུང་བའི་རྒྱུ་ཡིན་པས་དེའི་དོན་དུ་བསོད་ནམས་དག་བྱའོ་ཞེ་ན། མི་རིགས་ཏེ། སེམས་

ལ་དབང་ཐོབ་པའི་རྣལ་འབྱོར་པ་གང་ལ་འདོད་པའི་དོན་འབད་པ་མེད་པར་འགྲུབ་པས་བཀའ་ལུང་དགོས་པ་མེད་པ་དེ་ལ་དེའི་དོན་དུ་སྦྱིན་པ་གཏོང་བ་སོགས་ཆོས་དོན་མེད་པར་འགྱུར་རོ། །གང་ཡང་ཚིག་ཙམ་གྱིས་མངའ་སྒྱུར་བའི་བཀའ་ལུང་དོན་དུ་གཉེར་བ་ཉིད་དེ་ནི་སྐྱེ་བོའི་ནང་ན་བླུན་པོ་ཞེས་བྱ་སྟེ། དོན་མིན་པ་ཆེན་པོའི་རྩ་བ་རྒྱལ་སྲིད་དོན་དུ་གཉེར་བའི་ཕྱིར་རོ། །དཔེར་ན་རྩིས་མཁན་གཅིག་ལ་བུ་ཡིད་དུ་འོང་བ་ཞིག་ཡོད་པ་ཉི་མ་དྲུག་ན་འཆི་བར་ཤེས་ནས་བུ་བཞིན་བུ་དེ་བསད་པ་བཞིན་ནོ། །

༨༥ ཕྱི་མར་སྡུག་པའི་དོན་དུ་སྲིད་པས་ལས་གསོག་པ་དགག་པ།

ལྔ་པ་ནི། གལ་ཏེ་མ་འོངས་པའི་སྐྱེ་བར་སྡུག་པ་ལ་སོགས་པའི་འབྲས་བུ་འདོད་པས་བསོད་ནམས་བྱའོ་ཞེ་ན། སྡུག་པ་ལ་སོགས་པའི་མ་འོངས་པ་ཡི་འབྲས་བུ་འབྱུང་བར་མཐོང་ནས་སྦྱིན་པ་ལ་སོགས་པའི་ཆོས་འདོད་ཅིང་ཆགས་པས་(༥༧བ)སྲིད་ན་ཆགས་པ་དེའི་འབྲས་བུ་ངན་འགྲོ་དུ་མ་སྨྱོང་དགོས་པས་ཆགས་པ་དེའི་མ་འོངས་པའི་འབྲས་བུའི་མཐའ་ངན་འགྲོ་ཉིད་མཐོང་བར་གྱུར་ན་འཇིགས་པ་མེད་དམ། ཆགས་པས་ཅི་ཞིག་བྱེད་ངན་འགྲོ་ལྟར་ཆོས་ལ་ཡང་སྲིད་པར་མི་བྱའོ། །དཔེར་ན་མི་མཁས་པ་སྡུག་བསྔལ་བསྐྱེད་པའི་གནས་ཉེ་བ་བཞིན་ནོ། །

༨༦ བསོད་ནམས་མིན་པའི་ལས་གསོག་པ་དགག་པ།

གཉིས་པ་ནི། སླའི་དོན་དུ་ལས་བྱེད་པ་སླ་པ་ལྟ་བུའི་བསོད་ནམས་ནི་རྣམ་པ་ཀུན་ཏུ་དྲན་པ་དང་མཚུངས་པར་འགྱུར་དུ་འོང་བས་མཁས་པས་སྲིད་པས་ཀུན་ནས་བསླངས་ཏེ་བསོད་ནམས་ཀྱི་ལས་ཀྱང་མི་བྱའོ། །མཁས་པ་གང་དག་འཁོར་བའི་རྒྱུར་མཐོང་ནས་སྲིད་པ་བསྐྱེད་པའི་དགེ་བའང་མི་འདོད་པ་དག་མི་དགེ་བ་བསོད་

ནམས་མིན་པའི་ལས་ཇི་ལྟར་བྱེད་རྣམ་པ་ཐམས་ཅད་དུ་སྤང་བར་བྱའོ། །དཔེར་ན་རང་ཀ་ཏས་རང་གི་ཁམ་འཐྲོ་ཁྲིས་བྲོས་པ་ན། རྒྱལ་བུ་བསྐྱུང་བར་གནས་པ་དེས་བྲོས་སོ་ཞེས་སྐུར་བ་བཏབ་པ་བཞིན་ནོ། །

༣༢ ལས་སྤངས་པའི་དགོས་པ་བསྟན་པ།

༡༧ གནས་ལུགས་རྟོགས་པའི་མཁས་པ་རྣམས་སྲིད་པ་སྤངས་ནས་ཐར་པར་འགྲོ་བ།

གསུམ་པ་ལ་གཉིས། གནས་ལུགས་རྟོགས་པའི་མཁས་པ་རྣམས་སྲིད་པ་སྤངས་ནས་ཐར་པར་འགྲོ་བ་དང་། མཁས་པ་རྣམས་མཐོ་རིས་ལའང་སྲིད་པས་དགའ་བར་མི་སེམས་ན་སྐྱེ་བ་དང་རྗེས་སུ་མཐུན་པའི་གནས་ལ་དགའ་བ་མི་སྲིད་པའོ། །དང་པོ་ནི། བྱིས་པ་རྣམས་འཁོར་བ་ལ་དགའ་བར་ཟད་ཀྱི་རྟེན་འབྲེལ་ལ་རང་བཞིན་མེད་པར་མངོན་སུམ་དུ་མཐོང་བའི་མཁས་པ་གང་གིས་ཕྱི་ནང་གི་འགྲོ་བ་ཤིང་ལས་བསྒྲུབས་པའི་སྐྱེས་པ་དང་བུད་མེད་ཀྱི་རྣམ་པར་སྣང་བའི་འཁྲུལ་འཁོར་གྱི་ཚོགས་འདྲ་བ་དང་རང་བཞིན་གྱིས་གྲུབ་པས་སྟོང་ཡང་དེར་སྣང་བ་སྒྱུ་མའི་སྐྱེས་བུ་ལྟར་མཐོང་བར་གྱུར་པ་དེ་དག་འཁོར་བ་ལས་བརྒྱལ་ནས་ཆེས་གསལ་བར་གོ་འཕང་དམ་པ་ཐར་པ་དང་ཐམས་(༥༤ན)ཅད་མཁྱེན་པར་འགྲོ་བར་འགྱུར་བས་གནས་ལུགས་ཀྱི་དོན་སེམས་པ་ལ་མཁས་པར་བྱའོ། །དཔེར་ན་འཁྲུལ་འཁོར་མཁན་གྱི་འཁྲུལ་འཁོར་གྱི་བུ་མོས་རི་མོ་མཁན་ངོ་ཚ་བར་བྱས་པ་ན། དེས་རི་མོས་འཁྲུལ་འཁོར་མཁན་ལ་སྡུག་བསྔལ་བསྐྱེད་པ་བཞིན་ནོ། །

༡༢ མཁས་པ་རྣམས་མཐོ་རིས་ལའང་སྲེད་པས་དགའ་བར་མི་སེམས་ན་སྐྱོ་བ་དང་རྗེས་སུ་མཐུན་པའི་གནས་ལ་དགའ་བ་མི་སྲིད་པ།

གཉིས་པ་ནི། གནས་ལུགས་ཀྱི་དོན་ལ་མཁས་པ་གང་དག་ལ་ནི་འཁོར་བ་ན་དགའ་བ་སྐྱེ་བ་དང་རྗེས་སུ་མཐུན་པའི་ཡུལ་རྣམས་ཀྱིས་ཀྱང་དགའ་ཞིང་སྲེད་པ་མེད་པ་དེ་དག་སྐྱོ་བ་དང་རྗེས་སུ་མཐུན་པའི་སྐྱེ་བ་རྒ་བ་སོགས་ཀྱིས་གནས་ལ་དགའ་བ་ཡོད་པར་ཇི་ལྟར་འགྱུར། དེས་ན་དེ་དག་ལ་འཁོར་བ་འདིར་རྣམ་པ་ཀུན་ཏུ་སྲེད་པས་དགའ་བ་འཐད་པ་མ་ཡིན་པ་ཉིད་དོ། །དཔེར་ན་ཀུ་ཤའི་གྲོང་ཁྱེར་དུ་ཞིགས་མཐོང་ཆེན་པོས་འཁོར་ལོས་སྒྱུར་བའི་རྒྱལ་སྲིད་ལ་གནས་པ་བཙུན་མོ་བརྒྱད་ཁྲི་བཞི་སྟོང་སྤངས་ནས་བསམ་གཏན་བཞི་བསྐྱེད་པ་བཞིན་នོ། །དེས་ན་སྔར་བཤད་པ་ལྟར་གཟུགས་སྒྲ་ལ་སོགས་པའི་ཡུལ་གྱི་ཉེས་དམིགས་བསམས་ནས་གནས་ལུགས་ཀྱི་དོན་ལ་མཁས་པར་བྱ་སྟེ་བླ་ན་མེད་པའི་བྱང་ཆུབ་སྒྲུབ་པ་ལ་བརྩོན་པར་བྱའོ། །

འདིར་སྨྲས་པ། མི་རྟག་སྡུག་བསྔལ་ལེགས་པར་བསམས་བྱས་ནས། །སྡུག་བསྔལ་རྒྱ་མཚོ་གཏིང་མཐའ་མེད་པའི་རྒྱུ། །གཟུགས་སོགས་ཡུལ་ལ་སྲེད་པ་རྣམ་སྤངས་ཏེ། །བླ་མེད་བྱང་ཆུབ་སྒྲུབ་ལ་བརྩོན་པར་བྱ། །བརྒྱ་པའི་ཚིགས་སུ་བཅད་པའོ། །

ཆ༢ ལེའུའི་མཚན་བསྟན་པ།

གཉིས་པ་ལེའུའི་མཚན་བསྟན་པ་ནི། བྱང་ཆུབ་སེམས་དཔའི་རྣལ་འབྱོར་སྤྱོད་པ་བཞི་བརྒྱ་པའི་རྣམ་བཤད་ལེགས་པར་བཤད་པའི་སྙིང་པོ་ཞེས་བྱ་བ་ལས་མི་ཉིད་ཀྱིས་འདོད་པའི་ལོངས་སྤྱོད་ལ་(༥༢བ)མངོན་པར་ཞེན་པ་སྤོང་བའི་ཐབས་བསྟན་པ་སྟེ་རབ་ཏུ་བྱེད་པ་བདུན་པའི་འགྲེལ་པའོ།། །།

རབ་བྱེད་བརྒྱད་པ།

ཅ༩ ལམ་རྒྱུད་ལ་སྐྱེ་བའི་སྐྱོན་ཉུང་དུ་བསྒྲུབ་པ་སློབ་མའི་རྒྱུད་ཡོངས་སུ་སྦྱོང་བའི་ཐབས་བསྟན་པ།

ཆ༡ ལེའུའི་གཞུང་བཤད་པ།

ཇ༡ ཉོན་མོངས་སྤོང་ནུས་པའི་རྒྱུ་མཚན།

ཉ༡ དངོས་ཀྱི་དོན།

བཞི་པ་ལམ་རྒྱུད་ལ་སྐྱེ་བའི་སྐྱོན་ཉུང་དུ་སྒྲུབ་པ་སློབ་མའི་རྒྱུད་ཡོངས་སུ་སྦྱོང་བའི་ཐབས་བསྟན་པ་ལ་གཉིས། ལེའུའི་གཞུང་བཤད་པ་དང་། ལེའུའི་མཚན་བསྟན་པའོ། །དང་པོ་ལ་གསུམ། ཉོན་མོངས་སྤོང་ནུས་པའི་རྒྱུ་མཚན་དང་། ཉོན་མོངས་སྤོང་ཚུལ་རྒྱས་པར་བཤད་པ་དང་། ཡང་སྲིད་ཕྱི་མར་ཉིང་མཚམས་སྦྱོར་བའི་སྐྱེ་བ་ལ་ཐོག་མ་མེད་ཀྱང་ཟད་པའི་མཐའ་ཡོད་པའི་དཔེ་བསྟན་པའོ། །དང་པོ་ལ་གཉིས། དངོས་ཀྱི་དོན་དང་། ཉོན་མོངས་སྤང་དུ་ཉུང་བའི་ཚུལ་བསྟན་པའོ། །དང་པོ་ནི། ཐོག་མ་མེད་པ་ནས་གོམས་པའི་འདོད་ཆགས་ཀྱི་འཆིང་བ་ཇི་ལྟར་སྤོང་ནུས་ཤེ་ན། ཇི་ལྟར་མི་མཐུན་ཞིང་མཛའ་བའི་མི་རྣམས་ལ། ཆགས་པས་ཀུན་ནས་བསླངས་པའི་མཛའ་བ་ཡུན་རིང་དུ་མི་གནས་པ་དེ་བཞིན་དུ་རྣལ་འབྱོར་པ་ཕྱི་ནང་གི་དངོས་པོ་ཀུན་ལ་མི་འདོད་པ་དུ་མ་བསྐྱེད་པའི་སྐྱོན་ཤེས་པ་ལ་འདོད་ཆགས་ཡུན་རིང་དུ་མི་གནས་སོ་སྙེ་ལེགས་པར་བརྟགས་ན་རྩ་བ་མི་བརྟན་པས་སྤོང་ནུས་སོ། །དཔེར་ན་བྲམ་ཟེ་རྒྱུ་ཞེས་བྱ་བ་བག་མ་ལེན་པའི་དུས་སུ་གཞོན་ནུ་མའི་ལག་པ་ནས་འཛིན་འདོད་པ་ལ་སྟོན་པས་བྲམ་ཟེའི་ཁྲིའུ་འབྲེལ་ན་འཆིང་། བྲལ་ན་རྣམ་པར་གྲོལ་ལོ་ཞེས་གསུངས་པ་ཐོས་ནས་འཕགས་པའི་བདེན་པ་བཞི་ལ་བརྟགས་པས། དགྲ་བཅོམ་པ་ཐོབ་པ་བཞིན་ནོ། །

ཀ༢ ཉོན་མོངས་སྤང་དུ་རུང་བའི་ཚུལ་བསྟན་པ།

ང༡ ཉོན་མོངས་གང་ལ་དམིགས་པའི་གཞི་ངེས་པ་མེད་པས་སྤང་དུ་རུང་བ།

གཉིས་པ་ལ་བཞི། ཉོན་མོངས་གང་ལ་དམིགས་པའི་གཞི་ངེས་པ་མེད་པས་སྤང་དུ་རུང་བ་དང་། ཉོན་མོངས་སྐྱེ་བའི་རྒྱུ་བདེན་པར་མེད་པ་དང་། ཉོན་མོངས་སྤོང་མི་ནུས་པའི་སྐྱབ་བྱེད་དགག་པ་དང་། ཉོན(ཡ་ན)མོངས་མ་སྤངས་པ་དུ་མ་མཐོང་བ་འགལ་བ་མེད་པའོ། །དང་པོ་ནི། ཡུལ་གྱི་ཉེས་པ་མཐོང་བས་ཉོན་མོངས་སྤོང་ནུས་པར་མ་ཟད་གཞི་བདེན་པ་བ་མེད་པའི་ཕྱིར་ཡང་སྤོང་ནུས་ཏེ། འདོད་ཆགས་ནི་ཆགས་བྱའི་དངོས་པོ་ལ་རག་ལས་ཏེ་འཇུག་ལ། དེ་ཡང་རང་གི་ངོ་བོ་ཉིད་ཀྱིས་གྲུབ་པ་མེད་དེ། ལ་ལ་ཡུལ་དེ་ཉིད་ལ་ཆགས་ཏེ་གནས་ལ། ལ་ལ་དེ་ཉིད་ལ་ཞེ་སྡང་ཞིང་ལ་ལ་དེ་ཉིད་ལ་རྨོངས་པ་སྐྱེ་བ་དེའི་ཕྱིར། ཆགས་བྱའི་ཡུལ་ངོ་བོ་ཉིད་ཀྱིས་གྲུབ་ན་དེ་ཉིད་ལ་ཆགས་པ་འབའ་ཞིག་སྐྱེ་རིགས་པ་ལ་ངེས་པ་མེད་པས་དམིགས་པ་ཐམས་ཅད་རྟོག་པས་བཏགས་པ་ཙམ་མ་གཏོགས་འདོད་པའི་དོན་ངོ་བོ་ཉིད་ཀྱིས་གྲུབ་པ་མེད་པས་གཞི་ལ་ལྟོས་ནས་ཀྱང་སྤང་ནུས་སོ། །དཔེར་ན་སྐྱེས་བུ་འགའ་ཞིག་ལ་ཆུང་མ་གཉིས་ཡོད་ལ་གཅིག་གི་མ་དེ་ནི་རང་གི་བུ་མོ་མཐོང་བས་དགའ་ལ། ཆུན་མ་དེ་ནི་མཐོང་བས་སྡུག་བསྔལ་བ་དང་། བྲན་མོ་བར་མར་གནས་པ་བཞིན་ནོ། །

ང༢ ཉོན་མོངས་སྐྱེ་བའི་རྒྱུ་བདེན་པར་མེད་པ།

གཉིས་པ་ནི། དམིགས་པ་བདེན་པར་མེད་པས་སྤོང་བར་ནུས་པར་མ་ཟད་རྒྱུ་བདེན་པ་མེད་པའི་སྒོ་ནས་ཀྱང་སྤོང་ནུས་ཏེ། འདོད་ཆགས་ཞེ་སྡང་གཏི་མུག་ནི། །ཀུན་ཏུ་རྟོག་ལས་འབྱུང་བར་གསུངས། །ཞེས་བཤད་པ་ལྟར། ཚུལ་བཞིན་

མིན་པའི་ཡིད་བྱེད་ཀྱི་རྟོག་པ་དང་། ཐག་ཁྲ་ལ་སྦྲུལ་དུ་བཏགས་པ་ལྟར་རྟོག་པས་བཏགས་པ་མེད་པར་འདོད་ཆགས་ལ་སོགས་པའི་ཀུན་ནས་ཉོན་མོངས་པ་རྣམས་ལ་ཡོད་པ་ཉིད་རྙེད་པ་ཡོད་པ་མིན་ན་དེ་དག་གི་ཡོད་པ་ལྟོས་ནས་ཡོད་པ་ཁོ་ནར་མ་ཟད་ཀྱི། ངོ་བོ་ཉིད་ཀྱིས་གྲུབ་པ་མེད་པས་ངོ་བོ་ཉིད་ཀྱིས་གྲུབ་ན་ཡང་དག་པར་གྲུབ་(ཡ་བ)པའི་དོན་དང་འགལ་བ་རྟོག་པས་བཏགས་པ་ཞེས་བློ་དང་ལྡན་པ་སུ་ཞིག་འཛིན་རྟོག་པས་བཏགས་པ་དང་ངོ་བོ་ཉིད་ཀྱིས་གྲུབ་པ་འགལ་བའི་ཕྱིར་རོ། །ཐག་པ་ལ་སྦྲུལ་དུ་བཏགས་པའི་ཚེ་ཐག་པའི་ཆ་དང་། ཆ་ཅན་དང་རྒྱུན་དང་རྒྱུན་ཅན་གང་ཡང་སྦྲུལ་གྱི་མཚན་གཞིར་མི་རུང་བ་བཞིན་དུ། ཕུང་པོའི་ཡང་ཚོགས་པ་དང་ཚོགས་པ་ཅན་དང་རྒྱུན་དང་རྒྱུན་ཅན་གང་ཡང་གང་ཟག་ཏུ་མི་རུང་ཞིང་ཕུང་པོ་ལ་བརྟེན་ནས་བཏགས་པ་ཡིན་པས་ངོ་བོ་ཉིད་ཀྱིས་གྲུབ་པ་མེད་པར་ཆོས་ཐམས་ཅད་ཀུང་ཤེས་པར་བྱའོ། །ཕྱིན་ཅི་ལོག་ཏུ་འཁྲུལ་བ་དཔེར་ན་བསམ་གཏན་པ་འགའ་ཞིག་ཐོད་པ་གཞན་ཞིག་མགོ་ལ་འཕྱར་རོ་སྙམ་དུ་འཁྲུལ་བ་ན། འགའ་ཞིག་གིས་འདི་ཁྱོད་ཀྱི་མགོ་ལས་ལྷུང་ངོ་ཞེས་ཐོད་པ་གཞན་ཞིག་བསྒྲུར་བས་རྟོག་པ་ལོག་པ་བཞིན་ནོ། །སྐབས་འདིར་བཤད་པའི་རྩ་འགྲེལ་གྱི་དོན་ནི། རིགས་པ་དྲུག་ཅུ་པར། འཇིག་རྟེན་མ་རིག་རྐྱེན་འབྱུང་བ། །གང་ཕྱིར་རྫོགས་པའི་སངས་རྒྱས་གསུང་། །དེ་ཡི་ཕྱིར་ན་འཇིག་རྟེན་འདི། །རྣམ་རྟོག་ཡིན་ཞེས་ཅིས་མི་འཐད། །ཅེས་པའི་དོན་ལེགས་པར་ཁོང་དུ་ཆུད་པ་ལས་ཤེས་པར་བྱའོ། །

༨༣ ཉོན་མོངས་སྤོང་མི་ནུས་པའི་སྒྲུབ་བྱེད་དགག་པ།

གསུམ་པ་ནི། གལ་ཏེ་སྐྱེས་པ་དང་བུད་མེད་ཕན་ཚུན་གཅིག་གི་གཅིག་ཡུལ་ཅན་གྱི་ཆགས་པས་ལྷན་ཅིག་བཅིངས་པས་བུད་མེད་མི་གཏོང་བས་ཆགས་པ་སྤོང་མི་ནུས་སོ་སྙམ་ན། སྐྱེས་པ་འགའ་ལའང་བུད་མེད་གང་དང་ལྷན་ཅིག་ཏུ་ངོ་བོ་ཉིད་

ཀྱིས་བཅིངས་པ་ཞེས་བྱ་བ་ཡོད་པ་མིན་ཏེ་རང་བཞིན་ལས་ལྡོག་པ་མེད་པས་ངོ་བོ་ཉིད་ཀྱིས་གཞན་དང་ལྷན་ཅིག་བཅིངས་པ་ལ་བྲལ་བ་རིག་པ་མ་ཡིན་ན་སྟེ། བྲལ་མི་རིགས་པ་ལ་བྲལ་བ་མཐོང་བའི་ཕྱིར། དཔེར་ན་སྣང་ནག་(༥༠ན)པོ་དང་དཀར་པོ་ངོ་བོ་ཉིད་ཀྱིས་བཅིངས་པ་མིན་ཡང་། གཉའ་ཤིང་དང་ཆུ་ཐག་ལ་སོགས་པས་བཅིངས་པ་བཞིན་དུ་ཡུལ་དང་དབང་པོ་ཡང་སྲིད་པས་བཅིངས་པ་ཡིན་ནོ། །

༨༩ ཉོན་མོངས་མ་སྤངས་པ་ཏུ་མ་མཐོང་བ་འགལ་བ་མེད་པ།

བཞི་པ་ནི། གལ་ཏེ་དེ་ལྟར་རྣམ་པར་དཔྱད་པས་ཉོན་མོངས་ལྡོག་ན་སྐྱེ་བོ་ཕལ་ཆེར་ཉོན་མོངས་མ་སྤངས་པ་དག་སྣང་ཞེ་ན། ཟབ་མོའི་ཆོས་ལ་ལྷག་པར་མོས་པ་དང་བྲལ་བའི་ཕྱིར་རོ། །དེས་ན་བསོད་ནམས་ཆུང་དུ་རྟེན་འབྱུང་རང་བཞིན་གྱིས་གྲུབ་པས་སྟོང་བཞིན་དུ་བྱ་བྱེད་ཐམས་ཅད་འཐད་པའི་བདེན་པ་གཉིས་ཀྱི་ཆོས་སློབ་དཔོན་ཀླུ་སྒྲུབ་ཀྱི་བཞེད་པ་འདི་ལ་དེ་ལྟར་ཡིན་ནམ། འོན་ཏེ་མིན་སྙམ་དུ་ཐེ་ཚོམ་ཟ་བར་ཡང་མི་འགྱུར་བས་ཉོན་མོངས་སྤངས་པའི་ཐར་པ་ག་ལ་ཐོབ། སྟོང་པ་ཉིད་བསྟན་པ་ན་ཅི་འདི་ལྟར་ཡིན་ནོ་སྙམ་དུ་ཐེ་ཚོམ་ཟ་བ་ཙམ་ཞིག་གིས་སྲིད་པ་རུལ་པོར་བྱས་པར་འགྱུར་ཏེ། གནས་ལུགས་ཀྱི་དོན་ཡིད་ཀྱི་ཡུལ་ཙུང་ཟད་བྱས་པའི་ཕྱིར་རོ། །ཐེ་ཚོམ་ཟ་བ་པོ་ངེས་པ་དོན་དུ་གཉེར་ཞིང་ཡང་དག་པའི་ལྟ་བ་ལུང་རིགས་ཀྱིས་ངེས་པར་བྱས་པ་ལས་ཉོན་མོངས་ཟད་ནས་ཐར་པ་འཐོབ་པར་འགྱུར་རོ། །དཔེར་ན་དེད་དཔོན་སྲིན་མོས་བཟུང་བ་དེས་ལྷོ་ཕྱོགས་སུ་མ་ལྟ་ཞིག་ཅེས་སྨྲས་པ་དང་ཐེ་ཚོམ་ཟ་ནས་དེར་ཕྱིན་པས་རྟའི་རྒྱལ་པོ་ཝ་ལ་ཧ་ཀ་དང་ཕྲད་ནས། སྲིན་མོ་ལས་ཐར་ཅིང་། རྒྱ་མཚོའི་ཕ་མཐར་ཕྱིན་པ་བཞིན་ནོ། །འདིས་ཀྱང་ཐར་པ་ཙམ་ཐོབ་པ་ལ་ཡང་གནས་ལུགས་ཀྱི་དོན་ངེས་པར་རྟོགས་དགོས་པར་བསྟན་ཏོ། །

ཇ༢ ཉོན་མོངས་སྤོང་ཚུལ་རྒྱས་པར་བཤད་པ།

ཀ༡ སྟོང་པ་ཉིད་ཀྱི་དོན་རྟོགས་པར་གདམས་པ།

ཁ༡ གནས་ལུགས་ཀྱི་དོན་ལ་གུས་པར་བྱ་བར་གདམས་པ།

གཉིས་པ་ལ་བཞི། སྟོང་པ་ཉིད་ཀྱི་དོན་རྟོགས་པར་གདམས་པ་དང་། ཐར་པ་དོན་དུ་གཉེར་བར་གདམས་པ་དང་། གནས་ལུགས་(༥༠བ)ཀྱི་དོན་ལ་བཀྲི་བའི་རིམ་པ་དང་། ཉོན་མོངས་ངེས་པར་ཟད་ནུས་པར་གདམས་པའོ། །དང་པོ་ལ་ལྔ། གནས་ལུགས་ཀྱི་དོན་ལ་གུས་པར་བྱ་བར་གདམས་པ་དང་། ཐར་པ་ཐོབ་པ་ལ་སྟོང་ཉིད་རྟོགས་དགོས་པར་བསྟན་པ་དང་། འཁོར་བ་ལས་ལྡོག་པའི་ཐབས་བསྟན་པ་དང་། སྟོང་ཉིད་ལ་སྐྲག་པ་སྤང་བ་དང་། རང་ཕྱོགས་ལ་ལྷག་པར་ཞེན་པ་སྤང་བའོ། །དང་པོ་ནི། གང་ལ་ཐེ་ཚོམ་ཟོས་པས་སྲིད་པ་ཐུལ་པོར་འགྱུར་བ་སྟོང་པ་ཉིད་ཀྱི་ཆོས་གང་ཞིག་མངོན་སུམ་དུ་རྟོགས་པ་དང་། དེས་ཟིན་པའི་སྒྲིབ་སོགས་ལ་ཐུབ་པ་ཡིས་མཐོང་ལམ་སྐད་ཅིག་དང་པོ་ནས་བཟུང་སྟེ་ཇི་སྲིད་ཐར་པའི་བར་དུ་མི་ཉམས་ཤིང་འཕེལ་བ་ཉིད་དུ་གསུངས་པའི་ཆོས་སྟོང་པ་ཉིད་ཀྱི་དོན་དེར་སྐྱེ་བོ་གང་ལ་གུས་པ་མེད་པ་དེ་ནི་གསལ་བར་བློ་དང་ལྡན་པ་མིན་གྱིས་བདག་ཉིད་ཤིན་ཏུ་བླུན་པར་སྟོན་པ་ཡིན་པས། མཁས་པ་རྣམས་ཀྱིས་སྟོང་པ་ཉིད་དུ་བལྟ་བ་ལ་གུས་པ་བཞག་པར་བྱའོ། །འཇིག་རྟེན་པའི་ཆོས་རྣམས་ནི་རྣམ་སྨིན་ཕྱུང་ནས་ཟད་པར་ཡང་འགྱུར་ལ། སྟོང་ཉིད་རྟོགས་པས་ནི་སྒྲིབ་སོགས་ཀྱང་རྣམ་མཁྱེན་གྱི་གྲོང་ཁྱེར་དུ་འཁྲིད་པར་བྱེད་པས་སོ། །དཔེར་ན་ལི་ཁ་རའི་ལ་དུ་ཀུན་ནས་མྱང་བར་བྱེད་པ་བཞིན་ནོ། །

༦༢ ཐར་པ་ཐོབ་པ་ལ་སྟོང་ཉིད་རྟོགས་དགོས་པར་བསྟན་པ།

གཉིས་པ་ནི། གལ་ཏེ་དངོས་པོ་རྣམས་མི་སྟོང་བཞིན་དུ་ཆགས་པ་དང་བྲལ་བར་བྱ་བའི་ཕྱིར་སྟོང་པ་ཉིད་བསྒོམ་པ་ཡིན་ནམ། བདེན་པར་གྲུབ་པས་སྟོང་པ་ལས་དེ་ལྟར་ལྟ་བ་ཡིན་ཞེ་ན། སྟོང་པ་ལ་སྟོང་པར་རྟོགས་ནས་གོམས་པར་བྱེད་པ་ཡིན་ཏེ། གང་ཟག་དང་ཕུང་པོ་བདེན་སྟོང་དུ་མ་རྟོགས་པར་བདེན་པར་ཞེན་ནས་བདག་ནི་སྟོང་ཉིད་བསྒོམས་པས་མྱ་ངན་ལས་འདའ་བར་འགྱུར་རོ་ཞེས་དངོས་(༥༧ན)པོ་སྟོང་པ་མིན་པ་ལ་སྟོང་པ་ལྟར་མཐོང་བ་མིན་ཏེ། གནས་ལུགས་ལ་ཕྱིན་ཅི་ལོག་ཏུ་ཞེན་པའི་ལོག་ལྟས་མྱ་ངན་ལས་མི་འདའ་བར་དེ་བཞིན་གཤེགས་པ་རྣམས་གསུང་ངོ་། །སྟོན་པས་ཆོས་ཐམས་ཅད་ནི་སྟོང་པ་ཉིད་དེ་རང་བཞིན་མེད་པའི་ཚུལ་གྱིས་སོ། །ཞེས་གསུངས་པ་ལྟར་རོ། །མྱང་འདས་གསུམ་གང་དུ་འཇུག་ཀྱང་སྟོང་པ་ཉིད་ཀྱི་དོན་ལ་མཁས་པར་བྱའོ། །དཔེར་ན་མཚན་མོ་དགེ་ཚུལ་བཀུང་བྱ་མིན་པ་ལ་མངགས་པ་བཞིན་ནོ། །

༦༣ འཁོར་བ་ལས་གྲོལ་བའི་ཐབས་བསྟན་པ།

གསུམ་པ་ནི། གལ་ཏེ་དངོས་པོ་རྣམས་རང་བཞིན་གྱིས་གྲུབ་པས་སྟོང་པ་ཡིན་ན། དེ་ཁོ་ན་ཉིད་བསྟན་རིགས་ཀྱི་སེམས་ཅན་དང་སྣོད་ཀྱི་འཇིག་རྟེན་གྱི་འཇུག་པ་བསྟན་པས་ཅི་བྱ་ཞེ་ན། འཇིག་རྟེན་གྱི་འཇུག་ཚུལ་མ་བསྟན་པར་སྟོང་པ་ཉིད་རྟོགས་མི་ནུས་པས། དེ་ཁོ་ན་ཉིད་རྟོགས་པའི་ཐབས་སུ་ངེས་པར་བསྟན་དགོས་ཏེ། གསུང་རབ་གང་ལས་དངོས་པོ་བདེན་པར་ཞེན་པའི་སྒོ་ནས་རྒྱུ་མེད་དང་མི་མཐུན་པའི་རྒྱུ་ལས་སྐྱེ་བ་དགག་པའི་དོན་དུ་མ་རིག་པའི་རྐྱེན་གྱིས་འདུ་བྱེད་ལ་སོགས་པ་སེམས་ཅན་དང་སྣོད་ཀྱི་འཇིག་རྟེན་བསྟན་པ་འབྱུང་བ་དེ་ལས་འཁོར་བར་འཇུག་པའི་

རིམ་པ་གསུངས་པ་སྟེ། དོན་དམ་པ་རྟོགས་པའི་ཐབས་ཡིན་པས་སོ། །གང་ལས་དོན་དམ་པ་ཆོས་རང་བཞིན་གྱིས་གྲུབ་པས་སྟོང་པ་བསྟན་པ་འབྱུང་བ་དེ་ལས་འཁོར་བ་ལས་ལྡོག་པའི་རིམ་པ་གསུངས་པའོ། །དཔེར་ན་གཉིང་ཁུང་དུ་འཇུག་པ་ན་ཆ་རྐྱེན་གྱི་འཇུག་པ་ཙུང་ཟད་ཡོད་པ་དོར་བར་བྱ་བ་བཞིན་ནོ། །

༨༤ སྟོང་ཉིད་ལ་སྐྲག་པ་སྤང་བ།

བཞི་པ་ནི། གལ་ཏེ་དངོས་པོ་ཐམས་ཅད་སྟོང་པ་ཡིན་ན་ལས་བྱ་བྱེད་ཐམས་ཅད་(༦༧བ)ལ་སྐུར་པ་བཏབ་པས་ཐར་པ་ཡང་མེད་པར་འགྱུར་བའི་ཕྱིར་མི་འདོད་པ་ཏུ་མ་ཞིག་ཏུ་འགྱུར་རོ་ཞེ་ན། རང་བཞིན་གྱིས་གྲུབ་པས་སྟོང་ན་དངོས་པོ་ཀུན་ཡོད་པ་མ་ཡིན་པས་ཐར་པའི་ཆེད་དུ་འབད་པས་ཅི་བྱ་ཞེས་སྟོང་པ་ཉིད་ལ་སྐྲག་པ་ཁྱོད་ལ་འཇིགས་པ་སྐྱེ་བར་འགྱུར་གྲང་ན་གལ་ཏེ་དོན་དམ་པར་བྱ་བ་ཡོད་ན་ནི་སྟོང་པ་ཉིད་ཀྱི་ཆོས་འདི་རྟོགས་པ་ལས་འཁོར་བ་ལྡོག་པར་བྱེད་པར་ནུས་པར་མི་འགྱུར་རོ་སྟེ། དོན་དམ་པར་གྲུབ་པ་ལ་བྱ་བྱེད་མི་འཐད་པས་སུས་ཀྱང་ལྡོག་མི་ནུས་པའི་ཕྱིར་རོ། །ཕུང་པོ་ལ་བདེན་པར་ཞེན་པ་ནི། དཔེར་ན་སྨིག་རྒྱུ་ལ་ཆུར་ཞེན་པ་བཞིན་ནོ། །

༨༥ རང་ཕྱོགས་ལ་ལྷག་པར་ཞེན་པ་སྤང་བ།

ལྔ་པ་ནི། གལ་ཏེ་འཁོར་བ་ལྡོག་བྱེད་སྟོང་པ་ཉིད་ཀྱི་ཕྱོགས་ནི་མཆོག་ཏུ་གྱུར་པ་ཡིན་ལ། གཞན་ཕྱིན་ཅི་ལོག་ཡིན་ནོ་ཞེས་རང་ཕྱོགས་ལ་ལྷག་པར་ཆགས་ཤིང་གཞན་ཕྱོགས་ལ་ཞེ་སྡང་བའི་མི་ཁྱོད་ལ་རང་ཕྱོགས་སྟོང་པ་ཉིད་ལ་ལྷག་པར་ཆགས་པར་ཡོད་ཅིང་གཞན་གྱི་ཕྱོགས་ལ་ཞེ་སྡང་ཞིང་མི་དགའ་ན་དེ་མ་དོར་བར་ཐར་པ་མྱ་ངན་ལས་འདས་པར་མི་འགྲོ་སྟེ་ལྷང་དོར་གཉིས་སུ་བདེན་པར་ཞེན་པའི་སྤྱོད་པས་ཇི་སྲིད་དུ་ཞི་བར་ཡོང་སྟེ་གཏན་མི་འགྱུར་རོ། །དཔེར་ན་སྨོམ་བརྩོན་འགའ

ཞིག་འཕགས་པ་དགེ་འདུན་སྡེས་དགེ་བསྙེན་བྱས་ཏེ། དེས་བྲམ་ཟེ་མཐོང་ནས་དེ་གསོད་པར་འདོད་པ་སྐྱེས་པ་བཞིན་ནོ། །

༡༢ ཐར་པ་དོན་དུ་གཉེར་བར་གདམས་པ།

༢༡ འབད་ན་ཐར་པ་ཐོབ་སླ་བ།

གཉིས་པ་ལ་བདུན། འབད་ན་ཐར་པ་ཐོབ་སླ་བ་དང་། འཁོར་བ་ལ་སྐྱོ་བ་མ་བསྒོམ་ན་ཐར་པ་ཐོབ་མི་ནུས་པ་དང་། འཁོར་བ་ལ་ཉེས་དམིགས་ཤིན་ཏུ་ཆེ་བས་ཐར་པ་ལ་འབད་རིགས་པ་དང་། ཐོག་མ་ཉིད་ནས་གནས་ལུགས་ཀྱི་དོན་བསྟན་པར་བྱ་བ་མིན་པ་དང་། ཇི་ལྟར་བཀྲི་བའི་རིམ་པ་དང་། དངོས་པོ་ཀུན་(༤༢ན)ཀྱི་གནས་ལུགས་མཐར་ཐུག་ལ་ངོ་བོའི་དབྱེ་བ་མེད་པ་དང་། དེས་ན་སྦྱིན་སོགས་བསོད་ནམས་ཀྱི་ཚོགས་དགོས་པར་གསུངས་པ་ལ་འགལ་བ་མེད་པའོ། །དང་པོ་ནི། གལ་ཏེ་མྱ་ངན་ལས་འདས་པའི་བདེ་བ་དམ་པ་ནི་བསྒྲུབ་ཤིན་ཏུ་དཀའ་བའི་ཕྱིར། ཐོབ་མི་ནུས་ལ། སྲིད་པ་ནི་འབད་པ་མེད་པར་ཐོབ་སླ་བས་བདག་ཅག་དེ་ལ་འཇུག་གོ་ཞེ་ན། དགེ་མི་དགེ་བའི་ལས་ཐམས་ཅད་ལ་བྱ་བ་བྱེད་པ་མེད་པར་ཕོང་དུ་ཆུད་པས་མྱ་ངན་ལས་འདའ་བར་འགྱུར་ཞིང་དགེ་མི་དགེའི་བྱ་བ་སྣ་ཚོགས་བྱེད་པ་ལས་ཡང་སྲིད་པ་འགྲུབ་པར་འགྱུར་ཏེ། དེས་ན་བྱ་བ་ཐམས་ཅད་ལ་བྱེད་པ་ལོག་ཅིང་སེམས་ཁྲལ་མེད་པས་མྱ་ངན་ལས་འདས་པ་ཐོབ་སླ་ལ་ཅིག་ཤོས་འཁོར་བའི་བདེ་བ་ནི། བདེ་ཐག་ཏུ་ཐོབ་པ་མིན་པས་མཁས་པས་ངལ་དུབ་སྣ་ཚོགས་ཀྱིས་སྒྲིམ་མི་དགོས་པར་ཐོབ་པའི་མྱང་འདས་དོན་དུ་གཉེར་བ་སྤངས་ནས། ངལ་དུབ་སྣ་ཚོགས་ཀྱིས་ཐོབ་པའི་འཁོར་བ་དོན་དུ་གཉེར་བ་མི་རིགས་སོ། །དཔེར་ན་ནད་མེད་པའི་སྟོབས་བསྒྲུབ་པ་ལ་རྒྱུ་མང་པོ་ཡོད་ཀྱང་། དེ་མི་འདོད་ན་དེའི་རྒྱུ་དོན་དུ་མི་གཉེར་བ་བཞིན་ནོ། །

༥༢ འཁོར་བ་ལ་སྐྱོ་བ་མ་བསྒོམ་ན་ཐར་པ་ཐོབ་མི་ནུས་པ།

གཉིས་པ་ནི། གལ་ཏེ་དོན་དམ་པར་བྱ་བ་ཅི་ཡང་མི་བྱེད་པས་མྱ་ངན་ལས་འདའ་བར་འགྱུར་རོ། །བསྟན་བཅོས་འདིར་མི་རྟག་པ་དང་སྡུག་བསྔལ་ལ་སོགས་བསྟན་ཅེ་ན། འཁོར་བའི་བྱ་བ་ཐམས་ཅད་དང་བྲལ་བའི་ཐར་པ་ཐོབ་པའི་ཆེད་དུ་འཁོར་བ་ལ་སྐྱོ་བ་བསྐྱེད་པའི་ཕྱིར་རོ། །གང་ཟག་གང་ལ་འཁོར་བ་འདི་ལ་སྐྱོ་བ་ཡོད་པ་མིན་པ་དེ་ལ་འཁོར་བའི་སྡུག་བསྔལ་ཞི་བའི་ཐར་པ་ལ་གུས་པ་ག་ལ་ཡོད་སྙམ་པས་གདུང་བའི་སྡུག་བསྔལ་མེད་པར་དེ་ཞི་བའི་ཐབས་བཏུང་བ་ལ་དོན་གཉེར་ཆེན་པོ་(༤༢བ)མི་སྐྱེ་བ་བཞིན་ནོ། །དཔེར་ན། རང་གི་ཁྱིམ་སྙིང་པོ་ཆུང་ཡང་དེ་ལས་ཆགས་པ་ཡོངས་སུ་སྤྱད་མི་ནུས་པ་བཞིན་དུ་བློ་ཆུང་བ་རྣམས་ཀྱིས་སྲིད་པ་འདི་ནས་ངེས་པར་འབྱུང་བའང་ཐོབ་པར་དཀའ་བ་སྟེ། སྲིད་པས་བཅིངས་པའི་ཕྱིར་རོ། །དཔེར་ན་ཡུལ་ལ་སྲིད་པ་མི་ལྡོག་པ་དེ་མ་ཐག་གསད་པར་བྱ་བ་བཏུང་བ་དོན་དུ་གཉེར་བ་བཞིན་ནོ། །

༥༣ འཁོར་བ་ལ་ཉེས་དམིགས་ཤིན་ཏུ་ཆེ་བས་ཐར་པ་ལ་འབད་རིགས་པ།

གསུམ་པ་ནི། གཞན་ཡང་དབང་ཕྱུག་ཆེན་པོ་རྣམས་ཡུལ་གྱི་བདེ་བ་ལ་ཆགས་ནས་ཁྱིམ་སྤོང་བ་དང་། དགོན་པར་ཐར་པ་ཐོབ་པའི་ཆེད་དུ་འབད་པར་མི་ནུས་ཀྱང་ནད་དང་དབུལ་བ་ལ་སོགས་པའི་སྡུག་བསྔལ་གྱིས་གཟིར་བ་དག་འཁོར་བ་ལ་དགའ་བ་དོར་བར་རིགས་ཏེ། གང་ཟག་ལ་ལ་དབུལ་བ་དང་། སྡུག་པ་དང་བྲལ་བ་ལ་སོགས་པའི་སྡུག་བསྔལ་གྱིས་ཟིལ་གྱིས་མནན་ཅིང་དེ་ལས་ཐར་པའི་ཆེད་དུ་མེ་དང་ཆུར་འཇུག་པ་དང་། གཡང་དུ་མཆོངས་པ་ལ་སོགས་རང་ཉིད་འཆི་བར་འདོད་པ་དག་སྣང་སྟེ་དེ་ཁོ་ན་ལྟར་འཁོར་བ་ལ་སྡུག་བསྔལ་དུ་ངེས་པར་བྱས་ནས་བདག་

ལ་ཆགས་པ་སྤངས་ན་ཐར་པའི་བདེ་བ་མྱུར་དུ་ཐོབ་པ་ཞིག་ན་དེའི་ཚེ་དེ་དག་ བླང་དོར་ལ་གཏི་མུག་ཤས་ཆེ་བའི་ཕྱིར་མྱ་ངན་ལས་འདས་པའི་གོ་འཕང་དམ་པར་མི་འགྲོ་བར་ཟད་དོ། །དཔེར་ན་ནད་པ་ཁ་ཅིག་སྨན་མ་འཐུངས་པར་ནད་ལས་མི་གྲོལ་བ་བཞིན་ནོ། ཉོན་མོངས་མངོན་གྱུར་ཅུང་ཟད་ཟིལ་གྱིས་མནན་ཡང་། ཉོན་མོངས་རྒྱུངས་འཕྲིན་པའི་གཉེན་པོ་མ་བསྟེན་པར་འཁོར་བ་ལས་མི་ཐར་པའོ། །

ཏ༩ ཐོག་མ་ཉིད་ནས་གནས་ལུགས་ཀྱི་དོན་བསྟན་པར་བྱ་བ་མིན་པ།

བཞི་པ་ནི། འཁོར་བ་ཟད་པའི་ཐར་པ་དོན་དུ་གཉེར་བར་བྱ་བ་ཡིན་ན་དེ་ཐོབ་པའི་ཆེད་དུ་དེ་ཁོ་ན་ཉིད་སྒོམ་པའི་གཏམ་ཁོ་ན་བྱ་བར་རིགས་ཀྱི་སྟོན་པས་སྦྱིན་པ་དང་ཚུལ་ཁྲིམས་ཀྱི་གཏམ་དག་ཀྱང་མཛད་(༥༣ན)པ་ཅི་ཞེ་ན། སྐྱོན་མེད་དེ། དབང་པོ་དམན་པ་དང་འབྲིང་པོ་དང་རབ་ཀྱི་དབྱེ་བས་རིམ་གྱིས་བཀྲི་བར་བྱ་དགོས་པ་ཡིན་ཏེ། འདི་ལྟར་ཐོག་མ་སྦྱིན་པ་ཙམ་ནུས་ཀྱི་སྲོག་གཅོད་སོགས་སྤོང་མི་ནུས་པ་དག་ལ་སྦྱིན་པའི་གཏམ་བྱ་བ་ཡིན་པས་སྦྱིན་པའི་གཏམ་དབང་པོ་དམན་པ་ལ་གསུངས་ཤིང་། རེ་ཞིག་ཚུལ་ཁྲིམས་དང་སྒོམ་པའི་སྣོད་མིན་པའི་ཕྱིར་རོ། །སྦྱིན་པ་ལ་གནས་ཟིན་པའི་དབང་པོ་འབྲིང་ལ་ཚུལ་ཁྲིམས་གསུངས་པ་སྟེ། ལྷ་དང་མིར་སྐྱེ་བའི་སྣོད་དུ་གྱུར་པའི་ཕྱིར་རོ། །དབང་པོ་མཆོག་ལ་འཁོར་བ་ཞི་བའི་ཐབས་དེ་ཁོ་ན་ཉིད་བསྒོམ་པའི་གཏམ་གཙོ་བོར་གསུངས་པར་གྱུར་པ། དེས་ན་བདག་ཐར་པ་ཐོབ་ན་ཅི་མ་རུང་སྙམ་དུ་རྟག་ཏུ་མཆོག་ཏུ་འགྱུར་བར་ཐོས་ཤིག་གོ །དཔེར་ན་རྒྱལ་བུ་གསུམ་ན་ཚོད་ལ་ལྟོས་ཏེ་གཅིག་ལ་ཡི་གེ་དང་། གཉིས་པ་ལ་སྒྲའི་བསྟན་བཅོས་འདོན་པ་དང་། གསུམ་པ་ལ་མཚོན་བྱའི་ཐབས་འདོན་པ་སྟོན་པ་བཞིན་ནོ། །གང་ཟག་གཅིག་ལ་ཡང་དེ་རིམ་གྱིས་བསྟན་པར་བྱ་བ་ཡིན་པས་གདུལ་བྱ་བཀྲི་བའི་རིམ་པ་ལ་མཁས་པར་བྱ་བའི་དོན་ནོ། །

༨༥ ཐེ་ལྟར་བགྲི་བའི་རིམ་པ།

ལྔ་པ་ནི། རེ་ཞིག་དེ་ཉིད་བསྟན་པའི་སྣོད་དུ་མི་རུང་བ་ལ་བསྟན་ན། བྱ་བྱེད་མཐའ་དག་ལ་སྐུར་བ་བཏབ་ནས་དགེ་སྡིག་ལ་ཁྱད་པར་མེད་པར་ཤེས་ཏེ། སྡིག་པ་བྱས་ནས་ངན་འགྲོར་འགྲོ་བས། ཐོག་མར་དགེ་མི་དགེའི་ལས་རྒྱུ་དང་འབྲས་བུར་བཅས་པ་བསྟན་ན་རྟོགས་སླ་བས། བསོད་ནམས་མིན་པ་སྡིག་པ་ལ་འཇུག་པ་དང་པོར་བཟློག་པར་བྱ་བ་ཡིན་ཏེ། དེ་ཉིད་སྐབས་སུ་བབ་པའི་ཕྱིར་རོ། །བར་དུ་ཕུང་པོ་དང་རྣམ་པ་ལྔར་དཔྱད་པའི་སྒོ་ནས་འཇིག་ཚོགས་ལ་(༦༣བ)ལྟ་བ་ཉེ་ཤུའི་ཞེན་ཡུལ་བཀག་ནས་རགས་པའི་བདག་ནི་བཟློག་པ་དང་ཕྱིས་ནས་རྒྱུད་སྣོད་རུང་དུ་སོང་བ་ལ་གང་ཟག་གི་བདག་མེད་བསྟན། བདག་མེད་ཀྱང་བདེན་པར་མེད་པར་བསྟན་ནས་མཐར་འཛིན་གྱི་ལྟ་བ་ཀུན་བཟློག་པ་སྟོན་པའི་རིམ་པ་གང་གིས་ཤེས་པ་དེ་གདུལ་བྱ་བགྲི་བའི་རིམ་པ་དེ་ལ་མཁས་པ་ཡིན་ནོ། །དཔེར་ན་སྨན་པ་མཁས་པས་ནད་པ་ལ་སྐྱུ་བཅོས་དང་། སྨུམ་བཅོས་སྣ་ཚོགས་བྱེད་པ་བཞིན་ནོ། །

༨༦ དངོས་པོ་ཀུན་གྱི་གནས་ལུགས་མཐར་ཐུག་ལ་ཟོ་བོའི་དབྱེ་བ་མེད་པ།

དྲུག་པ་ནི། ཐར་པ་ལམ་གང་གིས་ཐོབ་ཅེ་ན། དངོས་པོ་ཐམས་ཅད་རང་བཞིན་གྱིས་གྲུབ་པས་སྟོང་པར་རྟོགས་པ་ལས་སོ། །དངོས་པོ་མཐའ་ཡས་པས་དེའི་ཆོས་ཉིད་ཀྱང་མཐའ་ཡས་པའི་ཕྱིར། དེ་མཐའ་དག་སུ་ཞིག་གིས་ཤེས་པར་ནུས། ཆོས་གཅིག་མ་ཤེས་ཤིང་མ་སྤངས་པར་ཐར་པ་ཐོབ་མི་ནུས་པར་ཡང་གསུངས་པས་སོ་ཞེ་ན། སྐྱོན་མེད་དེ། དངོས་པོ་གཅིག་རང་བཞིན་གྱིས་གྲུབ་པས་སྟོང་པའི་གནས་ལུགས་ལྟ་བ་པོ་གང་ཡིན་པ་དེ་ནི་དངོས་པོ་ཀུན་གྱི་ཆོས་ཉིད་ལྟ་བ་པོར་བཤད་དེ། ཏིང་ངེ་འཛིན་རྒྱལ་པོ་ལས། གཅིག་གིས་ཐམས་ཅད་ཤེས་འགྱུར་ཞིང་། །གཅིག་

གིས་ཐམས་ཅད་མཐོང་བར་འགྱུར། །ཞེས་དང་། འཕགས་པ་ནམ་མཁའ་མཛོད་ཀྱི་ཏིང་ངེ་འཛིན་ལས། གང་གིས་ཆོས་གཅིག་སྒོ་ནས་ཆོས་རྣམས་ཀུན། །སྒྱུ་མ་སྨིག་རྒྱུ་འདྲ་ཞིང་བཟུང་མེད་ལ། །ཞེས་གསུངས་པ་ལྟར་རོ། །དཔེར་ན། རྒྱ་མཚོའི་ཆུ་ཐིགས་གཅིག་འཐུངས་པས། གཞན་རྣམས་ལན་ཚྭ་ཅན་དུ་ཤེས་པ་བཞིན། དངོས་པོ་གཅིག་གི་སྟོང་པ་གང་ཡིན་པ། དེ་ནི་ཀུན་གྱི་སྟོང་པ་ཉིད་དོ། །བདེན་སྟོང་དེ་ཉིད་ཆོས་ཀུན་གྱི་གནས་ལུགས་དང་། དེ་ལ་སོ་སོར་ལྟར་རྣམ་པ་མི་(ཞ༤ན)འདྲ་བ་མི་འཆར་བའི་དོན་ཡིན་གྱི། རྗེས་དཔག་ལ་ལྟོས་ན་བུམ་པ་བདེན་སྟོང་དུ་རྟོགས་པ་དེ་ཉིད་ཀྱིས་སྣམ་བུ་བདེན་སྟོང་དུ་རྟོགས་པས་ཁྱབ་ཅེས་མི་བྱའོ། །སྟོད་ཐ་དད་པའི་ནང་གི་ནམ་མཁའ་བཞིན་ནོ། །

ཏ༧ ངེས་ན་སྦྱིན་སོགས་བསོད་ནམས་ཀྱི་ཚོགས་དགོས་པར་གསུངས་པ་ལ་འགལ་བ་མེད་པ།

བདུན་པ་ནི། གལ་ཏེ་ཐམས་ཅད་སྟོང་པ་ཡིན་པས་སྤང་བར་བྱ་བ་ཡིན་ན། མདོ་ལས། གུས་པར་བྱ་སྟེ་བསོད་ནམས་དག་བྱའོ། །ཞེས་གསུངས་པ་ཅི་ཞེ་ན། འགལ་བ་མེད་དེ། དེ་ཁོ་ན་ཉིད་རྟོགས་པ་བཏང་སྙོམས་སུ་བྱས་ནས་སྦྱིན་སོགས་ཀྱི་ཆོས་ལ་ཆགས་པ་དེ་བཞིན་གཤེགས་པ་རྣམས་ཀྱིས་ངན་འགྲོས་འཇིགས་ལ་སྐྱེ་འཇིག་སོགས་ཕྲ་མོ་བསྒོམ་མི་ནུས་པའི་མཐོ་རིས་འདོད་པ་རྣམས་ལ་གསུངས་པ་ཐར་པ་འདོད་པ་རྣམས་ལ་མཐོ་རིས་ཙམ་དོན་དུ་གཉེར་བ་དེ་ཉིད་ཀྱང་སྤང་བར་འགྱུར་ན་གཞན་དུ་ཕྱིག་པ་ལ་ཆགས་པ་སྨོས་ཅི་དགོས་མྱ་ངན་ལས་འདས་པའི་དབྱིངས་སུ་ཆོས་རྣམས་ཀུན་སྤང་བར་བྱ་ན། ཆོས་མིན་པ་ལྟ་ཅི་སྨོས་ཞེས་གསུངས་པ་ལྟར་རོ། །དཔེར་ན་འཁོར་ལོས་བསྒྱུར་བའི་རྒྱལ་པོ་དུང་ཞེས་བྱ་བ་འབྱུང་བར་ལུང་བསྟན་པ་ནི། དགེ་སློང་ཞིག་གིས་བདག་དེར་གྱུར་ཅིག་ཅེས་སྨོན་ལམ་བཏབ

པས་སྨོན་པས་སྨད་པ་བཞིན་ནོ། །

༡༤ གནས་ལུགས་ཀྱི་དོན་ལ་བཀྲི་བའི་རིམ་པ།

༦༧ སྣོད་མིན་པ་ལ་དེ་ཁོ་ན་ཉིད་བསྟན་པར་བྱ་བ་མིན་པ།

གསུམ་པ་ལ་ལྔ། སྣོད་མིན་པ་ལ་དེ་ཁོ་ན་ཉིད་བསྟན་པར་བྱ་བ་མིན་པ་དང་། དེ་ཁོ་ན་ཉིད་རྟོགས་པའི་ཐབས་དང་། སྒོ་སྣ་ཚོགས་ནས་བསྟན་པའི་དགོས་པ་དང་། དེ་ཁོ་ན་ཉིད་རྟོགས་པ་ལ་འབད་པར་གདམས་པ་དང་། དེ་ལྟར་གོམས་ན་ངེས་པར་གྲོལ་བ་འདས་ཐོབ་ནུས་པའོ། །དང་པོ་ནི། གལ་ཏེ་སྟོང་ཉིད་རྟོགས་པས་སྡུག་བསྔལ་མཐའ་དག་ལྡོག་ན་དེ་ཁོ་ན་ཉིད་གཅིག་པུ་བསྟན་པར་རིགས་སོ་ཞེ་ན། (༦༨བ)མིན་ཏེ། སྣོད་ཀྱི་ཁྱད་པར་ལ་ལྟོས་པའི་ཕྱིར་རོ། །སྣོད་མིན་པ་ལ་སྟོང་པ་ཉིད་བསྟན་ན་ཕུང་བའི་རྒྱུར་འགྱུར་ཏེ། ཡང་ན་སྟོང་པ་ཉིད་སྤོང་བར་འགྱུར་ལ། ཡང་ན་ཐམས་ཅད་ཡོད་པ་མིན་པའི་དོན་སྟོང་པ་ཉིད་ཀྱི་དོན་དུ་གོ་ནས་ངན་སོང་དུ་འགྲོ་བར་འགྱུར་རོ། །དེའི་ཕྱིར་སྙིང་རྗེ་ཅན་སེམས་ཅན་རྗེས་སུ་འཛིན་པའི་བསོད་ནམས་འདོད་པས་སྟོང་པ་ཉིད་སྣོད་མ་བརྟགས་པར་དུས་ཀུན་གྱི་ཚེ་བརྗོད་པར་བྱ་བ་མིན་ཏེ། གནས་མ་ཡིན་པར་སྦྱར་བའི་སྨན་ཆེན་པོ་རོ་ཞིམ་པ་ཡིན་ཡང་བཏང་ན་དུག་ཏུ་འགྱུར་བ་མིན་ནམ་ཡིན་པ་བཞིན་ནོ། །དཔེར་ན་དུག་ཞི་བར་བྱེད་པའི་སྨན་དུག་མེད་པ་ཞིག་ལ་བཏང་བས་དེ་བསད་པ་ལྟར་རོ། །དཔལ་ལྡན་ཟླ་གྲགས་ཀྱིས། དྲི་བྲལ་གོས་ལ་ཚོན་བཞིན་དུ། །དང་པོར་སྦྱིན་སོགས་གཏམ་རྣམས་ཀྱིས། །སེམས་ལ་ལེགས་པ་ཉིད་བསྐྱེད་དེ། །དེ་ནས་ཆོས་ནི་བསྒོམ་པར་མཛད། །ཅེས་གསུངས་པ་ལྟར་སྣོད་བརྟག་པར་བྱའོ། །

༥༢ དེ་ཁོ་ན་ཉིད་རྟོགས་པའི་ཐབས།

གཉིས་པ་ནི། ཐོག་མར་འཇིག་རྟེན་རྣམས་ལ་གྲགས་པའི་ཇི་ལྟར་གནས་པའི་དངོས་པོ་དང་མཐུན་པར་བསྟན་པར་བྱ་སྟེ། ཇི་ལྟར་ཀླ་ཀློ་སྐད་གཞན་གྱིས་རྗེས་སུ་གཟུང་བར་མི་ནུས་ཀྱི་རང་གི་སྐད་ཀྱིས་བསྟན་པར་བྱ་བ་དེ་བཞིན་དུ་འཇིག་རྟེན་ལ་གྲགས་པའི་སྦྱིན་སོགས་ཀྱི་དངོས་པོ་བློ་དང་འཚམས་པར་ཐོག་མར་བསྟན་པར་བྱ་སྟེ། ཀུན་རྫོབ་པའི་དངོས་པོ་ཇི་ལྟར་གནས་པ་བསྟན་པ་འཇིག་རྟེན་པ་ཡི་མ་རྟོགས་པར་འཇིག་རྟེན་པ་དོན་དམ་པའི་བདེན་པ་རྟོགས་པ་ལ་བཟུང་བར་ནུས་པ་མིན་གྱི། འཇུག་པར། ཐ་སྙད་བདེན་པ་ཐབས་སུ་གྱུར་པ་དང་། །དོན་དམ་བདེན་པ་ཐབས་བྱུང་གྱུར་པ་སྟེ། །ཞེས་བཤད་པ་ལྟར། ཀུན་རྫོབ་རང་ལུགས་ལ་ཁས་བླངས་ནས་དོན་དམ་པའི་བདེན་པ་བསྟན་པར་བྱའོ། །དཔེར་ན་(༥༥ན)ཁྲིའུ་གཞོན་ནུ་སྐད་གཞན་གྱིས་དོན་ཁོང་དུ་ཆུད་མི་ནུས་པ་བཞིན་ནོ། །

༥༣ སྒོ་སྣ་ཚོགས་ནས་བསྟན་པའི་དགོས་པ།

གསུམ་པ་ནི། འཇིག་རྟེན་བཟུང་བའི་ཐབས་སུ་སྟོན་པས། མེད་པར་ལྟ་བ་སྤང་བའི་ཆེད་དུ་གདུལ་བྱ་རྣམས་ལ་ཐམས་ཅད་ཡོད་པ་དང། བདེན་འཛིན་སྤང་བའི་ཕྱིར་ཏུ་བདེན་པར་མེད་པ་དང་། ཐ་སྙད་པའི་ཤེས་པ་དང་། རིགས་ཤེས་ཀྱི་བློའི་ངོ་སོ་སོ་ལ་ལྟོས་ནས་ཡོད་པ་དང་མེད་པ་དང་། ཡོད་མེད་ཀྱི་མཐར་ལྟ་བ་གཉིས་ཀ་སྤང་བའི་ཕྱིར་དངོས་པོ་ཡོད་མེད་གཉིས་ཀ་བདེན་པར་གྲུབ་པ་མིན་ཞེས་ཀྱང་བསྟན་ཏེ། ཕྱིན་ཅི་ལོག་ཏུ་ཞེན་པའི་ནད་ཀྱི་དབང་གིས་ཐམས་ཅད་ཀྱང་ནི་དེ་སེལ་བའི་སྨན་ཞེས་བྱ་བར་འགྱུར་མིན་ནམ་འགྱུར་བ་ཁོ་ན་ཡིན་པས་སྟོན་པའི་གསུང་མཐའ་དག་གདུལ་བྱ་སོ་སོ་ལ་ལྟོས་ནས་ཐམས་ཅད་མྱ་ངན་ལས་འདས་པ་ཐོབ་

པའི་ཐབས་སུ་འགྱུར་རོ། །དཔེར་ན་སྨན་གསུམ་ཞིག་ཡོད་ལ་གཅིག་ནི་རབ་ཏུ་བྱུང་། གཉིས་པ་ནི་གནོད་སྦྱིན་རྫུ་འཕྲུལ་ཆེན་པོ་ཞིག་ཏུ་གྱུར། གསུམ་པ་ནི་ཡི་དྭགས་སུ་གྱུར་པའི་དཔེ་དོན་འགྲེལ་པ་ལྟར་རོ། །

ཏ༤ དེ་ཁོ་ན་ཉིད་རྟོགས་པ་ལ་འབད་པར་གདམས་པ།

བཞི་པ་ནི། ཡོད་པ་དང་མེད་པ་སོགས་ཀྱི་བསྟན་པ་འདི་དག་ལས་ཡོད་མེད་ཀྱི་མཐའ་བྲལ་དུ་བསྟན་པ། དོན་དམ་པའི་བསྟན་པ་ཡིན་ལ་དོན་དམ་པ་དེ་ཡང་འཇིག་རྟེན་ལས་འདས་པའི་ཡེ་ཤེས་ཀྱིས་ཡང་དག་པར་མཐོང་ན་གནས་མཆོག་ཐར་པ་ཐོབ་ལ། འཇིག་རྟེན་པའི་སྒོམ་བྱུང་དང་ཐོས་བསམ་གྱི་ཤེས་རབ་ཀྱིས་ཙུང་ཟད་མཐོང་ན་བཟང་འགྲོ་སྟེ། གང་གི་ཕྱིར་དེ་ལྟ་ཡིན་པ་དེའི་ཕྱིར་ནང་གི་བདག་སྟོང་པ་ཉིད་བསམ་པ་ལ་མཁས་པས་རྟག་ཏུ་བློ་གྲོས་བསྐྱེད་པར་བྱའོ། །དཔེར་ན་རྒྱལ་པོའི་ཕོ་བྲང་(༦༥བ)དུ་རྐུན་པོ་ཚོས་མིན་པས་འགྲོན་དུ་བོས་པ་བཞིན་ནོ། །

ཏ༥ དེ་ལྟར་གོམས་ན་ངེས་པར་མྱང་འདས་ཐོབ་ནུས་པ།

ཐ༡ དངོས།

ལྔ་པ་ལ་གཉིས། དངོས་དང་། དེ་ཉིད་ཤེས་པ་གྲོལ་ཡང་ཁ་ཅིག་མ་གྲོལ་བའི་རྒྱུ་མཚན་ནོ། །དང་པོ་ནི། གལ་ཏེ་དེ་ཁོ་ན་ཉིད་རྟོགས་པ་ལ་གོམས་པར་བྱས་པའི་སྒོ་ནས་རྟེན་འབྱུང་སྤྲོས་པའི་མཐའ་ཐམས་ཅད་དང་བྲལ་བའི་དེ་ཉིད་ཤེས་པས་གལ་ཏེ་སྐྱེ་བ་འདིར་མྱ་ངན་ལས་འདས་པ་མ་ཐོབ་ཀྱང་སྐྱེ་བ་ཕྱི་མར་རྐྱེན་དབེན་པ་བསྟེན་པ་ཙམ་གྱིས་འབད་པ་མེད་པར་ངེས་པར་ཐོབ་པར་འགྱུར་ཏེ། གཏེ་མུག་གིས་བྱས་པའི་སྐྱེས་ནས་མྱོང་འགྱུར་གྱིས་ལས་བཞིན་ནོ། །རྣམ་དཔྱོད་དང་ལྡན་པ་སུ་ཞིག་དེ་ཁོ་ན་ཉིད་རྟོགས་པ་ལ་འབད་པར་མི་བྱེད་དེ། དཔེར་ན་ཨ་མྲའི་འབྲས་

བུ་སྨིན་པ་ཐོས་ནས་ས་བོན་འཇོགས་པ་དེས་དུས་གཞན་དུ་ཡང་ཤིང་ཐོག་ཐོབ་པ་བཞིན་ནོ། །རྩ་བ་ཤེས་རབ་ལས། རྫོགས་སངས་རྒྱས་རྣམས་མ་བྱུང་ཞིང་། །ཉོན་མོངས་རྣམས་ཀྱང་ཟད་པ་ན། །རང་སངས་རྒྱས་ཀྱི་ཡེ་ཤེས་ནི། །བསྟེན་པ་མེད་པར་རབ་ཏུ་འབྱུང་། །ཞེས་པ་ལྟར་རོ། །

༥༧ དེ་ཉིད་ཤེས་པ་གྲོལ་ཡང་ཁ་ཅིག་མ་གྲོལ་བའི་རྒྱུ་མཚན།

གཉིས་པ་ནི། གལ་ཏེ་དེ་ཁོ་ན་ཉིད་ཤེས་པ་དུ་མ་ཡོད་ཀྱང་སྲིད་པ་ལས་གྲོལ་བ་དག་མི་སྣང་བ་ཅི་ཞེ་ན། ལ་ལར་སྣང་མོད་ཀྱི་བསམ་པ་ཙམ་འབྲས་བུའི་སྒྲུབ་བྱེད་མིན་གྱི་རྒྱུ་རྐྱེན་ཚོགས་པ་ཡིན་ལ། དེ་ཡང་ཤིན་ཏུ་རྙེད་པར་དཀའོ། །དེས་ན་བསམས་བཞིན་པ་ན་དེ་ཙམ་གྱིས་འབྲས་བུའི་བྱ་བ་ནི་ཐར་པར་མ་ཟད་ཀུན་ལ་གྲུབ་པ་ཤིན་ཏུ་དཀོན་པས་སངས་རྒྱས་ཀྱི་བསྟན་པ་འདི་ནའང་མྱང་འདས་དོན་དུ་གཉེར་བ་མེད་པ་མིན་གྱི་དེ་ལྟ་ན་ཡང་ཕྱིའི་རྐྱེན་དགེ་བའི་བཤེས་གཉེན་དང་། ནང་གི་རྐྱེན་ཚུལ་བཞིན་ཡིད་ལ་བྱེད་པ་སོགས་རྒྱུ་རྐྱེན་ཀུན་སྦྱོར་ཞིང་ཕྲད་པ་རྙེད་དཀའ་བ་དང་། དེའི་ཕྱིར་(༤༤ན)གྲོལ་བ་རྣམས་རྙེད་པར་དཀའ་བ་ཡིན་ནོ། །དཔེར་ན་གཏུམ་མོ་ལྷུགས་འདག་པ་བཞིན་ཏེ་འགྲེལ་པ་ལྟར་རོ། །

༦༨ ཉོན་མོངས་ངེས་པར་ཟད་ནུས་པར་གདམས་པ།

བཞི་པ་ནི། གལ་ཏེ་དུས་ཡུན་རིང་པོ་ཐོག་མ་མེད་པ་ནས་ཞུགས་པའི་ཉོན་མོངས་པའི་ཚོགས་འདི་ལ་ཟད་པ་ཡོད་དོ་ཞེས་བྱ་བ་ཇི་ལྟར་ངེས་ནུས་ཤེ་ན། ཇི་ལྟར་རང་གི་ལུས་ལ་ཡུན་རིང་པོ་ལོངས་སྤྱོད་སྣ་ཚོགས་ཀྱིས་གསོས་ཀྱང་འཇིག་པའི་ཆོས་ཅན་བྱས་པ་མི་ཤེས་ཤིང་བསྐྱེད་དཀའ་བ་འདི་རྟོག་ཤེས་པའི་མཁས་པ་རྣམས་ཀྱིས་ཡོན་ཏན་མེད་པར་ཐོས་ནས་ལུས་ལ་ཆགས་པའི་འདོད་ཆགས་ཡུན་རིང་དུ་མི་

གནས་ཏེ་དེ་བཞིན་དུ་རྟེན་འབྱུང་སློབས་པའི་མཐའ་དང་བྲལ་བ་ཡུན་རིང་དུ་སྒོམ་པའི་ལམ་དེ་ཉིད་ཀྱིས་ཉོན་མོངས་ཐམས་ཅད་ཀྱང་ཟད་པར་འགྱུར་བ་མ་ཡིན་ནམ་ངེས་པར་ཟད་པར་ནུས་པས་ཐར་པ་ཐོབ་པར་འགྱུར་བ་ཡིན་ནོ། །དཔེར་ན་ཙ་ནཀས་གསེར་བསྒྱུར་གྱི་རྩིས་གསེར་ཅུང་ཟད་གྲུབ་པ་ན། ཐབས་འདིས་གསེར་མང་པོ་བསྒྲུབ་ནུས་སོ་སྙམ་ནས་ཅུང་ཟད་དེ་དོར་བ་བཞིན་དུ། མཁས་པས་ལུས་ལ་ཡོན་ཏན་མེད་པ་ཐོས་ནས་ཆགས་པ་དོར་བར་བྱའོ། །

༦༣ ཡང་སྲིད་ཕྱི་མར་ཉིང་མཚམས་སྦྱོར་བའི་སྐྱེ་བ་ལ་ཐོག་མ་མེད་ཀྱང་ཟད་པའི་མཐའ་ཡོད་པའི་དཔེ་བསྟན་པ།

གསུམ་པ་ནི། ཐོག་མ་མེད་པའི་དུས་ནས་ཞུགས་པའི་སྐྱེ་བའི་རྒྱུན་ལ་ཇི་ལྟར་མཐའ་ཡོད་པར་འགྱུར་ཞེ་ན། ཇི་ལྟར་ནས་ལ་སོགས་པའི་ས་བོན་མེས་ཚིག་པ་སོགས་ལས་མཐའ་མཐོང་ཞིང་དེ་ལ་ཐོག་མ་ཡོད་པ་མིན་པ་ལྟར་དེ་བཞིན་དུ་གཉེན་པོའི་སྟོབས་ཀྱིས་གང་ཟག་གི་བདག་འཛིན་ཟད་པར་སྤངས་པས་སྲིད་པར་སྐྱེ་བའི་རྒྱུ་ནི་མ་ཚང་བའི་ཕྱིར། ལས་ཉོན་གྱིས་ཡང་སྲིད་པར་སྐྱེ་བའང་འབྱུང་བར་མི་འགྱུར་རོ། །དཔེར་ན་མར་མེ་རྒྱུན་ཟད་མི་འབྱུང་(༨༨བ)བ་བཞིན་ནོ། །སློབ་དཔོན་སངས་རྒྱས་བསྐྱངས་ཀྱིས། འགྲོ་བ་སྟོང་པར་གཟིགས་མོད་ཀྱི། །འགྲོ་བའི་སྡུག་བསྔལ་བསལ་བཞེད་པས། །ཡུན་རིང་ཁྱོད་ཉོན་མོངས་པ་གང་། །དེ་ནི་མཆོག་ཏུ་རྨད་བྱུང་བའོ། །ཞེས་གསུངས་པ་ལྟར། འགྲོ་བ་རང་བཞིན་མེད་པར་མཐོང་ཡང་། སེམས་ཅན་གྱི་དོན་ལ་སྦྱོར་བའི་བྱང་ཆུབ་སེམས་དཔའི་སྤྱོད་པ་ནི་མཆོག་ཏུ་རྨད་དུ་བྱུང་བས་རང་ཉིད་ཀྱང་དེའི་རྗེས་སུ་བསླབ་པར་བྱའོ། །

འདིར་སྨྲས་པ། ལས་ཀྱིས་ལྷ་མིའི་གོ་འཕང་མཆོག་ཐོབ་ཀྱང་། །བཙོན་རར་ཆུད་པའི་འདུ་ཤེས་བསྐྱེད་བྱ་སྟེ། །རྟེན་འབྱུང་མཐའ་བྲལ་བསྒོམ་པ་གོམས་པ་ཡིས། །རང་

ཉིད་ཐེག་ཆེན་སྔོན་དུ་ཙུང་བར་བྱ། །བསྡུ་བའི་ཚིགས་སུ་བཅད་པའོ། །

ཆ༢ ལེའུའི་མཚན་བསྟན་པ།

གཉིས་པ་ལེའུའི་མཚན་བསྟན་པ་ནི། བྱང་ཆུབ་སེམས་དཔའི་རྣལ་འབྱོར་སྤྱོད་པ་བཞི་བརྒྱ་པའི་རྣམ་བཤད། ལེགས་པར་བཤད་པའི་སྙིང་པོ་ཞེས་བྱ་བ་ལས་སློབ་མ་ཡོངས་སུ་སྦྱོང་བ་ཞེས་བྱ་བ་སྟེ་རབ་ཏུ་བྱེད་པ་བརྒྱད་པའི་འགྲེལ་པའོ།། །།

རབ་བྱེད་དགུ་པ།

ཀ༢ དོན་དམ་པའི་བདེན་པ་ལ་བརྟེན་པའི་ལམ་གྱི་རིམ་པ་བཤད་པ།

ང༡ དོན་དམ་པའི་བདེན་པ་རྒྱས་པར་བཤད་པ།

ཅ༡ རྟག་དངོས་བཀག་པའི་སྒོ་ནས་བདེན་གྲུབ་སྤྱིར་དགག་པ།

ཆ༡ ལེའུའི་གཞུང་བཤད་པ།

ཇ༡ རྟག་དངོས་སྤྱིར་དགག་པ།

ཉ༡ དངོས།

གཉིས་པ་དོན་དམ་པའི་བདེན་པ་ལ་བརྟེན་པའི་ལམ་གྱི་རིམ་པ་བཤད་པ་ལ་གཉིས། དོན་དམ་པའི་བདེན་པ་རྒྱས་པར་བཤད་པ་དང་། རབ་ཏུ་བྱེད་པ་བཅོམས་པའི་དགོས་པ་དང་། ཀླན་ཀ་ལྷག་མ་སྤང་བའི་སྒོ་ནས་དཔོན་སློབ་གཏན་ལ་དབབ་པ་བསྒོམ་པ་བསྟན་པའོ། །དང་པོ་ལ་གསུམ། རྟག་དངོས་བཀག་པའི་སྒོ་ནས་བདེན་གྲུབ་སྤྱིར་དགག་པ་དང་། དངོས་པོ་བདེན་གྲུབ་སོ་སོར་དགག་པ་དང་། འདུས་བྱས་ཀྱི་མཚན་ཉིད་སྐྱེ་འཇིག་གནས་གསུམ་རང་བཞིན་གྱིས་གྲུབ་པ་དགག་པའོ། །དང་པོ་ལ་གཉིས། ལེའུའི་གཞུང་བཤད་པ་དང་། ལེའུའི་(༥༧ན)མཚན་བསྟན་པའོ། །དང་པོ་ལ་གསུམ། རྟག་དངོས་སྤྱིར་དགག་པ་དང་། བྱེ་བྲག་ཏུ་དགག་པ་དང་། བདེན་

གྲུབ་བཀག་པ་མི་འཐད་པའི་རྩོད་པའོ། །དང་པོ་ལ་གཉིས། དངོས་དང་། དེའི་ལན་དགག་པའོ། །དང་པོ་ནི། དེ་ལྟར་རབ་ཏུ་བྱེད་པ་སྔ་མ་རྣམས་ཀྱིས་དེ་ཁོ་ན་ཉིད་རྟོགས་པའི་ཐབས་ཀྱི་ཆུའི་གཡོ་བས། རྒྱུད་བཤལ་ནས་དེ་ཁོ་ན་ཉིད་ཀྱི་བདུད་རྩི་བསྟན་པའི་སྣོད་རུང་དུ་བྱས་ནས། འདི་མན་གྱིས་འདུས་བྱས་སྐྱེ་བ་དང་འཇིག་པ་དང་ལྡན་པའི་རང་བཞིན་གྱིས་གྲུབ་པའི་སྙིང་པོ་ཅུང་ཟད་ཀྱང་མེད་པ་རྒྱས་པར་འཆད་པ་ཡིན་ནོ། །འཇིག་རྟེན་ན་སྣ་བརྟན་པའི་དོན་དུ་ལས་ལ་འབད་པ་ནི་འབྲས་བུའི་དོན་དུ་ཡིན་གྱི། ཁོ་རང་གི་རང་བཞིན་མིན་པར་གྲགས་པ་ལྟར་ཕྱི་དང་ནང་གི་དངོས་པོ་ཐམས་ཅད་ཅིག་ཆར་དུ་སྐྱེ་བ་མེད་པས་ཅི་རིགས་པར་ཚོགས་པ་ཁོ་ན་སྐྱེ་ཞིང་ཚོགས་པ་དེ་ཡང་ཕན་ཚུན་རྒྱུ་དང་འབྲས་བུའི་དངོས་པོར་གནས་པས་འབྲས་བུའི་དོན་དུ་སྐྱེ་བ་ཡིན་པས་དེས་ན་རྟག་པ་སྟེ་རང་བཞིན་གྱིས་སྐྱེ་བ་དང་། བདེན་པ་དང་དཔྱད་བཟོད་ཀྱི་སྙིང་པོ་དང་དངོས་པོར་ཡོད་པ་མིན་པ་དེའི་ཕྱིར། མི་སློབ་པའི་སྐུ་གསུང་ཐུགས་ཐུབ་པ་དང་ལྡན་པས་ན་ཐུབ་པ་བཅོམ་ལྡན་འདས་ཉག་ཅིག་མ་གཏོགས་མི་རྟག་པ་དང་སྟོང་པ་ཉིད་ཇི་ལྟ་བའི་དངོས་པོ་མ་ལུས་པ་མངོན་སུམ་དུ་ཐུགས་སུ་ཆུད་པ་གཞན་མེད་པས་ན་དེ་བཞིན་གཤེགས་པ་གཞན་ཡོད་པ་མ་ཡིན་ནོ། །ཡང་ན་སྟོན་པས་གང་སྐྱེ་བའི་ཆོས་ཅན་ནི་གདོན་མི་ཟ་བར་འགག་པའི་ཆོས་ཅན་ཏེ། སྐྱེ་བའི་རྐྱེན་གྱིས་ཆ་ཤེའོ་ཞེས་བསྟན་པས་སྐྱེ་བ་ནི་འཇིག་པའི་དོན་དུ་ཡིན་པའི་ཕྱིར། ངོ་བོ་ཉིད་ཀྱིས་གནས་པ་མེད་དོ། །ཁ་ཅིག་གིས་རྟག་པ་དང་བདེན་གྲུབ་འགོག་པ་ནི། རང་རྒྱུད་ཀྱི་གཏན་ཚིགས་ཀྱིས་འགོག་པ་ནི་མི་འཐད་པ་འགྲེལ་པར་བཤད་དེ། དེ་ཡང་ཆོས་ཅན་མྱུ་གུ་ལྟ་བུ་འཛལ་བའི་མངོན་སུམ་ཚད་མ་དེ་ཚད་མར་སོང་ལ། གྲུབ་མཐས་བཞག་པའི་མཐུན་སྣང་མེད་པ་ཡིན་ཏེ། ཐལ་འགྱུར་བ་མ་གཏོགས་མྱུ་གུ་རང་གི་མཚན་ཉིད་ཀྱིས་གྲུབ་པ་ལ་ཚད་མར་སོང་བར་འདོད་ལ། ཐལ་འགྱུར་བ་ནི་དེ་མི་སྲིད་པར་འདོད་པས་ཡིན་ནོ། །

ཉ༢ དེའི་ལན་དགག་པ།

གཉིས་པ་ནི། ཅེ་བྲག་པ་ན་རེ། འབྲས་བུའི་དོན་དུ་སྐྱེས་པ་རྣམས་རྟག་པ་མིན་ཡང་། དངོས་པོ་གང་དག་བསྐྱེད་བྱ་སྐྱེད་བྱེད་ཀྱི་ཡན་ལག་གཉིས་ཀ་མ་ཚང་བ་ནམ་མཁའ་ནས་ཡིད་ཀྱི་མཐར་ཐུག་པ་དང་། སྐྱེད་བྱེད་ཡིན་ཡང་བསྐྱེད་བྱར་མེད་པས་རྡུལ་ཕྲ་རབ་རྣམས་རྟག་པ་བདེན་པར་གྲུབ་པ་ཡིན་ནོ་ཞེ་ན། དངོས་པོ་གང་ཞིག་ཡུལ་གང་ན་དུས་ནམ་གྱི་ཚེའང་། ལྟོས་པ་ལ་མ་བརྟེན་པར་ནི་དེ་དག་གི་ཡོད་པ་ཉིད་རྙེད་པའི་གོ་སྐབས་མེད་པ་དེས་ན་ནམ་ཡང་ཡུལ་གང་ཞིག་ཏུའང་དངོས་པོ་རྟག་པ་འགའ་ཡང་ཡོད་པ་མ་ཡིན་ནོ། །ཡོད་པ་ཇི་སྙེད་ཅིག་ལྟོས་ནས་ཡོད་པ་ཁོ་ན་ཡིན་པས། རང་གི་ངོ་བོས་གྲུབ་པ་ཙུང་ཟད་ཀྱང་མེད་དོ། །

ཇ༢ ཅེ་ཟླག་ཏུ་དགག་པ།

ཉ༡ གང་ཟག་གི་བདག་དགག་པ།

ཏ༡ དངོས།

གཉིས་པ་ལ་ལྔ། གང་ཟག་གི་བདག་དགག་པ་དང་། འདུས་མ་བྱས་གསུམ་རྫས་སུ་ཡོད་པ་དགག་པ་དང་། དུས་རྟག་པ་དགག་པ་དང་། རྡུལ་ཕྲན་རྟག་པ་དགག་པ་དང་། ཐར་པ་རྫས་སུ་གྲུབ་པ་དགག་པའོ། །དང་པོ་ལ་གཉིས། དངོས་དང་། དེའི་ལན་དགག་པའོ། །དང་པོ་ནི། གལ་ཏེ་བདེ་བ་ལ་སོགས་པའི་རྟེན་ཅིང་འབྲེལ་བར་འབྱུང་བ་ནི་ཡོད་ལ། བདག་ནི་དེ་དག་གི་འདུ་བ་ཅན་གྱི་རྒྱུ་ཡིན་པས་(༤༢ན)ཡོད་ལ་དེ་ཡང་རྟག་པ་ཡིན་ནོ་ཞེ་ན། གང་ཟག་གི་བདག་ཡོད་པ་མིན་པར་ཐལ། རང་བསྐྱེད་པའི་རྒྱུ་དེ་མེད་པར་ན་དངོས་པོ་མེད་ལ་རྒྱུ་དང་ལྡན་པའི་རྟག་པ་ཡོད་པ་མ་ཡིན་པ་དེས་ནའི་ཕྱིར། རྒྱུ་མེད་ལས་གྲུབ་པའི་དངོས་པོ་ནི་དེ་ཉིད་

མཁྱེན་པས་གྲུབ་པ་མིན་པར་གསུངས་ཏེ། རྒྱུ་བཅས་རྐྱེན་བཅས་ཆོས་ནི་ཤེས་འགྱུར་ཏེ། རྒྱུ་མེད་རྐྱེན་མེད་ཆོས་ཉིད་ཡོད་མ་ཡིན། །ཞེས་གསུངས་སོ། །

༨༢ དེའི་ལན་དགག་པ།

གཉིས་པ་ནི། གལ་ཏེ་བུམ་པ་དང་བདེ་བ་སོགས་མི་རྟག་པ་བྱས་པར་མཐོང་བར་གྱུར་ནས་དོན་གྱི་གོ་བས་བདག་ལ་སོགས་པ་མ་བྱས་པ་གལ་ཏེ་རྟག་པར་ཁས་ལེན་ན་ནི་བུམ་པ་ལ་སོགས་པའི་བྱས་པ་ཡོད་པ་ཉིད་མཐོང་ནས་ཏེ། མཐོང་བའི་ཕྱིར། བདག་ལ་སོགས་པའི་རྟག་པ་ཡོད་པ་ཉིད་མིན་པར་འགྱུར་བར་ཐལ་ལོ། །དཔེར་ན། ནམ་མཁའི་མེ་ཏོག་བཞིན་ནོ། །

༦༢ འདུས་མ་བྱས་གསུམ་རྫས་སུ་ཡོད་པ་དགག་པ།

༨༧ ཕྱིར་དགག་པ།

གཉིས་པ་ལ་གཉིས། ཕྱིར་དགག་པ་དང་། ནམ་མཁའ་རྟག་ཁྱབ་ཏེ་བྲག་ཏུ་དགག་པའོ། །དང་པོ་ནི། ཆོས་མངོན་པའི་བསྟན་བཅོས་ལས་ནམ་མཁའ་དང་སོ་སོར་བརྟགས་འགོག་དང་། བརྟགས་མིན་གྱི་འགོག་པ། རྟག་རྫས་སུ་ཡོད་པར་གསུངས་པས་བཀག་ན་ཁས་བླངས་པས་གནོད་དོ་ཞེ་ན། མིན་ཏེ། ཐོགས་བཅས་ཀྱི་གཟུགས་བཀག་པ་ཙམ་ལ་ནམ་མཁར་ཐ་སྙད་བཏགས་པ་སོགས་ཀྱི་དོན་མ་རྟོགས་པར་འདུས་མ་བྱས་ཀྱི་ནམ་མཁའ་ལ་སོགས་པ་དངོས་པོ་རྣམས་རྟག་གོ་ཞེས་མི་མཁས་པའི་སོ་སོའི་སྐྱེ་བོ་དག་གིས་རྟོག་པར་བྱེད་ཀྱི་དངོས་པོའི་དེ་ཁོ་ན་ཉིད་ལ་མཁས་པ་རྣམས་ཀྱིས་དེ་དག་ལ་དོན་དམ་པར་གྲུབ་པ་ལྟ་ཞོག་འཇིག་རྟེན་པས་ཀྱང་སྟེ་ཐ་སྙད་པའི་ཚད་མའི་གཞལ་བྱའི་(༥༢བ)དོན་ཙམ་དུ་ཡང་རྟག་དངོས་མ་མཐོང་བའི་ཕྱིར་རོ། །གཞན་དུ་འགྱུར་བ་མེད་པ་ཙམ་ལ་རྟག་པར་བཏགས་པ་ཡིན་གྱི། མདོ་

ལས་གསུངས་པ་ནི། སྒྲུབ་པ་གཙོ་བོར་སྟོན་པ་ནི་མིན་ནོ། །

ཏ༢ ནམ་མཁའ་རྟག་ཁྱབ་ཏུ་བྲག་ཏུ་དགག་པ།

གཉིས་པ་ནི། ནམ་མཁའ་ནི་རྟག་པ་ཡིན་ཏེ། ཕྱོགས་ཐམས་ཅད་ལ་ཁྱབ་པའི་ཕྱིར། གང་མི་རྟག་པ་དེ་ནི་ཁྱབ་པ་མིན་ཏེ། དཔེར་ན་བུམ་པ་བཞིན་ནོ་ཞེ་ན། ཁྱབ་པ་བཀག་པའི་སྒོ་ནས་རྟག་པ་བཀག་པ་ནི། ནམ་མཁའི་ཕྱོགས་ཐམས་ཅད་ལ་ཁྱབ་པ་དང་ཆ་མེད་དུ་ཁས་ལེན་པ་འགལ་བར་ཐལ། ཤར་གྱི་བུམ་པ་ལ་སྦྱོར་བའི་ནམ་མཁའི་ཕྱོགས་ཞེས་བྱ་བ་ཕྱོགས་ཅན་ནམ་མཁའ་ནི་གར་ཁྱབ་ཀྱི་དུས་ཀྱི་བུམ་པ་ལ་སོགས་པ་ཀུན་ལ་གནས་པ་མིན་ཏེ། དེ་ལྟ་ན་ནུབ་ཀྱི་བུམ་པ་ཤར་ན་གནས་པ་དང་། ཤར་གྱི་བུམ་པ་ནུབ་ན་གནས་པ་སོགས་སུ་འགྱུར་བའི་ཕྱིར་རོ། །ཉེས་པ་དེ་སྤང་བར་འདོད་ནས། ཤར་ལ་ཁྱབ་པའི་ནམ་མཁའི་ཆ་ནུབ་ལ་མི་གནས་པར་ཁས་ལེན་ན་དེའི་ཕྱིར་ཕྱོགས་ཅན་ནམ་མཁའ་ལ་ཕྱོགས་ཏེ་ཆ་ཤས་ནི་གཞན་ཡང་ཤིན་ཏུ་གསལ་བར་ཡོད་དགོས་པས་རྟག་ཁྱབ་ཀྱི་དངོས་པོ་གསལ་བར་ཁས་བླང་བར་མི་བྱའོ། །མདོ་ལས་འོད་སྲུངས་རྟག་ཅེས་བྱ་བ་འདི་ནི་མཐའ་གཅིག་གོ །མི་རྟག་ཅེས་བྱ་བ་འདི་ནི་མཐའ་གཉིས་པའོ། །ཞེས་སོགས་གསུངས་སོ། །དོན་དམ་པའི་བདེན་པ་རྟག་དངོས་སུ་འདོད་པ་ནི་ཆོས་འདི་ལས་ཕྱི་རོལ་ཏུ་གྱུར་པའོ། །

༦༣ དུས་རྟག་པ་དགག་པ།

ཏ༡ དུས་རྟག་པ་རྒྱུར་ཁས་བླངས་ན་འབྲས་བུ་ཡང་ཁས་ལེན་དགོས་པ།

གསུམ་པ་ལ་ལྔ། དུས་རྟག་པ་རྒྱུར་ཁས་བླངས་ན་འབྲས་བུ་ཡང་ཁས་ལེན་དགོས་པ་དང་། དེའི་རྒྱུ་མཚན་དང་། གཞན་དུ་འགྱུར་བ་རྟག་པར་འགལ་བ་དང་། བདག་ལས་སྐྱེས་པ་རྒྱུ་ལ་ལྟོས་པར་འགལ་(༥༩ན)བ་དང་། རྟག་པ་ལས་སྐྱེས་པ་མི་

རྟག་པར་འགལ་བའོ། །དང་པོ་ནི། རིག་བྱེད་གསང་བའི་མཐའ་སྨྲ་བ་སོགས་ན་རེ། དུས་རྟག་པ་གང་ཞིག་ཡོད་ན་མྱུ་གུ་ལ་སོགས་པའི་དངོས་པོ་ལ་དུས་འགའ་ཞིག་གི་ཚེ་འཇུག་ཅིང་སྐྱེ་བ་དམིགས་པ་དང་། རྐྱེན་གཞན་ཡོད་ཀྱང་དགུན་ལ་སོགས་པའི་ཚེ་ལྡོག་པའང་དམིགས་པར་འགྱུར་བ་ལས་དུས་ཡོད་པར་རྗེས་སུ་དཔོག་ནུས་ལ། དེ་ཡང་རྒྱུ་ལ་མི་ལྟོས་པས་རྟག་པ་ཡིན་ནོ་ཞེ་ན། འོ་ན་མྱུ་གུ་ལ་སོགས་པ་མི་སྐྱེ་བའི་དུས་མེད་པར་དུས་རྟག་ཏུ་སྐྱེ་བར་ཐལ། རྒྱུ་རྟག་པ་ལས་སྐྱེ་བའི་ཕྱིར་རོ། །གལ་ཏེ་དེ་སྐྱེ་བ་རྐྱེན་གཞན་ལ་ལྟོས་ཤེ་ན། དུས་དེ་ནི་འབྲས་བུར་ཡང་འགྱུར་ཏེ་འགྱུར་བར་ཐལ། མྱུ་གུ་རེས་འགའ་སྐྱེད་པ་རྐྱེན་གཞན་གྱི་དབང་དུ་འགྱུར་ཏེ། ཉོད་གཤེར་ལ་སོགས་པའི་རྐྱེན་ལ་ལྟོས་པ་དེས་ནའི་ཕྱིར། དུས་མེད་པར་ཁས་ལེན་པ་མ་ཡིན་ཏེ། ལུས་ཅན་རྣམས་ཀྱི་ལས་རྣམས་ནི། །བསྐལ་པ་བརྒྱར་ཡང་ཆུད་མི་ཟ། །ཚོགས་ཤིང་དུས་ལ་བབ་པ་ན། །འབྲས་བུ་ཉིད་དུ་སྨིན་པར་འགྱུར། །ཞེས་གསུངས་སོ། །

༥༢ དེའི་རྒྱུ་མཚན།

གཉིས་པ་ནི། དུས་རྒྱུར་སྨྲ་བས་དུས་རྒྱུར་ཁས་ལེན་ན། འབྲས་བུར་ཡང་ཁས་ལེན་དགོས་ཏེ། རང་གི་བསྐྱེད་བྱའི་འབྲས་བུ་མེད་པར་རྒྱུ་ལ་ནི་རྒྱུ་ཉིད་དུ་འཇོག་བྱེད་ཡོད་པ་མ་ཡིན་ཏེ་རྒྱུར་འཇོག་པ་རང་གི་འབྲས་བུ་ལ་ལྟོས་པའི་ཕྱིར། དེའི་ཕྱིར་ན་རྒྱུ་རྣམས་ཀུན་འབྲས་བུ་ཉིད་དུ་ཐལ་བར་འགྱུར་བས་འབྲས་བུ་མེད་པའི་རྒྱུར་ཁས་བླང་བར་མི་བྱའོ། །

༥༣ གཞན་དུ་འགྱུར་བ་རྟག་པར་འགལ་བ།

གསུམ་པ་ནི། རྒྱུར་ཁས་ལེན་ན་འབྲས་བུ་ལ་ཕན་འདོགས་བྱེད་དུ་ཁས་ལེན་དགོས་ཏེ། ས་བོན་ལ་སོགས་པའི་རྒྱུ་ནི་སྔར་ལས་ནུས་པ་རྣམ་པར་འགྱུར་བ་མྱུ་གུ

ལ་སོགས་པ་གཞན་གྱི་རྒྱུ་རུ་འགྱུར་བ་(༦༡བ)སྟེ་དངོས་པོ་གང་ལ། སྐད་ཅིག་སྔ་ཕྱི་མི་འདྲ་བར་རྣམ་པར་འགྱུར་བ་ཡོད་པ་དེ་ནི་རྟག་ཅེས་བྱ་བར་ཡོད་པ་མིན་པས། དུས་ལ་སོགས་པའི་རྟག་པ་རྣམ་པ་ཐམས་ཅད་དུ་རྒྱུར་ཁས་བླང་བར་མི་བྱའོ། །

ཏ༩ བདག་ལས་སྐྱེས་པ་རྒྱུ་ལ་ལྟོས་པར་འགལ་བ།

བཞི་པ་ནི། ཅི་སྟེ་དུས་ཀུང་འགྱུར་བར་ཁས་མི་ལེན་ན་འགྱུར་བ་མེད་པའི་དུས་རྟག་པ་སྤྱི་གཙོ་ལ་སོགས་པ་གང་གི་རྒྱུ་ཡིན་པའི་སྤྱི་གཙོའི་དངོས་པོ་དེ་མ་བྱུང་བའི་རྒྱུ་ལས་སྐྱེ་བས་རང་དབང་དུ་འབྱུང་བར་ཐལ་ལོ། །རང་ཉིད་རང་དབང་དུ་འབྱུང་བར་འགྱུར་བ་དེ་ལ་སྐྱེད་བྱེད་ཀྱི་རྒྱུ་ནི་ལོག་པར་འགྱུར་བ་སྟེ། རྒྱུ་ལ་ལྟོས་པ་མི་འཐད་པའི་ཕྱིར་རོ། །

ཏ༥ རྟག་པ་ལས་སྐྱེས་པ་མི་རྟག་པར་འགལ་བ།

ལྔ་པ་ནི། སྤྱི་གཙོ་ལ་སོགས་པའི་དངོས་པོ་ནི་ཆོས་ཅན། ཇི་ལྟ་བུར་ན་མི་རྟག་པར་འགྱུར་མི་འགྱུར་བར་ཐལ། རྟག་པ་ལས་སྐྱེས་པའི་ཕྱིར། ཁྱབ་པ་ཡོད་པར་ཐལ། དུས་ནམ་ཡང་རྒྱུ་དང་འབྲས་བུ་གཉིས་གཅིག་རྟག་ལ་ཅིག་ཤོས་མི་རྟག་པའི་མཚན་ཉིད་མི་མཐུན་པ་མཐོང་བ་མིན་པའི་ཕྱིར་རོ། །

ཉ༩ རྟུལ་ཞུགས་རྟག་པ་དགག་པ།

ཏ༧ རྟུལ་ཞུགས་རྟག་པ་དགག་པ།

ཐ༧ ཆ་བཅས་རྟག་དངོས་སུ་མི་འཐད་པ།

བཞི་པ་ལ་གསུམ། རྟུལ་ཕྲན་རྟག་པ་དགག་པ་དང་། རྟུལ་ཕྲན་ཆ་མེད་རྣལ་འབྱོར་པའི་ཤེས་པས་མཐོང་བ་མི་འཐད་པ་དང་། རྟུལ་ཕྲན་རྟག་པ་ཡོད་པར་སྨྲས་

རྒྱས་ཀྱིས་མ་གསུངས་པའི་རྒྱུ་མཚན་ནོ། །དང་པོ་ལ་གསུམ། ཆ་བཅས་རྟག་དངོས་སུ་མི་འཐད་པ་དང་། རྡུལ་ཕྲན་རིགས་མཐུན་ཕྲད་པས་ལྷན་པ་རྫས་གཞན་སྐྱེ་བ་མི་འཐད་པ་དང་། ཡན་ལག་ཅན་མ་བརྟགས་པའི་སྣར་རྡུལ་ཕྲན་ལ་ཆ་ཤས་མེད་པ་དགག་པའོ། །དང་པོ་ནི། བྱེ་བྲག་པ་ན་རེ། འབྱུང་བཞིའི་རྡུལ་ཕྲན་རྟག་པ་སྔོན་གྱི་ལས་ཀྱིས་བསྐུལ་ནས་ཡན་ལག་ཅན་གྱི་རྫས་རྩོམ་ཞིང་སྣོད་ཀྱི་འཇིག་རྟེན་སོགས་སྐྱེད་པར་བྱེད་དོ་ཞེ་ན། མི་རིགས་ཏེ་རྡུལ་ཕྲན་ཕྲད་ནས་ཡན་ལག་ཅན་རྩོམ་(༧༠ན) ན་བདག་ཉིད་ཐམས་ཅད་ཀྱིས་ཕྲད་ན་ཐོངས་ཚོད་རྒྱས་པ་མི་སྲིད་ལ་ཆ་འགའ་ཞིག་ཕྲད་ན་ཕྲད་པའི་ཆ་དེ་རྒྱུར་འགྱུར་ལ། མ་ཕྲད་པའི་ཆ་རྒྱུར་མི་འགྱུར་བས་རྡུལ་ཕྲ་རབ་ཆ་བཅས་སུ་ཐལ། རྡུལ་ཕྲན་གང་གི་ཕྱོགས་འགའ་ཡན་ལག་ཅན་གྱི་རྒྱུ་ཡིན་ཞིང་ཕྱོགས་འགའ་རྒྱུ་མ་ཡིན་པའི་ཕྱིར། དེས་ན་རྡུལ་ཕྲན་དེ་ནི་ཆ་སྣ་ཚོགས་པ་ཅན་དུ་འགྱུར་ན་ཀོ་འགྱུར་ན་ནི་དངོས་པོ་རྟག་པར་མི་རིགས་སོ་སྐྱེ་མི་རིགས་པར་ཐལ། ཆ་སྣ་ཚོགས་པ་ཅན་ཡིན་པའི་ཕྱིར།

ཐ༢ རྡུལ་ཕྲན་རིགས་མཐུན་ཕྲད་པས་ལྷན་པ་རྫས་གཞན་སྐྱེ་བ་མི་འཐད་པ།

ད༡ དངོས།

གཉིས་པ་ལ་གཉིས། དངོས་དང་། རྡུལ་ཕྲན་བདག་ཉིད་ཐམས་ཅད་ཀྱིས་མི་སྦྱོར་བ་ལ་ཁས་བླངས་འགལ་བའོ། །དང་པོ་ནི། རྡུལ་ཕྲན་ཆ་མེད་ཡིན་པས་བདག་ཉིད་ཐམས་ཅད་ཀྱིས་སྦྱོར་ཡང་། རྡུལ་ཕྲན་ཕྲད་པའི་ལྷན་པ་དོན་གཞན་སྐྱེ་ལ་དེས་ཡན་ལག་ཅན་བསྐྱེད་ཅེ་ན། ཡན་ལག་ཅན་རྣམས་བརྩམས་པའི་ཚེ་བདག་ཉིད་ཀུན་ཕྲད་ཅིང་སྦྱོར་བ་རྡུལ་ཕྲན་རྣམས་ལ་མི་འཐད་དོ་སྟེ་མི་འཐད་པར་ཐལ། བདག་ཉིད་ཐམས་ཅད་ཀྱིས་ཕྲད་ན་ཡན་ལག་ཅན་དང་པོ་དང་གཉིས་པ་སོགས་བོངས་

ཚོད་གོང་ནས་གོང་དུ་རྒྱས་པར་མི་འགྱུར་བ་གང་ཞིག །ཡིད་ལ་ཆ་ཤས་ཀྱིས་སྟོང་པའི་ཀླུམ་པོ་སྣང་བའི་མཚན་ཉིད་ཅན་གྱི་རྒྱུའི་ཀླུམ་པོ་གང་ཡིན་པ་དེ་ནི་འབྲས་བུའི་རྫས་ཡན་ལག་ཅན་ལ་ཡོད་པ་མིན་པ་དེས་ནའི་ཕྱིར།

དཧ རྡུལ་ཕྲན་བདག་ཉིད་ཐམས་ཅད་ཀྱིས་མི་སྦྱོར་བ་ལ་ཁས་བླངས་འགལ་བ།

གཉིས་པ་ནི། བདག་ཉིད་ཐམས་ཅད་ཀྱི་ཐམས་ཅད་དུ་མི་སྦྱོར་བ་དེའི་ཚེ་རྡུལ་ཕྲན་གཅིག་གི་གནས་གང་ཡིན་པའི་གོ་ས་དེར་ནི་རྡུལ་གཞན་གྱི་ཡང་མི་འདོད་པ་དེའི་ཕྱིར། རྒྱུ་རྡུལ་ཕྲན་དང་འབྲས་བུ་ཡན་ལག་ཅན་གཉིས་བོངས་ཚོད་མཉམ་ཡང་འདོད་པ་མ་ཡིན་པས་ཡན་ལག་ཅན་དབང་(༧༠བ)པོའི་ཡུལ་ལས་འདས་པར་ཐལ་བའི་སྐྱོན་མེད་ཀྱང་། རྡུལ་ཕྲན་ཆ་བཅས་ལས་མ་འདས་པས་རྟག་དངོས་སུ་མི་འཐད་པར་ཐལ་བ་སོ་ན་གནས་སོ། །

ཐཧ ཡན་ལག་ཅན་མ་བརྩམས་པའི་སྔར་རྡུལ་ཕྲན་ལ་ཆ་ཤས་མེད་པ་དགག་པ།

དཀ དངོས།

གསུམ་པ་ལ་གཉིས། དངོས་དང་། རྡུལ་ཕྲན་ཆ་མེད་ལ་ཡུལ་བགྲོད་པའི་འགྲོ་བ་མི་འཐད་པས་ཡན་ལག་ཅན་རྩོམ་པ་འགལ་བའོ། །དང་པོ་ནི། འབྲས་བུའི་རྫས་རྩོམ་པའི་དུས་ན་ཆ་བཅས་ཀྱི་ཉེས་པ་འདིར་འགྱུར་གྱི། དེའི་སྔ་རོལ་ན་རྡུལ་ཕྲ་རབ་རྣམས་ཀྱི་ཆ་ཤས་མེད་དོ་ཞེ་ན། མི་རིགས་ཏེ། རྡུལ་ཕྲན་དེའི་ཕྱོགས་མི་སྲིད་ན་དེའི་ཕྱོགས་བཞི་ན་རྡུལ་མི་གནས་པར་འགྱུར་ལ། ཤར་ལ་སོགས་པའི་ཕྱོགས་ཡོད་ན་ཆ་ངེས་པར་ཡོད་དགོས་ཏེ། རྡུལ་གང་ལ་ཤར་གྱི་ཕྱོགས་ཡོད་པ་དེ་ལ་ཕྱོགས་ཅན་ཤར་

གྱི་ཆ་ཡང་ཡོད་དགོས་ལ། རྒྱུ་མཚན་དེས་ན་རྐོལ་བ་གང་གི་ཡན་ལག་ཅན་རྫོམ་པའི་སྣ་རོལ་གྱི་རྡུལ་ལ་ཕྱོགས་ཡོད་ན་དེས་རྡུལ་ཆ་མེད་ཀྱི་རྡུལ་ཕྲན་མིན་པར་བསྟན་ཏེ། ཕྱོགས་བཅུ་མཐའ་ཡས་པའི་དབུས་ན་གནས་པར་ཁས་བླངས་པའི་ཕྱིར་རོ། །

ད༢ རྡུལ་ཕྲན་ཆ་མེད་ལ་ཡུལ་བསྒྲོད་པའི་འགྲོ་བ་མི་འཐད་པས་ཡན་ལག་ཅན་རྫོམ་པ་འགལ་བ།

གཉིས་པ་ནི། རྡུལ་ཕྲན་དེ་ནི་ཡུལ་གོ་ས་བསྒྲོད་པའི་འགྲོ་བ་པོར་ཡང་མི་འགྱུར་བར་ཐལ། ཡུལ་བསྒྲོད་པའི་འགྲོ་བ་པོ་ཡིན་ན་མདུན་གྱིས་མདུན་ཕྱོགས་ལེན་ཅིང་རྒྱབ་ཀྱིས་ནི་རྒྱབ་ཕྱོགས་གཏོང་བར་འགྱུར་ན། གཏོང་ལེན་དེ་དག་གཉིས་ཆ་མེད་ཀྱི་རྡུལ་གང་ལ་ཡོད་པ་མ་ཡིན་པའི་ཕྱིར། འདོད་ན་རྡུལ་ཕྲན་ཆ་མེད་པ་ཡན་ལག་ཅན་གྱི་རྫས་རྫོམ་པ་འགལ་བར་ཐལ་ལོ། །དེས་ན་རྡུལ་ཕྲན་བདེན་གྲུབ་རྣམ་པ་ཐམས་ཅད་དུ་ཁས་བླང་བར་མི་བྱའོ། །

ཏ༢ རྡུལ་ཕྲན་ཆ་མེད་རྣལ་འབྱོར་པའི་ཤེས་པས་མཐོང་བ་མི་འཐད་པ།

ཐ༡ དངོས།

གཉིས་པ་ལ་གཉིས། དངོས་དང་། རགས་པ་ཡོད་པས་རྡུལ་ཕྲན་རྟག་པ་ཡོད་པར་འདོད་པ་དགག་པའོ། །དང་པོ་ནི། རྡུལ་ཕྲན་རྟག་པ་རྣལ་འབྱོར་པ་རྣམས་(༧༡ན)ཀྱིས་ལྷའི་མིག་གིས་མཐོང་བས་ཡོད་དོ་ཞེ་ན། རྡུལ་ཕྲན་རྟག་པ་དེ་ནི་རྣལ་འབྱོར་པ་གང་གིས་མཐོང་མཐོང་བ་མི་འཐད་པར་ཐལ་ལོ། །རྡུལ་གང་ལ་དང་པོ་མདུན་གྱི་ཆ་ཡོད་པ་མིན་ཞིང་། གང་ཞིག་ལ་དཀྱིལ་ཡོད་པ་མིན་ལ་གང་ལ་ཐ་མ་རྒྱབ་ཀྱི་ཆ་ཡོད་པ་མིན་པའི་གཟུགས་ཅན་དེ་ནི་ཤེས་པ་གང་ལའང་མངོན་དུ་མེད་པའི་ཕྱིར་རོ། །

ཐ༢ རགས་པ་ཡོད་པས་རྡུལ་ཕྲན་རྟག་པ་ཡོད་པར་འདོད་པ་དགག་པ།

གཉིས་པ་ནི། རྡུལ་ཕྲན་མེད་ན་རགས་པ་རྒྱུ་མེད་པར་འགྱུར་བས་ཡོད་ལ་དེ་ཡང་རྟག་པ་ཞིག་སྟེ། དངོས་པོ་ཡིན་ལ་རྒྱུ་དང་མི་ལྡན་པའི་ཕྱིར་རོ། །ཞེ་ན། རྒྱུ་རྡུལ་ཕྲན་ནི་རྟག་པ་མིན་པར་ཐལ། མྱུ་གུ་སྐྱེས་པ་ན་ས་བོན་རྣམས་འགྱུར་ཞིང་འཇིག་པ་བཞིན་དུ་འབྲས་བུ་ཡན་ལག་ཅན་སྐྱེས་པ་ཡིས་ནི་རྒྱུ་རྡུལ་ཕྲན་བཤིག་པ་དེས་ནའི་ཕྱིར། མ་གྲུབ་སྟེ། རྒྱུའི་རང་བཞིན་མི་གཏོང་ཞིང་འབྲས་བུ་དོན་གཞན་བསྐྱེད་དོ་ཞེ་ན། ཡང་ན་ཡུལ་གང་ན་རྒྱུ་རྡུལ་ཕྲན་ཡོད་པ་དེར་ན་འབྲས་བུ་ཡན་ལག་ཅན་ཡོད་པ་མ་ཡིན་པས་ཡུལ་སོ་སོར་གནས་པའི་བུམ་སྣམ་བཞིན་དུ་དུས་མཉམ་དུ་ཡུལ་སོ་སོར་གནས་པས་རྒྱུ་འབྲས་མིན་པར་ཐལ་ལོ། །

ཏ༣ རྡུལ་ཕྲན་རྟག་པ་ཡོད་པར་སངས་རྒྱས་ཀྱིས་མ་གསུངས་པའི་རྒྱུ་མཚན།

གསུམ་པ་ནི། རྒྱུ་མཚན་འདིས་ཀྱང་རྡུལ་ཕྲན་རྟག་པ་མིན་ཏེ། རྡུལ་ལ་རྡུལ་གཞན་རྣམས་བདག་ཉིད་ཐམས་ཅད་ཀྱིས་འཇུག་པ་མེད་པའི་ཐོགས་བཅས་ཡིན་ལ། ཐོགས་བཅས་རྟག་པར་མི་རིགས་སོ། །དུས་ནམ་ཡང་སངས་རྒྱས་རྣམས་རྡུལ་ཕྲན་རྟག་པ་ཉིད་ཡོད་པར་མི་གསུང་བའི་རྒྱུ་མཚན་ཡོད་དེ་ཐོགས་ལྡན་གྱི་དངོས་པོ་རྟག་པ་ནི་གང་དུ་སྣང་བ་མ་ཡིན་ཏེ་མ་གཟིགས་པ་དེས་ནའི་ཕྱིར་རོ། །སེམས་ཙམ་པ་གང་དག་དོན་དམ་དཔྱོད་བྱེད་ཀྱི་རིགས་པ་བཙུ་ག་ནས་རྡུལ་ཕྲན་འགོག་པར་(༧༡བ)བྱེད་ཅིང་། རྣམ་ཤེས་བདེན་གྲུབ་ཁས་ལེན་པ་ནི་རིགས་པ་རྣམ་པ་ཐམས་ཅད་དུ་མཚུངས་པས་དོན་དང་ཤེས་པ་གཉིས་ཀ་འཇིག་རྟེན་ན་ཇི་ལྟར་གྲགས་པ་བཞིན་ཁས་བླང་བར་བྱའོ། །

ཉ༥ ཐར་པ་རྟེན་སུ་གྲུབ་པ་དགག་པ།

ཏ༧ རང་སྡེའི་ཐར་པ་རྟེན་གྲུབ་དགག་པ།

ཐ༧ འགོག་པ་རྟེན་གྲུབ་མི་འཐད་པ།

ལྔ་པ་ལ་གཉིས། རང་སྡེའི་ཐར་པ་རྫས་གྲུབ་དགག་པ་དང་། གཞན་སྡེའི་བདག་གི་རང་བཞིན་གྱི་ཐར་པ་དགག་པའོ། །དང་པོ་ལ་གཉིས། འགོག་པ་རྫས་གྲུབ་མི་འཐད་པ་དང་། མྱ་ངན་ལས་འདས་པའི་དབྱིངས་སུ་སྡུག་བསྔལ་མ་ལུས་པར་སྤངས་པར་བཤད་པ་དང་འགལ་བའོ། །དང་པོ་ནི། རང་གི་སྡེ་པ་འདུས་མ་བྱས་མིང་ཙམ་དུ་མ་རྟོགས་པ་དག་ན་རེ། སངས་རྒྱས་རྣམས་རྟུལ་ཕྲན་རྟག་པ་མི་གསུང་བ་བདེན་མོད་ཀྱི། ཆོས་འདུས་མ་བྱས་པ་རྣམས་ནི་རྟག་གོ་ཞེས་གསུངས་པས་ལམ་བདེན་གྱིས་ཐོབ་པར་བྱས་པའི་འགོག་པར་རྫས་གྲུབ་ཆུ་ལེན་ལྟ་བུ་ནི་ཡོད་དེ། དེ་མེད་ན། འཕགས་པའི་བདེན་པ་གསུམ་པ་ཞེས་གསུངས་པ་ཡང་མི་རིགས་པར་འགྱུར་རོ་ཞེ་ན། འཁོར་བར་འཆིང་བྱེད་ཀུན་འབྱུང་བདེན་པ་དང་། བཅིངས་པ་སྡུག་བསྔལ་བདེན་པ་དང་། སྡུག་ཀུན་ལས་ཐར་པར་བྱེད་པའི་ཐབས་ལམ་བདེན་ལས་གཞན་ཐར་པ་དངོས་པོར་གྱུར་པ་གལ་ཏེ་ཡོད་ན་ནི་དེས་ཕན་པའི་འབྲས་བུ་འགའ་ཞིག་བྱེད་དགོས་ན་དེ་ལས་འབྲས་བུ་ཅི་ཡང་མི་སྐྱེ་སྟེ་ཕན་པ་ཙུང་ཟད་ཀྱང་འབྱུང་བ་མེད་པ་དེས་ན་འགོག་པ་རྫས་གྲུབ་དེ་ཐར་པ་ཞེས་མི་བརྗོད་ཅིང་བརྗོད་པར་མི་རིགས་སོ། །སློབ་དཔོན་དགེ་སློང་དག །ལྔ་པོ་འདི་ནི་མིང་ཙམ་སྟེ། འདས་པའི་དུས་དང་། མ་འོངས་པའི་དུས་དང་། ནམ་མཁའ་དང་། མྱ་ངན་ལས་འདས་པ་དང་། གང་ཟག་གོ་ཞེས་གསུངས་པ་དང་འགལ་བས། ཐར་པ་བཏགས་ཙམ་བཏགས་པ་ཙམ་(༧༢ན)ཞིག་ཁས་བླང་བར་བྱ་ཡི་རྫས་གྲུབ་ཁས་བླང་བར་མི་བྱའོ། །

ཐ༢ སྨྱ་ངན་ལས་འདས་པའི་དབྱིངས་སུ་སྡུག་བསྔལ་མ་ལུས་པར་སྤངས་པར་བཤད་པ་དང་འགལ་བ།

གཉིས་པ་ནི། བཅོམ་ལྡན་འདས་ཀྱིས་གང་སྡུག་བསྔལ་འདི་མ་ལུས་པར་སྤངས་པ་བསལ་བ་ཟད་པ་ཞེས་པ་ནས། ཕུང་པོ་ཀུན་སྤངས་པ་སྲིད་པ་ཟད་པ་འདོད་ཆགས་དང་བྲལ་བ་འགོག་པ་མྱ་ངན་ལས་འདས་པའོ་ཞེས་གསུངས་པའི་ལུང་འདི་ལས་ནི་རྣམ་པ་ཐམས་ཅད་དུ་མྱ་ངན་ལས་འདས་པའི་དབྱིངས་ལ་ཕུང་པོ་རྣམས་ཡོད་པ་མིན་ཞིང་། དེ་ལ་བརྟེན་ནས་བཏགས་པའི་གང་ཟག་ཀྱང་སྲིད་པ་མིན་ཏེ། དངོས་པོ་བདེན་པར་སྨྲ་བ་ལྟར་ན། རྟེན་དང་བརྟེན་པ་གང་དུ་ཡང་མ་གྲུབ་པའི་ཕྱིར་རོ། །རྟེན་བདེན་པར་གྲུབ་པ་གང་དུ་ཉོན་མོངས་དང་སྐྱེ་བ་ཟད་པས་མྱ་ངན་ལས་འདས་པར་གྱུར་པ་ཕུང་པོ་དང་གང་ཟག་གང་ཡང་མ་མཐོང་བ་དེར་བརྟེན་པ་མྱང་འདས་བདེན་གྲུབ་གང་ཞིག་ཡོད་ཅུང་ཟད་ཀྱང་མེད་པས་ཐར་པ་ཡང་བཏགས་ཙམ་ཞིག་ཏུ་ཁས་བླང་བར་བྱའོ། །

ཏ༢ གཞན་སྡེའི་བདག་གི་རང་བཞིན་གྱི་ཐར་པ་དགག་པ།

ཐ༡ གྲངས་ཅན་གྱིས་བཏགས་པའི་ཤེས་རིག་གིས་བསྟུས་པའི་ཐར་པ་རྟག་པ་དགག་པ།

གཉིས་པ་ལ་གསུམ། གྲངས་ཅན་གྱིས་བཏགས་པའི་ཤེས་རིག་གིས་བསྡུས་པའི་ཐར་པ་རྟག་པ་དགག་པ་དང་། ཤེས་པ་ཡོད་པའི་ནུས་པས་བསྡུས་པའི་ཐར་པ་རྟག་པ་དགག་པ་དང་། བདག་འཛིན་ཟད་པར་སྤངས་པ་ཐར་པར་རིགས་པའོ། །དང་པོ་ནི། གྲངས་ཅན་པ་ན་རེ། ཁོ་བོ་ཅག་ལྟར་ན་མྱ་ངན་ལས་འདས་པ་ནི། རྟེན་མེད་པས་ཐར་པ་མེད་པའི་ཉེས་པ་མེད་དེ། རྣལ་འབྱོར་པས་གཙོ་བོ་དང་། སྐྱེས་བུ་ཐ་

དད་དུ་ཤེས་པ་ལས་ཆེན་པོ་ལ་སོགས་པ་འཁོར་བར་འཇུག་པའི་རིམ་པ་ལོག་ནས་རྣམ་འགྱུར་ཐམས་ཅད་གཙོ་བོའི་བག་ལ་ཞ་བའི་ཚེ་ཤེས་རིག་གི་སྐྱེས་བུ་ཉག་གཅིག་གནས་པས་གྲོལ་(༧༢བ)བའི་བདག་ཡོད་ཅེ་ན། ཡུལ་ལ་སྲིད་པ་དང་བྲལ་བ་ལ་ཐར་པའི་ཚེ། ཤེས་རིག་གི་སྐྱེས་བུ་ཡོད་པར་ཁས་བླངས་པ་མི་རིགས་པར་ཐལ། བློས་ཞེན་པའི་དོན་ལ་སྐྱེས་བུ་ཤེས་པར་བྱེད་ཅིང་། ཤེས་པ་ཡོད་པ་ཉིད་ཀྱང་སྐྱེས་བུའི་ངོ་བོར་འགྱུར་མེད་ཀྱི་རྟག་པར་ཁས་བླངས་པའི་ཕྱིར། གྲོལ་བའི་གནས་སྐབས་ན་ཤེས་པ་ཡོད་པར་ཁས་བླངས་ལ་ཡོན་ཏན་ཅི་ཞིག་ཡོད་ཙུང་ཟད་ཀྱང་མེད་པར་ཐལ། ཤེས་རིག་གི་སྐྱེས་བུ་ཡུལ་ལ་ལོངས་སྤྱོད་བྱེད་དུ་ཁས་བླངས་པ་གང་ཞིག །ལོངས་སྤྱོད་བྱ་རྣམ་འགྱུར་རྣམས་བག་ལ་ཞ་ནས་མེད་པའི་ཕྱིར། ཅི་སྟེ་ཐར་པའི་ཚེ་སྐྱེས་བུ་ཤེས་པ་ཡོད་པ་མིན་པར་གནས་སོ་ཞེ་ན། ཤེས་པ་མེད་པའི་གྲོལ་བའི་སྐྱེས་བུ་ཡོད་པར་ཁས་བླངས་པ་ཡང་གསལ་བར་ཡོད་པ་མིན་པ་དང་མཚུངས་པར་ཐལ། མེ་དང་ཚ་བ་ལྟར་སྐྱེས་བུ་དང་ཤེས་པ་ཁྱབ་མཉམ་པའི་རང་བཞིན་གཅིག་ཏུ་ཁས་བླངས་པའི་ཕྱིར།

ཐ༢ ཤེས་པ་ཡོད་པའི་ནུས་པས་བསྡུས་པའི་ཐར་པ་རྟག་པ་དགག་པ།

གཉིས་པ་ནི། གལ་ཏེ་གྲོལ་བའི་གནས་སྐབས་ན་ཤེས་པ་དངོས་མེད་ཀྱང་། ཡུལ་ཤེས་པའི་ནུས་པ་ཡོད་པས་བདག་ཡོད་དོ་ཞེ་ན། དེ་ཡང་མི་རིགས་པར་ཐལ། ཐར་པར་རྟེན་བདག་ཅིག་ཡོད་ན་ནི་ཤེས་པ་ཡོད་པའི་ས་བོན་ནུས་པ་སྲིད་པ་ཡོད་ན་ཡང་དེའི་ཚེ་ཤེས་པ་མེད་པའི་ཕྱིར། གལ་ཏེ་གྲོལ་བའི་བདག་མེད་ན་ཐར་པ་མེད་པས་འཁོར་བ་མི་འཇིག་པར་འགྱུར་བའི་ཕྱིར། མི་འདོད་པ་དུ་མ་ཞིག་ཏུ་འགྱུར་རོ་ཞེ་ན། ཤེས་པ་ཡོད་པའི་འཇུག་པ་དང་དེའི་ནུས་པ་བདེན་པར་ཡོད་པའི་རྒྱུ་མཚན་གྱིས་སྲིད་པ་ལ་སྐྱེས་བུ་རྣམས་འཇུག་གམ་མི་འཇུག་སྙམ་པའི་བསམ་པའང་། འཐད་པར་ཡོད་པ་མིན་ཏེ་མིན་པར་ཐལ། རྟེན་བདག་ཡོད་ན་དེ་འཐད་(༧༣ན)ན་ཡང་གྲོལ་

བའི་བདག་དེ་མེད་ན་ནི་སྐྱེ་མེད་པའི་ཕྱིར་རོ། །

ཐ༣ བདག་འཛིན་ཟད་པར་སྤངས་པ་ཐར་པར་རིགས་པ།

གསུམ་པ་ནི། ཉོན་མོངས་ཟད་པར་སྤངས་པའི་སྒོ་ནས་ཉེར་ལེན་གྱི་ཕུང་པོ་མ་ལུས་པ་ཟད་པར་སྤངས་པས་སྡུག་བསྔལ་ལས་ཐར་པའི་མི་རྣམས་ལ་མྱ་ངན་ལས་འདས་པའི་གནས་སྐབས་ན་གཞན་ལས་ཏེ། ཕུང་པོ་ལ་མ་བརྟེན་པར་རྒྱུ་མེད་པའི་བདག་རྟག་པ་ཡོད་པ་མིན་པར་ངེས་པ་དེའི་ཕྱིར། རྣམ་གྲོལ་དོན་གཉེར་གྱི་སྐྱེས་བུ་དག་རྣམ་པ་ཀུན་ཏུའང་བདག་འཛིན་རྣམ་པ་ཐམས་ཅད་དུ་ཟད་པ་སྤངས་ལེགས་ཞེས་བྱ་བར་བརྗོད་པར་བྱའི་དགོས་པ་མེད་པའི་གྲོལ་བའི་བདག་ཁས་བླང་བར་མི་བྱའོ། །

ཇ༣ བདེན་གྲུབ་བཀག་པ་མི་འཐད་པའི་རྩོད་པ།

གསུམ་པ་ནི། གལ་ཏེ་གྲོལ་བའི་གནས་སྐབས་ན་གྲོལ་བའི་བདག་མེད་ཅིང་། དོན་མེད་པའི་མིང་ཙམ་མྱ་ངན་ལས་འདས་པ་ཡང་འདུ་བྱེད་རྣམས་སྣར་མི་འབྱུང་བས་བདག་འཛིན་ཟད་པ་ཙམ་དུ་སྨྲ་བ་ན། དེ་འདྲ་བའི་དོན་དམ་དོན་དུ་གཉེར་བས་ཅི་ཞིག་བྱ། བདག་ཉིད་ལེགས་སུ་འདོད་པས་འཇིག་རྟེན་པ་མིག་ལ་སོགས་པ་དང་། མྱུ་གུ་ལ་སོགས་འདི་ཉིད་ཁས་ལེན་པ་བླའི་དོན་དམ་རྣམ་པ་ཀུན་ཏུ་ཁས་བླང་བར་བྱ་བ་མ་ཡིན་ཏེ། འཇིག་རྟེན་པ་ལ་ཁས་བླང་བར་བྱ་བ་དགེ་མི་དགེའི་ལས་དང་ཁྱིམ་དང་ནགས་ལ་སོགས་པ་ཅུང་ཟད་ཡོད་ལ་དམ་པའི་དོན་ལ་ཁས་བླང་བར་བྱ་བའི་དོན་ཅུང་ཟད་ཀྱང་ཡོད་པ་མ་ཡིན་པའི་ཕྱིར་ཅེས་ཟེར་ཏོ། །ཚིགས་སུ་བཅད་པ་འདི་ལེའུ་འོག་མས་བདག་རྒྱས་པར་འགོག་པའི་འབྲེལ་གྱི་དབང་དུ་བྱས་ནས་འགྲེལ་པར་རྩོད་པའི་གཞུང་དུ་མཛད་པས། རང་གཞུང་དུ་ཁས་བླང་བར་མི་བྱའོ། །

འདིར་སྨྲས་པ། ཕྱི་དང་ནང་གི་རྟེན་འབྱུང་ཆོས་རྣམས་ནི། །ཕྱོས་ནས་ཡོད་(༧༣བ)པ་དག་ལ་རྙེད་པ་སྟེ། །རང་གི་ངོ་བོས་སྟོང་པར་ཤེས་བྱས་ནས། །མཐའ་བྲལ་དབུ་མའི་དོན་ལ་མཁས་པར་བྱ། །བསྡུ་བའི་ཚིགས་སུ་བཅད་པའོ། །

ཆ༢ ལེའུའི་མཚན་བསྟན་པ།

གཉིས་པ་ལེའུའི་མཚན་བསྟན་པ་ནི། བྱང་ཆུབ་སེམས་དཔའི་རྣལ་འབྱོར་སྤྱོད་པ་བཞི་བརྒྱ་པའི་རྣམ་བཤད་ལེགས་པར་བཤད་པའི་སྙིང་པོ་ཞེས་བྱ་བ་ལས་དངོས་པོ་རྟག་པ་དགག་པ་བསྒོམ་པར་བསྟན་པ་སྟེ་རབ་ཏུ་བྱེད་པ་དགུ་པའི་འགྲེལ་པའོ།། །།

རབ་བྱེད་བཅུ་པ།

ཅ༢ དངོས་པོ་བདེན་གྲུབ་སོ་སོར་དགག་པ།

ཆ༡ བདག་དགག་པ།

ཇ༡ ལེའུའི་གཞུང་བཤད་པ།

ཉ༡ བདག་སོ་སོར་དགག་པ།

གཉིས་པ་དངོས་པོ་བདེན་གྲུབ་སོ་སོར་དགག་པ་ལ་ལྔ། བདག་དགག་པ་དང་། དུས་བདེན་གྲུབ་དགག་པ་དང་། བལྟ་བྱ་བདེན་གྲུབ་དགག་པ་དང་། དབང་པོ་དང་དོན་བདེན་གྲུབ་དགག་པ་དང་། མཐར་འཛིན་དགག་པའོ། །དང་པོ་ལ་གཉིས། ལེའུའི་གཞུང་བཤད་པ་དང་། ལེའུའི་མཚན་བསྟན་པའོ། །དང་པོ་ལ་གསུམ། བདག་སོ་སོར་དགག་པ་དང་། སྤྱིར་དགག་པ་དང་། བདག་མེད་ལ་ཆད་པའི་ཉེས་པ་སྤང་བའོ། །དང་པོ་ལ་བཞི། བྱེ་བྲག་པའི་བདག་དགག་པ་དང་། གྲངས་ཅན་གྱིས་བརྟགས་པའི་བདག་དགག་པ་དང་། རིགས་པ་ཅན་པས་བརྟགས་པའི་བདག་དགག་པ་དང་། བདག་གི་ཡོན་ཏན་སོགས་དགག་པ་གཞན་བསྟན་པའོ། །

ང༧ ཅེ་བྲག་པའི་བདག་དགག་པ།

ཐ༧ བདག་གི་ངོ་བོ་དགག་པ།

ད༧ དངོས།

དང་པོ་ལ་གཉིས། བདག་གི་ངོ་བོ་དགག་པ་དང་། སྒྲུབ་བྱེད་དགག་པའོ། །དང་པོ་ལ་གསུམ། དངོས་དང་། དེའི་ལན་དགག་པ་དང་། གཞན་གྱི་བདག་ལ་དམིགས་ནས་ཀྱང་ངའོ་སྙམ་པའི་བློ་སྐྱེ་རིགས་པར་ཐལ་བའོ། །དང་པོ་ནི། གལ་ཏེ་བདག་ཅེས་བྱ་བ་འགའ་ཞིག་རང་གི་ངོ་བོས་ཡོད་ན། སྔ་དན་ལས་འདས་པའི་དུས་ན་དེ་མ་མཐོང་བས་ཆད་པས་འཇིག་པའི་ཕྱིར། འཇིག་རྟེན་པ་འདི་ཉིད་སླ་ཡི་ཞེས་སོགས་སུ་འགྱུར་བ་ཞིག་ན་བདག་རང་གི་ངོ་བོས་ཡོད་(༧༨ན)པ་མ་ཡིན་ཏེ། དེ་ཡོད་ན་སྐྱེས་པའམ་བུད་མེད་དམ་མ་ནིང་ཞིག་ཏུ་འགྱུར་ན་དེ་མི་རིགས་པའི་ཕྱིར་རོ། །མུ་སྟེགས་ཅན་རྣམས་བདག་གཉིས་ཁས་ལེན་ཏེ། ནང་གི་བདག་དང་ཕྱིའི་བདག་གོ །དང་པོ་ནི། ལུས་ཀྱི་ཁོང་ན་གནས་ཤིང་དབང་པོའི་ཚོགས་ཡུལ་ལ་འཇུག་པར་བྱེད་པ་ནང་གི་བྱེད་པའི་སྐྱེས་བུ་ངར་འཛིན་གྱི་ཡུལ་དུ་གྱུར་པའོ། །གཉིས་པ་ནི། ལུས་དང་དབང་པོ་འདུས་པའི་ངོ་བོ་ཅན་ནང་གི་བདག་ལ་ཕན་འདོགས་པའོ་ཞེས་ཟེར་རོ། །ནང་གི་བདག་ངོ་བོ་ཉིད་ཀྱིས་ཡོད་པ་མིན་པར་ཐལ། དེ་ལྟར་ན་བུད་མེད་ཀྱང་སྐྱེ་བ་གཞན་དུའང་བུད་མེད་ཁོ་ནར་འགྱུར་ན་འཚོལ་བར་དམིགས་པའི་ཕྱིར་དང་བུད་མེད་ལ་སོགས་པ་བདག་གི་ཡོན་ཏན་དུའང་མེད་པའི་ཕྱིར་རོ། །དེས་ན་ནང་གི་བྱེད་པའི་སྐྱེས་བུ་ངོ་བོ་ཉིད་ཀྱིས་ཡོད་པ་མིན་པར་ཐལ། གང་གི་ཚེ་ནང་གི་བདག་བུད་མེད་མིན་ཞིང་སྐྱེས་པ་ཡང་མིན་ལ་མ་ནིང་ཡང་མིན་པ་དེའི་ཚེ་མི་ཤེས་པ་གཏི་མུག་འབའ་ཞིག་ལས་ཁྱོད་བདག་ཕོའོ་སྙམ་དུ་རློམ་ཞིང་ཐག་ཁྲ་ལ་སྦྲུལ་འཛིན་ལྟར་སྒྲོ་འདོགས་པའོ། །མདོ་ལས། རྟོགས་པའི་འདུ་ཤེས་ཀྱིས་ནི་དུག་ལངས་པ། དུག་དེའི་

ཡོང་དུ་སོང་བ་མེད་ཀྱང་རྒྱུས་པར་འགྱུར། ཞེས་གསུངས་པ་ལྟར་རོ། །

༨༢ དེའི་ལན་དགག་པ།

གཉིས་པ་ནི། སྐྱེས་པ་དང་བུད་མེད་སོགས་ནི། ཕྱིའི་བདག་གི་རྟགས་ཡིན་ལ་དེ་དང་འབྲེལ་བ་ལས་ནང་གི་བདག་སྐྱེས་པ་སོགས་ཕྱིའི་འབྱུང་བ་ཆེན་པོ་བཞི་སྐྱེས་པ་སོགས་ཀྱང་བདག་ཏུ་འཐད་པར་ཐལ། དེ་ལྟར་ན་དངོས་པོ་བདེན་པར་གྲུབ་པ་ལ་སྐྱེས་པ་སོགས་སུ་འགྱུར་མི་འགྱུར་གྱི་ཁྱད་པར་མེད་པས་འབྱུང་བ་ཐམས་ཅད་སྐྱེས་བུར་འགྱུར་ན་གང་གི་ཚེ་འབྱུང་བ་ཐམས་ཅད་ལ་ཕོ་མོ་མ་ནིང་ཡོད་པ་(༧༨བ) མིན་པ་དེའི་ཚེ་ཅི་སྟེ་ཕྱིའི་བདག་འབྱུང་བ་དེ་དག་ཉིད་ལ་བརྟེན་ནས་ནང་གི་བདག་ཕོ་མོ་མ་ནིང་ཡིན་པ་མི་རིགས་ཏེ། དེ་ལྟར་ན་ནུར་ནུར་པོ་ལ་སོགས་པའི་སྐབས་ན་ཡང་སྐྱེས་པ་སོགས་དམིགས་པར་ཐལ་ལོ། །ཁྱོད་ལ་ཡང་ཉེས་པར་ཐལ་བར་འགྱུར་རོ་ཞེ་ན། ཕོ་མོ་ཅག་འབྱུང་བ་རང་བཞིན་མེད་པ་ལ་བརྟེན་ནས་འདོགས་པས་ཉེས་པ་མེད་དོ། །

༨༣ གཞན་གྱི་བདག་ལ་དམིགས་ནས་ཀྱང་ངའོ་སྙམ་པའི་བློ་སྐྱེ་རིགས་པར་ཐལ་བ།

གསུམ་པ་ནི། གང་ཟག་གི་བདག་རང་གི་ངོ་བོ་ཉིད་ཀྱིས་མ་གྲུབ་པར་ཐལ། དེ་གྲུབ་ན་ལྷ་སྦྱིན་གྱི་བདག་ལ་མཆོད་སྦྱིན་གྱིས་དམིགས་པའི་ཚེ་ན་ཡང་དེ་ལ་ངའོ་སྙམ་པའི་བློ་སྐྱེ་དགོས་པ་ལས་དེ་མེད་པའི་ཕྱིར། ཁྱོད་ཀྱི་བདག་གང་ཡིན་པ་དེ་ངའི་བདག་མ་ཡིན་པ་དེས་ན་ཁྱོད་ཀྱི་ངར་འཛིན་གྱི་ཡུལ་དེ་རང་གི་ངོ་བོས་བདག་མ་ཡིན་པར་ཐལ། ཕོ་བོ་ཅག་གི་ངར་འཛིན་གྱི་ཡུལ་དང་བདག་ཏུ་ཆགས་པའི་ཡུལ་དུ་མ་ངེས་པའི་ཕྱིར། སྔོན་པོ་ལ་ཐུན་མོང་དུ་སྔོན་པོའི་བློ་སྐྱེ་བ་བཞིན་ནོ། །དེས་ན

དངོས་པོ་མི་རྟག་པ་གཟུགས་ལ་སོགས་པའི་མིང་ཅན་རང་བཞིན་མེད་པ་རྣམས་ལ་ངའོ་སྙམ་པའི་རྟོག་པ་སྐྱེ་བར་འགྱུར་བ་མ་ཡིན་ནམ་བརྟེན་ནས་བཏགས་པ་པོ་ནའོ། །

ཐ༢ སྐྱབ་བྱེད་དགག་པ།

ད༡ བདག་རྟག་པ་འཁོར་བར་འཇུག་ལྡོག་གི་རྒྱུ་ཡིན་པ་དགག་པ།

གཉིས་པ་ལ་གསུམ། བདག་རྟག་པ་འཁོར་བར་འཇུག་ལྡོག་གི་རྒྱུ་ཡིན་པ་དགག་པ་དང་། ལུས་སྐྱོལ་བྱེད་ཡིན་པ་དགག་པ་དང་། བདག་རྟག་པའི་སྒྲུབ་བྱེད་དགག་པའོ། །དང་པོ་ནི། བདག་རྟག་པ་ཡོད་དེ། འཁོར་བར་འཇུག་པ་པོ་དང་ལྡོག་པ་པོ་ཡིན་པའི་ཕྱིར་བདག་མེད་ན་སུ་ཞིག་ལས་བསགས་ནས་འཁོར་བ་དང་འཁོར་བ་ལས་ཐར་པར་འགྱུར། དེས་ན་བདག་ཡོད་དོ་ཞེ་ན། ཁྱོད་ཀྱིས་སྐྱེས་བུ་དེ་ལ་ལུས་ལས་རྫས་གཞན་ཉིད་དང་རྟག་པ་ཉིད་མི་རིགས་སོ་སྟེ་མི་རིགས་པར་ཐལ། ལྷ་དང་མི་ལ་སོགས་པ(༧༥ན)པའི་སྐྱེ་བ་དང་སྐྱེ་བར་སྐྱེས་བུ་ནི་ལུས་གཞན་དུ་འགྱུར་བ་བཞིན་རྣམ་པར་འགྱུར་བར་འགྱུར་བའི་ཕྱིར།

ད༢ ལུས་སྐྱོལ་བྱེད་ཡིན་པ་དགག་པ།

ན༡ དངོས།

གཉིས་པ་ལ་གཉིས། དངོས་དང་། བདག་རྟག་པ་ལ་གནོད་པ་བསྟན་པའོ། །དང་པོ་ནི། གལ་ཏེ་བདག་མེད་ན་ལུས་སྐྱོལ་བྱེད་མེད་པས་ལུས་ཀྱི་གཡོ་བར་བརྒྱངས་བསྐུམས་སོགས་སུ་མི་འགྱུར་ན། ཤིང་རྟ་སྐྱོལ་བྱེད་ལྷ་སྦྱིན་ལྟར་ལུས་སྐྱོལ་བྱེད་ནང་གི་བྱེད་པའི་སྐྱེས་བུ་ཡོད་དོ་ཞེ་ན། མི་རིགས་ཏེ་ལུས་ཀྱི་གཡོ་བ་ལ་ཁྱོད་ཀྱི་སྲོག་ནི་སྐྱོལ་བར་བྱེད་པ་པོར་མི་འགྱུར་བར་ཐལ། བདག་རེག་བྱ་དང་མི་ལྡན་པའི་ཕྱིར། ཁྱབ་པར་ཐལ། ཤིང་རྟ་ནི་རེག་པ་དང་ལྡན་པ་པོ་ནས་སྐྱོལ་བར་བྱེད་ཀྱི་མི་ལྡན་

པས་མིན་པ་ལྟར་རིག་པ་དང་མི་ལྡན་པའི་དངོས་པོ་ལས་གཟུགས་ཅན་གནས་གཞན་དུ་དངོས་སུ་བསྐྱལ་བར་ཞེས་བྱ་བ་མི་སྐྱེ་སྟེ་མི་སྐྱེ་བ་དེའི་ཕྱིར། བྱེ་བྲག་པས་བདག་གཟུགས་ཅན་དུ་ཁས་བླངས་ཀྱང་ཕྱིའི་རེག་བྱ་སོགས་སུ་ཁས་མ་བླངས་པས་སོ། །

ན༢ བདག་རྟག་པ་ལ་གནོད་པ་བསྟན་པ།

གཉིས་པ་ནི། གལ་ཏེ་བདག་རྟག་པ་ཡིན་ན་བདག་ངན་འགྲོ་ལ་སོགས་པའི་གནོད་པ་བསྲུང་བའི་དོན་དུ་མི་འཆེ་བ་དང་ཆོས་སུ་བསྟན་པ་དང་། བདག་རྟག་པ་འདི་ལ་མི་འགལ་བའི་རྒྱུ་ནི་ཅི་ཡོད་སྙམ་པ་འགལ་བར་ཐལ། རྟག་དངོས་ལ་སུས་ཀྱང་གནོད་མི་ནུས་པའི་ཕྱིར། དཔེར་ན་གནོད་པའི་དོགས་མེད་པའི་རྡས་ཀྱི་རྡོ་རྗེ་ནི་རྣམ་པ་ཀུན་ཏུ་འང་ཤིང་གི་སྲིན་བུ་ལས་བསྲུང་བྱར་མི་འགྱུར་རོ་བསྲུང་མི་དགོས་པ་བཞིན་ནོ། །

ད༣ བདག་རྟག་པའི་སྒྲུབ་བྱེད་དགག་པ།

ན༡ སྐྱེ་བ་དྲན་པ་མཐོང་བས་བདག་རྟག་པའི་སྒྲུབ་བྱེད་མི་རུང་བ།

གསུམ་པ་ལ་གསུམ། སྐྱེ་བ་དྲན་པ་མཐོང་བས་བདག་རྟག་པའི་སྒྲུབ་བྱེད་མི་རུང་བ་དང་། སེམས་མེད་བེམ་པོས་སྐྱེ་བ་དྲན་པ་མི་འཐད་པ་དང་། བློ་ལ་སོགས་(༧༥བ)པའི་ཡོན་ཏན་དང་ལྡན་པས་སྐྱེ་བ་དྲན་ན་མི་རྟག་པར་ཐལ་བའོ། །དང་པོ་ནི། བདག་ནི་རྟག་པ་ཡིན་ཏེ། སྐྱེ་བ་དྲན་པ་ཡོད་པའི་ཕྱིར། འདུ་བྱེད་སྐྱེས་མ་ཐག་ཏུ་འཇིག་པའི་ངང་ཅན་ལ་ཚེ་རབས་གཞན་དྲན་པ་མི་རིགས་སོ་ཞེ་ན། ཁོ་བོ་སྐྱེ་བ་སྔ་མ་ལ་མིར་གྱུར་ཏོ་སྙམ་པ་ལ་སོགས་པའི་སྐྱེ་བ་དྲན་པ་ཡོད་པའི་ཕྱིར། གལ་ཏེ་ཁྱོད་ཀྱི་བདག་རྟག་པོ་སྙམ་དུ་སེམས་ན་སྐྱེ་བ་སྔ་མ་ལ་ལུས་ལ་རྨ་སྲོལ་གཏོད་པའི་སྨན་པ་མཐོང་ནས་སྔོན་བྱས་པའི་རྨ་དང་འདྲ་བའི་སྨན་པ་མཐོང་བས་སྐྱེ་བ་སྔ་

མ་ལ་རྨ་བྱས་པའི་སྨན་པ་འདི་ཡིན་ནོ་ཞེས་མཐོང་བའི་ཕྱིར། ཁྱོད་ཀྱི་ལུས་ཀོ་ཅིས་མི་རྟག་རྟག་པར་ཐལ་ལོ། །ཁོ་བོ་ཅག་ལྟར་ན། ངའོ་སྙམ་པའི་ཡུལ་ང་དེ་སྐྱེ་བ་སྔ་མ་དང་ཚེ་འདིའི་ང་གཉིས་ག་ལ་རྗེས་སུ་འགྲོ་ཞིང་། བརྟེན་ནས་བཏགས་པ་ཙམ་དུ་ཟད་པས་སྐྱེ་བ་དྲན་པ་འཐད་དོ། །དཔེར་ན་ཞོའི་སྣོད་ཁང་པའི་ནང་ན་གནས་པ་ལ་རྫ་ཐོག་ཆེས་མང་པོས་གཡོགས་པའི་སྟེང་ན་གནས་པའི་ཕུག་རོན་སྐྱ་བོའི་རྐང་རྗེས་དེར་དམིགས་མོད་ཀྱི། རྐང་པ་དེར་ཞུགས་པ་མིན་པ་སོགས་དེ་བཞིན་དུ་རྟེན་འབྲུང་རང་བཞིན་མེད་པ་ལ་བྱ་བྱེད་ཐམས་ཅད་འཐད་པ་ཡིན་ནོ། །

ན༢ སེམས་མེད་བེམ་པོས་སྐྱེ་བ་དྲན་པ་མི་འཐད་པ།

གཉིས་པ་ནི། བདག་གིས་སྐྱེ་བ་དྲན་པ་མི་འཐད་པར་ཐལ། སེམས་མེད་བེམ་པོར་ཁས་བླངས་པའི་ཕྱིར། ཅི་སྟེ་སེམས་དཔའ་དང་ལྡན་པས། སྐྱེ་བ་དྲན་པར་ཁས་ལེན་པ་ཡང་མི་རིགས་ཏེ། སྔར་དྲན་མེད་ཡིན་པ་ལ་ཕྱིས་དྲན་པ་དང་ལྡན་པས་རང་གི་ངོ་བོ་གཏོང་བར་འགྱུར་བའི་ཕྱིར་རོ། །འདི་ལྟར་བདག་བེམ་པོ་ཡིན་ཡང་སེམས་པ་ཅན་དང་ལྡན་པས་བདག་ཉིད་ཀྱང་གལ་ཏེ་སྐྱེ་བ་སྔ་མ་སོགས་ཤེས་པ་པོ་ཉིད་ཡིན་ན་རྒྱུ་མཚན་དེ་ཡིས་ཡོན་(༧༨ན)ཏན་སེམས་པ་ཅན་ཡང་བེམ་པོས་བསྡུས་པའི་བདག་དང་ལྡན་པའི་ཕྱིར། སེམས་པ་ཅན་མིན་ཞིང་བེམ་པོར་ཐལ་ལོ། །སྐྱེས་བུའང་རྟག་པར་མི་འགྱུར་བར་ཐལ། སྔར་མི་དྲན་པ་ཕྱིས་གསར་དུ་སྐྱེ་བ་དྲན་པའི་ཕྱིར།

ན༣ བློ་ལ་སོགས་པའི་ཡོན་ཏན་དང་ལྡན་པས་སྐྱེ་བ་དྲན་ན་མི་རྟག་པར་ཐལ་བ།

གསུམ་པ་ནི། བློ་ལ་སོགས་པའི་ཡོན་ཏན་དང་ལྡན་པས་སེམས་པ་ཅན་དུ་འགྱུར་ན། བདེ་བ་དང་སྡུག་བསྔལ་ལ་སོགས་པའི་ཡོན་ཏན་དང་ལྡན་པས་སྒྲིག་སྟེ་

བདག་བདེ་སོགས་བཞིན་དུ་སེམ་པར་སྨྲོང་བ་དང་། གདུང་བར་སྨྲོང་བ་ལ་སོགས་པའི་གནས་སྐབས་སྣ་ཚོགས་མཐོང་དགོས་པས་དེའི་ཕྱིར་བདེ་བ་ལ་སོགས་པ་བཞིན་དུ་བདག་དེ་རྟག་པ་ཉིད་དུའང་མི་རུང་ངོ་། །

ཏ༢ གྲངས་ཅན་གྱིས་བཏགས་པའི་བདག་དགག་པ།

ཐ༡ ཤེས་རིག་གི་སྐྱེས་བུ་རྟག་པར་ཁས་བླངས་པ་མི་འཐད་པ།

གཉིས་པ་ལ་གསུམ། ཤེས་རིག་གི་སྐྱེས་བུ་རྟག་པར་ཁས་བླངས་པ་མི་འཐད་པ་དང་། ཤེས་པ་ཡོད་པའི་རྫས་སྐྱེས་བུ་མ་ཞིག་བར་དུ་མི་འཇིག་པར་ཐལ་བ་དང་། སྐྱེས་བུ་སྟར་ཤེས་པ་ཡོད་པ་གསལ་བ་ལས་ཤེས་པ་ཡོད་པའི་ནུས་པ་ངོ་བོར་ཁས་ལེན་པ་མི་འཐད་པའོ། །དང་པོ་ནི། གྲངས་ཅན་པ་ན་རེ། བདག་བེམ་པོར་ཁས་ལེན་པ་ལ་ཉེས་པ་འདིར་འགྱུར་གྱི། ཁོ་བོ་ཅག་ལྟར་ན་སྐྱེས་བུ་ཤེས་པ་ཡོད་པའི་རང་བཞིན་ཡིན་པས་མི་འདོད་པ་ཅི་ཡང་མེད་དོ་ཞེ་ན། གྲངས་ཅན་གྱིས་ཤེས་བྱ་ཉེར་ལྔར་ངེས་ལ། ཉེར་བཞི་བེམ་པོ་དང་། ཉེར་ལྔ་པ་རིག་པ་དང་། སྐྱེས་བུ་དང་བདག་ཏུ་འདོད་ཅིང་བློས་ཞེན་པར་བྱས་པའི་དོན་ལ། སྐྱེས་བུས་ལོངས་སྤྱོད་པར་འདོད་དེ་གཞན་དུ་རྒྱས་པར་བཤད་ཟིན་ཏོ། །གལ་ཏེ་ཡུལ་ལ་ལོངས་སྤྱོད་བྱེད་ཀྱི་སྐྱེས་བུ་ཤེས་པ་ཡོད་རྟག་པར་ཁས་ལེན་ན་ཡུལ་ལ་ལོངས་སྤྱོད་པའི་བྱེད་པ་མིག་ལ་སོགས་པ་ལོག་པར་འགྱུར་(༧༨བ)བ་སྣེ་དོན་མེད་པར་ཐལ། སྐྱེས་བུ་ཡུལ་ལ་ལོངས་སྤྱོད་བྱེད་རྟག་པའི་དངོས་པོར་ཡོད་པའི་ཕྱིར། གལ་ཏེ་མེ་འབྱུང་བའི་ཆེད་དུ་བུད་ཤིང་དགོས་པ་ཡིན་ན་མེ་ནི་རྟག་པར་འགྱུར་ན་བུད་ཤིང་གི་དོན་ཡོད་པར་མི་འགྱུར་བ་བཞིན་ནོ། །

ཐ༢ ཤེས་པ་ཡོད་པའི་རྫས་སྐྱེས་བུ་མ་ཞིག་བར་དུ་མི་འཇིག་པར་ཐལ་བ།

གཉིས་པ་ནི། གལ་ཏེ་སྐྱེས་བུ་ནི་ཤེས་པ་ཡོད་པའི་ནུས་པའི་ངོ་བོ་ཡུལ་ལ་ལོངས་སྤྱོད་པ་པོ་ཡིན་ལ། ཤེས་པ་ཡོད་པ་ནི་ཡུལ་ལ་ལོངས་སྤྱོད་པའི་བྱ་བ་ཡིན་ལ། དེ་མིག་ལ་སོགས་པའི་བྱེད་པ་ལ་ལྟོས་པས་ཉེས་པ་མེད་དོ་ཞེ་ན། ཤིང་ལ་སོགས་པ་རླུང་ལ་སོགས་པས་བསྐྱོད་ས་མེད་པར་གཡོ་བའི་བྱ་བ་མེད་ལ་སྐྱོན་དེ་དག་ལ་བརྟེན་ནས་མ་ཞིག་བར་དུ་གཡོ་བ་ལས་མི་འདའ་བས་བྱ་བའི་ཆོས་ནི་རྫས་ལ་བརྟེན་པ་དང་གཡོ་བ་ཉིད་དོ། །མི་མཐུན་དཔེ་སྟོན་པ་ནི། རྫས་ནི་གཡོ་བའི་བྱ་བ་རྫས་ལ་བརྟེན་པ་དང་། རྫས་མ་ཞིག་པ་ཡང་འཇིག་པ་ཇི་ལྟ་བ་བཞིན་དུ་རྫས་རང་ཉིད་སྐྱེས་ནས་འཇིག་པའི་བར་དུ་གཡོ་བ་མེད་ལ་དེ་བཞིན་དུ་ཤེས་པ་ཡོད་པ་དང་། སྐྱེས་བུ་ངོ་བོ་ཐ་མི་དད་ཀྱི་རྟག་པ་ཡིན་པ་དེས་ན་ཡུལ་ལ་ལོངས་སྤྱོད་པའི་ཚེ་སྐྱེས་བུ་ཡོད་ལ་ཤེས་པ་ཡོད་པ་མེད་ཅེས་བྱ་བར་མི་རིགས་སོ། །

ཐ༣ སྐྱེས་བུ་སྔར་ཤེས་པ་ཡོད་པ་གསལ་བ་ལས་ཤེས་པ་ཡོད་པའི་ནུས་པ་ངོ་བོར་ཁས་ལེན་པ་མི་འཐད་པ།

གསུམ་པ་ནི། ཡུལ་ལོངས་སྤྱོད་པའི་སྔར་ཤེས་པ་ཡོད་པ་ཉིད་མེད་ཀྱང་དེའི་ནུས་པ་ཡོད་པས་སྐྱེས་བུ་ཡོད་དོ་ཞེ་ན། ཡུལ་ལོངས་སྤྱོད་པའི་གནས་སྐབས་ལས་གཞན་དུ་ཤེས་པ་ཡོད་པའི་ཁམས་ནུས་པ་མཐོང་ཞིང་གཞན་དུ་ཡུལ་ལ་ལོངས་སྤྱོད་པའི་ཚེ་ཤེས་པ་ཡོད་པ་མཐོང་སྟེ། དེ་ལྟར་ན་ལྕགས་ཀྱི་བཞུ་བ་ཉིད་ཕྱིས་ལྕགས་ཀྱི་གོང་བུར་འགྱུར་བ་བཞིན་དུ་སྔར་ཤེས་པ་ཡོད་པའི་ནུས་པ་དེ་ཉིད་ཕྱིས་ཤེས་པ་ཡོད་པ་གསལ་(༧༧ན)བའི་ངོ་བོར་འགྱུར་བ་དེའི་ཕྱིར་སྐྱེས་བུ་རྣམ་པར་འགྱུར་བར་འགྱུར་བར་ཐལ། ཤེས་པ་དང་སྐྱེས་བུ་ངོ་བོ་གཅིག་ཏུ་ཁས་བླངས་པའི་ཕྱིར།

ཏ༣ རིགས་པ་ཅན་པས་བཏགས་པའི་བདག་དགག་པ།

ཐ༡ བདག་གི་ཕྱོགས་རྟུལ་ཕྲན་ཙམ་ཞིག་གི་ཡིད་དང་ལྡན་པས་ཡུལ་ཤེས་པ་དགག་པ།

གསུམ་པ་ལ་གཉིས། བདག་གི་ཕྱོགས་རྟུལ་ཕྲན་ཙམ་ཞིག་གི་ཡིད་དང་ལྡན་པས་ཡུལ་ཤེས་པ་དགག་པ་དང་། བདག་རྟག་ཁྱབ་ཏུ་འདོད་པ་དགག་པའོ། །དང་པོ་ནི། རིག་པ་ཅན་པ་ན་རེ། ཤོ་བོ་ཅག་གི་སྐྱེས་བུ་ཤེས་པ་ཡོད་པའི་ངོ་བོ་མིན་ཏེ། བདག་གི་ཕྱོགས་རྟུལ་ཕྲ་རབ་ཙམ་ཞིག་གི་ཡིད་དང་ལྡན་པས་ཡུལ་ཤེས་པའི་ཤེས་པ་ཡོད་པ་ནི་ཡིད་ལྡན་པ་ཙམ་ཞིག་ལ་བརྟེན་ཏེ་ཡིད་དང་སྦྱར་ནས་དེ་དང་ཡུལ་ཐ་མི་དད་པའི་ཤེས་པ་སྐྱེས་བུ་བསྐྱེད་ལ། སྐྱེས་བུ་ནམ་མཁའ་བཞིན་དུ་རྟག་པ་དང་ཁྱབ་པ་ཤིན་ཏུ་ཆེ་བ་ཡིན་ནོ་ཞེ་ན། རྟག་པ་དང་ཁྱབ་པའི་བདག་གི་རྟུལ་ཕྲན་ཙམ་གྱི་ཕྱོགས་ལས་གཞན་ཤེས་པ་དང་འབྲེལ་བ་མེད་པ་དེའི་ཕྱིར། བདག་དེ་ཡི་ངོ་བོ་ནི། ཡུལ་ཤེས་པ་ཡོད་པ་ཉིད་མིན་པ་ལྟར་མཐོང་སྟེ། རྟུལ་ཕྲན་ཙམ་གྱི་ལན་ཚྭ་དང་འབྲེལ་བས་གནྡྷའི་ཆུ་ལན་ཚྭ་དང་བཅས་སོ་ཞེས་བརྗོད་མི་ནུས་པ་བཞིན་ཤེས་པ་ཡོད་པ་མིན་པ་དེ་ལ་སྐྱེས་བུར་ཁས་ལེན་པ་མི་རིགས་སོ། །

ཐ༢ བདག་རྟག་ཁྱབ་ཏུ་འདོད་པ་དགག་པ།

གཉིས་པ་ནི། གལ་ཏེ་སེམས་ཅན་ཀུན་ལ་རེ་རེ་ཞིང་བདག་ཆ་ཤས་མེད་པ་རྟག་པ་དང་། ནམ་མཁའ་བཞིན་དུ་ཁྱབ་པའི་ཚུལ་དུ་ཡོད་ན་སྐྱེས་བུ་གཞན་གྱིས་རང་གི་བདག་དེ་ལ་ཡང་ངར་ཅིས་མི་རྟག་ངའོ་སྙམ་དུ་འཛིན་པར་ཐལ། བདག་དེ་གཉིས་གཅིག་ཡིན་པའི་ཕྱིར། གཞན་གྱི་བདག་འཛིན་གྱི་ཡུལ་ན་རང་གི་བདག་མེད་ན་ནི་ཐམས་ཅད་ལ་ཁྱབ་པར་འགལ་ལོ། །གཞན་གྱི་བདག་(༧༧བ)དེ་ཉིད་ཀྱིས་

བསྒྲིབས་ནས་མི་མཐོང་ངོ་ཞེ་ན། བདག་དེ་ཉིད་ཀྱིས་ནི་དེ་ཉིད་ལ་སྒྲིབ་ཅེས་བྱ་བར་མི་འཐད་དོ། །བསྒྲིབ་བྱ་སྒྲིབ་བྱེད་གཉིས་མེད་པའི་ཕྱིར་རོ། །

༨༥ བདག་གི་ཡོན་ཏན་སོགས་དགག་པ་གཞན་བསྟན་པ།

ཐ༧ གཙོ་བོ་བེམ་པོ་ཡང་ཡིན་ལ་ཐམས་ཅད་ཀྱི་བྱེད་པོར་ཁས་ལེན་པ་སྨྲོན་པ་དང་མཚུངས་པ།

བཞི་པ་(བདག་གི་ཡོན་ཏན་སོགས་དགག་པ་གཞན་བསྟན་པ་)ལ་གསུམ། གཙོ་བོ་བེམ་པོ་ཡང་ཡིན་ལ་ཐམས་ཅད་ཀྱི་བྱེད་པོར་ཁས་ལེན་པ་སྨྲོན་པ་དང་མཚུངས་པ་དང་། དགེ་མི་དགེའི་ལས་བྱེད་པ་པོར་ཁས་བླངས་ནས་རྣམ་སྨིན་མི་སྤྱོད་བ་འགལ་བ་དང་། བདག་རྟག་པ་ལས་བྱེད་པ་པོ་དང་རྣམ་སྨིན་ཟ་བ་པོ་ཡིན་པ་དགག་པའོ། །དང་པོ་ནི། གྲངས་ཅན་པ་ན་རེ། བདེ་སྡུག་བཏང་སྙོམས་གསུམ་ཆ་མཉམ་པའི་གཙོ་བོ་བེམ་པོ་ལས་བློའི་མིང་གི་རྣམ་གྲངས་ཆེན་པོ་ཞེས་པ་འབྱུང་ལ། དེ་ལས་ང་རྒྱལ་གསུམ་འབྱུང་ཞིང་། སྙིང་སྟོབས་ཅན་གྱི་ང་རྒྱལ་ལས། བློའི་དབང་པོ་ལྔ་དང་ལས་ཀྱི་དབང་པོ་ལྔ་དང་། ཡིད་ཀྱི་དབང་པོ་དང་། བཅུ་གཅིག་འབྱུང་ངོ་། །རྡུལ་ཅན་གྱི་ང་རྒྱལ་ལས། དེ་ཙམ་ལྔ་དང་། དེ་ལས་འབྱུང་བ་ལྔ་འབྱུང་ངོ་། །མུན་པ་ཅན་གྱི་ང་རྒྱལ་ནི། ང་རྒྱལ་གཞན་གཉིས་ཀའི་འཇུག་བྱེད་ཡིན་ནོ་ཞེས་ཟེར་ཏོ། །གྲངས་ཅན་པ་གང་གི་ལྟར་ན་ཡོན་ཏན་གསུམ་ཆ་མཉམ་པའི་གཙོ་བོ་དེ་རྣམ་འགྱུར་མཐའ་དག་གི་བྱེད་པ་པོ་དང་། རྣམ་པ་ཀུན་ཏུ་ཤེས་པ་ཡོད་པ་མ་ཡིན་པར་ཁས་ལེན་པ་འགལ་བར་ཐལ། དེ་ལྟར་ཁས་ལེན་པ་དེ་དག་དང་ནི་ཤེས་པ་ཕྱིན་ཅི་ལོག་ཏུ་གནས་པའི་སྨྱོན་པ་ལ་ཁྱད་པར་ཅི་ཡང་ཡོད་པ་མ་ཡིན་པའི་ཕྱིར།

ཐ༢ དགེ་མི་དགེའི་ལས་བྱེད་པ་པོར་ཁས་བླངས་ནས་རྣམ་སྨིན་མི་སྤྱོང་བ་འགལ་བ།

གཉིས་པ་ནི། སྨྲ་བ་འདི་ནི་རིགས་པ་དང་འགལ་བ་དང་། འཇིག་རྟེན་པ་ལས་ཕྱིན་ཅི་ལོག་ཏུ་གྱུར་པས་ཆེས་མི་རིགས་ཏེ། བདེ་སྡུག་བཏང་སྙོམས་གསུམ་གྱི་རང་བཞིན་ཡོན་ཏན་རྣམས་ཀྱིས་རྣམ་པ་ཀུན་ཏུ་ཁྱིམ་ལ་སོགས་པ་དག་བྱེད་ཤེས་ཀྱི་ལོངས་སྤྱོད་བྱ་ཟ་བ་རྣམ་པར་མི་ཤེས་པ་འདི་ལས་(༧༤ན)མི་རིགས་པ་གཞན་ཅི་ཡོད་རིགས་པ་དང་། འཇིག་རྟེན་དང་འགལ་བའི་ཕྱིར་རོ། །

ཐ༣ བདག་རྟག་པ་ལས་བྱེད་པ་པོ་དང་རྣམ་སྨིན་ཟ་བ་པོ་ཡིན་པ་དགག་པ།

གསུམ་པ་ནི། བྱེ་བྲག་པ་ན་རེ། བདག་ཁོ་ན་ལས་བྱེད་པ་པོ་དང་། རྣམ་སྨིན་ཟ་བ་པོ་ཡིན་ནོ་ཞེས་འདོད་དོ། །དེ་ལྟ་ན་ཡང་བདག་རྟག་པར་མི་རིགས་ཏེ་བདག་བྱེད་པ་པོ་ཡིན་ན་བྱ་བའི་རྒྱུ་ཅན་དུ་ཁས་བླང་དགོས་ཏེ། བྱ་བ་མི་བྱེད་པ་བྱེད་པོར་མི་རིགས་པའི་ཕྱིར་རོ། །འགྲོ་འོང་ལ་སོགས་པའི་བྱ་བ་དང་ལྡན་པ་ལ་རྟག་པ་མེད་དེ། སྔར་ལས་ཁྱད་པར་གཞན་ཁས་ལེན་དགོས་པའི་ཕྱིར། བདག་ཉིད་ཐམས་ཅད་ཀྱིས་ཡུལ་དུས་ཀུན་ཏུ་སོང་བ་ལ་འགྲོ་འོང་སོགས་ཀྱི་བྱ་བ་མེད་དེ། དེས་མ་སོང་པའི་ཡུལ་དུས་མེད་པའི་ཕྱིར། འོན་ཏེ་བྱ་བ་དང་བྲལ་བའི་བདག་ཡོད་དོ་ཞེ་ན། བྱ་བ་མེད་པའི་བདག་ནི་མེད་པ་ནམ་མཁའི་མེ་ཏོག་དང་མཚུངས་པས་བདག་མེད་ལ། ཁྱོད་ཅེས་མི་དགའ་བར་རིགས་ཏེ། དེ་རྟོགས་པས་འཇིགས་པ་ཐམས་ཅད་ལས་གྲོལ་བར་འགྱུར་བའི་ཕྱིར་རོ། །

༦༢ ཕྱིར་དགག་པ།

༥༡ གང་ཟག་གི་བདག་ཡོད་པར་འཛིན་པ་ཕྱིན་ཅི་ལོག་ཡིན་པ།

གཉིས་པ་ལ་བཞི། གང་ཟག་གི་བདག་ཡོད་པར་འཛིན་པ་ཕྱིན་ཅི་ལོག་ཡིན་པ་དང་། བདག་རྟག་པ་ལ་འཁོར་བ་ལས་ཐར་པ་མི་སྲིད་པ་དང་། ཐར་པའི་སྐབས་སུ་བདག་ཁས་ལེན་པ་མི་རིགས་པ་དང་། བདག་མེད་པའི་གྲོལ་བ་རྫས་གྲུབ་དགག་པའོ། །དང་པོ་ནི། གང་ཟག་གི་བདག་ཏུ་འཛིན་པ་ཕྱིན་ཅི་ལོག་ཏུ་ཐལ། བདག་ཡོད་ན་རང་གི་ངོ་བོས་ཁྱད་པར་མེད་པར་མཐོང་དགོས་པ་ལ་བྱེ་བྲག་པ་དང་། གྲངས་ཅན་པ་ལ་སོགས་པ་ལ་ལར་ལུས་རེ་རེ་ཞིང་ནམ་མཁའ་ལྟར་ཀུན་ཏུ་སོང་བར་མཐོང་ལ། གཅེར་བུ་བ་ལ་ལར་སྐྱེས་བུ་གྲོག་མ་དང་། གླང་པོ་ཆེ་ལ་སོགས་པ་ལུས་ཆེ་ཆུང་དང་འཚམ་པའི་ལུས་ཙམ་ཞིག་མཐོང་(༧༨བ)སྟེ། གཅེར་བུ་ལུས་ཀྱི་ཚད་བཞིན་དུ། །སྲོག་གི་ཞུམ་དང་རྒྱས་པར་སྨྲ། །ཞེས་པ་ལྟར་རོ། །དེ་མི་བཟོད་པས་ལ་ལར་རྡུལ་ཙམ་ཞིག་ཏུ་མཐོང་སྟེ་དངོས་པོའི་དེ་ཁོ་ན་ཉིད་ཕྱིན་ཅི་མ་ལོག་པར་མཐོང་བའི་ཤེས་རབ་ཅན་གྱིས་བདག་མེད་པར་མཐོང་བས་བདག་རང་གི་ངོ་བོས་ཡོད་ན་མུ་སྟེགས་པ་རྣམས་ཀྱང་ལྟ་བ་ཐ་དད་པར་མི་འགྱུར་རོ། །

༥༢ བདག་རྟག་པ་ལ་འཁོར་བ་ལས་ཐར་པ་མི་སྲིད་པ།

གཉིས་པ་ནི། རྐྱལ་བ་གང་གིས་བདག་རྟག་པ་ཁས་ལེན་པ་དེ་ལ་ཐར་པ་ཐོབ་པ་མི་རིགས་སོ། །རྟག་པ་ལ་འཁོར་བ་ན་ཉེར་འཚེ་སོགས་ཀྱིས་གནོད་པ་ག་ལ་ཞིག་ཡོད་འཁོར་བར་གནོད་པ་མེད་དེ་ཕྱིར་ལམ་བསྒོམས་པས་ཐར་པ་ག་ལ་ཡོད་དེ་མེད་པ་དེས་ནའི་ཕྱིར།

༨༣ ཐར་པའི་སྐབས་སུ་བདག་ཁས་ལེན་པ་མི་རིགས་པ།

གསུམ་པ་ནི། གལ་ཏེ་བདག་ཅེས་བྱ་བ་རང་གི་ངོ་བོས་ཡོད་ན་གང་ཟག་གི་བདག་མེད་སྨྲ་བ་དེ་མི་རིགས་ཤིང་། ཐར་པ་ཐོབ་པ་མི་རིགས་པར་ཐལ། བདག་འཛིན་འཇུག་པའི་རྒྱུ་མ་ཉམས་པར་ཡོད་པའི་ཕྱིར། ཡ་མཚན་ཅན་ཐམས་ཅད་ཀྱིས་བདག་གི་དེ་ཉིད་རིག་པ་བདག་འཛིན་སྤངས་པའི་ངེས་པ་ལས་མྱ་ངན་ལས་འདའ་བར་འགྱུར་ཞེས་བྱ་བའང་རྫུན་པར་འགྱུར་བས་ཐར་པ་འདོད་པ་རྣམས་ཀྱི་བདག་མེད་པ་ཁས་བླང་བར་བྱའོ། །

༨༤ བདག་མེད་པའི་གྲོལ་བ་རྟས་གྲུབ་དགག་པ།

བཞི་པ་ནི། བདག་ཡོད་ན་ཐར་པའི་གནས་སྐབས་ན་བདག་འཛིན་འཇུག་པར་ཐལ་བས་འཇིགས་ནས། གལ་ཏེ་བདག་མེད་ཀྱང་གྲོལ་བའི་སྐྱེས་བུ་བདེན་པར་གྲུབ་པ་ཡོད་པ་ཉིད་དུ་ཁས་ལེན་ན་གྲོལ་བའི་སྐྱེས་བུ་བདེན་གྲུབ་དེ་ནི་སྔར་ཡང་འཁོར་བའི་དུས་ན་མེད་པ་མེད་པར་ཐལ། འབྲེལ་བ་ཅན་གཞན་དང་མི་ལྡན་པ་ལ་རྟེན་པའི་རང་གི་ངོ་བོ་ཤེས་པ་མ་འཁྲུལ་བས་གང་མཐོང་བ་དེ་རང་བཞིན་ཞེས་བྱ་བར་བཤད་པའི་ཕྱིར་རོ། །གྲོལ་བའི་ཚེ་བདག་མེད་ན་འཁོར་བའི་ཚེ་ཡང་ཡོད་པར་ཁས་བླང་པར་མི་བྱའོ། །(༢༡ན)

༡༣ བདག་མེད་ལ་ཆད་པའི་ཉེས་པ་སྤང་བ།

༨༥ བདག་མེད་ཀྱང་འདུ་བྱེད་སྐད་ཅིག་མ་ལ་ཆད་པར་ཐལ་བའི་སྐྱོན་མེད་པ།

གསུམ་པ་ལ་བཞི། བདག་མེད་ཀྱང་འདུ་བྱེད་སྐད་ཅིག་མ་ལ་ཆད་པར་ཐལ་བའི་སྐྱོན་མེད་པ་དང་། བདག་ཡོད་ནའང་འཇུག་ལྡོག་གི་རྒྱུར་མི་རིགས་པ་དང་།

བསྐྱེད་བྱ་སྐྱེད་བྱེད་དངོས་པོ་ནི་རྟག་པ་ཁོ་ན་ལ་འཐད་པ་དང་། ཐ་སྙད་པའི་རྟག་ཆད་སྤྱོད་ཚུལ་བསྡུས་ཏེ་བསྟན་པའོ། །དང་པོ་ནི། གལ་ཏེ་བདེན་མེད་དེ་འདུ་བྱེད་སྐད་ཅིག་རེ་རེ་འཇིག་པའི་ངང་ཚུལ་ཅན་རྣམས་སྐྱེས་མ་ཐག་འཇིག་པས་ཆད་པར་འགྱུར་རོ་ཞེ་ན། མི་རྟག་པ་ཆད་པའི་དོན་དུ་རྟོག་པ་མི་འཐད་དེ། དེ་ལྟ་ན་ཐོག་མ་མེད་པ་ནས་བརྒྱུད་དེ་འོང་བའི་ད་དུང་རྩ་ཤིང་སོགས་རྣམས་ཅིས་ཡོད་མེད་པར་ཐལ། གལ་ཏེ་མི་རྟག་ཆད་ན་ནི་སྟེ་མི་རྟག་པ་ཡིན་ན་ཆད་པའི་སྐྱོན་ཆགས་པའི་ཕྱིར་རོ། །མི་རྟག་པ་ཡིན་ན་རྒྱུན་ཆད་པ་ཡིན་ནོ་ཞེས་པའི་ལྟ་བ་འདི་ནི་གལ་ཏེ་བདེན་པར་འགྱུར་ན་གང་ཟག་སུ་ལའང་གཏི་མུག་ཀྱང་མི་འབྱུང་བར་ཐལ། མི་རྟག་པའི་ཕྱིར། དེ་བཞིན་དུ་བདེ་བ་དང་འདོད་ཆགས་སོགས་ཀྱང་མི་འབྱུང་བར་ཐལ་ལོ། །

༨༢ བདག་ཡོད་ནའང་འཇུག་ལྡོག་གི་རྒྱུར་མི་རིགས་པ།

གཉིས་པ་ནི། བདག་ནི་ཡོད་པར་འགྱུར་ནའང་འགྲོ་བ་མཐའ་དག་འཇུག་པའི་རྒྱུར་མི་འཐད་པར་ཐལ། ནོར་བུ་མེ་ཤེལ་དང་། ཉི་མ་ཕྲད་པ་ལས་མེ་དང་། ཆུ་ཤེལ་དང་ཟླ་བ་ཕྲད་པ་ལས་ཆུ་དང་། ས་བོན་ལས་མྱུ་གུ་དང་། མེར་མེར་པོ་ལས་དབང་པོ་སོགས་གཟུགས་རྒྱུ་གཞན་ཁོ་ན་ལས་འབྱུང་བར་སྣང་བར་འགྱུར་ལ་བུད་ཤིང་ལས་མེ་འབར་བ་སོགས་གཞན་ལས་གནས་པར་སྣང་བར་འགྱུར་ཞིང་བུད་ཤིང་མ་ཚང་བ་ལས་མེ་མི་འབར་བ་ལྟར་གཞན་ལས་རྣམ་པར་འཇིག་པར་སྣང་བའི་ཕྱིར། བདག་ཡོད་པར་མི་རིགས་ཏེ། དེ་ཡོད་ན་དེ་ཁོ་ནས་འབྲས་(༧(བ)བུ་མཐའ་དག་སྐྱེད་དགོས་པའི་ཕྱིར།

༨༣ བསྐྱེད་བྱ་སྐྱེད་བྱེད་དངོས་པོ་ནི་རྟག་པ་ཁོ་ན་ལ་འཐད་པ།

གསུམ་པ་ནི། གང་གི་ཚེ་རྟག་པ་ལས་འབྲས་བུ་སྐྱེ་བ་མི་སྲིད་པ་དེའི་ཚེ་འཇིག་རྟེན་ན་ཇི་ལྟར་ན་ས་བོན་བྱས་པ་ལས་མྱུ་གུ་བྱས་པ་སྐྱེ་བར་འགྱུར་བ་དེ་བཞིན་དུ་མི་རྟག་པ་ཐམས་ཅད་ནི་རྒྱུ་མི་རྟག་པ་དག་ལས་འབྱུང་བར་འགྱུར་བས་འདུ་བྱེད་སྐད་ཅིག་གིས་སྐྱེ་འགག་བྱེད་པ་རྣམས་ལ་རྟག་པ་དང་ཆད་པའི་གོ་སྐབས་མེད་པ་ཉིད་དོ། །

༨༤ ཐ་སྙད་པའི་རྟག་ཆད་སྤོང་ཚུལ་བསྡུས་ཏེ་བསྟན་པ།

བཞི་པ་ནི། འདུ་བྱེད་རྣམས་ལ་རྟག་ཆད་ཀྱི་རྡོ་རྗེའི་ཐོག་རྒྱུ་འབྲས་ཀྱི་འབྲེལ་བ་འཇོམས་པ་འབབ་པ་དེ་ཡང་མཁས་པ་རྟེན་ཅིང་འབྲེལ་བར་འབྱུང་བའི་རིགས་སྔགས་ཀྱིས་རྒྱང་རིང་དུ་བཟློག་པར་བྱ་སྟེ། གང་གི་ཕྱིར་ན་མྱུ་གུ་ལ་སོགས་པའི་འབྲས་བུའི་དངོས་པོ་འཇུག་ཅིང་སྐྱེ་བར་འགྱུར་བ་དེས་ན་རྒྱུའི་རྒྱུན་འཆད་པའི་ཉེས་པར་མི་འགྱུར་ཞིང་། གང་གི་ཕྱིར་མྱུ་གུ་སྐྱེས་ནས་ས་བོན་གྱི་དངོས་པོ་ལྡོག་པར་འགྱུར་བ་དེས་ན་རྒྱུ་རྟག་པའི་ཉེས་པར་མི་འགྱུར་རོ། །རྩ་ཤེ་ལས། གང་ལ་བརྟེན་ཏེ་གང་བྱུང་བ། །དེ་ནི་རེ་ཞིག་དེ་ཉིད་མིན། །ཞེས་སོགས་ཀྱི་དོན་བསྡུས་པ་ཐ་སྙད་པའི་རྟག་ཆད་སྤོང་ཚུལ་བསྟན་པ་ཡིན་ནོ། །

འདིར་སྨྲས་པ། འཁོར་བ་མི་རྟག་སྡུག་བསྔལ་དང་། །མི་གཙང་བསྒོམ་པ་གོམས་པ་ཡིས། །གྲུབ་མཐས་བཏགས་པའི་བདག་དང་ནི། །ལྷན་སྐྱེས་བདག་ལྟ་མཐའ་ཡས་སྤངས། །བསྟུ་བའི་ཚོགས་སུ་བཅད་པའོ། །

ཇ༢ ལེའུའི་མཚན་བསྟན་པ།

གཉིས་པ་ལེའུའི་མཚན་བསྟན་པ་ནི། བྱང་ཆུབ་སེམས་དཔའི་རྣལ་འབྱོར་སྤྱོད་པ་བཞི་བརྒྱ་པའི་རྣམ་བཤད་ལེགས་པར་བཤད་པའི་སྙིང་པོ་ཞེས་བྱ་བ་ལས་བདག་དགག་པ་བསྒོམ་པ་བསྟན་པ་སྟེ་རབ་ཏུ་བྱེད་པ་བཅུ་པའི་འགྲེལ་པའོ།། ||

རབ་བྱེད་བཅུ་གཅིག་པ།

ཆ༢ དུས་བདེན་གྲུབ་དགག་པ།

ཇ༡ ལེའུའི་གཞུང་བཤད་པ།

ཉ༡ དུས་རྫས་གྲུབ་ཀྱི་ངོ་བོ་དགག་པ།

ཏ༡ འདས་མ་འོངས་དགག་པ།

གཉིས་པ་དུས་བདེན་གྲུབ་དགག་པ་ལ་གཉིས། (༥༠ན)ལེའུའི་གཞུང་བཤད་པ་དང་། ལེའུའི་མཚན་བསྟན་པའོ། །དང་པོ་ལ་གཉིས། དུས་རྫས་གྲུབ་ཀྱི་ངོ་བོ་དགག་པ་དང་། སྒྲུབ་བྱེད་དགག་པའོ། །དང་པོ་ལ་གསུམ། འདས་མ་འོངས་དགག་པ་དང་། འབྲས་བུ་ཡོད་མེད་བརྟགས་ལ་དགག་པ་དང་། ད་ལྟར་བ་བདེན་གྲུབ་དགག་པའོ། །དང་པོ་ལ་གསུམ། མ་འོངས་པ་རྫས་གྲུབ་དགག་པ་དང་། འདས་པ་རྫས་གྲུབ་དགག་པ་དང་། མ་འོངས་པ་ཕྱི་བྲག་ཏུ་དགག་པའོ། །

ཐ༡ མ་འོངས་པ་རྫས་གྲུབ་དགག་པ།

ད༡ མ་འོངས་པ་དངོས་པོར་ཡོད་པ་ལ་གནོད་པ་བསྟན་པ།

དང་པོ་ལ་བཞི། མ་འོངས་པ་དངོས་པོར་ཡོད་པ་ལ་གནོད་པ་བསྟན་པ་དང་། དེའི་ལན་དགག་པ་དང་། རྫས་སུ་གྲུབ་ན་ད་ལྟར་བར་ཐལ་བ་དང་། དུས་གསུམ་

ག་རྫས་སུ་ཡོད་ན་མི་རྟག་པ་མི་སྲིད་པར་ཐལ་བའོ། །དང་པོ་ནི། རིག་བྱེད་གསང་བའི་མཐའ་སྨྲ་བ་སོགས་དུས་སྨྲ་བ་དག་ན་རེ། མངོན་སུམ་དང་རྗེས་དཔག་གིས་ཀྱང་མ་གྲུབ་པས་བདག་རྟག་པ་མེད་པར་རིགས་སུ་ཆུག་ཀྱང་རྟག་པའི་དངོས་པོ་མེད་པ་མིན་ཏེ། དུས་རྟག་པ་ཡོད་པའི་ཕྱིར་རོ། །འདི་ལྟར་ཆུ་ལུད་དང་ས་བོན་སོགས་ཡོད་ཀྱང་། མྱུ་གུ་དང་མེ་ཏོག་སོགས་སྐབས་འགར་མི་སྐྱེ་ཡང་རེས་འགའ་སྐྱེ་བར་དམིགས་པས་རྒྱུ་གཞན་ཡོད་པ་རྗེས་སུ་དཔོག་ནུས་ལ། དེ་ཡང་དུས་ཡིན་ཞིང་དུས་གསུམ་ན་གནས་པའི་དངོས་པོ་ལས་རྫས་ཐ་དད་པའི་རྟག་པ་ཡིན་ན། དེ་ནི་སྐད་ཅིག་ཐང་ཅིག་ཡུད་ཙམ་སོགས་ཀྱིས་གསལ་བར་བྱ་བ་ཡིན་ནོ་ཞེས་ཟེར་ཏོ། །དེ་མི་འཐད་དེ། དངོས་པོ་ལས་རྫས་ཐ་དད་པའི་དུས་ཡོད་ན་དམིགས་དགོས་པ་ལས་མ་དམིགས་པའི་ཕྱིར་དང་། སྔར་བཀག་ཟིན་པའི་ཕྱིར་རོ། །དེ་ལ་མ་འོངས་པའི་དུས་མཚོན་པའི་དོན་དུ་མ་འོངས་པའི་བུམ་པ་བཀོད་ནས་དགག་པར་བྱ་ལ། (༤༠བ) དེ་བཞིན་དུ་གཞན་གཉིས་ལའང་ཤེས་པར་བྱའོ། །དེ་ལ་མ་འོངས་པའི་བུམ་པ་ལ་ད་ལྟ་བའི་བུམ་པ་ཡོད་པ་མིན་ཞིང་དེའི་ཚེ་ན་འདས་པའི་བུམ་པ་ཡང་མེད་པར་ཐལ། དེའི་ཚེ་དེ་གཉིས་འོངས་ན་ཕྱིས་འབྱུང་རྒྱུའི་དངོས་པོ་སྔ་དུས་ན་གནས་པས་དུས་འཚོལ་བར་ཐལ་བ་དང་། གཅིག་གི་དུས་ན་ཅིག་ཤོས་མི་སྲིད་པའི་ཕྱིར་རོ། །གང་གི་ཕྱིར་རྒྱུ་མཚན་དེས་ན་འདས་ད་ལྟར་དེ་གཉིས་མ་འོངས་པའི་བུམ་པའི་དུས་ན་འོངས་ན། མ་འོངས་པའི་དུས་སུ་ཐལ་བས་དེའི་ཚེ་མ་འོངས་པ་དེའི་ཕྱིར། མ་འོངས་པའི་མ་འོངས་པ་ངོ་བོ་ཉིད་ཀྱིས་གྲུབ་ན་མ་འོངས་པར་འགྱུར་དགོས་ལ། དེ་ལྟར་ན་དུས་གསུམ་ཆར་མ་འོངས་པར་འགྱུར་དགོས་པས། འདས་ད་ལྟ་མི་སྲིད་པར་འགྱུར་དགོས་ལ། དེ་ལྟ་ན་གང་དུ་མ་འོངས་པར་བཞག་མི་ནུས་པས། མ་འོངས་པ་ཉིད་ཀྱང་ཡོད་པ་མ་ཡིན་པར་འགྱུར་རོ། །

༦༢ དེའི་ལན་དགག་པ།

གཉིས་པ་ནི། ཅི་སྟེ་འདས་པའི་བུམ་པ་མ་འོངས་པའི་བུམ་པ་ལ་ཡེ་མེད་པ་མིན་གྱི། མ་འོངས་པའི་ངོ་བོར་མ་འོངས་པའི་ཆ་དེར་ཡོད་པས་ཉེས་པ་མེད་དོ་ཞེ་ན། གལ་ཏེ་བུམ་པ་ཞིག་པ་མ་འོངས་པའི་བུམ་པའི་དུས་དེར་མ་འོངས་པའི་ངོ་བོར་མ་འོངས་པ་ལ་ཡོད་ན་འདས་པའི་བུམ་པ་དེ། མ་འོངས་པར་ཐལ། མ་འོངས་པའི་བུམ་པའི་དུས་སུ་མ་འོངས་པར་ངོ་བོ་ཉིད་ཀྱིས་གྲུབ་པའི་ཕྱིར། འདོད་ན་འདས་པ་མིན་པར་ཐལ་ལོ། ཁྱབ་པ་ཡོད་དེ། མ་འོངས་པའི་བདག་ཉིད་དུ་བདེན་པར་ཡོད་པ་གང་ཡིན་པ་དེ་ནི་ཇི་ལྟར་འདས་པར་འགྱུར་འགལ་བའི་ཕྱིར་རོ། །རིགས་པ་འདི་དག་ནི། བུམ་པའི་ངོར་མ་འོངས་པ་བདེན་གྲུབ་ཏུ་ཁས་བླངས་ན་ཡང་། མ་འོངས་པ་ཙམ་དུ་ཁས་ལེན་དགོས་པས་གནོད་པ་འཇུག(༧༦)པ་ཡིན་ནོ། །

༦༣ རྫས་སུ་གྲུབ་ན་ད་ལྟར་བར་ཐལ་བ།

གསུམ་པ་ནི། དུས་སྔ་བ་ཁྱོད་ལྟར་ན་མ་འོངས་པའི་དངོས་པོ་ཡོད་ན་མ་འོངས་པའི་བུམ་པའི་དངོས་པོ་ད་ལྟར་བར་འགྱུར་ཏེ་འགྱུར་བར་ཐལ། གང་གི་ཕྱིར་མ་འོངས་པའི་རྫས་ཀྱི་དངོས་པོ་བདག་ཏུ་གནས་པར་འགྱུར་བ་དེའི་ཕྱིར་ནའོ། །རྫས་སུ་གྲུབ་པའི་ངོ་བོར་གནས་ན་སྐྱེས་ལ་མ་ཞིག་པས་ད་ལྟར་བར་འགྱུར་དགོས་སོ། །འདོད་ན། མ་འོངས་པ་ཉིད་དུ་མི་སྲིད་པར་ཐལ་ལོ། །

༦༤ དུས་གསུམ་ག་རྫས་སུ་ཡོད་ན་མི་རྟག་པ་མི་སྲིད་པར་ཐལ་བ།

བཞི་པ་ནི། བྱེ་བྲག་པ་དང་། བྱེ་བྲག་ཏུ་སྨྲ་བ་སོགས་གང་དག་དངོས་པོ་རང་གི་མཚན་ཉིད་ཀྱིས་གྲུབ་པ་རྣམས་མ་འོངས་པའི་དུས་ན་ཡོད་ཅིང་འདས་པའི་དུས་

ན་ཡོད་ལ་ད་ལྟ་བའི་ཚེ་ཡང་ཡོད་ན་དངོས་པོའི་ཆ་ཅི་ཞིག་དུས་ནམ་གྱི་ཚེ་མེད་རྒོལ་བ་གང་གི་དུས་ཀུན་རྫས་སུ་ཡོད་པ་ཉིད་དེ་ཡི་མི་རྟག་པ་ཉིད་གང་ལས་དངོས་པོ་མི་རྟག་པ་མི་སྲིད་པར་ཐལ། དུས་གསུམ་ག་རྫས་སུ་ཡོད་ན་སྔ་དུས་ན་ཡོད་པ་ཕྱི་དུས་དང་ཕྱི་དུས་ན་ཡོད་པ་དེ་ཉིད་སྔ་དུས་ན་ཡོད་པར་ཁས་ལེན་དགོས་པའི་ཕྱིར་རོ། །

ཐ༢ འདས་པ་རྫས་གྲུབ་དགག་པ།

གཉིས་པ་ནི། མ་འོངས་པའི་དུས་ལ་མ་འོངས་པའི་དུས་ཉིད་མི་སྲིད་པས། མ་འོངས་པ་རྫས་སུ་མེད་པ་བཞིན་དུ་འདས་པའི་དུས་དེ་འདས་པའི་རང་གི་ངོ་བོ་ལས་འདས་སམ་འོན་ཏེ་མ་འདས། དང་པོ་ལྟར་ན། རྒྱུ་མཚན་ཅིའི་ཕྱིར་ན་འདས་པར་འགྱུར་འདས་པ་མིན་པར་ཐལ། འདས་པའི་དུས་ལས་ནི་འདས་པར་གྱུར་པ་འདས་པའི་དུས་ལས་ཐལ་ཟིན་པའི་ཕྱིར། གཉིས་པ་ལྟར་ན། རྒྱུ་མཚན་ཅིའི་ཕྱིར་ན་འདས་པར་འགྱུར་འདས་པ་མིན་པར་ཐལ། འདས་པའི་རྫས་ལས་ནི་མ་འདས་པར་གྱུར་པ་ད་ལྟ་བ་བྱེད་བཞིན་པའི་རྫས་ཀྱི་བདག་ཉིད་དུ་གནས་པའི་ཕྱིར་རོ། །

ཐ༣ མ་འོངས་པ་བྱེ་བྲག་ཏུ་དགག་པ།

ད༡ བྱེ་བྲག་སྨྲ་སོགས་ཀྱི་འདོད་པ་དགག་པ།

ན༡ མ་འོངས་པ་སྐྱེས་མ་སྐྱེས་བརྟགས་ལ་དགག་པ།

པ༡ དངོས།

གསུམ་པ་ལ་གཉིས། བྱེ་བྲག་སྨྲ་བ་སོགས་ཀྱི་འདོད་པ་དགག་པ་དང་། མདོ་སྡེ་པ་སོགས་ཀྱི་འདོད་པ་དགག་པའོ། །དང་པོ་ལ་ལྔ། མ་འོངས་(༧བ)པ་སྐྱེས་མ་སྐྱེས་བརྟགས་ལ་དགག་པ་དང་། དུས་གཉིས་རྫས་སུ་གྲུབ་ན་མི་རྟག་པ་མི་སྲིད་པར་ཐལ་བ་དང་། མ་འོངས་པའི་དངོས་པོ་ཡོད་པ་ལ་ཧ་ཅང་ཐལ་བ་བསྟན་པ་དང་།

མ་འོངས་པའི་དངོས་པོ་ཡོད་ན་སྐྱེས་ཟིན་སླར་སྐྱེ་བར་ཐལ་བ་དང་། རྣལ་འབྱོར་པ་སྔོན་གནས་ཤེས་པས་མ་འོངས་པའི་དངོས་པོ་མངོན་སུམ་དུ་མཐོང་བ་དགག་པའོ། །དང་པོ་ལ་གཉིས། དངོས་དང་། དེའི་ལན་དགག་པའོ། །དང་པོ་(དངོས་)ནི། བྱེ་བྲག་ཏུ་སྨྲ་བ་དག་བུམ་པ་དང་མ་འོངས་པ་གཞི་མཐུན་དུ་ཁས་ལེན་པ་དེ་ལ་གལ་ཏེ་མ་འོངས་པའི་བུམ་པ་སྐྱེས་པ་ཞིག་ཏུ་ཡོད་ན་ཇི་ལྟར་ད་ལྟ་བར་མི་འགྱུར་བར་ཐལ། སྐྱེས་ལ་མ་འགགས་པའི་ཕྱིར། ཅི་སྟེ་དེ་ལ་སྐྱེ་བ་མེད་ན་མ་འོངས་པའི་བུམ་པ་རྟག་པར་འགྱུར་རམ་ཅི་རྟག་པར་ཐལ། དངོས་པོ་གང་ཞིག་མ་སྐྱེས་པའི་ཕྱིར།

པ༢ དེའི་ལན་དགག་པ།

གཉིས་པ་ནི། ཅི་སྟེ་མ་འོངས་པ་མ་སྐྱེས་ཀྱང་རྒྱུ་རྐྱེན་གྱིས་ད་ལྟར་བ་ཉིད་དུ་འགྱུར་བར་བྱེད་པས་རྟག་པར་མི་འགྱུར་རོ་ཞེ་ན། མ་འོངས་པ་སྐྱེ་བ་མེད་ཀྱང་ཕྱིས་འཇིག་པ་ལས་གལ་ཏེ་མ་འོངས་པའི་བུམ་པ་མི་རྟག་ན་འདས་པའི་བུམ་པ་ལ་འཇིག་པ་ཡོད་པ་མིན་ཏེ། དེ་ན་རྟག་པར་ཅིས་མི་རྟོག་རྟག་པར་ཐལ། དངོས་པོ་གང་ཞིག་མི་འཇིག་པའི་ཕྱིར།

ན༢ དུས་གཉིས་རྫས་སུ་གྲུབ་ན་མི་རྟག་པ་མི་སྲིད་པར་ཐལ་བ།

གཉིས་པ་ནི། ཡང་ན་ཁྱོད་ལྟར་ན། གང་ཞིག་མི་རྟག་པར་འགྱུར་འདས་པ་དང་ནི་ད་ལྟར་བ་འདི་ནི་མི་རྟག་པར་འགྱུར་བ་མིན་ལ་སྟེ། འདས་པ་ནི་འཇིག་པ་མི་སྲིད་པའི་ཕྱིར་དང་། ད་ལྟར་བ་མི་རྟག་པར་ངོ་བོ་ཉིད་ཀྱིས་གྲུབ་ན་ཕྱིས་ཞིག་པ་དང་འབྲེལ་བས་ཞིག་པ་ཡང་མི་རྟག་པར་ཐལ་བར་འགྱུར་རོ། །འདས་ད་ལྟར་དེ་དག་ལས་གཞན་རྣམ་པ་ནི་གསུམ་པ་མ་འོངས་པའང་མ་འོངས་པ་དེ་ལ་མི་རྟག་པ་ཡོད་པ་མ་(༤༢ན)ཡིན་པས། དངོས་པོ་རང་བཞིན་གྱིས་གྲུབ་པར་སྨྲ་བ་ལ་མི་རྟག་པ

མེད་པས་དུས་ཁས་ལེན་པ་མི་རིགས་སོ། །

༣༣ མ་འོངས་པའི་དངོས་པོ་ཡོད་པ་ལ་ཧ་ཅང་ཐལ་བ་བསྟན་པ།

གསུམ་པ་ནི། གལ་ཏེ་མ་འོངས་པ་ཡོད་དེ། རྒྱུན་ཡོད་ན་ཕྱིས་སྐྱེ་བའི་ཕྱིར། སྔ་ནས་མེད་པ་མོ་གཤམ་གྱི་བུ་ཕྱིས་སྐྱེ་བ་མེད་དོ་ཞེ་ན། དངོས་པོ་གང་ཞིག་ཕྱིས་སྐྱེ་བ་དེ་ནི་གལ་ཏེ་སྐྱེས་པའི་སྔར་ཡང་རྫས་སུ་ཡོད་ན། དེའི་ཕྱིར་རང་བཞིན་དུ་སྨྲ་བ་དངོས་པོ་རྣམས་སྐྱེས་བུའི་བྱེད་པས་སྟོང་ཞིང་རྒྱུ་མེད་དུ་ཁས་ལེན་པ་རྣམས་ཀྱི་དངོས་པོ་རྒྱུ་མེད་དུ་རང་བཞིན་གྱིས་གྲུབ་པའི་ཕྱོགས་ནི་ལོག་པར་མི་འགྱུར་བ་ཞིག་ན། དེ་དག་གི་སྨྲ་བ་ནི་ཕྱིན་ཅི་ལོག་ཡིན་ཏེ། མཐོང་བ་དང་མ་མཐོང་བའི་ཕྱོགས་ཐམས་ཅད་འགལ་བའི་ཕྱིར་རོ། །

༣༤ མ་འོངས་པའི་དངོས་པོ་ཡོད་ན་སྐྱེས་ཟིན་སླར་སྐྱེ་བར་ཐལ་བ།

བཞི་པ་ནི། གཞན་ཡང་མ་འོངས་པ་རྫས་སུ་ཡོད་ན་དངོས་པོ་གང་ཞིག་ཕྱིས་འབྱུང་བར་བྱེད་པ་དེ། སྐྱེས་པའི་སྔར་རྫས་སུ་ཡོད་ཅེས་བྱ་བར་མི་རིགས་ཏེ། གལ་ཏེ་སྔར་ཡོད་པ་ཕྱིས་སྐྱེ་བར་འགྱུར་ན། སྐྱེས་ཟིན་པ་སླར་ཡང་འབྱུང་བར་འགྱུར་ན། དགོས་པ་མེད་པའི་ཕྱིར་དང་། རྒྱུ་རང་ཉིད་མཐའི་བར་དུ་སྐྱེ་དགོས་པས་འབྲས་བུ་སྐྱེ་བའི་གོ་སྐབས་མི་རྙེད་པར་ཐལ་བར་འགྱུར་བའི་ཕྱིར།

༣༥ རྣལ་འབྱོར་པ་སྔོན་གནས་ཤེས་པས་མ་འོངས་པའི་དངོས་པོ་མངོན་སུམ་དུ་མཐོང་བ་དགག་པ།

ལྔ་པ་ལ་གསུམ། དངོས་དང་། མ་འོངས་པ་རྫས་སུ་ཡོད་ན་གསར་དུ་མི་དགེ་བ་སྡོམ་པ་སོགས་དགོས་པ་མེད་པར་ཐལ་བ་དང་། མི་རྟག་པ་ཡིན་ན་སྐྱེས་པའི་

སྔར་ནས་ཡོད་པ་འགག་བའོ། །

པ༧ དངོས།

དང་པོ་ནི། མ་འོངས་པ་ནི་ཡོད་དེ། མ་འོངས་པའི་དངོས་པོ་ལ་དམིགས་པའི་རྣལ་འབྱོར་པའི་སྔོན་གནས་ཤེས་པ་ཡོད་པའི་ཕྱིར་དང་། མ་འོངས་པ་ལུང་བསྟན་པ་རྣམས་ཕྱིས་དེ་ཁོ་ན་ལྟར་(༤༢བ)མཐོང་བའི་ཕྱིར། སོ་གཉམ་གྱི་བུ་ལ་དེ་མི་སྲིད་དོ་ཞེ་ན། སྐྱེ་བའི་སྔ་རོལ་གྱི་གནས་སྐབས་ན་མ་འོངས་པ་ཡི་དངོས་པོ་ངོ་བོ་ཉིད་ཀྱིས་མངོན་སུམ་དུ་མཐོང་ན་དངོས་པོ་མེད་པ་ཅིས་མི་མཐོང་མཐོང་བར་ཐལ། མེད་པ་ལ་མཐོང་མི་མཐོང་གི་ཁྱད་པར་མི་འཐད་པའི་ཕྱིར། འདས་མ་འོངས་རང་གི་ངོ་བོས་ཡོད་པར་ཁས་ལེན་པ་དེ་ལ་ཉེས་པ་དེར་འགྱུར་བ་ཡིན་གྱི། ཁོ་བོ་ཅག་དུས་གསུམ་རྟེན་འབྲེལ་རང་བཞིན་མེད་པར་ཁས་ལེན་པ་ལ་ཉེས་པ་མེད་དེ། སངས་རྒྱས་རྣམས་ཀྱིས་བསྐལ་པ་བྱེ་བའི་ཕ་རོལ་ཏུ་འབྱུང་བའི་དངོས་པོ་རྣམས་ཀྱང་ད་ལྟ་མངོན་སུམ་དུ་གཟིགས་པའི་ཕྱིར་རོ། །གཟིགས་དུས་ཀྱི་ཤེས་པ་དེའི་དུས་ན་མ་འོངས་ཀྱང་དངོས་པོ་མེད་པ་དང་། རྟག་པར་མི་འགྱུར་ཏེ། རང་གྲུབ་པའི་དུས་གཉིས་པར་མི་སྡོད་པའི་ཕྱིར་རོ། །སངས་རྒྱས་ལ་ད་ལྟར་བ་དངོས་སུ་རྟོགས་པའི་ཤུགས་ལ་འདས་མ་འོངས་རྟོགས་དགོས་པ་མིན་ཏེ། དུས་དེའི་ཚེ་མེད་ཀྱང་སྤྱིར་མངོན་སུམ་དུ་གཟིགས་པའི་ཕྱིར་རོ། །དེ་བཞིན་དུ་རྣལ་འབྱོར་པའི་སྔོན་གནས་ཤེས་པ་གཞན་ལ་ཡང་དེའི་ཚེ་སྔོན་བྱའི་དོན་མེད་ཀྱང་རྨི་ལམ་བདེན་པ་མཐོང་བ་བཞིན་དུ་གསལ་བར་སྣང་བ་འགལ་བ་མེད་པའི་ཕྱིར་རོ། །ནས་ཀྱི་ས་བོན་ཡོད་ཀྱང་ད་དུང་མྱུ་གུ་མ་བྱུང་བ་ལ་མ་འོངས་པ་ཞེས་བྱ་བའི་མྱུ་གུ་དེ་ཉིད་མ་འོངས་པ་ཡིན་ཞེས་མི་བྱའོ། །དུས་གཞན་གཉིས་ལ་ཡང་དེ་ལ་དཔགས་ནས་ཤེས་པར་བྱའོ། །སངས་རྒྱས་ཀྱི་དུས་གསུམ་མཐའ་དག་མངོན་སུམ་དུ་གཟིགས་པ་རང་ལུགས་ལ་ཁས་བླང་

བར་བྱ་བ་ཡིན་གྱི། གདུལ་བྱའི་བསམ་ངོ་ཙམ་དུ་བྱེད་པ་རྣམ་པ་ཐམས་ཅད་དུ་ཁས་བླང་བར་(༢༣ན)མི་བྱའོ། །གཞན་ཡང་རྗོལ་བ་གང་ལ་མ་འོངས་པ་རང་གི་ངོ་བོས་ཡོད་པར་འགྱུར་བ་དེ་ལ་དུས་རིང་བ་ཡོད་པ་མ་ཡིན་པར་ཐལ། མ་འོངས་པ་རང་གི་ངོ་བོའི་སྒོ་ནས་ཡོད་པའི་ཕྱིར།

པ༢ མ་འོངས་པ་རྫས་སུ་ཡོད་ན་གསར་དུ་མི་དགེ་བ་སྡོམ་པ་སོགས་དགོས་པ་མེད་པར་ཐལ་བ།

གཉིས་པ་ནི། གལ་ཏེ་དགེ་བའི་བཤེས་གཉེན་དང་ཕྲད་པའི་ཆོས་མཉན་པའི་སྒོ་ནས་དབང་པོ་སྨིན་པ་ལས་ཚུལ་ཁྲིམས་སྲུང་བ་སོགས་བྱས་པ་མེད་ཀྱང་མ་འོངས་པ་རྫས་སུ་ཡོད་པའི་སྒོ་ནས་ཆོས་ཡོད་ན་མ་འོངས་པའི་འབྲས་བུའི་དོན་དུ་འཆལ་ཚུལ་སོགས་ངེས་པར་སྡོམ་པ་དོན་མེད་པར་འགྱུར་ཏེ། དེ་མ་བྱས་པར་ཡང་ཡོད་པའི་ཕྱིར། ཅི་སྟེ་མཐུས་གྲུབ་པའི་ཆེད་དུ་ཅུང་ཟད་བྱེད་ན་ཡང་འབྲས་བུ་མ་འོངས་པ་རྫས་སུ་ཡོད་པ་མི་སྲིད་དེ་མི་སྲིད་པར་ཐལ་ལོ། །

པ༣ མི་རྟག་པ་ཡིན་ན་སྐྱེས་པའི་སྔར་ནས་ཡོད་པ་འགལ་བ།

གསུམ་པ་ནི། འདུ་བྱེད་ཐམས་ཅད་མི་རྟག་པར་ཁས་ལེན་པ་དེའི་ལྟར་ན་དངོས་པོ་ཐམས་ཅད་མི་རྟག་པ་ཡིན་ན་ཇི་ལྟ་བུར་འབྲས་བུ་སྐྱེས་པའི་སྔར་ཡོད་ཅེས་བྱ་བར་འགྱུར་མི་རིགས་ཏེ། མི་རྟག་པ་དང་སྐྱེས་པའི་སྔར་ཡོད་པ་འགལ་བའི་ཕྱིར། དངོས་པོ་གང་ལ། གསར་དུ་སྐྱེས་པའི་ཐོག་མ་དང་། རང་གྲུབ་པའི་དུས་ལས་དུས་གཉིས་པར་མི་སྡོད་པའི་མཐའ་ཡོད་པ་དེ་ལ་ནི་འཇིག་རྟེན་ན་མི་རྟག་པར་བརྗོད་དོ། །

༥༢ མདོ་སྡེ་པ་སོགས་ཀྱི་འདོད་པ་དགག་པ།

གཉིས་པ་ནི། མདོ་སྡེ་པ་སོགས་གང་དག་མ་འོངས་པའི་དངོས་པོ་ཅུང་ཟད་ཀྱང་མེད་པར་སྨྲ་བ་དེའི་ལྟར་ན། མ་འོངས་པའི་ཉོན་མོངས་དང་སྡུག་བསྔལ་ལྡོག་པའི་ཆེད་དུ་འཕགས་ལམ་བསྐྱེད་པའི་སྒྲིམ་པ་མེད་པར་ཐར་བར་འགྱུར་ཏེ། དངོས་པོ་མ་འོངས་པ་མེད་པའི་ཕྱིར། གྲོལ་བ་དགྲ་བཅོམ་པ་ལ་མ་འོངས་པའི་ཉོན་མོངས་སོགས་ཡོད་པ་མིན་པས་དེའི་(༨༣བ)ཆེད་དུ་སྒྲིམ་མི་དགོས་པ་བཞིན་ནོ། །མ་འོངས་པ་མེད་པ་དེ་ལྟ་ཡིན་ན་རྟེན་གང་ཟག་དང་རྣམ་ཤེས་སོགས་ཆགས་པ་མེད་པར་བརྟེན་པ་འདོད་ཆགས་ཀྱང་ནི་འབྱུང་བར་འགྱུར་ན་རྒྱུ་མེད་དུ་འབྱུང་ན་དགྲ་བཅོམ་པ་ལ་ཡང་འདོད་ཆགས་སྐྱེ་བར་ཐལ་བའི་ཕྱིར་རོ། །ཡང་གི་སྒྲས་ཡང་ན་མ་འོངས་པ་མེད་པ་མིན་ཞེས་པའོ། །

༦༢ འབྲས་བུ་ཡོད་མེད་བརྟགས་ལ་དགག་པ།

གཉིས་པ་ནི། གྲངས་ཅན་པ་ན་རེ། མེད་པ་སྐྱེད་མི་ནུས་པའི་ཕྱིར་དང་། རྒྱུ་ལ་འབྲས་བུ་ནུས་པའི་ངོ་བོར་ཡོད་པས་ཐམས་ཅད་ལས་ཐམས་ཅད་སྐྱེ་བར་ཐལ་བའི་ཉེས་པ་མེད་དོ་ཞེས་སྨྲ་བ་དང་། བྱེ་བྲག་ཏུ་སྨྲ་བ་ཁ་ཅིག །དུས་གསུམ་ག་རྫས་སུ་ཡོད་པར་ཁས་ལེན་པ་སོགས་སྐྱེས་པའི་སྔར་འབྲས་བུ་ཡོད་པ་ཉིད་དུ་གང་འདོད་པ་དང་མདོ་སྡེ་པ་སོགས་དངོས་པོ་བདེན་པར་ཡོད་ཀྱང་འབྲས་བུ་མ་འོངས་པ་མེད་པ་ཉིད་གང་འདོད་པ་དེ་དག་ལ་འབྲས་བུ་ཁྱིམ་གྱི་དོན་དུ་ཀ་བ་ལ་སོགས་པའི་རྒྱན་ནི་དོན་མེད་པར་འགྱུར་བར་ཐལ། ཁ་ཅིག་ལྟར་ན། དང་པོ་ནས་ཡོད་པའི་ཕྱིར་དང་། གཞན་དག་ལྟར་ན་ཁྱིམ་མ་འོངས་པ་མེད་པ་མོ་གཤམ་གྱི་བུ་དང་མཚུངས་པའི་ཕྱིར། རྟེན་ཅིང་འབྲེལ་བར་འབྱུང་བ་རང་བཞིན་མེད་པར་སྨྲ་བ་ལ་ཉེས་པའི་

གོ་སྐབས་མེད་པས་ཐམས་ཅད་ལེགས་པར་གྲུབ་བོ། །རྟེན་འབྱུང་གི་ཆོས་རྣམས་འཕགས་པ་སློབ་པའི་མཉམ་བཞག་གིས་ཡོད་པར་མ་གཟིགས་པ་དང་། ཡོད་པ་མ་ཡིན་པར་གཟིགས་པ་གཉིས་ཀྱི་ཁྱད་པར་མ་ཕྱེད་པ་དང་། རང་ལུགས་ཀྱི་ཐ་སྙད་པའི་ཚད་མ་ལེགས་པར་འཇོག་མ་ཤེས་པས་འཕྲུལ་བ་བསྐྱེད་པ་དུ་མ་བྱུང་སྣང་བས་རང་ལུགས་ཀྱི་བདེན་པ་གཉིས་ཚད་མས་གྲུབ་པའི་དོན་ལ་མཁས་པར་(༤༤ན)བྱའོ། །

༥༣ ད་ལྟར་བ་བདེན་གྲུབ་དགག་པ།

གསུམ་པ་ནི། གལ་ཏེ་འདས་མ་འོངས་བཀག་ཀྱང་ད་ལྟ་བ་ཉིད་ཡོད་ལ། དེ་ཡོད་པས་མ་འོངས་པ་ཡང་ཡོད་པར་འགྱུར་ཏེ། གཙོ་བོ་དེའི་མ་འོངས་པའི་གནས་སྐབས་ལོག་ནས། ད་ལྟར་བའི་ཞོའི་གནས་སྐབས་སུ་འགྱུར་བའི་ཕྱིར་ད་ལྟར་བ་ཡོད་དོ་ཞེ་ན། གཙོ་བོ་ཐེམ་པོ་དེ་ཉིད་རང་བཞིན་རྟག་ལ་གནས་སྐབས་འོ་མ་དང་ཞོར་འགྱུར་བའི་དངོས་པོ་རྣམས་ཀྱི་ཡོངས་སུ་འགྱུར་བ་ཡང་མི་འཐད་པར་ཐལ། དེ་ལྟ་བུའི་འགྱུར་བ་དབང་ཤེས་ལྷས་དམིགས་པ་ལྟ་ཅི་སྨོས་ཤིན་ཏུ་ཕྲ་བའི་གནས་ལ་འཇུག་པའི་ཡིད་ཀྱིས་ཀྱང་ནི་འཛིན་པར་མི་འགྱུར་བའི་ཕྱིར། ད་ལྟ་བ་དང་དེའི་རྒྱུ་ཡོངས་སུ་འགྱུར་བ་མ་དམིགས་པ་དེ་ལྟ་ན་ཡང་ད་ལྟར་བ་བདེན་པར་ཡོད་པར་དེ་ཁོ་ནའི་དོན་ལ་རྨོངས་པའི་མི་མཁས་པ་རྣམས་ཀྱིས་རྟོག་པར་བྱེད་དོ། །རྒྱས་པར་གྲངས་ཅན་གྱི་འདོད་པ་དགག་པ་ལ་སྦྱར་བར་བྱའོ། །

༦༢ སྒྲུབ་བྱེད་དགག་པ།

༥༧ དུས་ཀྱི་རྒྱུ་དངོས་པོ་རྫས་གྲུབ་ཡོད་པ་དགག་པ།

གཉིས་པ་སྒྲུབ་བྱེད་དགག་པ་ལ་གཉིས། དུས་ཀྱི་རྒྱུ་དངོས་པོ་རྫས་གྲུབ་ཡོད་པ་དགག་པ་དང་། འདས་པ་དྲན་པའི་སྒྲུབ་བྱེད་དགག་པའོ། །དང་པོ་ལ་ལྔ། དངོས་པོ་

གནས་མི་གནས་བརྟགས་ལ་དགག་པ་དང་། དུས་ལ་གནས་པ་ཡོད་མེད་བརྟགས་ལ་དགག་པ་དང་། དངོས་པོ་དང་མི་རྟག་པ་གཅིག་དང་ཐ་དད་བརྟགས་ལ་དགག་པ་དང་། གནས་པ་དང་མི་རྟག་པ་སྟོབས་ཆེ་ཆུང་བརྟགས་ལ་དགག་པ་དང་། དེ་གཉིས་ལྷན་ཅིག་ཏུ་གནས་པ་དགག་པའོ། །

ཐ༡ དངོས་པོ་གནས་མི་གནས་བརྟགས་ལ་དགག་པ།

ད༡ དངོས།

དང་པོ་ལ་གཉིས། དངོས་དང་། གནས་པ་རང་བཞིན་གྱིས་མེད་པའི་སྒྲུབ་བྱེད་དོ། །དང་པོ་ནི། དུས་ཡོད་དེ། དུས་སུ་འདོགས་པའི་རྒྱུ་དངོས་པོ་ཡོད་པའི་(༤༥བ) ཕྱིར། དངོས་པོ་བཟུང་བའི་སྒོ་ནས་དུས་ཡོངས་སུ་དཔྱད་ནུས་ཀྱིས་རང་ཉིད་མིན་པས་དུས་བདེན་པར་གྲུབ་པ་ཡོད་དོ་ཞེ་ན། དུས་ཀྱི་རྒྱུ་དངོས་པོ་བདེན་གྲུབ་ག་ལ་ཞིག་མེད་པར་ཐལ། དངོས་པོ་རང་བཞིན་གྱིས་གནས་པ་མེད་པའི་ཕྱིར། རང་བཞིན་གྱིས་གནས་པ་ག་ལ་ཡོད་ཡང་དང་ཡང་དུ་མི་རྟག་པས་ཟིན་པའི་ཕྱིར་རོ། །གཞན་ཡང་གལ་ཏེ་དང་པོར་རང་བཞིན་གྱིས་གནས་པ་ཡོད་པར་གྱུར་ན་ཐ་མར་རྙིང་པར་མི་འགྱུར་རོ་རྙིང་པར་མི་འགྱུར་བར་ཐལ། རང་བཞིན་གྱིས་གྲུབ་པ་ལ་ལྡོག་པ་མི་སྲིད་པའི་ཕྱིར།

ད༢ གནས་པ་རང་བཞིན་གྱིས་མེད་པའི་སྒྲུབ་བྱེད།

གཉིས་པ་ནི། གཞན་ཡང་རང་བཞིན་གྱིས་གནས་པ་མེད་དེ་རྣམ་ཤེས་སྐད་ཅིག་མ་གཅིག་གིས་ནི་ཇི་ལྟར་དོན་སྣ་ཕྱི་གཉིས་དང་འདྲའི་རྣམ་པ་དངོས་སུ་གཏད་པའི་སྒོ་ནས་རྣམ་པར་མི་ཤེས་པ་དེ་བཞིན་དུ་རྣམ་ཤེས་སྐད་ཅིག་སྣ་ཕྱི་གཉིས་ཀྱི་ནི་དོན་གཅིག་དུས་གཅིག་ཏུ་རྣམ་པར་མི་ཤེས་སོ་སྟེ། སྐད་ཅིག་གིས་སྐྱེ་འགག་བྱེད་པའི་

ཕྱིར་རོ། །འོ་ན་ཆོས་མངོན་པའི་མདོ་ལས། གཟུགས་ལ་སོགས་པའི་དོན་ལྔ་པོ་རྣམ་ཤེས་རེ་རེ་ཞིང་རྣམ་ཤེས་ཀྱིས་ཤེས་པར་བྱ་བར་འདོད་པ་དང་འགལ་ལོ་ཞེ་ན། སྐད་ཅིག་མར་འཛིག་པར་ཁས་མི་ལེན་ན་སངས་རྒྱས་པ་མིན་པར་འགྱུར་ལ། ཁས་ལེན་ན། མིག་ཤེས་ཀྱི་དམིགས་རྐྱེན་དེ་ཕྱིས་འབྱུང་གི་ཤེས་པའི་དམིགས་རྐྱེན་བྱེད་པ་མི་སྲིད་དེ། མདོའི་དོན་ནི། མིག་ཤེས་ཀྱི་གཟུགས་དེ་གསལ་པོར་དཔྱོད་ལ། དེའི་རྗེས་སུ་སྐྱེས་པའི་ཡིད་ཀྱིས་མི་གསལ་བའི་ཚུལ་དུ་རྟོགས་པས་སྐྱོན་མེད་དོ། །

ཐ༢ དུས་ལ་གནས་པ་ཡོད་མེད་བརྟགས་ལ་དགག་པ།

གཉིས་པ་ནི། གནས་པ་རང་བཞིན་གྱིས་ཡོད་དེ། ད་ལྟ་བའི་དུས་ཀྱི་མཚན་ཉིད་ཡིན་པའི་ཕྱིར་ཅེ་ན། དུས་(༥༥ན)དང་གནས་པ་ཐ་དད་ཅིང་། དེ་བདེན་པར་གྲུབ་པས་འབྲེལ་བ་ཡོད་ན་རྟེན་དང་བརྟེན་པར་འགྱུར་དགོས་ལ་གལ་ཏེ་དུས་ལ་གནས་པ་དོན་གཞན་གྱི་ཚུལ་དུ་བརྟེན་ཡོད་ན་གནས་པ་དུས་སུ་མི་འགྱུར་རོ་སྙེ་འགལ་བའི་ཕྱིར། ཅི་སྟེ་དུས་ལ་གནས་པ་མེད་ན་གནས་པ་མེད་པར་མཐར་འཛིག་པ་ཡང་ཡོད་པ་མ་ཡིན་པས་དུས་རང་བཞིན་གྱིས་མི་གནས་པས་གནས་པ་ད་ལྟར་བའི་མཚན་ཉིད་དུ་མི་རིགས་སོ། །

ཐ༣ དངོས་པོ་དང་མི་རྟག་པ་གཅིག་དང་ཐ་དད་བརྟགས་ལ་དགག་པ།

གསུམ་པ་ནི། གནས་པ་ཡོད་དེ། དེ་ལྡན་པའི་མི་རྟག་པ་ཡོད་པའི་ཕྱིར་ཅེ་ན། གལ་ཏེ་མི་རྟག་པ་དངོས་པོ་ལས་རང་བཞིན་གཞན་ཡིན་ན། དངོས་པོ་མི་རྟག་པར་མི་འགྱུར་བར་ཐལ། འདོད་ན་རྟག་པར་ཐལ་ལོ། །དངོས་པོ་དང་མི་རྟག་པ་གཅིག་ན་མི་རྟག་པ་ཉིད་གང་ཡིན་པ་དེ་ཉིད་ཁོ་ན་དངོས་ཏེ་དངོས་པོ་ཡིན་པས་རང་བཞིན་གྱིས་ག་ལ་གནས་གནས་པ་མི་སྲིད་དོ། །

ཐ༩ གནས་པ་དང་མི་རྟག་པ་སྟོབས་ཆེ་ཆུང་བརྟགས་ལ་དགག་པ།

ད༡ མི་རྟག་པ་གནས་པ་ལས་སྟོབས་ཆུང་ན་ཕྱིས་གོ་ལོག་པ་མི་འཐད་པར་ཐལ་བ།

བཞི་པ་ལ་གསུམ། མི་རྟག་པ་གནས་པ་ལས་སྟོབས་ཆུང་ན་ཕྱིས་གོ་ལོག་པ་མི་འཐད་པར་ཐལ་བ་དང་། མི་རྟག་པ་སྟོབས་ཆེ་ན་ཀུན་ལ་གནས་པ་མེད་པར་ཐལ་བ་དང་། སྟོབས་ཆེ་ན་སྔར་རྟག་ཅིང་ཕྱིས་མི་རྟག་པར་ཐལ་བའོ། །དང་པོ་ནི། གནས་པའི་དུས་ན་གནས་པ་སྟོབས་ཆེ་ཞིང་མི་རྟག་པ་སྟོབས་ཆུང་ལ། སྟོབས་ཆུང་དུས་ཆེན་པོ་འཇོམས་མི་ནུས་པ་མིན་ནོ། །ཞེ་ན། འོ་ན་ཕྱི་ནས་དེ་དག་མཐར་མི་རྟག་པར་གྱུར་ནས་ངེས་པར་གོ་ལྡོག་པར་ཅི་ཡིས་མཐོང་བར་འགྱུར་མཐོང་བ་མི་འཐད་པར་ཐལ། གནས་པའི་དུས་མི་རྟག་པ་ཉིད་གང་སྟོབས་ཆུང་བ་དེས་གནས་པ་སྟོབས་ཆུང་བ་མ་ཡིན་ན་སྟེ། རང་བཞིན་གྱི་སྟོབས་དང་ལྡན་ལ་དེ་ལ་སུས་ཀྱང་གནོད་(༤༥བ)མི་ནུས་པའི་ཕྱིར།

ད༢ མི་རྟག་པ་སྟོབས་ཆེ་ན་ཀུན་ལ་གནས་པ་མེད་པར་ཐལ་བ།

གཉིས་པ་ནི། གལ་ཏེ་མི་རྟག་པ་སྟོབས་ཆུང་བ་མིན་ཞིང་དངོས་པོ་ཀུན་ལ་དུས་ནམ་ཡང་ཡོད་ན་ནི་དངོས་པོ་ཀུན་ལ་རང་བཞིན་གྱིས་གནས་པ་མེད་པར་ཐལ། དེ་འཇོམས་པའི་མི་རྟག་པ་དུས་ཀུན་ཏུ་ཁྱབ་པའི་ཕྱིར། ཡང་ན་དངོས་པོ་ཐམས་ཅད་མི་རྟག་པ་མིན་པ་མིན་པར་འགའ་ཞིག་རྟག་པར་འགྱུར་བར་ཐལ། མི་རྟག་པ་སྟོབས་ཆུང་ཞིང་གནས་པ་རང་བཞིན་གྱིས་སྟོབས་དང་ལྡན་པའི་ཕྱིར།

ད༣ སྟོབས་ཆེ་ན་སྔར་རྟག་ཅིང་ཕྱིས་མི་རྟག་པར་ཐལ་བ།

གསུམ་པ་ནི། གཞན་ཡང་མི་རྟག་པ་མཚན་གཞི་འདུས་བྱས་དང་ལྷན་ཅིག་འབྱུང་བ་དུས་ཕྱིས་འབྱུང་། གལ་ཏེ་མཚན་གཞི་མཚན་ཉིད་ལ་མི་འགྲུལ་བས་རྟག་ཏུ་མི་རྟག་པ་ཉིད་ཡོད་ན་གནས་པ་རང་བཞིན་གྱིས་ཡོད་པ་མིན་པར་ཐལ་ལོ། །ཡང་ན་སྔར་རྟག་པར་གྱུར་ཟིན་ནས་ཕྱི་ནས་མི་རྟག་པར་འགྱུར་རོ། །དེ་བཞིན་དུས་གཉིས་པར་གནས་ན་རྟག་པར་འགྱུར་བས་དངོས་པོ་གཅིག་རྟག་པ་དང་། མི་རྟག་པ་གཉིས་ཀར་འགྱུར་ན་དེ་ནི་མི་རིགས་སོ། །

ཐ༥ དེ་གཉིས་ལྷན་ཅིག་ཏུ་གནས་པ་དགག་པ།

ལྔ་པ་ནི། འདུས་བྱས་ཀྱི་མཚན་ཉིད་རྣམས་ཕན་ཚུན་མ་འགྲུལ་བས་གལ་ཏེ་དངོས་པོ་སྡོད་པའི་གནས་པ་མི་སྡོད་པའི་མི་རྟག་པ་དང་ལྷན་ཅིག་ཏུ་དངོས་པོ་ལ་བདག་གཅིག་ཏུ་ཡོད་པར་ཁས་ལེན་ན་དངོས་པོ་མི་རྟག་པ་ཡིན་པ་ལོག་པར་འགྱུར་བའམ། ཡང་ན་རང་བཞིན་གྱིས་གནས་པ་རྫུན་པར་འགྱུར་བའི་ཕྱིར་རོ། །འདུས་བྱས་རྫུན་པ་ལ་དེ་གཉིས་ལྷན་ཅིག་གནས་པ་རང་གི་དངོས་པོ་བདེན་གྲུབ་ལ་གཞི་མཐུན་དུ་འདུ་བ་མི་སྲིད་དོ། །

ཏ༢ འདས་པ་དྲན་པའི་སྒྲུབ་བྱེད་དགག་པ།

ཇ༡ ལེའུའི་མཚན་བསྟན་པ།

གཉིས་པ་ནི། གལ་ཏེ་དུས་ཡོད་དེ། འདུ་བྱེད་འདས་པའི་རྟེན་ཅན་འདས་པའི་དུས་ཡོད་པའི་ཕྱིར། གལ་ཏེ་དེ་མེད་ན་བདག་འདས་པའི་དུས་ན་འདི་དང་འདི་ལྟ་བུ་ཞིག་ཏུ་གྱུར་ཏོ་སྙམ་དུ་སྐྱེ་བ་དྲན་པ་(༨༤ན)མི་སྲིད་པར་འགྱུར་རོ་ཞེ་ན། དུས་

བདེན་གྲུབ་ཡོད་པའི་སྒྲུབ་བྱེད་དེ་ལ་ཡང་སྙིང་པོ་ཅུང་ཟད་ཀྱང་མེད་དོ། །དྲན་པ་ནི་ཉམས་སུ་མྱོང་བའི་དོན་ལ་དམིགས་པ་ཡིན་ལ་སྔར་མཐོང་ཟིན་པའི་དངོས་པོ་སླར་ཡང་ཕྱིས་མི་སྣང་ཞིང་སླར་ཡང་སྐྱེ་བ་སྔ་མའི་དོན་ལ་དམིགས་པའི་སེམས་སྐྱེ་བ་མིན་ཡང་ད་ལྟར་བའི་ཡུལ་ལྟར་མཐོང་ངོ་སྙམ་དུ་རློམ་པའི་དྲན་པ་སྐྱེ་བ་དེས་ན་དྲན་པ་ཞེས་བྱ་བ་ཡུལ་མིག་འཕྲུལ་ལྟ་བུ་རྫུན་ཞིང་ལོག་པ་ཡི་དོན་ལ་ཡུལ་ཅན་དྲན་པ་འཁྲུལ་ཞིང་ལོག་པ་ཁོ་ན་འབྱུང་བ་ཡིན་གྱི་ཁོ་བོ་ཅག་འདས་པའི་ཡུལ་ཅན་གྱི་དྲན་པ་རྟེན་ཅིང་འབྲེལ་བར་འབྱུང་བ་སེལ་བ་མིན་ཞིང་། རང་ལུགས་ལ་ངེས་པར་ཁས་ལེན་པ་ཡིན་ནོ། །

འདིར་སྨྲས་པ། རྒྱུན་དང་སྐད་ཅིག་འཇོག་ཚུལ་མ་ཤེས་པས། །རྟག་པའི་དུས་དང་དུས་གསུམ་རྫས་ཡོད་སྨྲ། །ཆོས་ཀུན་མིག་འཕྲུལ་ལྟ་བུར་ཤེས་བྱས་ནས། །དུས་གསུམ་གཟིགས་པའི་ཚུལ་ལ་མཁས་པར་བྱ། །བསྡུ་བའི་ཚིགས་སུ་བཅད་པའོ། །

༣༢ ལེའུའི་མཚན་བསྟན་པ།

གཉིས་པ་ལེའུའི་མཚན་བསྟན་པ་ནི། བྱང་ཆུབ་སེམས་དཔའི་རྣལ་འབྱོར་སྤྱོད་པ་བཞི་བརྒྱ་པའི་རྣམ་བཤད་ལེགས་པར་བཤད་པའི་སྙིང་པོ་ཞེས་བྱ་བ་ལས་དུས་དགག་པ་བསྒོམ་པ་བསྟན་པ་སྟེ་རབ་ཏུ་བྱེད་པ་བཅུ་གཅིག་པའི་འགྲེལ་པའོ།། །།

རབ་བྱེད་བཅུ་གཉིས་པ།

ཆ༣ བསྟན་བྱ་བདེན་གྲུབ་དགག་པ།

ཇ༡ ལེའུའི་གཞུང་བཤད་པ།

ཉ༡ ཆོས་འདི་ལ་འཇིག་རྟེན་ཕལ་ཆེར་མི་འཇུག་པའི་རྒྱུ་མཚན།

ཏ༡ ཉན་པོའི་མཚན་ཉིད་དང་ལྡན་པ་རྙེད་པར་དཀའ་བ།

ཐ༡ ཉན་པ་པོའི་མཚན་ཉིད།

གསུམ་པ་བསྟན་བྱ་བ་བདེན་གྲུབ་དགག་པ་ལ་གཉིས། ལེའུའི་གཞུང་བཤད་པ་དང་། ལེའུའི་མཚན་བསྟན་པའོ། །དང་པོ་ལ་གསུམ། ཆོས་འདི་ལ་འཇིག་རྟེན་ཕལ་ཆེར་མི་འཇུག་པའི་རྒྱུ་མཚན་དང་། ལེགས་བཤད་མདོར་བསྡུས་ཏེ་བསྟན་པ་དང་། གྲོལ་བ་དོན་གཉེར་ལེགས་བཤད་(༤༨བ)བླང་བར་གདམས་པའོ། །དང་པོ་ལ་བཞི། ཉན་པོའི་མཚན་ཉིད་དང་ལྡན་པ་རྙེད་པར་དཀའ་བ་དང་། གནས་ལུགས་ཀྱི་དོན་རྟོགས་དཀའ་བ་དང་། ཟབ་མོ་སྟོང་པ་མཛད་པའི་ཆེད་དུ་གསུངས་པ་མིན་པ་དང་། རང་གཞན་གྱི་བསྟན་པའི་ཁྱད་རགས་བསྟན་པའོ། །དང་པོ་ལ་གསུམ། ཉན་པ་པོའི་མཚན་ཉིད། མཚན་ཉིད་མ་ཚང་བའི་ཉེས་དམིགས་དང་། སྟོད་པ་སྤང་བའོ། །ཁྱོད་ཀྱིས་བདག་མེད་པ་འདི་ཆེས་གསལ་བར་རྒྱས་པར་བསྟན་ལ། དེ་བཞིན་གཤེགས་པ་ཡང་འདི་ཐུགས་སུ་ཆུད་པ་པོ་དང་། འདོམས་པ་པོ་ཡིན་ན་ཅིའི་ཕྱིར་ཆོས་འདི་ལ་འཇིག་རྟེན་ཕལ་ཆེར་མི་འཇུག་ཅེ་ན། ཆོས་འདི་ནི་མཛད་པ་པོ་དང་། འཆད་པ་པོ་དང་། ཆེ་བའི་བདག་ཉིད་ཆེས་དཀར་བ་ཞིག་ཡིན་ཡང་ཉན་པ་པོའི་ཆེ་བའི་བདག་ཉིད་ཤིན་ཏུ་རྙེད་པར་དཀའ་བའི་ཕྱིར་རོ། །མཚན་ཉིད་ཇི་ལྟ་བུ་དང་ལྡན་པ་དགོས་ཞེ་ན། འདི་ལྟར་རང་ཕྱོགས་ལ་ཆགས་པ་དང་། གཞན་ཕྱོགས་ལ་རྒྱབ་ཀྱིས་ཕྱོགས་པ་དང་བྲལ་བའི་གཟུ་བོར་གནས་པ་དགོས་ཏེ། དབུ་མ་སྙིང་པོ་

ལས། ཕྱོགས་སུ་ལྷུང་བས་ཡིད་གདུངས་པས། །ཞི་བ་ནམ་ཡང་རྟོགས་མི་འགྱུར། །ཞེས་པ་ལྟར། གཟུ་བོར་མི་གནས་ན་གཞན་གྱི་ཡིན་པའི་འདུ་ཤེས་ཀྱིས་ལེགས་བཤད་མི་རྟོགས་པའི་ཕྱིར་རོ། །ལེགས་བཤད་ཉེས་བཤད་ཕྱེད་པའི་བློ་དང་ལྡན་པ་དགོས་ཏེ། དེ་མེད་ན་ལེགས་བཤད་དོར་ནས་ཉེས་བཤད་འཛིན་པའི་ཕྱིར། ལེགས་བཤད་དོན་དུ་གཉེར་བའི་དོན་གཉེར་ཆེ་བ་དགོས་ཏེ། དེ་མེད་ན་རི་མོའི་མི་ལྟར་མི་རྩོལ་བའི་ཕྱིར་རོ། །ཆོས་དང་ཆོས་སྨྲ་བ་ལ་གུས་པ་དང་ཡིད་གཏོད་པ་ཞེས་བྱ་བ་མཚན་ཉིད་ལྔ་དང་ལྡན་པའི་ཉན་པ་པོ་ཆོས་ཀྱི་སྣོད་ཅེས་བྱ་བར་(༤༧ན)བཤད་དོ། །སྣོད་མཚན་ཉིད་ཚང་ན་སྨྲ་བ་པོའི་ཡོན་ཏན་ཟུར་དོད་པ་དང་གསལ་བ་དང་མ་འཁྲུགས་པ་དང་། ཉན་པོའི་ལྷག་པའི་བསམ་པ་ཁོང་དུ་ཆུད་པ་དང་། སེམས་ལ་ཟང་ཟིང་མེད་པ་སོགས་དེ་ལས་རྣམ་པ་གཞན་དུ་སྐྱོན་དུ་སྣང་བར་མི་འགྱུར་བར་ཡོན་ཏན་ཁོ་ནར་སྣང་ལ། ཉན་པ་པོ་ལའང་ཡོན་ཏན་སྐྱོན་གྱི་ངོ་བོར་འགྱུར་བ་མིན་ནོ། །

ཐ༢ མཚན་ཉིད་མ་ཚང་བའི་ཉེས་དམིགས།

གཉིས་པ་ནི། སྨྲ་བ་པོ་ཆེས་དག་པ་ཡིན་ཡང་ཉན་པ་པོའི་མཚན་ཉིད་མ་ཚང་བ་རང་གི་ཉེས་པར་མི་རྩི་བར་སྐྱོན་ཡོན་ཏན་དང་ཡོན་ཏན་སྐྱོན་དུ་འཛུད་པར་བྱེད་དེ། ཐུབ་པས་སྲིད་པ་སྡུག་བསྔལ་ཉེར་ལེན་གྱི་ཕུང་པོ་ལྔ་དང་སྲིད་པའི་ཐབས་རྒྱུར་གྱུར་པ་ཀུན་འབྱུང་བདེན་པ་དང་། ཞི་བ་ཡི་ཐབས་འཕགས་ལམ་ཡན་ལག་བརྒྱད་སོགས་ཀྱི་ལམ་བདེན་དང་། དེ་བཞིན་དུ་ཞི་བ་ཐར་པ་མྱ་ངན་ལས་འདས་པ་གསུངས་ཏེ། ཐར་པ་འདོད་པ་རྣམས་ལ་འཕགས་པའི་བདེན་པ་བཞི་གསུངས་ཀྱང་ཐོས་བསམ་བསྒོམ་པ་ལ་མི་བརྩོན་པའི་འཇིག་རྟེན་པ་རང་ཉིད་སྣོད་ཀྱི་མཚན་ཉིད་མ་ཚང་བར་མི་ཤེས་པར་དོན་ཇི་ལྟ་བ་བཞིན་དུ་ཡོངས་སུ་མི་ཤེས་པ་གང་ཡིན་པ་དེ་ནི་ཐུབ་པས་ཞིབ་ཏུ་མ་གསུངས་པའོ་ཞེས་ཉེས་པ་དེ་ཐུབ་པའི་ལྟ་བུར་མངོན་

པར་བྱེད་དེ། དེ་ཙམ་གྱིས་སྟོན་པ་ནོངས་པ་དང་ལྡན་པ་མིན་ཏེ། དམུས་ལོང་གིས་མ་མཐོང་བ་ཉི་མའི་སྐྱོན་མིན་པ་བཞིན་ནོ། །

ཐ༣ རྩོད་པ་སྤང་བ།

ད༡ ཐུབ་པ་ཀུན་མཁྱེན་དུ་སྒྲུབ་པ།

ན༡ སྡུག་ཀུན་སུན་འབྱིན་པའི་སྟོང་པ་ཉིད་བསྟན་པ་ལ་དགའ་བར་རིགས་པ།

གསུམ་པ་ལ་གཉིས། ཐུབ་པ་ཀུན་མཁྱེན་དུ་སྒྲུབ་པ་དང་། གཞན་གྱི་སྟོན་པ་ལྟར་སྣང་དུ་བསྟན་པའོ། །དང་པོ་ལ་གསུམ། སྡུག་ཀུན་སུན་འབྱིན་པའི་སྟོང་པ་ཉིད་བསྟན་པ་ལ་དགའ་བར་རིགས་པ་དང་། སྟོན་པའི་བསྟན་པ་ལས་གཞན་ལ་ཐར་(༤༧བ)པ་མེད་པའི་རྒྱུ་མཚན་དང་། སྟོན་པས་གསུངས་པའི་ཤིན་ཏུ་ལྐོག་གྱུར་གྱི་དོན་རྣམས་ངེས་པར་བྱེད་པའི་ཐབས་སོ། །དང་པོ་ནི། ཐུབ་པའི་མངོན་མཐོའི་གཏམ་རྣམས་ནི་ཆེས་དོན་གསལ་བ་ཡིན་ན། ངེས་པར་ལེགས་པའི་གཏམ་ཐམས་ཅད་རང་བཞིན་མེད་པར་སྟོན་པ་ནི་རང་གི་ངོ་བོ་སུན་འབྱིན་པ་ལ་ཞུགས་པའི་ཕྱིར། ཁོ་བོ་ཅག་གིས་མི་རྟོགས་ཤིང་ཡིད་མགུ་བར་མི་མཛད་དོ་ཞེ་ན། བདེ་སྡུག་ལ་སོགས་པ་ཀུན་ནས་ཉོན་མོངས་ཀྱི་དངོས་པོ་ཐམས་ཅད་ལ་ཆགས་པ་བཏང་བས་མྱ་ངན་ལས་འདའ་བར་གྲངས་ཅན་པ་དང་བྱེ་བྲག་པ་ལ་སོགས་ཐར་པ་ཁས་ལེན་པའི་ཡ་མཚན་ཅན་ཀུན་འདོད་པ་ཡིན་ལ་གང་ཞིག་རྟོགས་ན་ཀུན་ནས་ཉོན་མོངས་ཀུན་སུན་འབྱིན་པ་གང་ཟག་དང་ཕུང་པོ་རང་གི་ངོ་བོས་གྲུབ་པས་སྟོང་པ་དེ་དག་ནི་བསྟན་ན་མི་དགའ་བར་འགྱུར་བ་རྒྱུ་ཅི་ཞིག་དགའ་བར་རིགས་སོ། །མདོ་ལས། མྱ་ངན་འདས་ལ་ཆོས་རྣམས་ཆོས་ཡོད་མིན། །འདི་ན་གང་མེད་དེ་དག་གཞན་ཡང་མེད། །ཡོད་དང་མེད་ཅེས་རྟོག་པ་དང་ལྡན་ཞིང་། །དེ་ལྟར་སྤྱོད་རྣམས་སྡུག

བསྐལ་ཞི་མི་འགྱུར། །ཞེས་གསུངས་སོ། །དེ་ཁོ་ན་ཉིད་ཕྱིན་ཅི་མ་ལོག་པར་སྨྲ་བ་ནི་ཐུབ་པའི་གསུང་མ་གཏོགས། གྲངས་ཅན་སོགས་ཅུང་ཟད་ཀྱང་སྨྲ་བ་མེད་པས་ཐུན་མོང་མིན་པའི་ཆོས་སུ་ཤེས་པར་བྱའོ། །

ན༢ སྟོན་པའི་བསྟན་པ་ལས་གཞན་ལ་ཐར་པ་མེད་པའི་རྒྱུ་མཚན།

གཉིས་པ་ནི། ཐམས་ཅད་བཏང་བས་མྱ་ངན་འདའ་བར་ཡ་མཚན་ཅན་ཀུན་འདོད་པ་ཡིན་ན། ཁྱོད་དང་མུ་སྟེགས་ཅན་ལ་ཁྱད་ཅི་ཡོད་ཅེ་ན། དེ་དག་ནི་གཏོང་བའི་བསམ་པ་ཙམ་དུ་ཟད་ཀྱི་གཏོང་བའི་ཐབས་མི་ཤེས་པས་ཁྱད་པར་དུ་བྱས་པས་གཞན་སྡེ་གང་ཞིག་འཁོར་བ་གཏོང་བའི་(༨༨ན)ཐབས་ཆོས་ཐམས་ཅད་རང་བཞིན་གྱིས་སྟོང་པ་མི་ཤེས་པ་དེ་ཅི་ཞིག་གཏོང་བར་བྱེད་པར་འགྱུར། ཐབས་ཕྱིན་ཅི་ལོག་ལ་ཞེན་པའི་ཕྱིར་རོ། །དེས་ན་ངེས་པར་ཐུབ་པ་ཡིས་དགེ་སྦྱོང་དང་པོ་ནི་འདི་ཉིད་དུའོ། །གཉིས་པ་དང་གསུམ་པ་ནི་འདི་ཉིད་དུའོ། །བཞི་པ་ནི་འདི་ཉིད་དུའོ། །ཕ་རོལ་པོའི་སྨྲ་བ་ནི། དགེ་སྦྱོང་དག་གིས་སྟོང་ངོ་ཞེས་སོགས་དོན་འདི་ལ་དགོངས་ནས་གསུངས་པས་ཆོས་འདི་ལས་གཞན་དུ་ཞི་བ་མེད་ཅེས་གསུངས་སོ། །

ན༣ སྟོན་པས་གསུངས་པའི་ཤིན་ཏུ་ལྐོག་གྱུར་གྱི་དོན་རྣམས་ངེས་པར་བྱེད་པའི་ཐབས།

གསུམ་པ་ནི། གལ་ཏེ་ཐམས་ཅད་མཁྱེན་པ་ཡིན་ན། རི་གླིང་གི་ཚད་ལ་སོགས་པ་ལྐོག་གྱུར་གྱི་དོན་ཐམས་ཅད་མངོན་དུ་ཤེས་དགོས་ན། དེ་ཇི་ལྟར་ངེས་ནུས་ཤེ་ན། རྗེས་སུ་དཔག་པ་ལ་བརྟེན་ནས་ངེས་ནུས་ཏེ། སངས་རྒྱས་ཀྱིས་གསུངས་པའི་ཡུལ་དང་དུས་ཀྱིས་ཆོས་པའི་འདོད་ལྷ་རིགས་དྲུག་ལ་སོགས་པའི་གནས་ཀྱི་ཚད་ལུས་དང་། ཚེ་ཚད་སོགས་དང་དེ་བཞིན་མིའི་སྟོད་ཀྱི་འཇིག་རྟེན་གྱི་ཚད་སོགས་

སོ་སོ་སྐྱེ་བོ་ལ་ལྐོག་ཏུ་གྱུར་ལ་གང་ཞིག་གསུངས་པ་དེ་ལྟར་ཡོད་དམ་མེད་སྙམ་དུ་ཐེ་ཚོམ་སྐྱེ་བར་འགྱུར་བ་དེ་ཡིས་ཐེ་ཚོམ་བཅད་པའི་ཕྱིར་ཏུ་ཆོས་ཐམས་ཅད་རང་བཞིན་གྱིས་གྲུབ་པས་སྟོང་པ་ཉིད་བསྟན་ཏེ། བྱ་བྱེད་ཐམས་ཅད་འཐད་པའི་བདེན་པ་གཉིས་ཀྱི་གནས་ཤིན་ཏུ་ཕྲ་ཞིང་རྟོགས་པར་དཀའ་བ་རྣམས་ཇི་ལྟར་གསུངས་པ་བཞིན་དུ་གནས་པ་དཔེར་བྱས་ནས་ཤིན་ཏུ་ལྐོག་གྱུར་གྱི་དོན་བསྟན་པ་རྣམས་དེ་ཁོ་ན་ལྟར་གནས་པའི་སྒོ་ནས་འདི་ཉིད་ཁོ་ནར་ཐམས་ཅད་མཁྱེན་པར་ཡིད་ཆེས་པར་བྱ་སྟེ། རྟེན་འབྱུང་སྤྲོས་པའི་མཐའ་དང་བྲལ་བ་སྒྲུབ་བྱེད་ལུང་ལ་མི་བརྟེན་པར་རིགས་(༢༢བ)པ་ཡང་དག་གིས་ངེས་པར་བྱས་ནས། དེའི་རྗེས་སུ་ཤིན་ཏུ་ལྐོག་གྱུར་གྱི་དོན་སངས་རྒྱས་ཀྱི་གསུང་གི་རྟགས་ལ་བརྟེན་ནས་ངེས་པར་བྱའོ། །སྤྱིའི་རྣམ་གཞག་ནི་ཕྱོགས་སྔང་ཡབ་སྲས་ཀྱིས་བཤད་པ་དང་། ཤིང་རྟ་ཆེན་པོ་རྣམས་འདྲ་བར་ཡོད་དོ། །སྐབས་འདིར་ནི་ཚད་མ་བཞིའི་རྣམ་གཞག་ལས་དོན་རྟོགས་པར་བྱེད་པ་ཡིན་ནོ། །

༦༢ གཞན་གྱི་སྟོན་པ་ལྟར་སྣང་དུ་བསྟན་པ།

གཉིས་པ་ནི། ཕྱི་རོལ་པའི་སྟོན་པ་གང་གིས་སྟོད་བཅུད་ཀྱི་འཇིག་རྟེན་འདིའི་རྒྱུ་འབྲས་རགས་པའི་གནས་ཚོད་ཀྱང་མཐོང་དཀའ་བ་དེ་ནི་ཕྲ་བའི་གནས་གཞན་ལ་ལྟུན་པ་ཉིད་ཡིན་པས་གང་ཟག་གང་དག་དེའི་རྗེས་སུ་འགྲོ་བ་དེ་དག་སྲིད་བྱ་ལྷན་སྐྱེས་དང་། ཀུན་བཏགས་ཏུ་མའི་གཞན་དབང་དུ་གྱུར་པས་ཤིན་ཏུ་ཡུན་རིང་དུ་བསླུས་པར་འགྱུར་བས། བདག་ལེགས་སུ་འདོད་པ་རྣམས་ཀྱིས་ལོག་པའི་སྟོན་པ་སྤངས་ནས་ཡང་དག་པའི་སྟོན་པ་ལ་དད་ཅིང་གུས་པར་བྱའོ། །

ཏ༢ གནས་ལུགས་ཀྱི་དོན་རྟོགས་དཀའ་བ།

ཐ༡ སྟོང་པ་ཉིད་ལ་སྐྲག་པའི་རྒྱུ།

ད༡ ཐར་པ་འདོད་ཀྱང་ཁ་ཅིག་མུ་སྟེགས་བྱེད་ཀྱི་རྗེས་སུ་འགྲོ་བའི་རྒྱུ་མཚན།

གཉིས་པ་ལ་ལྔ། སྟོང་པ་ཉིད་ལ་སྐྲག་པའི་རྒྱུ་དང་། སྟོང་པ་ཉིད་རྟོགས་པ་ལ་གེགས་བྱེད་པའི་ཉེས་དམིགས་དང་། དེ་ཁོ་ན་ཉིད་ཀྱི་ལྟ་བ་མ་ཉམས་པ་ལ་བག་དང་ལྡན་པར་བྱ་བ་དང་། དེ་ཁོ་ན་ཉིད་ལ་བསྒྲི་བའི་རིམ་པ་དང་། དེ་ཁོ་ན་ཉིད་ངོས་བཟུང་བའོ། །དང་པོ་ལ་གསུམ། ཐར་པ་འདོད་ཀྱང་ཁ་ཅིག་མུ་སྟེགས་བྱེད་ཀྱི་རྗེས་སུ་འགྲོ་བའི་རྒྱུ་མཚན་དང་། སྟོང་པ་ཉིད་ལ་སྐྲག་པའི་གང་ཟག་ངོས་གཟུང་བ་དང་། བྱིས་པ་རྣམས་སྟོང་ཉིད་ལ་སྐྲག་པའི་རྒྱུ་མཚན་ནོ། །དང་པོ་ནི། ཅིའི་ཕྱིར་ཐར་པ་འདོད་པ་དེ་དག་མུ་སྟེགས་བྱེད་ཀྱི་རྗེས་སུ་འགྲོ་ཞེ་ན། སྟོང་པ་ཉིད་ཀྱི་ཆོས་ཉན་པ་ལ་འཇིགས་པའི་ཕྱིར། འདི་ལྟར་དགེ་བའི་བཤེས་གཉེན་གྱིས་(༥༡ན)བཟུང་བ་དང་། དངོས་པོ་བདེན་པར་འཛིན་པའི་དྲི་མ་དོར་ནས་མྱ་ངན་ལས་འདས་པར་རང་ཉིད་དེའི་གྲོང་ཁྱེར་དུ་འགྲོ་བ་གང་ཡིན་པ་དེ་དག་ཤིན་ཏུ་བྱ་དཀའ་བ་བྱེད་དེ། བྱ་དཀའ་བ་མཛད་པ་ཐུགས་ཆེན་མངའ་བ་འདྲེན་པའི་སྣད་བཞིན་དུའང་སྐྱེས་བུ་དམ་པ་ནི་མ་ཡིན་པ་འདྲེན་པ་དེའི་ཕྱི་བཞིན་དུ་ཡིད་འགྲོ་བར་སྤྲོ་བ་མ་ཡིན་ཏེ། སྟོང་པ་ཉིད་ལ་སྐྲག་པའི་ཕྱིར།

ད༢ སྟོང་པ་ཉིད་ལ་སྐྲག་པའི་གང་ཟག་ངོས་གཟུང་བ།

གཉིས་པ་ནི། གང་ཞིག་སྐྲག་པར་འགྱུར་ཞེ་ན། སྐྱོན་ཡོན་གང་ཡང་མ་མཐོང་བའི་བ་ལང་རྫི་ལ་སོགས་པ་ལན་བརྒྱར་ཉན་ཡང་སྐྲག་པ་མི་སྐྱེ་སྟེ་སྐྱོན་ཡོན་གང་

ཡང་མ་མཐོང་བའི་ཕྱིར། ཐོས་བསམ་སྒོམ་པའི་རིམ་པས་སྟོང་པ་ཉིད་མངོན་སུམ་དུ་མཐོང་ན་རྣམ་པ་ཀུན་ཏུ་སྐྲག་པ་དེ་ལྡོག་པར་འགྱུར་ཏེ་འཇིགས་པའི་རྒྱུ་བདག་འཛིན་དང་བྲལ་བའི་ཕྱིར། དེས་ན་ངེས་པར་སྟོང་པ་ཉིད་ཀྱི་དོན་ཙུང་ཟད་གཅིག་ཤེས་པའི་གང་ཟག་ལ་སྐྲག་པ་འབྱུང་བར་བརྗོད་པར་བྱའོ། །དཔེར་ན་གླང་པོ་སྨྱོས་པ་ལ་བསྐྱོན་པ་ན་ལེགས་པར་བསླབ་པ་མི་འཇིགས་ཤིང་། ཤིན་ཏུ་རྨོངས་པ་ཡང་མི་འཇིགས་ལ། སྐྱོན་ཡོན་ཙུང་ཟད་ཤེས་པ་འཇིགས་པ་བཞིན་ནོ། །

ང༣ བྱིས་པ་རྣམས་སྟོང་ཉིད་ལ་སྐྲག་པའི་རྒྱུ་མཚན།

གསུམ་པ་ནི། སྟོང་པ་ཉིད་ལ་སྐྲག་པའི་རྒྱུ་ཅི་ཞེ་ན། མ་སྒོམ་པའི་ཕྱིར་རོ། །བྱིས་པ་རྣམས་ངེས་པ་ཕོ་ནར་ནི་འཁོར་བར་འཇུག་པར་བྱེད་པའི་ཆོས་བདག་འཛིན་ལྷན་སྐྱེས་དང་། ཀུན་བཏགས་ལ་གོམས་པ་སྔ་བྱིས་པ་དེ་དག་སྔར་གོམས་པ་མེད་པ་ཡིས་འཁོར་བ་ལས་ལྡོག་བྱེད་ཀྱི་ཆོས་སྟོང་པ་ཉིད་ལ་འཇིགས་པར་འགྱུར་བས་དམ་པ་མིན་པའི་ཆོས་ལོག་སྤང་བར་བྱའོ། །

ཐ༢ སྟོང་པ་ཉིད་རྟོགས་པ་ལ་གེགས་བྱེད་པའི་ཉེས་དམིགས།

གཉིས་པ་ནི། དེས་ན་དེ་བཞིན་གཤེགས་པ་(༥་བ)ལ་བྱས་པ་གཙོ་ཞིང་འཇིགས་པ་ཆེན་པོས་སྤང་བར་འདོད་པས་དམ་པའི་ཆོས་ཀྱི་སྣོད་དུ་གྱུར་པ་ལ་བསྟན་པར་བྱའོ། །གང་ཞིག་སྟོང་པ་ཉིད་ལ་མི་གུས་པ་འབའ་ཞིག་ཏུ་མ་ཟད་གཏི་མུག་འབའ་ཞིག་གིས་བསྒྲིབས་ཤིང་། ཕྲག་དོག་དང་སེར་སྣ་ལ་སོགས་པའི་དབང་གིས་དེ་ཕོ་ན་ཉིད་སྟོན་པ་དང་ཉན་པ་དང་སེམས་པ་སོགས་ལ་གེགས་བྱེད་པ་དེ་ལ་དགེ་ལེགས་འགྲོ་བ། མཐོ་རིས་ཐོབ་པ་ཡང་མེད་ན་ཐར་པ་ཐོབ་པ་ལྟ་ག་ལ་ཡོད་སྡིག་པ་ཤིན་ཏུ་ཆེ་བའི་ཕྱིར་རོ། །མི་དུང་ཕྱུར་གསོད་པ་ལས་ཀྱང་རྟེན་འབྱུང་སྨྲས་པའི་མཐའ་དང་

བྲལ་བ་སྤྱོང་བ་སྡིག་པ་ཆེ་བས་རང་གིས་རང་ལ་བསླུས་མི་བྱེད་ན་གནས་འདི་ལ་གཟབ་པར་བྱའོ། །

ཐ༣ དེ་ཁོ་ན་ཉིད་ཀྱི་ལྟ་བ་མ་ཉམས་པ་ལ་བག་དང་ལྡན་པར་བྱ་བ།

གསུམ་པ་ནི། སྟོང་པ་ཉིད་ལ་སྐུར་བ་འདེབས་པ་རང་གཞན་ལ་གནོད་པ་ཤིན་ཏུ་ཆེ་བས་ཚུལ་ཁྲིམས་ལས་ནི་ཉམས་པ་སླ་ཡི་སྟོང་པ་ཉིད་ཀྱི་ལྟ་བ་ལས་ཅིས་ཀྱང་ཉམས་པར་བྱ་བ་མ་ཡིན་ཏེ། ཚུལ་ཁྲིམས་ཀྱིས་ནི་འབྲས་བུ་མཐོ་རིས་འགྲོ་ལ་དེ་ཁོ་ན་ཉིད་རྟོགས་པའི་ལྟ་བས་ཐར་པ་དང་ཐམས་ཅད་མཁྱེན་པའི་གོ་འཕང་མཆོག་ཏུ་འགྲོ་བར་འགྱུར་རོ། །མདོ་ལས། ཚུལ་ཁྲིམས་ཉམས་པ་ནི་སླའི། ལྟ་བ་ཉམས་པ་ནི་མ་ཡིན་ནོ། །ཞེས་གསུངས་སོ། །

ཐ༤ དེ་ཁོ་ན་ཉིད་ལ་བཀྲི་བའི་རིམ་པ།

བཞི་པ་དེ་ཁོ་ན་ཉིད་ཀྱིས་ལྟ་བ་དེ་ཡང་མཁས་པས་སྔོད་ཉེ་བར་བརྟགས་ནས་བསྟན་པར་བྱ་སྟེ། ཇི་སྐད་དུ། བླུན་ལ་ཉེ་བར་བསྟན་པ་ན། །འཁྲུག་པར་འགྱུར་གྱི་ཞི་ཕྱིར་མིན། །ལག་འགྲོའི་འོ་མ་འཐུང་བ་ནི། །དུག་འཕེལ་འགྱུར་བ་འབའ་ཞིག་གོ །ཞེས་བཤད་པ་ལྟར། བློ་མ་སྦྱངས་པའི་དམ་པ་མིན་པ་ལ་བདག་འཛིན་དང་མཐུན་པར་བདག་བསྟན་པ་མཆོག་ཡིན་ཏེ། བདག་ལ་ཆགས་པས་ཉེས་སྤྱོད་ལས་ལྡོག་ནས་བདེ་འགྲོ་(༡༠ན)རྙེད་སླ་བའི་ཕྱིར། བདག་མེད་སྟོན་པ་ནི་མཆོག་མ་ཡིན་ཏེ། སྤྱོང་བ་དང་ཕྱིན་ཅི་ལོག་ཏུ་གོ་ནས་སྡོ་གསུམ་འཇོམས་པར་འགྱུར་བའི་ཕྱིར་རོ། །དེས་ན་སྟོང་པ་ཉིད་བསྟན་པ་ལ་ཉེས་དམིགས་ཕན་ཡོན་གྱི་ཕྱོགས་གཉིས་ཡོད་དེ། གཅིག་ནི་མ་གྲུས་པར་སྤྱོང་བ་དང་། ཡང་ན་ཡོད་པ་མ་ཡིན་པ་སྟོང་པའི་དོན་དུ་བཟུང་ནས་ལས་འབྲས་ལ་སྐུར་བ་བཏབ་པས་ངན་འགྲོ་ཉིད་དུ་འགྲོ་ལ། དེ་ཁོ་

ན་ཉིད་ལ་མཁས་པའི་ཐ་མལ་བ་མིན་པ་ལ་ཞི་བ་ཉིད་དུ་འགྲོའོ། །

ཐ༥ དེ་ཁོ་ན་ཉིད་ངོས་བཟུང་བ།

ད༡ གནས་ལུགས་ངོས་བཟུང་བ།

ལྔ་པ་ལ་གཉིས། གནས་ལུགས་ངོས་བཟུང་བ་དང་། དམན་པ་སྐྲག་པ་སྐྱེ་བའི་རྒྱུ་མཚན་ནོ། །དང་པོ་ནི། ཐེག་པ་གསུམ་གའི་བྱང་ཆུབ་ཏུ་བགྲོད་པ་ལ་ངེས་པར་རྟོགས་དགོས་ཀྱི་དེ་ཁོ་ན་ཉིད་མ་རྟོགས་པར་སྲིད་པའི་རྩ་བ་གཅོད་མི་ནུས་པས་ཞི་བའི་སྒོ་གཉིས་པ་མེད་པ་དང་། གང་ཞིག་རྟོགས་ན་མཐར་འཛིན་གྱི་ལྟ་བ་ངན་པ་རྣམས་འཇིག་པར་བྱེད་ཅིང་ཉན་རང་འཕགས་པ་དང་། སངས་རྒྱས་འཕགས་པ་སོགས་སངས་རྒྱས་ཀུན་གྱི་ཡུལ་དུ་གྱུར་པ་རྟེན་འབྱུང་རང་བཞིན་གྱིས་གྲུབ་པས་སྟོང་པ་ནི། གནས་ལུགས་དང་དོན་དམ་བདེན་པ་དང་། སྟོང་པ་ཉིད་དང་བདག་མེད་ཅེས་ནི་བྱ་བར་བརྗོད་དོ། །

ད༢ དམན་པ་སྐྲག་པ་སྐྱེ་བའི་རྒྱུ་མཚན།

གཉིས་པ་ནི། བདག་མེད་འདི་ནི་སྐྱེ་བོ་བློ་ཞན་པ་ལ་བསྟན་པར་བྱ་བ་མིན་ཏེ། སྟོང་པ་ཉིད་ཀྱི་ཆོས་འདི་ཡི་ནི་མིང་ལས་ཀྱང་དམ་པ་མིན་པ་འཇིགས་པ་སྐྱེ་སྟེ། སྟོབས་ཞན་པ་ལ་འཇིགས་པ་མི་སྐྱེད་པའི་སྟོབས་ལྡན་ཞེས་བྱ་བ་གང་ཞིག་མཐོང་སྟེ། དཔེར་ན་སྟག་དང་སེང་གེ་ལ་སོགས་པ་མཐོང་བ་ཙམ་གྱིས་རི་དྭགས་ཕྲ་མོ་འཇིགས་པ་བསྐྱེད་པ་བཞིན་ནོ། །

ཏ༣ ཟབ་མོ་སྟོང་པ་མཛད་པའི་ཆེད་དུ་གསུངས་པ་མིན་པ།

ཐ༡ ཆོས་འདི་སྟོང་པའི་ཆེད་དུ་མ་གསུངས་ཀྱང་སྨྲ་བ་ངན་པ་མཐའ་དག་བསྲེག་པ་ཆོས་ཉིད་ཡིན་པ།

གསུམ་པ་ལ་གསུམ། ཆོས་འདི་སྟོང་པའི་ཆེད་དུ་(༡༠བ)མ་གསུངས་ཀྱང་སྨྲ་བ་ངན་པ་མཐའ་དག་བསྲེག་པ་ཆོས་ཉིད་ཡིན་པ་དང་། དེའི་རྒྱུ་མཚན་དང་། ལམ་གོལ་བར་ཞུགས་པ་ལ་སྙིང་རྗེ་བྱ་བར་རིགས་པའོ། །དང་པོ་ནི། ཆོས་འདིས་ལྟ་བ་ངན་པ་མཐའ་དག་འཇོམས་པར་བྱེད་པས་ཕས་ཀྱི་རྒོལ་བ་ཚར་བཅད་པའི་ཆེད་དུ། རྩོད་མིན་པ་དག་ལ་ཉེ་བར་བསྟན་པར་བྱའོ་ཞེ་ན། སྟོང་པ་ཉིད་ཀྱི་ཆོས་འདི་དེ་བཞིན་གཤེགས་པ་རྣམས་ཀྱིས་རྒོལ་བ་གཞན་ཟིལ་གྱིས་མནན་པ་འབའ་ཞིག་གི་རྩོད་པའི་ཆེད་དུ་མ་གསུངས་པ་སྟེ། རྣམ་པར་ཐར་པའི་སྒོ་ཉིད་དུ་བསྟན་པའི་ཕྱིར། དེ་ལྟ་ནའང་སྟོང་པ་ཉིད་ཀྱི་ཆོས་འདིས་ནི་གཞན་གྱི་སྨྲ་བ་ངན་པ་རྣམས་བསྲེག་སྟེ། མེ་ལ་བསྲེག་པར་བྱའོ་སྙམ་པ་མེད་ཀྱང་མེ་ཡིས་བུད་ཤིང་བསྲེག་པ་བཞིན་ནོ། །སློབ་དཔོན་གྱིས་ཀྱང་། རྩྭ་རྩེའི་ཆུ་ཡི་ཟིལ་པ་རྣམས། །ཉི་མའི་འོད་དང་མཇལ་བ་བཞིན། །རྒོལ་བ་རྣམས་ཀྱི་རྩོད་དང་སྒྲོན། །ཁྱོད་དང་མཇལ་ན་འཇིག་པར་འགྱུར། །ཞེས་གསུངས་སོ། །

ཐ༢ དེའི་རྒྱུ་མཚན།

ད༡ དངོས།

གཉིས་པ་ལ་གཉིས། དངོས་དང་། འཕགས་པ་རྣམས་ལ་སྡུག་པ་མི་སྐྱེ་བའི་རྒྱུ་མཚན་ནོ། །དང་པོ་ནི། ཆོས་འདི་དད་པ་ཅན་གྱི་རྒྱུད་ལ་སྐྱེས་པ་ན་ཇི་ལྟར་གཞན་གྱི་སྨྲ་བ་སྲེག་ཅེ་ན། རང་བཞིན་སྟོང་པ་ཉིད་ཀྱི་ཆོས་འདིའི་བདུད་རྩིའི་རོ་གང་

གིས་ཐོས་བསམ་སྒོམ་གསུམ་གྱིས་ཤེས་པར་གྱུར་པ་དེ་ནི་དངོས་པོ་ལ་བདེན་པར་ཞེན་པའི་ལྟ་བ་གཞན་ལ་མི་དགའ་སྟེ། དེས་ན་སློབ་དཔོན་བདག་ལ་སྟོང་པ་ཉིད་ཀྱིས་ཆོས་འདི་ནི་ལྟ་བ་ངན་པ་ཐམས་ཅད་འཇིགས་པའི་སྒོ་ཐབས་དང་འདྲ་བར་སྣང་ངོ་། །ཡང་ན། གསུང་རབ་ཀྱི་ཆོས་ལ་དགོངས་ནས་འཇིག་པའི་སྒོ་དང་འདྲ་བར་སྣང་ཞེས་བཤད་དོ། །སྟོང་པ་ཉིད་སྟོན་པའི་(༡༧ན)སངས་རྒྱས་ཀྱི་གསུང་ཡང་སློབ་དཔོན་ལ་དེ་དང་འདྲ་བར་སྣང་ཞེས་པའོ། །

ད༢ འཕགས་པ་རྣམས་ལ་སྐྲག་པ་མི་སྐྱེ་བའི་རྒྱུ་མཚན།

གཉིས་པ་ནི། ཅི་སྟེ་འཕགས་པ་རྣམས་ལ་སྟོང་པ་ཉིད་སྐྲག་པའི་རྒྱུ་ཏུ་མི་འགྱུར་ཞེ་ན། བདག་ལ་ཆགས་པའི་ས་བོན་བཅོམ་པའི་ཕྱིར་ཕྱི་དང་ནང་གི་ཆོས་རྣམས་དེ་ཁོ་ན་ཉིད་དུ་བདག་མེད་སྙམ་དུ་དེ་ལྟར་གང་ལ་དགོངས་ཤིང་མངོན་སུམ་དུ་མཁྱེན་པས་གནས་པ་དེ་ནི་བདག་ཡོད་པས་ག་ལ་དགའ་བར་འགྱུར་བདག་མེད་པས་འཇིགས་པར་ག་ལ་འགྱུར། བདག་ལྟ་ལ་རྗེས་སུ་ཆགས་པ་མེད་ཅིང་། བདག་མེད་ལ་ཁྲོ་བར་མི་རིགས་སོ། །དེས་ན་བདག་མེད་པར་མངོན་སུམ་དུ་རྟོགས་པ་ལ་ནི་འཇིགས་པའི་རྒྱུ་ལོག་པས་འཇིགས་པ་མི་འབྱུང་ངོ་། །

ཐ༣ ལམ་གོལ་བར་ཞུགས་པ་ལ་སྙིང་རྗེ་བྱ་བར་རིགས་པ།

གསུམ་པ་ནི། དོན་མིན་པ་འཁོར་བའི་སྡུག་བསྔལ་མུ་མཐའ་མེད་པའི་ས་བོན་དུ་གྱུར་པ་ཡི་དངོས་པོ་བདེན་པར་ཞེན་པའི་ལྟ་བ་ངན་པའི་ཆེར་མའི་ཚང་ཚིང་དུ་བཙུག་ནས། ཐར་པ་ཆ་མཐུན་གྱི་དགེ་བའི་སྲོག་གི་དབང་པོ་བཅད་པའི་སྒོ་ནས། ཉིན་རེ་བཞིན་རང་གི་སློབ་མ་རྣམས་གསོད་པར་བྱེད་པའི་མུ་སྟེགས་ཅན་མང་པོའི་སྤྲུལ་གདུག་པ་མཐོང་ནས་ནི་འཁོར་བ་ལས་གྲོལ་བའི་ཆོས་འདོད་པ་ཡི་སྐྱེ་བོ་

ལ་ཆོས་འདིའི་རང་བཞིན་ཡོང་དུ་ཆུད་པའི་བྱང་ཆུབ་སེམས་དཔའི་རིགས་ཅན་སུ་ཞིག་སྙིང་བརྩེ་སྐྱེ་བར་མི་འགྱུར། དེས་ན་སེམས་ཅན་རྣམས་མུ་སྟེགས་ཅན་གྱི་སྨྲུལ་གྱིས་ཕྲོགས་པར་མི་འགྱུར་བ་རང་བཞིན་མེད་པའི་ལམ་ཉེ་བར་བསྟན་པར་བྱའོ། །

༦༩ རང་གཞན་གྱི་བསྟན་པའི་ཕྲ་རགས་བསྟན་པ།

ཐ༧ བློ་དམན་པ་གཞན་གྱི་བསྟན་པ་ལ་གུས་ཤིང་སྟོན་པའི་བསྟན་པ་ལ་མི་གུས་པའི་རྒྱུ་མཚན་སྨྲིར་བསྟན་པ།

བཞི་པ་ལ་གཉིས། བློ་དམན་པ་གཞན་གྱི་བསྟན་པ་ལ་གུས་ཤིང་སྟོན་པའི་བསྟན་པ་ལ་མི་གུས་པའི་རྒྱུ་མཚན་སྤྱིར་བསྟན་པ་དང་། སོ་སོར་བཤད་པའོ། །དང་པོ་ནི། (༡༧བ)ཅིའི་ཕྱིར་སེམས་ཅན་རྣམས་དགེ་བའི་བསམ་པ་ཅན་ཡིན་ཡང་ཕལ་ཆེར་མུ་སྟེགས་ཅན་གྱིས་ལུགས་དང་རྗེས་སུ་འབྲེལ་གྱི། སངས་རྒྱས་ཀྱི་བསྟན་པ་དང་མིན་ཞེ་ན། དེ་ནི་ཕྲ་ཞིང་རྟོགས་པར་དཀའ་བའི་ཕྱིར་རོ། །འདི་ལྟར་ཤཱཀྱ་པ་དང་གོས་མེད་གཅེར་བུ་པ་དང་བྲམ་ཟེ་སྟེ་གསུམ་པོ་རྣམས་ཀྱིས་ཆོས་རིམ་པ་བཞིན་དུ་ཡིད་དང་མིག་དང་རྣ་བ་ཡིས་འཛིན་པ་དེའི་ཕྱིར། ཐུབ་པའི་གཞུང་ལུགས་ཕྲ་བས་དེ་ལ་ཕལ་ཆེར་མི་འཇུག་གོ །ཤཱཀྱ་པའི་ཆོས་ནི་རང་བཞིན་མེད་པར་རྟོགས་པའི་ལྟ་བའི་ཉེ་མས་སེམས་ཀྱི་རྒྱུད་སྣང་བར་གསུངས་ཤིང་། དམ་པ་མིན་པའི་ལྟ་བའི་ཚང་ཚིང་མ་ལུས་པ་བཅོམ་པ། འདུས་བྱས་ཀྱི་ལམ་དང་འདྲ་བར་མཐོང་བས་སེམས་ཀྱི་རྒྱུད་དྲི་མ་མེད་པར་གྱུར་པ་རྣམས་མཉམ་པར་བཞག་པས་གོ་བར་བྱ་དགོས་པས་ཕྲ་ལ། གཅེར་བུ་པ་རྣམས་ལུས་ཉེ་ལྷགས་ཀྱིས་གཟིར་ཞིང་། གཙང་སྦྲ་གཙོད་པ་དང་བྲལ་བས་མཐོང་བ་ཡོ་ནས་གོ་བ་དང་། བྲམ་ཟེ་རྣམས་འདོན་པ་འབབ་ཞིག་སྙིང་པོར་བྱེད་པས། ཐོས་པས་གོ་བར་བྱ་བ་ཡིན་པས་རྟོགས་པར་སླ་བ་ཡིན་ནོ། །

ཐ༢ སོ་སོར་བཤད་པ།

ད༡ ལུགས་ངན་དེ་དག་ཐར་འདོད་ཀྱི་དཔྱད་བྱ་མིན་པ།

གཉིས་པ་ལ་གསུམ། ལུགས་ངན་དེ་དག་ཐར་འདོད་ཀྱི་དཔྱད་བྱ་མིན་པ་དང་། དབང་པོ་དམན་པ་གུས་པ་སྐྱེ་བའི་ཚུལ་དང་། ལུགས་དེ་དག་དམ་པའི་ཆོས་མིན་པའི་རྒྱུ་མཚན་ནོ། །དང་པོ་ནི། གལ་ཏེ་བློ་རྟོགས་པའི་ཡུལ་ཡིན་པའི་ཕྱིར། འཇིག་རྟེན་པ་ཕྱི་རོལ་པའི་ཆོས་ལ་འཇུག་ན་ཁྱོད་ཀྱིས་ཀྱང་དེ་ལྟར་བསྒྲུབ་རིགས་སོ། །ཞེ་ན། མི་རིགས་ཏེ། ཇི་ལྟར་བྲམ་ཟེ་རྣམས་ལ་ཆོས་ཕལ་ཆེར་བཟླས་བརྗོད་དང་། སྦྱིན་སྲེག་དང་། བཀྲ་ཤིས་དང་། འགྲོད་མཚངས་སོགས་རྙེད་བཀུར་གྱི་ཆེད་དུ་ཕྱི་ཚུལ་འཆོས་པ་ཤས་ཆེ་བས་(༡༢༤)ཐར་པ་འདོད་པ་རྣམས་ཀྱི་དཔྱད་བྱ་མ་ཡིན་པར་བརྗོད་པ་ལྟར་དེ་བཞིན་དུ་གཅེར་བུ་པ་རྣམས་ལ་ཆོས་ཕལ་ཆེར་སྐྲ་འབལ་བ་དང་། མེ་ལྔ་བསྟེན་པ་སོགས་ཏེ་སྡུག་པ་བརྗོད་པ་ཡིན་པས་ཐར་པ་འདོད་པ་རྣམས་ཀྱིས་རྣམ་པ་ཐམས་ཅད་དུ་སྤང་བར་བྱ་བ་ཡིན་ནོ། །

ད༢ དབང་པོ་དམན་པ་གུས་པ་སྐྱེ་བའི་ཚུལ།

གཉིས་པ་ནི། བྲམ་ཟེ་རྣམས་ཀྱིས་ཆོས་ཕྱིར་འཆོས་པ་གཙོ་བོ་ཡིན་པས་དབང་པོ་དམན་པ་ཁ་ཅིག །ཇི་ལྟར་རིག་བྱེད་འདོན་པ་སོགས་རིགས་པ་ཐོས་པ་ལས་བྲམ་ཟེར་གུས་པ་སྐྱེ་བ་ལྟར་དེ་བཞིན་དུ་ལུས་ཉི་ལྷགས་ཀྱིས་གཟིར་བ་སོགས་སྡུག་བསྔལ་ཞིང་ཉོན་མོངས་པའི་ཀུན་སྤྱོད་ཐོས་པ་ལས་གཅེར་བུ་པ་ལ་གུས་ཤིང་བརྩེ་བར་འགྱུར་རོ། །

༥༣ ལུགས་དེ་དག་དམ་པའི་ཆོས་མིན་པའི་རྒྱུ་མཚན།

གསུམ་པ་ནི། ལུས་གཟིར་བ་ལ་སོགས་པའི་ཚོར་བ་སྡུག་བསྔལ་མི་དགེ་བའི་ལས་ཀྱི་རྣམ་སྨིན་ཡིན་པའི་ཕྱིར། ཇི་ལྟར་དམྱལ་བའི་སྡུག་བསྔལ་བཞིན་དུ་ཆོས་སུ་མི་འགྱུར་བ་དེ་བཞིན་དུ་བྲམ་ཟེ་རྣམས་ཀྱི་སྐྱེ་གནས་བཟུང་བའི་སྐྱེ་བ་ཡང་སྔོན་གྱི་ལས་ཀྱི་ནི་རྣམ་སྨིན་ཡིན་པའི་ཕྱིར། མིག་ལ་སོགས་པ་བཞིན་མཐོ་རིས་ཐོབ་བྱེད་ཀྱི་ཆོས་མ་ཡིན་ནོ། །

༦༢ ལེགས་བཤད་མདོར་བསྡུས་ཏེ་བསྟན་པ།

༤༡ དངོས།

གཉིས་པ་ལ་གཉིས། དངོས་དང་། ཕྱི་རོལ་པ་སྟོན་པའི་ཆོས་ལ་མི་གུས་པའི་རྒྱུ་མཚན་ནོ། །དང་པོ་ནི། སྐྱེ་བ་དང་སྡུག་བསྔལ་ཆོས་མིན་ན་ཆོས་གང་ཞིག་ཡིན་ཞེ་ན། གཞན་ལ་གནོད་པའི་བསམ་པ་དང་། དེས་ཀུན་ནས་བསླངས་པའི་ལུས་ངག་གི་ལས་ནི། གཞན་ལ་འཚེ་བ་ཡིན་ལ། མི་འཚེ་བ་ནི། དེ་ལས་ལོག་པའི་དགེ་བ་བཅུའི་ལས་ཀྱི་ལམ་མོ། །དེས་ན་མཐོ་རིས་ཐོབ་བྱེད་ཀྱི་ཆོས་ནི་མདོར་ན་མི་འཚེ་བར་དེ་བཞིན་གཤེགས་པ་རྣམས་གསུངས་སོ། །ཐར་(༡༢བ)པ་ཐོབ་པར་བྱེད་པའི་ཆོས་ནི་ཆོས་རྣམས་རང་བཞིན་གྱིས་གྲུབ་པས་སྟོང་པ་ཉིད་རང་བཞིན་གྱི་མྱང་འདས་དང་། དོན་དེ་ཉིད་མངོན་སུམ་དུ་བྱས་པས་སྡུག་བསྔལ་ཀུན་གཏན་མི་སྐྱེ་བའི་ཆོས་ཅན་དུ་མཐོང་ནས་གློ་བུར་གྱི་དྲི་མ་དང་བྲལ་བ། གློ་བུར་གྱི་དྲི་བྲལ་གྱི་མྱ་ངན་ལས་འདས་པ་སྟེ་འདིར་ནི་མི་འཚེ་བ་དང་མྱང་འདས་དེ་གཉིས་འབའ་ཞིག་གོ །རིགས་པ་དྲུག་ཅུ་པ་ལས། དེ་ཉིད་མཐོང་ཆོས་མྱ་ངན་ལས། །འདས་ཤིང་བྱ་བ་བྱས་པའང་ཡིན། །ཞེས་བཤད་པ་ལྟར། མཐོང་ལམ་ཐོབ་ནས་མྱང་འདས་ཙམ་ཞིག་ཐོབ་པར་

བཞག་གི་དེ་ཐོབ་པ་ལ་ཕུང་པོ་མ་ལུས་པ་འགགས་པ་མི་དགོས་སོ། །སྐབས་འདིར་བཤད་པའི་དགོས་པ་ནི། ཐར་པ་ཐོབ་པ་ལ་ངེས་པར་སྟོང་པ་ཉིད་རྟོགས་དགོས་པར་བསྟན་པའི་ཆེད་དུ་ཡིན་ནོ། །

༨༢ ཕྱི་རོལ་པ་སྟོན་པའི་ཆོས་ལ་མི་གུས་པའི་རྒྱུ་མཚན།

གཉིས་པ་ནི། ཕྱི་རོལ་པ་རྣམས་ཀྱིས་ཐུབ་པའི་བསྟན་པ་འདི་མཐོང་བཞིན་དུ་ཡང་ཆོས་གཉིས་པོ་འདི་ལ་མི་གུས་ཤེ་ན། རང་ཕྱོགས་ངན་པ་ལ་ཆགས་པའི་ཕྱིར། འདི་ལྟར་རང་གི་ཕྱོགས་ལ་ཆགས་པ་ནི་འཇིག་རྟེན་ཐམས་ཅད་ལ་ཐོག་མ་མེད་པ་ནས་གོམས་པས་རང་གི་སྐྱེ་ས་ཡི་ཡུལ་བཞིན་དུ་སྡུག་ཅིང་ཆགས་པས་གཏོང་མི་འདོད་པར་འགྱུར་ན་རང་ཕྱོགས་དེའི་ལྡོག་པར་བྱེད་པའི་རྒྱུ་དེ་དང་འགལ་བ་མི་ཆེ་བ་དང་སྟོང་པ་ཉིད་ཅེས་བྱ་བ་ཆོས་གཉིས་པོ་འདི་ཕྱི་རོལ་པ་ཁྱོད་ལ་རྒྱུ་གང་གི་སྡུག་པར་འགྱུར་ཏེ། རང་གི་ལྟ་བ་ངན་པ་ལ་མངོན་པར་ཞེན་པས་སངས་རྒྱས་ཀྱི་ཆོས་འདི་ལ་མི་འཇུག་གོ །

༩༣ གྲོལ་བ་དོན་གཉེར་ལེགས་བཤད་བླང་བར་གདམས་པ།

གསུམ་པ་ལེགས་བཤད་བླང་བར་གདམས་པ་ནི། མཁས་པས་རང་གི་སྐྱེ་ས་རྒྱུད་པའི་རྒྱུར་མཐོང་ནས་དེ་སྤངས་ནས་འཕྲོར་བའི་ཡུལ་གཞན་ལ་བརྟེན་པ་ལྟར། གང་ཞིག་གོམས་པས་མངོན་མཐོ་དང་(༡༣ན)ཐར་པ་ཐོབ་པའི་རིགས་པའི་དོན་ནི་གཞན་གྱི་གཞུང་ལས་ཀྱང་བློ་ལྡན་ལེགས་པར་འདོད་པས་བླང་བར་བྱ་སྟེ། དཔེར་ན་ཉི་མ་ཕྱོགས་ལྷུང་དང་བྲལ་བས་ས་སྟེང་ན་གནས་པའི་མིག་ལྡན་ལ་སྣང་བའི་བྱ་བ་བྱེད་པས་ཀུན་གྱི་སྤྱི་མཐུན་དུ་བྱེད་པ་མིན་ནམ་ཡིན་པ་དེ་བཞིན་དུ། ཆོས་འདི་གཉིས་ཀྱང་ཉམས་སུ་བླངས་ན་ཐམས་ཅད་ལ་ཕན་ཐོགས་པ་ཁོ་ན་ཡིན་པས་གུས་པ་དང་

ལྡན་པས་ཆོས་འདི་དག་བྱ་བར་རིགས་སོ། །

འདིར་སྨྲས་པ། ལེགས་བཤད་སྟོང་གི་མཚན་ཉིད་ལྡན་བྱ་སྟེ། །གང་ཞིག་རྟོགས་པས་མཐར་འཛིན་ལ་ཆགས་བྲལ། །སྲིད་གཙོད་ལམ་གྱི་དམིགས་པ་མཐར་ཐུག་པ། །རྟེན་འབྱུང་རང་བཞིན་མེད་ལ་མཁས་པར་བྱ། །བསྟུ་བའི་ཚིགས་སུ་བཅད་པའོ། །

ཛ༢ ལེའུའི་མཚན་བསྟན་པ།

གཉིས་པ་ལེའུའི་མཚན་བསྟན་པ་ནི། བྱང་ཆུབ་སེམས་དཔའི་རྣལ་འབྱོར་སྤྱོད་པ་བཞི་བརྒྱ་པའི་རྣམ་བཤད་ལེགས་པར་བཤད་པའི་སྙིང་པོ་ཞེས་བྱ་བ་ལས་ལྟ་བ་དགག་པ་བསྒོམ་པ་བསྟན་པ་སྟེ་རབ་ཏུ་བྱེད་པ་བཅུ་གཉིས་པའི་འགྲེལ་པའོ།། །།

རབ་བྱེད་བཅུ་གསུམ་པ།

ཆ༩ དབང་པོ་དང་དོན་བདེན་གྲུབ་དགག་པ།

ཛ༡ ལེའུའི་གཞུང་བཤད་པ།

ཀ༡ དོན་བདེན་གྲུབ་འགོག་པའི་རིགས་པ་རྒྱས་པར་བཤད་པ།

བཞི་པ་དབང་པོ་དང་དོན་བདེན་གྲུབ་དགག་པ་ལ་གཉིས། ལེའུའི་གཞུང་བཤད་པ་དང་། ལེའུའི་མཚན་བསྟན་པའོ། །དང་པོ་ལ་གཉིས། དོན་བདེན་གྲུབ་འགོག་པའི་རིགས་པ་རྒྱས་པར་བཤད་པ་དང་། བདེན་པས་སྟོང་པ་སྒྱུ་མ་སོགས་དང་མཚུངས་པར་བསྟན་པའོ། །དང་པོ་ལ་གསུམ། གཟུང་བྱ་དབང་དོན་བདེན་པ་དགག་པ་དང་། འཛིན་བྱེད་ཡུལ་ཅན་བདེན་པ་དགག་པ་དང་། བདེན་མེད་མིག་འཕྲུལ་ལྟ་བུ་ངོ་མཚར་གྱི་རྒྱུར་བསྟན་པའོ། །

ཏ༽ གཟུང་བྱ་དབང་དོན་བདེན་པ་དགག་པ།

ཐ༽ སྤྱིར་དགག་པ།

ད༽ དངོས།

ན༽ བུམ་པ་རང་གི་མཚན་ཉིད་ཀྱིས་གྲུབ་པ་དབང་ཤེས་ཀྱི་མངོན་སུམ་དུ་མཐོང་བ་དགག་པ།

དང་པོ་ལ་གཉིས། སྤྱིར་དགག་པ་དང་། སོ་སོར་དགག་པའོ། །དང་པོ་ལ་གཉིས། དངོས་དང་། (༡༣བ)རིགས་པ་གཞན་བསྟན་པའོ། །དང་པོ་ལ་ལྔ། བུམ་པ་རང་གི་མཚན་ཉིད་ཀྱིས་གྲུབ་པ་དབང་ཤེས་ཀྱི་མངོན་སུམ་དུ་མཐོང་བ་དགག་པ་དང་། རིགས་པ་དེ་གཞན་ལ་སྦྱར་བ་དང་། གཟུགས་རང་མཚན་མཐོང་བས་གཞན་མཐོང་བར་འཛོག་པ་ཧ་ཅང་ཐལ་བ་དང་། གཟུགས་རང་མཚན་པ་ཁོ་ན་ལ་མངོན་སུམ་ཡིན་པ་དགག་པ་དང་། སྒྲུབ་བྱེད་བསྒྲུབ་བྱ་དང་མཚུངས་པར་བསྟན་པའོ། །དང་པོ་ནི། རིགས་པའི་དོན་ནི་གཞན་ལས་ཀྱང་། །བློ་ལྡན་ལེགས་པ་འདོད་ལས་བླངས། །ཞེས་སྨྲས་ན། ལེགས་བཤད་གང་ཡིན་ཞེ་ན། དངོས་པོ་ཐམས་ཅད་རང་བཞིན་མེད་པར་མཐོང་བའོ། །དངོས་པོ་ཐམས་ཅད་རང་བཞིན་མེད་པར་རྟོགས་མི་ནུས་ཏེ། རང་བཞིན་མེད་ན་ཡེ་མེད་དུ་འགྱུར་བས་བོང་བུའི་རྭ་ལ་སོགས་པ་མངོན་སུམ་དུ་གྲུབ་པ་མིན་པས་བུམ་པ་དང་སྔོན་པོ་ལ་སོགས་པ་མངོན་སུམ་དུ་གྲུབ་པའི་ཕྱིར། དངོས་པོ་ཐམས་ཅད་རང་བཞིན་གྱིས་ཡོད་པ་ཁོ་ནའོ་ཞེ་ན། བུམ་པ་ངོ་བོ་ཉིད་ཀྱིས་གྲུབ་པ་མངོན་སུམ་དུ་མཐོང་བ་མི་འཐད་པར་ཐལ། དེ་ལྟ་ན་བུམ་པའི་གཟུགས་མཐོང་བའི་བློ་དེས་ཆ་ཐམས་ཅད་མཐོང་དགོས་པ་གང་ཞིག །མིག་ཤེས་ཀྱི་བུམ་པའི་གཟུགས་མཐོང་བའི་ཚེ་ན་བུམ་པའི་ཆ་ཐམས་ཅད་ཁོ་ན་མཐོང་བར་མི་འགྱུར་བའི་ཕྱིར། བུམ་པ་མངོན་སུམ་ཞེས་བྱ་བའང་དངོས་པོའི་དེ་ཉིད་རིགས་

པ་སྲུ་ཞིག་སྨྲ། འང་གི་སྨྲས་སྔོན་པོ་རང་མཚན་པ་ཡང་ཞེས་པའོ། །བུམ་པ་ནི་རྫུལ་རྫས་བརྒྱད་ལ་བརྟེན་ནས་བཏགས་པ་རང་གི་མཚན་ཉིད་ཀྱིས་གྲུབ་པ་དང་། ཕྱོགས་གཅིག་མཐོང་བས་ཐམས་ཅད་མཐོང་བ་མི་རུང་བའི་ཕྱིར། དེ་བཞིན་དུ་མེ་ལ་སོགས་པ་རང་གི་ངོ་བོས་གྲུབ་ན། བུད་ཤིང་ལ་མི་ལྟོས་པས་རྟག་ཏུ་འབར་བ་ལ་སོགས་པའི་ཉེས་པར་འགྱུར་རོ། །རྟོག་གེ་པ་དག་དབང་པོ་སོ་སོ་ལ་(༡༥ན)བརྟེན་པས་ན་མངོན་སུམ་ཞེས་འདྲིས་རུང་འཛིན་པའི་རྟོག་པ་དང་བྲལ་བའི་ཤེས་པ་མངོན་སུམ་དུ་འདོད་པ་ནི་རིགས་པ་དང་། གྲགས་པ་དང་འགལ་བའི་ཕྱིར་རོ། །ཤེས་པ་སྐད་ཅིག་རེ་རེ་བ་ལ་མངོན་སུམ་མི་རུང་བར་ཐལ་བ་དང་། འཇིག་རྟེན་ན་ཡང་ཟླ་བ་ཚེས་པ་སོགས་སྐྱེས་བུ་དུ་མས་མངོན་སུམ་དུ་གྲུབ་པའི་ཡུལ་མངོན་སུམ་དུ་གྲགས་ཀྱི་ཡུལ་ཅན་ལ་མ་གྲགས་པའི་ཕྱིར། དེ་བཞིན་དུ་དབང་པོའི་ཤེས་པ་མངོན་སུམ་དུ་ཁས་བླངས་པས། ཤེས་པ་གཞན་ཚད་མར་རྟོགས་པ་ཡང་མ་འབྲེལ་བ་ཞིག་སྟེ། རྒྱས་པར་འགྲེལ་པ་ལས་ཤེས་པར་བྱའོ། །ཚིག་མངས་སུ་དོགས་ནས་མ་བྲིས་སོ། །

ཆ༢ རིགས་པ་དེ་གཞན་ལ་སྦྱར་བ།

གཉིས་པ་ནི། བུམ་པ་དང་སྔོན་པོ་ལ་སོགས་པ་རང་གི་ངོ་བོ་ཉིད་ཀྱིས་གྲུབ་པ་ལ་དབང་ཤེས་མངོན་སུམ་དུ་འདོད་པ་འགོག་པའི་རིགས་པའི་རྣམ་པར་དཔྱད་པ་འདི་ཉིད་ཀྱིས་བློ་མཆོག་དང་ལྡན་པའི་མཁས་པས་སྣ་མའི་མེ་ཏོག་གི་དྲི་ལ་སོགས་པ་དྲི་ཞིམ་པ་དང་རོ་མངར་བ་དང་། རེག་བྱ་འཇམ་པ་ཐམས་ཅད་དག་རང་གི་ངོ་བོ་ཉིད་ཀྱིས་གྲུབ་པ་ལ་དབང་ཤེས་མངོན་སུམ་དུ་འདོད་པ་ཡང་སོ་སོར་དགག་པར་བྱ་བ་ཡིན་ནོ། །དངོས་པོ་བདེན་པར་གྲུབ་པ་ལ་ཆ་གཅིག་མཐོང་ནས་ཆ་གཞན་མ་མཐོང་བ་དང་། ཕྲད་མ་ཕྲད་ཉེ་རིང་གི་ཁྱད་པར་སོགས་བཞག་ཏུ་མི་རུང་བས་ཉེས་པ་དེ་དག་འཇུག་པ་ཡིན་ནོ། །

༤༧ གཟུགས་རང་མཚན་མཐོང་བས་གཞན་མཐོང་བར་འཛོག་པ་ཏ་ཙང་ཐལ་བ།

གསུམ་པ་ནི། བུམ་པ་གཟུགས་ལས་རྫས་ཐ་དད་པ་མེད་པའི་ཕྱིར། གཟུགས་མཐོང་བས་བུམ་པའི་ཆ་ཐམས་ཅད་མཐོང་བར་འགྱུར་རོ་ཞེ་ན། གལ་ཏེ་མིག་ཤེས་ཀྱིས་བུམ་པའི་གཟུགས་མཐོང་བ་ཡིས་བུམ་པའི་ཆ་དེ་ཐམས་ཅད་མཐོང་བར་འཇོག་ནུས་པར་འགྱུར་ན་ནི་མིག་ཤེས་ཀྱིས་བུམ་པའི་དྲི་མ་(༨༤བ)མཐོང་བ་ཡིས་གཟུགས་མཐོང་བར་འདོད་པ་ཡང་མཐོང་བ་མིན་པར་ཅིས་མི་འགྱུར། ཕྱོགས་གཅིག་མཐོང་བས་ཐམས་ཅད་མཐོང་བར་འཇོག་ན། ཆ་གཅིག་མ་མཐོང་བས་མ་མཐོང་བར་འདོད་པ་ཡང་མཐོང་བར་བཞག་མི་ནུས་སོ། །

༤༨ གཟུགས་རང་མཚན་པ་ཁོ་ན་ལ་མངོན་སུམ་ཡིན་པ་དགག་པ།

བཞི་པ་ནི། གལ་ཏེ་བུམ་པ་མངོན་སུམ་གྱི་གཞལ་བྱར་མེད་ཀྱང་བུམ་པའི་གཟུགས་མངོན་སུམ་གྱིས་གྲུབ་ལ། རྒྱུད་ནས་བུམ་པ་རང་གི་ངོ་བོ་ཉིད་ཀྱིས་གྲུབ་པ་ཡང་མངོན་སུམ་དུ་གྲུབ་པོ་ཞེ་ན། གཟུགས་ནི་རང་གི་ངོ་བོ་ཉིད་ཀྱིས་གྲུབ་པ་འབའ་ཞིག་ཁོ་ན་ལ་མངོན་སུམ་ཉིད་ནི་ཡོད་པ་མ་ཡིན་པར་ཐལ། གང་གི་ཕྱིར་གཟུགས་དེ་ལའང་ཕ་རོལ་གྱི་ཆ་དང་ཚུ་རོལ་གྱི་ཆ་དང་དབུས་ཀྱི་ཆ་དུ་མ་ཡོད་པས་ཆ་དུ་མ་ལ་བརྟེན་ནས་བཏགས་པ་ཡིན་པའི་ཕྱིར། གང་ལ་མངོན་སུམ་དུ་འགྱུར་བའི་རང་གི་ངོ་བོ་ཉིད་ཀྱིས་གྲུབ་པ་ཅུང་ཟད་ཀྱང་མེད་དོ། །

ན༥ སྒྲུབ་བྱེད་བསྒྲུབ་བྱ་དང་མཚུངས་པར་བསྟན་པ།

ལྔ་པ་ནི། དེ་ལྟར་ཆ་དང་ཆར་ཕྱེ་བ་ན་གཟུགས་དེ་རྡུལ་ཕྲ་རབ་ཀྱི་མཐར་ཐུག་པར་གནས་ལ་རྡུལ་ལ་ཆ་ཤས་ཡོད་དམ་མེད་ཅེས་དཔྱད་པ་རྡུལ་དེར་ཡང་འཇུག་པར་འགྱུར་ཏེ། མདུན་རྒྱབ་སོགས་ཀྱི་ཆ་ཡོད་ན་བུམ་པ་ལ་སོགས་པ་བཞིན་དུ་ཆ་དུ་མ་ལ་བརྟེན་ནས་བཏགས་པས་རྡུལ་ཕྲ་རབས་ཉམས་ལ། ཆ་ཤས་མེད་ན་གཟུང་དུ་མེད་པས་མེད་པར་འགྱུར་རོ། །དེའི་ཕྱིར་དངོས་པོ་རང་མཚན་པ་མ་གྲུབ་བསྒྲུབ་པར་བྱ་བ་ཡིས་བསྒྲུབ་བྱ་བུམ་པ་རང་གི་ངོ་བོ་ཉིད་ཀྱིས་གྲུབ་པ་མངོན་སུམ་གྱི་གཞལ་བྱར་འགྱུར་བར་མི་འཐད་དོ། །

ང༢ རིགས་པ་གཞན་བསྟན་པ།

གཉིས་པ་ནི། གཞན་ཡང་དབང་པོ་གཟུགས་ཅན་གྱིས་གཟུང་བར་བྱ་བའི་དོན་ལ་བརྟགས་པ་ན་ཀུན་ཀྱང་རང་གི་ཡན་ལག་ཅན་ལ་ལྟོས་ནས་ཡན་ལག་ཏུ་གྱུར་ནས་སྣར་ཡང་། རང་གི་(༥༥ན)ཡན་ལག་ལ་ལྟོས་ནས་ཡན་ལག་ཅན་དུ་འགྱུར་བ་དེའི་ཕྱིར། རང་གི་ཆ་ཤས་ལ་བརྟེན་ནས་བཏགས་པ་ཙམ་དུ་ཟད་ལ། རྡུལ་ཕྲ་རབ་ལ་དཔྱད་པ་བྱས་པ་དེ་བཞིན་མིང་གི་མཐར་གནས་པའི་ཡི་གེ་ཨ་ལ་སོགས་པ་བརྗོད་པ་ཡང་འཇིག་རྟེན་འདི་ན་ཐ་སྙད་ཙམ་མ་གཏོགས་རང་གི་ངོ་བོ་ཉིད་ཀྱིས་ཡོད་པ་མ་ཡིན་ནོ། །དེས་ན་རྟེན་འབྱུང་གི་ཆོས་ཐམས་ཅད་མིང་ཙམ་བརྡ་ཙམ་དུ་ཤེས་པར་བྱའོ། །

ཐ༢ སོ་སོར་དགག་པ།

ད༡ ཡུལ་རང་གི་ངོ་བོས་གྲུབ་པ་དབང་པོས་འཛིན་པ་དགག་པ།

ན༡ བལྟ་བྱ་བདེན་གྲུབ་དགག་པ།

པ༡ ཡུལ་དགག་པ།

ཕ༡ རང་སྡེ་དགག་པ།

གཉིས་པ་ལ་གཉིས། ཡུལ་རང་གི་ངོ་བོས་གྲུབ་པ་དབང་པོས་འཛིན་པ་དགག་པ་དང་། ཡིད་ཀྱིས་འཛིན་པ་དགག་པའོ། །དང་པོ་ལ་གཉིས། བལྟ་བྱ་བདེན་གྲུབ་དགག་པ་དང་། མཉན་བྱ་བདེན་གྲུབ་དགག་པའོ། །དང་པོ་ལ་གཉིས། ཡུལ་དགག་པ་དང་། ཡུལ་ཅན་དགག་པའོ། །དང་པོ་ལ་གཉིས། རང་སྡེ་དགག་པ་དང་། གཞན་སྡེ་དགག་པའོ། །དང་པོ་ལ་གསུམ། ཁ་དོག་དང་དབྱིབས་ཀྱིས་བསྡུས་པའི་གཟུགས་རང་མཚན་མིག་ཤེས་ཀྱི་གཟུང་དོན་དུ་བྱེད་པ་དེ་གཉིས་རང་བཞིན་གཅིག་དང་ཐ་དད་བརྟགས་ལ་དགག་པ་དང་། འབྱུང་བ་ཡོད་པའི་རྒྱུ་མཚན་གྱིས་གཟུགས་གཟུང་དོན་དུ་བྱེད་པའི་མིག་ཤེས་ཀྱིས་གཉིས་ཀ་འཛིན་པར་ཐལ་བས་དགག་པ་དང་། འདོད་པ་ལ་གནོད་པ་བསྟན་པའོ། །

བ༡ ཁ་དོག་དང་དབྱིབས་ཀྱིས་བསྡུས་པའི་གཟུགས་རང་མཚན་མིག་ཤེས་ཀྱི་གཟུང་དོན་དུ་བྱེད་པ་དེ་གཉིས་རང་བཞིན་གཅིག་དང་ཐ་དད་བརྟགས་ལ་དགག་པ།

དང་པོ་ནི། ཁ་དོག་དང་དབྱིབས་ཀྱིས་བསྡུས་པའི་བུམ་པའི་གཟུགས་རང་མཚན་མིག་ཤེས་ཀྱིས་མཐོང་བས་བུམ་པ་མངོན་སུམ་དུ་གྲུབ་བོ་ཞེ་ན། ཁ་དོག་དང་དབྱིབས་གཉིས་རང་བཞིན་གཞན་ནམ་གཅིག །གལ་ཏེ་མདོག་ལས་རིང་ཐུང་

ལ་སོགས་པའི་དབྱིབས་རང་བཞིན་གཞན་ཡིན་ན་ཇི་ལྟ་བུར་ན་མིག་ཤེས་ཀྱིས་དབྱིབས་(༥༥བ)གཟུང་དོན་དུ་བྱས་ནས་འཛིན་པར་འགྱུར་མི་འགྱུར་བར་ཐལ། ཁ་དོག་ལས་རྫས་གཞན་ཡིན་པའི་ཕྱིར། འོན་ཏེ་གཞན་མིན་པར་རང་བཞིན་གྱིས་གྲུབ་པའི་གཅིག་ཡིན་ན། ལུས་ཀྱིས་མུན་ཁུང་དུ་རིང་ཐུང་ལ་སོགས་པའི་དབྱིབས་འཛིན་པ་ལྟར་མདོག་ཀྱང་ཅི་སྟེ་འཛིན་པར་མི་འགྱུར་འཛིན་པར་ཐལ། དེ་གཉིས་གཅིག་ཡིན་པའི་ཕྱིར།

བ༢ འབྱུང་བ་ཡོད་པའི་རྒྱུ་མཚན་གྱིས་གཟུགས་གཟུང་དོན་དུ་བྱེད་པའི་མིག་ཤེས་ཀྱིས་གཉིས་ཀ་འཛིན་པར་ཐལ་བས་དགག་པ།

གཉིས་པ་ནི། གཟུགས་ཀྱི་སྐྱེ་མཆེད་ཡོད་དེ། རྒྱུ་གཟུགས་འབྱུང་བ་ཆེན་པོ་བཞི་ཡོད་པའི་ཕྱིར་ཅེ་ན། འབྲས་བུའི་གཟུགས་ནི་ལྟ་ཞིག་མ་གཏོགས་པར་ས་ལ་སོགས་པའི་གཟུགས་ཀྱི་རྒྱུ་ནི་མི་སྣང་སྟེ། འབྲས་བུ་གཟུགས་ལ་བརྟེན་ནས་བཏགས་པས་རང་བཞིན་ཐ་དད་དུ་མི་འཐད་ལ། རང་བཞིན་གྱིས་གྲུབ་པའི་གཅིག་ཡིན་ན། གཅིག་ཡིན་དགོས་པས་རྒྱུ་གཟུགས་དང་འབྲས་གཟུགས་གཉིས་ཀ་ཡང་ནི་མིག་ཤེས་ཉིད་ཀྱིས་འཛིན་པར་ཅིའི་ཕྱིར་མི་འགྱུར་འཛིན་པར་ཐལ། གཅིག་ཡིན་པའི་ཕྱིར།

བ༣ འདོད་པ་ལ་གནོད་པ་བསྟན་པ།

གསུམ་པ་ནི། ས་ནི་སྲ་ཞིང་བརྟན་པ་ཞེས་བྱ་བར་མཐོང་ལ་དེ་ཡང་ལུས་ཤེས་ཀྱིས་འཛིན་པར་འགྱུར་བ་དེས་ན་རིག་པའི་ཁྱད་པར་འབའ་ཞིག་ནི་སའོ་ཞེས་ནི་བྱ་བར་བརྗོད་པས་གཟུགས་ཀྱི་སྐྱེ་མཆེད་ནི་མིག་ཤེས་ཀྱི་གཟུང་ཡུལ་དང་། འབྱུང་བཞི་ལུས་ཤེས་ཀྱི་གཟུང་ཡུལ་ཡིན་པས་ཐ་དད་པ་ཡིན་ལ་དེ་གཉིས་བདེན་གྲུབ་ཏུ་ཁས་བླངས་ན་འབྲེལ་བ་མེད་པས་གཟུགས་རྒྱུ་མེད་དུ་ཐལ་བར་འགྱུར་རོ། །

ཕ༢ གཞན་སྡེ་དགག་པ།

གཉིས་པ་ནི། ཕྱི་བྲག་པ་ན་རེ། བུམ་པ་ནི་རང་གི་ངོ་བོས་བལྟ་བྱ་མིན་ལ་བལྟ་བྱ་མིན་པ་ཡང་མ་ཡིན་ཏེ། བལྟ་བྱ་ཉིད་ཅེས་པའི་སྤྱི་དོན་གཞན་དང་ལྡན་པས་མངོན་སུམ་དུ་འགྱུར་རོ། །ཞེ་ན། དེ་ཡང་མི་རིགས་ཏེ་བུམ་པ་རང་རྒྱུ་ལས་བལྟ་བྱར་སྐྱེས་སམ་མ་སྐྱེས། དང་པོ་ལྟར་ན། (༡༥ན)བུམ་པ་ནི་འདི་ལ་བལྟ་བྱ་ཉིད་ཀྱི་སྤྱི་དོན་གཞན་དང་འབྲེལ་བས་མངོན་སུམ་དུ་གྲུབ་པའི་ཡོན་ཏན་འགར་ཡང་མི་འགྱུར་བར་ཐལ། རང་རྒྱུ་ལས་བལྟ་བྱར་སྐྱེས་པས་སོ། །རྒྱུ་མཚན་དེས་ན་བུམ་པ་ལ་བལྟ་བྱ་ཉིད་དོན་གཞན་སྐྱེ་བ་མ་གྲུབ་པ་ལྟར་བལྟ་བྱ་དང་འབྲེལ་མེད་ཅིང་བལྟ་བྱར་མ་གྱུར་པའི་བུམ་པའི་ཡོད་པའི་ངོ་བོ་རང་བཞིན་གྱིས་ཡོད་པ་མིན་པས་བུམ་པ་ཁྱོད་ལྟར་ན་མངོན་སུམ་དངོས་དང་། བཏགས་པ་བ་གང་དུ་ཡང་མི་རིགས་སོ། །

ཕ༢ ཡུལ་ཅན་དགག་པ།

ཕ༡ མིག་གཟུགས་ལ་ལྟ་བྱེད་དུ་ངོ་བོ་ཉིད་ཀྱིས་གྲུབ་པ་དགག་པ།

གཉིས་པ་ལ་ལྔ། མིག་གཟུགས་ལ་ལྟ་བྱེད་དུ་ངོ་བོ་ཉིད་ཀྱིས་གྲུབ་པ་དགག་པ་དང་། རྣམ་ཤེས་བྱེད་པ་པོ་ཡིན་པ་དགག་པ་དང་། མིག་བྱེད་པ་པོ་ཡིན་པ་དགག་པ་དང་། མིག་དེ་མིག་ལ་ལྟོས་ནས་ལྟ་བྱེད་དུ་ཐལ་བ་དང་། རྐྱེན་གསུམ་ཚོགས་པ་གཟུགས་ལ་ལྟ་བྱེད་ཡིན་པ་དགག་པའོ། །དང་པོ་ནི། ཡུལ་གཟུགས་ལ་སོགས་པ་མངོན་སུམ་པ་དག་ནི་ཡོད་དེ། དེ་འཛིན་པར་བྱེད་པ་མིག་ལ་སོགས་པའི་དབང་པོ་ཡོད་པའི་ཕྱིར་ཅེ་ན། མིག་གི་དབང་པོ་ནི་ཆོས་ཅན། གཟུགས་ཀྱི་སྐྱེ་མཆེད་མིག་གིས་ཏེ་ཁྱོད་ཀྱིས་མཐོང་གི་དབང་པོ་གཞན་གྱིས་མིན་པའི་ཕྱིར་ངོ་བོ་ཉིད་ཀྱིས་གཟུགས་འཛིན་བྱེད་མ་ཡིན་ཏེ། འབྱུང་འགྱུར་ཡིན་པའི་ཕྱིར། རྣ་བའི་དབང་པོ་དེ་

བཞིན་ནོ། །ཁྱབ་པ་ལ་གནོད་པ་ཅན་གྱི་ཚད་མ་སྟོན་པ་ནི་འོག་ཏུ་འཆད་དོ། །མིག་ལ་སོགས་པ་མི་སྲིད་ན་ལས་ཀྱི་རྣམ་པར་སྨིན་པར་བཤད་པ་དང་འགལ་ལོ་ཞེ་ན། དེ་ནི་ཁོ་བོ་ཅག་གིས་ཀྱང་མ་བཀག་གོ །ཅིའི་ཕྱིར་མ་བཀག་ཅེ་ན། ཁོ་བོ་ཅག་དངོས་པོ་རྣམས་རང་གིས་ངོ་བོས་གྲུབ་པ་འགོག་(༡༨བ)པ་ཡིན་གྱི། རྟེན་ཅིང་འབྲེལ་བར་འབྱུང་བས་བསྐྱུས་པ་རྣམས་ནི་མི་འགོག་པར་མ་ཟད་རང་ལུགས་ལ་ཁས་ལེན་པ་ཡིན་ནོ། །དེ་ཁོ་ན་ཉིད་འཇལ་བའི་རིགས་པས་ནི་བསམ་པར་མི་ནུས་ཤིང་རང་གི་ངོ་བོས་མ་གྲུབ་ཀྱང་མིག་གིས་གཟུགས་མཐོང་ལ་སྨྲ་མི་ཐོས་པ་ལ་བསྙོན་མི་ནུས་པ་དེས་ན་ལས་ཀྱི་རྣམ་པར་སྨིན་པ་བསམ་གྱིས་མི་ཁྱབ་པར་རིག་པར་བྱས་ནས། རིགས་པའི་འཐད་པ་མ་བཙུག་པར་ཁས་བླང་བར་བྱ་བ་ཡིན་པས་ངེས་པར་ལས་རྣམས་ཀྱི་རྣམ་སྨིན་ཐུབ་པས་བསམ་གྱིས་མི་ཁྱབ་པར་གསུངས་ཏེ། མདོ་ལས་སེམས་ཅན་ལས་ཀྱི་རྣམ་སྨིན་བསམ་ཡས་པས། །རྒྱུ་ལས་འཇིག་རྟེན་འདི་ཀུན་འབྱུང་འགྱུར་ཏེ། །ཞེས་གསུངས་པས་སོ། །

༥༢ རྣམ་ཤེས་བྱེད་པ་པོ་ཡིན་པ་དགག་པ།

གཉིས་པ་ནི། མིག་ལ་སོགས་པ་རང་བཞིན་གྱིས་ཡོད་དེ། དེའི་འབྲས་བུ་རྣམ་ཤེས་མཐོང་བའི་ཕྱིར་ཅེ་ན། མིག་གི་ཤེས་པ་ནི་གཟུགས་ལ་བལྟ་བའི་སྔ་རོལ་ཏུ་ཡོད་པ་མ་ཡིན་ཏེ། དེའི་སྔ་རོལ་ཏུ་དེ་སྐྱེད་པའི་རྐྱེན་མ་ཚང་བའི་ཕྱིར། འོན་ཏེ་གཟུགས་ལ་བལྟ་བའི་ཕྱིས་ཡོད་ན་གཟུགས་བལྟ་བ་ལ་མིག་ཤེས་དོན་མེད་པར་ཐལ། དེའི་སྔ་རོལ་ཏུ་བལྟ་བ་ཡོད་པའི་ཕྱིར། འོན་ཏེ་རྟག་པ་གསུམ་པ་ལྟ་བ་དང་ཤེས་པ་གཉིས་ཅིག་ཅར་འབྱུང་བར་རྟོག་ན། མིག་ཤེས་སྐྱེ་བ་ལ་ལྟ་བར་བྱ་བའི་བྱེད་པ་དོན་མེད་པར་འགྱུར་བར་ཐལ། ལྟོས་མེད་དུ་ཅིག་ཅར་འབྱུང་བའི་ཕྱིར་རོ། །

ཕ༣ མིག་བྱེད་པ་པོ་ཡིན་པ་དགག་པ།

བ༡ མིག་གཟུགས་ལ་བལྟ་བའི་འགྲོས་དང་ལྡན་ན་ཧ་ཅང་ཐལ་བ།

གསུམ་པ་ལ་གསུམ། མིག་གཟུགས་ལ་བལྟ་བའི་འགྲོས་དང་ལྡན་ན་ཧ་ཅང་ཐལ་བ་དང་། གཟུགས་མཐོང་ནས་ལྟ་བའི་ཆེད་དུ་འགྲོ་ན་དགོས་པ་མེད་པ་དང་། མིག་མ་སོང་བར་ངོ་བོ་ཉིད་ཀྱིས་གཟུགས་འཛིན་ན་ཡུལ་ཀུན་མཐོང་བར་ཐལ་བའོ། །དང་པོ་ (༡༧ན)ནི། གལ་ཏེ་མིག་ནི་བལྟ་བའི་བྱེད་པ་པོ་ཡིན་ནོ་ཞེ་ན། མིག་གིས་གཟུགས་ལ་བལྟ་ན་ཡུལ་གྱི་དྲུང་དུ་སོང་ནས་བལྟའམ། མ་སོང་བར་བལྟ། དང་པོ་ལྟར་ན། མིག་དེ་གཟུགས་ལ་བལྟ་བའི་ཚེ་ཡུལ་གྱི་དྲུང་དུ་འགྲོ་བའི་འགྲོས་དང་ལྡན་པར་གྱུར་ན་ཐག་རིང་གི་ཡུལ། ཡུན་རིང་གིས་མཐོང་དགོས་པར་འགྱུར་བར་ཐལ་ལོ། །གལ་ཏེ་མིག་གིས་ཕྲད་ནས་འཛིན་ན་ཧ་ཅང་ཉེ་བའི་མིག་སྨན་དང་ཐུར་མ་སོགས་དང་ཆེས་རིང་དུ་གནས་པའི་གཟུགས་དེ་གསལ་བར་ཅི་སྟེ་མཚུངས་པ་མིན་མཚུངས་པར་ཐལ། ཕྲད་ནས་འཛིན་པའི་ཕྱིར།

བ༢ གཟུགས་མཐོང་ནས་ལྟ་བའི་ཆེད་དུ་འགྲོ་ན་དགོས་པ་མེད་པ།

གཉིས་པ་ནི། གལ་ཏེ་གཟུགས་མཐོང་ནས་མིག་གཟུགས་ཀྱི་དྲུང་དུ་འགྲོ་ན་སོང་བས་ཡོན་ཏན་འགའ་ཡང་མེད་དེ། གཟུགས་བལྟ་བའི་ཆེད་དུ་ཡིན་ན་སྔ་ནས་མཐོང་ཟིན་པའི་ཕྱིར་ཅི་སྟེ་མ་མཐོང་བར་འགྲོ་ན་ཡང་ན་བལྟ་བྱར་འདོད་པའི་གཟུགས་ནི་ངེས་པར་མཐོང་ཞེས་བྱ་བ་རྟུན་པར་འགྱུར་བར་ཐལ། ལོང་བ་ལྟར་མ་མཐོང་བར་བལྟ་བྱའི་དྲུང་དུ་འགྲོ་བའི་ཕྱིར།

བ༣ མིག་མ་སོང་བར་ངོ་བོ་ཉིད་ཀྱིས་གཟུགས་འཛིན་ན་ཡུལ་ཀུན་མཐོང་བར་ཐལ་བ།

གསུམ་པ་ནི། ཅི་སྟེ་སྐྱོན་འདི་སྤང་བར་འདོད་ནས་མིག་མ་སོང་བར་གཟུགས་ངོ་བོ་ཉིད་ཀྱིས་འཛིན་ན་ནི་འདི་ན་གནས་པའི་མིག་གིས། ཐག་ཉེ་རིང་དང་། སྒྲིབ་མ་སྒྲིབ་ཀྱིས་འགྲོ་བ་འདི་ཀུན་མཐོང་བར་འགྱུར་ཏེ། མིག་གང་ལ་ཡུལ་གྱི་དྲུང་དུ་འགྲོ་བ་ཡོད་པ་མ་ཡིན་པ་གཟུགས་ངོ་བོ་ཉིད་ཀྱིས་མཐོང་བ་དེ་ལ་ཡུལ་ཐག་ཉེ་རིང་མེད་ཅིང་མ་སྒྲིབ་པ་དང་སྒྲིབ་པའང་ཁྱད་པར་མེད་དགོས་པའི་ཕྱིར་རོ། །

པ༤ མིག་དེ་མིག་ལ་ལྟོས་ནས་ལྟ་བྱེད་དུ་ཐལ་བ།

བཞི་པ་ནི། ཇི་ལྟར་མེ་ཏོག་ཙམ་པ་ཀ་དང་། ཨུཏྤལ་ལ་སོགས་པའི་དྲི་དང་པོར་རང་གི་རྟེན་ལ་དམིགས་ནས་ཕྱིས་དེ་དང་ཕྲད་པ་ལས་ཏིལ་ལ་(༡༧བ)སོགས་པ་དམིགས་པ་ལྟར་དངོས་པོ་ཀུན་གྱི་རང་བཞིན་ནི་དང་པོར་བདག་ལ་སྣང་བར་འགྱུར་བ་ལུགས་ཡིན་ན་སྟེ་ཡིན་པས། མིག་ལྟ་བྱེད་ཡིན་པ་རང་གི་ངོ་བོ་ཉིད་ཀྱིས་གྲུབ་ན། མིག་ལ་ལྟོས་ནས་ཀྱང་རང་བཞིན་འདོར་མི་སྲིད་པས་མིག་ནི་མིག་ཉིད་ཀྱིས་འཛིན་པར་རྒྱུ་མཚན་གང་གི་ཕྱིར་ན་འགྱུར་བ་མ་ཡིན་པར་ཐལ། མིག་གི་དབང་པོ་དེ་མིག་ལས་སུ་བྱས་པ་ལ་ལྟོས་ནས་ཀྱང་ལྟ་བྱེད་ཀྱི་རང་བཞིན་དེ་འདོར་མི་སྲིད་པའི་ཕྱིར། དེས་ན་མིག་གིས་མིག་འཛིན་པ་ཚད་མས་ཁེགས་པས་མིག་ནི་ཆོས་ཅན། ངོ་བོ་ཉིད་ཀྱིས་གཟུགས་ལ་བལྟ་བར་བྱེད་པ་མིན་ཏེ། རང་ལ་མི་ལྟ་བའི་ཕྱིར། སྔོན་པོ་བཞིན་ནོ། །

ཕ༥ རྒྱན་གསུམ་ཚོགས་པ་གཟུགས་ལ་ལྟ་བྱེད་ཡིན་པ་དགག་པ།

ལྔ་པ་ནི། གལ་ཏེ་མིག་འགའ་ཞིག་ལ་གཟུགས་བལྟ་བའི་ནུས་པ་མེད་ཀྱི་རྒྱན་གསུམ་ཚོགས་པ་ལ་བརྟེན་ནས་གཟུགས་མཐོང་བར་འགྱུར་རོ་ཞེ་ན། མིག་ལ་བེམ་པོ་ཡིན་པས་ཡུལ་རྣམ་པར་ཤེས་པ་ཡོད་པས་མིན་ཞིང་རྣམ་པར་ཤེས་པ་ལ་ཡང་གཟུགས་ལ་བལྟ་བའི་བྱེད་པར་མེད་ལ་བལྟ་བ་དང་རྣམ་ཤེས་གཉིས་ཀ་དམིགས་རྐྱེན་གཟུགས་ལ་ཡོད་པ་མིན་ན་རྒྱན་གསུམ་ཚོགས་པ་དེ་དག་གིས་གཟུགས་ངོ་བོ་ཉིད་ཀྱིས་ཇི་ལྟར་མཐོང་མཐོང་བ་མི་འཐད་པར་ཐལ། ཡ་གྱལ་གཟུགས་ལ་ཡང་མཐོང་བའི་ནུས་པ་དང་བྲལ་བའི་ཕྱིར་རོ། །

ན༢ མཉན་བྱ་བདེན་གྲུབ་དགག་པ།

པ༧ སྒྲ་སྒྲ་བའི་བྱེད་པ་པོ་ཡིན་མིན་བརྟགས་ལ་དགག་པ།

གཉིས་པ་ལ་གསུམ། སྒྲ་སྒྲ་བའི་བྱེད་པ་པོ་ཡིན་མིན་བརྟགས་ལ་དགག་པ་དང་། སྒྲ་དང་ཕྲད་ནས་འཛིན་མི་འཛིན་བརྟགས་ལ་དགག་པ་དང་། སྒྲའི་ཆ་དང་པོ་མི་འཛིན་པ་ལ་གནོད་པ་བསྟན་པའོ། །དང་པོ་ནི། དེ་ཁོ་ན་ཉིད་དུ་གཟུགས་བལྟ་བར་མི་འོས་པ་ལྟར་སྒྲ་མཉན་པར་ཡང་མི་འོས་ཏེ། སྒྲ་ཐོས་ན་ཉན་པའི་ཡུལ་དུ་ཕྱིན་པའི་མ་ཕྱིན་(༤༥ན)པ་ཞིག་ཐོས་དྲངས། དང་པོ་ལྟར་ན། སྒྲ་ཉན་ཤེས་ཀྱི་ཡུལ་དུ་འགྲོ་བ་ན་སྒྲ་འབྱིན་ཅིང་འགྲོའམ། སྒྲ་མེད་པར་འགྲོ། དང་པོ་ལྟར་ན། གལ་ཏེ་སྒྲ་ཞིང་སྒྲ་དེ་ཉན་ཤེས་ཀྱི་དྲུང་དུ་འགྲོ་ན། རྒྱུ་མཚན་གང་གིས་སྒྲ་བ་པོར་མི་འགྱུར་འགྱུར་བར་ཐལ། ལྷས་བྱིན་ལྟར་སྒྲ་སྒྲོག་ཅིང་འགྲོ་བའི་ཕྱིར། འདོད་ན་སྒྲ་མིན་པར་ཐལ་ལོ། །འོན་ཏེ་མི་སྒྲ་བར་ཉན་ཤེས་ཀྱི་དྲུང་དུ་འགྲོ་ན་རྒྱུ་མཚན་གང་གིས་སྒྲ་དེ་ལ། དམིགས་པའི་ཤེས་པ་བསྐྱེད་སྒྲ་ཅི་ཡང་མི་གྲགས་པའི་ཕྱིར་རོ། །

པ༢ སྒྲ་དང་ཕྲད་ནས་འཛིན་མི་འཛིན་བརྟགས་ལ་དགག་པ།

གཉིས་པ་ནི། གཞན་ཡང་གལ་ཏེ་རྣ་བའི་དབང་པོ་དང་ཕྲད་དེ་སྒྲ་འཛིན་ན་ཕྲད་པའི་སྤུ་རྩེ་ཀྱི་སྒྲ་ཡི་དང་པོ་གང་གིས་འཛིན་འཛིན་བྱེད་མེད་པར་ཐལ། རྣ་བའི་དབང་པོས་ཀྱང་མི་འཛིན་གཞན་གྱིས་ཀྱང་མི་འཛིན་པའི་ཕྱིར། འདོད་ན། སྒྲ་མིན་པར་ཐལ། སྒྲ་ནི་རྫས་དགུའི་བདག་ཉིད་ཅན་ཡིན་པས་རྐྱང་པར་མི་འོང་ན་སྒྲ་ཙམ་རེང་བུ་ཇི་ལྟར་འཛིན་པར་འགྱུར་ཏེ། དེ་དང་ཚོགས་པ་ཐ་མི་དད་པའི་དྲི་ལ་སོགས་པ་ཡང་འཛིན་པར་ཐལ། ཁྱོད་ལྟར་ན་སྒྲ་བཞིན་དུ་དེ་དག་ཀྱང་རྣ་བའི་དབང་པོ་དང་ཕྲད་དགོས་པའི་ཕྱིར།

པ༣ སྒྲའི་ཆ་དང་པོ་མི་འཛིན་པ་ལ་གནོད་པ་བསྟན་པ།

གསུམ་པ་ནི། སྒྲའི་དང་པོ་མ་བཟུང་ན་ཉེས་པ་ཅི་ཡོད་ཅེ་ན། སྒྲ་ཉིད་ཉམས་པའི་ཕྱིར་རོ། །ཇི་སྲིད་སྒྲ་ཐོས་པར་མ་གྱུར་པ་དེ་ཡི་བར་དུ་སྒྲར་མི་འགྱུར་ཏེ། རྣ་བའི་ཡུལ་མིན་པའི་ཕྱིར། དྲི་ལ་སོགས་པ་བཞིན། ཐོས་པ་ན་སྒྲར་འགྱུར་རོ་ཞེ་ན། དང་པོ་སྒྲའི་ངོ་བོར་མེད་པ་ཡང་མཐར་སྒྲ་ཉིད་དུ་འགྱུར་ན་དྲི་ལ་སོགས་པ་ཡང་དེར་ཐལ་བས། དངོས་པོ་རྟག་པ་ལ་དེ་ནི་མི་རིགས་སོ། །མདོ་ལས། དཔེར་ན་ཤིང་དང་བརྒྱུད་ལ་བརྟེན་བྱས་ནས། །ལག་པའི་རྩོལ་བ་བྱས་པ་གསུམ་ཚོགས་ན། །(༥༤བ)སྒྲོགས་བྱེད་པི་ཝང་གླིང་བུ་ལ་སོགས་པ། །དེ་དག་ལ་སྐྱེས་སྒྲ་ཡང་འབྱུང་བར་འགྱུར། །དེས་ན་མཁས་པ་ལ་ལས་བརྟག་བྱས་ཏེ། །དེ་ནི་གང་ནས་འོངས་ལ་གར་སོང་ཞེས། ཕྱོགས་དང་ཕྱོགས་མཚམས་ཀུན་ཏུ་བཙལ་བྱས་ནས། །སྒྲ་ཡི་འོངས་པའི་འགྲོ་བ་མི་དམིགས་སོ། །ཞེས་གསུངས་པ་ལྟ་བུའོ། །

ད༢ ཡིད་ཀྱིས་འཛིན་པ་དགག་པ།

གཉིས་པ་ནི། སེམས་ཡུལ་གྱི་དྲུང་དུ་སོང་ནས་འཛིན་ཏོ་ཞེ་ན། མི་རིགས་ཏེ། ཉན་པའི་ཤེས་པ་རྣ་བའི་དབང་པོ་དང་ལྷན་ཅིག་ཡུལ་གྱི་དྲུང་དུ་མི་འགྲོ་སྟེ། དབང་པོ་ལུས་ཁོ་ན་ལ་གནས་པའི་ཕྱིར། དབང་པོ་རྣམས་དང་བྲལ་བའི་ཉན་ཤེས་ལ་སོགས་པའི་སེམས་ཀྱིས་ཡུལ་དུ་སོང་སྟེའང་། ཉན་པ་དང་བལྟ་བ་ལ་སོགས་པའི་བྱ་བ་ཅི་ཞིག་བྱེད་པར་འགྱུར་ཡོང་བ་ལ་སོགས་པ་བཞིན་དུ་ཡུལ་འཛིན་པའི་ནུས་པ་མེད་པའི་ཕྱིར། དེ་ལྟ་ཡིད་དང་སྦྲག་སྟེ་བདག་དེ་ནི་རྟག་ཏུ་ཡིད་མེད་པ་ཅི་སྟེ་མིན་དེ་ལྟར་རིགས་པས་དཔྱད་ན་ཡུལ་དབང་རྣམ་ཤེས་རྣམས་ལ་ཡུལ་འཛིན་པའི་ནུས་པ་རང་གིས་ངོ་བོས་གྲུབ་པ་མེད་དོ། །

ཏ༢ འཛིན་བྱེད་ཡུལ་ཅན་བདེན་པ་དགག་པ།

ཐ༡ འདུ་ཤེས་ཀྱི་ཕུང་པོའི་མཚན་ཉིད།

གཉིས་པ་ལ་གཉིས། འདུ་ཤེས་ཀྱི་ཕུང་པོའི་མཚན་ཉིད། དེ་བདེན་པར་གྲུབ་པ་དགག་པའོ། །དང་པོ་ནི། དབང་དོན་དེ་དག་རང་བཞིན་མེད་ན་དེ་དག་ཐུན་མོང་མིན་པར་ཡོངས་སུ་དཔྱོད་པའི་འདུ་ཤེས་ཀྱི་ཕུང་པོ་མེད་པར་འགྱུར་རོ་ཞེ་ན། རིགས་པས་དཔྱད་པ་ན་དེ་ཡང་མེད་མོད་ཀྱི་ཐ་སྙད་དུ་མེད་པ་མ་ཡིན་ཏེ། གཟུགས་ལ་སོགས་པ་སྔར་མཐོང་བའི་དོན་གང་ཞིག་ཡིད་ཀྱིས་ཐུན་མོང་མིན་པའི་དོན་འཛིན་པར་བྱེད་དོ། །དཔེར་ན་སྨིག་རྒྱུ་ཆུའི་བག་ཙམ་མེད་ཀྱང་ཆུའི་རྣམ་པ་ཅན་གྱི་(༡༡ན) འདུ་ཤེས་འབྱུང་བ་ལྟར་ཡུལ་གྱི་ཐུན་མོང་མིན་པའི་རྣམ་པ་འཛིན་པ་དེ་ནི་ཆོས་ཀུན་གྱི་ཐུན་མོང་མིན་པའི་མཚན་མ་རྣམ་པར་བཞག་པའི་སེམས་བྱུང་ལ་འདུ་ཤེས་ཀྱི་ཕུང་པོ་ཞེས་བྱའོ། །ཆོས་རྣམས་འདུ་ཤེས་ཀྱི་རྣམ་པར་བཞག་པ་ཙམ་དུ་ཟད་ཀྱི་

རང་གིས་ངོ་བོས་གྲུབ་པ་མ་ཡིན་ནོ། །

ཐ༢ དེ་བདེན་པར་གྲུབ་པ་དགག་པ།

གཉིས་པ་ནི། འདུ་ཤེས་ཀྱི་ཕུང་པོ་རང་བཞིན་གྱིས་མེད་ན་ཆོས་ཐམས་ཅད་བཞག་མི་ནུས་སོ་ཞེ་ན། སྐྱོན་མེད་པར་ཐལ། རང་གི་ངོ་བོས་མེད་ཀྱང་མིག་དང་གཟུགས་ལ་བརྟེན་ནས་ཡིད་སྒྱུ་མ་བཞིན་དུ་སྐྱེ་བར་འགྱུར་བའི་ཕྱིར་རོ། །ཆོས་གང་ལ་ཡོད་པ་ཉིད་ངོ་བོ་ཉིད་ཀྱིས་ཡོད་པ་དེ་ལ་སྒྱུ་མ་ཞེས་བྱ་བར་མི་རིགས་སོ། །འཇིག་རྟེན་ན་ཡོད་པར་གྱུར་པའི་བུད་མེད་ལ་སྒྱུ་མར་མ་གྲགས་པ་བཞིན་ནོ། །

ད༣ བདེན་མེད་མིག་འཁྲུལ་ལྟ་བུ་ངོ་མཚར་གྱི་རྒྱུར་བསྟན་པ།

གསུམ་པ་ནི། ཅི་ནས་ཀྱང་དབང་པོ་རྣམས་ཡུལ་ལ་འཛིན་པ་མི་སྲིད་ལ། མིག་དང་གཟུགས་ལ་བརྟེན་ནས་མིག་གི་རྣམ་པར་ཤེས་པ་སྐྱེའོ་ཞེས་བྱ་བ་འདི་ནི་ངོ་མཚར་བ་ཞིག་གོ་ཞེ་ན། དེ་ལོ་ན་ངོ་མཚར་གྱི་རྒྱུ་མ་ཡིན་ཏེ། རིགས་པས་དཔྱད་པའི་ཚེ་ས་བོན་འགགས་པ་དང་མ་འགགས་པ་ལས་མྱུ་གུ་འབྱུང་བ་སོགས་གང་གི་ཚེ་མཁས་པ་ལ་ས་སྣང་ན། མིག་འཕྲུལ་ལྟ་བུའི་ངོ་མཚར་ཅན་མིན་པ་ཅུང་ཟད་མེད་པ་དེའི་ཚེ་དབང་ཤེས་བདེན་མེད་ཀྱིས་དོན་རྟོགས་པ་དེ་འདྲ་ལ་དགོས་སུ་ཡ་མཚན་ཞེས་བྱ་བ་ཅི་ཞིག་ཡོད་ཀུན་གྱི་སྤྱི་མཐུན་ཡིན་པའི་ཕྱིར་རོ། །

ཀ༢ བདེན་པས་སྟོང་པ་སྒྱུ་མ་སོགས་དང་མཚུངས་པར་བསྟན་པ།

གཉིས་པ་ནི། གང་གི་ཕྱིར་དེ་ལྟར་ཡིན་པ་དེའི་ཕྱིར། རྟེན་འབྲེལ་གྱི་ཆོས་རྣམས་མེ་དང་བཅས་པའི་ཡོག་པ་མྱུར་དུ་བསྐོར་བའི་མགལ་མེའི་འཁོར་ལོ་དང་། ཏིང་ངེ་འཛིན་གྱི་སྤྲུལ་པའི་བུད་མེད(༡༡བ)དང་རྨི་ལམ་གྱི་ལུས་བདེན་པར་མེད་ཀྱང་

བདག་ལ་ཆགས་པ་ཕྱིན་ཅི་ལོག་གི་རྒྱུ་བྱེད་པ་དང་། སྒྱུ་མ་མཁན་གྱིས་སྤྲུལ་པའི་སྒྱུ་མའི་ན་ཆུང་བདེན་པར་མེད་ཀྱང་སེམས་རྨོངས་པར་བྱེད་པ་དང་། དེ་བཞིན་དུ་ཆུ་ཟླ་དང་ཁུག་སྣ་དང་། རིའི་ཚང་ཚིང་དང་། རི་ཁྲོད་ཀྱི་ཕུག་སོགས་ལ་བརྟེན་ནས་ནང་གི་བྲག་ཆ་སྣང་བ་ལྟར་ཤེས་པ་ཕྱིན་ཅི་ལོག་ཏུ་བྱེད་པ་དང་། དེ་བཞིན་སྨིག་རྒྱུ་འཁྲུལ་ཤེས་ཀྱི་རྒྱུ་བྱེད་པ་དང་སྤྲིན་ཐག་རིང་པོ་ནས་རིའི་རྣམ་པར་སྣང་བ་དང་། སྟོད་བཙུད་ཀྱི་སྲིད་པ་རང་བཞིན་གྱིས་གྲུབ་པས་སྟོང་བཞིན་དུ་བྱ་བ་བྱེད་ནུས་པ་དཔེ་དག་དང་མཚུངས་པར་ཤེས་པར་བྱའོ། །མདོ་ལས། ཇི་ལྟར་བུ་མོ་གཞོན་ནུའི་རྨི་ལམ་ན། །བུ་ཕོ་བྱུང་ཞིང་ཤི་བ་དེས་མཐོང་ན། །བྱུང་ནས་དགའ་ཞིང་ཤི་ན་མི་དགའ་ལྟར། །ཆོས་རྣམས་ཐམས་ཅད་དེ་བཞིན་ཤེས་པར་བྱ། །སྒྱུ་མ་བྱེད་པ་དག་གིས་གཟུགས་སྤྲུལ་ཏེ། །རྟ་དང་གླང་པོ་ཤིང་རྟ་སྣ་ཚོགས་བྱས། །དེ་ལ་ཇི་ལྟར་སྣང་བ་གང་ཡང་མེད། །ཆོས་རྣམས་ཐམས་ཅད་དེ་བཞིན་ཤེས་པར་གྱིས། །ཇི་ལྟར་ནམ་མཁའ་བར་སྣང་ཟླ་ཤར་བ། །དེ་ཡི་གཟུགས་བརྙན་དང་བའི་མཚོར་སྣང་སྟེ། །ཟླ་བ་ཆུ་ཡི་ནང་དུ་འཕོས་པ་མེད། །ཆོས་ཀུན་མཚན་ཉིད་དེ་འདྲར་ཤེས་པར་གྱིས། །བྲག་ཕུག་རི་རྫོང་ཆུ་ཀླུང་ངོགས་དག་ཏུ། །དེ་དག་ལ་བརྟེན་བྲག་ཆ་འབྱུང་ཇི་ལྟར། །དེ་བཞིན་འདུས་བྱས་འདི་ཀུན་ཤེས་པར་བགྱིས། །འགྲོ་བ་ཐམས་ཅད་སྒྱུ་མ་སྨིག་རྒྱུར་མཚུངས། ཇི་ལྟར་སོས་ཀའི་ཉི་མ་ཕྱེད་དུས་ན། །སྐྱེས་བུ་སྐོམ་པས་གདུངས་ཤིང་འགྲོ་བ་ཡིན། །སྨིག་རྒྱུ་དག་ལ་ཆུ་ཡི་ཕུང་པོར་མཐོང་། །ཆོས་རྣམས་ཐམས་ཅད་དེ་བཞིན་ཤེས་པར་བགྱིས། །སྨིག་རྒྱུ་ལ་ཡང་ཆུ་ནི་ཡོད་(७००ན)མེད་ན། །སེམས་ཅན་རྨོངས་པ་དེ་ལ་འཐུང་འདོད་དེ། །མི་བདེན་ཆུ་ནི་བཏུང་བར་ཡོད་མི་ནུས། །ཆོས་རྣམས་ཐམས་ཅད་དེ་བཞིན་ཤེས་པར་གྱིས། །ཇི་ལྟར་བར་སྣང་ཙུང་ཟད་སྤྲིན་མེད་པར། །སྐད་ཅིག་ཏུ་ནི་སྤྲིན་གྱི་དཀྱིལ་འཁོར་སྣང་། །ཐོག་མ་ག་ནས་བྱུང་བ་ཤེས་པར་བྱ། །དེ་བཞིན་ཆོས་རྣམས་ཐམས་ཅད་ཤེས་པར་གྱིས། །ཇི་ལྟར་སྨིག་རྒྱུ་དྲི་ཟའི་གྲོང་ཁྱེར་དང་། །

སྒྱུ་མ་ཇི་བཞིན་རྨི་ལམ་ཇི་ལྟ་བུར། །མཚན་མ་བསྒོམ་པ་ངོ་བོ་ཉིད་ཀྱིས་སྟོང་། །ཆོས་རྣམས་ཐམས་ཅད་དེ་བཞིན་ཤེས་པར་གྱིས། །ཞེས་བྱ་བ་ལ་སོགས་པ་གསུངས་སོ། །འདིར་སྨྲས་པ། སྲིད་གསུམ་རྫུན་པ་སྒྱུ་མའི་གྲོང་ཁྱེར་ན། །ལས་ཀྱི་འཕྲུལ་འཁོར་མཁན་གྱིས་བསྐྱོད་པ་ཡི། །དྲི་ཟའི་ན་ཆུང་སྒྱུ་མའི་གར་བྱེད་ཅིང་། །འདོད་པ་སྨིག་རྒྱུའི་རྗེས་སུ་བསླེགས་པ་མཚར། །བརྫུ་བའི་ཚིགས་སུ་བཅད་པའོ། །

ཛ༢ ལེའུའི་མཚན་བསྟན་པ།

གཉིས་པ་ལེའུའི་མཚན་བསྟན་པ་ནི། བྱང་ཆུབ་སེམས་དཔའི་རྣལ་འབྱོར་སྤྱོད་པ་བཞི་བརྒྱ་པའི་རྣམ་བཤད་ལེགས་པར་བཤད་པའི་སྙིང་པོ་ཞེས་བྱ་བ་ལས་དབང་པོ་དང་དོན་དགག་པ་སྒོམ་པ་བསྟན་པ་སྟེ་རབ་ཏུ་བྱེད་པ་བཅུ་གསུམ་པའི་འགྲེལ་པའོ།། །།

རབ་བྱེད་བཅུ་བཞི་པ།

ཚ༥ མཐར་འཛིན་དགག་པ།

ཛ༧ ལེའུའི་གཞུང་བཤད་པ།

ཀ༧ དངོས་པོ་རང་བཞིན་གྱིས་སྟོང་པར་སྒྲུབ་པ།

ཏ༧ མདོར་བསྟན་པ།

ལྔ་པ་མཐར་འཛིན་དགག་པ་ལ་གཉིས། ལེའུའི་གཞུང་བཤད་པ་དང་། ལེའུའི་མཚན་བསྟན་པའོ། །དང་པོ་ལ་བཞི། དངོས་པོ་རང་བཞིན་གྱིས་སྟོང་པར་སྒྲུབ་པ་དང་། དངོས་པོ་རྟག་པ་དང་བདེན་པར་འགྲུབ་པའི་རྒྱུ་དང་། བདེན་མེད་སྒྲུབ་པའི་རིགས་པ་བསྡུས་ཏེ་བསྟན་པ་དང་། བདེན་མེད་རྟོགས་པའི་དགོས་པ་བསྟན་པའོ། །དང་པོ་ལ་གཉིས། མདོར་(༧༠༠བ)བསྟན་པ་དང་། རྒྱས་བཤད་དོ། །དང་པོ་

ནི། འདིར་སྨྲས་པ། གལ་ཏེ་རྟེན་འབྲེལ་ཡིན་པའི་ཕྱིར། སྲིད་པ་མགལ་མེའི་འཁོར་ལོ་སོགས་ལྟར་རང་བཞིན་མེད་ན་གང་ཞིག་ལ་རང་བཞིན་ཡོད་ཅེ་ན། རང་བཞིན་གྱིས་གྲུབ་པའི་དངོས་པོ་ཅུང་ཟད་ཀྱང་མེད་པའི་ཕྱིར་རོ། །འདི་ལྟར་དངོས་པོ་གང་ཞིག་རང་གི་ངོ་བོ་ཉིད་ཀྱིས་གྲུབ་ན་གཞན་འགའ་ལ་ཡང་རག་ལས་པར་ནི་མི་འགྱུར་ན་རང་དབང་དུ་གྲུབ་པ་དང་། གཞན་ལ་རག་མ་ལས་པའི་དངོས་པོ་ཅུང་ཟད་ཀྱང་མེད་དོ། །རང་བཞིན་གྱིས་ཡོད་ན། དོན་དམ་དཔྱོད་བྱེད་ཀྱི་རིགས་པས་དཔྱད་པའི་ཚེ་རང་དབང་དུ་གྲུབ་པ་དེའི་བདག་ཉིད་དུ་འགྲུབ་པར་འགྱུར་ན་དེ་ནི་གང་ནའང་ཡོད་པ་མ་ཡིན་ནོ། །འདི་ནི་ཆོས་རྣམས་ཀྱི་ཡོད་པ་མིང་གི་ཐ་སྙད་ཀྱིས་བཞག་པ་ཙམ་མིན་པའི་ཡོད་པ་ལ་རང་དབང་བའི་ཡོད་པ་དང་། རང་གི་ངོ་བོས་ཡོད་པ་དང་། རང་གི་མཚན་ཉིད་ཀྱིས་ཡོད་པ་དང་། རང་བཞིན་གྱིས་ཡོད་པ་དང་། བདེན་པར་ཡོད་པ་ཞེས་སོགས་གཞི་གཅིག་གི་སྟེང་དུ་གང་བཀག་པས་མཚན་འཛིན་གྱི་དམིགས་གཏད་བྱར་མེད་པའི་དགག་བྱའི་ཆོས་གསལ་བར་བསྟན་པ་ཡིན་ནོ། །བདེན་པའི་སྤྲོས་པ་འགོག་པའི་ཚེ་དགག་བྱ་ལ་ཁྱད་པར་སྦྱར་བ་འགྲེལ་པ་འདིར་ཡང་དང་ཡང་དུ་གསུངས་པས། དབུ་མའི་ལྟ་བ་ལ་སྐྱུར་བ་གདབ་པར་མི་བྱའོ། །

ཏ༢ རྒྱས་པར་བཤད་པ།

ཐ༡ ཚོགས་པ་བདེན་གྲུབ་སྨྲ་བཞིན་བརྟགས་ལ་དགག་པ།

ད༡ མདོར་བསྟན་པ།

གཉིས་པ་(རྒྱས་བཤད་)ལ་བཞི། ཚོགས་པ་བདེན་གྲུབ་སྨྲ་བཞིན་བརྟགས་ལ་དགག་པ་དང་། ཚོགས་པ་ཅན་བདེན་གྲུབ་དགག་པ་དང་། གཅིག་དང་དུ་མར་བརྟགས་ལ་དགག་པ་དང་། མཐའ་བཞི་འགོག་པའི་རིགས་པ་གཞན་ལ་སྦྱོར་བའོ། །དང་པོ་ལ་གཉིས། བསྟན་པ་དང་། བཤད་པའོ། །

དང་པོ་ནི། (༧༠༧ན)ཚུམ་པ་ཞེས་བྱ་བ་ཚོགས་པ་རང་གི་ངོ་བོས་གྲུབ་པ་ཡོད་ན། གཟུགས་དང་ཚུམ་པ་རང་བཞིན་གཅིག་གམ་རང་བཞིན་ཐ་དད། དང་པོ་ལྟར་ན། གཟུགས་ཉིད་ཚུམ་པའོ་ཞེས་གཟུགས་དང་ཚུམ་པ་རང་བཞིན་གྱིས་གྲུབ་པའི་གཅིག་མ་ཡིན་པར་ཐལ། དེ་ལྟ་ན་གང་ན་གཟུགས་ཡོད་པ་དེ་ན་ཚུམ་པ་ཡོད་པར་ཐལ་བའི་ཕྱིར། ལྷས་བྱིན་དོན་གཞན་པའི་བ་ལང་དང་ལྡན་པ་ལྟར་གཟུགས་ལས་དོན་གཞན་པའི་ཚུམ་པ་གཟུགས་དང་ལྡན་པར་རྟོག་ན་གཟུགས་དང་ལྡན་པའི་ཚུམ་པ་གཟུགས་ལས་རང་བཞིན་གཞན་དུ་ཡོད་པ་མིན་ལ་སྡེ་ཡོད་པ་མིན་པར་ཐལ། གཟུགས་ལ་ལྟོས་མེད་དུ་འཛིན་པར་ཐལ་བའི་ཕྱིར་རོ། །ཚུམ་པ་ལ་གཟུགས་དོན་གཞན་བརྟེན་པའི་ཚུལ་དུ་ཡོད་པ་མིན་ཞིང་གཟུགས་ལ་ཚུམ་པ་འཁར་གཞོང་ལ་རྒྱ་ཤུག་ལྟར་བརྟེན་པའི་ཚུལ་དུ་ཡོད་པ་མ་ཡིན་ཏེ། རང་བཞིན་གཞན་དུ་མེད་པའི་ཕྱིར་རོ། །

ང༢ རྒྱས་པར་བཤད་པ།

ཅ༡ གཞན་སྡེ་དགག་པ།

ཆ༡ མཚན་ཉིད་དགག་པ།

ཇ༡ རྫས་སྤྱི་དོན་གཞན་གྱི་རྟེན་ཡིན་པ་དགག་པ།

གཉིས་པ་ལ་གཉིས། གཞན་སྡེ་དགག་པ་དང་། རང་སྡེ་དགག་པའོ། །དང་པོ་ལ་གཉིས། མཚན་ཉིད་དགག་པ་དང་། མཚན་གཞི་དགག་པའོ། །དང་པོ་ལ་གཉིས། རྫས་སྤྱི་དོན་གཞན་གྱི་རྟེན་ཡིན་པ་དགག་པ་དང་། ཡོན་ཏན་དོན་གཞན་གྱི་རྟེན་ཡིན་པ་དགག་པའོ། །དང་པོ་ནི། བྱེ་བྲག་པ་ན་རེ། གཟུགས་དང་ཚུམ་པ་རྫས་གཞན་མིན་མོད་ཀྱི་ཡོད་པ་དང་རྫས་གཞན་ཡིན་ཏེ། ཚུམ་པ་རྫས་ཡིན་ལ་ཡོད་པ་ཉིད་ཅེས་པའི་སྤྱི་ཆེན་པོ་དོན་གཞན་དང་འབྲེལ་བས་ཡོད་པར་བསྟན་དོ་

ཞེ་ན། ཡོད་པ་ཉིད་དང་བུམ་པ་གཉིས་སྤྱི་དང་ཁྱད་པར་གྱི་མཚན་ཉིད་མི་མཐུན་པ་མཐོང་ནས་ནི། (༡༠༡བ)གལ་ཏེ་དངོས་པོ་ཡོད་པ་ཉིད་ལས་བུམ་པ་རྫས་གཞན་ཡིན་ནམ་འཐད་པ་མ་ཡིན་པར་ཐལ། དེ་བཞིན་དུ་དངོས་པོ་ཡོད་པ་ཡང་བུམ་པ་ལས་རྫས་གཞན་དུ་རྒྱུ་མཚན་ཅིས་མི་འགྱུར་འགྱུར་བར་ཐལ་ལོ། །འདོད་ན་བུམ་པ་ཡོད་པ་མ་ཡིན་པར་འགྱུར་རོ། །

༥༢ ཡོན་ཏན་དོན་གཞན་གྱི་རྟེན་ཡིན་པ་དགག་པ།

༡ དངོས།

གཉིས་པ་ལ་གཉིས། དངོས་དང་། ཡོན་ཏན་ལ་ཡོན་ཏན་དོན་གཞན་མི་བརྟེན་པ་དང་ཁས་བླངས་འགལ་བའོ། །དང་པོ་ནི། རྫས་བུམ་པ་ཡོད་དེ། གཅིག་གཉིས་ལ་སོགས་པའི་ཡོན་ཏན་དོན་གཞན་གྱི་རྟེན་བྱེད་པའི་ཕྱིར་རོ་ཞེ་ན། ཡོན་ཏན་དང་རྫས་ཀྱི་ཚིག་དོན་སོ་སོ་ཐ་དད་པའི་ཕྱིར་རོ། །གལ་ཏེ་གཅིག་གི་གྲངས་བུམ་པར་མི་འདོད་ན་བུམ་པའང་གཅིག་ཏུ་མི་འགྱུར་རོ། །ཚིག་དོན་ཐ་དད་པའི་ཕྱིར། གཉིས་ཉིད་ལ་སོགས་པ་བཞིན་ནོ། །འདོད་ན་བུམ་པ་ལ་གཅིག་གི་སྒྲ་བློ་དོན་མཐུན་མི་འཇུག་པར་འགྱུར་རོ། །བུམ་པ་གཅིག་དང་ལྡན་པས་གཅིག་ཏུ་འགྱུར་གྱི་གཅིག་བུམ་པར་མི་འགྱུར་རོ། །ཞེ་ན། ལྡན་པ་འདི་མཚུངས་པ་གཉིས་ལ་ཡིན་གྱི་མི་མཚུངས་པ་ལ་མིན་ཏེ། ཡུལ་ཅན་བཞིན་ནོ། །བུམ་པ་དང་གཅིག་གཉིས་ལ་ལྡན་པ་མཚུངས་པའང་མ་ཡིན་ལ་སྤྱི་བུམ་པ་གཅིག་དང་ལྡན་གྱི་གཅིག་བུམ་པ་དང་མི་ལྡན་པའི་ཕྱིར་རོ། །དེས་ཀྱང་བུམ་པ་གཅིག་ཏུ་མི་འགྱུར་རོ། །གཅིག་ཉིད་ལས་རྫས་གཞན་ཡིན་པའི་ཕྱིར་རོ། །

བ༢ ཡོན་ཏན་ལ་ཡོན་ཏན་དོན་གཞན་མི་བརྟེན་པ་དང་
ཁས་བླངས་འགལ་བ།

གཉིས་པ་ནི། གཞན་ཡང་ཁྱོད་ཀྱིས་ཡོན་ཏན་རྫས་ལ་བརྟེན་གྱི་ཡོན་ཏན་ལ་ཡོན་ཏན་གཉིས་པ་མི་བརྟེན་པར་འདོད་པ་འགལ་ཏེ། གང་གི་ཚེ་རྫས་བུམ་པ་ལ་སོགས་པའི་མཚུ་ཞེང་གི་བདག་ཉིད་དབྱིབས་ཇི་ཙམ་པ། དེ་ཙམ་གཟུགས་ཀྱི་མཚུ(༧༠༢ན)ཞེང་གི་བདག་ཉིད་ཡིན་ན། དེ་ཚེ་རྫས་ཆེན་པོ་ཡིན་པ་བཞིན་དུ། ཡོན་ཏན་གཟུགས་ཆེན་པོ་ཅི་སྟེ་མ་ཡིན་གཟུགས་ལ་ཡང་ཆེན་པོ་ཞེས་པའི་ཡོན་ཏན་དོན་གཞན་ཁས་ལེན་དགོས་པའི་ཕྱིར་རོ། །ཡོན་ཏན་ལ་ཡོན་ཏན་གཉིས་པ་མི་བརྟེན་པ་ཁོ་བོ་ཅག་གི་གཞུང་ལུགས་ཡིན་པས་གཟུགས་ལ་ཕྲ་བ་དང་ཆེན་པོ་བརྟེན་པ་མིན་ཞེ་ན། གལ་ཏེ་ཕྱི་རོལ་ཁྱོད་རང་གི་སྟེ་ཚན་ལས་གཞན་མིན་ན་ཁྱོད་ཀྱི་གཞུང་ལུགས་གནོད་བྱེད་དུ་བསྟད་པར་བྱ་བར་འགྱུར་ན་ཡང་འདིར་ནི་མི་རིགས་ཏེ། གྲུབ་མཐའ་དེ་སེལ་བ་ལ་ཞུགས་པའི་ཕྱིར་རོ། །

པ༢ མཚན་གཞི་དགག་པ།

གཉིས་པ་ནི། གཞན་ཉིད་ལ་སོགས་པའི་ཡོན་ཏན་དོན་གཞན་བཀག་ཀྱང་། མཚན་གཞི་བུམ་པ་མ་བཀག་པས་བུམ་པ་རང་གི་ངོ་བོ་ཉིད་ཀྱིས་ཡོད་དོ་ཞེ་ན། ཡོད་པ་ཉིད་ལ་སོགས་པ་ནི་རྗེས་སུ་འཇུག་པའི་མཚན་ཉིད་ཅན་དང་བུམ་པ་ནི་ལྡོག་པའི་མཚན་ཉིད་ཅན་དུ་སྨྲས་པ་ན། ལྡོག་པ་ཞེས་བྱ་བའི་མཚན་ཉིད་ཀྱིས་ཀྱང་མཚན་གཞི་བུམ་པ་ནི། གང་དུ་ཡང་ངོ་བོ་ཉིད་གྲུབ་པ་ཡོད་པ་མིན་པ་དེར་ནི་གཅིག་གཉིས་ལ་སོགས་པའི་གྲངས་སོགས་ལས་ཐ་དད་པར་རང་གི་ངོ་བོས་གྲུབ་པའི་བུམ་པའི་དངོས་པོ་ཡོད་པ་མིན་ནོ། །མདོར་ན་མཚན་ཉིད་ལས་ངོ་བོ་ཐ་དད་པའི་མཚན་གཞི་དང་།

མཚན་གཞི་ལས་ངོ་བོ་ཐ་དད་པའི་མཚན་ཉིད་རྟེན་པ་མིན་ནོ། །

ནཱ༢ རང་སྡེ་དགག་པ།

པ༡ ཚོགས་པ་གཅིག་ལ་བདེན་པར་གྲུབ་པ་

རྒྱས་པར་དགག་པ།

ཕ༡ གཅིག་དང་ཐ་དད་བརྟགས་ལ་དགག་པ།

གཉིས་པ་ལ་གཉིས། ཚོགས་པ་གཅིག་ལ་བདེན་པར་གྲུབ་པ་རྒྱས་པར་དགག་པ་དང་། ཚོགས་པ་ཅན་དུ་མ་ཡིན་ཀྱང་ཚོགས་པ་གཅིག་ཏུ་བདེན་པ་བསྒྲུས་(༡༠༢བ)ཏེ་དགག་པའོ། །དང་པོ་ལ་ལྔ། གཅིག་དང་ཐ་དད་བརྟགས་ལ་དགག་པ་དང་། ཡན་ལག་རྣམས་ཕན་ཚུན་ཕྲད་པ་ལས། ཚོགས་པ་གཅིག་ཏུ་བདེན་པ་དགག་པ་དང་། ཚོགས་པ་གཅིག་ཏུ་བདེན་པ་འགོག་པའི་རིགས་པ་གཞན་བསྟན་པ་དང་། བུམ་པ་རང་གི་རྒྱུ་ལས་བདེན་པར་སྐྱེས་པ་དགག་པ་དང་། རང་གི་ཆ་ཤས་ལ་ལྟོས་པས་བདེན་པར་སྐྱེས་པ་དགག་པའོ། །དང་པོ་ནི། མདོ་སྡེ་པ་ན་རེ། བུམ་པ་རྫུལ་རྫས་བརྒྱད་དང་ངོ་བོ་གཅིག་ཏུ་བདེན་པར་གྲུབ་པོ་ཞེ་ན། བུམ་པ་གཅིག་ཏུ་བདེན་པ་མ་ཡིན་པར་ཐལ། མཚན་ཉིད་སྣ་ཚོགས་པ་ཅན་གྱི་རྫུལ་རྫས་བརྒྱད་པོ་རྣམས་དང་སོ་སོ་ནི་མིན་པར་ངོ་བོ་ཉིད་ཀྱིས་གྲུབ་པའི་གཅིག་ཡིན་པའི་ཕྱིར། བུམ་པ་མང་པོ་ཉིད་དུ་གྱུར་ཏོ་ཞེ་ན། དེ་ལྟར་ན་རྫུལ་རྫས་བརྒྱད་རེ་རེ་བ་བུམ་པར་འགྱུར་དགོས་ན་རེ་རེར་བུམ་པ་མེད་ན་ནི་སྐྱེ་མེད་པའི་ཕྱིར། བུམ་པ་མང་པོ་ཉིད་དུ་འཐད་པར་མི་འགྱུར་རོ། །

པ༢ ཡན་ལག་རྣམས་ཕན་ཚུན་སྦྲད་པ་ལས་ཚོགས་པ་གཅིག་ཏུ་བདེན་པ་དགག་པ།

བ༡ དགག་པ་དངོས།

གཉིས་པ་ལ་གཉིས། དགག་པ་དངོས་དང་། དེའི་ལན་དགག་པའོ། །དང་པོ་ནི། རྡུལ་རྫས་བརྒྱད་ཕན་ཚུན་སྦྲད་པ་ལས་བུམ་པ་གཅིག་ཏུ་འགྱུར་རོ་ཞེ་ན། རེག་པ་དང་ལྡན་ལ་འབྱུང་བཞི་དང་རེག་པ་དང་མི་ལྡན་པ་གཟུགས་དྲི་སོགས་དང་ལྷན་ཅིག་རེག་ཅིང་སྦྱོར་བ་ཞེས་བྱ་བ་མེད་པ་དེའི་ཕྱིར། གཟུགས་སོགས་རྡུལ་རྫས་བརྒྱད་པོ་རྣམས་སྦྱོར་བ་ལས་བུམ་པའི་ཚོགས་པ་གཅིག་ཏུ་བདེན་པ་རྣམ་པ་ཀུན་ཏུ་རིགས་པ་མིན་ནོ། །

བ༢ དེའི་ལན་དགག་པ།

གཉིས་པ་ནི། ཕན་ཚུན་རེག་པ་མེད་པར་ཡང་དེ་དག་གི་ཚོགས་པ་བུམ་པར་བདེན་ནོ་ཞེ་ན། བུམ་པའི་གཟུགས་ནི། བུམ་པའི་ཡན་ལག་སྟེ་ཆ་ཤས་ཡིན་པ་དེས་ན་རེ་ཞིག་དེ་བུམ་པ་མིན་ཏེ། དྲི་ལ་སོགས་(༡༠༣ན)པ་བཞིན་ནོ། །ཡན་ལག་ལ་ལྟོས་པའི་ཡན་ལག་ཅན་ཡོད་པས་དེ་ཡོད་པས་དེ་བུམ་པ་ཡིན་ནོ་ཞེ་ན། གང་གི་ཕྱིར་གཟུགས་དྲི་སོགས་རེ་རེ་ལ་བུམ་པ་མེད་པས་ཡན་ལག་ཅན་བུམ་པ་རང་གི་ངོ་བོས་གྲུབ་པ་མེད་པ་དེས་ན་ཡན་ལག་ཀྱང་རང་གི་ངོ་བོས་གྲུབ་པ་ཡོད་པ་མིན་ཏེ། ཆ་དང་བཅས་པས་ཁྱབ་པའི་ཕྱིར།

ཕ༣ ཚོགས་པ་གཅིག་ཏུ་བདེན་པ་འགོག་པའི་རིགས་པ་གཞན་བསྟན་པ།

བ༡ བུམ་པ་བདེན་པར་གྲུབ་ན་གཟུགས་ཅན་ཀུན་བུམ་པར་ཐལ་བ།

གསུམ་པ་ལ་གཉིས། བུམ་པ་བདེན་པར་གྲུབ་ན་གཟུགས་ཅན་ཀུན་བུམ་པར་ཐལ་བ་དང་། བུམ་པའི་རྡུལ་རྫས་བརྒྱད་ཀྱང་གཅིག་ཏུ་ཐལ་བའོ། །དང་པོ་ནི། གཟུགས་ཅན་གཅིག་ལ་བུམ་པ་ཡོད་པར་འགྱུར་ཞིང་གཟུགས་ཅན་གཞན་དག་ལ་མིན་པ་རྒྱུ་ཅི་ཞིག་བུམ་པར་མཚུངས་པར་ཐལ། དྲི་རོ་ལ་སོགས་པ་བུམ་སྣམ་ལ་སོགས་པ་གཟུགས་རྣམས་ཀུན་ལའང་གཟུགས་ཉིད་ནི་གཟུགས་སུ་རུང་བ་ཙམ་དུ་མཚན་ཉིད་མི་མཐུན་པ་མ་ཡིན་ན། གཟུགས་ཅན་བདེན་པར་གྲུབ་པ་ལ་རྣམ་པ་ཐམས་ཅད་དུ་མཚུངས་པའི་ཕྱིར་རོ། །

བ༢ བུམ་པའི་རྡུལ་རྫས་བརྒྱད་ཀྱང་གཅིག་ཏུ་ཐལ་བ།

གཉིས་པ་ནི། གཟུགས་དྲི་སོགས་ཀྱང་གཅིག་ཡིན་པར་ཐལ། བུམ་པ་དང་གཅིག་ཡིན་པའི་ཕྱིར། གཟུགས་དྲི་སོགས་ཐ་དད་དོ་ཞེ་ན། གལ་ཏེ་དབང་པོ་ཐ་དད་པའི་གཟུང་བྱ་ཡིན་པའི་ཕྱིར། དྲི་རོ་སོགས་དག་ལས་གཟུགས་གཞན་ཡིན་ཞིང་བུམ་པ་ལས་གཟུགས་གཞན་མིན་ཞེས་ཁྱོད་འདོད་ན་ཇི་ལྟར་གཟུགས་ལས་གཞན་པའི་རོ་ལ་སོགས་པ་དེ་རྣམས་མེད་པར་བུམ་པ་རང་བཞག་ཏུ་མེད་པའི་བུམ་པ་གང་དེ་གཟུགས་ལས་གཞན་མིན་གཞན་དུ་ཐལ། བུམ་པ་གཟུགས་དྲི་སོགས་དང་ངོ་བོ་ཉིད་ཀྱིས་ཐ་དད་པའི་ཕྱིར་རོ། །

༥༤ བུམ་པ་རང་གི་རྒྱུ་ལས་བདེན་པར་སྐྱེས་པ་དགག་པ།

བཞི་པ་ནི། བུམ་པ་ལ་ནི་གཟུགས་ལ་སོགས་པ་རང་གི་ངོ་བོ་ཉིད་ཀྱིས་(༧༠༣བ) གྲུབ་པའི་རྒྱུར་ཡོད་པ་མིན་པས་བུམ་པ་རང་ཉིད་ངོ་བོས་གྲུབ་པའི་འབྲས་བུར་མི་འགྱུར་ཏེ། དེའི་ཕྱིར་གཟུགས་སོགས་ཡན་ལག་རྣམས་ལས་གཞན་གང་དུ་གཞན་བུམ་པ་ངོ་བོ་ཉིད་ཀྱིས་གྲུབ་པ་འགའ་ཡང་ཡོད་པ་མིན་པས་གཟུགས་ལ་སོགས་པ་ལས་ལོགས་སུ་བུམ་པ་མ་དམིགས་པའི་ཕྱིར། དེ་དག་ལས་ངོ་བོ་ཐ་དད་པའི་བུམ་པ་མེད་དོ། །

༥༥ རང་གི་ཆ་ཤས་ལ་ལྟོས་པས་བདེན་པར་སྐྱེས་པ་དགག་པ།

ལྔ་པ་ནི། ཅི་སྟེ་བུམ་པ་ནི་རང་གི་ཡན་ལག་གྲོ་མོ་སོགས་ཀྱི་འབྲས་བུ་ཡིན་ལ་དེ་དག་རྒྱུ་ཡིན་ནོ་ཞེ་ན། བུམ་པ་རང་གི་རྒྱུ་ལས་གྲུབ་པར་འགྱུར་ཞིང་རྒྱུ་ནི་རྒྱུ་གཞན་ལས་གྲུབ་པར་འགྱུར་ན་གང་ལ་རང་གི་ངོ་བོ་ཉིད་ལས་གྲུབ་པ་མེད་པ་དེ་ཡིས་འབྲས་བུ་གཞན་པ་ཇི་ལྟར་སྐྱེད་པར་བྱེད། དེས་ན་རྒྱུ་ལ་ལྟོས་དགོས་པ་རྣམས་ནི་རང་གི་ངོ་བོས་གྲུབ་པ་མེད་ལ། རང་གི་ངོ་བོས་གྲུབ་ན་རྒྱུ་མེད་དུ་ཐལ་བར་འགྱུར་བའི་ཕྱིར་རོ། །བུམ་པ་རང་གི་ངོ་བོས་གྲུབ་པ་འགོག་པའི་རིགས་པ་འདིར་འབྲས་བུ་ཐམས་ཅད་ལ་སྦྱར་བར་བྱའོ། །

༥༦ ཚོགས་པ་ཅན་དུ་མ་ཡིན་ཀྱང་ཚོགས་པ་གཅིག་ཏུ་བདེན་པ་བསྟུས་ཏེ་དགག་པ།

གཉིས་པ་ནི། ཡན་ལག་རྣམས་མང་པོ་ཡིན་ཡང་བུམ་པ་གཅིག་ཏུ་བདེན་ཞེ་ན། གཟུགས་དྲི་ལ་སོགས་པ་ཕན་ཚུན་འཕྲད་པ་འདུས་པར་གྱུར་ཀྱང་གཟུགས་དྲི་

ཉིད་དུ་ནི་མི་འཐད་དེ་ཚོགས་པ་ལ་གནས་པ་རྣམས་ཀྱིས་རང་གི་མཚན་ཉིད་མི་འདྲ་བ་མི་འདོར་བའི་ཕྱིར། གཟུགས་དྲི་སོགས་ཕན་ཚུན་འདུས་ཀྱང་རང་བཞིན་གཅིག་ཏུ་མི་འགྱུར་བ་དེས་ན་མཚན་ཉིད་རྣམས་དང་སོ་སོ་ནི་མིན་ཕྱིར་བུམ་པ་གཅིག་མིན་ཞེས་བུམ་པ་གཅིག་ཏུ་བདེན་པ་དགག་པ་བཞིན་དུ་ཚོགས་པ་གཅིག་ཉིད་དུ་ནི་བདེན་པར་གྲུབ་པ་མི་རིགས་སོ། །

ཐ༢ ཚོགས་པ་ཅན་བདེན་གྲུབ་དགག་པ།

ད༡ གཟུགས་དྲི་སོགས་མ་གཏོགས་པར་ཚོགས་པ་བདེན་པར་མེད་པ་བཞིན་འབྱུང་བ་ལ་ལྟོས་མེད་དུ་འབྱུང་འགྱུར་ཡང་བདེན་པར་མེད་པ།

གཉིས་པ་ཚོགས་པ་ཅན་བདེན་པར་གྲུབ་པ་དགག་པ་ལ་བཞི། གཟུགས་(༡༠༨ན) དྲི་སོགས་མ་གཏོགས་པར་ཚོགས་པ་བདེན་པར་མེད་པ་བཞིན་འབྱུང་བ་ལ་ལྟོས་མེད་དུ་འབྱུང་འགྱུར་ཡང་བདེན་པར་མེད་པ་དང་། འབྱུང་བ་བདེན་པར་གྲུབ་པ་དགག་པ་དང་། དེའི་ལན་དགག་པ་དང་། མེའི་རྫུལ་མེར་བདེན་པ་དགག་པའོ། །དང་པོ་ནི། སྔར་བཤད་པའི་རིགས་པས་རྣམ་པར་དཔྱད་ན་ཇི་ལྟར་གཟུགས་དྲི་སོགས་མ་གཏོགས་པར་ཚོགས་པ་བུམ་པ་བདེན་པར་ཡོད་པ་མིན་པ་དེ་བཞིན་དུ་རླུང་ལ་སོགས་པ་འབྱུང་བ་ཆེན་པོ་བཞི་པོ་ནི་མ་གཏོགས་པ་ཡན་ལག་གཟུགས་ཀྱང་བདེན་པར་ཡོད་པ་མིན་ཏེ། དེ་དག་ལ་བརྟེན་ནས་བཏགས་པའི་ཕྱིར་རོ། །

ད༢ འབྱུང་བ་བདེན་པར་གྲུབ་པ་དགག་པ།

གཉིས་པ་ནི། རླུང་ལ་སོགས་པ་མ་གཏོགས་པར་གཟུགས་དྲི་སོགས་མི་སྲིད་པ་བཞིན་དུ་འབྱུང་བ་ཆེན་པོ་རྣམས་ཀྱང་ཕན་ཚུན་ལྟོས་མེད་དུ་ངོ་བོ་ཉིད་ཀྱིས་

གྲུབ་པ་མེད་དེ། འདི་ལྟར་མེ་ནི་སྲེག་པ་པོ་ཡིན་ལ་འབྱུང་བ་གསུམ་བསྲེག་བྱ་ཡིན་ནོ། །འབྱུང་བ་གསུམ་གྱི་བདག་ཉིད་ཀྱི་བུད་ཤིང་ཁོ་ན་མེས་བསྲེག་པ་ན། བུད་ཤིང་ཚ་བ་མེ་ཉིད་དུ་འགྱུར་ཏེ་བསྲེག་བྱའི་བུད་ཤིང་མིན་ན་ཚ་བ་མིན་པ་ཇི་ལྟར་སྲེག་སྟེ། མེ་དང་མ་འབྲེལ་བའི་ཕྱིར་རོ། །དེས་ན་མེ་ལ་མ་བལྟོས་པའི་བུད་ཤིང་ཞེས་བྱ་བ་རང་གི་ངོ་བོས་ཡོད་པ་མིན་ལ་དེ་མེད་པས་བུད་ཤིང་ལ་མ་ལྟོས་པའི་མེ་ཡང་རང་གི་ངོ་བོས་ཡོད་པ་མིན་ནོ། །

༥༣ དེའི་ལན་དགག་པ།

གསུམ་པ་ནི། བུད་ཤིང་ནི་སྲ་བ་ལ་སོགས་པའི་ངོ་བོ་ཡིན་གྱི་ཚ་བའི་ངོ་བོ་མིན་ལ། མེས་ཟིལ་གྱིས་མནན་པ་ན་ཚ་བར་གྱུར་པས་བསྲེག་བྱ་ཡིན་ནོ་ཞེ་ན། གལ་ཏེ་བུད་ཤིང་མེས་ཟིལ་གྱིས་མནན་པའི་ཚེ་ཚ་བར་གྱུར་པ་ཡིན་ན་ཡང་(༧༠༤བ)དེ་ཡང་ཅི་སྟེ་མེར་མི་འགྱུར་འགྱུར་བར་ཐལ། ཚ་ཞིང་སྲེག་པའི་ཕྱིར། འོན་ཏེ་དེའི་ཚེ་བུད་ཤིང་མི་ཚ་ན་ཚ་བ་མིན་པའི་དངོས་པོ་གཞན་མེད་ལ། ཡོད་ཅེས་བྱ་བར་མི་ནུང་ལ། དེའི་ཕྱིར་འབྱུང་བ་གསུམ་དང་བྲལ་བའི་ཚ་བ་ཙམ་ཞིག་མེར་འགྱུར་ན་འབྱུང་བ་ཆེན་པོ་རྣམས་གཅིག་མེད་པར་ཅིག་ཤོས་མེད་པའི་ཕྱིར། གཞན་དུ་ན། ལྷན་ཅིག་འབྱུང་གང་ཕན་ཚུན་འབྲས། །འབྱུང་བཞིན། ཞེས་བཤད་པ་དང་འགལ་བར་འགྱུར་བའི་ཕྱིར་རོ། །

༥༤ མེའི་རྡུལ་མེར་བདེན་པ་དགག་པ།

བཞི་པ་ནི། གལ་ཏེ་མེའི་རྫས་ཀྱི་རྡུལ་ཕྲ་རབ་ལ་འབྱུང་བ་གསུམ་མེད་པས་བུད་ཤིང་མེད་པར་ཡང་མེ་ཡོད་དོ་ཞེ་ན། གལ་ཏེ་མེའི་རྡུལ་ཕྲ་རབ་ལ་བུད་ཤིང་མེད་ན་དེས་ན་ཤིང་མེད་པའི་མེ་ཡོད་དོ་སྙེ་ཡོད་པས་རྒྱུ་མེད་པའི་མེ་ཡོད་པར

ཐལ་བར་འགྱུར་བས་བྱེ་བྲག་པ་ལྟར་རྫས་ཀྱི་རྟུལ་ཕྲན་ཁས་བླང་བར་མི་བྱའོ། །རྒྱུ་མེད་དུ་ཐལ་བས་འཇིགས་ནས་གལ་ཏེ་མི་རྟུལ་དེ་ལའང་བུད་ཤིང་ཡོད་ན་གཅིག་གི་བདག་ཉིད་ཅན་གྱི་རྟུལ་ཡོད་པ་མིན་པར་ཐལ། རྟུལ་རེ་རེ་ལ་གནས་གསུམ་ངེས་པར་ཡོད་པའི་ཕྱིར་རོ། །

ཐ༣ གཅིག་དང་དུ་མར་བརྟགས་ལ་དགག་པ།

ད༡ གཅིག་དང་དུ་བྲལ་གྱི་རྟགས་ཀྱིས་དངོས་པོ་བདེན་གྲུབ་དགག་པ།

གསུམ་པ་ལ་གཉིས། གཅིག་དང་དུ་བྲལ་གྱི་རྟགས་ཀྱིས་དངོས་པོ་བདེན་གྲུབ་དགག་པ་དང་། ཉེས་པ་དེ་གཞན་སྟེ་ལའང་མཚུངས་པའོ། །དང་པོ་ནི། བུམ་སྣམ་ལ་སོགས་པའི་དངོས་པོ་གང་དང་གང་བདེན་པར་གྲུབ་མ་གྲུབ་ཡོངས་སུ་བརྟགས་པ་ན་དངོས་པོ་དེ་དང་དེ་ལ་བདེན་པར་གྲུབ་པའི་གཅིག་ཉིད་མེད་དེ་ཆ་དང་བཅས་པའི་ཕྱིར། རྒྱུ་མཚན་གང་གིས་བདེན་པར་གྲུབ་པའི་གཅིག་ཀྱང་ཡོད་པ་མིན་པ་དེས་ན་བདེན་པར་གྲུབ་པའི་དུ་མ་དག་ཀྱང་མེད་དེ། དུ་མ་གཅིག་བསགས་པ་ལས་འབྱུང་བའི་ཕྱིར་རོ། །ཕྱི་(༡༠༥ན)དང་ནང་གི་དངོས་པོ་རྣམས་ཆོས་ཅན། བདེན་པར་མེད་དེ། བདེན་པའི་གཅིག་དང་དུ་མ་དང་བྲལ་བའི་ཕྱིར། དཔེར་ན་གཟུགས་བརྙན་བཞིན་ཞེས་པའོ། །

ད༢ ཉེས་པ་དེ་གཞན་སྟེ་ལའང་མཚུངས་པ།

གཉིས་པ་ནི། སུན་འབྱིན་འདི་རང་གི་སྡེ་པ་ལ་འབྱུང་བ་དང་། འབྱུང་འགྱུར་ལྟན་ཅིག་འབྱུང་བར་ཁས་བླངས་པ་ལ་འཐད་ཀྱི་ཕྱི་རོལ་པ་ལ་མིན་ཏེ། གལ་ཏེ་དེ་དག་ནི་གང་ན་ས་ལ་སོགས་པའི་རྟུལ་ཕྲ་རབ་དེ་ལས་གཞན་པའི་དངོས་པོ་དེ་རྣམས་མེད་པ་དེར་སའི་རྟུལ་ཕྲན་རྟག་པ་གཅིག་ཡོད་ཅེས་འདོད་ན་དེ་དག་གི་ལུགས་ལ་

ཡང་སའི་རྟུལ་ཕྲ་རབ་ལ་ རྫས་ཉིད་དང་། གཅིག་ཉིད་དང་། ཡོད་པ་ཉིད་ཅེས་བྱ་བ་གསུམ་ཡོད་ལ་ཡོན་ཏན་ལ་ཡང་ཡོན་ཏན་ཉིད་དང་། གཅིག་ཉིད་དང་། ཡོད་པ་ཉིད་གསུམ་ཡོད་པས་རྒྱུ་མཚན་གང་གིས་ཀུན་ལ་གསུམ་ཉིད་ཡོད་པ་དེས་ན་ཐ་མེད་ཀྱི་གཅིག་ཉིད་ཁོ་ན་ལུགས་དེ་ལ་ཡང་ཡོད་པ་མ་ཡིན་པས། དེ་དག་ལ་ཡང་ཉིས་པ་མཚུངས་པ་ཁོ་ནའོ། །

༧༡ མཐའ་བཞི་འགོག་པའི་རིགས་པ་གཞན་ལ་སྦྱར་བ།

བཞི་པ་མཐའ་བཞི་འགོག་པའི་རིགས་པ་གཞན་ལ་སྦྱར་བ་ནི། རྒྱུ་དུས་ན་འབྲས་བུ་ཡོད་པར་སྨྲ་བ་གྲངས་ཅན་པ་སོགས་དང་། རྒྱུ་དུས་ན་འབྲས་བུ་མེད་ཀྱང་རྒྱུ་འབྲས་བདེན་པར་ཁས་ལེན་པ། མདོ་སྡེ་པ་སོགས་དང་། རང་བཞིན་རྟག་ལ་གནས་སྐབས་མི་རྟག་པ་ཡོད་མེད་གཉིས་ཀ་ཁས་ལེན་པ་གཅེར་བུ་བ་སོགས་དང་། དངོས་པོ་རྫས་སུ་ཡོད་ཀྱང་དེ་ཉིད་དང་གཞན་དུ་བརྗོད་དུ་མེད་པས་ཡོད་མེད་གཉི་ག་མིན་ཞེས་བྱ་བ་ཁས་ལེན་པ་འགོག་པའི་རིགས་པའི་ཚུལ་འདི་ནི་དེ་ཁོ་ན་ཉིད་ཀྱི་དོན་ལ་རྣམ་པར་སྤྱོད་པ་བཟོ་བའི་མཁས་པས་བདེན་པར་(༡༠༥བ)གྲུབ་པའི་གཅིག་ཉིད་དང་། གཞན་ཉིད་དང་། གཉི་ག་དང་། གཉི་ག་མིན་པ་སོགས་འགོག་པ་དག་ལ་རྟག་ཏུ་སྦྱར་བར་བྱའོ། །སྔར་གོང་དུ་བཤད་པའི། འབྲས་བུ་ཡོད་ཉིད་གང་འདོད་དང་། །ཞེས་སོགས་དང་། རྟེན་འབྲེལ་གྱི་གཏན་ཚིགས་དང་། གཅིག་དུ་བྲལ་དང་། རྡོ་རྗེ་གཟེགས་མའི་གཏན་ཚིགས་སོགས་མཐའ་དག་སྦྱར་བར་བྱའོ། །

༧༢ དངོས་པོ་རྟག་པ་དང་བདེན་པར་འགྲུབ་བའི་རྒྱུ།

གཉིས་པ་ནི། དེ་ལྟར་དངོས་པོ་རྣམས་རང་བཞིན་གྱིས་གྲུབ་པ་ཅུང་ཟད་ཀྱང་མེད་ན་རྨོལ་བ་དེ་དག་འཐད་པ་གང་གིས་རང་སྡེ་དངོས་པོ་ཡོད་པར་རྟོག

ཅེ་ན། འཐད་པ་འགའ་ཡང་མེད་མོད་ཀྱི་ཞག་གསུམ་གནས་ན་སྔ་དུས་ན་ཡོད་པ་དེ་ཉིད་ཕྱི་དུས་ན་ཡོད་པར་ཁས་ལེན་དགོས་སྙམ་ནས་སྐད་ཅིག་སྔ་ཕྱི་བར་གསུམ་ལ་བརྟགས་ནས་བཞག་པའི་ཇི་ལྟར་རྒྱུན་ལ་བལྟ་ཉེས་ན་དངོས་པོ་རྟག་པ་ཡོད་ཅེས་བྱ་བར་འགྱུར་བ། དེ་བཞིན་དུ་ཚོགས་པ་ལ་བལྟ་ཉེས་ན། བདེན་པའི་དངོས་པོ་ཡོད་ཅེས་བྱ་བར་འགྱུར་རོ། །ཚོགས་རྒྱུན་འཛོག་མ་ཤེས་པ་ལ་བརྟེན་ནས་ཚད་མ་སྲེ་བདུན་གྱི་རྗེས་སུ་འབྲང་བ་དག་ཀྱང་། ཕྱི་རོལ་པའི་རྗེས་སུ་འཇུག་པ་ནི་ཤིན་ཏུ་མང་བར་སྣང་ངོ། །

༧༣ བདེན་མེད་སྒྲུབ་པའི་རིགས་པ་བསྡུས་ཏེ་བསྟན་པ།

གསུམ་པ་ནི། གལ་ཏེ་ཁོ་བོ་ཅག་དངོས་པོར་ལྟ་བ་ཕྱིན་ཅི་ལོག་ཡིན་ན། ཁྱོད་དངོས་པོ་ཁས་མི་ལེན་པས་དངོས་པོ་མེད་པར་ལྟ་བར་འགྱུར་ལ། དེ་མི་རིགས་ཏེ། མཐོང་བ་དང་། མ་མཐོང་བ་དང་འགལ་བའི་ཕྱིར་རོ་ཞེ་ན། ཁོ་བོ་ཅག་དངོས་པོ་མེད་པར་སྨྲ་བ་མིན་ཏེ། རྟེན་འབྲེལ་སྨྲ་བ་ཡིན་པའི་ཕྱིར་རོ། །དངོས་པོ་བདེན་པར་སྨྲ་བ་ཞིག་གམ་ཞེ་ན། མིན་ཏེ། རྟེན་འབྲེལ་སྨྲ་བ་ཡིན་པའི་ཕྱིར་རོ། །དེའི་དོན་ཅི་ཞེ་ན། སྨྱུ་མ་(༡༠༤ན)དང་སྨིག་རྒྱུ་སོགས་བཞིན་དུ་རང་བཞིན་གྱིས་གྲུབ་པས་སྟོང་བཞིན་དུ་འབྲས་བུ་བསྐྱེད་ནུས་པའི་དོན་ཏོ། །འདི་ལྟར་ལྟོས་པ་གང་ལ་བརྟེན་ནས་འབྱུང་ཞིང་ཡོད་པ་ཉིད་པ་དེ་ནི་རང་དབང་དུ་ཡོད་པ་ཉིད་པར་མི་འགྱུར་རོ། །ཆོས་འདི་ཀུན་རང་དབང་བའི་སྤྱོད་ལུགས་སུ་མེད་པ་སྟེ། དེས་ན་གང་ཟག་དང་ཆོས་ཀྱི་བདག་ནི་ཡོད་པ་མ་ཡིན་ནོ། །གང་ཟག་དང་ཕུང་པོ་ཆོས་ཅན། རང་བཞིན་གྱིས་མེད་དེ། རྟེན་འབྲེལ་ཡིན་པའི་ཕྱིར་ཞེས་པའོ། །འབྲས་བུ་རང་དབང་མེད་པ་ཁོ་བོ་ཅག་ཀྱང་ཁས་ལེན་པས་ཁྱད་པར་ཅི་ཡོད་ཅེ་ན། ཁྱོད་ཀྱིས་རྟེན་འབྱུང་བསྒྲོས་ཆོས་ཀྱི་དོན་མ་རྟོགས་པ་ནི་ཁྱད་པར་རོ། །

༣༩ བདེན་མེད་རྟོགས་པའི་དགོས་པ་བསྟན་པ།

ད༡ རྟེན་འབྱུང་རང་བཞིན་གྱིས་གྲུབ་པ་འཕགས་པ་རྣམས་ཀྱིས་མ་གཟིགས་པ།

བཞི་པ་ལ་གཉིས། རྟེན་འབྱུང་རང་བཞིན་གྱིས་གྲུབ་པ་འཕགས་པ་རྣམས་ཀྱིས་མ་གཟིགས་པ་དང་། སྟོང་ཉིད་རྟོགས་པས་འཁོར་བ་ལས་གྲོལ་བར་འགྱུར་བའོ། །དང་པོ་ནི། འགའ་ལ་ངོ་བོ་ཉིད་ཀྱིས་སྐྱེ་བ་ཡོད་པ་མིན་པ་དེའི་ཕྱིར། རང་གི་བསྐྱེད་བྱའི་འབྲས་བུ་མེད་པར་དངོས་པོ་ནི་ཀུན་ལ་འབྲས་བུའི་དོན་དུ་ཚོགས་ཤིང་འདུ་བ་ཡོད་པ་མ་ཡིན་ལ་རང་བཞིན་གྱིས་གྲུབ་པ་ནི་རྟག་པས་འབྲས་བུ་ལ་ལྟོས་པ་མེད་ལ་འབྲས་བུའི་དོན་དུ་འདུ་བ་གང་ཡིན་པ་དེ་ནི། དེ་ཁོ་ན་ཉིད་གཟིགས་པའི་འཕགས་པ་རྣམས་ཀྱི་མཉམ་བཞག་གི་གཟིགས་པ་ལ་མ་འདུས་པའོ་སྟེ། དངོས་པོ་རང་བཞིན་མེད་པར་མངོན་སུམ་དུ་གཟིགས་པའི་ཕྱིར་རོ། །

ད༢ སྟོང་ཉིད་རྟོགས་པས་འཁོར་བ་ལས་གྲོལ་བར་འགྱུར་བ།

གཉིས་པ་ནི། དངོས་པོ་བདེན་པར་འཛིན་པའི་ཉོན་མོངས་ཅན་གྱི་མ་རིག་པ་ཟད་པ་ལས། འཁོར་བ་ལས་གྲོལ་བར་འགྱུར་ལ། དེ་(༡༠༤བ)ཡང་རང་བཞིན་གྱིས་སྟོང་པར་རྟོགས་པ་ལ་རག་ལས་ཏེ། སྲིད་པའི་ས་བོན་དངོས་པོ་བདེན་འཛིན་གྱི་རྣམ་ཤེས་ཏེ། གཟུགས་ལ་སོགས་པའི་ཡུལ་རྣམས་དེའི་སྤྱོད་ཡུལ་ལོ། །ཡུལ་ལ་རང་བཞིན་གྱིས་གྲུབ་པའི་བདག་མེད་པར་མཐོང་ནས་ནི་གོམས་པར་བྱས་པས་སྲིད་པའི་ས་བོན་འགག་པར་འགྱུར་ཞིང་ཐར་པ་འཐོབ་པར་འགྱུར་རོ། །ཉན་རང་དགྲ་བཅོམ་པ་དང་ས་བརྒྱད་པ་ཐོབ་ནས་བདེན་འཛིན་ཟད་པར་སྤངས་པ་ཐོབ་བོ། །

འདིར་སྨྲས་པ། དལ་འབྱོར་མི་ལུས་ཐོབ་པའི་སྐྱེ་བོ་དག །ལྟུ་སྒྲུབ་ཡབ་སྲས་རིགས་པའི་རྗེས་འབྲང་ནས། །སྟོང་པ་རྟེན་འབྱུང་དོན་དུ་རྟོགས་བྱ་ཞིང་། །དེ་

དོན་སྒྲུབ་ལ་བརྩོན་འགྲུས་སུ་མི་བརྩོན། །བསྡུ་བའི་ཚིགས་སུ་བཅད་པའོ། །

ཛ༢ ལེའུའི་མཚན་བསྟན་པ།

གཉིས་པ་ནི། བྱང་ཆུབ་སེམས་དཔའི་རྣལ་འབྱོར་སྤྱོད་པ་བཞི་བརྒྱ་པའི་རྣམ་བཤད་ལེགས་པར་བཤད་པའི་སྙིང་པོ་ཞེས་བྱ་བ་ལས་མཐར་འཛིན་པ་དགག་པ་བསྒོམ་པ་བསྟན་པ་སྟེ་རབ་ཏུ་བྱེད་པ་བཅུ་བཞི་པའི་འགྲེལ་པའོ།། །།

རབ་བྱེད་བཅོ་ལྔ་པ།

ཙ༣ འདུས་བྱས་ཀྱི་མཚན་ཉིད་སྐྱེ་འཇིག་གནས་གསུམ་རང་བཞིན་གྱིས་གྲུབ་པ་དགག་པ།

ཚ༡ ལེའུའི་གཞུང་བཤད་པ།

ཛ༡ རྟེན་འབྱུང་རང་བཞིན་གྱིས་སྐྱེ་བ་མེད་པ་སྒྱུ་མའི་ཚུལ་དུ་རྒྱས་པར་བསྒྲུབ་པ།

ཞ༡ སྐྱེ་བ་རང་བཞིན་གྱིས་གྲུབ་པ་ཕྱེ་བྲག་ཏུ་དགག་པ།

གསུམ་པ་འདུས་བྱས་ཀྱི་མཚན་ཉིད་སྐྱེ་འཇིག་གནས་གསུམ་རང་བཞིན་གྱིས་གྲུབ་པ་དགག་པ་ལ་གཉིས། ལེའུའི་གཞུང་བཤད་པ་དང་། ལེའུའི་མཚན་བསྟན་པའོ། །དང་པོ་ལ་གཉིས། རྟེན་འབྱུང་རང་བཞིན་གྱིས་སྐྱེ་བ་མེད་པ་སྒྱུ་མའི་ཚུལ་དུ་རྒྱས་པར་བསྒྲུབ་པ་དང་། རང་བཞིན་གྱིས་གྲུབ་པ་བཀག་པའི་མཇུག་བསྡུ་བའོ། །དང་པོ་ལ་གསུམ། སྐྱེ་བ་རང་བཞིན་གྱིས་གྲུབ་པ་ཕྱེ་བྲག་ཏུ་དགག་པ་དང་། སྐྱེ་འཇིག་གནས་གསུམ་རང་བཞིན་གྱིས་གྲུབ་པ་སྤྱིར་(༡༠༧ན)དགག་པ་དང་། སྐྱེ་བཞིན་པ་རང་བཞིན་གྱིས་སྐྱེ་བ་དགག་པའོ། །དང་པོ་ལ་གཉིས། རྒྱས་པར་བཤད་པ་དང་། དོན་བསྡུ་བའོ། །

ད༧ རྒྱས་པར་བཤད་པ།

ཐ༧ ཡོད་མེད་སྐྱེ་བ་བརྟགས་ལ་དགག་པ།

ད༧ ཡོད་མེད་སྐྱེ་འགོག་གི་གཏན་ཚིགས།

དང་པོ་ལ་ལྔ། ཡོད་མེད་སྐྱེ་བ་བརྟགས་ལ་དགག་པ་དང་། ཐོག་མཐའ་བར་གསུམ་ལ་བརྟགས་ལ་དགག་པ་དང་། རང་གཞན་གཉིས་ལ་བརྟགས་ལ་དགག་པ་དང་། རིམ་དང་རིམ་ཅར་བརྟགས་ལ་དགག་པ་དང་། དུས་གསུམ་ལ་བརྟགས་ལ་དགག་པའོ། །དང་པོ་ལ་བཞི། ཡོད་མེད་སྐྱེ་འགོག་གི་གཏན་ཚིགས་དང་། དེའི་ཚུལ་སྒྲུབ་པ་དང་། སྐྱེ་བའི་དུས་ལ་བརྟགས་ལ་དགག་པ་དང་། རང་དངོས་དང་། གཞན་དངོས་སུ་བརྟགས་ནས་དགག་པའོ། །དང་པོ་ནི། འདུས་བྱས་རང་བཞིན་གྱིས་ཡོད་དེ་དེའི་མཚན་ཉིད་སྐྱེ་བ་སོགས་ཡོད་པའི་ཕྱིར་ཞེ་ན། མཚན་ཉིད་ཡོད་ན་འདུས་བྱས་ཡོད་པར་འགྱུར་ན་དེ་རང་བཞིན་གྱིས་ཡོད་པ་མིན་ནོ། །སྐྱེ་བས་འདུས་བྱས་བསྐྱེད་པར་ཁས་བླངས་ན། འབྲས་བུ་མེད་པར་སྨྲ་བ་ལྟར་ན། ས་བོན་གྱི་དུས་ན་མྱུ་གུ་མེད་པས་རྒྱུ་རྐྱེན་ཚོགས་པའི་ས་བོན་གྱི་མཐའི་སྐད་ཅིག་མ་ལ་མྱུ་གུ་སྐྱེའོ། །ས་བོན་གྱི་སྐད་ཅིག་མ་ཐ་མར་ཏེ་དེའི་དུས་ན་མྱུ་གུ་མེད་པ་ངོ་བོ་ཉིད་ཀྱིས་སྐྱེ་བར་འགྱུར་ན་དེ་ནི་མི་རིགས་ཏེ། བོང་བུའི་རྭ་ལ་སོགས་པ་ཡང་སྐྱེ་བར་ཐལ་བའི་ཕྱིར་རོ། །དེས་ན་རྒྱུ་དུས་ན་མེད་པ་ངོ་བོ་ཉིད་ཀྱིས་ག་ལ་སྐྱེ་སྐྱེ་བ་མི་སྲིད་དོ། །རྒྱུ་དུས་ན་ཡོད་པ་ག་ལ་སྐྱེ་མི་སྐྱེ་བར་ཐལ། རྒྱུ་དུས་ན་ཡོད་པ་གདོད་ནས་རང་གི་སྤྱི་ལོགས་སུ་སྐྱེ་བར་འགྱུར་བ་དེས་ན་ནི་ཡིན་པའི་ཕྱིར་རོ། །མྱུ་གུ་ཆོས་ཅན། ངོ་བོ་(༡༠༧བ)ཉིད་ཀྱིས་སྐྱེ་བ་མེད་དེ། རྒྱུ་དུས་ན་ཡོད་པ་ཡང་ངོ་བོ་ཉིད་ཀྱིས་མི་སྐྱེ་རྒྱུའི་དུས་ན་མེད་པ་ཡང་ངོ་བོ་ཉིད་ཀྱིས་མི་སྐྱེ་བའི་ཕྱིར།

༥༢ དེའི་རྩལ་སྒྲུབ་པ།

གཉིས་པ་ནི། ས་བོན་མ་འགྱུར་བར་མྱུ་གུ་སྐྱེ་བ་མི་སྲིད་པས་འབྲས་བུ་མྱུ་གུ་སྐྱེ་བཞིན་པ་ཡིས་ནི། རྒྱུ་ས་བོན་བཤིག་པ་དེས་ན་ས་བོན་གྱི་དུས་ན་མེད་པ་ངོ་བོ་ཉིད་ཀྱིས་སྐྱེ་བར་མི་འགྱུར་རོ། །གྱིར་ས་བོན་གྱི་དུས་ན་མེད་པའི་མྱུ་གུ་སྐྱེ་ཡང་སྐྱེ་བ་བདེན་གྲུབ་ཁས་ལེན་པ་མི་འཐད་དེ། རི་བོང་གི་རྭ་ཡང་སྐྱེ་བར་ཁས་ལེན་དགོས་པའི་ཕྱིར་རོ། །རྒྱུ་དུས་ན་གྲུབ་པ་ལ་སྒྲུབ་བྱེད་དགོས་པ་ཡོད་པ་མིན་པ་དེའི་ཕྱིར། རྒྱུ་དུས་ན་ཡོད་པ་མི་སྐྱེའོ། །

༥༣ སྐྱེ་བའི་དུས་ལ་བརྟགས་ལ་དགག་པ།

གསུམ་པ་ནི། མྱུ་གུ་རང་ཉིད་ཡོད་པའི་དུས་དེའི་ཚེ་སྐྱེ་བ་ཡོད་པ་མིན་ཞིང་སྐྱེད་མི་དགོས་པའི་ཕྱིར་རོ། །གཞན་རང་ཉིད་མེད་པའི་ཚེ་སྐྱེ་བ་ཡོད་པ་མིན་ཏེ། བསྐྱེད་མི་ནུས་པའི་ཕྱིར་རོ། །དེའི་ཚེ་ཡང་མི་སྐྱེ་གཞན་གྱི་ཚེ་ཡང་མི་སྐྱེ་ན་དུས་ནམ་ཞིག་སྐྱེ་བ་ཡོད་པར་འགྱུར་སྐྱེ་བའི་དུས་མི་སྲིད་པའི་ཕྱིར་རོ། །

༥༤ རང་དངོས་དང་གཞན་དངོས་སུ་བརྟགས་ནས་དགག་པ།

བཞི་པ་ནི། འོ་མ་ཞོའི་དངོས་པོར་འགྱུར་བ་སྐྱེ་བ་ཡིན་ནོ་ཞེ་ན། མི་རིགས་ཏེ། འོ་མའི་དངོས་པོར་གནས་པ་དེ་ལ་འོ་མ་དེའི་དངོས་པོ་ཏུ་དགོས་པ་མེད་པས་ཇི་ལྟར་སྐྱེ་བ་ཡོད་པ་མིན་པ་ལྟར་དེ་བཞིན་དུ་གཞན་གྱི་ཞོའི་དངོས་པོར་ཡང་འོ་མ་དེ་ལ་སྐྱེ་བ་ཡོད་པ་མིན་ཏེ། ངོ་བོ་ཐ་དད་པའི་ཕྱིར།

ཐ༢ ཐོག་མཐའ་བར་གསུམ་ལ་བརྟགས་ལ་དགག་པ།

གཉིས་པ་ནི། རྒྱུ་མཚན་འདིས་ཀྱང་རང་བཞིན་གྱིས་སྐྱེ་བ་མེད་དེ། འདི་ལྟར་ཐོག་མར་སྐྱེ་བ་དང་། བར་དུ་གནས་པ་དང་། ཐ་མར་འཇིག་པ་རྣམས་སྐྱེ་བའི་སྔ་རོལ་ཏུ་སྲིད་པ་མིན་ཏེ། མ་སྐྱེས་པར་སྐྱེ་འཇིག་གནས་པ་མི་སྲིད་པའི་ཕྱིར་རོ། །ཅི་སྟེ་(70ན)སྐྱེ་བའི་དུས་ན་སྐྱེ་བ། གནས་པའི་དུས་ན་གནས་པ། འཇིག་པའི་དུས་ན་འཇིག་པ་དུས་རིམ་ཅན་དུ་ངོ་བོ་ཉིད་ཀྱིས་ཡོད་དོ་ཞེ་ན། རེ་རེའི་དུས་ན་གཞན་གཉིས་གཉིས་དག་ནི་མེད་པ་ཇི་ལྟར་རེ་རེ་རྫོམ་པར་འགྱུར་སྐྱེ་བ་མེད་པར་གནས་པ་དང་། འཇིག་པ་མི་སྲིད་པ་ལྟར་གཞན་གཉིས་ལ་ཡང་སྦྱར་བར་བྱའོ། །མཚན་ཉིད་འདི་དག་རེ་རེ་མེད་ན་ཡང་འདུས་བྱས་མི་འཐད་པའི་ཕྱིར་རོ། །

ཐ༣ རང་གཞན་གཉིས་ལ་བརྟགས་ལ་དགག་པ།

གསུམ་པ་ནི། འདི་ལས་ཀྱང་འདུས་བྱས་རང་བཞིན་གྱིས་སྐྱེ་བ་མི་རིགས་ཏེ། ཕྱི་མོ་ལ་སོགས་པའི་གཞན་གྱི་དངོས་པོ་མེད་པར་ནི་ཇ་བུམ་བདག་གི་དངོས་པོ་འབྱུང་བ་མེད་དེ། ཕྱི་མོ་ལ་ལྟོས་པའི་ཕྱིར་རོ། །ཕྱི་མོ་ཡང་རང་གི་ངོ་བོས་མ་གྲུབ་སྟེ། གསེག་མ་ལ་ལྟོས་པའི་ཕྱིར་རོ། །དེའི་ཕྱིར་ན་བུམ་པ་བདག་གཞན་གཉིས་ཀ་ལས་འབྱུང་བ་ཡོད་པ་མིན་ཏེ། བདག་དང་གཞན་ངོ་བོ་ཉིད་ཀྱིས་གྲུབ་པས་སྐྱེ་བ་རང་བཞིན་གྱིས་གྲུབ་པ་མེད་དོ། །

ཐ༩ རིམ་དང་རིམ་ཆར་བརྟགས་ལ་དགག་པ།

ད༡ དངོས།

བཞི་པ་ལ་གཉིས། དངོས་དང་། རང་བཞིན་གྱིས་སྐྱེ་བའི་སྒྲུབ་བྱེད་དགག་པའོ། །དང་པོ་ནི། གཞན་ཡང་སྐྱེ་བ་རང་བཞིན་གྱིས་མེད་དེ། སྐྱེ་བ་སོགས་བུམ་པའི་སྔོན་དང་ཕྱིས་དང་ཅིག་ཅར་ཡོད་དོ་ཞེས་བརྗོད་པ་ཉིད་དུ་མི་ནུས་པ་དེའི་ཕྱིར་བུམ་པའི་སྐྱེ་བ་དང་བུམ་པ་ལ་ཅིག་ཅར་ངོ་བོ་ཉིད་ཀྱིས་འབྱུང་བ་ཡོད་པ་མ་ཡིན་ཏེ། དེ་ལྟ་ན་རྟེན་དང་བརྟེན་པ་དུས་མཉམ་པས་བུམ་པ་སྐྱེ་བ་ལ་མངོན་དུ་ཕྱོགས་པའི་ཚེ་ཡང་བུམ་པ་ཡོད་དགོས་པས་སྐྱེས་པར་ཐལ་བའི་ཕྱིར་རོ། །

ད༢ རང་བཞིན་གྱིས་སྐྱེ་བའི་སྒྲུབ་བྱེད་དགག་པ།

གཉིས་པ་ནི། བུམ་པའི་སྐྱེ་བ་(༡༠༤བ)ཡོད་དེ། དེ་མེད་ན་རྙིང་པ་མི་སྲིད་པ་ལ་སོགས་པའི་མཚན་ཉིད་ཅན་གྱི་རྙིང་པ་ཡོད་པའི་ཕྱིར་ཞེ་ན། མི་རིགས་ཏེ། བུམ་པ་སྔར་སྐྱེས་པའི་ཕྱིར་ན་ནི་སྟེ་སྔར་སྐྱེས་པའི་ཚེ་རྙིང་པ་མིན་ཏེ། དེའི་ཚེ་གསར་པ་ཡིན་པའི་ཕྱིར། སྔར་སྐྱེས་པ་ངོ་བོ་ཉིད་ཀྱིས་རྙིང་པར་མི་འགྱུར་ཞིང་ཕྱི་ནས་ཀུན་ཏུ་སྐྱེས་པ་ཡང་རྙིང་པ་མིན་ཏེ། དེའི་ཚེ་ཡང་གསར་པ་ཡིན་པའི་ཕྱིར། ཕྱི་ནས་གསར་དུ་སྐྱེས་པས་ངོ་བོ་ཉིད་ཀྱིས་རྙིང་པར་མི་འགྱུར་རོ། །དེ་ཡང་སྐྱེ་བ་ངོ་བོ་ཉིད་ཀྱིས་གྲུབ་པ་བཀག་པའི་སྒོ་ནས་རྙིང་པ་ངོ་བོ་ཉིད་ཀྱིས་གྲུབ་པ་འགོག་པ་ཡིན་གྱི། རྙིང་པ་ཙམ་ཞིག་རང་ལུགས་ལ་ཡང་ཁས་ལེན་པ་ཡིན་ནོ། །

ཐ༥ དུས་གསུམ་ལ་བརྟགས་ལ་དགག་པ།

ལྔ་པ་ནི། དུས་གསུམ་དུ་རང་བཞིན་གྱིས་སྐྱེ་བ་མེད་པས་ཀྱང་སྐྱེ་བ་བདེན་པ་མེད་དོ། །རྒྱུ་འབྲས་དུས་མི་མཉམ་པས་ད་ལྟ་བའི་དངོས་པོ་ནི་ད་ལྟར་བ་དེ་ཉིད་ལས་འབྱུང་བ་མ་ཡིན་ཞིང་། མ་འོངས་པ་ལས་འབྱུང་བ་ཡོད་པ་མ་ཡིན་ལ་འདས་པ་ལས་ཀྱང་འབྱུང་བ་ཡོད་པ་མ་ཡིན་ནོ། །རང་བཞིན་གྱིས་སྐྱེ་བ་དུས་གསུམ་ཆར་དུ་ཡང་མེད་པས་སྐྱེ་བ་རྫུན་པ་སྒྱུ་མ་ལྟ་བུ་ཁས་བླང་བར་བྱའོ། །

ད༢ དོན་བསྡུ་བ།

གཉིས་པ་ནི། མདོ་ལས། དགེ་སློང་དག་དེ་ལྟར་ན་མིག་གི་སྐྱེ་བ་ནི་གང་ནས་འོང་བ་མ་ཡིན་ལ། འགག་པ་ན། གར་ཡང་འགྲོ་བ་མིན་ནོ། །ཞེས་གསུངས་པས་རང་བཞིན་གྱིས་སྐྱེ་བ་ཡོད་ན་སྐྱེས་པའི་ཚེ། ཟླ་བ་ཤར་བ་ལྟར་ག་ཤེད་ནས་འོང་དགོས་ལ། འགག་པ་ན་ཡང་ཟླ་བ་ནུབ་པ་ལྟར་ག་ཤེད་འགྲོ་དགོས་ན། དེ་ལྟ་ན་རྟག་པར་འགྱུར་བས་སྐྱེ་བ་དང་འགག་པ་མིང་གིས་བཏགས་པ་ཙམ་དུ(༡༠(ན)ཟད་པས། སྐྱེ་འགག་སྒྱུ་མ་ལྟ་བུར་ཁས་བླང་བར་བྱའོ། །དངོས་པོ་སྐྱེས་པ་ལ་ནི་ག་ཤེད་ནས་འོང་བ་དང་། དེ་བཞིན་དུ་འགག་པ་ལ་ག་ཤེད་དུ་དངོས་པོ་དེ་ཉིད་འགྲོ་བ་མེད་པ་དེ་ལྟ་ཡིན་ན་ཇི་ལྟ་བུར་ཕྱི་དང་ནང་གི་སྲིད་པ་སྒྱུ་མ་དང་འདྲ་བ་མ་ཡིན་ཏེ་ན་ཅིང་འབྲེལ་བར་འབྱུང་བ་ནི་ཇི་ལྟ་བ་བཞིན་མཐོང་བ་ན་སྒྱུ་མ་བྱས་པ་ལྟར་འགྱུར་གྱི་མོ་གཤམ་གྱི་བུ་ལྟར་འགྱུར་བ་མིན་ནོ། །སྐབས་འདིར་འགྲེལ་པར་སྐྱེ་བ་ཙམ་ཡང་བཀག་ན། མོ་གཤམ་གྱི་བུའི་གཞལ་བྱ་དང་མཚུངས་པས་རྟེན་འབྲེལ་ལ་སྐུར་བ་འདེབས་པར་གསུངས་པས་སྐྱེ་བ་རང་ལུགས་ལ་ཁས་ལེན་མི་ནུས་པར་ཡོད་པ་ཡང་མིན་ཞེས་པའི་ཟེར་ལུགས་ཙམ་ལ་རེ་བ་ནི། དབུ་མའི་ལྟ་བ་འཛིག་པར་བྱེད་

པ་དེ་འདྲའི་གོ་བ་རྙེད་པ་དེ་ཉིད་ཀྱིས་ངན་འགྲོའི་རྒྱུ་བྱེད་པས་མཆིལ་མའི་ཐལ་བ་བཞིན་དུ་དོར་བར་བྱའོ། །

༦༢ སྐྱེ་འཇིག་གནས་གསུམ་རང་བཞིན་གྱིས་གྲུབ་པ་སྤྱིར་དགག་པ།

༥༡ མཚན་ཉིད་གསུམ་རང་བཞིན་གྱིས་གྲུབ་པ་རིམ་དང་ཅིག་ཅར་བརྟགས་ལ་དགག་པ།

གཉིས་པ་ལ་བཞི། མཚན་ཉིད་གསུམ་རང་བཞིན་གྱིས་གྲུབ་པ་རིམ་དང་ཅིག་ཅར་བརྟགས་ལ་དགག་པ་དང་། མཚན་ཉིད་ཐུག་མེད་དུ་ཐལ་བས་དགག་པ་དང་། གཅིག་དང་ཐ་དད་བརྟགས་ལ་དགག་པ་དང་། ངོ་བོ་ཉིད་ཀྱིས་ཡོད་མེད་བརྟགས་ལ་དགག་པའོ། །དང་པོ་ནི། འདུས་བྱས་ཀྱི་མཚན་ཉིད་སྐྱེས་པ་དང་། གནས་པ་དང་། འཇིག་པ་རྣམས་ངོ་བོ་ཉིད་ཀྱིས་ཅིག་ཅར་འབྱུང་བ་ཡོད་པ་མིན་ཞིང་རིམ་གྱིས་འབྱུང་བའང་ངོ་བོ་ཉིད་ཀྱིས་ཡོད་པ་མིན་ན་དུས་ནམ་ཞིག་ངོ་བོ་ཉིད་ཀྱིས་འབྱུང་བ་ཡོད་(70(བ))པར་འགྱུར། སྐྱེ་འཇིག་གནས་གསུམ་ཆོས་ཅན། རང་བཞིན་གྱིས་མེད་དེ། རང་བཞིན་གྱིས་རིམ་དང་ཅིག་ཅར་མེད་པའི་ཕྱིར།

༥༢ མཚན་ཉིད་ཐུག་མེད་དུ་ཐལ་བས་དགག་པ།

གཉིས་པ་ནི། འདུས་བྱས་ཀྱི་མཚན་ཉིད་སྐྱེ་བ་དང་གནས་པ་དང་འཇིག་པ་ལ་སོགས་པ་ཐམས་ཅད་ལ་སླར་ཡང་སྐྱེ་བའི་སྐྱེ་བ་སོགས་ཐམས་ཅད་འབྱུང་བ་སྟེ་འབྱུང་དགོས་པ་དེའི་ཕྱིར། འཇིག་པ་ལ་ཡང་སྐྱེ་བ་དང་འདྲ་བར་འཇིག་པ་གཞན་ཡོད་པར་འགྱུར་ཞིང་གནས་པ་ལ་ཡང་འཇིག་པ་དང་འདྲ་བར་སྣང་ཞིང་། གནས་པ་དོན་གཞན་ཁས་ལེན་དགོས་པས་ཐུག་པ་མེད་པར་འགྱུར་ཞིང་དེ་ལྟ་ན་རྩ་བའི་མཚན་ཉིད་མ་གྲུབ་པས་རང་བཞིན་གྱིས་གྲུབ་པ་རྡུལ་ཙམ་ཡང་མེད་དོ། །

༨༣ གཅིག་དང་ཐ་དད་བརྟགས་ལ་དགག་པ།

གསུམ་པ་ནི། མཚན་ཉིད་དང་། མཚན་གཞི་རང་བཞིན་གཅིག་གམ་ཐ་དད་མཚན་ཉིད་སྐྱེ་འཇིག་གནས་གསུམ་ལས་མཚན་གཞི་འདུས་བྱས་བུམ་པ་ལྟ་བུ་རང་བཞིན་གཞན་ཡིན་ནོ་ཞེ་ན། མཚན་གཞི་འདུས་བྱས་བུམ་པ་ལྟ་བུ་མི་རྟག་པ་ཉིད་གང་ལས་ཡིན་མིན་པར་ཐལ། རང་བཞིན་གྱིས་ཐ་དད་པའི་ཕྱིར། ཡང་ན་རང་བཞིན་གྱིས་གྲུབ་པའི་ཐ་མི་དད་ཡིན་ན་མཚན་ཉིད་གསུམ་དང་མཚན་གཞི་བཞི་གའང་དངོས་པོར་ཡོད་པ་ཡི་ཛོ་བོར་གསལ་བར་ཡོད་པ་མིན་པར་ཐལ། མཚན་ཉིད་མཚན་ཉིད་མིན་པར་ཐལ། མཚན་གཞི་དང་གཅིག་ཡིན་པའི་ཕྱིར། དེ་བཞིན་དུ་མཚན་ཉིད་དང་གཅིག་ཡིན་པའི་ཕྱིར། མཚན་གཞིའང་མཚན་གཞིར་མི་འགྱུར་བས་རང་བཞིན་གྱིས་གྲུབ་པའི་གཅིག་ཐ་དད་གང་དུ་ཡང་ཁས་བླང་བར་མི་བྱའོ། །

༨༤ ངོ་བོ་ཉིད་ཀྱིས་ཡོད་མེད་བརྟགས་ལ་དགག་པ།

ཐ༧ སྐྱེད་བྱེད་ཀྱི་རྒྱུ་བདེན་གྲུབ་ཡོད་པས་སྐྱེ་སོགས་བདེན་གྲུབ་ཡོད་པ་དགག་པ།

བཞི་པ་ལ་གཉིས། སྐྱེད་བྱེད་ཀྱི་རྒྱུ་བདེན་གྲུབ་ཡོད་པས་སྐྱེ་སོགས་བདེན་གྲུབ་ཡོད་པ་དགག་པ་དང་། སྐྱེ་སོགས་དངོས་པོ་(༧༧༠ན)དངོས་མེད་གང་དུ་ཡང་བདེན་པར་མ་གྲུབ་པའོ། །དང་པོ་ནི། སྐྱེ་བ་སོགས་རང་བཞིན་གྱིས་ཡོད་དེ། སྐྱེད་བྱེད་ཀྱི་བྱེད་པ་རང་བཞིན་གྱིས་ཡོད་པའི་ཕྱིར་ཞེ་ན། མྱུ་གུའི་དངོས་པོ་གྲུབ་ཟིན་དེ་ཉིད་ས་བོན་གྱི་དངོས་པོ་གྲུབ་པའི་དུས་ལས་སྔར་ཡང་མི་སྐྱེ་སྟེ། ས་བོན་མ་འགྱུར་བར་མྱུ་གུ་མི་སྐྱེ་བའི་ཕྱིར་དང་། མྱུ་གུ་སྐྱེས་ཟིན་སྔར་ཡང་སྐྱེ་བ་མི་རིགས་པའི་ཕྱིར། མྱུ་གུའི་དངོས་པོ་ས་བོན་གྱི་དངོས་པོ་མེད་པ་ལས་མི་སྐྱེ་སྟེ། དངོས་པོ་མེད་པ་ལ་འབྲས་བུ

བསྐྱེད་པའི་ནུས་པ་མེད་པའི་ཕྱིར། ཡང་འབྲས་བུ་དངོས་མེད་རྒྱུ་དངོས་མེད་ལས་མི་སྐྱེ་སྟེ། ས་བོན་ཚིག་པས་མྱུ་གུ་ཚིག་པ་མི་སྐྱེད་པའི་ཕྱིར་རོ། །འབྲས་བུ་དངོས་མེད་རྒྱུ་དངོས་པོ་ལས་མི་སྐྱེའོ། །བཤད་ཟིན་པའི་ཉེས་པ་ཐོག་ཏུ་བབ་པའི་ཕྱིར་རོ། །དེའི་ཕྱིར་རང་བཞིན་གྱིས་སྐྱེ་བ་མི་སྲིད་པས་དེ་སྐྱེད་པའི་རྒྱུ་རྐྱེན་དོན་མེད་པའི་ཕྱིར་རོ། །

ཐ༢ སྐྱེ་སོགས་དངོས་པོ་དངོས་མེད་གང་དུ་ཡང་བདེན་པར་མ་གྲུབ་པ།

གཉིས་པ་ནི། གཞན་ཡང་སྐྱེ་བ་དང་འཇིག་པ་དངོས་པོའི་རང་བཞིན་ལ་རྟོག་གམ། དངོས་མེད་ཀྱི་རང་བཞིན་ལ་རྟོག །གཉི་ག་ལྟར་ཡང་མི་རིགས་ཏེ། སྐྱེས་ཟིན་པའི་དངོས་པོ་སླར་ཡང་སྐྱེ་བའི་དངོས་པོར་མི་འགྱུར་ཏེ། སླར་ཡང་སྐྱེ་བ་དོན་མེད་པའི་ཕྱིར་དངོས་མེད་སླར་ཡང་སྐྱེ་བ་དངོས་པོར་མི་འགྱུར་རོ། །མོ་གཤམ་གྱི་བུ་ཡང་སྐྱེ་བར་ཐལ་བའི་ཕྱིར་རོ། །དེས་ན་དངོས་པོ་དང་དངོས་མེད་གཉི་ག་ལ་སྐྱེ་བ་རང་བཞིན་གྱིས་མེད་དོ། །ཞིག་པ་དངོས་པོ་མེད་སླར་ཡང་འཇིག་པའི་དངོས་པོ་མེད་པར་མི་འགྱུར་ཏེ། ཡོད་པ་མིན་པ་ལ་མོ་གཤམ་གྱི་བུ་ལྟར་འཇིག་པ་མེད་པའི་ཕྱིར། སྐྱེས་ཟིན་གྱི་དངོས་པོ་དངོས་པོ་མེད་པར་མི་འགྱུར་རོ། །ཕན་ཚུན་འགལ་བའི་ཕྱིར་རོ། །(༡༡༠བ)མདོ་ལས། འདུས་བྱས་འདུས་མ་བྱས་ཀུན་རྣམ་པར་དབེན། །དྲང་སྲོང་དེ་དག་རྣམ་རྟོག་མི་མངའ་སྟེ། །འགྲོ་བ་ཀུན་ལ་འདུས་མ་བྱས་ཐོབ་ཅིང་། །བདག་ཏུ་ལྟ་བར་གྱུར་པས་རྣམ་པར་དབེན། །ཞེས་གསུངས་སོ། །

ཉ༣ སྐྱེ་བཞིན་པ་རང་བཞིན་གྱིས་སྐྱེ་བ་དགག་པ།

ཏ༡ མདོར་བསྟན་པ།

གསུམ་པ་སྐྱེ་བཞིན་པ་རང་བཞིན་གྱིས་སྐྱེ་བ་དགག་པ་ལ་གསུམ། མདོར་བསྟན་པ་དང་། རྒྱས་པར་བཤད་པ་དང་། དོན་བསྡུ་བའོ། །དང་པོ་ནི། སྐྱེས་པ་དང་མ་

སྐྱེས་པ་གང་ཡང་མི་སྐྱེ་ཡང་། སྐྱེ་བཞིན་པ་སྐྱེའོ་ཞེ་ན། མྱུ་གུ་སྐྱེ་བཞིན་པ་ནི་ངོ་བོ་ཉིད་ཀྱིས་སྐྱེ་བར་མི་འགྱུར་བར་ཐལ། སྐྱེ་བཞིན་པ་ནི་ཕྱེད་སྐྱེས་ཕྱེད་མ་སྐྱེས་པ་ལ་བཞག་དགོས་ལ། སྐྱེས་པའི་ཆ་ནི་སྐྱེས་པའི་ཁོངས་སུ་གཏོགས། མ་སྐྱེས་པའི་ཆ་མ་སྐྱེས་པའི་ཁོངས་སུ་གཏོགས་པས་དེ་ལས་མ་གཏོགས་པའི་ཆ་ཅན་ངོ་བོ་ཉིད་ཀྱིས་གྲུབ་པ་མེད་པའི་ཕྱིར། ཅི་སྟེ་སྐྱེས་པ་དང་མ་སྐྱེས་ལ་དག་པ་སྐྱེ་བཞིན་པར་རྟོག་ན། འདས་མ་འོངས་གཉིས་ཀྱང་སྐྱེ་བཞིན་པར་འགྱུར་བས། ཡང་ན་དུས་གསུམ་པོ་ཐམས་ཅད་སྐྱེ་བཞིན་པ་ཉིད་ནི་ཡིན་པར་ཐལ་བར་འགྱུར་ཏེ། དངོས་པོ་སྐྱེས་པ་དང་མ་སྐྱེས་པ་མཐའ་དག་སྐྱེ་བཞིན་པ་ཡིན་པའི་ཕྱིར།

ཏ༢ རྒྱས་པར་བཤད་པ།

ཐ༡ སྐྱེ་བཞིན་པའི་དོན་ལ་བརྟགས་ལ་དགག་པ།

གཉིས་པ་ལ་བཞི། སྐྱེ་བཞིན་པའི་དོན་ལ་བརྟགས་ལ་དགག་པ་དང་། འདས་མ་འོངས་ཀྱི་བར་ན་གནས་པའི་དངོས་པོ་སྐྱེ་བཞིན་པར་འདོད་པ་དགག་པ་དང་། སྐྱེས་པའི་སྔར་གྱི་དངོས་པོ་སྐྱེ་བཞིན་པར་འདོད་པ་དགག་པ་དང་། མ་སྐྱེས་པ་སྐྱེ་བཞིན་པར་འདོད་པ་དགག་པའོ། །དང་པོ་ནི། སྐྱེ་བཞིན་པ་ངོ་བོ་ཉིད་ཀྱིས་གྲུབ་ན་དེའི་བདག་ཉིད་དུ་གྱུར་པ་ཞིག་གམ། མ་གྱུར་པ་ཞིག་ལ་རྟོག་ན། གཉི་ག་ལྟར་ཡང་མི་རིགས་(༡༡༡ན)ཏེ། སྐྱེ་བཞིན་པར་མི་འགྱུར་བར་ཐལ། སྐྱེ་བཞིན་པ་བདག་ཉིད་དུ་བྱ་བ་སྟེ་དེའི་བདག་ཉིད་དུ་མ་གྲུབ་པའི་ཕྱིར་སྐྱེ་བཞིན་པའི་བདག་ཉིད་དུ་མི་བྱ་བའང་སྐྱེ་བཞིན་པར་མི་འགྱུར་བར་ཐལ། དེ་མིན་པ་དེར་འགལ་བའི་ཕྱིར་རོ། །

ཐ༢ འདས་མ་འོངས་ཀྱི་བར་ན་གནས་པའི་དངོས་པོ་སྐྱེ་བཞིན་པར་འདོད་པ་དགག་པ།

གཉིས་པ་ནི། སྐྱེ་བཞིན་པ་ཡོད་དེ། འདས་མ་འོངས་ཀྱི་བར་ན་གནས་པའི་ཕྱིར། སྐྱེ་བཞིན་པ་ལ་ལྟོས་ནས་དུས་གཉིས་པོ་དེ་བཞག་རིགས་སོ་ཞེ་ན། རྩོལ་བ་གང་གི་ལུགས་ལ་འདས་མ་འོངས་གཉིས་པོ་བར་མེད་པར་སྲིད་པ་ཡོད་པ་མིན་པར་ངེས་པར་བར་ཡོད་པའི་ལུགས་དེ་ལ་སྐྱེ་བཞིན་པ་ངོ་བོ་ཉིད་ཀྱིས་གྲུབ་པ་མེད་དེ་གང་གི་ཕྱིར་ན་སྐྱེ་བཞིན་པ་དེ་ལའང་བར་གཞན་ཡོད་དེ་ལ་ཡང་བར་གཞན་ཡོད་པ་སོགས་ཐུག་མེད་དུ་འགྱུར་བའི་ཕྱིར།

ཐ༣ སྐྱེས་པའི་སྔར་གྱི་དངོས་པོ་སྐྱེ་བཞིན་པར་འདོད་པ་དགག་པ།

གསུམ་པ་ནི། གལ་ཏེ་ཁྱེད་སྐྱེས་པ་ནི་སྐྱེ་བཞིན་པ་མིན་ནོ། །འོ་ན་ཅི་ཞེ་ན། གང་གི་ཕྱིར་ན་སྐྱེ་བཞིན་པ་ས་བོན་ལྟ་བུ་འགགས་པས་མྱུ་གུ་ལྟ་བུ་སྐྱེས་པ་སྐྱེ་བར་འགྱུར་བ་སྐྱེས་པའི་གནས་སྐབས་ཀྱི་དོན་གང་ཡིན་པ་སྐྱེ་བཞིན་པ་ཞེས་བྱའོ། །དེའི་ཕྱིར་ན་སྐྱེ་བཞིན་པ་ཁྱེད་སྐྱེད་ཁྱེད་མ་སྐྱེས་ལས་གཞན་ཡོད་པའི་ངོ་བོར་སྣང་ངོ་ཞེ་ན། གལ་ཏེ་སྐྱེ་བཞིན་པ་འདི་ལས་དངོས་པོ་འདི་སྐྱེས་སོ་ཞེས་བསྟན་ནུས་ན་སྐྱེ་བཞིན་པ་ལ་སྐྱེས་པའི་དངོས་པོ་ལ་སྐྱེ་བཞིན་པ་ངོ་བོ་ཉིད་ཀྱིས་གྲུབ་པ་རྟོགས་ནུས་ན་ཡང་གང་གི་ཚེ་དངོས་པོ་སྐྱེས་པ་དེའི་ཚེ་སྐྱེ་བཞིན་པ་ལ་ངོ་བོ་ཉིད་ཀྱིས་སྲིད་པ་མེད་དེ། འགགས་ཟིན་པའི་ཕྱིར། སྐྱེ་བཞིན་པ་རྗེས་སུ་དཔོག་པའི་དེ་ལས་བྱུང་བའི་སྐྱེས་པའི་དངོས་པོ་ཡང་མ་གྲུབ་བོ། །ཅི་(༧༧༧བ)སྟེ་སྐྱེས་པ་སྐྱེ་བཞིན་པ་ཡིན་ནོ་ཞེ་ན། གང་གི་ཚེ་སྐྱེས་པ་སྐྱེ་བཞིན་པ་ཡིན་ན་དེའི་ཚེ་ཅིའི་ཕྱིར་སླར་ཡང་སྐྱེ་བར་འགྱུར་མི་འཐད་པར་ཐལ། སྐྱེས་ཟིན་པའི་ཕྱིར།

ཐ༩ མ་སྐྱེས་པ་སྐྱེ་བཞིན་པར་འདོད་པ་དགག་པ།

ད༡ དངོས།

བཞི་པ་ལ་གསུམ། དངོས་དང་། སྐྱོན་སྤོང་དགག་པ་དང་། སྐྱེ་བཞིན་པ་ངོ་བོ་ཉིད་ཀྱིས་སྐྱེ་ན་མ་སྐྱེས་པ་སྐྱེ་བར་ཁས་ལེན་དགོས་པའོ། །དང་པོ་ནི། སྐྱེ་བཞིན་པའི་དོན་འདི་མ་སྐྱེས་ཀྱང་སྐྱེ་བ་ལ་མངོན་དུ་ཕྱོགས་པ་ཡིས་སྐྱེས་སོ་ཞེས་བརྗོད་དོ་ཞེ་ན། སྐྱེ་བཞིན་པ་ནི་མ་སྐྱེས་པ་ཁོ་ན་སྐྱེ་བ་ལ་མངོན་དུ་ཕྱོགས་པས་སྐྱེས་ཞེས་བྱ་བར་གྲག་ན། མ་སྐྱེས་པ་ལ་སྐྱེས་པ་ཞེས་བརྗོད་པ་དེའི་ཚེ་བུམ་པ་བྱ་བ་བྱེད་པའི་ཚེ་ཡང་དངོས་པོ་མེད་པར་ཅིས་མི་རྟོག་ཁས་ལེན་རིགས་པར་ཐལ། སྐྱེས་པ་དང་མ་སྐྱེས་པ་དག་ལ་ཁྱད་པར་མེད་པའི་ཕྱིར།

ད༢ སྐྱོན་སྤོང་དགག་པ།

གཉིས་པ་ནི། སྐྱེ་བཞིན་པ་དང་མ་སྐྱེས་པ་ལ་ཁྱད་པར་ཡོད་དེ། སྐྱེ་བཞིན་པ་ནི་སྐྱེ་བའི་བྱ་བ་དང་འབྲེལ་བ་ལ་བརྗོད་ལ། མ་སྐྱེས་པ་ནི་སྐྱེ་བའི་བྱ་བ་དང་འབྲེལ་བའི་རེས་པ་མེད་པའི་ཕྱིར་ཞེ་ན། སྐྱེ་བཞིན་པ་ནི་སྐྱེ་བའི་བྱ་བ་མ་རྫོགས་ཀྱང་སྐྱེ་བའི་བྱ་བ་དང་འབྲེལ་བས་མ་སྐྱེས་པ་མ་འོངས་པ་ལས་ཕྱི་རོལ་ཏུ་གྱུར་པར་ཁས་བླངས་མོད་ཀྱི་དེ་ལྟ་ནའང་གང་གི་ཕྱིར་སྐྱེ་བཞིན་པ་སྐྱེས་པ་ལས་ཕྱི་རོལ་ཏུ་གྱུར་པའི་ཕྱིར་མ་སྐྱེས་པ་སྐྱེ་ཞེས་བྱ་བར་འགྱུར་རོ། །

ད༣ སྐྱེ་བཞིན་པ་ངོ་བོ་ཉིད་ཀྱིས་སྐྱེ་ན་མ་སྐྱེས་པ་སྐྱེ་བར་ཁས་ལེན་དགོས་པ།

གསུམ་པ་ནི། སྐྱེ་བཞིན་པ་སྐྱེས་པ་ལས་ཕྱི་རོལ་ཏུ་གྱུར་པའི་ཕྱིར། མ་སྐྱེས་པ་སྐྱེ་བར་ཁས་ལེན་དགོས་པར་མ་ཟད། སྐྱེ་བཞིན་པ་སྔར་མ་བྱུང་ཡང་ཕྱིས་ནས་སྐྱེ་

བའི་བྱ་བ་དང་འབྲེལ་བས་དངོས་པོར་ཡོད་པ་ཡིན་པར་གྲུབ་ན། རྒྱུ་མཚན་དེས་ཀྱང་སྐྱེ་བའི་བྱ་བ་དང་འབྲེལ་(༡༡༢ན)བའི་མ་སྐྱེས་པ་པོ་ན་སྐྱེའོ་ཞེས་བྱ་བར་འགྱུར་ན། དེ་ཡང་མི་རིགས་ཏེ། མ་སྐྱེས་པ་ནི་མ་བྱུང་བ་ཞེས་བྱ་བ་བདག་གི་དངོས་པོ་མ་ཐོབ་པ་ཡིན་ལ། དེ་ལ་སྐྱེ་བའི་བྱ་བ་མི་འཇུག་པས་སྐྱེ་བ་མིན་ནོ། །

ང༣ དོན་བསྡུ་བ།

གསུམ་པ་དོན་བསྡུ་བ་ནི། སྐྱེ་བའི་བྱ་བ་ཇོགས་པ་དངོས་པོ་ཡོད་ཅེས་བྱ་བར་འགྱུར་ལ་སྐྱེ་བའི་བྱ་བ་མ་བྱས་པ་ནི་དངོས་པོར་མེད་ཅེས་བརྗོད་པ་གང་གི་ཚེ་ན་སྐྱེ་བའི་བྱ་བ་ཇོགས་པ་དང་མ་ཇོགས་པའི་སྐྱེ་བཞིན་པ་མེད་པ་དེའི་ཚེ་གང་ཞིག་སྐྱེ་བཞིན་པ་དེར་བརྗོད་སྐྱེ་བཞིན་པ་ངོ་བོ་ཉིད་ཀྱིས་གྲུབ་པ་ཅུང་ཟད་མེད་དོ། །

ཇ༡ རང་བཞིན་གྱིས་གྲུབ་པ་བཀག་པའི་མཇུག་བསྡུ་བ།

གཉིས་པ་ནི། གང་གི་ཚེ་རིགས་པས་རྣམ་པར་དཔྱད་པ་ན་རྒྱུ་ནི་མ་ཧྲོགས་པར་འབྲས་བུ་ཡོད་པ་མིན་པ་དེའི་ཚེ་ན་རྒྱུ་འབྲས་བདེན་པར་མེད་པས་རྟེན་བདེན་པ་མེད་པའི་ཕྱིར། འབྲས་བུ་སྐྱེ་བའི་འཇུག་པ་དང་རྒྱུ་འགག་པའི་ལྡོག་པ་ངོ་བོ་ཉིད་ཀྱིས་གྲུབ་པ་འཐད་པ་ཉིད་དུ་མི་འགྱུར་རོ། །མདོ་ལས། སེམས་ཅན་མི་དང་ཤེས་སྐྱེས་ཀྱང་ཅུང་སྟེ། །འདིར་སྐྱེས་ཤི་བ་འགའ་ཡང་སྐྱེ་མི་འགྱུར། །ཆོས་ཀུན་རང་བཞིན་སྒྱུ་འདྲ་སྟོང་པ་སྟེ། །མུ་སྟེགས་ཅན་གྱིས་ཤེས་པར་ནུས་པ་མིན། །ཞེས་སོགས་རྒྱ་ཆེར་གསུངས་སོ། །དཔེར་ན་སྒྱུ་མ་མཁན་གྱིས་སྤྲུལ་པའི་སྐྱེས་པ་དང་བུད་མེད་ལ་སོགས་ལས་སྒྱུ་མའི་ལྟད་མོ་བ་རྣམས་སྐྱེས་པ་དང་བུད་མེད་དུ་ཞེན་ནས། ཆགས་སྡང་སོགས་སྐྱེ་ལ་སྒྱུ་མ་མཁན་རང་ཉིད་ལ་དེར་སྣང་ཡང་ཞེན་པ་མེད་ལ། སྔགས་ཀྱིས་མ་བསླད་པ་རྣམས་ལ་དེར་སྣང་བ་ཙམ་ཡང་མེད་པ་དེ་བཞིན་དུ། རྟེན་འབྱུང་རང་བཞིན་གྱི་

སྟོང་པ་ཕོང་དུ་མ་(༡༡༢བ)ཆུད་པའི་སོ་སོ་སྐྱེ་བོ་རྣམས་དང་འཕགས་པ་རྣམས་ཀྱི་རྗེས་ཐོབ་ཀྱི་ཡེ་ཤེས་དང་། འཕགས་པའི་མཉམ་བཞག་གི་གཟིགས་པའི་ངོར་ནས་དཔེ་དེ་དག་དང་རིམ་པ་བཞིན་དུ་འདྲ་བར་ཤེས་པར་བྱའོ། །ཀུན་རྫོབ་པའི་ཆོས་རྣམས་ཐ་སྙད་པའི་ཚད་མས་གྲུབ་པ་དང་། དོན་དམ་པའི་བདེན་པ་རིགས་ཤེས་རྟོག་བཅས་དང་། རྟོག་མེད་ཀྱིས་རྟོགས་པའི་ཚུལ་སོགས་ནི་སྤྱོད་པ་ལ་འཇུག་པའི་རྣམ་བཤད་སོགས་སུ་རྒྱས་པར་གཏན་ལ་ཕབ་པ་ལས་ཤེས་པར་བྱའོ། །

འདིར་སྨྲས་པ། འདུ་བྱེད་སྐྱེ་དང་འཇིག་དང་གནས་པ་རྣམས། །རྨི་ལམ་ཇི་བཞིན་སྒྱུ་མ་ཇི་བཞིན་དུ། །བརྫ་ཙམ་བཏགས་པ་ཙམ་དུ་ཟད་པས་ན། །འདུས་མ་བྱས་ལྟ་བདེན་པར་ག་ལ་གནས། །བསྟུ་བའི་ཚིགས་སུ་བཅད་པའོ། །

ཆ༢ ལེའུའི་མཚན་བསྟན་པ།

གཉིས་པ་ལེའུའི་མཚན་བསྟན་པ་ནི། བྱང་ཆུབ་སེམས་དཔའི་རྣལ་འབྱོར་སྤྱོད་པ་བཞི་བརྒྱ་པའི་རྣམ་བཤད་ལེགས་པར་བཤད་པའི་སྙིང་པོ་ཞེས་བྱ་བ་ལས་འདུས་བྱས་ཀྱི་དོན་དགག་པ་བསྒོམ་པ་བསྟན་པ་སྟེ་རབ་ཏུ་བྱེད་པ་བཅོ་ལྔ་པའི་འགྲེལ་པའོ།། །།

རབ་བྱེད་བཅུ་དྲུག་པ།

ང༢ རབ་ཏུ་བྱེད་པ་བརྩམས་པའི་དགོས་པ་དང་ཀླན་ཀ་ལྷག་མ་སྤང་བའི་སྒོ་ནས་དཔོན་སློབ་གཏན་ལ་དབབ་པ་བསྒོམ་པ་བསྟན་པ།

ཅ༡ ལེའུའི་གཞུང་བཤད་པ།

ཆ༡ རབ་ཏུ་བྱེད་པ་བརྩམས་པའི་དགོས་པ་བསྡུས་ཏེ་བསྟན་པ།

གཉིས་པ་རབ་ཏུ་བྱེད་པ་བརྩམས་པའི་དགོས་པ་དང་རྩོལ་བ་ངན་པའི་ཀླན་ཀ་ལྷག་མ་སྤང་བའི་སྒོ་ནས་སློབ་དཔོན་དང་སློབ་མ་རྣམ་པར་གཏན་ལ་དབབ་པ་བསྒོམ་པར་བསྟན་པ་ལ་གཉིས། ལེའུའི་གཞུང་བཤད་པ་དང་། ལེའུའི་མཚན་བསྟན་པའོ། །དང་པོ་ལ་གཉིས། རབ་ཏུ་བྱེད་པ་བརྩམས་པའི་དགོས་པ་བསྡུས་ཏེ་བསྟན་པ་དང་། རྩོལ་བ་ངན་པའི་ཀླན་ཀ་ལྷག་མ་སྤང་བའོ། །དང་པོ་ནི། རབ་ཏུ་བྱེད་པ་བརྩམས་པའི་དགོས་པ་ནི། གདུལ་བྱ་འཁོར་བ་ལ་(༡༡༣ན)ཆགས་པ་སྤངས་ནས་ཐར་པ་ལ་གཞུག་པའི་ཆེད་དུ་ཡིན་ལ། སྟོང་པ་ཉིད་ཀྱི་དོན་ཇི་ལྟ་བ་བཞིན་དུ་ངེས་པར་མ་བྱས་པར། འགའ་ཡང་འཁོར་བ་ལ་ཆགས་པ་སྤངས་ནས་ཐར་པ་ཙམ་དང་ཐམས་ཅད་མཁྱེན་པ་ལ་དགའ་བ་བསྐྱེད་མི་ནུས་སོ། །ཆོས་ཐམས་ཅད་རང་བཞིན་གྱིས་གྲུབ་པས་སྟོང་པ་དེ་ཡང་བདག་ཏུ་ཞེན་པའི་ཞགས་པས་བཅིངས་ཤིང་ཐོས་པ་དང་མི་ལྡན་པ་རྣམས་སྐྲག་པར་བྱེད་པ་ཡིན་པས་སྔར་བཤད་པ་ལྟར། རྒྱལ་པོའི་བཙུན་མོ་སྤྱུག་པ་ཤི་བ་བརྗོད་པའི་ཚུལ་དུ་ཐོག་མར་རྒྱུད་སྨིན་པར་བྱས་ནས་སྲིད་པ་ལས་གྲོལ་བའི་ལམ་བསྟན་པར་བྱ་བ་ཡིན་པས། དངོས་པོ་རང་བཞིན་གྱིས་གྲུབ་པས་སྟོང་པ་ཡང་བདེན་པར་ཞེན་པ་ལ་སོགས་པའི་རྒྱུ་འགའ་ཞིག་གིས་སྟོང་པ་མིན་པ་ལྟ་བུར་སྣང་ཞིང་ཞེན་པས་སྔར་བཤད་པའི་རབ་ཏུ་བྱེད་པ་བཅོ་ལྔ་པོ་ཐམས་ཅད་ཀྱིས་འདིས་ནི་སོ་སོར་འགོག་པར་བྱེད་དོ། །

ཆ༢ རྩོལ་བ་ངན་པའི་སྐྱན་ཀ་ལྷག་མ་སྤང་བ།

ཛ༡ སྟོང་ཉིད་འགོག་པའི་རིགས་པ་འགག་པ།

ཉ༡ སྟོང་པ་ཉིད་ཀྱི་ཕྱོགས་སུན་འབྱིན་མི་ནུས་པ།

ཏ༡ དངོས།

གཉིས་པ་ལ་བརྒྱད། སྟོང་ཉིད་འགོག་པའི་རིགས་པ་འགག་པ་དང་། མཐར་ལྟུང་ཕྱོགས་ལ་ཞེན་པ་དགག་པ་དང་། ཡོད་མེད་བདེན་གྲུབ་རིགས་པ་མཚུངས་པར་བསྟན་པ་དང་། མེད་པ་ཕྱོགས་སུ་འགྱུར་བ་དགག་པ་དང་། སྟོང་ཉིད་སྒྲུབ་པའི་དཔེ་རྟགས་ཡོད་པས་སྟོང་པར་མི་འགྱུར་བ་དགག་པ་དང་། སྟོང་ཉིད་བསྟན་པའི་དགོས་པ་བཤད་པ་དང་། ཡོད་མེད་ཀྱི་མཐར་འཛིན་པ་ཕྱིན་ཅི་ལོག་ཏུ་བསྟན་པ་དང་། མཐའ་བྲལ་རིགས་པས་དགག་མི་ནུས་པའོ། །དང་པོ་ལ་གསུམ། སྟོང་པ་ཉིད་ཀྱི་ཕྱོགས་སུན་འབྱིན་མི་ནུས་པ་དང་། སྟོང་(༡༡༣བ)པ་མིན་པའི་ཕྱོགས་བསྒྲུབ་མི་ནུས་པ་དང་། རིགས་པ་གཞན་དགག་པའོ། །དང་པོ་ལ་གཉིས། དངོས་དང་། མགོ་མཚུངས་ཀྱིས་དགག་པའོ། །དང་པོ་ནི། དགོས་པ་དེ་དག་གི་དོན་དུ་རབ་ཏུ་བྱེད་པ་བརྩམས་ན། དངོས་པོ་རྣམས་སྟོང་པ་མིན་པར་གྲུབ་སྟེ། གང་གི་ཚེ་རབ་ཏུ་བྱེད་པ་སྒྲ་བ་པོ་ཁྱོད་ཡོད་པའི་ཕྱིར་དང་། བརྗོད་བྱ་རབ་བྱེད་བཅོ་ལྔས་བསྟན་པའི་དོན་ཡོད་པའི་ཕྱིར་དང་། ནའང་གི་སྒྲས་ཁྱོད་ཉིད་ཚིག་སྟོང་པ་ཉིད་ཀྱི་དོན་རྗོད་བྱེད་ཡོད་པས་དངོས་པོ་རང་བཞིན་གྱིས་གྲུབ་པས་སྟོང་པ་ཞེས་བྱར་མི་རུང་ངོ་ཞེ་ན། ཁོ་བོ་ཅག་ལྟར་ན། ཚིག་དང་བརྗོད་བྱ་དང་སྒྲ་བ་པོ་རྣམས་གཅིག་ལ་བརྟེན་ནས་ཅིག་ཤོས་འདོགས་པར་བྱེད་ཀྱི་རང་དབང་དུ་གྲུབ་པ་མིན་ལ་གང་ཞིག་བརྟེན་ནས་ཀུན་འབྱུང་བ་དེ་ནི་རང་བཞིན་གྱིས་ཡོད་པ་མིན་ལ། སྒྲ་བ་པོ་དང་བརྗོད་བྱ་དང་ཚིག་གསུམ་བརྟེན་ནས་བཏགས་པ་ཡིན་པའི་ཕྱིར། དེ་གསུམ་གང་ལའང་རང་བཞིན་

གྱིས་གྲུབ་པ་ཡོད་པ་མ་ཡིན་པས་སྟོང་ཉིད་ལེགས་པར་གྲུབ་བོ། །

༥༢ མགོ་མཚུངས་ཀྱིས་དགག་པ།

གཉིས་པ་ནི། གལ་ཏེ་འདི་ཐམས་ཅད་སྟོང་པ་ཡིན་ན་དེའི་ཚེ་དབང་པོ་དང་དོན་དག་བོང་བུའི་རྭ་དང་འདྲ་བར་ཡོད་ན་དེ་དག་ཡོད་པའི་ཕྱིར་དངོས་པོ་ཐམས་ཅད་རང་བཞིན་གྱིས་གྲུབ་བོ་ཞེ་ན། གལ་ཏེ་སྟོང་ཉིད་བསྒྲུབས་པའི་ཉེས་པ་ཡིས་ཆོག་ལ་སོགས་པ་ཁས་ལེན་དགོས་པས་སྟོང་པ་མ་ཡིན་པར་གྲུབ་པར་འགྱུར་ན་ཁྱོད་ཀྱིས་དངོས་པོ་མི་སྟོང་པར་སྒྲུབ་པའི་ཉེས་པས་སྟོང་པ་ཉིད་ནི་ཅི་སྟེ་འགྲུབ་པར་འགྱུར་བ་མ་ཡིན་སྟོང་ཉིད་ངེས་པར་ཁས་ལེན་དགོས་པར་ཐལ། ཆོག་ལ་སོགས་པའི་རྟེན་འབྲེལ་ཁས་བླངས་པའི་ཕྱིར།

༧༢ སྟོང་པ་མིན་པའི་ཕྱོགས་བསྒྲུབ་མི་ནུས་པ།

༥༡ དངོས།

གཉིས་པ་ལ་གཉིས། དངོས་དང་། སྐྱོན་སྤང་དགག་པའོ། །དང་པོ་ནི། སྟོང་པ་ཉིད་དུ་(༡༡༨ན)སྨྲ་བ་བསལ་བ་ཙམ་གྱིས་རང་གི་ཕྱོགས་གྲུབ་པར་རིགས་པ་མིན་ནོ། །དངོས་པོ་བདེན་གྲུབ་ཁས་བླངས་པའི་རྒོལ་བས་ནི་གཞན་གྱི་ཕྱོགས་སྟོང་པ་ཉིད་ནི་ལོག་པ་དང་། རང་གི་ཕྱོགས་དངོས་པོ་བདེན་པར་གྲུབ་པ་ནི་སྒྲུབ་པ་སྟེ་གཉིས་བྱ་དགོས་པ་ཡིན་ན། ཁྱོད་ནི་སྟོང་པ་ཉིད་སྨྲ་བ་སེལ་བ་ཙམ་ལ་ཞུགས་པའི་ཕྱིར། གལ་ཏེ་གཞན་ཕྱོགས་སུན་འབྱིན་པར་བྱེད་པ་ཕྱོགས་གཅིག་ལ་དགའ་ན་རང་ཕྱོགས་སྒྲུབ་པར་བྱེད་པ་ལ་ཅིས་དགའ་བ་མིན་དགའ་བར་བྱ་དགོས་ན་རང་ཕྱོགས་བསྒྲུབ་པའི་སྒྲུབ་བྱེད་གང་བཀོད་པ་ཐམས་ཅད་སྟོང་པ་ཉིད་སྨྲ་བ་ལ་བསྒྲུབ་བྱ་དང་མཚུངས་པར་མ་གྲུབ་པས་དངོས་པོ་བདེན་པར་སྒྲུབ་པའི་ཕྱོགས་ཡོངས་སུ་འཛིན་

པ་དོར་ཅིག །

༥༢ སྐྱོན་སྤང་དགག་པ།

གཉིས་པ་ནི། གལ་ཏེ་སྟོང་པ་ཉིད་དུ་སྨྲ་བའི་ཕྱོགས་འདི་ཡོངས་སུ་བརྟགས་པ་ན་མི་རིགས་པས་འཐད་པ་མིན་ནོ། །ཞེས་བྱ་ལ་མེད་པ་གང་དེ་ཁས་བླང་བར་བྱ་བའི་ཕྱོགས་སུ་མི་འགྱུར་བས་དངོས་པོ་བདེན་པར་སྨྲ་བའི་ཕྱོགས་གྲུབ་པོ་ཞེ་ན། དོན་དམ་དཔྱོད་བྱེད་ཀྱི་རིགས་པས་བརྟགས་པའི་ཚེ་ཕྱོགས་གང་ཡང་མི་འཐད་པ་དེས་ན་རྩོལ་བ་གང་གིས་ཁས་བླངས་པའི་བདེན་གྲུབ་ཀྱི་གཅིག་ཉིད་དང་གཞན་ཉིད་དང་། བརྗོད་དུ་མེད་པ་ལ་སོགས་པ་གསུམ་པོ་ཀུན་ཀྱང་རིགས་པས་ཁེགས་པས་ཕྱོགས་མ་ཡིན་པར་འགྱུར་བའི་ཕྱིར། བདེན་གྲུབ་ཙུང་ཟད་ཀྱང་ཁས་བླང་བར་མི་བྱའོ། །

༦༣ རིགས་པ་གཞན་དགག་པ།

༥༧ མངོན་སུམ་གྱིས་བདེན་སྟོང་ཁེགས་པ་མི་འཐད་པ།

གསུམ་པ་ལ་གཉིས། མངོན་སུམ་གྱིས་བདེན་སྟོང་ཁེགས་པ་མི་འཐད་པ་དང་། སྟོང་ཉིད་གྲུབ་པས་ལོག་ཕྱོགས་བདེན་གྲུབ་གྲུབ་པ་མི་འཐད་པའོ། །དང་པོ་ནི། བུམ་(༧༧བ)པ་བདེན་པས་སྟོང་པར་བསྒྲུབ་པའི་གཏན་ཚིགས་དོན་མེད་ཅིང་ནུས་པ་མེད་པར་འགྱུར་ཏེ། གཞི་གང་དུ་མངོན་སུམ་གྱི་བུམ་པ་བདེན་པར་གྲུབ་པ་དོར་ཏེ། ཁོ་བོ་ཅག་ལྟར་ན་བུམ་པ་བདེན་གྲུབ་མངོན་སུམ་གྱིས་གྲུབ་པའི་ཕྱིར་ཞེ་ན། བདེན་སྟོང་རིགས་པས་གྲུབ་པར་སྨྲ་བའི་ཕྱོགས་འདི་ན་རྩོལ་བ་གཞན་གྱི་གཞུང་ལུགས་ལས་བྱུང་བའི་གཏན་ཚིགས་ཁས་ལེན་པ་ཡོད་པ་མིན་ཏེ། དེ་སེལ་བ་ལ་ཞུགས་པའི་ཕྱིར་རོ། །འོ་ན་གཞུང་ལུགས་ཀྱི་གཏན་ཚིགས་གང་དུ་ཡང་མ་ཐུང་ངམ་ཞེ་ན། གཞན་དུ་རྩོལ་བ་གཉིས་ཀ་གྲུབ་མཐའ་མཚུངས་པ་དེར་ཡོད་པས་འགལ་བ་མེད་དོ། །

ཏ༢ སྟོང་ཉིད་གྲུབ་པས་ལོག་ཕྱོགས་བདེན་གྲུབ་གྲུབ་པ་མི་འཐད་པ།

གཉིས་པ་ནི། ཅི་སྟེ་སྟོང་པ་ཉིད་སྨྲ་བ་ཁྱེད་ཀྱིས་སྟོང་ཉིད་ཀྱི་ངོ་བོ་ཁས་བླངས་ཤིང་། སྟོང་པ་མིན་པ་ལ་མ་ལྟོས་པའི་སྟོང་པ་ཡང་མི་འཐད་པས་དངོས་པོ་བདེན་པར་གྲུབ་ཅེ་ན། སྟོང་ཉིད་ཡོད་པས་ལོག་ཕྱོགས་བདེན་གྲུབ་ཡོད་པར་མི་འགྲུབ་པར་ཐལ། སྟོང་ཉིད་བདེན་གྲུབ་ཡོད་ན་གཞི་ཆོས་ཅན་དངོས་པོ་བདེན་གྲུབ་འཐད་ན་ཡང་བདེན་པས་མི་སྟོང་པ། མེད་པས་དེ་མེད་པར་སྟོང་པ་ན་བདེན་གྲུབ་གང་ལས་འབྱུང་བ་ཉིད་དུ་འགྱུར་གཞི་ཆོས་ཅན། བདེན་པར་གྲུབ་པ་མི་སྲིད་པའི་ཕྱིར་རོ། །རྒྱུ་མཚན་ཇི་ལྟ་བུར་ན་ཅིག་ཤོས་གཞི་ཆོས་ཅན་བདེན་གྲུབ་ནི་མེད་པར་དེ་འགོག་བྱེད་ཀྱི་གཉེན་པོ་བདེན་གྲུབ་འབྱུང་བར་འགྱུར། སྟོང་ཉིད་བདེན་པར་གྲུབ་ན་གཞི་ཆོས་ཅན་བདེན་གྲུབ་ཀྱི་བདག་ཉིད་དུ་ལྡན་དགོས་པའི་ཕྱིར། རྩ་ཤེ་ལས། གལ་ཏེ་མི་སྟོང་ཅུང་ཟད་ཡོད། །སྟོང་པ་ཅུང་ཟད་ཡོད་པར་འགྱུར། །ཞེས་སོགས་དང་། བདེན་གཉིས་ལས། དགག་བྱ་ཡོད་པ་མ་ཡིན་པས། །ཡང་དག་ཏུ་ནི་བཀག་མེད་གསལ། །ཞེས་(༡༡༥ན)གསུངས་པ་ལྟར་རོ། །

ཛ༢ མཐར་ལྟུང་ཕྱོགས་ལ་ཞེན་པ་དགག་པ།

ཉ༡ དགག་པ་དངོས།

ཏ༡ ཕྱོགས་མེད་ཕྱོགས་སུ་འགྱུར་བ་དགག་པ།

གཉིས་པ་ལ་གཉིས། དགག་པ་དངོས་དང་། སྤྱོན་སྤོང་དགག་པའོ། །དང་པོ་(དགག་པ་དངོས་)ལ་གསུམ། ཕྱོགས་མེད་ཕྱོགས་སུ་འགྱུར་བ་དགག་པ་དང་། བདེན་དངོས་ཡོད་པའི་སྒྲུབ་བྱེད་དགག་པ་དང་། མཐའ་བྲལ་ཀུན་ལ་མཚུངས་པར་བསྟན་པའོ། །དང་པོ་ནི། གལ་ཏེ་སྟོང་ཉིད་ཅུང་ཟད་ཀྱང་མེད་པས་དེ་རང་གི་ཕྱོགས་སུ

མི་འགྱུར་མོད་དེ་ལྟ་ན་ཡང་། རང་ལུགས་མེད་པ་རང་ལུགས་སུ་ཁས་བླངས་པས་ཕྱོགས་ཁས་བླངས་པར་འགྱུར་ལ། མི་མཐུན་ཕྱོགས་ལ་མ་ལྟོས་པར་ཕྱོགས་མེད་པས་མི་མཐུན་ཕྱོགས་དངོས་པོ་བདེན་པར་ཡོད་དོ་ཞེ་ན། གལ་ཏེ་ཁོ་བོ་ཅག་ལ་རང་གི་ངོ་བོས་གྲུབ་པའི་ཕྱོགས་ཉིད་དུ་འགྱུར་ན་ཕྱོགས་མེད་པ་རང་གི་ངོ་བོས་གྲུབ་པའི་ཕྱོགས་ཀྱི་ངོ་བོར་འགྱུར་ན་ཡང་། རང་གི་ངོ་བོས་གྲུབ་པའི་ཕྱོགས་ཅུང་ཟད་ཀྱང་མེད་པས་དེ་ལ་ལྟོས་པའི་མི་མཐུན་ཕྱོགས་ཀྱང་མི་སྲིད་དོ། །དེ་ཡང་དངོས་པོ་བདེན་གྲུབ་ཀྱི་ཕྱོགས་ཐམས་ཅད་གོང་དུ་བསལ་ཟིན་པའི་ཕྱིར། དེ་ལྟར་ཕྱོགས་མེད་པ་རང་གི་ངོ་བོས་གྲུབ་པ་ཉིད་མེད་ན་དངོས་པོ་བདེན་གྲུབ་གང་ཞིག་མི་མཐུན་ཕྱོགས་སུ་འགྱུར་མཐུན་ཕྱོགས་དང་མི་མཐུན་ཕྱོགས་བདེན་པར་གྲུབ་པ་རྡུལ་ཙམ་ཡང་མེད་པའི་ཕྱིར། འདིས་ནི་སྟོང་ཉིད་བདེན་གྲུབ་རང་ལུགས་ཡིན་པ་བཀག་པ་ཡིན་གྱི། རང་ལུགས་མེད་པ་བསྟན་པར་བཤད་པར་མི་བྱའོ། །

ཏ༢ བདེན་དངོས་ཡོད་པའི་སྒྲུབ་བྱེད་དགག་པ།

ཐ༡ དངོས་པོའི་ཁྱད་པར་བདེན་པར་གྲུབ་པས་བདེན་པར་གྲུབ་པ་མི་འཐད་པ།

གཉིས་པ་ལ་གསུམ། དངོས་པོའི་ཁྱད་པར་བདེན་པར་གྲུབ་པས་བདེན་པར་གྲུབ་པ་མི་འཐད་པ་དང་། མཐའ་བཞི་ག་རིགས་པས་ཁེགས་པ་དང་། བདེན་(༡༡༥བ)པར་གྲུབ་པ་རྡུལ་ཕྲ་རབ་ཙམ་ཡང་མ་དམིགས་པའོ། །དང་པོ་ནི། དངོས་པོ་བདེན་པར་གྲུབ་པ་ཡོད་དེ། མེ་ལ་སོགས་པའི་ཁྱད་པར་བདེན་པར་གྲུབ་པའི་ཕྱིར་ཞེ་ན། གལ་ཏེ་མེ་ནི་ཇི་ལྟར་ཚ་བར་རང་གི་ངོ་བོས་གྲུབ་པར་འགྱུར་ཏེ་མི་འགྱུར་ལ། བདེན་པར་གྲུབ་པའི་དངོས་པོ་ཡོད་པ་མིན་ན་སྐྱེ་མེད་པའི་ཕྱིར་རོ། །ཚ་བའི་མེ་ཡང་རང་བཞིན་གྱིས་ཡོད་པ་མིན་ཞེས་གོང་ཉིད་དུ་ནི། ཚ་བ་མེ་ཉིད་དུ་འགྱུར་

ཏེ། །ཚ་བ་མིན་པ་ཇི་ལྟར་བསྲེགས། །དེས་ན་བུད་ཤིང་ཞེས་བྱ་བ། །ཡོད་མིན་དེས་ན་མེ་ཡོད་མིན། །ཞེས་པ་དེར་ཐོག་པར་བྱས་ཟིན་པའི་ཕྱིར་རོ། །

ཐ༢ མཐའ་བཞི་ག་རིགས་པས་ཁེགས།

གཉིས་པ་ནི། གཞན་ཡང་གལ་ཏེ་མེའི་དངོས་པོ་མཐོང་ནས་མེའི་དངོས་པོ་ནི། བདེན་པར་མེད་པ། ཞེས་བྱ་བར་ཐོག་རིགས་པར་འགྱུར་ན་དེ་ལྟར་རྟེན་འབྲེལ་ལ་སོགས་པའི་གཏན་ཚིགས་ཀྱིས་གཅིག་དང་ཐ་དད་སོགས་དང་ཡོད་མེད་སོགས་ཕྱོགས་ནི་བཞི་ཆར་བདེན་པར་གྲུབ་པ་ལ་ཉེས་པ་སྤྱངས་པ་གང་ཞིག་མཐོང་ཕྱོགས་བཞི་ཆར་ལ་སྐྱོན་མཐོང་བའི་ཕྱིར། བདེན་གྲུབ་ཀྱི་ཕྱོགས་གང་ཡང་ཁས་བླང་བར་མི་བྱའོ། །

ཐ༣ བདེན་པར་གྲུབ་པ་རྟུལ་ཕྲ་རབ་ཙམ་ཡང་མ་དམིགས་པ།

གསུམ་པ་ནི། རྒྱུ་མཚན་འདིས་ཀྱང་བདེན་གྲུབ་ཁས་ལེན་པ་མི་རིགས་ཏེ། རྡུལ་ལ་ཆ་ཤས་ཡོད་མེད་ཅེས། །དཔྱད་པ་དེར་ཡང་འཇུག་པར་འགྱུར། །ཞེས་པའི་སྐབས་སུ་བཤད་པ་ལྟར། དངོས་པོ་ཤིན་ཏུ་ཕྲ་བ་རྡུལ་ཕྲན་ལ་ཡང་བདེན་པར་ཡོད་པའི་དངོས་པོ་ཡོད་ན་དམིགས་སུ་རུང་བ་ལས་མ་དམིགས་པས་གང་དུ་མེད་པ་དེ་ཇི་ལྟར་སྐྱེ་བ་བདེན་པར་གྲུབ་པ་འབྱུང་བར་འགྱུར་ཏེ། དངོས་པོའི་དེ་ཁོ་ན་ཉིད་ཐུགས་སུ་ཆུད་པའི་ཉི་མའི་འོད་ཟེར་གྱིས་མ་རིག་པའི་མུན་པ་མཐའ་དག་བསལ་བའི་སངས་རྒྱས་རྣམས་ཀྱི་(༡༡༨ན)གཟིགས་ངོ་ལ་ལྟོས་ཏེ་མེད་པ་ཉིད་ཀྱང་ཡོད་པར་ཁས་ལེན་པ་རྣམ་པ་ཐམས་ཅད་དུ་མི་རུང་བ་དེ་ཉིད་ཀྱི་ཕྱིར་ན་བདེན་གྲུབ་ཁས་ལེན་པ་འཐད་པའི་ཕྱོགས་གང་དང་ཡང་མ་འབྲེལ་བའོ། །

ང༣ མཐའ་བྲལ་ཀུན་ལ་མཚུངས་པར་བསྟན་པ།

ཐ༡ དངོས།

གསུམ་པ་ལ་གཉིས། དངོས་དང་། ཆོས་གང་ལ་ཡང་བདེན་པར་གྲུབ་མ་གྲུབ་ཀྱི་རྣམ་དབྱེ་ཁས་ལེན་མི་རིགས་པའོ། །དང་པོ་ནི། གལ་ཏེ་ཆོས་ཀུན་ལ་བདེན་པར་གྲུབ་པ་དང་། བདེན་པས་སྟོང་པ་གཉིས་སུ་ཡོད་པ་མིན་ན་རྡུལ་ཕྲན་སོགས་གཞན་གང་ཞིག་བདེན་པར་ཡོད་པའི་དངོས་པོ་ཡོད་བདེན་གྲུབ་མཐའ་དག་ཁེགས་པའི་ཕྱིར་རོ། །གལ་ཏེ་ཁྱོད་ལའང་ཁོ་བོ་ཅག་གིས་བཤད་པའི་འཐད་པ་ཁོ་ནས་མཐའ་གཉིས་སྤངས་པའི་ཚུལ་དེ་ཁས་ལེན་རིགས་ན། བདེན་གྲུབ་ཀྱི་ཕྱོགས་བཟུང་ནས་ཁོ་བོ་ཅག་ལ་བརྒལ་བ་གཞན་པོ་ཅི་སྐྱེ་བྱེད། སྔར་བཤད་པའི་རིགས་པ་ལ་བརྟེན་ནས་སྤྲོས་པའི་མཐའ་དང་བྲལ་བ་ཁས་བླང་བར་བྱའོ། །

ཐ༢ ཆོས་གང་ལ་ཡང་བདེན་པར་གྲུབ་མ་གྲུབ་ཀྱི་རྣམ་དབྱེ་ཁས་ལེན་མི་རིགས་པ།

གཉིས་པ་ནི། རིགས་པ་གང་གིས་བདེན་སྟོང་གི་ཕྱོགས་འདི་མི་འགྲུབ་པ་སྲིད་ན། ཁོ་བོ་ཅག་ཡིད་ཆེས་པར་འགྱུར་བའི་དངོས་པོ་བདེན་པར་གྲུབ་པ་བསྒྲུབ་མི་ནུས་པའི་ཕྱིར། ཁོ་བོ་ཅག་གི་ཕྱོགས་ཁོ་ན་ཁས་བླང་བར་བྱའོ། །ཕྱི་དང་ནང་གི་དངོས་པོ་ཀུན་གྱི་རང་བཞིན་བདེན་པར་གྲུབ་པ་ཡོད་ན། རྒྱུ་དང་རྐྱེན་ལ་མི་ལྟོས་པར་འགྱུར་ལ་བདེན་པར་གྲུབ་པའི་དངོས་པོ་མེད་པ་ལ་བདེན་པར་གྲུབ་མ་གྲུབ་ཀྱི་རྣམ་པར་དབྱེ་བ་མི་རིགས་ཏེ། ཐོགས་བཅས་ཀྱི་གཟུགས་བཀག་པ་ཙམ་གྱིས་ནམ་མཁའ་ལ་ངོ་བོ་ཐ་དད་མེད་པ་བཞིན་དུ་རྫས་རྣམས་ཀུན་ལ་བདེན་སྟོང་གི་རང་བཞིན་གང་མཐོང་བ་དེ་ནི། དངོས་པོ་གཅིག་གི་ལྟ་པོ་གང་། །(༡༡༨བ)དེ་ནི་ཀུན་གྱི་ལྟ་པོར་

བཤད། །གཅིག་གི་སྟོང་ཉིད་གང་ཡིན་པ། །དེ་ནི་ཀུན་གྱི་སྟོང་པ་ཉིད། །ཅེས་བཤད་པ་དང་། མདོ་ལས། གང་གི་དངོས་པོ་དེ་རྣམས་དངོས་མེད་ཤེས་གྱུར་པ། །དེ་ནི་དངོས་པོ་ཀུན་ལ་ཆགས་པ་མེད། །ཅེས་གསུངས་པ་ལྟར། ཆོས་གང་ལ་ཡང་བདེན་པར་གྲུབ་པ་དང་མ་གྲུབ་པའི་རྣམ་དབྱེར་མི་འགྱུར་རོ། །

༣༢ སྐྱོན་སྤོང་དགག་པ།

ཏ༡ བདེན་སྟོང་གི་ཕྱོགས་ཁས་བླང་རིགས་ཤིང་དེ་ཁས་མི་ལེན་ན་ལན་གདབ་རིགས་པ་ལ་དེ་མི་ནུས་པ།

གཉིས་པ་ལ་གཉིས། བདེན་སྟོང་གི་ཕྱོགས་ཁས་བླང་རིགས་ཤིང་དེ་ཁས་མི་ལེན་ན་ལན་གདབ་རིགས་པ་ལ་དེ་མི་ནུས་པ་དང་། བདེན་སྟོང་སུན་འབྱིན་པའི་ཕྱོགས་རྙེད་དཀའ་བའོ། །དང་པོ་ནི། གལ་ཏེ་རྟོགས་པ་སྔོན་དུ་འགྲོ་བས་བདེན་སྟོང་ཁས་བླང་བར་བྱ་བའམ་ཡང་ན་དེ་ལ་ལན་གདབ་པར་བྱའོ། །ཅུང་ཟད་ཅིག་ཡོད་པས་ཁས་ལེན་པ་དེ་ལ་ལན་གདབ་རིགས་ཀྱི་ཁྱོད་ལྟར་ན་ཐམས་ཅད་མེད་པས་ཇི་ལྟར་ལན་གདབ་པར་བྱ། དེས་ན་ལན་མ་སྨྲས་པ་ཉིད་དོ་སྙམ་ན། གལ་ཏེ་ཐམས་ཅད་མེད་པའི་ཕྱིར་དབུ་མ་པ་གཞན་གྱི་ཕྱོགས་ལ་ལན་བརྗོད་པ་མིན་པར་གྲགས་ན་ནི་སྟོང་ཉིད་སྒྲུབ་པའི་གཏན་ཚིགས་ཀྱིས་ལྡོག་པའི་ཁྱོད་རང་གི་ཕྱོགས་ཀྱང་ཅིའི་ཕྱིར་ན་བསྒྲུབ་པར་རིགས་པར་མི་འགྱུར་རང་ཕྱོགས་མི་བསྒྲུབ་ན་གཞན་ཕྱོགས་འགོག་མི་ནུས་པའི་ཕྱིར། ཁྱོད་ཉིད་མེད་པ་པར་གྱུར་ཏོ། །

ཏ༢ བདེན་སྟོང་སུན་འབྱིན་པའི་ཕྱོགས་རྙེད་དཀའ་བ།

གཉིས་པ་ནི། རང་ལུགས་བསྒྲུབ་མི་ནུས་ཀྱང་། གཞན་ཕྱོགས་སུན་འབྱིན་པར་བྱེད་པའི་གཏན་ཚིགས་རྙེད་པར་སླ་ཞེས་འཛིག་རྟེན་ན་བརྗོད་ཅིང་གྲགས་སོ་ཞེ་ན

དེ་ལྟ་ན་སུན་འབྱིན་བྱེད་པའི་གཏན་ཚིགས་རྙེད་སླ་བ་ཁྱོད་ལ་ཡང་ཡོད་པས། ཁྱོད་ཀྱིས་ཀྱང་གཞན་གྱི་ཕྱོགས་དབུ་མ་པ་ལ་སྐྱོན་བརྗོད་པ་ཉིད་དུ་ཅིའི་ཕྱིར་མི་(༡༡༧ན) ནུས་དེས་ན་ཁྱོད་ཀྱིས་གཞན་ཕྱོགས་ལ་སྐྱོན་བརྗོད་མི་ནུས་པས་སྟོང་ཉིད་སུན་འབྱིན་པའི་གཏན་ཚིགས་རྙེད་མི་སླའོ། །

ཟ༣ ཡོད་མེད་བདེན་གྲུབ་རིགས་པ་མཚུངས་པར་བསྟན་པ།

ཀ༡ བདེན་སྟོང་དང་བདེན་གྲུབ་གཉིས་ཚིག་ཙམ་གྱིས་འགྲུབ་མི་འགྲུབ་མཚུངས་པ།

གསུམ་པ་ཡོད་མེད་བདེན་གྲུབ་རིགས་པ་མཚུངས་པར་བསྟན་པ་ལ་གསུམ། བདེན་སྟོང་དང་བདེན་གྲུབ་གཉིས་ཚིག་ཙམ་གྱིས་འགྲུབ་མི་འགྲུབ་མཚུངས་པ་དང་། བདེན་ཡོད་དུ་མིང་བཏགས་པ་ཙམ་གྱིས་དོན་མི་འགྲུབ་པ་དང་། འཇིག་རྟེན་པས་བདེན་པར་ཡོད་པར་ཐ་སྙད་བཏགས་པས་བདེན་པར་ཡོད་ན་འཇིག་རྟེན་ན་ཡོད་པ་དེ་ཁོ་ན་ཉིད་དུ་གྲུབ་པར་མི་འཐད་པའོ། །དང་པོ་ནི། རིགས་པ་མེད་པར་ཡང་ཡོད་ཅེས་བྱ་བ་ཚིག་ཙམ་ཞིག་གིས་གལ་ཏེ་དེ་ཁོ་ན་ཉིད་དུ་དངོས་པོ་ཡོད་ན་ཁོ་བོ་ཅག་གི་བདེན་པར་མེད་ཅེས་བྱ་བ་ཚིག་ཙམ་ཞིག་གིས་བདེན་པར་མེད་པར་ཡང་ནི་རྒྱུ་མཚན་ཅེས་འགྲུབ་པར་མི་འགྱུར་རྣམ་པ་ཐམས་ཅད་དུ་རིགས་པ་མཚུངས་པའི་ཕྱིར་རོ། །དེའི་ཕྱིར་འུ་བུ་ཅག་གཞི་གང་གཉིས་སུ་སྨྲ་བ་བསལ་ནས་གཉིས་མེད་པར་སྨྲ་བ་སྤྲོས་པ་ཐམས་ཅད་དང་བྲལ་བའི་གཞུང་བཙུགས་པར་འགྱུར་རོ། །

ཀ༢ བདེན་ཡོད་དུ་མིང་བཏགས་པ་ཙམ་གྱིས་དོན་མི་འགྲུབ་པ།

གཉིས་པ་ནི། འདིར་སྨྲས་པ། དོན་དམ་པར་དངོས་པོ་མེད་ན་དངོས་པོ་ཡོད་དོ་ཞེས་པའི་མིང་མི་རིགས་པར་འགྱུར་ཏེ། མོ་གཤམ་གྱི་བུ་ལ་ཡོད་དོ་ཞེས་པའི་མིང་མི་

ཉུང་བ་བཞིན་ནོ་ཞེ་ན། བཤད་པར་བྱ་སྟེ། གང་གི་ཕྱིར་དངོས་པོ་ཡོད་ཅིང་བདོག་ཅེས་མིང་བཏགས་པ་དེའི་ཕྱིར། བདེན་པར་མེད་པར་མི་འགྱུར་ན་གང་གི་ཕྱིར་བདེན་པར་ཡོད་ཅེས་མིང་བྱས་པ་དེའི་ཕྱིར་བདེན་པར་ཡོད་པར་ཡང་མི་འགྱུར་རོ། །མིག་ལེགས་པ་ལ་ཞར་བ་ཞེས་པ་དང་། ཚོ་ཐུང་བ་ལ་ཚེ་རིང་ཞེས་པས་དོན་མི་འགྲུབ་(༡༡༧བ)པ་བཞིན་ནོ། །གཞན་ཡང་ཚིག་ཙམ་གྱིས་དོན་འགྲུབ་ན་བདེན་པར་ཡོད་ཅེས་རྟོག་པ་ལྟར་བདེན་པ་མེད་པར་ཡང་ཁས་ལེན་རིགས་སོ། །

༡༣ འཇིག་རྟེན་པས་བདེན་པར་ཡོད་པར་ཐ་སྙད་བཏགས་པས་བདེན་པར་ཡོད་ན་འཇིག་རྟེན་ན་ཡོད་པ་དེ་ཁོ་ན་ཉིད་དུ་གྲུབ་པར་མི་འཐད་པ།

གསུམ་པ་ནི། ཁ་ཅིག་ན་རེ། སྒྲ་རྣམས་ནི་དོན་གྱི་རང་གི་ངོ་བོ་སྟོན་པར་བྱེད་པ་མིན་ཏེ། སྟོན་ན་མེ་ཞེས་སྨྲས་ན་ཁ་ཚིག་པར་འགྱུར་ལ། བུམ་པ་ཞེས་སྨྲས་ན་ཁེངས་པར་འགྱུར་བ་དེའི་ཕྱིར་ཁོ་བོ་ཅག་གིས། དོན་གྱི་རང་གི་ངོ་བོ་ལ་མི་རེག་པའི་རྗོད་བྱེད་དང་། བརྗོད་བྱའི་བརྗ་འཇིག་རྟེན་པ་ཐམས་ཅད་ལ་ཡོད་དོ་ཞེ་ན། གལ་ཏེ་དངོས་པོ་ཐམས་ཅད་རང་བཞིན་གྱིས་ཡོད་ཅིང་དེ་དག་གི་ངོ་བོ་ལ་མི་རེག་པའི་སྒྲ་རྣམས་ཀྱིས་འཇིག་རྟེན་པས་བརྗོད་པས་འཇིག་རྟེན་པ་ལ་ཡོད་པ་ཡིན་ན་དངོས་པོ་གང་རང་བཞིན་གྱིས་ཡོད་པ་ནི་དེ་ཁོ་ན་ཉིད་དུ་ཡོད་པ་ཡིན་གྱི་དེ་ནི་འཇིག་རྟེན་པར་ཅིས་འགྱུར་དོན་དམ་པར་ཡོད་པ་ཁོ་ནར་འགྱུར་རོ། །

ཛ༤ མེད་པ་ཕྱོགས་སུ་འགྱུར་བ་དགག་པ།

༡༧ དངོས་པོ་བདེན་གྲུབ་བཀག་པས་དངོས་པོ་ཡེ་མེད་དུ་འགྱུར་བ་དགག་པ།

བཞི་པ་མེད་པ་ཕྱོགས་སུ་འགྱུར་བ་དགག་པ་ལ་གཉིས། དངོས་པོ་བདེན་གྲུབ་བཀག་པས་དངོས་པོ་ཡེ་མེད་དུ་འགྱུར་བ་དགག་པ་དང་། དངོས་པོ་བདེན་

གྲུབ་མེད་པས་དངོས་མེད་བདེན་གྲུབ་ཀྱང་མི་འཐད་པའོ། །དང་པོ་ནི། ཁྱོད་ཀྱིས་དངོས་པོ་བདེན་པར་གྲུབ་པ་བསལ་བས་དངོས་པོ་རྣམས་མེད་པ་ཉིད་དུ་འགྱུར་རོ་ཞེ་ན། གལ་ཏེ་དངོས་པོ་ཀུན་བདེན་པར་མེད་པའི་ཕྱིར་དངོས་པོ་ཙུང་ཟད་ཀྱང་མེད་པ་ཉིད་དུ་འགྱུར་ན་ནི་དེ་ལྟ་ཡིན་ན་དབུ་མ་པའི་ཕྱོགས་རྣམས་ཀུན་དངོས་པོ་བདེན་གྲུབ་སྟར་ཡོད་གསར་དུ་བཀག་པའི་དངོས་པོ་མེད་པར་མི་རིགས་སོ། །བདེན་གྲུབ་སྔར་ནས་ཡོད་མ་མྱོང་བའི་ཕྱིར།

༦༢ དངོས་པོ་བདེན་གྲུབ་མེད་པས་དངོས་མེད་བདེན་གྲུབ་ཀྱང་མི་འཐད་པ།

གཉིས་པ་ནི། དགག་བྱ་དངོས་པོ་བདེན་གྲུབ་མེད་པའི་ཕྱིར་དེ་བཀག་པའི་དངོས་མེད་ལ་བདེན་པར་གྲུབ་པ་སྲིད་པ་ཡོད་པར་མི་འགྱུར་རོ། །འཇིག་རྟེན་ན་དངོས་པོ(༧༧༨ན)ཞིག་པ་ལ་དངོས་པོ་མེད་པར་སྨྲ་བ་ལྟར། བུམ་པ་ཡོད་མ་མྱོང་ན་བུམ་པ་ཞིག་པ་མི་འཐད་པས་དངོས་པོ་བདེན་གྲུབ་མེད་པར་དངོས་པོ་ནི་མེད་པ་བདེན་གྲུབ་གང་ལས་འགྲུབ་པར་འགྱུར། བལྟོས་པ་མེད་པར་བལྟོས་ཆོས་གྲུབ་པ་མི་འཐད་པའི་ཕྱིར།

༣༥ སྟོང་ཉིད་སྒྲུབ་པའི་དཔེ་རྟགས་ཡོད་པས་སྟོང་པར་མི་འགྱུར་བ་དགག་པ།

༦༧ གཏན་ཚིགས་ཡོད་པས་བདེན་གྲུབ་ཡོད་པ་ལ་ཧ་ཅང་ཐལ་བའི་གནོད་པ་བསྟན་པ།

ལྡོ་པ་ལ་གཉིས། གཏན་ཚིགས་ཡོད་པས་བདེན་གྲུབ་ཡོད་པ་ལ་ཧ་ཅང་ཐལ་བའི་གནོད་པ་བསྟན་པ་དང་། དཔེ་ཡོད་པས་སྟོང་པར་མི་འགྱུར་བ་ལ་ཧ་ཅང་

ཐལ་བའི་གནོད་པ་བསྟན་པའོ། །དང་པོ་ནི། ཁྱོད་ཀྱིས་སྟོང་ཉིད་སྒྲུབ་པ་ལ་གཏན་ཚིགས་བསྟན་པར་བྱ་དགོས་ལ། དེ་ལྟ་ན་གཏན་ཚིགས་ཡོད་པས་དངོས་པོ་ཐམས་ཅད་སྟོང་པ་མིན་ཏེ། གཏན་ཚིགས་ལྟར་སྣང་གཞན་ཡང་བདེན་པར་ཡོད་པའི་ཕྱིར་རོ་ཞེ་ན། བདེན་པས་སྟོང་པ་གཏན་ཚིགས་ལས་འགྲུབ་པར་འགྱུར་བ་དེའི་ཕྱིར་སྟོང་པར་མི་འགྱུར་ན་དམ་བཅའ་དང་། གཏན་ཚིགས་རང་བཞིན་གྱིས་གྲུབ་པའི་གཞན་ཡིན་ན། འབྲེལ་མེད་དུ་འགྱུར་ལ་དམ་བཅའ་གཏན་ཚིགས་ལས་གཞན་ནི་མིན་པར་རང་བཞིན་གྱིས་གྲུབ་པའི་གཅིག་ཡིན་ན་གཅིག་ཡིན་དགོས་པས་གཏན་ཚིགས་ལ་བརྟེན་ནས་བསྒྲུབ་བྱ་གོ་མི་ནུས་པ་དེས་ན་གཏན་ཚིགས་ཡང་དག་མེད་པར་འགྱུར་བར་ཐལ། དངོས་པོ་བདེན་གྲུབ་ཁས་ལེན་པ་ལ་གཏན་ཚིགས་མེད་པའི་ཉེས་པ་ཆགས་པ་ཡིན་ནོ། །དེའི་ཕྱིར་ཆོས་ཐམས་ཅད་རང་བཞིན་མེད་པར་གྲུབ་བོ། །

༦༢ དཔེ་ཡོད་པས་སྟོང་པར་མི་འགྱུར་བ་ལ་ཏ་ཙང་ཐལ་བའི་གནོད་པ་བསྟན་པ།

གཉིས་པ་ནི། གང་གི་ཕྱིར་རང་བཞིན་གྱིས་གྲུབ་པས་སྟོང་པའི་དཔེ། གཟུགས་(༡༡༤བ)བརྙན་སོགས་ཡོད་པ་དེས་ན་དཔེ་དང་འདྲ་བར་གཞན་ཡང་ཡོད་པའི་ཕྱིར། སྟོང་པར་མི་འགྱུར་རོ་ཞེ་ན་དཔེ་དེ་ཡང་གཏན་ཚིགས་ཀྱི་དོན་དང་འབྲེལ་བ་ཞིག་གམ། མ་འབྲེལ་བ་ཞིག་དང་པོ་ལྟར་ན། གཏན་ཚིགས་བདེན་གྲུབ་འགོག་པའི་རིགས་པ་ཉིད་ཀྱིས་བསལ་ཟིན་ལ། གཉིས་པ་ལྟར་ན། གཏན་ཚིགས་དང་མ་འབྲེལ་བའི་དཔེ་ཙམ་ལས་དོན་འགྲུབ་ན། དངོས་པོར་མཚུངས་པའི་ཕྱིར་རོ། །བྱ་རོག་ནག་པོ་ཇི་ལྟ་བ་དེ་བཞིན་དུ་བདག་ཀྱང་ནག་པོ་ཡིན་ཞེས་བརྗོད་ནུས་སམ་ནུས་དགོས་ན། དཔེ་ཡོད་པ་ཙམ་གྱིས་བདེན་གྲུབ་ཀྱི་དཔེར་མི་རིགས་སོ། །

༣༨ སྟོང་ཉིད་བསྟན་པའི་དགོས་པ་བཤད་པ།

དྲུག་པ་ནི། གལ་ཏེ་དཔེ་དང་གཏན་ཚིགས་མེད་ཅིང་དངོས་པོ་ཐམས་ཅད་ཀྱང་མེད་ན་ཁྱོད་ཀྱི་བསྟན་བཅོས་བྱེད་པའི་ཚིགས་པ་ཉིད་དགོས་པ་གང་གི་ཆེད་དུ་ཡིན་ཞེ་ན། དེ་ཁོ་ན་ཉིད་ཀྱི་དོན་རྟོགས་ནས་ཐར་པ་དང་ཐམས་ཅད་མཁྱེན་པ་ཐོབ་པའི་ཆེད་དུ་ཡིན་ནོ། །གལ་ཏེ་རང་བཞིན་གྱིས་གྲུབ་པའི་དངོས་པོ་ཡོད་ན་དེ་ཉིད་རྟོགས་པ་མཛོས་ཀྱི་སྟོང་ཉིད་མཐོང་བ་ལ་ཡོན་ཏན་ཅི་ཞིག་ཡོད་ཕྱིན་ཅི་ལོག་ཏུ་འགྱུར་བའི་ཕྱིར་རོ། །དངོས་པོ་བདེན་པར་ཞེན་པ་ཡོད་ན་དེས་ལས་བསགས་ནས་འཁོར་བར་འཁོར་ལ། ཆོས་ཐམས་ཅད་རང་བཞིན་མེད་པར་ཐུགས་སུ་ཆུད་པ་ལས་སྲིད་པ་ལས་གྲོལ་བར་འགྱུར་བས་བདེན་པར་ཞེན་པའི་རྟོག་པས་བདེན་པར་མཐོང་བ་ན་འཁོར་བར་འཆིང་བ་སྟེ། དེས་ན་བདེན་འཛིན་གྱི་ཞེན་ཡུལ་གང་ཟག་དང་ཕུང་པོ་བདེན་པར་གྲུབ་པ་དེ་ནི་བསྟན་བཅོས་འདི་ཏུ་རིགས་པའི་ཚོགས་ཀྱི་ཆེན་པོ་ནས་དགག་པར་བྱ་བ་ཡིན་ནོ། །མདོ་ལས། (༡༡(ན)ཆོས་ཐམས་ཅད་ནི་སྟོང་པ་སྟེ་རང་བཞིན་མེད་པའི་ཚུལ་གྱིས་སོ། །ཞེས་སོགས་གསུངས་པ་ལྟར་རྟེན་འབྲེལ་གྱི་ཆོས་ཐམས་ཅད་རང་ལུགས་ལ་ཁས་ལེན་པ་དང་མི་འགལ་བ་རང་བཞིན་མེད་པ་སྟོན་པར་མཛད་པ་ཡིན་ནོ། །

༣༩ ཡོད་མེད་ཀྱི་མཐར་འཛིན་པ་ཕྱིན་ཅི་ལོག་ཏུ་བསྟན་པ།

བདུན་པ་ནི། རང་གི་སྡེ་པ་རྣམས་རིགས་པ་ལ་སོགས་པ་གང་དག་གསུང་རབ་ཀྱི་དོན་ཇི་ལྟ་བ་བཞིན་དུ་མ་རྟོགས་པས་ཤེས་པ་བདེན་པར་ཡོད་ཅིང་། ཕྱི་རོལ་གྱི་དོན་ཐ་སྙད་དུ་ཡང་མེད་པར་ཁས་ལེན་པས་ཕྱིན་ཅི་ལོག་ཏུ་བསྟན་པའི་ཕྱིར། ཐ་སྙད་དུ་གཉིས་ཀ་ཡོད་ཅིང་། དོན་དམ་པར་གཉིས་ཀ་མེད་པར་མཚུངས་པའི་ཕྱིར། གཅིག་

ཡོད་ལ་ཅིག་ཤོས་མེད་ཅེས་བྱ་བ་དེ་ཉིད་ཀྱི་རྣམ་གཞག་མིན་ཏེ། གཉི་ག་དོན་དམ་པར་གྲུབ་པ་དང་། དོན་དམ་པའི་བདེན་པ་གང་ཡང་མིན་པའི་ཕྱིར། འཇིག་རྟེན་པའང་མིན་ཏེ། གཉི་ག་ཐ་སྙད་དུ་ཡོད་ཅིང་། ཀུན་རྫོབ་ཀྱི་བདེན་པ་ཡིན་པའི་ཕྱིར་རོ། །དེས་ན་ཐ་སྙད་དུ་ཕུང་པོ་ལྔ་ཆར་ཡོད་ཅིང་། དོན་དམ་པར་མེད་པ་དེས་ན་སེམས་སེམས་བྱུང་འདི་བདེན་པར་ཡོད་ལ་ཕྱི་རོལ་གྱི་དོན་འདི་ཐ་སྙད་དུ་ཡང་མེད་ཅེས་བརྗོད་པ་ཉིད་དུ་ནུས་པ་མིན་ནོ། །དེས་ན་ཕྱི་རོལ་གྱི་དོན་དང་ཤེས་པ་གཉིས་ཀ་འཇིག་རྟེན་ན་གྲགས་པ་ལྟར་དབུ་མ་པས་ཀྱང་ཁས་བླང་བར་བྱའོ། །

ཟ༽ མཐའ་བྲལ་རིགས་པས་དགག་མི་ནུས་པ།

བརྒྱད་པ་ནི། དེ་ལྟར་རིགས་པའི་ཚོགས་རྒྱ་ཆེན་པོ་ནས་དངོས་པོ་བདེན་པར་སྨྲ་བ་སོགས། ལེགས་པར་བཀག་པ་ན་སྟོང་པ་ཉིད་དུ་སྨྲ་བ་ལ་སུན་འབྱིན་བརྗོད་མི་ནུས་པར་འདི་སྐད་ཅེས། ད་ལྟ་ཕོ་(༧༧)(བ)བོས་ཁྱོད་ལ་ལན་གདབ་པར་མི་ནུས་སོད། དེ་ལྟ་ན་ཡང་ཁྱོད་ལ་ལན་འདེབས་པར་འགྱུར་བ་དེ་བཞིན་གཤེགས་པའི་བསྟན་པ་ལ་མངོན་པར་བརྩོན་པ་དག་འབྱུང་བར་འགྱུར་རོ་ཞེ་ན། ཁྱོད་ཀྱི་རེ་བ་འདི་ནི་རྫུན་པ་ཞིག་སྟེ། འདི་ལྟར་ཁོ་བོ་ཅག་ལ་སྐྱོན་དང་བཅས་པའི་ཕྱོགས་ཡོངས་སུ་འཛིན་པ་ཡོད་ན་དེ་རྣམ་པ་གཞན་དུ་བསྒྲུབས་པ་ལས་སུན་འབྱིན་ནུས་པ་སྲིད་ཀྱང་། དབུ་མ་པ་གང་ལ་དངོས་པོ་རང་བཞིན་གྱིས་ཡོད་པ་དང་དངོས་པོ་ཙམ་ཟད་ཀྱང་མེད་ཅིང་དངོས་པོ་མེད་པ་རང་བཞིན་གྱིས་གྲུབ་པས་ཡོད་མེད་གཉི་ག་དང་། གཉི་ག་མིན་པའོ། །ཞེས་གང་ལ་ཉེས་པ་དང་བཅས་པའི་ཕྱོགས་ནི་ཡོད་པ་མིན་པ་དེ་ལ་དུས་ཡུན་རིང་པོ་ནའང་ཀླན་ཀ་བརྗོད་པར་ནུས་པ་མ་ཡིན་ཏེ། མཁས་པ་སྟོང་པ་ཉིད་སྨྲ་བ་ལ་སུན་འབྱིན་པ་ནི། ནམ་མཁའ་ལ་རི་མོ་འདྲི་མི་ནུས་པ་དང་། ལྕགས་ཀྱིས་བཙུས་པས་གཟིར་བར་བྱེད་མི་ནུས་པ་ལྟར་ཤེས་པར་བྱའོ། །སློབ་དཔོན་

ཚོས་ཀྱི་འབབས་ཀྱིས་རབ་བྱེད་དང་པོ་བརྒྱད་ཀྱི། ཚིགས་བཅད་རེ་རེ་ལ་དཔེ་རེ་སྦྱར་བ་ནི། ཚིགས་མངས་སུ་དོགས་པས་མདོ་ཙམ་མ་གཏོགས་ཞིབ་ཏུ་མ་སྤྲོས་སོ། །

འདིར་སྨྲས་པ། ཉི་མའི་འོད་ཀྱིས་མུན་པ་ཀུན་སེལ་ཞིང་། །མུན་ལ་ཉི་འོད་འཛོམས་པའི་ནུས་མེད་ལྟར། །ཡང་དག་ལྟ་བས་མཐར་འཛིན་ཀུན་འཛོམས་ཤིང་། །དེ་ལ་ཀླན་ཀའི་གོ་སྐབས་རིང་དུ་སྤངས། །བསྡུ་བའི་ཚིགས་སུ་བཅད་པའོ། །

ཅ༢ ལེའུའི་མཚན་བསྟན་པ།

གཉིས་པ་ལེའུའི་མཚན་བསྟན་པ་ནི། བྱང་ཆུབ་སེམས་དཔའི་རྣལ་འབྱོར་སྤྱོད་པ་བཞི་བརྒྱ་པའི་རྣམ་བཤད་ལེགས་པར་བཤད་པའི་སྙིང་པོ་ཞེས་བྱ་བ་ལས་(༡༢༠ན) སློབ་དཔོན་དང་སློབ་མ་རྣམ་པར་གཏན་ལ་དབབ་པ་བསྒོམ་པ་བསྟན་པ་སྟེ་རབ་ཏུ་བྱེད་པ་བཅུ་དྲུག་པའི་འགྲེལ་པའོ།། །།

ཀ༤ མཇུག་གི་དོན།

ཁ༡ བསྟན་བཅོས་གང་གིས་མཛད་པ།

བཞི་པ་མཇུག་གི་དོན་ལ་གཉིས། བསྟན་བཅོས་གང་གིས་མཛད་པ་དང་། སྒྱུར་བྱེད་གང་གིས་བསྒྱུར་བའོ། །དང་པོ་ནི། ཤིང་རྟ་ཆེན་པོ་བྱང་ཆུབ་སེམས་དཔའ་སློབ་དཔོན་འཕགས་པ་ལྷའི་ཞལ་སྔ་ནས་མཛད་པའོ། །བྱང་ཆུབ་སེམས་དཔའི་རྣལ་འབྱོར་སྤྱོད་པ་བཞི་བརྒྱ་པའི་ཚིག་ལེའུར་བྱས་པ། དེའི་འགྲེལ་པ་སློབ་དཔོན་ཟླ་བ་གྲགས་པས་མཛད་པ་གཉིས་ཀྱི་རྣམ་བཤད་རྫོགས་སོ།། །།

ཁ༢ སྒྱུར་བྱེད་གང་གིས་བསྒྱུར་བ།

གཉིས་པ་ནི། དཔལ་ཁ་ཆེའི་གྲོང་ཁྱེར་དཔེ་མེད་ཀྱི་དབུས་རིན་ཆེན་སྦས་པའི་ཀུན་དགའ་ར་བར། རྒྱ་གར་གྱི་མཁན་པོ་བྲམ་ཟེ་རིན་ཆེན་རྡོ་རྗེའི་དབོན་པོ་བྲམ་ཟེ་ཛྫའི་སྲས་སུ་ཀྵ་ཛྙ་ན་དང་། དོན་གྱི་ལོཙྪ་བ་མདོ་སྔགས་ཀྱི་གཞུང་མ་ལུས་པ་ཐུགས་སུ་ཆུད་པའི་པ་ཚབ་ཉི་མ་གྲགས་ཀྱིས་རྒྱ་གར་གྱི་སྐད་ལས། བོད་ཀྱི་སྐད་དུ་བསྒྱུར་ཏེ་འཆད་ཉན་གྱིས་ལེགས་པར་གཏན་ལ་ཕབ་པའོ།། །།

མཇུག་བྱང་།

རྒྱལ་བས་ལུང་བསྟན་གོ་འཕང་མཆོག་བརྙེས་ཤིང་། །ཀླུ་སྒྲུབ་ལུགས་བཟང་ཆེས་ཆེར་གསལ་མཛད་པ། །འཕགས་པ་ལྷ་དང་དཔལ་ལྡན་ཟླ་བ་གྲགས། །བདག་སོགས་ཀུན་གྱི་གཙུག་ན་རྒྱལ་གྱུར་ཅིག །ཤིང་རྟ་ཆེན་པོའི་གཞུང་ལུགས་ཡལ་བར་འདོར། །དྲི་མེད་རིགས་པའི་མིག་དང་མི་ལྡན་པར། །གཟུ་ལུམ་རང་དགར་འཇུག་པའི་ངན་རྟོག་གིས། །ལུགས་འདི་ལོག་པར་འཆད་པ་མ་བཟོད་(༧༢༠བ)ནས། །ཐེག་མཆོག་རིགས་ལ་གནས་པའི་སྐྱེ་བོ་རྣམས། །རང་རྒྱུད་སྨིན་དང་གྲོལ་བར་བྱེད་པའི་ལམ། །གསལ་ལ་མ་འདྲེས་རྫོགས་པར་འགྲེལ་པ་ཡི། །གཞུང་འདིའི་ཚིག་དོན་གོ་སླའི་ངག་གིས་བཤད། །འཕགས་པའི་བཞེད་པ་ཤིན་ཏུ་རྙེད་པར་དཀའ། །བདག་བློ་དམན་ཞིང་སྦྱངས་པའི་སྟོབས་ཞན་པས། །གལ་ཏེ་འདི་ལ་ནོངས་པའི་ཚོགས་མཆིས་རྣམས། །བླ་མ་ལྷར་བཅས་རྣམས་ཀྱིས་བཟོད་མཛད་རིགས། །མཐའ་བྲལ་དབུ་མའི་ལམ་བཟང་གསལ་བྱེད་པ། །འདིར་འབད་རབ་དཀར་དགེ་བ་ཅི་བསགས་དེས། །སྲིད་པའི་བཙོན་རར་བཅིངས་པའི་འགྲོ་བ་རྣམས། །ཐར་པའི་བདེ་བ་བླ་མེད་ཐོབ་གྱུར་ཅིག །བདག་ཀྱང་དེང་ནས་ཚེ་རབས་ཐམས་ཅད་དུ། །ཐེག་མཆོག་བཤེས་དང་ནམ་

ཡང་མི་འབྲལ་ཞིང་། །ལམ་འདིར་ཐོས་བསམ་སྒོམ་པས་རབ་ཞུགས་ཏེ། །ཀུན་མཁྱེན་རྒྱལ་བའི་གོ་འཕང་ཐོབ་པར་ཤོག །

བསྟན་བཅོས་བཞི་བརྒྱ་པའི་རྣམ་བཤད་ལེགས་པར་བཤད་པའི་སྙིང་པོ་ཞེས་བྱ་བ་འདི་ནི། བསླབ་པ་རིན་པོ་ཆེ་ལ་གཅེས་སྤྲས་སུ་མཛད་ཅིང་། སྡོམ་པ་གསུམ་དང་ལྡན་པའི་བླ་མ་ནམ་མཁའ་བཟང་པོ་བ་དང་། ཁྱད་པར་དུ་ཐུབ་པའི་བསྟན་པ་རྒྱས་པའི་ཁུར་གྱིས་མི་ངལ་བའི་བླ་མ་གྲགས་སེང་པས་འབུལ་བ་མེ་ཏོག་གི་རིམ་པ་རྒྱ་ཆེན་པོ་དང་བཅས་པས་མདོ་ཁམས་སྟོད་ནས་ཡང་དང་ཡང་དུ་བསྐུལ་ཅིང་། མདོ་སྔགས་ཀྱི་གཞུང་མང་དུ་ཐོས་པའི་སྡེ་སྣོད་འཛིན་པ་ཆེན་པོ། རྩེད་ཐང་པ་ཀུན་དགའ་སེང་གེ་ལ་སོགས་པ། སྡེ་སྣོད་འཛིན་པ་དུ་མས་བསྐུལ་བ་ལ་བརྟེན་ནས། རྒྱལ་བའི་རིང་ལུགས་པ་ཆེན་པོ་ཁྱད་པར་དུ་ཕྱི་ནང་གི་རྟེན་འབྲེལ་རྣམས་ཆུ་ནང་གི་ཟླ་བའི་གཟུགས་བརྙན་(༡༢༡ན)ལྟར་ཐུགས་སུ་ཆུད་པའི་སེམས་དཔའ་ཆེན་པོ་རྗེ་བཙུན་དམ་པ་རེད་མདའ་བ་གཞོན་ནུ་བློ་གྲོས་ཀྱི་ཞལ་སྔ་ནས་དང་། རྒྱལ་བ་རྣམས་ཀྱི་དམ་པའི་ཆོས་འཛིན་པའི་སྨོན་ལམ་ལེགས་པར་གྲུབ་པ། སྙིགས་དུས་ཀྱི་ཐམས་ཅད་མཁྱེན་པ་ཆེན་པོ། རྗེ་རིན་པོ་ཆེ་བློ་བཟང་གྲགས་པའི་དཔལ་བཟང་པོའི་ཞལ་སྔ་ནས་དང་། ཡབ་སྲས་གཉིས་ཀྱི་ཞབས་ཀྱི་རྡུལ་ཡུན་རིང་དུ་གུས་པས་བསྟེན་ཅིང་། དེ་གཉིས་ཀྱི་ལེགས་པར་བཤད་པའི་བཀའ་དྲིན་ལས། རིགས་པ་སྨྲ་བ་དགེ་སློང་དར་མ་རིན་ཆེན་གྱིས། འབྲོག་རི་བོ་ཆེ་དགེ་ལྡན་རྣམ་པར་རྒྱལ་བའི་གླིང་དུ་སྦྱར་བའོ། །ཡི་གེ་པ་ནི་སྡོམ་བརྩོན་སྡེ་སྣོད་འཛིན་པ་རིན་ཆེན་ཆོས་རྒྱལ་ལོ། །འདིས་ཀྱང་རྒྱལ་བའི་བསྟན་པ་རིན་པོ་ཆེ་སྒོ་ཐམས་ཅད་ནས་ཕྱོགས་ཐམས་ཅད་དུ་དར་ཞིང་རྒྱལ་ལ་ཡུན་རིང་དུ་གནས་པར་གྱུར་ཅིག། །མངྒ་ལཾ། བཀྲ་ཤིས།

༄༅། །དབུ་མ་རིན་ཆེན་འཕྲེང་བའི་སྙིང་པོའི་དོན་གསལ་བར་བྱེད་པ་བཞུགས་སོ། །

མཆོད་བརྗོད་དང་རྩོམ་པར་དམ་བཅའ་བ།

༄༅། །རྗེ་བཙུན་བླ་མ་རྣམས་ལ་ཕྱག་འཚལ་ལོ། །སྙིང་རྗེའི་རྩ་བ་རབ་བརྟན་བློ་གྲོས་གྲིབ་བསིལ་ལྷག་བསམ་བཟང་པོའི་ར་བར་གནས། །མཐའ་ཡས་གྲགས་པའི་གཟི་ལྡན་དམ་ཆོས་ཡན་ལག་རྒྱས་པའི་མེ་ཏོག་དཔལ་ཡོན་ཅན། །འཕྲིན་ལས་བཟང་པོའི་འབྲས་བུ་མཆོག་དེས་གདུལ་བྱའི་རེ་བ་མཐའ་དག་རྫོགས་མཛད་པ། །དཔལ་ལྡན་བླ་མ་དཔག་བསམ་དང་མཚུངས་མཁས་པའི་མཁས་པ་དེ་ལ་རྟག་ཏུ་འདུད། །ཆོས་ཀུན་འགྲོ་འོང་མེད་པར་གཟིགས་ཀྱང་གོ་འཕང་མཆོག་དེར་གདུལ་བྱའི་ལམ་ནི་ས་ལེར་མཁྱེན། །སྤྲོས་ཀུན་ཞི་བའི་ངང་དུ་བཞུགས་ཀྱང་ཐུགས་རྗེའི་སྤྲོས་པས་གདུལ་བྱའི་མུན་པ་སེལ་མཛད་ཅིང་། །གསུང་རབ་རྒྱ་མཚོའི་སྙིང་པོ་མཐའ་དག་གཟིགས་ཀྱང་སྙིང་པོའི་དོན་ནི་གཅིག་པུ་ཁོ་ནར་(༢ན)མཁྱེན། །ཀླུ་སྒྲུབ་ཅེས་ནི་ས་སྟེང་འདི་ན་སྒྲིབ་མེད་རབ་གྲགས་སངས་རྒྱས་གཉིས་པ་དེ་ལ་འདུད། །དེ་ཡི་བཞེད་གཞུང་རབ་དཀར་དྲི་མེད་ཅིང་། །གཏམ་དུ་བྱ་བ་ཀུན་གྱི་མཆོག་གྱུར་པ། །དམ་པའི་བཀའ་ཡིས་རིང་ནས་བསྐུལ་གྱུར་པས། །ཅུང་ཟད་འབྱེད་ལ་བདག་བློ་སྤྲོ་བ་སྐྱེས། །

ཀ༡ བཤད་པའི་སྔོན་འགྲོ།

དེ་ཡང་བདག་གི་དགེ་བའི་བཤེས་གཉེན་གཅིག་ཏུ་བདེ་བར་གཤེགས་པའི་བསྟན་པ་ལ་གཅེས་སྤྲས་སུ་མཛད་པ་བཤད་པ་དང་སྒྲུབ་པ་ཡོངས་སུ་རྫོགས་པའི་

ཡོན་ཏན་གྱི་ཚོགས་ཀྱིས་གོང་ནས་གོང་དུ་གྱུར་པ་འགྲོ་བ་མགོན་མེད་པ་རྣམས་ལྷག་པར་ཡང་ཐུགས་རྗེའི་ཡུལ་དུ་མཛད་པ་དག་ལས་འདི་ལྟར་རྗེས་སུ་ཐོས་ཏེ། (༢ན)འོ་སྐལ་དལ་བའི་རྟེན་བཟང་པོ་ཐོབ་པའི་དུས་འདིར་འཇིག་རྟེན་པའི་རྒན་པོ་རྣམས་ཀྱི་ལུགས་ལས་ཆེས་ཁྱད་ཞུགས་པའི་འཇིག་རྟེན་ཕྱི་མ་ཕན་ཆད་ཀྱི་དོན་ཁྱད་པར་ཅན་མ་བསྒྲུབས་ན། བློ་དུད་འགྲོ་ལས་ཆེར་མ་སྨྲགས་པ་ཡིན་པས་ཤིན་ཏུ་རྙེད་པར་དཀའ་བའི་དལ་འབྱོར་གྱི་རྟེན་ལ་སྙིང་པོ་ལེགས་པར་ལོན་པ་དགོས་ལ། དེ་ཡང་རྒྱལ་བ་སྲས་དང་བཅས་པའི་དམ་པ་རྣམས་ཀྱིས་གསུངས་པའི་གཞུང་ཆེ་བ་རྣམས་གདམས་ངག་ཏུ་ཤར་ནས་དེའི་དོན་རྩེ་གཅིག་ཏུ་སྒྲུབ་པས་ཉམས་སུ་ལེན་པ་ལས་མཆོག་ཏུ་གྱུར་པའི་རྒྱལ་བ་དགྱེས་པའི་མཆོད་པ་གཞན་མེད་གསུངས་པས། དེ་ལ་འདིར། མངོན་པར་མཐོ་བ་དང་། ངེས་པར་ལེགས་པའི་གོ་འཕང་མཆོག་ཏུ་བགྲོད་པའི་ལམ་གསལ་བར་བྱེད་པ་དབུ་མ་རིན་པོ་ཆེའི་ཕྲེང་བ་ཞེ་གང་བཤད་པར་བྱ་བའི་ཆོས་ཡིན་ལ། དེ་ལ་གཉིས་བཤད་པའི་སྔོན་འགྲོ་དང་། བཤད་པ་དངོས་ལ་འཇུག་པའོ། །

ཁ༡ བསྟན་བཅོས་མཛད་པ་པོའི་ཆེ་བ།

དང་པོ་ལ་གཉིས། བསྟན་བཅོས་མཛད་པ་པོའི་ཆེ་བ་དང་། དེས་མཛད་པའི་བསྟན་བཅོས་ཀྱི་རྣམ་གཞག་གོ། །དང་པོ་ནི། རྗེ་བཙུན་འཕགས་པ་ཀླུ་སྒྲུབ་ཅེས་བྱ་བ། འཕགས་པ་ལང་ཀར་གཤེགས་པ་དང་། སྤྲིན་ཆེན་པོའི་མདོ་དང་། ཛ་བོ་ཆེའི་མདོ་དང་། འཇམ་དཔལ་གྱི་རྩ་བའི་རྟོག་པ་སོགས་ནས། སྟོན་པ་མྱ་ངན་ལས་འདས་པའི་རྗེས་སུ་བསྟན་པ་འཛིན་པར་ལུང་བསྟན་ཅིང་ཁྱད་པར་དུ་ལང་གཤེགས་སོགས་(༢བ)ནས་ཐུབ་པའི་བསྟན་པ་ཡོངས་སུ་རྫོགས་པ་རྒྱས་པར་མཛད་ནས། ས་རབ་ཏུ་དགའ་བ་བསྒྲུབས་ཏེ། བདེ་བ་ཅན་དུ་འགྲོ་བར་ལུང་བསྟན་ཅིང་། སྒྲོན་གསལ་ལས། སློབ་དཔོན་ཀླུ་སྒྲུབ་ཀྱིས་རྣལ་འབྱོར་བླ་མེད་ཀྱི་ལམ་གྱིས་སྐུ་ཚེ་དེ་ཉིད་ལ་རྡོ་རྗེ་འཆང་གི་གོ་

འཕང་ཐོབ་པར་གསུངས་སོ། །སྔར་བཤད་པའི་ལུང་བསྟན་པ་རྣམས་ནི། ཕ་རོལ་ཏུ་ཕྱིན་པའི་ཐེག་པ་དང་། ཐུན་མོང་བ་གསུངས་པ་ཡིན་པས། འགལ་བར་མི་བསམ་མོ། །

ཁ༢ ངེས་མཛད་པའི་བསྟན་བཅོས་ཀྱི་རྣམ་གཞག །

གཉིས་པ་ནི། སློབ་དཔོན་ཀླུ་སྒྲུབ་ཀྱིས་སྦྱོར་བ་བརྒྱ་པ་ལ་སོགས་པ་རིག་པའི་གནས་ཐུན་མོང་བའི་བསྟན་བཅོས་མང་པོ་མཛད་ཅིང་། ནང་རིག་པ་ལ་ཡང་། སྔགས་དང་ཕ་རོལ་ཏུ་ཕྱིན་པ་ལ་བརྟེན་པ་མང་དུ་མཛད་དོ། །ཟབ་མོ་དབུ་མའི་ལམ་སྟོན་པའི་མདོ་སྡེ་རྣམས་ངེས་པའི་དོན་དུ་སྒྲུབ་པ་དང་། མཐར་ཐུག་ཐེག་པ་གཅིག་ཏུ་བསྒྲུབ་པ་སོགས་ལམ་གྱི་རྣམ་གཞག་དུ་མ་རྒྱས་པར་སྟོན་པ་མདོ་ཀུན་ལས་བཏུས་པ་མཛད་ལ། ཟབ་མོ་དབུ་མའི་ལམ་རིགས་པས་སྒྲུབ་པ་ནི། རྩ་བ་ཤེས་རབ། རིགས་པ་དྲུག་ཅུ་པ། རྩོད་ཟློག །སྟོང་ཉིད་བདུན་ཅུ་པ། ཞིབ་མོ་རྣམ་འཐག་རྣམས་དང་། བསྟན་བཅོས་འདི་ལ་སོགས་པ་རྣམས་སུ་གཏན་ལ་ཕབ་ལ། ཐ་སྙད་གྲུབ་པ་ནི། དབུ་མ་རྒྱན་གྱི་འགྲེལ་པར། ཚིགས་བཅད་ཁ་ཡར་དྲངས་པ་ཙམ་མ་གཏོགས་པོད་དུ་ཚང་མ་མ་འགྱུར་རོ། །བསྟོད་པ་འགའ་ཞིག་ལས་ཀྱང་། སྟོང་ཉིད་བསྟན་མོད་ཀྱང་། རིགས་པས་སྒྲུབ་པ་དེ་ཙམ་དུ་མི་མང་ལ། རིགས་པའི་ཚོགས་སྟོན་པའི་བསྟན་བཅོས་དེ་དག་ཀྱང་བསྡུ་ན། རྟེན་འབྱུང་གི་དེ་ཁོ་ན་ཉིད་གཙོ་བོར་སྟོན་པ་དང་། མཐའ་བྲལ་རྟོགས་པའི་ལམ་གྱིས་འཁོར་བ་ལས་གྲོལ་བ་གཙོ་བོར་སྟོན་པ་གཉིས་སུ་འདུའོ། །

དང་པོ་ལ། དངོས་པོར་སྨྲ་བ་(༣༤)རྣམས་ཀྱིས་བཏགས་པའི་བསྒྲུབ་བྱ་གང་ཟག་དང་ཕུང་པོ་རང་བཞིན་གྱིས་གྲུབ་པ་འགོག་པ་རྩ་བ་ཤེས་རབ་ཡིན་ལ། དེའི་སྒྲུབ་བྱེད་ཚད་མ་སོགས་ཞིབ་མོ་ལྟར་སྣང་བ། རྟོག་གེའི་ཚིག་དོན་བཅུ་དྲུག་འགོག་པ་ནི། ཞིབ་མོ་རྣམ་འཐག་གོ། །རྩོད་ཟློག་དང་། སྟོང་ཉིད་བདུན་ཅུ་པ་གཉིས་ནི། རྩ་བ

ཤེས་རབ་ལ་འཁྲིས་པའི་ཡན་ལག་ཙམ་ཡིན་གྱི། དབུ་མའི་ལུས་ཡོངས་སུ་རྫོགས་པ་སྟོན་པའི་བསྟན་བཅོས་རང་རྐྱ་བ་མ་ཡིན་ལ། དང་པོ་ནི། གལ་ཏེ་དངོས་པོ་ཐམས་ཅད་ཀྱི་ཞེས་སོགས་རང་བཞིན་གྱིས་སྟོང་པ་ལ། དགག་སྒྲུབ་ལ་སོགས་པའི་བྱ་བྱེད་མི་འཐད་པར་རྩོད་པ་ཡིན་ལ། དེ་ནི་རྩ་བ་ཤེས་རབ་ཀྱི་ལེའུ་དང་པོའི། དངོས་པོ་རྣམས་ཀྱི་རང་བཞིན་ནི། །ཞེས་པའི་ཚིགས་བཅད་ལ་འཁྲིས་པའི་ལྷག་མའོ། །

གཉིས་པ་ནི། རབ་བྱེད་བདུན་པའི་སྐྱེ་ལམ་ཇི་བཞིན་སྒྱུ་མ་བཞིན། ཞེས་སོགས་ལ་འཁྲིས་པའི་ལྷག་མ་ཡིན་ཏེ། སྐྱེ་འཇིག་གནས་གསུམ་རང་བཞིན་གྱིས་གྲུབ་པ་བཀག་པ་ན། ལུང་ལས་དེ་དག་གསུངས་པ་མི་འཐད་དོ། །ཞེས་རྩོལ་བའི་ལན་དུ་མཛད་པ་ཡིན་ནོ། །མཐའ་བྲལ་རྟོགས་པའི་ལམ་གྱིས་འཁོར་བ་ལས་གྲོལ་བ་གཙོ་བོར་སྟོན་པ་ལ། རིགས་པ་དྲུག་ཅུ་པ་ནི། དགྲ་བཅོམ་པའི་འབྲས་བུ་ཐོབ་པ་ལ་ཡང་། རྟེན་འབྱུང་རང་བཞིན་གྱིས་སྟོང་པ་རྟོགས་དགོས་པ་དང་། རྒྱུ་མཚན་དེ་ཉིད་ཐེག་པ་དམན་པའི་སྡེ་སྣོད་ལས་ཀྱང་། བདག་མེད་གཉིས་ཕྲ་མོ་གསལ་བར་གསུངས་པ་དང་། ཕུང་པོ་རང་བཞིན་གྱིས་སྟོང་པ་དངོས་སུ་མ་རྟོགས་ན་མྱང་འདས་མངོན་དུ་བྱས་པ་མི་འཐད་པར་བསྟན་པ་ལས་བརྩམས་ནས། ཡོད་མཐའ་དང་མེད་མཐའ་དགག་པ་རྒྱས་པར་མཛད་[༣༥]དོ། །འདི་ནི་བསྟན་བཅོས་གཞན་གཉིས་ལྟར། དབུ་མ་རྩ་བ་ཤེས་རབ་ཀྱི་འཁྲིས་དོན་ཙམ་མ་ཡིན་པའི། བསྟན་བཅོས་ལུས་ཡོངས་སུ་རྫོགས་པའོ། །བསྟན་བཅོས་འདིར་ནི། མངོན་མཐོ་རྒྱུ་འབྲས་ཀྱང་རྒྱས་པར་བསྟན་མོད་ཀྱི། གཙོ་བོ་ནི་ཐེག་པ་ཆེ་ཆུང་གང་གི་ལམ་དུ་ཞུགས་ནས་ཐར་པ་འཐོབ་པར་བྱེད་ཀྱང་། གང་ཟག་དང་ཕུང་པོ་རང་བཞིན་གྱིས་སྟོང་པ་རྟོགས་དགོས་པ་རྒྱས་པར་གཏན་ལ་ཕབ་པའོ། །གཏན་ལ་འབེབས་པའི་གཙོ་བོའི་དབང་དུ་བྱས་པ་ཡིན་གྱི་གཞན་དུ་ན་རྩ་བ་ཤེས་རབ་ཀྱིས་ཀྱང་། ཐེག་པ་ཆེན་པོའི་ལམ་གྱི་རིམ་པ་རྒྱས་པར་སྟོན་པར་དབུ་མ་ལ་འཇུག་པ་ནས་བསྒྲུབས་པའི་ཕྱིར་རོ། །

ཀ༢ བཤད་པ་དངོས་ལ་འཇུག་པ།

ཁ༡ མཚན་གྱི་དོན།

གཉིས་པ་བཤད་པ་དངོས་ལ་འཇུག་པ་ལ་བཞི། མཚན་གྱི་དོན་དང་། འགྱུར་གྱི་ཕྱག་དང་། གཞུང་གི་དོན་དང་། མཇུག་གི་དོན་ནོ། །དང་པོ་ནི། རྒྱ་གར་གྱི་སྐད་དུ་རཱ་ཛཱ་ནི་བོད་ཀྱི་སྐད་དུ་རྒྱལ་པོ་པ་རི་ཀ་ཐཱ་ནི་གཏམ་བྱ་བ། རཏྣ་ནི་རིན་པོ་ཆེ་མཱ་ལཱི་ནི་ཕྲེང་བའོ། །ཁ་ཅིག་གིས། འདི་རྒྱལ་པོ་སྤྱི་ལ་གདམས་པ་དང་། བཤེས་སྤྲིང་རྒྱལ་པོ་བདེ་སྤྱོད་བཟང་པོ་ལ་གདམས་པར་འདོད་ལ། ཁ་ཅིག་འདི་ཡང་། ལྷོ་ཕྱོགས་ཀྱི་རྒྱལ་པོ་ཤིང་ས་ལ་ཝོན་ཞེས་བྱ་བ་ལ་གདམས་པར་འཆད་ལ། འགྲེལ་པ་ལས་འདི་ཡང་རྒྱལ་པོ་བདེ་སྤྱོད་ལ་གདམས་པར་མཛད་དོ། །

ཁ༢ འགྱུར་གྱི་ཕྱག །

གཉིས་པ་ནི། སངས་རྒྱས་ཞེས་སོ། །

ཁ༣ གཞུང་གི་དོན།

ག༡ བཤད་པ་ལ་འཇུག་པའི་བྱ་བ།

ང༡ མཆོད་པར་བརྗོད་པ།

ཅ༡ དགོས་པའི་དོན།

གསུམ་པ་ལ་གསུམ། བཤད་པ་ལ་འཇུག་པའི་བྱ་བ། བཤད་པ་ཉིད་ཉེ་བར་དགོད་པ། བཤད་པ་མཐར་ཕྱིན་པའི་བྱ་བའོ། །དང་པོ་ལ་གཉིས། མཆོད་པར་བརྗོད་པ་དང་། བཤད་པར་དམ་བཅའ་བའོ། །དང་པོ་ལ་གསུམ། དགོས་པའི་དོན་དང་། བསྡུས་པའི་དོན་དང་། ཚིག་གི་དོན་ཏོ། །དང་པོ་ནི། རང་གི་དོན་ཕུན་སུམ་ཚོགས་

པར་འགྱུར་བ་དང་། གཞན་གྱི་དོན་ཕུན་སུམ་(ཚ)ཚོགས་པར་འགྱུར་བའོ། །རང་དོན་ནི་ཡུལ་ཁྱད་པར་ཅན་ལ། དང་བས་ཀུན་ནས་བསླངས་ནས་བསྟོད་པ་བྱས་ནས། བསྟན་བཅོས་རྩོམ་པའི་བར་ཆད་ཞི་བ་སོགས་གནས་སྐབས་དང་མཐར་ཐུག་གི་དགོས་པ་ཐམས་ཅད་འགྲུབ་པའོ། །གཞན་དོན་ནི་དེའི་རྗེས་སུ་ཞུགས་པས་ཉན་པ་སོགས་མཐར་ཕྱིན་པར་འགྱུར་བ་སྟེ། རྒྱས་པར་དབྱེ་ན་བརྒྱད་དོ། །

ཅ༢ བསྡུས་པའི་དོན།

ཆ༡ བསྟོད་པ།

གཉིས་པ་ལ་བསྟོད་པ་དང་། ཕྱག་འཚལ་བའོ། །བསྟོད་པ་ལ་རང་དོན་ཕུན་ཚོགས་དང་། གཞན་དོན་ཕུན་ཚོགས་སོ། །དང་པོ་ལ། སྤངས་པ་དང་། རྟོགས་པ་གཉིས། རིམ་པ་བཞིན་ཀང་པ་དང་པོ་གཉིས་ཀྱིས་བསྟན་ཏོ། །གཞན་དོན་ནི། ཀང་པ་གསུམ་པས་བསྟན་ལ་ཐམས་ཅད་མཁྱེན་ཅེས་པས་རྟོགས་པ་ཕུན་ཚོགས་གཉིས་བསྡུས་པའམ། ཡོན་ཏན་དེ་དག་དང་ལྡན་པས་གཞན་ལས་ཁྱད་ཞུགས་པའི་སྟོན་པ་ཕུན་ཚོགས་སྟོན་པའོ། །

ཆ༢ ཕྱག་འཚལ་བ།

གཉིས་པ་ནི། ཀང་པ་བཞི་པའི་ཕྱེད་ཕྱི་མས་སོ། །དོན་བསྡུས་ན་སངས་རྒྱས་དཀོན་མཆོག་དང་དེའི་ཐུགས་རྒྱུད་ཀྱི་ཆོས་དཀོན་མཆོག་དང་། དེ་ཚུལ་བཞིན་དུ་སྒྲུབ་པའི་དགེ་འདུན་དཀོན་མཆོག་ཀྱང་། སྐྱབས་འགྲོའི་ཡུལ་དུ་བྱས་ནས་དེ་ལ་དང་བས་སྐྱབས་སུ་འགྲོ་བ་ནི་བཤད་སྒྲུབ་ཀུན་གྱི་རྩ་བར་ཤེས་པར་བྱའོ། །

ཅ༢ ཚིག་གི་དོན།

གསུམ་པ་ནི། ཀླུ་སྒྲུབ་བདག་ཕྱག་འཚལ་ལོ། །གང་ལ་ན་ཇི་ལྟ་བ་དང་ཇི་སྙེད་པ་མ་ལུས་པ་ཐུགས་སུ་ཆུད་པའི་ཐམས་ཅད་མཁྱེན་པ་ལའོ། །དེ་ཡང་སྤངས་པའི་ཁྱད་པར་གང་ཟག་དང་ཕུང་པོ་རང་བཞིན་གྱིས་གྲུབ་པར་འཛིན་པའི་ཉོན་མོངས་པའི་སྒྲིབ་པ་དང་། གཉིས་སྣང་འཁྲུལ་བའི་བག་ཆགས་དང་བཅས་པ་ཤེས་སྒྲིབ་ཀྱི་ཉེས་པ་ཀུན་ལས་ཕྱིས་མི་སྐྱེ་བའི་ཚུལ་གྱིས་རྣམ་པར་གྲོལ་(ཀ)ཞིང་རྟོགས་པའི་ཁྱད་པར་ཉན་ཐོས་སོགས་དང་ཐུན་མོང་བ་དང་ཐུན་མོང་མ་ཡིན་པ་སྟོབས་ལ་སོགས་པའི་ཡོན་ཏན་ཀུན་གྱིས་མཛེས་ཤིང་སྤུད་པས་བརྒྱན་པ་པོའོ། །

གཞན་དོན་ཕུན་ཚོགས་ནི། ཐུགས་རྗེས་ཀུན་ནས་བསླངས་ནས་སེམས་ཅན་ཐམས་ཅད་ཉེས་པའི་རིགས་མཐའ་དག་ལས་སྐྱོབ་ཅིང་ལེགས་པའི་རིགས་མཐའ་དག་ལ་འགོད་པས་སེམས་ཅན་ཀུན་གྱི་གཉེན་གཅིག་པུ་བླ་མེད་པ་དེ་ལ་ཕྱག་འཚལ་ལོ། །སྟོན་པ་གཞན་ནི་སེམས་ཅན་ལ་གནོད་པར་ཞུགས་པ་སྟེ། ལེགས་ལྡན་ནག་པོ་དྲག་པོ་དབང་ཕྱུག་གིས་གྲོང་ཁྱེར་གསུམ་བརྩེགས་བསྲེགས་པ་དང་། ཁྱབ་འཇུག་གིས་དམག་སྡེ་ཆེན་པོ་བཅོ་བརྒྱད་བཅོམ་པ་དང་། གཙེར་བུ་པས་སྲོག་ཆགས་ཕྲ་མོ་རེག་པ་ཙམ་གྱིས་འཇིག་པས་ནམ་མཁའ་གང་བར་སྣྲ་ཞིང་། སློབ་མ་གནས་ནས་ཕྱིར་དབྱུང་བའི་ཚེ། བསླབ་པ་འབུལ་དུ་འཇུག་པ་དང་། དྲང་སྲོང་ཁ་ཅིག་རྒྱལ་པོ་དཔུང་གི་ཚོགས་ཡན་ལག་བཞི་པ་དང་བཅས་པ་དམོད་པའི་མེས་སྲེག་པ་སོགས་ལས་ཁྱད་པར་དུ་བྱེད་པའོ། །

ང༢ བཤད་པར་དམ་བཅའ་བ།

ཅ༡ དངོས།

ཆ༡ དགོས་འབྲེལ་རྣམ་པར་བཞག་པ།

གཉིས་པ་ལ་གཉིས། དངོས་དང་། སྟོད་ལ་ཆོས་འཆད་པའི་རྒྱུ་མཚན་ནོ། །དང་པོ་ནི། དགོས་འབྲེལ་རྣམ་པར་བཞག་པ་དང་། ཚིག་དོན་གཉིས་ཀྱིས་རིག་པར་བྱ་བའོ། །དང་པོ་ནི། མངོན་པར་མཐོ་བ་དང་། ངེས་པར་ལེགས་པ་རྒྱུ་དང་འབྲས་བུར་བཅས་པ་ནི་བརྗོད་བྱ་དང་། བསྟན་བཅོས་འདི་ལ་བརྟེན་ནས། དོན་དེ་དག་རྟོགས་པ་ནི་དགོས་པ་དང་། འདི་ཡི་དོན་རྟོགས་པ་དེ་ཉིད་གོམས་པ་ལ་བརྟེན་ནས། ཐོབ་པའི་ངེས་ལེགས་ནི་ཉིང་དགོས་དང་། དེ་དག་སྔ་མ་སྔ་མ་མེད་ན་ཕྱི་མ་ཕྱི་མ་མི་འབྱུང་བ་ནི་འབྲེལ་བའོ། །

ཆ༢ ཚིག་དོན་གཉིས་ཀྱིས་རིག་པར་བྱ་བ།

གཉིས་པ་ནི། ཕྱག་འཚལ་ནས་ཅི་ཞིག་བྱེད་ཅེ་ན། རང་གི་འཁོར་དང་། ཡུལ་ཁྲིམ་གྱིས་མནན་ནས་མཆོག་ཏུ་སྤྱི[༥༩]བས་རྒྱལ་པོ་ཞེས་པོས་ནས། ཁྱོད་ལ་ཡོངས་སུ་དག་ཅིང་ཐོག་མཐའ་བར་གསུམ་དུ་དགེ་བ་དང་། འཁོར་བ་དང་ངན་སོང་དུ་མི་ལྟུང་བར་འཛིན་པས་གཅིག་ཏུ་དགེ་བའི་ཆོས་བཤད་དེ་དགོས་པ་ནི། ཆོས་འགྲུབ་པར་བྱ་བའི་ཕྱིར་རོ། །ཆོས་ནི་དགེ་བ་བཅུ་ལ་སོགས་པ་དང་། སྦྱོས་བྲལ་རྟོགས་པའི་ཤེས་རབ་དང་། དེ་གཉིས་ཀྱི་འབྲས་བུ་ལྷ་མིའི་གོ་འཕང་དང་། བྱང་ཆུབ་གསུམ་ཡིན་ལ། འདིར་ནི་རྒྱུ་གཉིས་ལ་ཆོས་ཞེས་བྱ་སྟེ། དེ་གཉིས་འབྲས་བུ་དང་བཅས་པ་འགྲུབ་པར་བྱ་བའི་ཕྱིར་རོ། །

ཅ༢ སྣོད་ལ་ཆོས་འཆད་པའི་རྒྱུ་མཚན།

གཉིས་པ་ནི། རྒྱལ་པོ་ལ་ཅིའི་ཕྱིར་འཆད་སྙམ་ན། འཕགས་པ་དམ་པ་རྣམས་ཀྱིས་བསྙེན་པར་བྱ་བས། དམ་པའི་ཆོས་ཀྱི་སྣོད་དེ་ལ་ནི་བཤད་ན། ཆོས་འགྲུབ་པར་འགྱུར་ལ། ཁྱོད་ཀྱང་ཆོས་ཀྱི་སྣོད་ཡིན་ཏེ། དེས་ན་འཆད་ཅེས་པའོ། །

ལེའུ་དང་པོ།

ག༢ བཤད་པ་ཉིད་ཉེ་བར་དགོད་པ།

གཉིས་པ་བཤད་པ་ཉིད་ཉེ་བར་དགོད་པ་ལ་བཞི། མངོན་མཐོ་དང་ངེས་ལེགས་རྒྱུ་འབྲས་སྤྱིར་བསྟན་པ་དང་། བླ་ན་མེད་པའི་བྱང་ཆུབ་ཀྱི་རྒྱུ་ཚོགས་གཉིས་ལ་བསླབ་པར་གདམས་པ་དང་། རྒྱལ་པོའི་སྤྱོད་ཚུལ་ཁ་ན་མ་ཐོ་བ་མེད་པ་ལ་བསླབ་པར་གདམས་པ་དང་། ཐར་པ་མྱུར་དུ་ཐོབ་པར་འདོད་པའི་བྱང་ཆུབ་སེམས་དཔས་ཀྱང་རབ་ཏུ་འབྱུང་བར་གདམས་པའོ། །

ང༡ མངོན་མཐོ་དང་ངེས་ལེགས་རྒྱུ་འབྲས་སྤྱིར་བསྟན་པ།

ཅ༡ མངོན་མཐོ་ངེས་ལེགས་ཀྱི་རྒྱུ་འབྲས་སོ་སོར་བཤད་པ།

ཆ༡ བཤད་པའི་སྐབས་དགོད་པ།

ཇ༡ ཆོས་གཉིས་ཀྱི་གོ་རིམ།

དང་པོ་ལ་གཉིས། མངོན་མཐོ་ངེས་ལེགས་ཀྱི་རྒྱུ་འབྲས་སོ་སོར་བཤད་པ་དང་། དེ་གཉིས་སྤྱིལ་མར་བཤད་པའོ། །དང་པོ་ལ་གཉིས། བཤད་པའི་སྐབས་དགོད་པ་དང་། བཤད་པ་དངོས་སོ། །དང་པོ་ལ་བཞི། ཆོས་གཉིས་ཀྱི་གོ་རིམ་དང་། རྒྱུ་འབྲས་ངོས་བཟུང་བ་དང་། རྒྱུ་གཉིས་ཀྱི་གཙོ་ཕལ་གྱི་ཁྱད་པར་དང་། སྣོད་ལྡན་གྱི་གདུལ་

བྱའི་མཚན་ཉིད་བཤད་(༤བ)པའོ། །དང་པོ་ནི། དང་པོར་མངོན་པར་མཐོ་བའི་རྒྱུའི་ཆོས་བཅུ་དྲུག་བཤད་ནས། དེ་ཇི་ལྟ་བ་བཞིན་དུ་ཉམས་སུ་བླངས་པའི་ཕྱིས་ནི་ངེས་པར་ལེགས་པ་འབྱུང་བའི་ལམ་གྱི་དམིགས་པ་སྟོང་པ་ཉིད་བཤད་པར་བྱ་སྟེ། གང་གི་ཕྱིར་ན་མངོན་པར་མཐོ་བའི་གོ་འཕང་སྐྱེ་བ་བརྒྱུད་མར་ཐོབ་ནས་རིམ་གྱིས་ངེས་པར་ལེགས་པ་འོང་དགོས་པའི་ཕྱིར། མངོན་མཐོ་གཅིག་ནས་གཅིག་ཏུ་བརྒྱུད་པ་མ་གཏོགས། ངན་འགྲོའི་རྐྱེན་ལ་ཐར་པ་ཐོབ་མི་ནུས་པའི་ཕྱིར་དང་། ཐོག་མར་སླ་བའི་གདམས་པ་དང་། རྗེས་སུ་བསྟན་པ་ཐོབ་ནས་རྒྱུད་སྨིན་པ་ལ་སྟོང་པ་ཉིད་ཟབ་མོའི་དོན་བཤད་པར་བྱ་བ་ཡིན་གྱི་གཞན་དུ་མ་ཡིན་ཏེ། སྟོང་པ་ཉིད་ཀྱི་དོན་ལོག་པར་བཟུང་ནས། ལས་འབྲས་ལ་སྐུར་བ་འདེབས་པ་དང་། སྟོང་པ་ཉིད་སྤངས་ན་ངན་འགྲོར་འགྲོ་བའི་ཉེས་དམིགས་གསུངས་པའི་ཕྱིར་ཏེ། འདི་ཉིད་ལས་ཀྱང་། སྤོང་བས་མ་རུང་བདག་ཉིད་ཅན། །མནར་མེད་པར་ནི་སྤྱིའུ་ཚུགས་འགྲོ །ཞེས་འཆད་པར་འགྱུར་རོ། །གལ་ཏེ་སྟོང་པ་ཉིད་སྟོན་དགོས་པ་བྱུང་ན་ཡང་། ལས་འབྲས་ཀྱི་ངེས་པ་ལ་ཅུང་ཟད་ཀྱང་མི་གནོད་པའི་གོ་བ་བསྐྱེད་ལ་བཤད་པར་བྱ་ཞེས་གསུངས་སོ། །

ཟ༢ རྒྱུ་འབྲས་ངོས་བཟུང་བ།

གཉིས་པ་ནི། དེ་ལ་མངོན་མཐོ་ནི་བདེ་བ་སྟེ། ལྷ་དང་མིའི་རྒྱུད་ཀྱིས་བསྡུས་པའི་བདེ་བ་དང་། བཏང་སྙོམས་ཅི་རིགས་པ་ཡིན་ལ། ངེས་པར་ལེགས་པ་ནི་བདག་མེད་རྟོགས་པའི་ཤེས་རབ་ཀྱིས་སྡུག་ཀུན་སྤངས་པའི་བྲལ་བ་ཐར་པར་འདོད་དོ། །སླར་མི་ལྡོག་པའི་ཆོས་ཅན་གྱི་བྲལ་བ་ཡིན་པས། ངེས་པར་ལེགས་པ་ཞེས་བྱའོ། །འབྲས་བུ་གཉིས་པོ་དེའི་སྒྲུབ་པ་མདོར་བསྡུ་ན་ལས་འབྲས་དང་། བདེན་པ་དང་དཀོན་མཆོག་སོགས་ལ་དད་པ་དང་སྟོང་པ་ཉིད་རྟོགས་པའི་(༤ན)ཤེས་རབ་བོ། །མདོར་ན་ཞེས་པ་ནི་རྒྱུའི་གཙོ་བོ་བསྡུས་པ་ཡིན་ལ། མདོར་བསྡུ་བ་སྡོམ་

ནི། འབྲས་བུའི་གྲངས་ངེས་སོ། །

༣༢ རྒྱུ་གཉིས་ཀྱི་གཙོ་ཕལ་གྱི་ཁྱད་པར།

གསུམ་པ་ནི། དད་པ་སྔོན་འགྲོ་མ་ལྟར་བསྐྱེད་པ་སྟེ། །ཞེས་དང་། དད་པའི་རྩ་བ་རབ་བརྟན་བྱ། །ཞེས་གསུངས་པ་ལྟར། དད་པ་ཆོས་ཀུན་གྱི་རྩ་བ་ཡིན་པས། དད་པ་ཅན་ཡིན་པ་ཉིད་ཀྱི་ཕྱིར། མངོན་མཐོའི་རྒྱུའི་ཆོས་དགེ་བཅུ་ལ་སོགས་པ་བསྒྲུབ་པ་ལ་རྟེན་པར་བྱེད་ལ། སྟོང་ཉིད་ཟབ་མོ་རྟོགས་རུང་གི་ཤེས་རབ་དང་ལྡན་པའི་ཕྱིར། གནས་ལུགས་ཀྱི་དོན་ཡང་དག་པར་རིག་པར་བྱེད་དོ། །དེ་གཉིས་གཙོ་བོ་གང་ཡིན་ཞེ་ན། འདི་གཉིས་གཙོ་བོ་སྟོང་ཉིད་རྟོགས་པའི་ཤེས་རབ་སྟེ་དེས་སྲིད་པ་ལས་དངོས་སུ་གྲོལ་བར་བྱེད་པའི་ཕྱིར་རོ། །ཤེས་རབ་འདི་ཡི་སྔོན་འགྲོ་ལས་འབྲས་ལ་ཡིད་ཆེས་པ་སོགས་ཀྱི་དད་པ་ཡིན་ཏེ། དེ་སྔོན་དུ་མ་སོང་བར་ཤེས་རབ་ཀྱིས་ཉོན་མོངས་འཇོམས་ནུས་པ་མི་སྲིད་པའི་ཕྱིར་རོ། །

༣༤ སྣོད་ལྡན་གྱི་གདུལ་བྱའི་མཚན་ཉིད་བཤད་པ།

བཞི་པ་ནི། ཆོས་ཀྱི་སྣོད་དུ་རུང་བའི་དད་པ་ཅན་ཡང་གང་ཞིག་ཡིན་ལ་ཤེས་རབ་ཅན་ཡང་གང་ཞིག་ཡིན་ཞེ་ན། ཤ་ལ་ཆགས་པས་སྲོག་གཅོད་པ་སོགས་ལ་འཇུག་ཅིང་ཆོས་འདོར་བ་ནི་ཆགས་པ་དང་། འདུན་པས་ཆོས་ལས་འདའ་བ་དང་། ཀུན་ནས་མནར་སེམས་སོགས་ཀྱིས་སྲོག་གཅོད་པ་ལྟ་བུ་ནི་ཞེ་སྡང་གིས་ཆོས་ལས་འདའ་བ་དང་། རྒྱལ་པོའི་ཆད་པ་ལ་སོགས་ཀྱི་འཇིགས་པས་ཆོས་ལས་འདའ་བ་དང་། ཕ་མ་ལ་སོགས་ཀྱི་ཆེད་དུ་སྲོག་གཅོད་པ་སོགས་ཉེས་མེད་དུ་བཟུང་ནས་ཆོས་འདོར་བ་འདི་རྨོངས་པས་ཆོས་ལས་འདའ་བ་ཡིན་ལ། འགྲོ་བ་བཞིའི་སྒོ་ནས་ཆོས་ལས་འདའ་བ་ལས་ལྡོག་ནས་གདུལ་བྱ་གང་ཞིག་འདུན་པ་དང་ཞེ་སྡང་དང་འཇིགས་

པ་དང་སྟོངས་པས་ཆོས་ལས་མི་འདའ་ཞིང་ལས་འབྲས་སོགས་ལ་ཡིད་ཆེས་པ་དེ་ནི་དད་པ་ཅན་ཞེས་བྱ་ལ། དེ་ཉིད་ཐར་པར་དགྱེར་ཉུང་བས་ངེས་པར་ལེགས་པའི་སྟོད་མཆོག་ཏུ་(༥བ)གྱུར་པ་ཡིན་ལ་གང་ཟག་གང་ཞིག་ལུས་ངག་ཡིད་ཀྱི་ལས་དགེ་མི་དགེ་ལུང་མ་བསྟན་ཐམས་ཅད་ལེགས་པར་ཡོངས་སུ་བརྟགས་ཤིང་དཔྱད་དེ། མི་དགེ་བ་དང་ལུང་དུ་མ་བསྟན་པ་སྤངས་ནས་དགེ་བ་བྱེད་ལ་དེ་ཡང་བླ་ན་མེད་པའི་བྱང་ཆུབ་ཏུ་ཡོངས་སུ་བསྔོས་ནས་སེམས་ཅན་གྱི་དོན་སྒྲུབ་པ་ནི། བདག་དང་གཞན་ལ་ཕན་པ་ཡིན་ལ་དེ་ཤེས་ནས་བླང་དོར་ཚུལ་བཞིན་དུ་རྟག་ཏུ་བྱེད་པ་དེ་མཁས་པ་ཤེས་རབ་ཅན་ཞེས་བྱའི་བླང་དོར་ལ་ལོག་པར་ཞུགས་པའི་གནས་ལྟ་རིག་པ་ཡང་སྐབས་འདིར་མཁས་པ་ཞེས་མི་བྱའོ། །དོན་བསྡུས་ན་སྐྱེས་བུ་གསུམ་གྱི་ལམ་གྱི་རིམ་པ་ལེགས་པར་ཤེས་ནས་ཚུལ་བཞིན་དུ་ཉམས་སུ་ལེན་པ་ནི་དད་པ་ཅན་དང་ཤེས་རབ་ཅན་ཞེས་བྱའོ། །

ཆ༢ བཤད་པ་དངོས།

ཇ༡ མངོན་མཐོ་རྒྱུ་འབྲས་བཤད་པ།

ཉ༡ རྒྱས་པར་བཤད་པ།

ཏ༡ མངོན་མཐོའི་ཆོས་བཤད་པ།

གཉིས་པ་བཤད་པ་དངོས་ལ་གཉིས། མངོན་མཐོ་རྒྱུ་འབྲས་བཤད་པ་དང་། ངེས་ལེགས་རྒྱུ་འབྲས་བཤད་པའོ། །དང་པོ་ལ་གཉིས། རྒྱས་པར་བཤད་པ་དང་། དོན་བསྡུ་བའོ། །དང་པོ་ལ་གསུམ། མངོན་མཐོའི་ཆོས་བཤད་པ་དང་། ཇི་ལྟར་ཉམས་སུ་བླང་བའི་ཚུལ་དང་། ཉམས་སུ་བླངས་པའི་འབྲས་བུའོ། །དང་པོ་ལ་བཞི། མངོན་མཐོའི་ཆོས་བཅུ་དྲུག་བཤད་པ་དང་། ཆོས་འདི་པ་ལས་གཞན་ལ་དེ་དག་མེད་པར་བསྟན་པ་དང་། ཆོས་དེ་དག་ལ་ལོག་པར་ཞུགས་པའི་འབྲས་བུ་དང་། དགེ་མི་དགེའི་

རྒྱུ་འབྲས་སོ་སོར་བཤད་པའོ། །

ཐ༽ མངོན་མཐོའི་ཆོས་བཅུ་དྲུག་བཤད་པ།

ད༽ གང་ལས་ལྡོག་པའི་ཆོས་བཅུ་གསུམ།

ཀ༽ མི་དགེ་བཅུ་ལས་ལྡོག་པ།

དང་པོ་ལ་གསུམ། གང་ལས་ལྡོག་པའི་ཆོས་བཅུ་གསུམ་དང་། འཇུག་པའི་ཆོས་གསུམ་དང་། དོན་བསྡུ་བའོ། །དང་པོ་ལ་གཉིས། མི་དགེ་བཅུ་ལས་ལྡོག་པ་དང་། ཁ་ན་མ་ཐོ་བ་གཞན་ལས་ལྡོག་པའོ། །དང་པོ་ནི། སྲོག་ཆགས་མི་གསོད་པ་དང་། གཞན་གྱིས་བཟུང་བའི་རྫས་རྐུ་བ་སྤོང་བ་དང་། གཞན་[༢༩]གྱི་ཆུང་མ་སྤོང་བ་དང་། གསུམ་ནི་ལུས་ཀྱི་ལས་མི་དགེ་བ་ལས་ལྡོག་པ་ཡིན་ལ། ལོག་པ་མི་བདེན་པ་འདུ་ཤེས་བསྒྱུར་ནས་སྨྲ་བ་དང་། དབྱེན་གྱིས་གཞན་འབྱེད་པའི་ཚིག་སྨྲ་བ་ཕྲ་མ་དང་། གཞན་གྱི་ཞེ་གཅོད་པའི་ཚིག་བརླང་པོ་སྨྲ་བ་ཚིག་རྩུབ་པ་ཉིད་དང་། མ་འབྲེལ་བ་བྱུང་རྒྱལ་དུ་སྨྲ་བའི་ངག་ཀྱལ་བ་ཡང་དག་པར་སྤོམ་པ་ནི་ངག་གི་ལས་ལམ་མི་དགེ་བ་ལས་ལྡོག་པ་ཡིན་ལ། གཞན་གྱི་རྫེད་པ་བདག་གིས་ཐོབ་ན་ཅི་མ་རུང་སྙམ་པའི་ཆགས་པ་དང་གཞན་ལ་ཀུན་ནས་མནར་སེམས་པའི་གནོད་སེམས་དང་། ལས་འབྲས་ལ་སྐུར་བ་འདེབས་པའི་མེད་པ་ཡིད་ཀྱི་ལྟ་བ་ཡིད་ཀྱི་མི་དགེ་བ་གསུམ་དང་བཅས་པ་ཡོངས་སུ་སྤོང་བའི་ལས་ལམ་འདི་དག་ལས་ལམ་དཀར་པོ་བཅུ་སྟེ། ལྡོག་པ་དག་ནི་ནག་པོ་ཡིན་ནོ། །འདི་དག་ནི་གཞི་དང་བསམ་པ་དང་སྦྱོར་བ་དང་མཐར་ཐུག་སོགས་ཀྱི་རྣམ་གཞག་དང་། དགེ་བའི་ལས་ལམ་བཅུ་ཉམས་སུ་ལེན་པའི་ཚུལ་རྒྱས་པར་ནི། རྗེ་རིན་པོ་ཆེ་བློ་བཟང་གྲགས་པའི་དཔལ་བཟང་པོའི་ཞལ་སྔ་ནས་མཛད་པའི་ཕ་རོལ་ཏུ་ཕྱིན་པའི་ཐེག་པའི་ལམ་གྱི་རིམ་པ་ལས་ཤེས་པར་བྱའོ། །

ན༢ ཁ་ན་མ་ཐོ་བ་གཞན་ལས་ལྡོག་པ།

གཉིས་པ་ནི། ཅི་ཆོས་དེ་ཁོ་ནར་ཟད་དམ་ཞེ་ན། ལུས་སེམས་རང་དབང་མེད་པར་བྱེད་པའི་ཆང་མི་འཐུང་བ་དང་། ཁྱིམ་པ་རྣམས་ཀྱི་བྲི་དང་སྲད་ལ་སོགས་པའི་བྱ་བ་ལ་གཡོ་བྱེད་པ་སྤངས་པ་དང་། རབ་ཏུ་བྱུང་བའི་ལོག་འཚོ་ལྔ་སྤངས་པའི་འཚོ་བ་བཟང་པོ་དང་། ལུས་ངག་གི་མཐོ་འཚམ་པ་སོགས་ནི་རྣམ་པར་འཚེ་བ་ཡིན་ལ། དབྱུག་པ་རྫེག་པ་སོགས་སྤངས་པའི་རྣམ་པར་མི་འཚེ་བ་དང་། གསུམ་ཡང་གང་ལས་ལྡོག་པའི་ཆོས་སོ། །ལོག་(༧བ)པའི་འཚོ་བ་ལྔ་ལ། ཚུལ་འཆོས་ནི་རྙེད་པ་དོན་དུ་གཉེར་བས་ཀུན་ནས་བསླངས་ནས་གཞན་གྱིས་བདག་ལ་བསྙེན་བསྐུར་བྱས་ན་ཅི་མ་རུང་། བདག་གི་དེ་དག་བསྒྲུབ་པར་བྱའོ་སྙམ་ནས་སྤྱོད་ཚུལ་ལེགས་པར་འཆོས་པའོ། ཁ་གསག་ནི། བསམ་པ་དེ་ལྟ་བུས་ཀུན་ནས་བསླངས་ནས་ཁོ་བོ་ཐག་རིང་པོ་ནས་ཁྱོད་ཀྱི་ཐད་དུ་འོངས་སོ་ཁོ་བོ་འདིར་གནས་པ་ཡང་ཁྱོད་ཀྱིས་དོན་ཡིན་ནོ། །ཁྱེད་ནི་ངའི་ཕ་དང་འདྲ་བས་ང་ལ་སྦྱིན་པར་བྱ་ལ། ངེད་ཀྱིས་ཀྱང་ཁྱེད་ལ་སྦྱིན་ནོ་ཞེས་ངོར་བསྟོད་པའི་ཀུན་ཏུ་སྨྲ་བའོ། །གཞོགས་སློང་ནི། གཞན་གྱི་ལས་འདི་ལྟ་བུ་བྱས་ནས་རྙེད་པ་དེ་ཐོབ་ན་ཅི་མ་རུང་སྙམ་པས། དེའི་དོན་དུ་ལས་བྱེད་ཅིང་། ཁྱེད་ཀྱི་ཕྱུང་བཟེད་འདི་ནི་མཛེས་སོ། །ཁོ་བོས་ཀྱང་འདི་ལྟ་བུ་རྙེད་ན་གཙང་བར་བྱ་ན། སྦྱིན་པ་པོའང་རྙེད་པར་དཀའ་འོ་ཞེས་རྫས་ལ་ཆམ་པ་ལས་སྨྲ་བའོ། །ཐོབ་ཀྱིས་འཇལ་བ་ནི་རྙེད་པ་ལ་སྲེད་པའི་བསམ་པས་གཞན་ལ་འདི་སྐད་ཅེས་ཁྱེད་ཀྱི་ཕ་དང་མ་ལ་སོགས་པ་ལ་ཡང་སྦྱིན་པར་བྱ་བ་སུ་ཞིག་ལ་སྦྱིན་པར་བྱ་བ་ཡིན། ཁྱེད་ཀྱི་ཁྱིམ་དུ་དགྲ་བཅོམ་བཞུགས་ཤིང་། ལྷན་ཅིག་གཏམ་སྨྲ་བར་འགྱུར་བ་ནི་ཁྱེད་རྙེད་པ་དང་ལྡན་ནོ་ཞེས་སྨྲ། ཕ་རོལ་པོས་འདི་ནི་དགྲ་བཅོམ་པ་ཡིན་ནོ་སྙམ་དུ་སེམས་ན་ཅི་མ་རུང་སྙམ་པས་སྨྲ་བའོ། །རྙེད་པས་རྙེད་པ་འཚོལ་བ་ནི། བདག་ལ་རྒྱལ་པོ་

སོགས་ཁ་ཅིག་གིས་ལྷུང་བཟེད་བྱིན་པ་མ་བླངས་སོ་འདི་ནི་བདག་ལ་རྒྱལ་པོ་ཆེ་གེ་ཞིག་གིས་བྱིན་པའོ་ཞེས་སྨྲ་ཞིང་། འདི་ནི་སྦྱིན་པར་བྱ་བའི་ཡུལ་ཁྱད་འཕགས་པའོ་སྙམ་དུ་སེམས་ན་ཅི་མ་ཉུང་སྙམ་པས་སྨྲ་བའོ། །

ད༢ འཇུག་པའི་ཆོས་གསུམ།

གཉིས་པ་ནི། སྦྱིན་པར་བྱ་བའི་ཡུལ་རྣམས་ལ་རང་གི་ལག་གིས་འབུལ་བ་ལ་སོགས་པའི་གུས་སྦྱིན་དང་། མཁན་པོ་དང་། ཡོན་ཏན་གྱིས་ལྷག་པ་(ཝན)གཞན་ཡང་མཆོད་པ་ནི། མཆོད་འོས་མཆོད་པ་དང་། བྱམས་པས་མཚོན་པའི་ཚད་མེད་པ་བཞི་སྟེ། འཇུག་པའི་ཆོས་སོ། །གུས་སྦྱིན་ལ་ཡང་ཆོས་དང་ཟང་ཟིང་དང་མི་འཇིགས་པའི་སྦྱིན་པ་རྣམས་སོ། །

ད༣ དོན་བསྡུ་བ།

གསུམ་པ་ནི། མདོར་ན་མངོན་མཐོའི་རྒྱུའི་ཆོས་ནི་བཅུ་དྲུག་པོ་དེ་ཡིན་ནོ། །

ཐ༢ ཆོས་འདི་པ་ལས་གཞན་ལ་དེ་དག་མེད་པར་བསྟན་པ།

ད༡ ལམ་གོལ་བར་ཞུགས་པས་རང་གཞན་ལ་གནོད་པ།

གཉིས་པ་ལ་གསུམ། ལམ་གོལ་བར་ཞུགས་པས་རང་གཞན་ལ་གནོད་པ་དང་། གོལ་བར་འགྲོ་བའི་གང་ཟག་དང་། གོལ་བར་ཞུགས་པའི་ཉེས་དམིགས་སོ། །དང་པོ་ནི། དཀའ་ཐུབ་ཀྱིས་ལུས་གདུང་བ་ལ་སོགས་པ་ཡང་ལམ་དུ་འདོད་པ་མིན་ནམ་ཞེ་ན། ཟས་གཅོད་པ་དང་། མེ་ལྔ་བསྟེན་པ་ལ་སོགས་པ་ལུས་གདུང་བར་བྱེད་པ་འབའ་ཞིག་ལས་ཐར་པ་མི་ཐོབ་པར་མ་ཟད། མངོན་མཐོ་སྐྱེར་བའི་ཆོས་ཀྱང་མེད་དེ། འདི་ལྟར་དེ་ཡིས་ནི་གཞན་ལ་གནོད་པ་སྤོང་བ་མེད་ཅིང་གཞན་ལ་ཕན་འདོགས་

པ་ཡང་ཡོད་པ་མ་ཡིན་ལ་རང་ཉིད་ངན་འགྲོའི་རྒྱུ་ལ་ཞུགས་པའི་ཕྱིར་རོ། །

ང༢ གོལ་བར་འགྲོ་བའི་གང་ཟག །

གཉིས་པ་ནི། སྦྱིན་པ་དང་ཚུལ་ཁྲིམས་དང་། བཟོད་པ་ཆེས་གསལ་བ་སྦྱིན་པ་གསུམ་དང་། སྤོང་བ་བདུན་གྱི་མཚན་ཉིད་ཀྱི་ཚུལ་ཁྲིམས་དང་། བཟོད་པ་གསུམ་ལ་སོགས་པ་དམ་པའི་ཆོས་ཀྱི་ལམ་པོ་ཆེ་ལ་གང་མ་གྲུས་ཤིང་ལུས་གདུང་བ་ནི་དུད་འགྲོ་ངམ་གྲོག་ལ་སོགས་པའི་ལམ་ངན་པ་ནས་འགྲོ་བ་དེའི་རྗེས་སུ་དུད་འགྲོ་གཞན་རྣམས་ཀྱང་འགྲོ་བ་ལྟར། གནག་གི་ལམ་ལྷ་བུའི་ལམ་གོལ་བ་དག་ནས་འགྲོ་བ་དེ་རང་དང་དེའི་རྗེས་འཇུག་གཞན་རྣམས་ཀྱང་བསླུས་པར་འགྱུར་བའོ། །འདིར་ཆོས་གསུམ་བསྟན་པ་ནི། གོང་གི་ཆོས་བཅུ་དྲུག་ཀུན་བསྡུས་པ་ཡིན་ནོ། །

ང༣ གོལ་བར་ཞུགས་པའི་ཉེས་དམིགས།

གསུམ་པ་ནི། མུ་སྟེགས་ཅན་ཆོས་ཀྱི་ལམ་ལ་མ་གུས་ཤིང་(༢བ)ལམ་ལོག་པར་འགྲོ་བ་ནི། འབྲོག་དགོན་པ་རྩ་དང་ཤིང་ལ་སོགས་པའི་ནགས་སྟུག་པོ་ཆེས་རྒྱ་བར་དཀའ་བ་རྣམས་སུ་དུད་འགྲོ་ལམ་གོལ་བར་འཇུག་པ་ལྟར། འཁོར་བའི་འབྲོག་དགོན་པ་ནི་དམྱལ་བ་ལ་སོགས་པའི་སྡུག་བསྔལ་མི་བཟད་པ་མཐའ་ཡས་པས་གང་ཞིང་། འཇིག་པའི་ཚོགས་ལ་ལྟ་བ་ལ་སོགས་པའི་ལྟ་བ་ངན་པའི་ཐིབས་པོར་ལྷུང་བ་ལམ་དམ་པ་ལ་སེམས་པ་དང་བྲལ་བའི་སྐྱེ་བའི་ཤིང་ཅན་དུ་འདོད་ཆགས་ལ་སོགས་པའི་ཉོན་མོངས་པ་སྦྲུལ་གདུག་པས་འཁྲུད་པའི་ལུས་གདུང་བར་བྱེད་པ་སོགས་ནི་འཁོར་བར་ཤིན་ཏུ་ཡུན་རིང་པོར་འགྱུར་བས་བདག་ལེགས་སུ་འདོད་པ་རྣམས་ཀྱིས་དམ་པའི་བཤེས་ལ་བརྟེན་ནས་ལམ་རྣལ་མར་མིང་བཏགས་པ་ཕྱིན་ཅི་ལོག་གི་ལམ་ལ་མ་ཞེན་པ་ཆེས་ཆེར་བྱའོ། །

ཐ༣ ཆོས་དེ་དག་ལ་ལོག་པར་ཞུགས་པའི་འབྲས་བུ།

ང༧ མི་དགེ་བའི་རྒྱུ་མཐུན་གྱི་འབྲས་བུ་ཚེ་ཐུང་བ་སོགས་སུ་འགྱུར་བ།

གསུམ་པ་ལ་གསུམ། མི་དགེ་བའི་རྒྱུ་མཐུན་གྱི་འབྲས་བུ་ཚེ་ཐུང་བ་སོགས་སུ་འགྱུར་བ་དང་། རྣམ་སྨིན་གྱི་འབྲས་བུ་ངན་འགྲོར་འགྲོ་བ་དང་། དགེ་བའི་ལས་ཀྱི་འབྲས་བུ་དེ་ལས་ལྡོག་སྟེ་འབྱུང་བའོ། །དང་པོ་ནི། གསོད་པ་ཡིས་ནི་སྐྱེ་བ་གཞན་ལ་རྒྱུ་མཐུན་གྱི་འབྲས་བུ་ཚེ་ཐུང་བར་འགྱུར་ལ། མཚོན་ལ་སོགས་པས་གཞན་ལ་རྣམ་པར་འཚེ་བས་ཕྱི་མའི་ལུས་ལ་གནོད་པ་མང་བ་དང་། རྐུ་བ་ཡིས་ནི་ལོངས་སྤྱོད་ཕོངས་ཤིང་མི་བརྟན་པ་དང་གཞན་དང་ཐུན་མོང་བར་འགྱུར་བ་སོགས་སོ། །ཁྲི་བོ་བྱེད་པས་ཆུང་མ་རང་གིས་དབང་བྱར་མེད་པའི་དགྲ་དང་བཅས་པ་དང་། རྫུན་དུ་སྨྲ་བས་སྐུར་བ་འདེབས་པ་མང་བ་སྟེ། ཕྲ་མ་ཡིས་ནི་རང་གི་མཛའ་བཤེས་དང་འབྱེད་པ་དང་། ཚིག་རྩུབ་པོ་ཉིད་ཀྱིས་སྒྲ་མི་སྙན་པ་ཐོས་པ་དང་། བྱུང་རྒྱལ་དུ་སྨྲ་བའི་མ་འབྲེལ་བ་ཡིས་རང་གི་ཚིག་མི་བཙུན(ན)ཞིང་། ཚིག་ཚད་མར་གཟུང་བར་མི་འོས་ལ་མ་ངེས་པའི་སྤོབས་པ་ཅན་དུ་འགྱུར་བ་དང་། བརྣབ་སེམས་ཀྱིས་འདོད་བྱའི་དངོས་པོ་ཡིད་ལ་རེ་བ་འཇོམས་ཤིང་མི་ཐོབ་པ་དང་། གནོད་སེམས་ཀྱིས་འཇིགས་པ་སྦྱིན་པར་མདོ་ལས་བཤད་དོ། །ལོག་པར་ལྟ་བས་ཕྱི་མ་ལ་ལྟ་བ་ངན་པ་ཉིད་དང་གཡོ་སྒྱུ་མང་བ་སོགས་སུ་འགྱུར་རོ། །བླ་མ་རྣམས་ཀྱིས་མྱོང་བ་རྒྱུ་མཐུན་དང་། བྱེད་པ་རྒྱུ་མཐུན་གཉིས་སུ་བྱས་ནས་ཚེ་ཐུང་བ་སོགས་སྔ་མ་དང་། གསོད་འདོད་མང་བ་སོགས་ཕྱི་མར་བྱས་སོ། །བདག་པོའི་འབྲས་བུ་ཕྱི་རོལ་ཡུལ་ལ་སྨིན་པ་སོགས་རྒྱས་པར་ནི་ཕ་རོལ་ཏུ་ཕྱིན་པའི་ལམ་གྱི་རིམ་པ་ལས་ཤེས་པར་བྱའོ། །ཆང་འཐུང་བ་ཡིས་ནི་བློ་འཁྲུལ་བ་ཤེས་པ་རང་བཞིན་དུ་མི་གནས་པར་འགྱུར་བ་སྟེ། གུས་པར་མི་སྦྱིན་ཞིང་། སྦྱིན་པ་མི་གཏོང་ལ། མ་བྱིན་པ་ལེན་པས་དབུལ་བ་ཉིད་དེ། སྦྱིན་པ་མ་བཏང་བའི་

འབྲས་བུ་སྟོན་པ་ཡིན་གྱི། མ་བྱིན་པར་ལེན་པའི་འབྲས་བུ་ནི་བཤད་ཟིན་ནོ། །ལོག་པར་འཚོ་བས་བསླུས་པ་ཐོབ་པར་འགྱུར་བ་སྟེ། ཁེངས་པ་ཡིས་ནི་རིགས་ངན་ཉིད་དང་། གཞན་གྱི་ཕུན་སུམ་ཚོགས་པ་ལ་སེམས་ཁོང་ནས་འཁྲུག་པའི་ཕྲག་དོག་གིས་ནི་གཟི་བརྗིད་ཆུང་བ་ཉིད་དང་། ཁྲོ་བས་མདོག་མི་སྡུག་པ་ལ་སོགས་པའི་ཁ་དོག་ངན་པ་ཉིད་འཐོབ་པར་འགྱུར་ཞིང་། ཁྲོ་བས་བླང་དོར་གྱི་གནས་ཤེས་པའི་མཁས་པ་ལ་མ་འདྲིས་པས་ནི་གླེན་པ་ཉིད་འཐོབ་པར་འགྱུར་ཏེ། བླང་དོར་གྱི་གནས་མི་ཤེས་པའི་རྨོངས་པ་ཉིད་དུ་འགྱུར་བས་སོ། །

ད༢ རྣམ་སྨིན་གྱི་འབྲས་བུ་ངན་འགྲོར་འགྲོ་བ།

གཉིས་པ་ནི། མི་དགེ་བ་དེ་རྣམས་ཀྱི་འབྲས་བུ་རྒྱུ་མཐུན་པ་ཙམ་དུ་ཟད་དམ་ཞེ་ན། མ་ཡིན་ཏེ། མི་དགེ་བའི་ལས་ལམ་འདི་ཀུན་གྱིས་དང་པོར་མི་(༡བ)ཉིད་ལ་ནི། རྣམ་སྨིན་གྱི་འབྲས་བུ་དམྱལ་བ་དང་། དུད་འགྲོ་དང་། ཡི་དྭགས་ཀྱིས་བསྡུས་པའི་ངན་འགྲོའོ། །མདོ་སྡེ་ས་བཅུ་པ་ལས། ཆེན་པོས་དམྱལ་བ་དང་། འབྲིང་གིས་དུད་འགྲོ་དང་། ཆུང་ངུས་ཡི་དྭགས་སུ་སྨིན་པར་བཤད་པ་ནི། དུད་འགྲོ་ལས་ཡི་དྭགས་ཤེས་པ་གསལ་བས་ཐར་སླ་བ་ལ་དགོངས་པར་བཞེད་དོ། །

ད༣ དགེ་བའི་ལས་ཀྱི་འབྲས་བུ་དེ་ལས་ལྡོག་སྟེ་འབྱུང་བ།

གསུམ་པ་ནི། མི་དགེ་བ་ཞེས་བྱ་བ་དེ་དག་གི་རྣམ་སྨིན་སྔར་བསྒྲགས་པ་གང་ཡིན་པ་དེ་ལས་གཞན་དུ། དགེ་བའི་ལས་ལམ་དག་ནི་ཐམས་ཅད་ལ་རྣམ་སྨིན་གྱི་འབྲས་བུ་དེ་ནི་བཟློག་སྟེ་འབྱུང་ལ། རྒྱུ་མཐུན་དང་བདག་པོའི་འབྲས་བུ་ཡང་དེ་ལས་ལྡོག་སྟེ་འབྱུང་བར་ཤེས་པར་བྱའོ། །མདོར་ན་ལས་ངེས་པ་དང་། འཕེལ་ཆེ་བ་དང་། མ་བྱས་པ་དང་མི་འཕྲད་པ་དང་། བྱས་པ་ཆུད་མི་ཟ་བ་བཞིར་བསྡུས་ནས

འདི་དག་གི་དོན་བསམ་པར་བྱའོ། །

ཐ༩ དགེ་མི་དགེའི་རྒྱུ་འབྲས་སོ་སོར་བཤད་པ།

བཞི་པ་ནི། འདོད་ཆགས་དང་ཞེ་སྡང་དང་། གཏི་མུག་དེས་བསྐྱེད་པའི་ལུས་ངག་གི་ལས་ནི་མི་དགེ་བའོ། །དང་གི་སྒྲ་ཕྱི་མས་དུག་གསུམ་ངོ་བོ་ཉིད་ཀྱིས་མི་དགེ་བར་འགྱུར་བར་མ་ཟད། དེས་བསྐྱེད་པའི་ལས་ཀྱང་མི་དགེ་བར་འགྱུར་བས་སྡུད་པའོ། །མ་ཆགས་པ་དང་ཞེ་སྡང་མེད་པ་དང་གཏི་མུག་མེད་པའི་དགེ་བའི་རྩ་བ་ངོ་བོ་ཉིད་ཀྱིས་དགེ་བར་འགྱུར་བར་མ་ཟད། དེས་བསྐྱེད་པའི་ལུས་ངག་གི་ལས་དེ་ཡང་དགེ་བ་ཡིན་པར་ཤེས་པར་བྱའོ། །ལས་མི་དགེ་བ་ལས་ནི་བདེ་འགྲོ་དང་ངན་འགྲོའི་སྡུག་བསྔལ་ཀུན། བྱུང་ལ་དེ་བཞིན་དུ་རྣམ་སྨིན་གྱི་འབྲས་བུ་ངན་འགྲོ་ཐམས་ཅད་དོ། །དགེ་བའི་ལས་ལས་རྣམ་སྨིན་གྱི་འབྲས་བུ་བདེ་འགྲོ་ཐམས་ཅད་དང་། འཛམ་བུ་གླིང་ལ་སོགས་པའི་བྱེ་བྲག་གམ་ཡང་དང་ཡང་དུ་སྐྱེ་བའི་བྱེ་བྲག་གིས་སྐྱེ་བ་ཀུན་ཏུ་བདེ་བ་དག་འབྱུང་(70ན)བས་ལས་འབྲས་ལེགས་པར་བསམས་ལ་ངན་འགྲོའི་རྒྱུ་འགོག་པ་དང་། བདེ་འགྲོའི་རྒྱུ་བསྒྲུབ་པ་ལ་འབད་པར་བྱའོ། །

ད༢ ཇི་ལྟར་ཉམས་སུ་བླང་བའི་ཚུལ།

གཉིས་པ་ཇི་ལྟར་ཉམས་སུ་བླང་བའི་ཚུལ་ནི། དེ་ལྟར་ལས་འབྲས་བསམས་ནས། ཡིད་དང་ལུས་དང་ངག་གི་ནི་མི་དགེ་བ་ཀུན་ལས་ལྡོག་པར་བྱ་ཞིང་། དགེ་བ་ལ་རྟག་ཏུ་འཇུག་པར་བྱའོ། །སྔར་བཤད་པའི་འཇུག་ལྡོག་གི་ཆོས་བཅུ་དྲུག་ཤེས་ནས་ལྡོག་པར་བྱ་བའི་ཆོས་རྣམས་ཀྱི་ཀུན་སློང་ཙམ་ནས་སྤོམ་པ་འདི་ནི་སྒོ་གསུམ་གྱི་ཆོས་རྣམ་པ་གསུམ་དུ་བཤད་དོ། །

ང༣ ཉམས་སུ་བླངས་པའི་འབྲས་བུ།

གསུམ་པ་ཉམས་སུ་བླངས་པའི་འབྲས་བུ་ནི། སྔར་བཤད་པའི་ཆོས་འདིས་དམྱལ་བ་དང་ཡི་དྭགས་དང་དུད་འགྲོ་དག་ལས་རྣམ་པར་གྲོལ་ཅིང་འདོད་པའི་ལྷ་དང་མིའི་ནང་དག་ཏུ་ཚོར་བ་སིམ་པའི་རྣམ་པ་ཅན་གྱི་བདེ་བའི་དཔལ་ཕུན་སུམ་ཚོགས་པ་དང་། མིའི་ནང་དུ་འཁོར་སྒྱུར་ལ་སོགས་པའི་རྒྱལ་རིགས་རྒྱས་པ་འཐོབ་པར་འགྱུར་ལ། དེར་མ་ཟད་རྒྱུ་སྙོམས་འཇུག་གི་བསམ་གཏན་བཞི་དང་། ཚད་མེད་བཞི་དང་། གཟུགས་མེད་བཞི་བསྒོམས་པས་ནི་ཚངས་པ་ལ་སོགས་པའི་བདེ་བ་སྤྱོད་བར་བྱེད་དོ། །ཡང་ན་བསམ་གཏན་སོགས་ཆོས་བཅུ་དྲུག་བསྒོམས་པའི་འབྲས་བུའི་ངོ་བོར་བཤད་དོ། །

ཅ༢ དོན་བསྡུ་བ།

གཉིས་པ་དོན་བསྡུ་བ་ནི། དེ་ལྟར་སྔར་བཤད་པའི་ལྡོག་པར་བྱ་བའི་ཆོས་བཅུ་གསུམ་ལས་ལོག་ཅིང་། འཇུག་པར་བྱ་བའི་ཆོས་གསུམ་ལ་ཞུགས་པའི་མངོན་མཐོའི་རྒྱུ་ཆོས་བཅུ་དྲུག་པོ་འདི་དང་དེའི་འབྲས་བུ་མདོར་བསྡུས་ནས་བཤད་པའོ། །

ཇ༢ ངེས་ལེགས་རྒྱུ་འབྲས་བཤད་པ།

ཅ༡ མདོ་ལས་ཇི་ལྟར་གསུངས་པའི་ཚུལ།

ང༡ རྒྱལ་བས་གསུངས་པའི་ཚུལ་མདོར་བསྟན་པ།

ཆ༡ ཇི་ལྟ་བུ་གསུངས་པ།

གཉིས་པ་ངེས་ལེགས་རྒྱུ་འབྲས་བཤད་པ་ལ་གཉིས། མདོ་ལས་ཇི་ལྟར་གསུངས་པའི་ཚུལ་དང་། དེ་ལ་རྒྱལ་པོས་ཀྱང་བསླབ་པར་གདམས་པའོ། །དང་པོ་

ལ་གསུམ། རྒྱལ་བས་གསུངས་(༧༠བ)པའི་ཚུལ་མདོར་བསྟན་པ་དང་། དེའི་དོན་རྒྱས་པར་བཤད་པ་དང་། དོན་བསྡུ་བའོ། །དང་པོ་ལ་གསུམ། ཇི་ལྟ་བུ་གསུངས་པ་དང་། མཁས་རྫོངས་ཟབ་མོའི་དོན་ལ་སྐྲག་པ་སྐྱེད་མི་སྐྱེད་ཀྱི་ཁྱད་པར་དང་། སྐྲག་པ་དེ་ཡང་བདག་འཛིན་ལས་བྱུང་བར་སྟོན་པས་གསུངས་པའོ། །དང་པོ་ནི། ངེས་པར་ལེགས་པའི་ཆོས་བདག་མེད་རྟོགས་པའི་ཤེས་རབ་ཀྱི་དམིགས་པ་གང་ཟག་དང་ཆོས་ཀྱི་བདག་མེད་པ་དག་ཀྱང་ཐ་མལ་སྐྱེ་བོ་གཞན་དང་ཐ་སྙད་པའི་ཤེས་པས་རྟོགས་པར་དཀའ་བས་ཕྲ་ཞིང་། གཞན་གྱིས་གཏིང་དཔག་པར་དཀའ་བས་ཟབ་པར་མཁས་པ་དག་ལ་སྣང་བ་དང་། བྱིས་པ་ཐོས་པ་དང་མི་ལྡན་པ་ལ་སྐྲག་པ་བྱེད་པར་རྒྱལ་བས་གསུངས་པ་རྟེན་འབྲེལ་ཟབ་མོའི་དེ་ཁོ་ན་ཉིད་ནི། གང་ཞིག་རྟོགས་ན་ཐར་པ་འཐོབ་པར་བྱེད་པ་ལ་ངེས་ལེགས་ཀྱི་ཆོས་སོ། །

ཐ༢ མཁས་རྫོངས་ཟབ་མོའི་དོན་ལ་སྐྲག་པ་སྐྱེད་མི་སྐྱེད་ཀྱི་ཁྱད་པར།

གཉིས་པ་ནི། སྟོང་པ་ཉིད་ཀྱི་དོན་ལ་བྱིས་པ་སྐྲག་པ་དང་། མཁས་པ་མི་སྐྲག་པའི་ཚུལ་ཇི་ལྟ་བུ་ཞེ་ན། སྟོང་པ་ཉིད་ཀྱི་དོན་བསྟན་པ་ན། བྱིས་པ་མི་མཁས་པ་ཁ་ཅིག་དེ་ལྟ་ན། བདག་ད་ལྟ་ཡོད་པ་མ་ཡིན་པར་འགྱུར་ཞིང་། ཕྱིས་སྐྱེ་བ་གཞན་དུ་ཡང་ཡོད་པར་མི་འགྱུར་ལ། བདག་གི་བ་ཕུང་པོ་ཡོད་པ་མིན་ཞིང་། ཕྱིས་ཀྱང་ཡོད་པར་མི་འགྱུར་ཞེས། བདག་དང་བདག་གི་བ་ཆད་དོགས་ནས་བྱིས་པ་དག་ནི་དེ་ལྟར་སྐྲག་ལ། དེ་ཁོ་ན་ཉིད་ལེགས་པར་ཁོང་དུ་ཆུད་པའི་མཁས་པ་ལ་ནི་རང་བཞིན་གྱིས་སྟོང་པ་ཡིན་པ་ཉིད་ཀྱིས་འཁོར་བ་སྟོང་བ་དང་། ཐར་པ་ཐོབ་པ་མཐོང་ངོ་སྙམ་དུ་སྐྲག་པ་ཟད་པར་འགྱུར་རོ། །

ཐ༣ སྐྲག་པ་དེ་ཡང་བདག་འཛིན་ལས་བྱུང་བར་སྟོན་པས་གསུངས་པ།

གསུམ་པ་ནི། ཉེ་བར་ལེན་པའི་ཕུང་པོ་ལྔ་དང་། འབྱུང་བ་བཞི་དང་བཅས་པའི་ཆོས་དྲུག་ལ་བཏགས་པའི་སྐྱེ་རྒུ་སོ་སོ་སྐྱེ་བོ་འདི་ནི་མ་ལུས་པ་ང་དང་། ང་ཡིར་འཛིན་པ་ལས་བྱུང་བ་དང་། (༧༧ན)ང་ཡིར་འཛིན་པ་དང་ལྡན་པའི་སྐྱེ་རྒུ་ལ་ཕན་པ་མཐའ་གཅིག་ཏུ་གསུངས་པའི་རྒྱལ་བས་སྟོང་པ་ཉིད་ཀྱི་དོན་ལ་སྐྲག་པ་བདག་དང་བདག་གིར་འཛིན་པའི་དབང་གིས་བྱུང་བ་དང་། བྱིས་པ་འཁོར་བ་ལས་གྲོལ་བའི་ཆེད་དུ་སྟོང་པ་ཉིད་གསུངས་སོ། །

ཏ༢ དེའི་དོན་རྒྱས་པར་བཤད་པ།

ཐ༡ ང་དང་ང་ཡིར་འཛིན་པ་རྫུན་པར་བསྒྲུབ་པ།

ད༡ དངོས།

གཉིས་པ་རྒྱས་བཤད་ལ་གསུམ། ང་དང་ང་ཡིར་འཛིན་པ་རྫུན་པར་བསྒྲུབ་པ་དང་། བཅིངས་ཐར་རང་བཞིན་གྱིས་དགག་པ་དང་། ཆོས་ཀུན་རྟག་ཆད་ཀྱི་མཐའ་དང་བྲལ་བར་བསྟན་པའོ། །དང་པོ་ལ་བཞི། དངོས་དང་། དེ་སྤངས་པས་ཐར་པ་འཐོབ་པར་བསྟན་པ་དང་། དེ་ཉིད་གཟུགས་བརྙན་གྱི་དཔེས་བཤད་པ་དང་། སྟོང་ཉིད་རྟོགས་པ་ཐར་པའི་རྒྱུར་བསྟན་པའོ། །དང་པོ་ནི། ཐ་སྙད་དུ་ང་དང་ང་ཡི་བ་ཡོད་ཀྱང་དམ་པའི་དོན་དུ་བདག་ཡོད་བདག་གི་ཡོད་ཅེས་པའི་འཛིན་པ་འདི་ནི་ལོག་ཅིང་འཁྲུལ་བ་དང་རྫུན་པ་ཡིན་ཏེ། གང་གི་ཕྱིར་ན་ང་དང་ང་ཡི་བ་རང་བཞིན་གྱིས་གྲུབ་ན་འཕགས་པའི་མཉམ་བཞག་གིས་གཟིགས་དགོས་པ་ལ་ཡང་དག་པ་ཇི་ལྟ་བ་མངོན་སུམ་དུ་ཡོངས་སུ་ཤེས་པས་དེའི་གཟིགས་པའི་ངོར་ང་དང་ང་ཡི་བ་གཉིས་མི་འབྱུང་བའི་ཕྱིར་རོ། །དེ་ཉིད་སྒྲུབ་པ་ནི། ངར་འཛིན་ལས་བྱུང་བའི་ཕུང་

པོ་རྣམས་ཆོས་ཅན། རྫུན་པ་ཡིན་ཏེ། ངར་འཛིན་དེ་ནི་དོན་དུ་སྟེ་དོན་དམ་པར་མ་གྲུབ་པའི་རྫུན་པའི་ཕྱིར། ཁྱབ་སྟེ། འབྲས་བུ་གང་གི་ས་བོན་རྫུན་པ་དེའི་འབྲས་བུ་སྐྱེ་བ་བདེན་པ་ག་ལ་ཞིག་སྟེ་མི་སྲིད་པའི་ཕྱིར་ཏེ། རྒྱུ་རྫུན་པ་ལ་འབྲས་བུ་བདེན་པ་སྐྱེད་པའི་ནུས་པ་མེད་པའི་ཕྱིར་རོ། །

ད༢ དེ་སྤངས་པས་ཐར་པ་འཐོབ་པར་བསྟན་པ།

གཉིས་པ་ནི། ཕུང་པོ་དེ་ལྟར་མི་བདེན་པར་མཐོང་ནས་ང་དང་ང་ཡི་བ་རང་བཞིན་གྱིས་གྲུབ་པར་འཛིན་པའི་ང་དང་ངར་འཛིན་པ་དག་སྤོང་བར་འགྱུར་ལ་དེ་(༧༧བ)སྤངས་ནས་ནི་ཕྱིས་ནི་སྡུག་བསྔལ་གྱི་ཕུང་པོ་འབྱུང་བར་མི་འགྱུར་ཞིང་། སྡུག་ཀུན་སྤངས་པའི་ཐར་པ་ཐོབ་པར་འགྱུར་རོ། །འདི་དག་གིས་ཀྱང་ཐར་པ་ཐོབ་པ་ལ་གང་ཟག་དང་ཕུང་པོ་བདེན་མེད་དུ་རྟོགས་དགོས་པར་བསྟན་པས། བདག་མེད་གཉིས་ཕྲ་མོ་ཉན་རང་འཕགས་པས་ཀྱང་རྟོགས་པ་གསལ་བར་བསྟན་ཏོ། །

ད༣ དེ་ཉིད་གཟུགས་བརྙན་གྱི་དཔེས་བཤད་པ།

ཅ༡ གང་ཟག་དང་ཕུང་པོ་བདེན་མེད་དུ་རྟོགས་པས་སྡུག་ཀུན་ལྡོག་པའི་རྗེས་འགྲོའི་དཔེ་དོན།

གསུམ་པ་ལ་གཉིས། གང་ཟག་དང་ཕུང་པོ་བདེན་མེད་དུ་རྟོགས་པས་སྡུག་ཀུན་ལྡོག་པའི་རྗེས་འགྲོའི་དཔེ་དོན་དང་། ལྡོག་པའི་དཔེ་དོན་ཏོ། །དང་པོ་ནི། ཇི་ལྟར་མེ་ལོང་ལ་བརྟེན་ནས་སུ་དེའི་ནང་དུ་རང་གི་བཞིན་གྱི་གཟུགས་བརྙན་སྣང་མོད་ཀྱི་གཟུགས་བརྙན་དེ་ནི་ཡང་དག་ཉིད་དུ་ན་སྣང་བ་ལྟར་གྲུབ་པ་ཅུང་ཟད་ཀྱང་ཡོད་པ་མ་ཡིན། དེ་བཞིན་དུ་ཕུང་པོ་རྣམས་ལ་བརྟེན་ནས་ངར་འཛིན་པ་ནི་དམིགས་པར་འགྱུར་ཡང་རང་གི་བྱད་བཞིན་གྱི་གཟུགས་བརྙན་རྫུན་པ་བཞིན་དུ་

ཡང་དག་ཉིད་དུ་གང་ཟག་དང་ཕུང་པོ་རང་བཞིན་གྱིས་གྲུབ་པ་དེ་འགའ་ཡང་མེད་དོ། །དོན་བསྡུས་ན། མེ་ལོང་གི་ནང་གི་བྱད་བཞིན་གྱི་གཟུགས་བརྙན་བཞིན་གྱི་ཆ་དེ་དང་དེར་སྣང་ཡང་དེ་དང་དེར་གྲུབ་པ་ཙམ་ཟད་ཀྱང་མེད་པ་དེ་བཞིན་དུ་གང་ཟག་དང་ཕུང་པོའི་ཆ་འདི་རང་བཞིན་གྱིས་གྲུབ་པར་སྣང་ལ། གཞན་མི་སྣང་ཞེས་བྱར་མེད་པར་ཆ་ཐམས་ཅད་ཀྱིས་ཐམས་ཅད་དུ་རང་བཞིན་གྱིས་གྲུབ་པར་སྣང་ཡང་རང་བཞིན་གྱིས་གྲུབ་པའི་ཆ་ཙམ་ཟད་ཀྱང་མེད་པར་གཟུགས་བརྙན་གྱི་དཔེ་ལ་བརྟེན་ནས་ཁོང་དུ་ཆུད་པར་བྱ་བ་ཡིན་ཡང་། གཟུགས་བརྙན་སྣང་བ་ལྟར་མ་གྲུབ་པ་ནི། རྣལ་པོ་བཟ་བྱང་གི་ཐ་སྙད་པའི་མངོན་སུམ་ཚད་མས་ཀྱང་རྟོགས་ནུས་ལ། དེ་རྟོགས་པ་ཕྱི་མ་ཁ་ཅིག་གིས་རིགས་ཤེས་རགས་པ་ཞིག་ཏུ་འདོད་པ་ནི་མི་འཐད་པར་ཤེས་པར་བྱའོ། །

ན༢ ལྡོག་པའི་དཔེ་དོན།

གཉིས་པ་ནི། ཇི་ལྟར་མེ་(༡༢ན)ལོང་ལ་མ་བརྟེན་པར་དེའི་ནང་དུ། རང་གི་བཞིན་གྱི་གཟུགས་བརྙན་མི་སྣང་བ་ལྟར་ཕུང་པོ་རྣམས་ལ་མ་བརྟེན་པར་ངར་འཛིན་པ་ཡང་དེ་དང་འདྲ་བས་ཕུང་པོ་རང་བཞིན་མེད་པར་རྟོགས་པ་ལ་བརྟེན་ནས་བདག་དང་བདག་གིར་འཛིན་པ་ལྡོག་པར་ཤེས་པར་བྱའོ། །དཔེ་དོན་དེ་དག་བཤད་པ་ནི། གང་ཟག་དང་ཕུང་པོ་ཆོས་ཅན། རང་བཞིན་གྱིས་གྲུབ་པས་སྟོང་སྟེ། རྟེན་འབྲེལ་ཡིན་པའི་ཕྱིར། དཔེར་ན་གཟུགས་བརྙན་བཞིན་ཞེས་པའི་རྟེན་འབྲེལ་གྱི་གཏན་ཚིགས་བཤད་པ་ཡིན་ནོ། །

ད༤ སྟོང་ཉིད་རྟོགས་པ་ཐར་པའི་རྒྱུར་བསྟན་པ།

བཞི་པ་ནི། འཕགས་པ་ཀུན་དགའ་བོ་ཡིས་ནི་སྨར་བཤད་པ། དེ་ལྟ་བུའི་དོན་སྟོང་པ་ཉིད་མངོན་སུམ་དུ་རྟོགས་པའི་མཐོང་ལམ་ཐོབ་ནས་ཆོས་རྣམས་ལ་ཆོས་ཀྱི་མིག་རྟུལ་མེད་ཅིང་དྲི་མ་དང་བྲལ་བ་གཞན་གྱི་དྲིང་ལ་མི་འཇོག་སྟོན་པའི་བསྟན་པ་ལས་གཞན་གྱིས་མི་བཀྲི་བ། ཐེ་ཚོམ་ལས་བརྒལ་བ། སོམ་ཉི་ལས་བརྒལ་བ། ཐོབ་ནས་བདག་ཉིད་ཀྱིས་དགེ་སློང་རྣམས་ལ་ཡང་དང་ཡང་དུ་བཟླས་ཏེ་སྨྲས་པས། དགེ་སློང་གཞན་གྱིས་ཀྱང་ཐར་པ་ཐོབ་པར་ལུང་ལས་གསུངས་པས་སྟོང་ཉིད་རྟོགས་པའི་ཤེས་རབ་ནི་ཐར་པའི་ཐབས་བླ་ན་མེད་པའོ། །

ཐ༢ བཅིངས་ཐར་རང་བཞིན་གྱིས་དགག་པ།

ད༡ འཁོར་བར་འཇུག་པའི་རིམ་པ།

ན༡ འཁོར་བའི་རྩ་བ་ངོས་བཟུང་བ།

གཉིས་པ་ལ་བཞི། འཁོར་བར་འཇུག་པའི་རིམ་པ་དང་། འཁོར་བ་ལས་ལྡོག་པའི་རིམ་པ་དང་། སྟོང་ཉིད་རྟོགས་པའི་ཕན་ཡོན་དང་། ཐར་པའི་རང་བཞིན་བཤད་པའོ། །དང་པོ་ལ་གཉིས། འཁོར་བའི་རྩ་བ་ངོས་བཟུང་བ་དང་། དེ་ལ་བརྟེན་ནས་འཁོར་བའི་དཔེའོ། །དང་པོ་ནི། ཇི་སྲིད་ཕུང་པོ་རང་བཞིན་གྱིས་གྲུབ་པར་འཛིན་པ་ཡོད་ཅིང་དེའི་ཞེན་ཡུལ་རིགས་པས་སུན་མ་ཕྱུང་བ་ཡོད་པ་དེ་སྲིད་དེ་ལས་འཇིགས་ཚོགས་ལ་ལྟ་བས་(༡༢བ)བསྐྱུས་པའི་ངར་འཛིན་ཉིད་ཙུང་ཟད་ཀྱང་མ་ཉམས་པར་ཡོད་ལ། མངོན་གྱུར་ཙམ་ཡང་མ་ཉམས་པའི་ངར་འཛིན་དེ་འདྲ་བ་ཡོད་ན་ཡང་འཁོར་བར་འཕེན་བྱེད་ཀྱི་ལས་གསོག་སྟེ། དེ་ལས་ཡང་ནི་སྲིད་པར་སྐྱེ་བ་ཡིན་པས་གང་ཟག་དང་། ཕུང་པོ་རང་བཞིན་གྱིས་གྲུབ་པར་འཛིན་པ་ཉིད་འཁོར་བའི་རྩ་

བ་ཡིན་པས། འཁོར་བ་ལས་གྲོལ་བ་ལ་དེ་གཉིས་བདེན་སྟོང་དུ་རྟོགས་དགོས་པར་བསྟན་པས། ཉན་རང་དགྲ་བཅོམ་པས་ཀྱང་སྟོང་པ་ཉིད་ཀྱི་དོན་རྟོགས་པར་བསྟན་པ་ཡིན་ཏེ། ཕུང་པོ་བདེན་འཛིན་མ་ཟད་པ་དེ་སྲིད་དུ་འཇིག་ལྟ་མི་འཛད་པར་གསུངས་ལ། འཇིག་ལྟ་མ་ཟད་པའི་དགྲ་བཅོམ་པ་ཡོད་པར་རང་སྡེ་མཁས་པ་གཞན་ཡང་མི་བཞེད་པས། མགོན་པོ་ཀླུ་སྒྲུབ་ཀྱི་གཞུང་འདིས་ཉན་རང་དགྲ་བཅོམ་པས་ཀྱང་བདེན་འཛིན་ཟད་པར་སྤངས་པ་ཆེས་གསལ་བར་བསྟན་པ་ཡིན་ལ། འོག་མ་རྣམས་སུ་ཡང་དོན་དེ་ཉིད་ཡང་དང་ཡང་དུ་གསལ་བར་མཛད་དོ། །སྔོན་ཆོས་འདི་ལས་ཕྱི་རོལ་ཏུ་གྱུར་པའི་ལྟ་བ་ལ་ཡུན་རིང་དུ་གོམས་པར་བྱས་པའི་མཐུས། མགོན་པོ་ཀླུ་སྒྲུབ་ཀྱི་གཞུང་ཕྱིན་ཅི་མ་ལོག་པར་འགྲེལ་བའི་སློབ་དཔོན་གཞན་གྱི་བཞེད་པ་འགོག་པའི་ཟོལ་གྱིས་ཀླུ་སྒྲུབ་ཀྱི་གཞུང་འདི་དག་འགོག་པ་ནི། སྟོང་པ་ཉིད་ཀྱི་དོན་དང་ཞེ་འགྲས་པ་ཡིན་པས། བདག་ལེགས་སུ་འདོད་པ་རྣམས་ཀྱིས་མཆིལ་མའི་ཐལ་བ་བཞིན་དུ་རྒྱང་རིང་དུ་དོར་བར་བྱའོ། །མ་རིག་པ་འདི་འཁོར་བ་འདིར་ངན་པ་ཅི་ཞིག་མ་བྱས་དེ་ལྟ་བུ་ཡང་གནས་རྙེད་པར་བྱས་པའི་ཕྱིར་རོ། །

ན༢ དེ་ལ་བརྟེན་ནས་འཁོར་བའི་དཔེ།

གཉིས་པ་ནི། ཉོན་མོངས་པ་དང་ལས་དང་སྐྱེ་བའི་ཀུན་ནས་ཉོན་མོངས་པའི་རྟེན་འབྲེལ་ལམ་གསུམ་པོ་ལས་ཐར་པའི་ལམ་ལ་མ་འབད་ན། ཐོག་མ་མེད་པར་མ་ཟད་མཐའ་དང་དབུས་ངེས་པར་ཟིན་པ་མེད་པ་(༧༣ན)ཉོན་མོངས་ལས་ལས་དང་དེ་ལས་སྡུག་བསྔལ་སྐྱེ་ཞིང་། དེ་ལས་ཀྱང་དེའི་རིགས་འདྲ་དང་། ཉོན་མོངས་སོགས་སྐྱེ་བའི་ཕྱིར། ཕར་སྐྱེ་ཚུར་སྐྱེ་བྱེད་པས་འཁོར་བའི་དཀྱིལ་འཁོར་མགལ་མེའི་འཁོར་ལོ་ལྟ་བུ་ཕན་ཚུན་གྱི་རྒྱུ་ཅན་འདི་ནི་འཁོར་བར་འགྱུར་རོ། །འཁོར་བའི་རྩ་བ་ངོས་བཟུང་ལ་དགེ་བའི་རྩ་བ་མཐའ་དག་དེ་འགོག་པའི་ཐབས་སུ་གྱུར་པ་ལ་བསླབ་པར་

བྱའོ། །འདི་དག་རྒྱས་པར་ཤེས་འདོད་ན། རྗེ་རིན་པོ་ཆེ་ཉིད་ཀྱིས་མཛད་པར་དབུ་མ་ལ་འཇུག་པའི་རྣམ་བཤད་ཆེན་མོ་ལས་ཤེས་པར་བྱའོ། །

ང༢ འཁོར་བ་ལས་ལྡོག་པའི་རིམ་པ།

གཉིས་པ་ནི། རྟེན་འབྲེལ་དེ་ནི་རང་དང་གཞན་དང་རང་གཞན་གཉིས་ཀ་དང་དུས་གསུམ་ཉིད་དུའང་རང་བཞིན་གྱིས་མ་སྐྱེས་པའི་ཕྱིར། རང་བཞིན་གྱིས་སྐྱེ་བ་མེད་ལ། དོན་དེ་ཡོང་དུ་ཆུད་ཅིང་གོམས་པར་བྱས་པས། འཇིག་ལྟས་བསྡུས་པའི་ངར་འཛིན་པ་ནི་ཟད་པར་འགྱུར་ལ། དེ་ནས་ལས་དང་སྐྱེ་བ་ཡང་ཟད་པར་འགྱུར་རོ། །དེ་ལྟར་འཁོར་བའི་རྒྱུ་འབྲས་སྐྱེ་བ་དང་། རྒྱུ་འབྲས་དེ་དག་ཟད་པ་ཉིད་མཐོང་ནས་དངོས་པོའི་དེ་ཁོ་ན་ཉིད་ཡོང་དུ་ཆུད་པ་རྣམས་ནི། འཇིག་རྟེན་ལ་ཡང་དག་པར་གྲུབ་པ་ཉིད་དུ་ཡོད་པ་དང་། ཅུང་ཟད་ཀྱང་མེད་པ་ཉིད་དུ་མི་སེམས་སོ། །དེ་ཡང་རྟེན་འབྲེལ་རྟག་ཆད་ཀྱི་མཐའ་དང་བྲལ་བར་ཡོང་དུ་ཆུད་པའི་ཕྱིར་རོ། །

ང༣ སྟོང་ཉིད་རྟོགས་པའི་ཕན་ཡོན།

གསུམ་པ་ནི། གང་ཞིག་རྟོགས་ན་སྡུག་བསྔལ་ཐམས་ཅད་ཟད་པའི་ཕན་ཡོན་ཅན་གྱི་ཆོས་རྟེན་འབྱུང་སྤྲོས་པའི་མཐའ་དང་བྲལ་བ་འདི་ཐོས་ནས་ཞྭན་པོ་དེ་ཁོ་ན་ཉིད་ཀྱི་དོན་ལ། རྟོག་དཔྱོད་མེད་པ་མཁས་པ་མི་འཇིགས་པའི་གནས་ལ་སྐྲར་བ་དག་གནས་ལུགས་ཡོངས་སུ་མ་ཤེས་པའི་ཕྱིར་སྐྲག་གོ། །ཡང་ན་རྟོག་མེད་(༧༣བ) པ་དེ་ཁོ་ན་ཉིད་ལ་མཁས་པའི་ཁྱད་པར་དུ་བཤད་པར་བྱའོ། །

ད༩ ཐར་པའི་རང་བཞིན་བཤད་པ།

ན༡ ཕུང་པོ་ལྷག་མེད་ཀྱི་གནས་སྐབས་ན་བདེན་འཛིན་ཟད་པ་ལ་འཇིགས་པར་མི་རིགས་པ།

བཞི་པ་ལ་བཞི། ཕུང་པོ་ལྷག་མེད་ཀྱི་གནས་སྐབས་ན་བདེན་འཛིན་ཟད་པ་ལ་འཇིགས་པར་མི་རིགས་པ་དང་། བདེན་འཛིན་མཐའ་དག་ཟད་པ་ཐར་པར་བསྟན་པ་དང་། ཡོག་ལྟ་དང་ཡང་དག་པའི་ལྟ་བའི་ཁྱད་པར་དང་། ལྷག་བཅས་ཀྱི་དུས་ན་ཡང་བདེན་འཛིན་ཟད་པ་ཐར་པར་བསྟན་པའོ། །དང་པོ་ནི། སྐྲག་པའི་གནས་མིན་པར་མ་གྲུབ་སྟེ། སྟོང་ཉིད་དེ་བདག་དང་བདག་གི་བའི་ཡུལ་བཀག་པ་ཡིན་ལ། དེས་རྒྱུས་འཇིག་པ་སྐྱེ་ཞིང་། ཐར་པ་ཐོབ་ནས་ཕུང་པོ་ཙུང་ཟད་ཀྱང་མེད་ན། དེ་ཉིད་འཇིགས་པའི་གནས་ཡིན་ནོ་ཞེ་ན། ཉན་ཐོས་སྡེ་པ་ཁྱོད་ཀྱང་ཕུང་པོ་ལྷག་མེད་ཀྱི་མྱང་འདས་ལ་ཟག་བཅས་ཀྱི་ཕུང་པོ་འདི་དག་ཀུན་མེད་པར་འདོད་པར་གྱུར་ན་དེ་ལ་ཁྱོད་ཅིའི་ཕྱིར་མི་འཇིགས་དེ་ལ་མི་འཇིགས་ན་སྐབས་འདིར་ལྷག་མེད་ཀྱི་གནས་སྐབས་ན། ཉོན་མོངས་གསུམ་པོ་དེ་མེད་པར་བཤད་པ་ལ་ཁྱོད་ནི་ཅི་སྟེ་འཇིགས་པར་བྱེད་དེས་ན་སྟོང་པ་ཉིད་ལ་ཡང་སྐྲག་པར་མི་རིགས་སོ། །

ན༢ བདེན་འཛིན་མཐའ་དག་ཟད་པ་ཐར་པར་བསྟན་པ།

པ༡ དངོས་མེད་རང་བཞིན་གྱིས་གྲུབ་པ་ཐར་པར་མི་འཐད་པ།

གཉིས་པ་ལ་གསུམ། དངོས་མེད་རང་བཞིན་གྱིས་གྲུབ་པ་ཐར་པར་མི་འཐད། ཐར་པ་དངོས་པོར་མི་འཐད། དངོས་ཀྱི་དོན་ནོ། །དང་པོ་ནི། སྡུག་བསྔལ་ཟད་པའི་ཐར་པ་རང་བཞིན་གྱིས་གྲུབ་པས་ཕོ་བོ་ཅག་མི་འཇིགས་སོ་ཞེ་ན། ཐར་པ་ལ་གང་ཟག་གི་བདག་མེད་ཅིང་ཕུང་པོ་རང་བཞིན་གྱིས་གྲུབ་པ་ཡང་མེད་པས་གལ་

ཏེ་ཐར་པ་བདག །མཐའ་དག་བཀག་པ་དེ་འདྲ་འདོད་ལ། བདག་དང་ཕུང་པོ་རང་བཞིན་གྱིས་གྲུབ་པ་བསལ་བ་ལ་འདིར་ནི་ཁྱོད་ཀོ་སྐེ་ཁྱོད་ནི་ཅིས་མི་དགའ་དགའ་བར་རིགས་ཏེ། ཐར་པའི་གནས་སྐབས་ན་ཕུང་པོ་མེད་པར་འདོད་པའི་ཕྱིར་རོ། །

པ༢ ཐར་པ་དངོས་པོར་མི་འཐད་པ།

གཉིས་པ་ནི། ཕུང་པོ་བཀག་པའི་(༡༥ན)ཐར་པ་དེ་ཉིད་དངོས་པོ་ཡིན་ནོ་ཞེ་ན། མྱ་ངན་ལས་འདས་པ་དེ་རང་བཞིན་གྱིས་གྲུབ་པའི་དངོས་པོ་ག་ལ་ཡིན་ཏེ་མ་ཡིན་པར་ཐལ། དངོས་པོ་མེད་པ་ཡང་རང་བཞིན་གྱིས་གྲུབ་པ་ཡོད་པ་མིན་པའི་ཕྱིར། རྩ་ཤེས་ལས། གལ་ཏེ་སྟོང་མིན་ཅུང་ཟད་ཡོད། །སྟོང་པ་ཅུང་ཟད་ཡོད་པར་འགྱུར། །མི་སྟོང་ཅུང་ཟད་ཡོད་མིན་ན། །སྟོང་པ་ཡོད་པར་ག་ལ་འགྱུར། །ཞེས་པ་ལྟར་རོ། །

པ༣ དངོས་ཀྱི་དོན།

གསུམ་པ་ནི། དངོས་པོ་དང་དངོས་པོ་མེད་པ་རང་བཞིན་གྱིས་གྲུབ་པར་འཛིན་པ་ཟད་པ་མྱ་ངན་ལས་འདས་པར་ཤེས་པར་བྱའོ། །

ན༣ ལོག་ལྟ་དང་ཡང་དག་པའི་ལྟ་བའི་ཁྱད་པར།

གསུམ་པ་ནི། མྱ་ངན་འདས་པ་ཡང་རང་བཞིན་གྱིས་མེད་ན། མེད་པར་ལྟ་བ་ལ་བརྟེན་པར་འགྱུར་རོ་ཞེ་ན། མ་ཡིན་ཏེ། མདོར་ན་བདེན་པ་དང་དཀོན་མཆོག་དང་ལས་དང་འབྲས་བུའི་འབྲེལ་བ་སོགས་མེད་དོ་སྙམ་པ་ནི། མེད་པར་ལྟ་བ་ཉིད་ཡིན་ལ། ལས་དང་ལས་ཀྱི་འབྲས་བུ་མེད་ཅེས་པ་སྐུར་བ་འདེབས་པའི་མི་དགེ་བའི་ལས་ནི་རྒྱུའི་དུས་སུ་བསོད་ནམས་མ་ཡིན་པའི་ལས་ཞེས་བྱ་ལ། དེས་འབྲས་བུ་ངན་

འགྲོ་སྐྱེད་པར་བྱེད་པས་ན། ངན་སོང་བ་ཞེས་བྱ་ལ། དེ་ནི་ལོག་པར་ལྟ་བ་ཞེས་མདོ་ལས་བཤད་དོ། །མདོར་ན་ལས་འབྲས་ཡོད་པར་ཡིད་ཆེས་པའི་ལྟ་བ་ནི་ཡོད་པར་ལྟ་བ་ཉིད་ཅེས་བྱ་ལ། ལས་ཀྱི་འབྲས་བུ་ཡོད་ཅེས་པར་ལྟ་བའི་འདོད་པའི་དགེ་བའི་ལས་ནི། བསོད་ནམས་ཀྱིས་ལས་དང་འབྲས་བུ་བདེ་འགྲོར་རྒྱུ་མཐུན་པ་སོགས་ཀྱིས་འབྲས་བུ་བསྐྱེད་པ་དེ་ནི་ཡང་དག་པའི་ལྟ་བ་ཞེས་མདོ་ལས་བཤད་དོ། །དེས་ན་ལས་འབྲས་ཡོད་པ་ནི་ཐ་སྙད་ཙམ་དུ་ཡིན་གྱི་རང་བཞིན་གྱིས་གྲུབ་པ་མིན་ནོ། །དེ་ལྟར་ལྟ་ན་རྟག་པའི་ལྟ་བ་ཅན་དུ་འགྱུར་བས་སོ། །

ན༤ ལྷག་བཅས་ཀྱི་དུས་ན་ཡང་བདེན་འཛིན་ཟད་པ་ཐར་པར་བསྟན་པ།

བཞི་པ་ནི། ཕུང་པོ་(༧༤བ)ལྷག་མེད་ཀྱི་གནས་སྐབས་ན་བདེན་འཛིན་ལོག་པར་མ་ཟད། ལྷག་བཅས་ཀྱི་གནས་སྐབས་ན་ཡང་མེད་དེ། གནས་ལུགས་ཀྱི་དོན་ཤེས་པས་མེད་ལྟ་དང་ཡོད་ལྟ་ཞི་བའི་ཕྱིར། དགེ་མི་དགེའི་ལས་སྡིག་པ་དང་བསོད་ནམས་ལས་འདས་པ་དེ་ཡིས་ངན་སོང་དང་། བདེ་འགྲོ་ལས་གང་ཟག་དེ་ནི་ཐར་པར་དམ་པ་རྒྱལ་བས་བཤད་དོ། །ལྷག་བཅས་ཀྱི་གནས་སྐབས་ན་ཡང་བདེན་འཛིན་མཐའ་དག་ཟད་པའི་སྟོབས་ཀྱིས་ཡང་སྲིད་ཕྱི་མར་ཉིང་མཚམས་སྦྱོར་བའི་སྐྱེ་བ་ཟད་པ་དེ་ཉིད་ཐར་པར་མདོ་ལས་གསུངས་པའོ། །

ཐ༣ ཆོས་ཀུན་རྟག་ཆད་ཀྱི་མཐའ་དང་བྲལ་བར་བསྟན་པ།

ད༡ རྒྱས་པར་བཤད་པ།

གསུམ་པ་ཆོས་ཀུན་རྟག་ཆད་ཀྱི་མཐའ་དང་བྲལ་བར་བསྟན་པ་ལ་བཞི། རྒྱས་པར་བཤད་པ་དང་། དེ་ལ་ཆད་པར་ཐལ་བའི་ཉེས་པ་མེད་པ་དང་། མཐའ་བྲལ་སངས་རྒྱས་ཀྱི་ཐུན་མོང་མ་ཡིན་པའི་ཁྱད་ཆོས་སུ་བསྟན་པ་དང་། དངོས་པོ་རང་

བཞིན་གྱིས་གྲུབ་པ་དགག་པའོ། །དང་པོ་ལ་བཞི། རྒྱུ་འབྲས་རང་བཞིན་གྱིས་གྲུབ་པ་དགག་པ་དང་། གྲགས་པ་དང་འགལ་བ་སྤང་བ་དང་། གཉིས་མེད་ཀྱི་དོན་རྟོགས་པས་གྲོལ་བ་དང་། ཤེས་བྱེད་ཀྱི་དཔེ་བཤད་པའོ། །

ན༡ རྒྱུ་འབྲས་རང་བཞིན་གྱིས་གྲུབ་པ་དགག་པ།

པ༡ རྒྱུ་འབྲས་ཡོད་མེད་ཀྱི་མཐའ་དང་བྲལ་བ།

དང་པོ་ལ་གཉིས། རྒྱུ་འབྲས་ཡོད་མེད་ཀྱི་མཐའ་དང་བྲལ་བ་དང་། རང་བཞིན་གྱིས་གྲུབ་པ་དགག་པའོ། །དང་པོ་ནི། སོ་སོ་ཅག་དབུ་མ་པ་འཁོར་བ་རྒྱུ་འབྲས་མེད་པ་ཉིད་དུ་ལྟ་བ་ལས་འདས་པ་ཡིན་ཏེ། སྡུག་བསྔལ་སྐྱེ་བ་བདག་འཛིན་གྱི་རྒྱུ་དང་བཅས་པ་ཚད་མས་མཐོང་བས་སོ། །རང་བཞིན་གྱིས་ཡོད་པ་ཉིད་དུའང་ཁས་མི་ལེན་ཏེ། སྡུག་བསྔལ་འགོག་པ་ལམ་བདེན་གྱི་རྒྱུ་དང་བཅས་པ་ཚད་མས་མཐོང་བས་སོ། །

པ༢ རང་བཞིན་གྱིས་གྲུབ་པ་དགག་པ།

གཉིས་པ་ནི། དོན་དུ་སྟེ་རང་བཞིན་གྱིས་གྲུབ་པའི་རྒྱུ་མེད་དེ། འབྲས་བུ་བས་སྔར་སྐྱེས་པ་དང་། (༧༥ན)ལྷན་ཅིག་སྐྱེས་པ་དང་ཕྱིས་སྐྱེས་པ་གང་ཡང་དོན་དམ་པར་རྒྱུ་མ་ཡིན་པའི་ཕྱིར། རང་བཞིན་གྱིས་གྲུབ་པའི་འབྲས་བུ་སྐྱེ་བའང་རྟགས་དང་ཡང་དག་ཉིད་དུ་ན་སྙེ་ཐ་སྙད་པའི་ཚད་མ་དང་དོན་དམ་པའི་ཚད་མ་གཉིས་ཀ་ལ་རབ་ཏུ་མ་གྲགས་པའི་ཕྱིར།

ན༢ གྲགས་པ་དང་འགལ་བ་སྤང་བ།

གཉིས་པ་ནི། རྒྱུ་འབྲས་རང་བཞིན་གྱིས་གྲུབ་པ་བཀག་ན་རྐྱེན་འདི་པ་ཙམ་ཡང་བཀག་པས་འཇིག་རྟེན་གྱི་གྲགས་པ་དང་འགལ་ལོ་ཞེ་ན། མི་འགལ་ཏེ། རྒྱུ་འབྲས་

ནི་ཐ་སྙད་དུ་ཕན་ཚུན་ལྟོས་ནས་རྣམ་པར་བཞག་པ་ཙམ་ཡིན་གྱི་རང་གི་ངོ་བོས་གྲུབ་པར་ཅུང་ཟད་ཀྱང་མེད་དེ། མ་རིག་པ་འདི་ཡོད་པས་ན་འདུ་བྱེད་འདི་འབྱུང་སྟེ། དཔེར་ན་རིང་པོ་ཡོད་པས་ཐུང་ངུ་བཞིན། ཞེས་བདུན་པའི་སྒྲ་དང་། མ་རིག་པ་འདི་སྐྱེས་པས་ན་འདུ་བྱེད་འདི་སྐྱེ་སྟེ། དཔེར་ན་མར་མེ་འབྱུང་བའི་འོད་བཞིན་ནོ། །ཞེས་ལྔ་པའི་སྒྲ་གཉིས་ཀྱི་རྟེན་འབྲེལ་བརྟེན་ནས་བཏགས་པ་དང་བརྟེན་ནས་སྐྱེས་པ་ཉིད་ཀྱིས་རང་གི་ངོ་བོས་མ་གྲུབ་པར་བསྟན་ཏོ། །རང་གི་ངོ་བོ་ལས་ཡོད་པ་མིན་ཏེ། རིང་པོ་ཡོད་ན་ཐུང་ངུ་ཉིད་འབྱུང་ལ། ཐུང་ངུ་ཡོད་ན་རིང་པོ་ཉིད་འབྱུང་བས་ཕན་ཚུན་ལྟོས་པའི་ཕྱིར་རོ། །མར་མེ་འབྱུང་བ་མེད་པའི་ཕྱིར་རམ་མེད་ན་དེའི་འོད་ཀྱང་འབྱུང་བ་མེད་པ་བཞིན། རྒྱུ་འབྲས་རྟག་པར་ཡང་མི་འགྱུར་རོ། །

ན༣ གཉིས་མེད་ཀྱི་དོན་རྟོགས་པས་གྲོལ་བ།

གསུམ་པ་ནི། ཁོ་བོ་ཅག་རྒྱུ་འབྲས་མེད་པ་ཉིད་དུ་ཁས་མི་ལེན་ཞིང་མེད་པའི་ལྟ་བ་ཅན་མ་ཡིན་ཏེ། དེ་ལྟར་རྒྱུ་ལས་འབྲས་བུ་སྐྱེ་བ་ཐ་སྙད་པའི་ཚད་མས་མཐོང་ཞིང་ས་བོན་ལས་མྱུ་གུ་སྐྱེ་བ་ལྟར། འཇིག་རྟེན་འདི་ན་ཇི་བཞིན་དུ་རྒྱུ་འབྲས་རྟོག་པའི་སྤྲོས་པ་ལས་བྱུང་བར་ཁས་བླངས་པས་ཏེ། རྟོག་པས་བཏགས་པ་དང་། ཐ་སྙད་ཀྱི་དབང་གིས་བཞག་པ་ཙམ་གྱི་རྒྱུ་(༧༥བ)འབྲས་ཡོད་པར་ཁོ་བོ་ཅག་ཁས་ལེན་པའི་ཕྱིར་རོ། །ཡོད་པར་ལྟ་བ་ཅན་ཉིད་དུ་ཡང་མི་འགྱུར་ཏེ། རྒྱུ་འབྲས་དོན་དམ་པར་གྲུབ་པ་འགོག་པ་ཡིན་གྱི་རྟོག་པའི་སྤྲོས་པ་ལས་མ་བྱུང་བ་ཡང་དག་པར་གྲུབ་པ་ཇི་བཞིན་ཉིད་དུ་གྱུར་པ་ཁས་ལེན་ན་ཡོད་ལྟ་ཅན་ཉིད་དུ་འགྱུར་ན་ཡང་། དེ་ལྟར་ཁས་མི་ལེན་པའི་ཕྱིར། དེས་ན་མཐའ་གཉིས་ལ་མི་བརྟེན་པ་མཐའ་བྲལ་ཁོང་དུ་ཆུད་པ་གྲོལ་བར་འགྱུར་རོ། །

ན༤ ཤེས་བྱེད་ཀྱི་དཔེ་བཤད་པ།

པ༡ དངོས་པོའི་དེ་ཁོ་ན་ཉིད་རྟོགས་པ་དང་མ་རྟོགས་པའི་དཔེ།

བཞི་པ་ལ་གསུམ། དངོས་པོའི་དེ་ཁོ་ན་ཉིད་རྟོགས་པ་དང་མ་རྟོགས་པའི་དཔེ་དང་། ཕུང་པོ་རང་བཞིན་གྱིས་གྲུབ་པ་དགག་པ་དང་། ཡོད་མེད་དུ་ལྟ་བ་མ་སྤངས་ན་འཁོར་བ་ལས་མི་གྲོལ་བའོ། །དང་པོ་ནི། སྨིག་རྒྱུ་གལ་ཏེ་ཆུ་ཡིན་ན་དེ་དང་ཉེ་བ་རྣམས་ཀྱིས་ཅིས་མི་མཐོང་མཐོང་དགོས་ཏེ། ཐག་རིང་ནས་ནི་མཐོང་བའི་གཟུགས་དེ་དང་ཉེ་བ་རྣམས་ཀྱིས་གསལ་བར་མཐོང་བའི་ཕྱིར་རོ། །དཔེ་དེ་བཞིན་དུ། ཇི་ལྟར་སོ་སོ་སྐྱེ་བོ་དེ་ཁོ་ན་ཉིད་ཀྱི་རྟོགས་པ་ལ་རིང་བ་རྣམས་ཀྱིས་ནི་འཇིག་རྟེན་འདི་ནི་ཡང་དག་པར་གྲུབ་པར་མཐོང་ལ་ཐག་ཉེ་བའི་གཟུགས་མཐོང་བ་དེ་ལྟར་དེ་ཁོ་ན་ཉིད་དེ་དང་ཉེ་བའི་འཕགས་པ་རྣམས་ཀྱིས་དངོས་པོ་རང་བཞིན་གྱིས་གྲུབ་ན་མཐོང་དགོས་པ་ལས་མི་མཐོང་བའི་ཕྱིར། འཕགས་པའི་མཉམ་བཞག་གི་གཟིགས་པའི་ངོར་སྐྱེས་པ་བུད་མེད་སོགས་མཚན་མ་ཙམ་ཟད་ཀྱང་མེད་དེ། ཐག་ཉེ་བར་ཕྱིན་པའི་སྨིག་རྒྱུ་བཞིན་ནོ། །

པ༢ ཕུང་པོ་རང་བཞིན་གྱིས་གྲུབ་པ་དགག་པ།

གཉིས་པ་ནི། ཇི་ལྟར་སྨིག་རྒྱུ་ཆུ་འདྲ་བ་ཆུ་མིན་པ་དོན་དུ་སྟེ་བརྟགས་ན་ཆུ་མ་ཡིན་པ་དེ་བཞིན་དུ་ཕུང་པོ་དེ་དག་ཆོས་ཅན། དོན་དུ་རང་བཞིན་གྱིས་གྲུབ་པ་མིན་ཏེ། རང་བཞིན་གྱིས་གྲུབ་པའི་བདག་འདྲ་བར་སྣང་ཡང་བདག་མིན་པའི་ཕྱིར།

པ༣ ཡོད་མེད་དུ་ལྟ་བ་མ་སྤངས་ན་འཁོར་བ་ལས་མི་གྲོལ་བ།

གསུམ་པ་ནི། སྐྱིག་རྒྱུ་ལ་ནི་འདི་ཆུའོ་ཞེས་བསམས་ཏེ་དེར་ནི་སོང་བ་ལས་གལ་ཏེ་ཆུ་སྣང་ཡོད་པ་དེ་མེད་པ་ཞེས་(༧༨ན)འཛིན་པ་དེ་ནི་གླུན་པ་ཉིད་དོ། །དེར་ཆུ་སྣ་ནས་མེད་པའི་ཕྱིར་ཏེ། དེ་བཞིན་དུ་སྣང་ལ་རང་བཞིན་མེད་པ་སྐྱིག་རྒྱུ་ལྟ་བུའི་འཇིག་རྟེན་ཉེར་ལེན་གྱི་ཕུང་པོ་རང་བཞིན་གྱིས་ཡོད་ཅེའམ་སྣར་རང་བཞིན་གྱིས་ཡོད་པ་ཕྱིས་མེད་པ་ཞེས་འཛིན་པ་དེ་ནི་རྨོངས་པ་སྟེ། དེ་ཁོ་ན་ཉིད་ཀྱི་དོན་ལ་རྨོངས་པ་ཡོད་ན་འཁོར་བ་ལས་མི་གྲོལ་ལོ། །

ང༢ དེ་ལ་ཆད་པར་ཐལ་བའི་ཉེས་པ་མེད་པ།

ན༡ ཐར་པ་ཐོབ་པ་ལ་གཉིས་མེད་རྟོགས་དགོས་པར་བསྟན་པ།

གཉིས་པ་དེ་ལ་ཆད་པར་ཐལ་བའི་ཉེས་པ་ལ་གསུམ། ཐར་པ་ཐོབ་པ་ལ་གཉིས་མེད་རྟོགས་དགོས་པར་བསྟན་པ་དང་། མཐའ་བྲལ་རྟོགས་པ་ཡོད་མེད་ཀྱི་ལྟ་བ་ཅན་དུ་ཐལ་བ་འཕང་བ་དང་། སྤྲོས་བྲལ་ཁོང་དུ་ཆུད་པ་ལ་ཆད་པའི་ཉེས་པ་མེད་པའོ། །དང་པོ་ནི། ལས་འབྲས་ལ་སྐུར་བ་འདེབས་པའི་མེད་པ་པ་ནི། དེའི་དབང་གིས་ངན་འགྲོར་འགྲོ་ལ་ལས་འབྲས་ལ་ཡིད་ཆེས་པའི་འཇིག་རྟེན་པའི་ཡང་དག་པའི་ལྟ་བ་ཅན་གྱི་ཡོད་པ་པ་ནི། དེའི་དབང་གིས་བདེ་འགྲོར་འགྲོ་བས་ལྟ་བ་དེ་ཙམ་ལས་མེད་ན། ངན་འགྲོར་མ་ལྟུང་ཡང་འཁོར་བར་འཁོར་བ་ཙམ་དུ་ཟད་ལ། མཐར་ལྟ་གཉིས་ལ་མི་བརྟེན་པའི་འཕགས་པ་ཆོས་ཅན། ཐར་པར་འགྱུར་ཏེ། གནས་ལུགས་ཀྱི་དོན་ཡང་དག་པ་ཇི་ལྟ་བ་བཞིན་མངོན་སུམ་དུ་ཡོངས་སུ་ཤེས་པའི་ཕྱིར།

ན༢ མཐའ་བྲལ་རྟོགས་པ་ཡོད་མེད་ཀྱི་ལྟ་བ་ཅན་དུ་ཐལ་བ་འཕང་བ།

གཉིས་པ་ནི། གནས་ལུགས་ཀྱི་དོན་ཡང་དག་པ་ཇི་ལྟ་བ་བཞིན་ཡོངས་སུ་ཤེས་པས་རང་བཞིན་གྱིས་ཡོད་པར་མི་འདོད་པ་དེའི་ཕྱིར་མེད་པ་པར་འགྱུར་ན་ཡོད་པ་པར་ཡང་ཅིའི་ཕྱིར་མི་འགྱུར་འགྱུར་བར་ཐལ། ལས་འབྲས་མེད་པར་རང་མི་འདོད་པའི་ཕྱིར། ངོ་བོ་ཉིད་མེད་པར་སྨྲ་བ་ཁྱེད་ཀྱིས་གལ་ཏེ་རང་བཞིན་གྱིས་ཡོད་པ་སུན་ཕྱུང་བས་དོན་གྱིས་འདི་ནི་མེད་པ་པར་བསྙན་པར་བྱའོ་ཞེ་ན། འོ་ན་དེ་བཞིན་དུ་དབུ་མ་པ་ཡོད་པ་པར་ཡང་ཅིའི་ཕྱིར་མི་བསྙན་བསྙན་རིགས་(༧༤བ)པར་ཐལ། རྒྱུ་འབྲས་མེད་པ་སུན་ཕྱུང་བས་སོ། །དེ་དག་ནི་མགོ་མཚུངས་ཀྱིས་དགག་པའོ། །

ན༣ སྨྲས་བྲལ་ཁོང་དུ་ཆུད་པ་ལ་ཆད་པའི་ཉེས་པ་མེད་པ།

གསུམ་པ་ནི། དབུ་མ་པ་དེ་དག་ཇི་ལྟར་མེད་པ་པར་བཤད་དེ་མེད་པ་པར་མི་རིགས་པར་ཐལ། དབུ་མ་པ་གང་དག་དོན་གྱིས་ལས་འབྲས་མེད་པ་ཉིད་དུ་དམ་མི་འཆའ་ཞིང་ཚིག་གིས་མི་སྨྲ་བའི་ཕྱིར། ཁས་མི་ལེན་ཡང་སྤྱོད་པས་ཉམས་སུ་ལེན་ཅེ་ན། ལུས་ཀྱི་ཉེས་སྤྱོད་མཐའ་དག་ལས་ལོག་པའི་ཕྱིར་ལུས་ཀྱིས་ཀྱང་མེད་པ་པ་དང་མཐུན་པར་མི་སྤྱོད་ལ་གལ་ཏེ་རྣེད་བཀུར་ཉམས་དོགས་པས་མི་སྤྱོད་པར་ཟད་ཀྱི་སེམས་ལ་ལས་འབྲས་མེད་སྙམ་པ་ཡོད་དོ་ཞེ་ན། ལས་འབྲས་མེད་སྙམ་པའི་སེམས་ཀྱང་མེད་པ་ཡིན་ཏེ། བླ་ན་མེད་པའི་བྱང་ཆུབ་ཐོབ་པའི་ཆེད་དུ་དེའི་ལམ་ལ་བརྟེན་པས་ལས་འབྲས་ཕྱིན་ཅི་མ་ལོག་པར་རྟོགས་པའི་ཕྱིར། འདི་ནི་དབུ་མ་པས་ཆོས་ཐམས་ཅད་རང་བཞིན་གྱིས་སྟོང་པར་བསྟན་པ་ལ་ཉན་ཐོས་སྡེ་པ་ཁ་ཅིག །འདི་ནི་ལས་འབྲས་ལ་སྐུར་བ་འདེབས་པའི་མེད་པ་པར་སྨྲ་བོ་ནས་དབང་བསྒྱུར་བ་ཡིན་ནོ། །ཞེས་འདོད་པ་དགག་པའི་ཆེད་དུ་མཛད་དོ། །

ད༣ མཐའ་བྲལ་སངས་རྒྱས་ཀྱི་ཐུན་མོང་མ་ཡིན་པའི་ཁྱད་ཆོས་སུ་བསྟན་པ།

གསུམ་པ་མཐའ་བྲལ་སངས་རྒྱས་ཀྱི་ཐུན་མོང་མ་ཡིན་པའི་ཁྱད་ཆོས་སུ་བསྟན་པ་ནི། སངས་རྒྱས་རྣམས་ཀྱི་ནི་བསྟན་པ་འཆི་མེད་བདུད་རྩིའི་གོ་འཕང་མྱ་ངན་ལས་འདས་པ་སྟེར་བའི་ལམ་གྱི་དམིགས་པ་ཡོད་མེད་ལས་འདས་པ་སྤྲོས་པའི་མཐའ་ཐམས་ཅད་དང་བྲལ་བ་ཟབ་མོ་ཞེས་བཤད་པ་དེ་ཉིད་སངས་རྒྱས་ཀྱི་ཆོས་ཀྱི་ཁྱད་པ་ཐུན་མོང་མ་ཡིན་པ་ཡིན་པར་ཤེས་པར་གྱིས་ཤིག །འདི་ལས་གཞན་ལ་ཐུན་མོང་མིན་པའི་ཆོས་འདི་མེད་པ་དེའི་ཕྱིར་དེ་ཡང་རང་སྡེ་ཁ་ཅིག་དང་གཞན་སྡེ་ཕལ་ཆེར་གང་ཟག་རྫས་སུ་ཡོད་པར་སྨྲ་བ་དང་། (༡༧ན)རྫས་ཡོད་ཀྱི་ཕུང་པོར་སྨྲ་བ་ཡི་འཇིག་རྟེན་པ་དེ་དག་སྤྲོས་བྲལ་ཟབ་མོ་སྨྲ་བ་མེད་པའི་ཕྱིར་དང་། དྲང་སྲོང་སེར་སྐྱ་ཤེས་བྱ་ཐམས་ཅད་ཉི་ཤུ་རྩ་ལྔ་འཆད་པར་སྨྲ་བས་དེའི་རྗེས་སུ་འབྲང་བའི་གྲངས་ཅན་པ་དང་། དབང་ཕྱུག་ཆེན་པོའི་སྤྲུལ་པར་བཏགས་ནས་འུག་པ་པའི་སློབ་མར་ཁས་ལེན་པས་འུག་ཕྲུག་པ་རིགས་པ་ཅན་པ་དང་བྱེ་བྲག་པ་ཤེས་བྱ་ཐམས་ཅད་ཚིག་དོན་དྲུག་ཏུ་འདུས་པར་སྨྲ་བ་དང་། གོས་མེད་གཅེར་བུ་བ་གཟུང་འཛིན་གཉིས་སྟོང་གི་ཤེས་པ་རྟག་དངོས་སུ་ཁས་ལེན་པ་དང་བཅས་པ་རྣམས་ལ་གལ་ཏེ་གང་ཞིག་རང་བཞིན་གྱིས་ཡོད་པ་ལས་འདས་པ་དང་། དངོས་མེད་རང་བཞིན་གྱིས་གྲུབ་པ་ཙུང་ཟད་ཀྱང་མེད་པ་ལས་འདས་པ་རྟེན་འབྱུང་སྤྲོས་པའི་མཐའ་དང་བྲལ་བ་སྨྲ་ན་དྲིས་དང་ཙུང་ཟད་ཀྱང་སྨྲ་མི་ནུས་པས་བདག་ལེགས་སུ་འདོད་པ་རྣམས་ཀྱིས་དབུ་མ་པའི་གཞུང་ལུགས་ཀྱི་དོན་དུ་བརྟགས་ནས་ཡོད་པ་ཡང་མ་ཡིན་མེད་པ་ཡང་མ་ཡིན་ཞེས་པའི་མུན་སྤྲུལ་གྱི་ཚིག་དང་། ཡང་དོན་དམ་པའི་བདེན་པ་རྟག་དངོས་ཁས་ལེན་པ་དང་། འདུས་བྱས་རང་བཞིན་གྱིས་གྲུབ་པ་སོགས་ཁས་མི་ལྡང་བར་བདེན་འཛིན་གྱི་དམིགས་གཏད་བྱ་ས་རྡུལ་ཕྲན་ཙམ་ཡང་མེད་པར་ཁོང་དུ་ཆུད་

ཅིང་། རྒྱུ་མཚན་དེ་ཉིད་ཀྱིས་འཁོར་འདས་ཀྱི་རྣམ་གཞག་རང་ལུགས་ལ་ངེས་པར་ཁས་བླང་དགོས་པའི་གཉིས་ཚོགས་ལ་མཁས་པར་བྱའོ། །

ད༽ དངོས་པོ་རང་བཞིན་གྱིས་གྲུབ་པ་དགག་པ།

ན༡ འགྲོ་འོང་རང་བཞིན་གྱིས་གྲུབ་པ་དགག་པ།

བཞི་པ་དངོས་པོ་རང་བཞིན་གྱིས་གྲུབ་པ་དགག་པ་ལ་བཞི། འགྲོ་འོང་རང་བཞིན་གྱིས་གྲུབ་པ་དགག་པ་དང་། འདུས་བྱས་ཀྱི་མཚན་ཉིད་སྐྱེ་འཇིག་གནས་གསུམ་རང་བཞིན་གྱིས་གྲུབ་པ་དགག་པ་དང་། ཞར་ལ་གཞན་སྡེའི་འདོད་པ་དགག་པ་དང་། སྐད་ཅིག་མ་རང་བཞིན་གྱིས་(༡༧བ)གྲུབ་པ་དགག་པའོ། །དང་པོ་ནི། འཇིག་རྟེན་ཕུང་པོ་ནི་ཆོས་ཅན། དེ་འདྲ་དོན་དུ་སྔེ་རང་བཞིན་གྱིས་ཅི་ཡོད་མེད་པར་ཐལ། རང་བཞིན་གྱི་ཡོད་ན་དུས་གསུམ་དུ་གནས་དགོས་པ་ལ་ཞིག་ནས་ག་ཤེད་དུ་འགྲོ་བ་མེད་ཅིང་། སྐྱེ་བའི་ཚེ་ག་ཤེད་ནས་འོང་བ་མེད་ཅིང་སྐྱེས་ནས་ཀྱང་དེའི་རྗེས་སུ་སྐད་ཅིག་ཀྱང་མི་གནས་པ་དུས་གསུམ་དུ་གནས་པ་ལས་འདས་པའི་བདག་ཉིད་ཡིན་པའི་ཕྱིར། དམ་སློས་པ་ནི་ཐ་སྙད་དུ་ཡོད་པར་སྟོན་པའོ། །འཇིག་རྟེན་འཁོར་བ་དང་མྱ་ངན་ལས་འདས་པ་དོན་དུ་རང་བཞིན་གྱིས་སྟོང་མི་སྟོང་གི་ཁྱད་པར་ཇི་ལྟ་བུ་ཡང་ཡོད་པ་མ་ཡིན་པར་ཐལ། གང་གི་ཕྱིར་ན། གཉིས་ཀའང་ཡང་དག་ཏུ་འགྲོ་བ་དང་འོང་བ་དང་གནས་པ་མེད་པ་དེའི་ཕྱིར། རྒྱས་པར་ནི་རྩ་བ་ཤེས་རབ་ཀྱི་འགྲོ་འོང་བརྟག་པའི་རབ་བྱེད་ལས་ཤེས་པར་བྱའོ། །

ན༢ འདུས་བྱས་ཀྱི་མཚན་ཉིད་སྐྱེ་འཇིག་གནས་གསུམ་རང་བཞིན་གྱིས་གྲུབ་པ་དགག་པ།

གཉིས་པ་ནི། སྐྱེ་བ་དང་ནི་གནས་པ་དང་འགག་པ་དོན་དུ་རང་བཞིན་གྱིས་གྲུབ་པ་ག་ལ་ཞིག་སྟེ་མེད་པར་ཐལ། རང་བཞིན་གྱིས་གནས་པ་མེད་པའི་ཕྱིར་ན། སྐྱེ་བ་དང་འགག་པའང་ཡང་དག་ཉིད་དུ་གྲུབ་པ་རིགས་པ་མིན་པའི་ཕྱིར།

ན༣ ཞར་ལ་གཞན་སྡེའི་འདོད་པ་དགག་པ།

པ༡ བྱེ་བྲག་པས་རྫུལ་ཕྲན་རྟག་པར་འདོད་པ་དགག་པ།

གསུམ་པ་ལ་གཉིས། བྱེ་བྲག་པས་རྫུལ་ཕྲན་རྟག་པར་འདོད་པ་དགག་པ་དང་། ཁྱབ་འཇུག་པ་སྐྱེས་བུ་རྟག་པར་འདོད་པ་དགག་པའོ། །དང་པོ་ནི། བྱེ་བྲག་པ་ན་རེ། དངོས་པོ་ཐམས་ཅད་སྐྱེ་འཇིག་བྱེད་པར་ཁས་ལེན་པ་དེ་ལ་ཉེས་པ་དེར་འགྱུར་བ་ཡིན་གྱི་ཁོ་བོ་ཅག་ནི་རྫུལ་ཕྲན་རང་བཞིན་གྱིས་རྟག་པར་ཁས་ལེན་པས་ཉེས་པ་མེད་དོ་ཞེ་ན། དངོས་པོ་རྣམས་ལ་གནས་སྐབས་འགྱུར་བ་ཡོད་དམ་མེད། དང་པོ་ལྟར་ན། རྫུལ་ཕྲན་ཇི་ལྟར་སྐད་ཅིག་མ་མ་ཡིན་པའི་རྟག་དངོས་ཡིན་ཏེ་མིན་པར་ཐལ། གལ་ཏེ་གནས་སྐབས་རྟག་ཏུ་འགྱུར་ན་ནི་སྟེ་(༡༤ན)འགྱུར་བའི་ཕྱིར། གལ་ཏེ་གནས་སྐབས་འགྱུར་བ་མེད་ན་ནི་དོན་དུ་རང་བཞིན་གྱིས་བྱིས་པ་ལས་གཞོན་ནུ་དང་། དེ་ལས་རྒས་པ་སོགས་གཞན་ཉིད་དུ་ག་ལ་འགྱུར་ཏེ་མི་འགྱུར་བར་ཐལ། གནས་སྐབས་ཀྱང་རྟག་པ་ཐེར་ཟུག་པའི་ཕྱིར། ཉེས་པ་དེས་འཇིགས་པས་དངོས་པོ་རང་བཞིན་གྱིས་སྐད་ཅིག་མར་ཡོད་དོ་ཞེ་ན། རྫུལ་ཕྲན་རྟག་ལ་གནས་སྐབས་ཁ་ཅིག་མི་རྟག་པར་ཁས་ལེན་པ་ལྟར་ཕྱོགས་གཅིག་འདི་ནི་སྟེ་ཆ་གཅིག་ཟད་པས་འགྱུར་བར་འདོད་དམ། ཆ་ཐམས་ཅད་ཀྱི་ཐམས་ཅད་དུ་ཟད་པས་སྐད་ཅིག་མར་འགྱུར་གང་

ན་དེ་རྣམ་པ་གཉིས་ཀ་འང་རིགས་པ་དང་ལྡན་པ་མིན་པར་ཐལ། དངོས་པོ་རྣམས་ལ་ཕྱེད་ཀྱི་རལ་སོགས་སུ་འགྱུར་བ་དང་། ཕྱེད་སྟར་གྱི་དེ་ཉིད་གནས་པའི་མི་འདྲ་བ་དམིགས་དགོས་ན་དེ་འདྲའི་མི་འདྲ་བ་ཉིད་མི་དམིགས་པའི་ཕྱིར་རོ། །

པ༢ ཁྱབ་འཇུག་པ་སྐྱེས་བུ་རྟག་པར་འདོད་པ་དགག་པ།

གཉིས་པ་ནི། ཁྱབ་འཇུག་པ་ན་རེ། ཕོ་བོ་ཅག་གི་ཁྱབ་འཇུག་ནི་ཐོག་མཐའ་མེད་པའི་སྐྱེས་བུ་རྟག་པ་ཉིང་པ་ཡིན་པས་རང་བཞིན་དང་གནས་སྐབས་ལ་བརྟགས་པའི་ཉེས་པ་དེ་དག་མེད་དོ་ཞེ་ན། ཁྱབ་འཇུག་དངོས་པོ་ཡིན་ན། སྐད་ཅིག་མ་ཡིན་དགོས་ལ། སྐད་ཅིག་མ་ཡིན་ན་རང་གྲུབ་པའི་དུས་གཉིས་པར་རིལ་མེད་པའི་ཕྱིར། སྔ་དུས་ན་ཡོད་པའི་དངོས་པོ་དེ་ཉིད་ཕྱི་དུས་སུ་གནས་པའི་ཉིང་པ་འགའ་ཡང་ལྷ་ག་ལ་ཞིག་ཡོད་དེ་མེད་པར་ཐལ། གལ་ཏེ་བརྟེན་པའི་དངོས་པོ་ཡིན་པའི་ཕྱིར་སྐད་ཅིག་མ་མིན་ནའང་སྔ་དུས་ན་གནས་པའི་དངོས་པོ་ཕྱིས་ཀྱང་གནས་པའི་ཉིང་པ་འགའ་ཡང་ལྷ་ག་ལ་ཞིག་དངོས་པོ་ཉིང་པ་ལ་འགྱུར་བས་ཁྱབ་པའི་ཕྱིར་རོ། །

ན༤ སྐད་ཅིག་མ་རང་བཞིན་གྱིས་གྲུབ་པ་དགག་པ།

པ༡ སྐད་ཅིག་ལ་ཆ་བཅས་ཀྱིས་ཁྱབ་པ་བསྟན་པ།

བཞི་པ་ལ་བཞི། སྐད་ཅིག་(༡༢བ)ལ་ཆ་བཅས་ཀྱིས་ཁྱབ་པ་བསྟན་པ་དང་། ཆ་བཅས་རང་བཞིན་གྱིས་གྲུབ་པ་དགག་པ་དང་། གཅིག་དང་དུ་བྲལ་གྱི་གཏན་ཚིགས་ཀྱིས་དངོས་པོ་རང་བཞིན་གྱིས་གྲུབ་པ་དགག་པ་དང་། འཇིག་རྟེན་མཐའ་ལྡན་དུ་མི་བཟུང་བའི་རྒྱུ་མཚན་ནོ། །དང་པོ་ནི། སྐད་ཅིག་མ་སྐྱེས་ལ་མ་འགགས་པ་དེ་ཉིད་དུས་གཉིས་པར་མི་སྡོད་པས་མི་རྟག་པ་ཡིན་ལ། དེ་ཉིད་སྐད་ཅིག་གཅིག་རང་བཞིན་གྱིས་གནས་པ་ཡིན་ནོ་ཞེ་ན། ཇི་ལྟར་སྐད་ཅིག་མ་དེ་ལ་རང་གི་ཆ་ཤས་

སུ་གྱུར་པའི་ཕྱི་མཐའ་ཁས་ལེན་དགོས་ལ་ཕྱི་མཐའ་ཡོད་པ་དེ་བཞིན་དུ་ཐོག་མ་དང་དབུས་ཡོད་པར་བརྟག་ཅིང་ཁས་ལེན་དགོས་ཏེ། ཆ་མེད་ཀྱི་དངོས་པོ་མི་སྲིད་པའི་ཕྱིར་རོ། །དེ་ལྟར་སྟོད་བཅུད་ཀྱི་འཇིག་རྟེན་ཆོས་ཅན། སྐད་ཅིག་གཅིག་རང་བཞིན་གྱིས་གནས་པ་མིན་པར་ཐལ། རང་གི་ཆ་ཤས་སུ་གྱུར་པའི་སྐད་ཅིག་གསུམ་གྱི་བདག་ཉིད་ཡིན་པའི་ཕྱིར།

པ༢ ཆ་བཅས་རང་བཞིན་གྱིས་གྲུབ་པ་དགག་པ།

གཉིས་པ་ནི། ཐོག་མཐའ་དབུས་གསུམ་སོ་སོར་རང་བཞིན་གྱིས་གནས་སོ་ཞེ་ན། སྐད་ཅིག་མ་དེའི་ཐོག་མ་དང་དབུས་དང་ཐ་མ་ཡང་ཆོས་ཅན། རང་གཞན་གང་ལས་ཀྱང་རང་བཞིན་གྱིས་གནས་པར་སྐྱེ་བ་མ་ཡིན་ཏེ། སྐད་ཅིག་བཞིན་དུ་ཆ་ཡོད་མེད་བརྟག་ཅིང་བསམ་པར་བྱས་ན་ཐོག་མ་དང་དབུས་དང་ཐ་མ་ཉིད་གསུམ་གྱི་ཆ་དང་བཅས་པའི་ཕྱིར་རོ། །འདི་དག་གིས་ནི་ཁྱབ་བྱེད་དངོས་པོ་ཆ་མེད་བཀག་ནས་རང་བཞིན་གྱིས་གྲུབ་པ་འགོག་པ་ཡིན་នོ། །

པ༣ གཅིག་དང་དུ་བྲལ་གྱི་གཏན་ཚིགས་ཀྱིས་དངོས་པོ་རང་བཞིན་གྱིས་གྲུབ་པ་དགག་པ།

གསུམ་པ་ནི། གཟུགས་ཅན་གྱི་དངོས་པོ་ཆོས་ཅན། གཅིག་པུ་ཉིད་དུ་བདེན་པ་མིན་ཏེ། ཕྱོགས་ཐ་དད་དང་བཅས་པའི་ཕྱིར། རྟགས་མ་གྲུབ་པའི་སྐྱོན་མེད་དེ། གཟུགས་ཅན་ཕྱོགས་མེད་པ་ནི་འགའ་ཡང་མེད་པའི་ཕྱིར་རོ། །(༧༡ན)དུ་མར་བདེན་ནོ་ཞེ་ན། དུ་མར་བདེན་པ་མ་ཡིན་ཏེ། བདེན་གྲུབ་ཀྱི་གཅིག་མེད་པའི་ཕྱིར། ཁྱབ་སྟེ་གཅིག་མེད་པར་ནི་དུ་མ་མེད་པའི་ཕྱིར་རོ། །གཟུགས་ཅན་གྱིས་མཚོན་ནས་ཆོས་ཀུན་ལ་གཅིག་དང་དུ་བྲལ་གྱི་གཏན་ཚིགས་ཀྱིས་བདེན་གྲུབ་འགོག་པ་ཡིན་ནོ། །གཟུགས་

ཅན་བདེན་སྟོང་རང་བཞིན་གྱིས་ཡོད་དོ་ཞེ་ན། གཟུགས་ཅན་རང་བཞིན་གྱིས་ཡོད་པ་མེད་པར་གཟུགས་ཅན་རང་བཞིན་གྱིས་མེད་པའང་རང་བཞིན་གྱིས་གྲུབ་པ་མེད་དེ། རྟེན་མེད་ན་བརྟེན་པ་མེད་པའི་ཕྱིར་ཏེ། སྤྱོད་འཇུག་ལས། དཔྱད་བྱ་རྣམ་པར་དཔྱད་བྱས་ན། །རྣམ་གཅོད་ལ་ནི་རྟེན་ཡོད་མིན། །ཞེས་གསུངས་པ་ལྟར་རོ། །དངོས་པོ་རང་ནི་ཞིག་པའམ་ནི་ཐོ་བས་བཅོམ་པ་ལ་སོགས་པའི་གཉེན་པོ་ཡིས་རང་བཞིན་གྱིས་ཡོད་པ་ཉིད་མེད་པར་འགྱུར་གྲང་ན་དངོས་པོ་རང་བཞིན་གྱིས་ཡོད་པ་འཇིག་པའམ་དེ་འཇོམས་པའི་གཉེན་པོར་ཇི་ལྟར་འགྱུར་སྟེ་མི་འགྱུར་བར་ཐལ། རང་བཞིན་གྱིས་ཡོད་པ་སྲིད་པ་མ་ཡིན་པའི་ཕྱིར། དེས་ན་མྱ་ངན་ལས་འདས་པ་ཐོབ་པ་ཡིས་འཇིག་རྟེན་འཁོར་བ་དོན་དུ་སྔར་རང་བཞིན་གྱིས་ཡོད་པ་གསར་དུ་འགྲིབ་པར་མི་འགྱུར་བར་ཐལ། རང་བཞིན་གྱིས་ཡོད་མ་མྱོང་བ་དེའི་ཕྱིར།

པ༽ འཇིག་རྟེན་མཐའ་ལྡན་དུ་མི་བཟུང་བའི་རྒྱུ་མཚན།

བཞི་པ་ནི། འཁོར་བ་དང་མྱ་ངན་ལས་འདས་པ་གང་ཡང་རང་བཞིན་གྱིས་མ་གྲུབ་པས་ལྟ་བ་ངན་པ་དྲུག་ཅུ་རྩ་གཉིས་མཐའ་བཅུ་བཞིར་བསྡུས་ནས་སྟོན་པ་ལ་གཞན་གྱི་སྡེ་བ་འགའ་ཞིག་གིས་བདག་དང་འཇིག་རྟེན་མཐའ་དང་ལྡན་ནམ་ཞེས་ཞུས་པ་ན་རྒྱལ་བ་ཅང་མི་གསུང་བར་བཞུགས་པ་ཡིན་ལ། གང་གི་ཕྱིར་ན། ཁྱད་གཞི་མེད་པའི་ཁྱད་ཆོས་ལུང་སྟོན་པ་མི་རུང་ཞིང་། བདག་མེད་པ་(༧༡བ)བ་དང་ཕུང་པོ་རང་བཞིན་གྱིས་གྲུབ་པས་སྟོང་པ་བསྟན་པའི་སྣོད་དུ་མི་རུང་བར་གཟིགས་ནས་ལུང་མ་བསྟན་པ་ཡིན་ལ། དེ་ལྟར་ཟབ་མོའི་ཆོས་སྣོད་མིན་གྱི་འགྲོ་བ་ལ་མི་གསུང་བ་དེ་ཉིད་ཀྱི་ཕྱིར་ན་མཁས་པ་རྣམས་ཀྱིས་གསུང་བྱ་དང་གསུང་བྱ་མིན་པ་མཐའ་དག་མངོན་སུམ་དུ་གཟིགས་པའི་ཀུན་མཁྱེན་ཐུབ་པ་ཐམས་ཅད་མཁྱེན་པར་ཤེས་ཀྱི་མི་མཁྱེན་པས་མ་ཡིན་ཏེ། གཞན་དུ་དངོས་པོའི་དེ་ཁོ་ན་ཉིད་

རྒྱས་པར་གསུངས་པའི་ཕྱིར་རོ། །

ང༣ དོན་བསྡུ་བ།

ཐ༡ ཟབ་མོ་རྒྱལ་བས་གསུངས་པ།

གསུམ་པ་དོན་བསྡུ་བ་ལ་གསུམ། ཟབ་མོ་རྒྱལ་བས་གསུངས་པ་དང་། དེ་ལ་སྐྲག་པའི་ཉེས་དམིགས་དང་། རྒྱལ་པོས་ཀྱང་ཟབ་མོའི་དོན་རྟོགས་པར་གདམས་པའོ། །དང་པོ་ནི། དེ་ལྟར་ངེས་པར་ལེགས་པའི་ཆོས་རྟོགས་པར་དཀའ་བ་ཟབ་མོ་མཐའ་གང་དུ་ཡང་ཡོངས་སུ་འཛིན་བྱར་མེད་ཅིང་། རྟེན་རང་བཞིན་གྱིས་གྲུབ་པའི་གནས་མེད་པ་གང་ཞིག་རྟོགས་ནས་གྲོལ་བར་བྱས་པ་ལས། ཐེག་པ་གསུམ་གའི་འབྲས་བུ་ཐོབ་པའི་ཟབ་མོ་ནི་རྫོགས་པའི་སངས་རྒྱས་ཐམས་ཅད་གཟིགས་པ་རྣམས་ཀྱིས་ཏིང་ངེ་འཛིན་རྒྱལ་པོའི་མདོ་ལ་སོགས་པ་རྣམས་ལས་གསུངས་པར་ཤེས་པར་བྱའོ། །

ཐ༢ དེ་ལ་སྐྲག་པའི་ཉེས་དམིགས།

གཉིས་པ་ནི། མཚན་འཛིན་གྱིས་ཇི་ལྟར་ཞེན་པའི་གནས་མེད་པའི་ཆོས་འདིས་སྐྲག་པའི་སྐྱེ་བོ་ཐོག་མ་མེད་པ་ནས་བདག་ཏུ་མངོན་པར་ཞེན་པའི་མཐུས་རང་བཞིན་གྱིས་གྲུབ་པའི་གནས་ལ་མངོན་པར་དགའ་ཞིང་རང་བཞིན་གྱིས་ཡོད་པ་དང་། སྟོང་ཡོད་མེད་པར་འཛིན་པ་ལས་མ་འདས་པའི་མི་མཁས་པ་རྣམས་ནི་ཕྱིན་ཅི་ལོག་ཏུ་བཟུང་ནས་ཞུང་བར་འགྱུར་ཏེ་འཇིགས་པར་རིགས་པ་མིན་པའི་གནས་ལ་འཇིགས་པ་དེ་དག་ནི་ཁ་ཅིག །རང་བཞིན་གྱིས་སྟོང་པ་གནས་ལུགས་ཀྱི་དོན་དུ་བསྟན་པ་ན། སྐུར་བ་འདེབས་ཤིང་(༢༠ན)སྤོང་བར་བྱེད་ལ། སྤངས་ནས་ངན་འགྲོར་འགྲོ་བ་དང་། ཁ་ཅིག་དེ་ལ་མོས་ཀྱང་དོན་བྱེད་ནུས་པ་ནི་དངོས་པོ་འགག་པ་དེའི་དོན

ཧྲུ་གོ་ནས་ལས་འབྲས་ལ་སྐུར་བ་འདེབས་ཤིང་། ཆོས་གང་ཡང་ཡོད་མེད་གང་དུ་ཡང་གཟུང་བར་བྱ་བ་མིན་ནོ་ཞེས་དེ་སྐད་སྨྲ་ཞིང་གཞན་ལ་དེ་ལྟར་སྒྲོག་པར་བྱེད་པས་འོག་ནས་འཆད་པ་ལྟར་རང་ཡང་ཕུང་ལ་གཞན་ཡང་ཕུང་བར་བྱེད་དོ། །སློབ་དཔོན་ཞི་བ་འཚོས་དབུ་མ་རྒྱན་གྱི་འགྲེལ་པར་གསུངས་པ་ལྟར། བྱ་གསོད་པ་དང་རི་དྭགས་གསོད་པ་སོགས་ནི་རང་གཞན་ལ་ཕན་པ་ཆུང་ངུའི་སྲོག་ཆགས་རྣག་ཅན་གྲངས་ཡོད་པ་ཞིག་གསོད་པར་ཟད་ཀྱི་སྟོང་པ་ཉིད་སྤོང་བར་བྱེད་པ་ནི། སེམས་ཅན་ཐམས་ཅད་ཀྱི་མ་རིག་པའི་མུན་པ་སེལ་བའི་སྒྲོན་མེ་ཆོས་ཀྱི་སྐུའི་རྒྱུ་ལ་གནོད་པ་བྱས་པ་ཡིན་པས་བདག་ལེགས་སུ་འདོད་པ་རྣམས་ཀྱིས་གནས་འདི་ལ་གཟབ་པར་བྱའོ། །

ཐ༣ རྒྱལ་པོས་ཀྱང་ཟབ་མོའི་དོན་རྟོགས་པར་གདམས་པ།

གསུམ་པ་ནི། རྒྱལ་པོ་ཞེས་བོས་ནས་རང་བཞིན་གཉིས་ག་ལ་དེ་དག་གིས་ཅི་ནས་ཀྱང་མི་ཕུང་བ་སྟོང་པ་ཉིད་འབྱུང་གི་དོན་དུ་ཁོང་དུ་ཆུད་ནས། རྟེན་འབྲེལ་ལ་སྐུར་བ་བཏབ་ན། ངན་འགྲོར་འགྲོ་བ་དང་། རྟེན་འབྲེལ་རང་ལུགས་ལ་ཁས་ལེན་དགོས་པ་ཉིད་ཀྱིས་རང་བཞིན་གྱིས་གྲུབ་པས་སྟོང་པ་ཁས་བླང་དགོས་པ་དང་། རང་བཞིན་གྱིས་གྲུབ་པ་ལ་རྒྱུ་འབྲས་ཙམ་ཟད་ཀྱང་བཞག་ས་མེད་པར་ཁོང་དུ་ཆུད་ནས་བདེན་པ་གཉིས་མིང་ཙམ་བརྗོད་ཙམ་དུ་ཁོང་དུ་ཆུད་པ་དེ་ལྟར་གྱིས་ཤིག་ཅེས་གདམས་སོ། །

ཉ༢ དེ་ལ་རྒྱལ་པོས་ཀྱང་བསླབ་པར་གདམས་པ།

ཏ༡ སྐབས་དགོད་པ།

གཉིས་པ་རྒྱལ་པོས་ཀྱང་ཟབ་མོའི་དོན་ལ་བསླབ་པར་གདམས་པ་ལ་གཉིས། སྐབས་དགོད་པ་དང་། བདག་མེད་གཉིས་བཤད་པའོ། །དང་པོ་ནི། རྒྱལ་པོ་ཞེས་བོས་ནས་ཁྱོད་ལ་འཇིག་རྟེན་འདས་ཀྱི་ཚུལ་ལུགས་(༢༠བ)མཐའ་གཉིས་ལ་

མི་བརྟེན་པའི་ཡང་དག་པ་ངེས་དོན་གྱི་མདོ་སྡེ་ལས་གསུངས་པ་ཇི་ལྟ་བ་བཞིན་དུ་རིགས་པ་དང་ལུང་གི་དབང་གིས་བཤད་པར་བྱའོ། །ཅིའི་དོན་དུ་ཞེ་ན། རྒྱལ་པོ་ཁྱོད་ནི་མི་ཕུང་བར་བགྱི་བའི་སླད་དུའོ། །འཁོར་བའི་རྒྱུར་གྱུར་པའི་སྡིག་དང་བསོད་ནམས་བྱ་བ་ལས་འདས་པའི་ཟབ་མོ་གསུང་རབ་ལས་བཀྲོལ་བའི་དོན་དང་ལྡན་པ་མུ་སྟེགས་གཞན་དང་རང་གི་ཡང་སྡེ་པ་གནས་མེད་པ་ལ་འཇིགས་པས་མ་མྱངས་པའོ། །དོན་དེ་ཁྱོད་ལ་བཤད་པར་བྱའོ་ཞེས་པའོ། །

ཏ༢ བདག་མེད་གཉིས་བཤད་པ།

ཐ༡ གང་ཟག་གི་བདག་མེད་བཤད་པ།

ད༡ བསྡུས་ཏེ་བསྟན་པ།

གཉིས་པ་ལ་གཉིས། གང་ཟག་གི་བདག་མེད་བཤད་པ་དང་། ཆོས་ཀྱི་བདག་མེད་བཤད་པའོ། །དང་པོ་ལ་གཉིས། བསྡུས་ཏེ་བསྟན་པ་དང་། ཚིག་དོན་སོ་སོར་བསྟན་པའོ། །དང་པོ་ནི། གང་ཟག་ནི་མིང་གི་ཐ་སྙད་ཀྱི་དབང་གིས་བཞག་པ་ཙམ་ཡིན་གྱི། རང་གི་ངོ་བོས་གྲུབ་པ་ཅུང་ཟད་ཀྱང་མེད་དེ། རིགས་པ་དྲུག་ཅུ་པ་ལས། འཇིག་རྟེན་མ་རིག་རྐྱེན་ཅན་དུ། །གང་ཕྱིར་རྫོགས་པའི་སངས་རྒྱས་གསུང་། །དེ་ཡི་ཕྱིར་ན་འཇིག་རྟེན་འདི། །རྣམ་རྟོག་ཡིན་ཞེས་ཅིས་མི་འཐད། །ཅེས་གསུངས་པའི་དོན་ཏེ། འཇིག་རྟེན་ཉེར་ལེན་གྱི་ཕུང་པོ་ལྔ་པོ་འདི་ཉོན་མོངས་ཅན་གྱི་མ་རིག་པ་དེས་དངོས་པོ་རང་གི་ངོ་བོས་གྲུབ་པར་ཞེན་པའི་དབང་གིས་ལས་བསགས་དེ་ལས་སྡུག་བསྔལ་འགྱུབ་པ་ཡིན་ལ། དེས་ཇི་ལྟར་བཏགས་པ་ལྟར་དུ་མ་གྲུབ་པར་ཁོང་དུ་ཆུད་པ་ན་གང་ཟག་དང་ཕུང་པོ་ཁས་མི་ལེན་དུ་མི་རུང་ལ། དེ་ཡང་མ་རིག་པའི་འཛིན་སྟངས་བཀག་པའི་རྗེས་སུ་མིང་གི་ཐ་སྙད་ཀྱི་དབང་གིས་བཞག་པའི་རྟོག་པས་བཏགས་པ་ཙམ་དུ་ཁོང་དུ་ཆུད་པར་འགྱུར་བ་ཡིན་ནོ། །རྣལ་འབྱོར་སྤྱོད་པ་བཞི་བརྒྱ་

པ་ལས་ཀྱང་། རྟོག་པ་མེད་པར་འདོད་ཆགས་ལ། །(༢༧ན)སོགས་ལ་ཡོད་ཉིད་ཡོད་མིན་ན། །ཡང་དག་དོན་དང་རྟོག་པ་ཞེས། །བློ་དང་ལྡན་པ་སུ་ཞིག་འཛིན། །ཅེས་གསུངས་ཤིང་། དེའི་འགྲེལ་པ་ལས་ཀྱང་། རྟོག་པ་ཡོད་པ་ཁོ་ནས་ཡོད་པ་ཉིད་དང་། རྟོག་པ་མེད་པར་ཡོད་པ་ཉིད་མེད་པ་དེ་དག་ནི་གོར་མ་ཆག་པར་ཐག་པ་བསྒོགས་པ་ལ་བཏགས་པའི་སྦྲུལ་ལྟར་རང་གི་ངོ་བོས་མ་གྲུབ་པར་ངེས་སོ། །ཞེས་གསུངས་ཏེ། ཡང་དག་དོན་ནི་རང་གི་ངོ་བོས་གྲུབ་པའོ། །རྟོག་པ་ནི་དེ་ལ་ལྟོས་ཏེ་སྐྱེ་བའོ། །འགྲེལ་པ་དེར་ཆགས་སོགས་རྣམས་ཐག་པ་ལ་སྦྲུལ་དུ་བཏགས་པ་ལྟར་གསུངས་པ་ནི་མཚོན་པ་ཙམ་སྟེ། ཆོས་གཞན་ཐམས་ཅད་ཀྱང་ཐག་པ་ལ་སྦྲུལ་དུ་བཏགས་པ་ལྟར་རྟོག་པས་བཞག་པར་འཆད་པའོ། །དེ་ལ་ཁྲ་བོའི་མདོག་དང་འཁྱིལ་ལུགས་སྦྲུལ་དང་འདྲ་ཞིང་། ཡུལ་མི་གསལ་བར་སྣང་བ་ན་ཐག་པ་ལ་འདི་སྦྲུལ་ལོ་སྙམ་པ་འབྱུང་ངོ་། །དེའི་ཚེ་ཐག་པ་ལ་ཐག་པའི་ཚོགས་པ་དང་ཆ་ཤས་སྦྲུལ་གྱི་མཚན་གཞིར་འཛོག་རྒྱུ་རུང་ཟད་ཀྱང་མེད་པས། དེའི་སྦྲུལ་ནི་རྟོག་པས་བརྟགས་པ་ཙམ་མོ། །དེ་བཞིན་དུ་ཕུང་པོ་ལ་བརྟེན་ནས་ངའོ་སྙམ་པ་འབྱུང་བ་ན། ཕུང་པོའི་སྔོན་ནས་ཕྱི་མའི་རྒྱུན་གྱི་ཚོགས་པ་དང་། དུས་གཅིག་པའི་ཚོགས་པ་དང་། དེའི་ཆ་ཤས་ངའི་མཚན་གཞིར་འཛོག་རྒྱུ་རུང་ཟད་ཀྱང་མེད་དོ། །དེའི་ཕྱིར་རང་ཕུང་པོའི་ཆ་དང་ཆ་ཅན་ལས་ངོ་བོ་ཐ་དད་པའི་དེའི་གཞིར་འཛིན་རྒྱུ་ཡང་རུང་ཟད་ཀྱང་མེད་པས། ང་དེ་ནི་རྟོག་པས་ཕུང་པོ་ལ་བརྟེན་ནས་བཞག་པ་ཙམ་ཡིན་གྱི་རང་གི་ངོ་བོས་གྲུབ་པ་མེད་དོ། །

ད༢ ཚིག་དོན་སོ་སོར་བཤད་པ།

ཀ༡ ཁམས་དྲུག་གང་ཟག་ཏུ་མི་རུང་བ།

གཉིས་པ་ལ་གཉིས། ཁམས་དྲུག་གང་ཟག་ཏུ་མི་རུང་བ་དང་། དཔྱད་པ་ལྔའི་སྒོ་ནས་(༢༧བ)གང་ཟག་རང་བཞིན་གྱིས་གྲུབ་པ་དགག་པའོ། །དང་པོ་ནི། སྐྱེས་བུ་གང་

ཟག་ནི་ཁམས་དྲུག་འདུས་པ་ལ་བརྟེན་ནས་བཏགས་པ་ཙམ་ཡིན་གྱི། ཁམས་དྲུག་རེ་རེ་བ་དང་འདུས་པ་དང་དེ་ལས་ངོ་བོ་ཐ་དད་པ་གང་ཡང་སྐྱེས་བུར་མི་རུང་སྟེ། ས་མིན་ཆུ་མིན་པ་དང་། མེ་མིན་རླུང་མིན་ནམ་མཁའ་མིན་རྣམ་ཤེས་མ་ཡིན་ཞེས་པ་རྣམས་ཀྱིས་ཁམས་དྲུག་རེ་རེ་བ་གང་ཟག་མིན་པར་བསྟན་ལ། ཀུན་མིན་ན་ཞེས་པས་ཁམས་དྲུག་འདུས་པ་གང་ཟག་མ་ཡིན་པ་དང་། དེ་ལས་གཞན་ན་སྐྱེས་བུ་གང་ཞེས་དེ་དག་ལས་ངོ་བོ་ཐ་དད་པ་གང་ཟག་ཏུ་མི་རུང་བར་བསྟན་ཏོ། །སྐྱེས་བུ་ཆོས་ཅན། ཡང་དག་པར་གྲུབ་པ་མིན་ཏེ་ཁམས་དྲུག་འདུས་པ་ལ་བརྟེན་ནས་བཏགས་པའི་ཕྱིར། གང་ཟག་ཇི་ལྟ་བ་དེ་བཞིན་དུ་ཁམས་ནི་རེ་རེའང་ཆོས་ཅན། ཡང་དག་ཉིད་དུ་གྲུབ་པ་མིན་ཏེ། ཆ་དུ་མ་འདུས་པ་ལ་བརྟེན་ནས་བཏགས་པའི་ཕྱིར།

ན༢ དཔྱད་པ་ལྔའི་སྒོ་ནས་གང་ཟག་རང་བཞིན་གྱིས་གྲུབ་པ་དགག་པ།

གཉིས་པ་ནི། གཞན་ཡང་བཙལ་ན་བདག་ཕུང་པོ་ལས་རྣམ་ལྔར་མེད་དེ། ཕུང་པོ་དང་གང་ཟག་གི་བདག་གཅིག་ཡིན་ཏེ། བདག་མི་རྟག་པར་ཐལ་བ་དང་། དུ་མར་ཐལ་བ་དང་། སྐྱེ་བ་དྲན་པ་མི་འཐད་པ་སོགས་ཀྱི་ཉེས་པར་འགྱུར་རོ། །བདག་དེར་ཕུང་པོ་དེ་འཁར་གཞོང་ལ་རྒྱ་ཤུག་ལྟར་བརྟེན་པ་མིན་ལ། ཕུང་པོ་དེ་ལ་བདག་དེ་དེ་ལྟར་བརྟེན་པ་མིན་ཏེ། དམིགས་རུང་མི་དམིགས་པའི་ཕྱིར་རོ། །ཕུང་པོ་དེ་མེད་པར་བདག་ཡན་གར་བར་དམིགས་པ་ཡང་མིན་ཏེ། ཕུང་པོ་མེད་པའི་མཚན་ཉིད་ཅན་དུ་དམིགས་པར་ཐལ་བའི་ཕྱིར་རོ། །བདག་དང་ཕུང་པོ་མེ་ཤིང་ལྟར་འདྲེས་ཏེ་དེ་ཉིད་དང་གཞན་ཉིད་བརྗོད་དུ་མེད་པ་མིན་ཏེ། དངོས་པོ་ལ་དེ་ཉིད་དང་གཞན་གང་རུང་གིས་ཁྱབ་པའི་ཕྱིར་རོ། །བདག་ནི་ཇི་ལྟར་རང་བཞིན་གྱིས་ཡོད་དེ་མེད་པར་(༢༢ན)ཐལ། དཔྱད་ན་རྣམ་པ་ལྔར་མེད་པ་དེའི་ཕྱིར།

ཐ༢ ཆོས་ཀྱི་བདག་མེད་བཤད་པ།

ད༡ གཟུགས་ཕུང་རང་བཞིན་གྱིས་གྲུབ་པ་དགག་པ།

ན༡ རྟེན་འབྱུང་བ་རང་བཞིན་གྱིས་གྲུབ་པ་དགག་པ།

པ༡ གཅིག་དང་དུ་མའི་རང་བཞིན་དུ་མ་གྲུབ་པ།

གཉིས་པ་ལ་གཉིས། གཟུགས་ཕུང་རང་བཞིན་གྱིས་གྲུབ་པ་དགག་པ་དང་། ཕུང་པོ་ལྷག་མ་རྣམས་ལ་སྦྱོར་བའོ། །དང་པོ་ལ་བཞི། རྟེན་འབྱུང་བ་རང་བཞིན་གྱིས་གྲུབ་པ་དགག་པ་དང་། བརྟེན་པ་འབྱུང་འགྱུར་རང་བཞིན་གྱིས་གྲུབ་པ་དགག་པ་དང་། ཆོས་གཞན་ལ་སྦྱོར་བ་དང་། ནམ་མཁའ་རང་བཞིན་གྱིས་གྲུབ་པ་དགག་པའོ། །དང་པོ་ལ་བཞི། གཅིག་དང་དུ་མའི་རང་བཞིན་དུ་མ་གྲུབ་པ་དང་། དེས་ན་འབྱུང་བ་རང་བཞིན་གྱིས་མེད་པ་དང་། འདུས་པ་རང་བཞིན་གྱིས་མ་གྲུབ་པ་དང་། སྒྲུབ་བྱེད་དགག་པའོ། །དང་པོ་ནི། འབྱུང་བ་གསུམ་ས་དང་གཅིག་མིན་ཏེ། ས་ལ་གསུམ་གྱི་མཚན་ཉིད་ཚང་བར་ཐལ་བ་དང་། མཚན་ཉིད་འཚོལ་བར་ཐལ་བའི་ཕྱིར་རོ། །ས་འདི་ལ་འབྱུང་བ་གསུམ་བརྟེན་པ་མིན་ཞིང་གསུམ་པོ་དེ་ལ་འདི་བརྟེན་པ་མིན་ལ། གསུམ་པོ་དེ་མེད་པར་ས་གནས་པ་ཡང་མིན་ནོ། །འབྱུང་བ་རྣམས་ཀྱང་ཆོས་ཅན། བདག་བཞིན་རྫུན་པར་ཐལ། ཆུ་ལ་སོགས་པ་རེ་རེའང་དེ་བཞིན་དུ་རྣམ་པ་བཞིར་དཔྱད་ན་མི་རྙེད་པ་ཡིན་པ་དེའི་ཕྱིར།

པ༢ དེས་ན་འབྱུང་བ་རང་བཞིན་གྱིས་མེད་པ།

གཉིས་པ་ནི། དེས་ན་འབྱུང་བ་རྣམས་རང་བཞིན་གྱིས་མེད་དེ། རེ་རེའང་ངོ་བོ་ཉིད་དུ་གྲུབ་པ་མེད་པའི་ཕྱིར་ཏེ། ས་ཆུ་མེ་དང་རླུང་རྣམས་ནི་གང་ཞིག་གསུམ་མེད་པར་རེ་རེ་མེད་ལ། གཅིག་མེད་པར་ཡང་གསུམ་མེད་པའི་ཕྱིར་རོ། །

ཕ༣ འདུས་པ་རང་བཞིན་གྱིས་མ་གྲུབ་པ།

ཕ༡ སྟོས་ན་འདུས་པ་རང་བཞིན་གྱིས་གྲུབ་པ་འགལ་བ།

གསུམ་པ་ལ་གསུམ། ལྟོས་ན་འདུས་པ་རང་བཞིན་གྱིས་གྲུབ་པ་འགལ་བ་དང་། དེའི་ལན་དགག་པ་དང་རྩོད་པ་སྤོང་བའོ། །དང་པོ་ནི། འབྱུང་བ་རྣམས་སོ་སོར་རང་བཞིན་གྱིས་ཡོད་པ་མིན་ཏེ། གལ་ཏེ་གསུམ་མེད་པར་རེ་རེ་མེད་ལ་མེ་ལྟ་བུ་གཅིག་མེད་པར་(༢༢བ)ཡང་གཞན་གསུམ་མེད་པའི་ཕྱིར། ཅི་ལྟར་འདུས་པ་རང་བཞིན་གྱིས་གྲུབ་པ་སྐྱིད་པར་འགྱུར་ཏེ་མི་འགྱུར་བར་ཐལ། སོ་སོ་རང་གི་ངོ་བོས་མེད་པའི་ཕྱིར།

ཕ༢ དེའི་ལན་དགག་པ།

གཉིས་པ་ནི། སོ་སོ་རང་གི་ངོ་བོས་ཡོད་པས་འདུས་པ་རང་བཞིན་གྱི་ཡོད་དོ་ཞེ་ན། འབྱུང་བ་གསུམ་གྱི་བདག་ཉིད་ཅན་གྱི་བུད་ཤིང་མེད་པར་མེ་ཅི་སྟེ་མི་ཡོད་པར་ཐལ། འོན་ཏེ་བཞི་པོ་སོ་སོ་རང་གི་ངོ་བོས་ཡོད་པའི་ཕྱིར། དེ་བཞིན་གཡོ་དང་ཐོགས་པ་དང་སྨིན་པ་མེད་པར་ཆུ་ཅིས་མེད་ཅེས་པ་དང་། ཐོགས་སྨིན་སྡུད་པ་དག་མེད་པར་རླུང་ཡོད་པར་ཐལ་བ་དང་། གཡོ་སྨིན་སྡུད་པ་དག་མེད་པར་ས་ཡོད་པར་ཐལ། ལྟོས་མེད་དུ་རང་གི་ངོ་བོ་ཡོད་པའི་ཕྱིར།

ཕ༣ རྩོད་པ་སྤོང་བ།

གསུམ་པ་ནི། གལ་ཏེ་མེ་ཁོ་ན་ཤིང་མེད་པར་མི་འབྱུང་བར་གྲགས་པས་ལྟོས་པ་ཡིན་གྱི། གཞན་གསུམ་ལྟོས་མེད་དུ་རང་གི་ངོ་བོས་ཡོད་དོ་ཞེ་ན། འོན་ཏེ་མེ་འདི་གཞན་གསུམ་ལ་མ་ལྟོས་པར་བདག་ཉིད་མེད་ན། ཇི་ལྟར་ཁྱོད་ཀྱི་འབྱུང་བ་གསུམ་གཞན་ལ་ལྟོས་པ་མེད་པར་རང་གི་ངོ་བོས་ཡོད་པ་མིན་པར་ཐལ། གཞན་

གསུམ་པོ་རྟེན་ཅིང་འབྱུང་བ་དང་ཚོས་མི་མཐུན་པ་འདི་ཉུང་བའང་མིན་པའི་ཕྱིར་ཏེ། གཞན་ལ་ལྟོས་པའི་ཕྱིར།

པ༽ སྒྲུབ་བྱེད་དགག་པ།

བཞི་པ་ནི། གལ་ཏེ་འབྱུང་བ་རྣམས་ཕན་ཚུན་ལྟོས་ཀྱང་རང་གི་ངོ་བོས་ཡོད་དོ་ཞེ་ན། འབྱུང་བ་དེ་དག་ནི་ཇི་ལྟ་བུར་ན་ཕན་ཚུན་ལྟོས་ནས་ཡོད་པ་མི་འཐད་པར་ཐལ། སོ་སོ་རང་བཞིན་གྱིས་ཡོད་པའི་ཕྱིར། གལ་ཏེ་རང་གི་ངོ་བོས་མེད་ན་དེ་དག་ཇི་ལྟར་ཕན་ཚུན་ལྟོས་ནས་རང་གི་ངོ་བོས་ཡོད་པ་མི་འཐད་པར་ཐལ། སོ་སོ་རང་གི་ངོ་བོས་ཡོད་པ་མིན་པའི་ཕྱིར། གཞི་གང་ན་ས་ལྟ་བུ་ཞིག་ཡོད་པ་དེར་ལྷག་མ་གསུམ་པོ་ཡང་རང་གི་ངོ་བོས་ཡོད་དེ་དེའི་མཚན་ཉིད་ཡོད་པའི་ཕྱིར་ཅེ་ན། གལ་ཏེ་སོ་སོར་(༢༣ན)རང་མེད་ཀྱི་གང་ན་གཅིག་ཡོད་པའི་ཡུལ་དེར་ལྷག་མ་རྣམས་ཡོད་ན། འབྱུང་བ་བཞི་རང་བཞིན་འདྲེས་པ་ལ་ཡོད་དམ། མ་འདྲེས་པ་ལ་ཡོད། ཕྱི་མ་མི་འཐད་དེ། མ་འདྲེས་པ་རྣམས་ཡུལ་གཅིག་ན་གནས་པ་མེད་པའི་ཕྱིར། སྔ་མ་མི་འཐད་དེ། འདྲེས་པ་སོ་སོ་རང་གི་ངོ་བོས་ཡོད་པ་མིན་པའི་ཕྱིར། སོ་སོའི་རང་གི་མཚན་ཉིད་རང་གི་ངོ་བོས་ག་ལ་ཡོད་མེད་པར་ཐལ། འབྱུང་བ་རྣམས་སོ་སོ་རང་མེད་པའི་ཕྱིར། འདྲེས་ཀྱང་ཤས་ཆེ་ཆུང་ཡོད་པས་མཚན་ཉིད་ཤས་ཆེ་ཆུང་དམིགས་པའི་ཕྱིར་ཅེ་ན། འདུས་པའི་ཚེ་མཚན་ཉིད་ཤས་ཆེ་ཆུང་འོང་། རང་གི་དངོས་པོ་གྲུབ་པ་མེད་པར་ཐལ། ལྟོས་མེད་དུ་སོ་སོ་རང་མེད་པའི་ཕྱིར། འོ་ན་ཆོས་མངོན་པའི་མདོ་ལས་འབྱུང་བ་སོ་སོའི་མཚན་ཉིད་བཤད་པ་དང་འགལ་ལོ་ཞེ་ན། མི་འགལ་ཏེ། འབྱུང་བ་རྣམས་ཀྱི་མཚན་ཉིད་དག་ནི་ཀུན་རྫོབ་ཏུ་ཡོད་པ་མིང་ཙམ་བརྡ་ཙམ་ལ་དགོངས་ནས་བཤད་ཀྱི་རང་གི་ངོ་བོས་ཡོད་པར་མི་བཞེད་པའི་ཕྱིར།

ན༢ བརྟེན་པ་འབྱུང་འགྱུར་རང་བཞིན་གྱིས་གྲུབ་པ་དགག་པ།

གཉིས་པ་ནི། ཁ་དོག་དྲི་རོ་རེག་པ་གང་ཡིན་པ་དེ་དག་ཀུང་རང་བཞིན་གྱིས་མེད་པར་ཐལ། དེ་དག་ལ་ཡང་འབྱུང་བ་རང་བཞིན་གྱིས་གྲུབ་པ་འགོག་པའི་ཚུལ་འདི་སྦྱར་བར་བྱ་བ་ཡིན་པའི་ཕྱིར། གཟུགས་གསུམ་རིག་མིན་འདི་ལ་མེད། །ཞེས་སོགས་སྦྱར་བར་བྱའོ། །

ན༣ ཆོས་གཞན་ལ་སྦྱར་བ།

པ༡ དངོས།

གསུམ་པ་ལ་གཉིས། དངོས་དང་། རང་བཞིན་གྱིས་སྟོང་པའི་ཤེས་བྱེད་དོ། །དང་པོ་ནི། མིག་དང་རྣམ་ཤེས་དང་གཟུགས་རྣམས་དང་མ་རིག་པ་དང་། ལས་དང་སྐྱེ་བ་གསུམ་དང་བྱེད་པོ་དང་ལས་དང་བྱ་བ་དང་། གཅིག་ལ་སོགས་པའི་གྲངས་དང་། ཕན་ཚུན་ལྟོས་པའི་ལྡན་པ་དང་། རྒྱུ་(༢༣བ)འབྲས་དང་དུས་དང་ནི་དབྱིབས་ཀྱིས་བསྡུས་པ་ཐུང་ངུ་དང་རིང་པོ་དང་། སོགས་པས་གྲུ་བཞི་དང་ཟླུམ་པོ་ཞེས་བྱ་བ་དང་། དངོས་པོ་དང་དོན་བྱེད་ནུས་པ་ལ་སོགས་པའི་མིང་དང་མིང་ཅན་རྣམས་ཀུང་འབྱུང་བ་བརྟགས་ན་བདག་བཞིན་རྫུན་པར་གྲུབ་པ་དེ་བཞིན་ནོ། །

པ༢ རང་བཞིན་གྱིས་སྟོང་པའི་ཤེས་བྱེད།

ཕ༡ ཆོས་ཀུན་རང་བཞིན་གྱིས་སྟོང་པའི་དོན་བསྟན་པ།

གཉིས་པ་ལ་བཞི། ཆོས་ཀུན་རང་བཞིན་གྱིས་སྟོང་པའི་དོན་བསྟན་པ་དང་། བཤད་པ་དང་། སྒྲུབ་བྱེད་དགོད་པ་དང་། ཆད་ལྟར་ཐལ་བའི་སྐྱོན་མེད་པའོ། །དང་པོ་ནི། ས་དང་ཆུ་དང་མེ་དང་རླུང་དང་རིང་ཐུང་ཕྲ་དང་སྦོམ་ཉིད་དང་དགེ་མི

དགེ་ལུང་མ་བསྟན་སོགས་ཉིད་ནི་ཆོས་ཅན། རང་བཞིན་གྱིས་གྲུབ་པ་མེད་དེ། དེ་ཡོད་ན་འཕགས་པའི་མཉམ་བཞག་གིས་གཟིགས་དགོས་པ་གང་ཞིག །རྣམ་ཤེས་སུ་སྟེ་དེའི་གཟིགས་ངོར་འགག་པར་འགྱུར་ཞེས་ཐུབ་པས་གསུངས་པའི་ཕྱིར་རོ། །

ཕ༢ བཤད་པ།

གཉིས་པ་ནི། མི་རྟོག་པའི་རྣམ་ཤེས་སོ་སོར་རང་གིས་རིག་པར་བྱ་བ། གཞན་ལ་འདི་འོ་ཞེས་པ་བསྟན་ཏུ་མེད་པ་ཤེས་བྱ་མཐའ་ཡས་པའི་གནས་ལུགས་ལ་དབང་བསྒྱུར་བས་ཀུན་ཏུ་བདག་པོ་དེ་ལ་ནི་ཆོས་ཅན། ས་དང་ཆུ་དང་མེ་དང་ནི་རླུང་གིས་ཁྱོད་ཀྱི་གཟིགས་ངོར་གནས་ཐོབ་པར་འགྱུར་བ་མིན་པར་ཐལ། ཅུང་ཟད་ཀྱང་མ་གཟིགས་པའི་ཕྱིར། འཕགས་པའི་མཉམ་བཞག་གི་གཟིགས་ངོ་འདིར་ནི་རིང་བ་དང་ཐུང་བ་དང་ཕྲ་བ་དང་སྦོམ་པ་དང་དགེ་དང་མི་དགེ་དང་འདིར་ནི་མིང་དང་གཟུགས་དག་ཀྱང་མ་ལུས་པར་ནི་འགག་པར་འགྱུར་བས་རང་བཞིན་གྱིས་སྟོང་སྟེ། རང་བཞིན་གྱིས་གྲུབ་ན་གནས་ལུགས་ཀྱི་དོན་དུ་འགྱུར་བས། མཉམ་བཞག་གིས་གཟིགས་དགོས་པའི་ཕྱིར་རོ། །

ཕ༣ སྒྲུབ་བྱེད་དགོད་པ།

གསུམ་པ་ནི། མི་རྟོག་ཡེ་ཤེས་ཀྱིས་འདུས་བྱས་རྣམས་བཤིག་པས་དེའི་ཚེ་འགག་པ་(༢༨ན)ཡིན་ནམ་ཞེ་ན། མིན་ཏེ། གདོད་ནས་གྲུབ་པའི་རང་བཞིན་གྱིས་སྐྱེ་བ་མེད་པའི་དོན་གང་ཞིག་སྔར་ནས་ཡོད་ཀྱང་རབ་རིབ་ཅན་གྱི་སྐྲ་ཤད་ལྟར་མ་རིག་པས་བསྒྲིབས་ནས་མ་ཤེས་པའི་ཕྱིར། སོ་སོ་སྐྱེ་བོ་རྣམས་ཀྱིས་མ་མཐོང་བ་ཡིན་གྱི་སྟོང་ཉིད་རྟོགས་པའི་འཕགས་པའི་རྣམ་ཤེས་ལ་སྔོན་ཆད་བྱུང་བ་རྟེན་འབྱུང་རང་བཞིན་གྱིས་སྟོང་པ་དེ་ཀུན་ནི་གནས་ལུགས་ཀྱི་དོན་དེ་མངོན་སུམ་དུ་

ཤེས་པའི་ཕྱིར་ན་རྣམ་ཤེས་སུ་སྣེ་འཕགས་པའི་མཉམ་བཞག་གི་གཟིགས་ངོར་ཕྱིས་ནི་དེ་ལྟར་འགག་པར་འགྱུར་བས། སྔར་ནས་རང་བཞིན་གྱིས་སྟོང་པ་ལ། ཕྱིས་དེ་ལྟར་གཟིགས་པ་ཡིན་གྱི། སྔར་རང་བཞིན་གྱིས་ཡོད་པ་ཕྱིས་རང་བཞིན་མེད་པར་གཟིགས་པ་མིན་ཏེ། དེ་ལྟར་ན་མཉམ་བཞག་དངོས་པོའི་འཇིག་བྱེད་དུ་འགྱུར་གྱི། གནས་ལུགས་ཀྱི་དོན་གཟིགས་པར་མི་འགྱུར་བས་སོ། །འགྲོ་བའི་ཚོས་ཤེས་བྱ་དང་ཤེས་པ་འདི་ཀུན་ཆོས་ཅན། སྒོམ་བྱུང་གི་རྣམ་ཤེས་མེའི་བུད་ཤིང་གི་ཡིན་པར་འདོད་དེ། མ་ལུས་པ་བསྲེགས་པའི་ཕྱིར་རོ། །གནས་ལུགས་ཀྱི་དོན་དེ་དག་ཇི་ལྟ་བ་བཞིན་རབ་ཏུ་འབྱེད་པའི་འོད་དང་ལྡན་པས་བསྲེགས་ན་གཉིས་སྣང་མ་ལུས་པ་ཞི་བར་འགྱུར་བ་ཡིན་ནོ། །

༤༨ ཆད་ལྟར་ཐལ་བའི་སྐྱོན་མེད་པ།

བཞི་པ་ནི། དེ་ལྟ་ན་ཁྱེད་ཀྱིས་ཐམས་ཅད་མེད་པར་ཁས་བླངས་པའི་ཕྱིར་ཁྱེད་མེད་པ་པར་འགྱུར་རོ་ཞེ་ན། མི་འགྱུར་ཏེ། ཉོན་མོངས་ཅན་གྱིས་མི་ཤེས་པས་ནི་སྔོན་རང་བཞིན་གྱིས་མ་གྲུབ་བཞིན་དུ། རང་བཞིན་གྱིས་གྲུབ་པར་བཏགས་པ་ཡིན་ལ། ཕྱིས་ནི་རང་བཞིན་གྱིས་སྟོང་པ་གཏན་ལ་ཕབ་ནས་དེ་ཉིད་ངེས་པ་དང་དངོས་པོའི་གནས་ལུགས་རྟོགས་པ་ཡིན་གྱི། དངོས་པོ་ལ་ཅུང་ཟད་(༢༨བ)ཀྱང་སྐུར་བ་བཏབ་པའི་སྐྱོན་མེད་དོ། །འོ་ན་དངོས་པོ་རང་བཞིན་གྱིས་གྲུབ་པ་བཀག་པ་དེ་ཉིད་རང་བཞིན་གྱིས་ཡོད་པར་འགྱུར་རོ་ཞེ་ན། གང་གི་ཚེ་དངོས་པོ་རང་བཞིན་གྱིས་གྲུབ་པ་མི་རྙེད་པ་དེའི་ཚེ་དངོས་མེད་རང་བཞིན་གྱིས་གྲུབ་པར་ག་ལ་འགྱུར་ཏེ། རྟེན་མེད་པའི་བརྟེན་པ་མི་སྲིད་པའི་ཕྱིར་རོ། །

ན༤ ནམ་མཁའ་རང་བཞིན་གྱིས་གྲུབ་པ་དགག་པ།

བཞི་པ་ནམ་མཁའ་རང་བཞིན་གྱིས་གྲུབ་པ་དགག་པ་ནི། གལ་ཏེ་འདུས་མ་བྱས་ཀྱི་ནམ་མཁའ་རང་བཞིན་གྱིས་གྲུབ་པོ་ཞེ་ན། ནམ་མཁའ་ཡང་ནི་མིང་ཙམ་ཡིན་གྱི་རང་བཞིན་གྱིས་མེད་པར་ཐལ། དགག་བྱ་ཐོགས་བཅས་ཀྱི་གཟུགས་ཀྱི་དངོས་པོ་མིང་ཙམ་དུ་ཟད་པའི་ཕྱིར། ཐོགས་བཅས་ཀྱི་གཟུགས་རང་བཞིན་གྱིས་ཡོད་དོ་ཞེ་ན། གཟུགས་རང་བཞིན་གྱིས་གྲུབ་པ་ལྟ་ག་ལ་ཡོད་དེ་མེད་པར་ཐལ། འབྱུང་བ་རང་བཞིན་གྱིས་གྲུབ་པ་མེད་པའི་ཕྱིར། མིང་ཙམ་ཉིད་ཀྱང་རང་བཞིན་གྱིས་གྲུབ་པ་མེད་དེ། མིང་ཅན་རང་བཞིན་གྱིས་གྲུབ་པ་མེད་པ་དེའི་ཕྱིར།

ད༢ ཕུང་པོ་ལྷག་མ་རྣམས་ལ་སྦྱར་བ།

གཉིས་པ་ཕུང་པོ་ལྷག་མ་རྣམས་ལ་སྦྱར་བ་ནི། ཚོར་བའི་ཕུང་པོ་དང་འདུ་ཤེས་དང་འདུ་བྱེད་དང་རྣམ་ཤེས་ཀྱི་ཕུང་པོ་ཡང་འབྱུང་བ་ལྟ་བུ་དང་བདག་བཞིན་དུ་ནི་རང་བཞིན་གྱིས་སྟོང་པར་བསམ་པར་བྱ་སྟེ། རང་བཞིན་གྱིས་གྲུབ་པ་ལ་སྔར་བཤད་ཀྱི་གཅིག་དང་དུ་བྲལ་ལ་སོགས་པའི་རིགས་པས་གནོད་པའི་ཕྱིར་རོ། །དེའི་ཕྱིར་གང་ཟག་བཞིན་དུ་ཁམས་དྲུག་ཀྱང་བདག་མེད་དོ། །

ལེའུའི་མཚན་བསྟན་པ་ནི། རྒྱལ་པོ་ལ་གཏམ་བྱ་བ་རིན་པོ་ཆེའི་ཕྲེང་བ་ལས། མངོན་པར་མཐོ་བ་དང་ངེས་པར་ལེགས་པ་རྒྱུ་འབྲས་སོ་སོར་བསྟན་པ་སྟེ་ལེའུ་དང་པོའི་འགྲེལ་པའོ།། །།

ལེའུ་གཉིས་པ།

ཅ༢ དེ་གཉིས་སྤེལ་མར་བཤད་པ།

གཉིས་པ་མངོན་མཐོ་ངེས་ལེགས་རྒྱུ་འབྲས་སྤེལ་མར་བཤད་པ་ལ་གསུམ། ངེས་ལེགས་རྒྱུ་འབྲས་དང་། མངོན་མཐོ་རྒྱུ་འབྲས་དང་། ཡང་(༢༥ན)ངེས་ལེགས་རྒྱུ་འབྲས་བཤད་པའོ། །

ཆ༡ ངེས་ལེགས་རྒྱུ་འབྲས།

ཇ༡ མཐར་འཛིན་གྱི་ལྟ་བ་དགག་པ།

ཉ༡ དཔེ་གཞན་གྱིས་བཤད་ཟིན་དྲན་པར་བྱེད་པ།

དང་པོ་ལ་གཉིས། མཐར་འཛིན་གྱི་ལྟ་བ་དགག་པ་དང་། ཟབ་མོ་རྟོགས་པར་དཀའ་བའི་ཚུལ་ལོ། །དང་པོ་ལ་གསུམ། དཔེ་གཞན་གྱིས་བཤད་ཟིན་དྲན་པར་བྱེད་པ་དང་། དགག་པ་དངོས་དང་། དེས་ན་མཐའ་བཞིར་ལུང་མ་བསྟན་པའོ། །དང་པོ་ནི། ཇི་ལྟར་ཆུ་ཤིང་གི་སྡོང་པོའི་ཡན་ལག་དག་མ་ལུས་པ་དང་བཅས་ཏེ་སྙིང་པོ་ཡོད་མེད་བརྟག་པའི་ཆེད་དུ་བཤིག་པར་བྱས་ན་སྙིང་པོ་ཅི་ཡང་མེད་པ་ལྟར་སྐྱེས་བུ་ཁམས་དྲུག་དང་བཅས་པ་ཆ་དང་ཆར་ཕྱེ་ནས་བཤིག་ན་དེ་དང་འདྲ་བར་རང་བཞིན་གྱིས་གྲུབ་པའི་སྙིང་པོ་རྡུལ་ཙམ་ཡང་མེད་དོ། །མདོ་ལས། ཇི་ལྟར་ཆུ་ཤིང་རློན་པའི་སྡོང་པོ་ལ། །སྙིང་པོ་འདོད་མིས་རིམ་པས་བཤིག་བྱས་ཀྱང་། །ཕྱི་དང་ནང་ན་སྙིང་པོ་ཡོད་མིན་ལྟར། །ཆོས་རྣམས་ཐམས་ཅད་དེ་ལྟར་ཤེས་པར་གྱིས། །ཞེས་གསུངས་པ་ལྟར་རོ། །

༡༢ དགག་པ་དངོས།

ཀ༡ བདག་དང་བདག་མེད་རང་བཞིན་གྱིས་མ་གྲུབ་པ།

གཉིས་པ་ལ་གསུམ། བདག་དང་བདག་མེད་རང་བཞིན་གྱིས་མ་གྲུབ་པ་དང་། དངོས་པོར་ཡོད་མེད་རང་བཞིན་གྱིས་མ་གྲུབ་པ་དང་། འཁོར་བའི་ཕྱི་མཐའ་ལུང་མ་བསྟན་པ་མི་འཐད་པའི་རྩོད་པ་སྤང་བའོ། །དང་པོ་ནི། གང་ཟག་དང་ཁམས་དྲུག་པོ་དེ་ཀུན་བདག་མེད་པར་རྒྱལ་པོ་ཁྱོད་ལ་གཏན་ལ་ཕབ་པ་རྒྱུ་མཚན་དང་བཅས་པ་ཡིན་ཏེ། ཆོས་རྣམས་ཐམས་ཅད་བདག་མེད་ཅེས་རྒྱལ་བ་རྣམས་ཀྱིས་གསུངས་པ་དེའི་ཕྱིར། ཡང་ན་དངོས་པོ་རང་བཞིན་མེད་པ་དེའི་ཕྱིར། རྒྱུ་མཚན་དེས་དངོས་མེད་ཀྱང་རང་བཞིན་མེད་ཅེས་པའོ། །སྐུ་གསུང་ཐུགས་མི་མཐུན་ཕྱོགས་ལ་གདམས་པ་མཐར་ཐུག །ཐུབ་པ་ཆེན་པོས་བདག་དང་བདག་མེད་རང་བཞིན་གྱིས་གྲུབ་པ་(༢༥བ)ཟློག་པར་མཛད་པའི་རྒྱུ་མཚན་ཡོད་དེ། བདག་དང་བདག་མེད་རང་བཞིན་གྱིས་གྲུབ་པར་ལྟ་བ་དག་ཕྱིན་ཅི་ལོག་ཡིན་པ་དེའི་ཕྱིར། དེར་ཐལ། སྔར་བཤད་པ་དེ་ལྟར་བདག་དང་བདག་མེད་པ་ཡང་དག་པར་གྲུབ་པ་ཇི་ལྟ་བ་བཞིན་དུ་དམིགས་སུ་མེད་པའི་ཕྱིར་རོ། །

ཀ༢ དངོས་པོར་ཡོད་མེད་རང་བཞིན་གྱིས་མ་གྲུབ་པ།

ཁ༡ དངོས།

གཉིས་པ་ལ་གཉིས། དངོས་དང་། མཐའ་བཞིར་ལུང་མ་བསྟན་པའི་རྒྱུ་མཚན་ནོ། །དང་པོ་ནི། མཐོང་བ་དང་ཐོས་པ་སོགས་ཡུལ་དྲུག་ཐུབ་པ་ཡིས་བདེན་པར་གྲུབ་པ་མིན་པ་དང་། རྫུན་པ་ཡེ་མེད་མིན་པར་གསུངས་པའི་རྒྱུ་མཚན་ཡོད་དོ། །དེ་ནི་གཉི་ག་དོན་དུ་སྟེ་ཡང་དག་པར་གྲུབ་པ་མིན་པའི་ཕྱིར་རོ། །བདེན་པར་ཡོད་པ་

བཀག་ནས་གཏན་མེད་དང་། ཡང་ན་མེད་པ་རང་བཞིན་གྱིས་གྲུབ་པར་འགྱུར་ཏེ། བདེན་པར་ཡོད་མེད་དངོས་འགལ་ཡིན་པའི་ཕྱིར་ཅེ་ན། བདེན་པར་ཡོད་མེད་དེ་ནི་གཉིས་ག་དོན་དུ་རང་བཞིན་གྱིས་གྲུབ་པ་མིན་ཏེ། དངོས་པོ་རང་བཞིན་གྱིས་གྲུབ་པའི་ཕྱོགས་ལས་འགལ་ཟླ་མི་མཐུན་ཕྱོགས་དངོས་མེད་རང་བཞིན་གྱིས་གྲུབ་པར་འགྱུར་དགོས་ན་དངོས་པོ་རང་བཞིན་གྱིས་མ་གྲུབ་པའི་ཕྱིར་རོ། །དེས་ན་ཡོད་ཅེས་པ་དང་མེད་ཅེས་པ་ཡང་དག་ཏུ་གྲུབ་པར་ཐུབ་པ་ཞལ་གྱིས་མི་བཞེས་པའི་རྒྱུ་མཚན་ཡོད་དེ། སྔར་བཤད་པའི་རིགས་པ་དེ་ལྟ་བུས་དམ་པའི་དོན་དུ་ན་འཇིག་རྟེན་འདི་ནི་བདེན་རྫུན་རང་བཞིན་གྱིས་གྲུབ་པ་ལས་འདས་པ་དེ་ཉིད་ཀྱི་ཕྱིར།

ཐ༢ མཐའ་བཞིར་ལུང་མ་བསྟན་པའི་རྒྱུ་མཚན།

གཉིས་པ་ནི། བདག་དང་འཇིག་རྟེན་དེ་ནི་ཀུན་མཁྱེན་གྱིས་མཐའ་ཡོད་པ་དང་མཐའ་མེད་པ་དང་། གཉིས་ཀ་དང་གཉིས་ཀ་མ་ཡིན་ཞེས་ལུང་ཇི་སྐད་བསྟན་ཏེ་ལུང་མི་སྟོན་པའི་རྒྱུ་མཚན་ཡོད་དེ། བདག་དང་འཇིག་རྟེན་གང་ཞིག་དེ་ལྟར་རྣམ་པ་ཀུན་ཏུ་རང་བཞིན་གྱིས་ཡོད་པ་མིན་པའི་ཕྱིར།

ད༣ འཁོར་བའི་ཕྱི་མཐའ་ལུང་མ་བསྟན་པ་མི་འཐད་པའི་རྩོད་པ་སྤང་བ།

ཐ༡ རྩོད་པ།

གསུམ་པ་ལ་གཉིས། རྩོད་པ་དང་། ལན་ནོ། །དང་པོ་ནི། འཁོར་བའི་(༢༥ན)ཕྱི་མཐའ་ལུང་སྟོན་པར་མི་མཛད་པ་མི་རིགས་ཏེ། སངས་རྒྱས་གྲངས་མེད་པ་སྟར་གཤེགས་པ་དང་དེ་བཞིན་དུ་མ་འོངས་པ་ན་འབྱོན་པར་འགྱུར་བ་དང་། ད་ལྟར་བཞུགས་པས་སེམས་ཅན་རྣམས་ནི་སངས་རྒྱས་རེ་རེས་ཀྱང་བྱེ་བ་འགྱུར་ནི་དེ་ལས་ཀྱང་ཆེས་མང་བ་ཐར་པ་ལ་འགོད་པར་མཛད་ལ། དེ་ལས་སེམས་ཅན་སྐྱེ་དན་ལས་

འདའ་བའི་ཆེད་དུ་དུས་གསུམ་དུ་གནས་པ་དགོངས་ནས་སེམས་ཅན་མྱ་ངན་ལས་འདའ་བར་མཛད་ལ། སྔར་མེད་ཀྱི་སེམས་ཅན་སྐྱེ་བ་མི་སྲིད་པས། སེམས་ཅན་འཕེལ་བ་ནི་མེད་ལ། སེམས་ཅན་ཟད་པ་དུས་གསུམ་དུ་གནས་པ་ནི་སེམས་ཅན་གྱི་འཇིག་རྟེན་འཕེལ་བའི་རྒྱུ་མིན་པས། ཐམས་ཅད་མཁྱེན་པ་ཇི་ལྟར་སེམས་ཅན་གྱི་སྔོན་མཐའ་དང་ཕྱི་མཐའ་ལུང་མ་བསྟན་པར་མཛད་སྔར་དུ་མ་ཟད་ཅིང་འཕེལ་བ་ཅུང་ཟད་ཀྱང་མེད་པའི་ཕྱིར་རོ་ཞེ་ན།

ཐ༢ ལེན།

ད༡ འཁོར་བ་ལ་སྐྱེ་འགག་རང་བཞིན་གྱིས་མ་གྲུབ་པའི་དཔེ།

ན༡ སྒོད་མིན་ལ་གསང་བ་ཟབ་མོར་བསྟན་པ།

གཉིས་པ་ལན་ལ་གསུམ། འཁོར་བ་ལ་སྐྱེ་འགག་རང་བཞིན་གྱིས་མ་གྲུབ་པའི་དཔེ་དང་། འགྲོ་འོང་རང་བཞིན་གྱིས་མ་གྲུབ་པའི་དཔེ་དང་། མིང་དུ་བཏགས་པ་ཙམ་དུ་ཟད་པའོ། །དང་པོ་ལ་གཉིས། སྣོད་མིན་ལ་གསང་བ་ཟབ་མོར་བསྟན་པ་དང་། དངོས་སོ། །དང་པོ་ནི། དངོས་པོ་བདེན་གྲུབ་ལ་ཞེན་པ་དེ་ཁོ་ན་ཉིད་ལ་སྐྲག་པ་འདེབས་པའི་སྣོད་མིན་གྱི་གདུལ་བྱས་མཐའ་བཅུ་བཞིར་བསྟུས་ནས། དྲིས་ཀྱང་ལུང་སྟོན་པར་མི་རིགས་ཏེ་སྣོད་མིན་གྱི་སོ་སོའི་སྐྱེ་བོ་ལ་གསང་བ་གང་ཡིན་པ། དེ་ནི་ཟབ་མོའི་ཆོས་ཡིན་ལ། དེ་ཡང་གང་ཡིན་ཞེ་ན་འཇིག་རྟེན་སྣང་ལ་རང་བཞིན་མེད་པ་སྒྱུ་མ་ལྟ་བུ་ཉིད་ཡིན་ལ། དེ་ནི་སངས་རྒྱས་ཀྱི་བསྟན་པའི་སྙིང་པོ་བདུད་རྩི་ཡིན་གྱི་དམིགས་པའི་གདོན་གྱིས་ཟིན་པ་རྣམས་ཀྱིས་བཏགས་པ་རྣམས་(༢༥བ)ནི་མ་ཡིན་ནོ། །

ན༢ དཔེས།

གཉིས་པ་ནི། ཇི་ལྟར་སྒྱུ་མའི་གླང་པོ་ལ་སྐྱེ་བ་དང་འཇིག་པ་ཉིད་སྣང་ཡང་དེ་ལ་དོན་གྱི་ཡང་དག་ཏུ་སྐྱེ་བ་དང་འཇིག་པ་ཉིད་མེད་པ་ལྟར་དེ་བཞིན་དུ་རང་བཞིན་གྱིས་གྲུབ་པར་སྣང་ཡང་དེས་སྟོང་པ་སྒྱུ་མ་དང་འདྲ་བའི་འཇིག་རྟེན་ལ་སྐྱེ་བ་དང་འཇིག་པ་ཉིད་སྣང་ཡང་དམ་པའི་དོན་དུ་སྐྱེ་བ་དང་འཇིག་པ་ཉིད་ནི་ཡོད་པ་མ་ཡིན་ནོ། །དེ་ཡང་སྒྱུ་མའི་ལྟད་མོ་བ་མིག་བསླད་པ་རྣམས་ཀྱིས་ནི་སྒྱུ་མའི་རྟ་དང་གླང་པོ་སོགས་ཡུལ་གྱི་གོ་ས་གནོན་པའི་རྟ་གླང་དུ་ཞེན་པ་ལྟར། དེ་ཁོ་ན་ཉིད་ཁོང་དུ་མ་ཆུད་པའི་སོ་སོ་སྐྱེ་བོ་རྣམས་ཀྱིས་དངོས་པོ་རང་བཞིན་གྱིས་གྲུབ་པར་ཞེན་པར་བྱེད་པ་ཡིན་གྱི་རང་བཞིན་གྱིས་སྟོང་ངོ་སྙམ་དུ་མི་སེམས་སོ། །སྒྱུ་མ་མཁན་རང་ཉིད་ལ་རྟ་གླང་དུ་སྣང་ཡང་དེར་མ་གྲུབ་པར་རྟོགས་པ་ལྟར། དེ་ཁོ་ན་ཉིད་རྟོགས་པའི་སོ་སོ་སྐྱེ་བོ་དང་། འཕགས་པ་རྣམས་ཀྱིས་དངོས་པོ་མཐའ་དག་རང་བཞིན་གྱིས་གྲུབ་པར་སྣང་ཡང་། དེས་སྟོང་པར་རྟོགས་པ་ས་བདུན་པ་མན་ཆད་པ་རྣམས་ལ། བདེན་འཛིན་མངོན་འགྱུར་བ་འབྱུང་ཡང་། ས་བརྒྱད་པ་ཐོབ་ནས་དེ་ཡང་འབྱུང་བ་མི་སྲིད་དོ། །སྒྱུ་མའི་རྫས་དང་སྔགས་ཀྱིས་མ་བསླད་པའི་གང་ཟག་ལ་སྒྱུ་མའི་རྟ་གླང་གི་སྣང་བ་ཙམ་ཡང་མི་འབྱུང་བ་བཞིན་དུ། འཕགས་པ་སློབ་པའི་མཉམ་བཞག་གི་གཟིགས་པའི་ངོར་དངོས་པོ་ཀུན་རྫོབ་པའི་སྣང་བ་མཐའ་དག་ལོག་པར་ཤེས་པར་བྱའོ། །

ད༢ འགྲོ་འོང་རང་བཞིན་གྱིས་མ་གྲུབ་པའི་དཔེ།

གཉིས་པ་ནི། ཇི་ལྟར་སྒྱུ་མའི་གླང་པོ་ནི་གང་ནས་ཀྱང་མ་འོངས་གར་ཡང་མི་འགྲོ་ཡང་གླང་པོ་རང་བཞིན་པ་འགྲོ་འོང་བྱེད་པར་འཛིན་པ་ནི། སྔགས་ལ་སོགས་

པས་སེམས་རྒྱོངས་པ་ཙམ་དུ་ཟད་པས་ན་ཡང་དག་ཉིད་དུ་གནས་པ་ཅུང་ཟད་ཀྱང་མེད་པར་ཁོང་དུ་ཆུད་པར་བྱའོ། །

ང༽ མིང་དུ་བཏགས་པ་ཙམ་དུ་ཟད་པ།

གསུམ་པ་ནི། (༢༧ན)ཆོས་གང་ཞིག་སྔར་ཡོད་དམ་མེད་པར་འགྱུར་བའི་འཇིག་རྟེན་དོན་དུ་སྟེ་རང་བཞིན་གྱིས་ཅི་ཞིག་ཡོད་དེ་མེད་པར་ཐལ། སྔར་བཤད་པའི་རིགས་པ་དེ་ལྟར་མིང་གི་ཐ་སྙད་དུ་གདགས་པ་ཙམ་མ་གཏོགས་པར་དུས་གསུམ་དུ་སྐྱེ་འགག་བྱེད་པ་ལས་འདས་པའི་བདག་ཉིད་ཡིན་པའི་ཕྱིར་རོ། །

ཉ༽ དེས་ན་མཐའ་བཞིར་ལུང་མ་བསྟན་པ།

གསུམ་པ་དེས་ན་མཐའ་བཞིར་ལུང་མ་བསྟན་པ་ནི། སངས་རྒྱས་ཀྱིས་ནི། མཐའ་བཞི་ལས་འདས་པའི་རྒྱུ་མཚན་འདི་ལས། མཐའ་བཞིར་ལུང་མ་བསྟན་པ་ཡིན་གྱི། རྒྱུ་མཚན་གཞན་ཡོད་པའི་ཕྱིར། ལུང་མ་བསྟན་པ་མ་ཡིན་པས་འཇིག་རྟེན་མཐའ་ཡོད་དང་མཐའ་མེད་དང་། གཉིས་དང་གཉིས་མིན་རྣམ་པ་བཞི་ལུང་མ་བསྟན་པ་འདི་མཛད་དོ། །མཐའ་ཡོད་ནི། རྒྱང་ཕན་འདོད་པ་ལྟར་ཚེ་འདིར་ཟད་ཀྱི་ཕྱི་མར་མི་འཇུག་པ་དང་། མཐའ་མེད་ནི་གྲངས་ཅན་འདོད་པ་ལྟར། ཚེ་འདིའི་བདག་དེ་ཉིད་ཕྱི་མར་འཇུག་པ་དང་། མཐའ་ཡོད་མེད་གཉིས་ཀ་ནི། གཅེར་བུ་པ་ཁ་ཅིག་འདོད་པ་ལྟར། གནས་སྐབས་མཐའ་དང་ལྡན་ལ་རང་བཞིན་མཐའ་དང་མི་ལྡན་པ་དང་། གཉི་ག་མ་ཡིན་པ་ནི་གནས་མ་བུའི་སྡེ་པ་ཁ་ཅིག་འདོད་པ་ལྟར། གང་ཟག་ཡ་གྱལ་གང་དུ་ཡང་བརྗོད་དུ་མེད་པར་འདོད་པ་ལྟར་རོ། །

ཛ༢ ཟབ་མོ་རྟོགས་པར་དཀའ་བའི་ཚུལ།

ཀ༡ ཟབ་མོ་རྟོགས་པར་དཀའ་བའི་རྒྱུ་མཚན།

གཉིས་པ་ཟབ་མོ་རྟོགས་པར་དཀའ་བའི་ཚུལ་ལ་གསུམ། ཟབ་མོ་རྟོགས་པར་དཀའ་བའི་རྒྱུ་མཚན་དང་། ཐུབ་པས་སྟོང་ཉིད་ལ་ཟབ་མོ་མི་གསུང་བའི་རྒྱུ་མཚན་དང་། རྒྱུ་མཚན་དེ་ཉིད་བཤད་པའོ། །དང་པོ་ནི། སྟོང་ཉིད་ཀྱིས་ཆོས་རྟོགས་པར་དཀའ་བ་ངེས་པར་ལེགས་པའི་གནས་དམ་པའི་ཆོས་མཚན་འཛིན་གྱི་དམིགས་གཏད་བྱ་བའི་གནས་མེད་པར་རྟོགས་པར་དཀའ་བས་ཕྲ་རབ་དང་(༢༧བ)སོ་སོ་སྐྱེ་བོས་རྟགས་ལ་བརྟེན་ནས་རྟོགས་དགོས་པས་མངོན་སུམ་མིན་པ་ཟབ་མོ་དེ་ཀོ་སྟེ་དེ་ནི་ཇི་ལྟ་བུར་སེམས་ལ་གོ་སླ་ཞིང་བདེ་བླག་ཏུ་འཇུག་པར་འགྱུར་ཏེ། རེ་ཞིག་ལུས་ནི་མི་གཙང་བ་ཉིད་ཀྱིས་གང་ཞིག་མི་གཙང་བ་རྒྱུན་དུ་འཛག་པ་གཟུགས་ཅན་ཡིན་པས་རགས་ཤིང་མངོན་སུམ་གྱི་སྤྱོད་ཡུལ་བ་ཡིན་པས་རྟོགས་པར་སླ་བ་དང་། དུས་རྟག་ཏུ་མི་གཙང་བར་སྣང་བའང་གང་གི་ཚེ་མི་གཙང་བར་སེམས་ལ་གནས་པ་མིན་པ་དེའི་ཚེ་སྟེ་དེའི་ཕྱིར་རོ། །རེ་ཞིག་རགས་པ་ཡང་རྟོགས་པར་མི་ནུས་ན་ཕྲ་བ་རྟོགས་པ་ལྟ་ཅི་སྨོས་ཞེས་པའོ། །བཤེས་གཉེན་པོ་ཏོ་བའི་གསུང་སྒྲོས་ལས་བྱུང་བ་ལྟར། མི་རོ་ལུད་སྐྱེད་པ་ལྟར་བྱེད་པ་ལ། གཡོ་འགྱུལ་ཙུང་ཟད་ཀྱང་མེད་པར་སྡོང་པ་ཉིད་བློའི་ཡུལ་དུ་བདེ་ཙམ་ཡོད་ཟེར་བ་ནི་ཡང་ན་བློ་རྩིངས་པ་ཡིན། ཡང་ན་རྫུན་སྨྲ་བ་ཡིན་གསུང་བ་ལྟར་རོ། །

ཀ༢ ཐུབ་པས་སྟོང་ཉིད་ལ་ཟབ་མོ་མི་གསུང་བའི་རྒྱུ་མཚན།

གཉིས་པ་ནི། ཟབ་ཞི་སྤྲོས་བྲལ་འོད་གསལ་འདུས་མ་བྱས། །བདུད་རྩི་ལྟ་བུའི་ཆོས་འདི་བདག་གིས་བརྙེས། །སུ་ལ་བསྟན་ཀྱང་གོ་བར་མི་འགྱུར་བས། །དེས་ན་མི་

སྨྲ་ནགས་སུ་གནས་པར་བྱ། །ཞེས་ཐུབ་པ་སངས་རྒྱས་ནས་གདུལ་བྱ་འགའ་ཞིག་གི་ངོར་ཞག་ཞེ་དགུར་ཆོས་བསྟན་པ་ལས་ལོག་པར་གྱུར་ཏེ། སྤྲོས་པའི་མཐའ་ཐམས་ཅད་དང་བྲལ་བའི་ཆོས་འདི་ཟབ་པའི་ཕྱིར་གདུལ་བྱའི་སྐྱེ་བོ་ཡིས་ཤེས་པར་དཀའ་བར་ཐུགས་སུ་ཆུད་དེ་རྒྱུ་མཚན་དེས་ནའོ། །

ཉ༣ རྒྱུ་མཚན་དེ་ཉིད་བཤད་པ།

ཏ༡ ཟབ་མོ་ལོག་པར་བཟུང་བའི་ཉེས་དམིགས།

གསུམ་པ་ལ་གསུམ། ཟབ་མོ་ལོག་པར་བཟུང་བའི་ཉེས་དམིགས་དང་། བཟུང་ལེགས་ཉེས་ཀྱི་ཕན་ཡོན་དང་ཉེས་དམིགས་ཀྱི་དཔེ་བཤད་པ་དང་། ཟབ་མོ་རྟོགས་པ་ལ་བག་དང་ལྡན་པར་གདམས་པའོ། །དང་པོ་ནི། རྟོགས་སླ་ན་བསྟན་ཡང་ཅི་ཞིག་དགོས། རྟོགས་པར་དཀའ་བ་ཉིད་ཀྱིས་ཡང་དང་ཡང་དུ་བསྟན་(༢༢ན)པར་རིགས་སོ་སྙམ་ན། སྟོང་ཉིད་གོ་བའི་རིགས་དང་མི་ལྡན་པ་ལ་བསྟན་པར་བྱ་བ་མ་ཡིན་ཏེ། རིགས་དང་མི་ལྡན་པའི་མི་མཁས་པ་དང་། མཁས་པར་རློམ་པ་ཕུང་བའི་ཉེས་དམིགས་ཡོད་པའི་ཕྱིར་རོ། །མི་མཁས་པ་ཕུང་ཚུལ་ནི། སྟོང་པ་ཉིད་བསྟན་པ་ན། ཅི་ཡང་མེད་པའི་དོན་དུ་བཟུང་སྟེ། ཆོས་འདི་ལོག་པར་ཤེས་ཤིང་གོ་བར་འགྱུར་ན་མི་མཁས་པ་རྣམས་ནི་དལ་འབྱོར་དང་ཐར་པ་གཉི་ག་ལས་ཉམས་པས་ཆུད་ཟ་སྟེ། འདི་ལྟར་མེད་པར་ལྟ་བ་ཡི། །དབང་གིས་མི་གཙང་བ་ངན་འགྲོ་དེར་ནི་བྱིང་བར་འགྱུར་བས་གནས་འདི་ལ་གཟབ་པར་བྱའོ། །མཁས་པར་རློམ་པ་ཕུང་བའི་ཚུལ་ནི། གཞན་ཡང་ཅི་ཡང་མེད་པའི་དོན་དུ་འཛིན་པའམ་རང་བཞིན་གྱིས་སྟོང་པར་བསྟན་པ་ན། དེ་འདྲ་བ་སྟོང་ཉིད་རྣལ་མ་མིན་གྱི། ལས་འབྲས་ལ་སྐུར་བ་འདེབས་པའི་ལྟ་བ་ཡིན་ཞེས་སྟོང་པ་ཉིད་ཀྱི་དོན་དེ་ནི་ལོག་པར་བཟུང་བ་དྲང་དོན་ལ་ངེས་དོན་དུ་འཛིན་པའི་བློན་པོ་མཁས་པའི་ང་རྒྱལ་ཅན་ཡང་སྟོང་

པ་ཉིད་སྟོང་བས་སེམས་མ་རུང་བའི་བདག་ཉིད་ཅན་གང་ལ་ཡོད་པ་དེ་ནི་མནར་མེད་པར་ནི་སྤྱིའུ་ཚུགས་སུ་འགྲོ་བའོ། །དེས་ན་སྟོང་པ་ཉིད་ཀྱི་མོས་པ་སྐྱེ་བ་དཀའ་ན་ཡང་། བཏང་སྙོམས་སུ་བཞག་པར་བྱའི་སྐུར་བ་གདབ་པར་མི་བྱའོ། །

ཏ༢ བཟུང་ལེགས་ཉེས་ཀྱི་ཕན་ཡོན་དང་ཉེས་དམིགས་ཀྱི་དཔེ་བཀོད་པ།

གཉིས་པ་ནི། ཇི་ལྟར་ཁ་ཟས་ཚོད་མ་ཟིན་པ་དང་། མི་འཕྲོད་པ་ཟ་བའི་བཟའ་ཉེས་པས་ཤི་ལ་ཐུག་པའི་ཕུང་བ་དག་ཏུ་འགྱུར་བ་དང་། ཁ་ཟས་བཟང་པོ་བཟའ་ལེགས་པས་ཚེ་འཕེལ་བ་དང་ནད་མེད་པ་དང་སྟོབས་དང་ལྡན་པ་དང་ལུས་སེམས་བདེ་བར་འགྱུར་བ་ལྟར་དེ་བཞིན་དུ་སྟོང་ཉིད་ལོག་པར་བཟུང་བ་དེས་ཕུང་བ་དག་ནི་འཐོབ་པར་འགྱུར་ཞིང་། སྟོང་པ་རྟེན་འབྱུང་(༢༥༤)གི་དོན་དུ་ཁོང་དུ་ཆུད་ནས་སྟོང་པ་ཉིད་ཀྱིས་ལས་འབྲས་ལ་ལྷག་པར་ཡང་གུས་པའི་ལེགས་པར་ཤེས་པས་མངོན་མཐོའི་བདེ་བ་དང་བྱང་ཆུབ་བླ་ན་མེད་པ་འཐོབ་པར་འགྱུར་རོ། །

ཏ༣ ཟབ་མོ་རྟོགས་པ་ལ་བག་དང་ལྡན་པར་གདམས་པ།

གསུམ་པ་ནི། ལོག་པར་བཟུང་བ་ཉེས་དམིགས་ཆེ་ཞིང་ལེགས་པར་ཤེས་ན་ཕན་ཡོན་ཆེ་བ་དེའི་ཕྱིར་དུ་སྟོང་ཉིད། འདི་ལ་སྐྱོང་བ་དང་མེད་པའི་ལྟ་བ་ཉིད་སངས་ནས་ནི་ཡང་དག་པའི་དོན་ཤེས་པ་ལ་ནན་ཏན་མཆོག་འབད་པ་ཆེན་པོ་མཛོད་ཅིག །ཅེས་གདམས་ཏེ། སྐྱེས་བུའི་དོན་ཀུན་སྒྲུབ་པའི་ཕྱིར་དུའོ། །

ཆ༢ མངོན་མཐོ་རྒྱུ་འབྲས།

ཇ༡ སྐབས་དགོད།

ཉ༡ སྟོང་ཉིད་མ་རྟོགས་པས་འཁོར་བར་འཁོར་བ།

གཉིས་པ་མངོན་མཐོ་རྒྱུ་འབྲས་ལ་གཉིས། སྐབས་དགོད། དངོས་ཀྱི་དོན་ནོ། །དང་པོ་ལ་གཉིས། སྟོང་ཉིད་མ་རྟོགས་པས་འཁོར་བར་འཁོར་བ་དང་། དེ་མ་རྟོགས་པ་དེ་སྲིད་མངོན་མཐོ་ལ་འབད་པར་གདམས་པའོ། །དང་པོ་ནི། སྟོང་པ་ཉིད་ཀྱི་ཆོས་འདི་ཡོངས་སུ་མ་ཤེས་ན་གང་ཟག་དེ་ལ་རང་གི་མཚན་ཉིད་ཀྱིས་གྲུབ་པའི་ངར་འཛིན་པ་ནི་རྗེས་སུ་འཇུག་པ་དེ་ལས་དགེ་བ་དང་མི་དགེ་བའི་ལས་གསོག་ལ། དེ་ལས་སྐྱེ་བ་བཟང་པོ་དང་ངན་པར་འགྱུར་རོ། །

ཉ༢ དེ་མ་རྟོགས་པ་དེ་སྲིད་མངོན་མཐོ་ལ་འབད་པར་གདམས་པ།

གཉིས་པ་ནི། བདག་འཛིན་གྱི་དབང་གིས་འཁོར་བར་འཁོར་བ་དེའི་ཕྱིར། ཇི་སྲིད་ངར་འཛིན་པ་སེལ་བའི་ཆོས་ནི་མི་ཤེས་པ་དེ་སྲིད་དུ་སྦྱིན་པ་དང་ཚུལ་ཁྲིམས་དང་བཟོད་པའི་ཆོས་ཀྱིས་བསྡུས་པའི་མངོན་མཐོའི་ཆོས་བཅུ་དྲུག་ལ་གུས་པར་མཛོད་ཅེས་གདམས་པའོ། །

ཇ༢ དངོས་ཀྱི་དོན།

ཉ༡ མངོན་མཐོའི་རྒྱུ་བསྒྲུབ་པ།

གཉིས་པ་ལ་གསུམ། མངོན་མཐོའི་རྒྱུ་བསྒྲུབ་པ་དང་། ངན་འགྲོའི་རྒྱུ་སྤང་བ་དང་། ཆོས་མིན་སྤངས་ནས་ཆོས་བསྒྲུབ་པའི་དོན་བསྡུ་བའོ། །དང་པོ་ལ་གཉིས། མངོན་མཐོའི་རྒྱུ་ལ་བསླབ་པ་སྤྱིར་བསྟན་པ་དང་། རྒྱུ་ཁྱད་པར་ཅན་ལ་

བསླབ་པའོ། །

ཏ༡ མངོན་མཐོའི་རྒྱུ་ལ་བསླབ་པ་ཕྱིར་བསྟན་པ།

ཐ༡ ཕན་ཡོན་ལྷ་ལྡན་གྱི་རྒྱུ་ལ་བསླབ་པ།

དང་པོ་ལ་གསུམ། ཕན་ཡོན་ལྷ་ལྡན་གྱི་རྒྱུ་ལ་བསླབ་པ་དང་། ཕྱིར་དམ་པའི་ལུགས་ལ་བསླབ་(ཟ་ན)པ་དང་། དམ་པ་མ་ཡིན་པའི་ལུགས་སྤང་བའོ། །དང་པོ་ནི། ལུས་དང་ངག་དང་ཡིད་ཀྱི་ལས་རྣམས་བྱེད་པའི་སྔོན་དུ་བསམ་པ་དགེ་བའི་ཆོས་གཏང་ཞིང་བར་དུ་ཡང་ཆོས་དང་ལྡན་པ་དང་། ཐ་མར་ཡང་ཆོས་ལྡན་དུ་སྒྲུབ་པའི་ས་བདག་ནི་ཚེ་འདི་དང་གཞན་དུ་གནོད་པར་མི་འགྱུར་ཏེ། ཆོས་ཀྱིས་འཇིག་རྟེན་འདིར་གྲགས་པ་སྙན་པ་དང་། སྡིག་པ་མ་བྱས་པས་འགྱོད་པ་མེད་པའི་ཕྱིར་ཡིད་བདེ་བ་དང་། མི་མིན་གྱི་འཚེ་བ་མེད་པས་འདིར་འཇིགས་པ་མེད་པ་དང་འཆི་གར་ངན་འགྲོའི་འཇིགས་པ་མེད་པ་དང་། འཇིག་རྟེན་གཞན་དུ་བདེ་འགྲོའི་བདེ་བ་རྒྱས་པའོ། །ཕན་ཡོན་ལྷ་ཡོད་པ་དེ་བས་རྟག་ཏུ་ཆོས་བསྟེན་མཛོད་ཅེས་གདམས་སོ། །

ཐ༢ ཕྱིར་དམ་པའི་ལུགས་ལ་བསླབ་པ།

གཉིས་པ་ནི། མངོན་མཐོའི་ཆོས་ནི་རྒྱལ་པོ་རྣམས་ཀྱིའང་ལུགས་ཀྱི་དམ་པ་སྟེ་ཆོས་ཀྱིས་འཇིག་རྟེན་དབང་དུ་བསྡུས་ནས་འཇིག་རྟེན་པ་དགའ་བར་འགྱུར་ལ་འཇིག་རྟེན་དགའ་བར་གྱུར་པས་ཀྱང་རང་དང་གཞན་ཚེ་འདི་དང་གཞན་ལ་བསླུ་བར་མི་འགྱུར་བས་ལུགས་དམ་པ་ལ་བརྟེན་པར་བྱའོ། །

ཐ༢ དམ་པ་མ་ཡིན་པའི་ལུགས་སྤང་བ།

ད༡ ལུགས་ཀྱི་བསྟན་བཅོས་ངན་པ་ལ་བརྟེན་པར་མི་རིགས་པ།

གསུམ་པ་ལ་གསུམ། ལུགས་ཀྱི་བསྟན་བཅོས་ངན་པ་ལ་བརྟེན་པར་མི་རིགས་པ་དང་། དེ་ལ་སྨད་པ་དང་། ཆོས་ཀྱི་ལུགས་ཁྱད་པར་དུ་འཕགས་པའོ། །དང་པོ་ནི། རྒྱལ་པོའི་ལུགས་ངན་པ་དང་འཚོ་བ་ཆོས་སུ་སྨྲ་བ་སོགས་ཆོས་མིན་པས་ནི་ལུགས་ཀྱི་བསྟན་བཅོས་ངན་པ་འདོད་པ་གང་ཡིན་པ་དེ་ཡིས་འཇིག་རྟེན་མི་དགའ་བར་འགྱུར་ལ། འཇིག་རྟེན་མི་དགའ་བ་ཉིད་ཀྱི་ཕྱིར། འདི་དང་གཞན་དུ་མི་དགའ་བར་འགྱུར་བས། ལུགས་ངན་པ་སྤང་བར་བྱའོ། །

ད༢ དེ་ལ་སྨད་པ།

གཉིས་པ་ནི། སྐྱེས་(༢༡་བ)བུའི་འདོད་དོན་སྒྲུབ་བྱེད་དུ་མེད་པའི་ལུགས་ངན་པ་རིག་པའི་རྗེས་སུ་ཞུགས་པས་ངན་འགྲོའི་ལམ་འབྱེད་པ་པོ་ནར་ཟད་པས་གཞན་བསླུ་བ་ལྟར་ལེན་པ་ངན་འགྲོ་མི་བཟད་པ་སྐྱེད་པ་ཤེས་རབ་འཆལ་བ་རྣམས་ཀྱིས་ནི་ཇི་ལྟར་སྐྱེས་བུའི་དོན་གྱི་རིག་པ་བྱས་ཏེ། སྐྱེས་བུ་ལ་གནོད་པའི་ཕྱིན་ཅི་ལོག་འགའ་ཞིག་བྱས་པའི་ཕྱིར་རོ། །ལུགས་ངན་པའི་རྗེས་སུ་འབྲང་བའི་རྒྱལ་པོའི་ལུགས་ནི། ཕ་རོལ་བསླུ་བ་ལྟར་ལེན་པ་འབའ་ཞིག་ཏུ་ཟད་པས་སྐྱེས་བུའི་དོན་དུ་ཇི་ལྟར་ལུགས་དང་ལྡན་པ་ཡིན་ཏེ་མིན་པར་ཐལ། ལུགས་ངན་པ་དེས་ནི་ཚེ་རབས་སྟོང་ཕྲག་ཏུ་བདག་ཉིད་པོ་ན་བསླུ་བར་འགྱུར་བའི་ཕྱིར་རོ། །

ད༣ ཆོས་ཀྱི་ལུགས་ཁྱད་པར་དུ་འཕགས་པ།

གསུམ་པ་ནི། གལ་ཏེ་དགྲ་ལ་གནོད་པ་བྱས་ན་ཡང་སྐྱོན་རྣམས་བཏང་སྟེ་ཡོན་ཏན་སྟེན་ཅིག །དེས་ནི་ཁྱོད་ཀྱི་བྱ་བས་རང་ལ་ཕན་པ་ཐོབ་ལ། ཆོས་བྱས་པ་ལ་གཞན་འདུན་པས་དགྲ་བོ་ཡང་ནི་མི་དགའ་བར་འགྱུར་མོད་ཀྱི་རང་ལ་ཁ་ན་མ་ཐོ་བ་ཙུང་ཟད་ཀྱང་མེད་དོ། །

ང༢ རྒྱུ་ཁྱད་པར་ཅན་ལ་བསླབ་པ།

ཐ༡ བསྡུ་བ་བཞི་ལ་བསླབ་པ།

གཉིས་པ་མངོན་མཐོའི་རྒྱུ་ཁྱད་པར་ཅན་ལ་བསླབ་པ་ལ་གསུམ། བསྡུ་བ་བཞི་ལ་བསླབ་པ་དང་། བདེན་པ་སྨྲ་བ་སོགས་བཞི་ལ་བསླབ་པ་དང་། དགེ་བ་འཕེལ་བའི་རྒྱུ་གྲོགས་ཁྱད་པར་ཅན་ལ་བསྟེན་པའོ། །དང་པོ་ནི། སྦྱིན་པ་གསུམ་ལ་སོགས་པའི་སྦྱིན་པས་འཁོར་དུ་བསྡུ་བ་དང་། དེ་ལ་མངོན་མཐོ་ངེས་ལེགས་ལ་བརྩམས་པའི་གཏམ་སྙན་པར་སྨྲ་བ་དང་། དོན་སྤྱོད་པ་གཞན་ལ་ཕན་དོན་ཉམས་སུ་ལེན་དུ་འཇུག་པ་དང་། དོན་གཅིག་སྤྱོད་པས་ཏེ་གཞན་བཀོད་པ་ལྟར་རང་ཉིད་ཉམས་སུ་ལེན་པ་སྟེ། དོན་མཐུན་ནོ། །ཚིག་འདི་ལྟར་ན། ཕྱི་མ་གཉིས་གོ་བསྡོར་བ་ལྟར་རོ། །བསྡུ་བ་བཞི་(༣༠ན)པོ་དེ་དག་རྣམས་ཀྱིས་གནས་སྐབས་འཇིག་རྟེན་དང་ཕུགས་ཀྱི་ཆོས་ཀྱང་བསྡུ་བ་ཉིད་དུ་མཛོད་ཅིག་ཅེས་གདམས་སོ། །

ཐ༢ བདེན་པ་སྨྲ་བ་སོགས་བཞི་ལ་བསླབ་པ།

ད༡ སོ་སོར་བསྟན་པ།

ན༡ བདེན་པ།

གཉིས་པ་ལ་གཉིས། སོ་སོར་བསྟན་པ་དང་། བསྡུས་ཏེ་བསྟན་པའོ། །དང་པོ་ལ་བཞི། བདེན་པ་དང་། གཏོང་བ་དང་། ཉེ་བར་ཞི་བ་དང་། ཤེས་རབ་བཟང་པོ་ལ་བསླབ་པའོ། །དང་པོ་ནི། བདེན་པ་འབའ་ཞིག་སྨྲ་བ་ལ་འབད་པར་བྱས་ཏེ། རྒྱལ་པོ་དག་ལ་ཉེས་པ་གཞན་མང་པོ་ཡོད་ཀྱང་ཇི་ལྟ་བུར་བདེན་པ་སྨྲ་བ་གཅིག་པུ་ཡོད་ན་སྐྱེ་བ་འདི་ཉིད་ལ་ཡང་ཁས་བླངས་པར་ཡིད་བརྟན་པའི་གནས་སོ་ཞེས་ཡིད་ཆེས་བརྟན་པ་སྐྱེད་པའི་འབྲས་བུ་དང་ལྡན་པ་དང་། དེ་བཞིན་དུ་དེ་ལ་རྫུན་སྨྲ་བ་ནི་ཡིད་མི་ཆེས་པར་བྱེད་པའི་མཆོག་ཡིན་པའི་ཕྱིར་རོ། །གཞན་བསླུ་བ་མེད་པ་དང་ལྡན་པའི་ཚིག་སྨྲ་བ་ནི་བདེན་པར་སྨྲ་བ་སྟེ། སེམས་པས་དོན་དང་མི་ལྡན་པའི་འདུ་ཤེས་བསྒྱུར་བ་དོན་དུ་རྫུན་མིན་པ་མིན་ནོ། །གཞན་ལ་གཅིག་ཏུ་ཕན་པ་བདེན་པར་སྨྲ་བ་ཡིན་ལ། མི་ཕན་པའི་ཕྱིར་ན་ཅིག་ཤོས་དོན་ལ་གནས་པ་ལྟར་སྣང་ཡང་བདེན་པར་སྨྲ་བ་མིན་པས། གཞན་ལ་ཕན་པའི་ཚིག་འབའ་ཞིག་སྨྲ་བར་བྱའོ། །

ན༢ གཏོང་བ།

གཉིས་པ་ནི། ཇི་ལྟར་རྒྱལ་པོའི་ཉེས་པ་མང་པོ་དག་ཡོད་ཀྱང་། གཏོང་ཕོད་ཆེ་བའི་སྦྱིན་པ་ཆེས་གསལ་བ་ཞིག་གིས་མི་མངོན་པར་བྱེད་ཅིང་། སྟིད་པ་ལྟར་དེ་བཞིན་འཇུངས་པའང་སྐྱོན་དེས་དེ་དག་གི་ཡོན་ཏན་བདོག་པ་ཐམས་ཅད་འཇོམས་པས། སེར་སྣ་སྤངས་ནས་སྦྱིན་པ་ལ་འབད་པར་བྱའོ། །

ན༣ ཉེ་བར་ཞི་བ།

གསུམ་པ་ནི། རྐོད་པག་སོགས་སྤྱངས་ནས་དབང་པོ་ཡང་དག་པར་བསྡམས་པའི་ཉེ་བར་ཞི་བ་དང་། བསམ་(༣༠བ)པ་དཔག་པར་དཀའ་བས་ཟབ་པའི་ཕྱིར་གཞན་མཆོག་ཏུ་གུས་པ་བྱེད་པར་འགྱུར་ལ། གུས་པས་བསྙེན་པར་དཀའ་བས་གཟི་བརྗིད་དང་ལྡན་ལ། དཀའ་ཡང་བཙོན་པ་དེ་བས་ཉེ་བར་ཞི་བ་སྙེན་ཅིག་པའོ། །

ན༤ ཤེས་རབ་བཟང་པོ་ལ་བསླབ་པ།

བཞི་པ་ནི། བླང་དོར་འབྱེད་པའི་ཤེས་རབ་དང་ལྡན་པས་གཞན་གྱིས་བློ་མི་འཕྲོགས་པ་དང་། གཞན་གྱི་དྲིང་ལ་མི་འཇོག་ཅིང་བསམ་པ་བརྟན་པ་དང་། སྡིག་པའི་གྲོགས་པོས་བསླུ་བས་མི་ཚུགས་པས་དེའི་འབྲས་བུས་རྒྱལ་པོ་སྐྱེ་དེ་བས་ཤེས་རབ་ལྷུར་བླང་བར་མཛོད་ཅིག་ཅེས་གདམས་སོ། །

ད༢ བསྡུས་ཏེ་བསྟན་པ།

གཉིས་པ་ནི། བདེན་པ་དང་གཏོང་བ་དང་། ཉེ་བར་ཞི་བ་དང་ཤེས་རབ་དང་ཆོས་བཞི་པོ་བཟང་ཞིང་བརྒྱན་པའི་མི་དབང་ནི་ཆོས་བཟང་པོ་རྣམ་པ་བཞི་ལྟ་བུར་ལྷ་མི་རྣམས་ཀྱིས་བསྟོད་པར་འགྱུར་བས་ཆོས་བཞི་དང་ལྡན་པར་མཛོད་ཅིག་ཅེས་གདམས་པའོ། །

ཐ༣ དགེ་བ་འཕེལ་བའི་རྒྱུ་གྲོགས་ཁྱད་པར་ཅན་ལ་བསྟེན་པ།

གསུམ་པ་ལ་གསུམ། གྲོགས་ཁྱད་པར་ཅན་གྱི་མཚན་ཉིད་དང་། དེའི་རྗེས་སུ་འཇུག་པར་རིགས་པ་དང་། འཆི་བ་མི་རྟག་པ་རྒྱུན་དུ་སྒོམ་པའོ། །

ད༡ གྲོགས་ཁྱད་པར་ཅན་གྱི་མཚན་ཉིད།

དང་པོ་ནི། ཆོས་འཕེལ་བའི་རྒྱུ་གྲོགས་མཚན་ཉིད་བཞི་ལྡན་དང་འགྲོགས་པར་བྱ་སྟེ། དེ་ཡང་རྒྱལ་པོ་ལ་ངོར་དགའ་དོར་ནས་ལེགས་པ་འབའ་ཞིག་སྨྲ་བས་ཕེབས་པར་སྨྲ་ཞིང་འདོད་པ་ཆུང་ཞིང་ཆོག་ཤེས་ལ་བསམ་པ་དག་པར་འགྱུར་བ་དང་། ཆོས་དང་འཇིག་རྟེན་གྱི་བྱ་བ་ལ་མཁས་པའི་ཤེས་རབ་དང་ལྡན་པ་དང་། ཁྲོ་བ་ཤས་ཆུང་ཞིང་གཞན་ལ་ཕན་བདེ་འདོད་པའི་སྙིང་རྗེས་བརྒྱན་པ་བཞི་པོའི་མི་མཐུན་ཕྱོགས་ཀྱི་དྲི་མ་མེད་པ་དང་ལྷན་ཅིག་འགྲོགས་ན་རྟག་ཏུ་ཡང་ཤེས་རབ་དང་ནི་ཆོས་ཀུང་འཕེལ་བར་འགྱུར་རོ། །

ད༢ དེའི་རྗེས་སུ་འཇུག་པར་རིགས་པ།

གཉིས་པ་ནི། མི་སྙན་ཡང་ཕན་པར་སྨྲ་བའི་ངག་ལ་མཉན་པར་བྱ་སྟེ། གཞན་ལ་ཕན་པར་སྨྲ་བ་དཀོན་པ་སྟེ་དེ་ལ་ཉན་པར་བྱེད་པ་དེ་བས་(༣༡ན)ཀུང་ཤིན་ཏུ་དཀོན་ལ་གཉིས་པོ་དེ་དག་བས་ཀུང་མི་སྙན་ཡང་ཕན་པར་ཤེས་ནས། ཕན་པའི་རྗེས་སུ་བྱེད་པ་དཀོན་པ་དེ་ལྟ་བས་ན་རྒྱལ་པོ་ཁྱོད་ཀྱིས་གཞན་གྱི་ངག་མི་སྙན་ཡང་ཕན་པར་མཁྱེན་ནས་དེའི་དོན་མྱུར་དུ་དཔྱད་ཅིང་ཉམས་སུ་བླང་བར་མཛོད་ཅིག །དཔེར་ན། ནད་གསོ་བའི་དོན་དུ་བདག་ལ་བྱམས་པ་གཞན་གྱིས་བྱིན་པའི་མི་བཟོད་པའི་དྲི་ང་བའི་སྨན་ཡང་འཐུང་བ་བཞིན་ནོ། །

ད༣ འཆི་བ་མི་རྟག་པ་རྒྱུན་དུ་སྒོམ་པ།

གསུམ་པ་ནི། སྲོག་དང་ནད་མེད་པ་ནི་རྟག་ཏུ་དགྲ་སྟང་བ་དུ་མས་བསྐོར་ཞིང་འཇོམས་བྱེད་མང་བས་རང་དང་རྒྱལ་སྲིད་དག་མི་རྟག་པ་ཉིད་དུ་ཤེས་པར་

བྱས་ནས་དུས་རྟག་ཏུ་དགོངས་ཏེ་འཆི་བ་རྗེས་དྲན་ཡང་དང་ཡང་དུ་བསམས་པ་དེ་ལས་ཡང་དག་པའི་བརྩོན་འགྲུས་དང་ལྡན་པར་ཆོས་ལས་གཅིག་ཏུ་ནན་ཏན་མཛོད་ཅིག་ཅེས་གདམས་སོ། །

༧༢ ངན་འགྲོའི་རྒྱུ་སྤང་བ།

ང༡ མདོར་བསྟན་པ།

གཉིས་པ་ངན་འགྲོའི་རྒྱུ་སྤང་བ་ལ་གཉིས། མདོར་བསྟན་པ་དང་། རྒྱས་པར་བཤད་པའོ། །དང་པོ་ནི། གདོན་མི་ཟ་བར་འཆི་བར་འགྱུར་ཞིང་ཤི་ནས་སྡིག་པས་བདེ་འགྲོར་རྫོགས་བྱེད་དང་། ངན་འགྲོར་འཕེན་བྱེད་དང་། རྫོགས་བྱེད་གཉི་གའི་སྒོ་ནས་སྡུག་བསྔལ་བ་གཟིགས་ཏེ་འཕྲུལ་དུ་བདེ་བ་ལྟར་སྣང་ན་ཡང་སྡིག་པ་བགྱི་བར་མི་རིགས་སོ། །བདེན་པ་པོའི་ལེའུ་ལས། རྒྱལ་པོ་ཁྱོད་ནི་སྲོག་གཅོད་མ་མཛད་ཅིག །སྐྱེ་བོ་ཀུན་ལ་སྲོག་ནི་ཤིན་ཏུ་ཕངས། །དེ་བས་ཡུན་རིང་ཚེ་བསྲིངས་སུ་འདོད་པས། །ཡིད་ཀྱིས་དགུ་ལའང་སྲོག་གཅོད་མི་བསམ་མོ། །ཞེས་སོགས་གསུངས་པ་ལྟར་རོ། །ཤུགས་ལ་འཕྲལ་དུ་ཙུང་ཟད་སྡུག་ཀྱང་ཕུགས་སུ་ཕན་པའི་དགེ་བ་བྱ་བར་བསྟན་ཏོ། །བྱ་བ་འགའ་ཞིག་བྱས་པས་ལ་ལར་ཏེ་ཚེ་འདིར་འཇིགས་པ་མེད་པར་མཐོང་ཞིང་ཕྱི་མའི་དུས་འགར་འཇིགས་པ་མཐོང་བར་འགྱུར་བ་ཡིན་ན། གལ་ཏེ་གཅིག་ལ་སྟེ་(༣༧བ)འཇིགས་པ་མ་མཐོང་བ་ལ་ཁྱོད་ཡིད་བརྟེན་ན་འཇིགས་པ་མཐོང་ན་གཅིག་ལ་ཁྱོད་ཀོ་སྟེ་ཁྱོད་ནི་ཅིས་མི་འཇིགས་ཏེ་འཇིགས་པར་རིགས་སོ། །

ང༢ རྒྱས་པར་བཤད་པ།

གཉིས་པ་ལ་བཞི། ཆང་ལ་ཆགས་པ་དགག །རྒྱན་པོ་ལ་དགག་པ་དང་། བུད་མེད་ལ་ཆགས་པ་དང་། ཤིངས་དགག་པའོ། །

ཐ༡ ཆང་ལ་ཆགས་པ་དགག །

དང་པོ་ནི། ཆང་གིས་འཇིག་རྟེན་འདིར་དང་པོ་འཕྲུང་བའི་དུས་རང་ནས་གཞན་གྱིས་བརྙས་པར་འགྱུར་ཞིང་དགོས་པའི་དོན་ཡལ་བ་དང་། ནོར་ཡང་ཟད་པར་འགྱུར་བ་དང་། བག་མེད་པའི་རྫོངས་པས་བྱ་བ་མིན་པ་བྱེད་པས་འདི་ཕྱིའི་ཉེས་དམིགས་བཞི་ཡོད་པ་དེ་བས་ཆང་ནི་རྟག་ཏུ་སྤོངས་ཤིག །

ཐ༢ རྒྱན་པོ་ལ་དགག་པ།

གཉིས་པ་ནི། རྒྱན་པོ་འཁྱེད་པ་ལ་དགའ་བ་ལ་ཉེས་དམིགས་དགུ་ཡོད་པ་དེ་བས་རྟག་ཏུ་རྒྱན་པོ་སྤང་བར་མཛོད་ཅིག །ཉེས་དམིགས་དགུ་གང་ཞེ་ན། གཞན་གྱི་ནོར་ལ་ཆགས་པ་དང་། རྒྱན་བྱེད་པའི་དུས་ན་ཐོབ་བམ་མི་ཐོབ་སྙམ་དུ་ཡིད་མི་བདེ་བས་མི་དགའ་བ་དང་ཞེ་སྡང་དང་། གཡོ་སྒྱུ་དང་། རྐོད་པའི་གནས་དང་། རྫུན་དང་། རྒྱལ་བ་དང་། ཚིག་རྩུབ་སྨྲ་བའི་རྒྱུ་དགུ་གསུངས་སོ། །

ཐ༣ བུད་མེད་ལ་ཆགས་པ།

ད༡ བུད་མེད་ཀྱི་ལུས་གཙང་བ་སྤྱིར་དགག་པ།

གསུམ་པ་ལ་གསུམ། བུད་མེད་ཀྱི་ལུས་གཙང་བ་སྤྱིར་དགག་པ་དང་། སོ་སོར་དགག་པ་དང་། མི་གཙང་བ་སྒོམས་པའི་འབྲས་བུའོ། །དང་པོ་ནི། བུད་མེད་ལ་ཆགས་པ་ནི་མི་གཙང་བཞིན་དུ་གཟུགས་གཙང་བར་སེམས་པ་ལས་བྱུང་བ་ཡིན་གྱི། བུད་མེད་ཀྱི་ལུས་ལ་དོན་དུ་མི་གཙང་བ་ཙུང་ཟད་ཀྱང་ཡོད་པ་མ་ཡིན་པས་ཆགས་པར་མི་རིགས་སོ། །

ང༢ སོ་སོར་དགག་པ།

ཀ༡ བུད་མེད་ཀྱི་ཡན་ལག་མཛེས་པ་དགག་པ།

ཁ༡ མི་གཙང་བའི་རང་བཞིན་འབའ་ཞིག་ཡིན་པས་ཆགས་པར་མི་རིགས་པ།

གཉིས་པ་ལ་གསུམ། བུད་མེད་ཀྱི་ཡན་ལག་མཛེས་པ་དགག་པ་དང་། ལུས་ཡན་ལག་ཅན་མཛེས་པ་དགག་པ་དང་། བུད་མེད་ལ་ཆགས་པ་བདེ་བའི་རྒྱུ་ཡིན་པ་དགག་པའོ། །དང་པོ་ལ་བཞི། མི་གཙང་བའི་རང་བཞིན་འབའ་ཞིག་ཡིན་པས་(༡༢ན)ཆགས་པར་མི་རིགས་པ་དང་། དེའི་དཔེ་དང་། བུད་མེད་ལ་ཆགས་ན་ཆགས་བྲལ་གྱི་གནས་མེད་པར་འགྱུར་བ་དང་། མི་གཙང་ཡང་བླུན་པོས་དགའ་བའི་རྒྱུར་བཏགས་པའོ། །དང་པོ་ནི། ཁ་ནི་ཁ་ཆུ་རུལ་བ་དང་སོ་སྐྱག་མི་གཙང་བའི་སྣོད་ཡིན་ཏེ་ཆགས་པར་མི་རིགས་སོ། །སྣ་ནི་རྣག་དང་སྣབས་དང་སྣ་ཆུའི་སྣོད་ཡིན་ལ། མིག་ནི་མིག་རྒྱུ་མིག་གི་དྲི་མ་དང་། མཆི་མའི་སྣོད་ལྟོའི་ཁོང་ནི་བཤང་གཅི་དང་གློ་བ་དང་མཆིན་པའི་སྣོད་ཡིན་པར་མཐོང་བས་བུད་མེད་མི་གཙང་བར་མ་མཐོང་བས་དེའི་ལུས་ལ་ཆགས་པར་བྱེད་པར་ཟད་དོ། །

ཁ༢ དེའི་དཔེ།

གཉིས་པ་ནི། མི་ཤེས་པ་འགའ་ཞིག་མི་གཙང་བས་གང་བའི་བུམ་པ་ཕྱི་རོལ་རིན་པོ་ཆེ་ལ་སོགས་པའི་རྒྱན་གྱིས་སྤྲས་པ་ལ་ཆགས་པ་ལྟར་འཇིག་རྟེན་པ་བུད་མེད་ཀྱི་རང་བཞིན་མི་ཤེས་པ་རྨོངས་པ་ཡིས་བུད་མེད་རྣམས་ལ་ཆགས་པའང་དེ་བཞིན་ནོ། །

པ༣ བུད་མེད་ལ་ཆགས་ན་ཆགས་བྲལ་གྱི་གནས་མེད་པར་འགྱུར་བ།

གསུམ་པ་ནི། ལུས་ཀྱི་ཡུལ་ཤིན་ཏུ་དྲི་ང་བ་ཆགས་བྲལ་གྱི་རྒྱུ་ནི་མཐར་ཐུག་པ་གང་ཡིན་པ་དེ་ལའང་འཇིག་རྟེན་ཆེས་ཆགས་ན་ཡུལ་གང་ལ་ཐབས་གང་གིས་འདོད་ཆགས་དང་བྲལ་བར་བགྱི་ཆགས་པ་དང་བྲལ་བའི་གནས་མེད་པར་འགྱུར་བས་སོ། །

པ༤ མི་གཙང་ཡང་ བླུན་པོས་དགའ་བའི་རྒྱུར་བཏགས་པ།

བཞི་པ་ནི། ཇི་ལྟར་ཏེ་དཔེར་ན། བཤང་གཅི་བཅེར་བ་ལ་ཆགས་པ་དང་། ངན་སྐྱུགས་དག་ལ་ཕག་རབ་ཏུ་ཆགས་པ་ལྟར་དེ་བཞིན་དུ་བཤང་གཅི་བཅེར་བ་ལ་འདོད་ལྡན་ངན་སྐྱུགས་ལ་ཆགས་པའི་ཕག་དང་འདྲ་བའི་སྐྱེས་པ་རྣམས་བུད་མེད་ལ་རབ་ཏུ་ཆགས་པ་ལུས་ཀྱི་ནང་སྲིན་བུའི་གྲོང་ཁྱེར་མི་གཙང་བ་འབྱུང་བའི་བུ་ག་དོད་པ་གང་ཡིན་པ་བུད་མེད་དེ་ནི་སྐྱེ་བོ་བླུན་པོ་ཡིས་དགའ་བའི་རྒྱུའི་དོན་(༣༢བ)དུ་ཉེ་བར་བརྟགས་ནས་བློ་ཕྱིན་ཅི་ལོག་གིས་བུད་མེད་ལ་ཆགས་པར་ཟད་དོ། །

ན༢ ལུས་ཡན་ལག་ཅན་མཛེས་པ་དགག་པ།

པ༡ བུད་མེད་ཀྱི་ལུས་ལ་ཆགས་པ་སྤྱིར་དགག་པ།

གཉིས་པ་ལ་བཞི། བུད་མེད་ཀྱི་ལུས་ལ་ཆགས་པ་སྤྱིར་དགག་པ་དང་། ཁ་དོག་དང་དབྱིབས་ལ་ཆགས་པ་དགག་པ་དང་། དེས་ན་བུད་མེད་ཀྱི་ལུས་ལ་ཆགས་པར་མི་རིགས་པ་དང་། བུད་མེད་ལ་བསྟོད་པའི་གང་ཟག་སྨད་པའོ། །དང་པོ་ནི། ཁྱོད་བདག་ཉིད་ཀྱིས་བུད་མེད་ཀྱི་བཤང་གཅི་སོགས་སོ་སོར་མི་གཙང་བར་མཐོང་ནས་ནི་མི་གཙང་བ་དེ་འདུས་པའི་ལུས་ལ་ཇི་ལྟ་བུར་ཡིད་དུ་འོང་བ་ཉིད་དུ་འགྱུར། རྒྱུ་དང་ངོ་བོ་དམན་པ་ནི་ཁྲག་དང་ཁུ་བ་འདྲེས་པའི་ས་བོན་མི་གཙང་བའི་སྙིང་པོས་

སྐྱེད་པ་མི་གཙང་བའི་གཟུགས་སུ་ཤེས་བཞིན་དུ་འདི་ལ་འདོད་པ་དང་ལྡན་པ་གང་གིས་ཆགས་མི་གཙང་བའི་ཕུང་པོ་མི་གཙང་བ་དེའི་རྒྱན་གྱིས་བརྒྱན་པའི་པགས་པས་གཡོགས་པར་གང་ཞལ་བ་དེ་ནི་བུད་མེད་དང་ལྷོ་བ་སྤྲད་དེ་ཞལ་བར་ཟད་པས་བུད་མེད་དང་ཞལ་བ་ནི་མི་གཙང་བ་དང་ལྷོ་བ་སྤྲད་དེ་ཞལ་བའོ། །

ཕ༢ ཁ་དོག་དང་དབྱིབས་ལ་ཆགས་པ་དགག་པ།

ཕ༡ བུད་མེད་ཀྱི་ཁ་དོག་དང་དབྱིབས་ལ་ཆགས་པ་སྤྱིར་དགག་པ།

གཉིས་པ་ལ་གསུམ། བུད་མེད་ཀྱི་ཁ་དོག་དང་དབྱིབས་ལ་ཆགས་པ་སྤྱིར་དགག་པ་དང་། གཟུགས་མཛེས་པ་ལ་ཆགས་པ་དགག་པ་དང་། བུད་མེད་ཀྱི་ལུས་དང་འདྲ་བར་རང་གི་ལུས་ཀྱང་མི་གཙང་བར་བསམ་པའོ། །དང་པོ་ནི། བུད་མེད་གཟུགས་བཟང་བ་དང་གཟུགས་ངན་ནམ་རྒན་ནམ་ཡང་ན་གཞོན་ཡང་རུང་བུད་མེད་ཀྱི་གཟུགས་ཀུན་མི་གཙང་ན་ཁྱོད་ཆགས་པ་ཁྱད་པར་གང་ལ་སྐྱེ་སྟེ། ཆགས་པའི་གཞི་མེད་པའི་ཕྱིར་རོ། །

ཕ༢ གཟུགས་མཛེས་པ་ལ་ཆགས་པ་དགག་པ།

བ༡ ཆགས་པར་མི་རིགས་པ།

གཉིས་པ་ལ་གཉིས། ཆགས་པར་མི་རིགས་པ་དང་། སྨད་པར་རིགས་པའོ། །དང་པོ་ནི། གལ་ཏེ་མི་གཙང་བའི་གོང་བུ་ཁ་དོག་བཟང་ཞིང་ཤིན་ཏུ་གསར་ལ་དབྱིབས་ལེགས་ཀྱང་དེ་ལ་ཆགས་པར་མི་འོས་པ་ལྟར་བུད་མེད་ཀྱི་གཟུགས་(༣༣ན) ལའང་དཔེ་སྟེ་དུས་རྟག་ཏུ་དེ་བཞིན་དུ་ཆགས་པར་མི་འོས་སོ། །ཡོང་རུལ་པ་ཕྱི་རོལ་པགས་པས་གཡོགས་པ་རོ་མྱངས་འདི་ཡི་རང་བཞིན་ནི་མི་གཙང་བ་ཤིན་ཏུ་མི་བཟད་པར་སྣང་བཞིན་དུ་ཇི་ལྟ་བུར་ན་མཐོང་བར་མ་གྱུར་པགས་པ་འདི་ཡང་

མི་གཙང་སྐྱེ་རལ་ག་བཞིན་དུ་ལགས་ན། འདུག་པ་མིན་གྱིས་མི་གཙང་བའི་རང་བཞིན་དུ་གནས་པའི་ཕྱིར་རོ། །ཕྱིར་དོར་བའི་མི་གཙང་བའི་ཕུང་པོའི་པགས་པ་ལྟར་ཇི་ལྟ་བུར་ན་གཙང་མར་འགྱུར་ཏེ་མི་གཙང་བ་བཞིན་ནོ། །

ཁ༢ སྨད་པར་རིགས་པ།

གཉིས་པ་ནི། མི་གཙང་བས་གང་བའི་བུམ་པ་ནི་ཕྱི་རོལ་བཀྲ་ཡང་སྨད་པར་བྱ་བ་ཡིན་པ་ལྟར་མི་གཙང་བའི་རང་བཞིན་གྱི་ལུས་མི་གཙང་བས་གང་བ་ཅིས་མི་སྨད་སྨད་པར་རིགས་ཀྱི་ཆགས་པར་མི་རིགས་སོ། །གལ་ཏེ་ཁྱོད་ནི་ཕྱིར་དོར་བའི་མི་གཙང་བ་ལ་སྨོད་པ་དང་། དྲི་དང་ཕྲེང་བ་དང་བཟའ་བཏུང་ནི་གཙང་མའང་མི་གཙང་བར་བྱེད་པ་གང་ཡིན་པའི་ལུས་ནི་ཅིའི་ཕྱིར་མི་སྨད་སྨད་པར་རིགས་ཀྱི་བསྟོད་པར་མི་རིགས་སོ། །

ག༣ བུད་མེད་ཀྱི་ལུས་དང་འདྲ་བར་རང་གི་ལུས་ཀྱང་མི་གཙང་བར་བསམ་པ།

གསུམ་པ་ནི། ཇི་ལྟར་རང་གཞན་དག་གི་ཕྱི་རོལ་གྱི་མི་གཙང་བ་སྨད་པར་བྱ་བ་ལྟར་དེ་བཞིན་དུ་རང་དང་གཞན་དག་གི་མི་གཙང་བ་གཟུགས་ཀོ་སྐྱེ་གཟུགས་ནི་ཅིས་མི་སྨད་ཁྱད་པར་ཅུང་ཟད་ཀྱང་མེད་པའི་ཕྱིར་རོ། །

ག༣ དེས་ན་བུད་མེད་ཀྱི་ལུས་ལ་ཆགས་པར་མི་རིགས་པ།

གསུམ་པ་ནི། ལུས་མི་གཙང་བ་ཡིན་པ་དེ་བས་ན་ཕྱི་དང་ནང་གི་ཉིད་ལ་སྐྱེ་གཞན་དང་རང་གི་ལུས་ལ་འདོད་ཆགས་དང་འབྲལ་བར་རིགས་པ་མིན་ནམ་རྨ་དགུ་དག་ནས་འཛག་པ་ཅན་གྱི་མི་གཙང་བ་བདག་ཉིད་ཀྱིས་ཉིན་རེ་བཞིན་དུ་

མངོན་སུམ་དུ་འབྲུ་བར་བྱེད་ཀྱང་ལུས་མི་གཙང་བར་མི་རྟོགས་ན་རྒྱལ་པོ་ཁྱོད་ལ་མི་སྡུག་པ་སྒོམ་པའི་ཐབས་བཤད་པས་ཅི་ཞིག་ཕན་ཞེས་མི་གཙང་བར་མི་རྟོགས་པར་མི་རིགས་ཞེས་གདམས་པའོ། །(༣༣༨)

པ༽ བུད་མེད་ལ་བསྟོད་པའི་གང་ཟག་སྨད་པ།

བཞི་པ་ནི། གང་དག་མི་གཙང་བའི་བུད་མེད་ཀྱི་ལུས་འདི་ལ་ཆགས་ནས་རྟོག །ཚོས་ཀྱིས་བསྟོད་པའི་སྙན་དངགས་པདྨ་དང་ཟླ་བ་དང་ཨུཏྤལ་སོགས་དང་འདྲ་བའི་ཚིག་སྦྱོར་བྱེད་པ་ནི་ཨེ་མའོ་གཟུ་ལུམས་ནི་ངོ་ཚ་མེད་པ་དང་། ཨེ་མའོ་གླུན་པ་ནི་མི་ཤེས་པས་ཀུན་ནས་བསླང་བའོ། །ཨེ་མའོ་མཁས་པའི་སྐྱེ་བོས་ཁྲིལ་དུ་ཙང་ལ་མི་ཤེས་མུན་པས་བསྒྲིབས་པའི་སེམས་ཅན་འདི་ནི་ཕལ་ཆེར་ཡང་བུད་མེད་ལ་ཆགས་པའི་འདོད་པའི་དོན་དུ་སློབ་དཔོན་དང་། སློབ་མ་དང་། མཛའ་ཤེས་སོགས་དང་རྩོད་པ་འབྱུང་བ་ནི་མི་གཙང་བའི་དོན་དུ་ཁྱི་རྣམས་རྩོད་པ་བཞིན་ནོ། །

ན༽ བུད་མེད་ལ་ཆགས་པ་བདེ་བའི་རྒྱུ་ཡིན་པ་དགག་པ།

གསུམ་པ་བུད་མེད་ལ་ཆགས་པ་བདེ་བའི་རྒྱུ་ཡིན་པ་དགག་པ་ནི། མཛེ་ཅན་གཡན་པ་ཕྲུགས་ན་ཅུང་ཟད་ཕན་པའི་བདེ་བར་འགྱུར་བ་ལྟར་སྣང་ཡང་ཕྲུགས་པའི་བདེ་བ་དེ་བས་གཡན་པ་མེད་ན་བདེ་བ་དེ་བཞིན་དུ་འཇིག་རྟེན་ཡུལ་ལྡུ་ལ་དོན་གཉེར་གྱི་འདོད་པ་དང་ལྡན་པ་འདོད་པ་ལ་ལོངས་སྤྱོད་པས་བདེ་བ་ལྟར་སྣང་ཡང་འདོད་པ་མེད་པ་དེ་བས་ཀྱང་བདེ་བས་འདོད་པ་ལ་ཆགས་པ་དང་བྲལ་བ་ལ་འབད་པར་བྱའོ། །

ང༣ མི་གཙང་བ་སྒོམས་པའི་འབྲས་བུ།

གསུམ་པ་མི་གཙང་བ་བསྒོམས་པའི་འབྲས་བུ་ནི། གལ་ཏེ་དེ་ལྟར་ལུས་མི་གཙང་བའི་རང་བཞིན་བརྟགས་ན་ཁྱོད་ཐོག་མ་ནས་འདོད་ཆགས་དང་བྲལ་བ་མ་གྲུབ་ཀྱང་འོན་ཀྱང་ཇེ་ཆུང་ཇེ་ཆུང་དུ་སོང་ནས་འདོད་ཆགས་སྤྲབས་པ་ཡིས་བུད་མེད་ལ་ཆགས་པར་མི་འགྱུར་རོ། །

ཐ༤ ཡིངས་དགག་པ།

ང༡ སྲོག་གཅོད་སྤང་བ།

བཞི་པ་ཡིངས་དགག་པ་ལ་གསུམ། སྲོག་གཅོད་སྤང་བ་དང་། གཞན་ལ་སྡུག་པ་སྐྱེད་པ་སྤང་བ་དང་། དགའ་བ་སྐྱེད་པ་བསྟེན་པའོ། །དང་པོ་ནི། རང་ཉིད་ཚེ་རབས་གཞན་དུ་སྲོག་གཅོད་ཀྱི་རྒྱུ་མཐུན་དང་རྣམ་སྨིན་གྱི་འབྲས་བུ་ཚེ་ཐུང་བ་དང་། འཇིགས་པ་མང་བ་དང་སྡུག་བསྔལ་ཆེ་བ་དང་། དམྱལ་བའི་རྒྱུ་ནི་མི་ཟད་པ་རི་དྭགས་ལ་ཡིངས་ཡིན་ཏེ་དེ་ལྟ་བས་ན་རྟག་ཏུ་གསོད་མེད་བརྟེན་པར་མཛོད་(༣༤ན)ཅིག །

ང༢ གཞན་ལ་སྡུག་པ་སྐྱེད་པ་སྤང་བ།

གཉིས་པ་ནི། ཡན་ལག་ཐམས་ཅད་མི་གཙང་བས་བསྐུས་པའི་སྦྲུལ་གདུག་པ་ཁ་ནས་ཀྱང་དུག་འཛག་པ་གཞན་ལ་གནོད་པ་དང་། འཚེ་བ་ལྟར་གང་ཟག་གང་ལ་བརྟེན་ནས་ལུས་ཅན་སྡུག་པར་འགྱུར་བ་དེར་ངན་པ་ཡིན་པས་རྣམ་པ་ཐམས་ཅད་དུ་སྤང་བར་བྱའོ། །

ད༣ དགའ་བ་སྐྱེད་པ་བསྟེན་པ།

གསུམ་པ་ནི། ཆར་ཕྲིན་ཆེན་པོ་ལངས་པ་ན་ཞིང་པ་རྣམས་ནི་དགའ་བ་སྐྱེ་བ་ཇི་ལྟ་བར་རྒྱལ་པོ་ལ་སོགས་པ་གང་ལ་བརྟེན་ནས་ལུས་ཅན་རྣམས་དགའ་བར་འགྱུར་བ་དེར་སྤྱོད་པ་བཟང་པོ་ཆོས་ཀྱི་སྤྱོད་པ་ཡིན་པས་རྣམ་པ་ཐམས་ཅད་དུ་བསྟེན་པར་བྱའོ། །

ཉ༣ ཆོས་མིན་སྤངས་ནས་ཆོས་བསྒྲུབ་པའི་དོན་བསྡུ་བ།

གསུམ་པ་ཆོས་མིན་སྤངས་ནས་ཆོས་བསྒྲུབ་པའི་དོན་བསྡུ་བ་ནི། སྔར་མང་དུ་བཤད་པ་དེ་བས་ན་རང་གཞན་ལ་གནོད་པའི་ཆོས་མིན་སྤང་བར་བྱ་སྟེ་དུས་རྟག་ཏུ་གཡེལ་བ་མེད་པར་རང་གཞན་ལ་ཕན་པའི་ཆོས་བསྟེན་པར་མཛོད་ཅིག་ཅེས་བླང་དོར་གྱི་གནས་མདོར་བསྡུས་ནས་གདམས་པའོ། །

ཆ༣ ཡང་ངེས་ལེགས་རྒྱུ་འབྲས་བཤད་པ།

ཛ༧ བླ་ན་མེད་པའི་བྱང་ཆུབ་ཀྱི་རྒྱུའི་གཙོ་བོ་གསུམ་དུ་བསྡུས་ནས་དེ་ལ་བསླབ་པ།

གསུམ་པ་ཡང་ངེས་ལེགས་རྒྱུ་འབྲས་བཤད་པ་ལ་བཞི། བླ་ན་མེད་པའི་བྱང་ཆུབ་ཀྱི་རྒྱུའི་གཙོ་བོ་གསུམ་དུ་བསྡུས་ནས་དེ་ལ་བསླབ་པ་དང་། སངས་རྒྱས་ཀྱི་མཚན་སོ་གཉིས་འགྲུབ་པའི་རྒྱུ་ལ་བསླབ་པ་དང་། དཔེ་བྱད་ཀྱི་རྒྱུ་འབྲས་འདིར་རྒྱས་པར་མ་སྨོས་པའི་རྒྱུ་མཚན་དང་། སངས་རྒྱས་དང་འཁོར་ལོས་སྒྱུར་བའི་རྒྱལ་པོའི་མཚན་དཔེའི་ཁྱད་པར་རོ། །དང་པོ་ནི། རྒྱལ་པོ་བདག་ཉིད་དང་ནི་འཇིག་རྟེན་འཁོར་བར་གནས་པའི་སེམས་ཅན་འདིས་བླ་ན་མེད་པའི་བྱང་ཆུབ་ཐོབ་འདོད་ན་བླ་

ན་མེད་པའི་བྱང་ཆུབ་དེའི་རྩ་བ་སེམས་ཅན་ཐམས་ཅད་ཀྱི་དོན་དུ་བླ་ན་མེད་པའི་བྱང་ཆུབ་ཐོབ་པར་འདོད་པའི་ཀུན་རྫོབ་པའི་བྱང་ཆུབ་ཀྱི་སེམས་རྐྱེན་བཞི་དང་། རྒྱུ་བཞི་དང་། སྟོབས་བཞིས་སྒྲུབ་པའི་རི་དབང་རྒྱལ་(༣༥བ)པོ་ལྟར་བརྟན་པ་དང་དེའི་རྒྱུའི་གཙོ་བོ་ཕྱོགས་མཐས་གཏུགས་པའི་སེམས་ཅན་ལ་དམིགས་ནས་སྡུག་བསྔལ་དང་འབྲལ་འདོད་ཀྱི་སྙིང་རྗེ་དང་། མཐའ་གཉིས་ལ་མི་བརྟེན་པ་མཐའ་བྲལ་རྟོགས་པའི་ཡེ་ཤེས་ལགས་པས་རྒྱུའི་གཙོ་བོ་གསུམ་ལ་བསླབ་པར་བྱའོ། །སློབ་དཔོན་ཟླ་བ་གྲགས་པས། དབུ་མ་ལ་འཇུག་པ་ལས་རྒྱས་པར་གཏན་ལ་ཕབ་ཅིང་། ཚིག་གསལ་དུ། དེ་ལ་ཞལ་འཕངས་ནས་བསྡུས་ཏེ་བསྟན་པ་ནི། དགོས་འབྲེལ་གྱི་ཐད་དུ། དབུ་མ་ལ་འཇུག་པ་ལས་བསྟན་པའི་ཚུལ་གྱིས་སེམས་བསྐྱེད་པ་དང་པོ་གཉིས་སུ་མེད་པའི་ཡེ་ཤེས་ཀྱིས་བརྒྱན་པ། སྙིང་རྗེ་ཆེན་པོ་སྔོན་དུ་འགྲོ་བ། དེ་བཞིན་གཤེགས་པའི་ཡེ་ཤེས་འབྱུང་བའི་རྒྱུར་གྱུར་པ་ཐོག་མར་མཛད་ནས། མཐར་ཤེས་རབ་ཀྱི་ཕ་རོལ་ཏུ་ཕྱིན་པའི་ཚུལ་ཕྱིན་ཅི་མ་ལོག་པ་ཐུགས་སུ་ཆུད་པར་གྱུར་པ། སློབ་དཔོན་ཀླུ་སྒྲུབ་ཀྱིས་གཞན་ཁོང་དུ་ཆུད་པར་བྱ་བའི་ཕྱིར་སྙིང་རྗེས་བསྟན་བཅོས་མཛད་ཅེས་མགོན་པོ་ཀླུ་སྒྲུབ་ཀྱིས་ཐོག་མ་ཚོགས་སྦྱོར་གྱི་སྐབས་སུ་རྒྱུ་གསུམ་ཐུགས་སུ་ཆུད་པ་མཛད་ནས། མཐར་ས་དང་པོའི་ཚེ། ཤེས་རབ་ཀྱི་ཕ་རོལ་ཏུ་ཕྱིན་པའི་ཚུལ་སྟོང་པ་ཉིད་ཀྱི་དོན་མངོན་སུམ་དུ་རྟོགས་པར་གསུངས་པ་ལྟར། བླ་ན་མེད་པའི་བྱང་ཆུབ་ཀྱི་རྒྱུའི་གཙོ་བོ་བསྡུས་ནས་བསྟན་པའོ། །འདི་དག་ཐོག་མར་རྒྱུད་ལ་སྐྱེད་པ་དང་། སྐྱེས་ནས་ཉམས་སུ་ལེན་པའི་ཚུལ་རྣམས་ནི་རྒྱས་པར་ཤེས་འདོད་ན། རྗེ་རིན་པོ་ཆེ་ཉིད་ཀྱིས་མཛད་པའི་སྤྱོད་པ་སྤྱི་ལ་བསླབ་པ་དང་། ཕར་ཕྱིན་ཐ་མ་གཉིས་ལ་བསླབ་པ་ལས་ཤེས་པར་བྱའོ། །

༨༢ སངས་རྒྱས་ཀྱི་མཚན་སོ་གཉིས་འགྲུབ་པའི་རྒྱུ་ལ་བསླབ་པ།

༡༡ ཉན་པར་སྐུལ་བ།

གཉིས་པ་ལ་གཉིས། ཉན་པར་སྐུལ་བ་དང་། བཤད་པ་དངོས་སོ། །དང་པོ་ནི། རྒྱལ་པོ་ཆེན་པོ་ཞེས་པོས་ནས་སྐྱེས་བུ་ཆེན་པོ་(༣༥ན)ཉིད་ཀྱི་མཚན་སུམ་ཅུ་རྩ་གཉིས་ཀྱིས་ཇི་ལྟར་ཁྱོད་ཀྱི་སྐུ་བརྒྱན་པར་འགྱུར་བ་མཚན་གྱི་རྒྱུ་དང་། འབྲས་བུ་མཚན་དང་། རྒྱུ་འབྲས་ཀྱི་འབྲེལ་བ་དེ་དག་ལྟ་བུ་གསན་པར་མཛོད་ཅིག་ཅེས་གདམས་སོ། །

༡༢ བཤད་པ་དངོས།

གཉིས་པ་ནི། སྐུ་གདུང་གི་སྙིང་པོ་ཅན་དང་། སངས་རྒྱས་ཀྱིས་བྱིན་གྱིས་བརླབས་པ་དང་། དཀར་པོའི་ཆོས་རྣམས་བསགས་ཕྱིར་དང་། །སྡིག་པའི་ལས་རྣམས་སྤངས་པའི་ཕྱིར། །སངས་རྒྱས་བཅོམ་ལྡན་འདས་ཉིད་ལ། །མཆོད་རྟེན་ཞེས་ཀྱང་མངོན་པར་བརྗོད། །ཅེས་འབྱུང་བ་ལྟར་སངས་རྒྱས་དངོས་ལ་གསུངས་པའི་མཆོད་རྟེན་དང་། གཞན་ཡང་མཆོད་བྱ་ཕ་མ་དང་མཁན་པོ་དང་། སློབ་དཔོན་དང་ནད་པ་སོགས་དང་འཕགས་པའི་དགེ་འདུན་དང་། ཐན་རབས་རྣམས་ནི་ལེགས་པར་བཀུར་བས་གཞན་གྱིས་ཟིལ་གྱིས་མི་ནོན་པའི་གཟི་བརྗིད་ཀྱི་དཔལ་དང་ལྡན་པ་ཕྱུག་ཞབས་ཀྱི་མཐིལ་རྩིབས་སྟོང་ལྟེ་བ་མུ་ཁྱུད་རྫོགས་པའི་འཁོར་ལོ་ཡི། རྟགས་ཀྱིས་མཚན་པའི་འཁོར་ལོས་སྒྱུར་བར་འགྱུར་ལ། རྒྱལ་པོ་ཁྱེད་ཀྱིས་ཆོས་ལ་རྟག་པར་ནི་ཇི་ལྟར་ཁས་བླངས་པའི་ཡི་དམ་ཡང་དག་པར་བླང་བ་བརྟན་པར་མཛོད་ཅིག །དེས་ནི་རྐང་མཐིལ་ས་ལ་མཉམ་པར་འབབ་པས་ཤིན་ཏུ་ཞབས་གནས་པའི་བྱང་ཆུབ་སེམས་དཔར་འགྱུར་བ་ལགས་པས་དེ་ལ་བསླབ་པར་བྱའོ། །སྦྱིན་པ་དང་

སྙན་པའི་ཚིག་དང་ནི་ཕན་པ་དང་དོན་གཅིག་སྤྱོད་པ་ཡིས་བསྡུ་བ་བཞིས་དཔལ་ལྡན་ཕྱུག་སོར་ངང་པའི་རྒྱལ་པོ་ལྟར་དྲ་བ་ཡིས་འབྲེལ་བའི་ཕྱག་རིས་ཅན་དུ་འགྱུར་བ་དང་། གཞན་ལས་བཟའ་བ་དང་ནི་བཏུང་བ་མཆོག་རབ་ཏུ་མང་པོ་བྱིན་པ་ཡིས་དཔལ་(༣༥བ)ལྡན་ཕྱག་དང་ཞབས་མཉེན་ཞིང་འཇམ་ལ་གཞོན་ཤ་ཆེ་བ་དང་། སྐུ་ཆེ་ཞིང་ཕྱག་ཞབས་ཀྱི་རྒྱབ་བཞི་དང་ཕྲག་པའི་ཕྱོགས་ཐལ་གོང་གཉིས་དང་། ལྟག་པའི་ཕྱོགས་བདུན་ཡང་ཤས་ཁེངས་པས་མཐོ་བར་འགྱུར་བ་དང་། གཞན་ལ་འཚེ་བ་མེད་པ་དང་། བསད་པར་འདོད་པ་ཐར་བར་བྱ་བས། ལྟ་ན་སྡུག་པའི་སྐུ་མཛེས་པ་དང་། ཡ་ཡོ་མེད་པས་དྲང་ཞིང་ཆེ་བ་དང་ཚེ་རིང་བ་དང་། སོར་མོ་རིང་བ་དང་། ཞབས་ཀྱི་བཞི་ཆ་ཕྱིར་འཕགས་པས་རྟིང་པ་ཡངས་པ་དག་ཏུ་འགྱུར་བ་དང་། ཡང་དག་པར་བླངས་པའི་ཆོས་ཀྱི་ཚིག་དོན་རྣམས་སྤེལ་བས་དཔལ་ལྡན་མདོག་བཟང་ཞིང་ཞབས་ཀྱི་ལོང་བུ་མི་མངོན་པ་དང་བ་སྤུ་གྱེན་དུ་རེ་རེ་ནས་གཡས་སུ་ཕྱོགས་པར་མཚན་པར་འགྱུར་བ་དང་། ཤེས་བྱའི་གནས་རིག་པ་དང་བཟོ་ལ་སོགས་པའི་ལས་རང་གིས་སློབ་པའི་དུས་སུ་གུས་པར་ལེན་པ་དང་། གཞན་ལ་ཡང་དེ་ལྟར་སྦྱིན་པས་བྱོད་བྱེད་གྱིས་ཕྲ་ཞིང་རིམ་གྱིས་བཞོལ་བས་རི་དྭགས་ཨེ་ཎ་ཡའི་བྱིན་པ་དང་། དྲན་པ་བཟང་བས་ཡིད་རྫོ་བ་དང་། རྣམ་དཔྱོད་ཀྱི་ཤེས་རབ་ཆེན་པོར་འགྱུར་བ་དང་། རང་གི་ནོར་བདོག་པ་གཞན་གྱིས་བསླངས་པར་གྱུར་ན་མྱུར་དུ་བཏང་བའི་ཡི་དམ་བཅས་པའི་བརྟུལ་ཞུགས་ཀྱིས་ཕྱག་རྒྱས་ཤིང་རིང་བ་དང་། སྐུའི་ཐོ་མདོག་བདེ་བ་དང་། འཇིག་རྟེན་གྱི་རྣམ་པར་འདྲེན་པ་ཉིད་དུ་འགྱུར་བ་དང་། གཉེན་བཤེས་ཕན་ཚུན་བྱེ་བ་དག་ཡང་དག་པར་བསྡུམས་པར་བྱས་པ་ཡིས་གླང་པོ་ཆེ་དང་རྟ་ཅང་ཤེས་ལྟར་དཔལ་ལྡན་འདོམས་ཀྱི་སྦ་བ་ནི་སྦུབས་སུ་ནུབ་པའི་དམ་པར་འགྱུར་བ་དང་། ཁང་བཟང་དང་ནི་གདང་བ་དག་བདེ་ཞིང་བཟང་རབ་ཏུ་ཕྱིན་པས་གསེར་ནི་བཙོ་མ་དྲི་མ་མེད་པ་བྱི་དོར་ལེགས་པར་བྱས་པ་ཤིན་ཏུ་(༣༦ན)འཇམ་པའི་མདོག

འདྲ་བར་འགྱུར་བ་དང་། རྒྱལ་སྲིད་ལ་སོགས་པའི་བླ་ན་མེད་པའི་དབང་ཕྱིན་ཞིང་། རིགས་པར་བླ་མའི་བཀའ་བཞིན་དུ་རྗེས་སུ་འཇུག་པས་དཔལ་ལྡན་བ་སྤུའི་ཁུང་བུ་རེ་རེ་ནས་གཉིས་ལ་སོགས་པར་མི་སྐྱེ་བར་བ་སྤུ་ཉག་རེ་དང་། ཞལ་གྱི་སྨིན་མཚམས་མཛོད་སྤུས་བརྒྱན་པར་འགྱུར་བ་དང་། ཐོས་པའི་དུས་སུ་སྙན་ཞིང་བསམས་པའི་དུས་དགའ་བ་སྨྲས་པ་དང་། གཞན་གྱིས་ལེགས་པར་སྨྲས་པ་དང་མཐུན་པར་བྱས་པས་ཁྱོད་ནི་དཔུང་མགོ་ཟླུམ་པ་དང་། རོ་སྟོད་རྒྱས་ཤིང་འཕེལ་ག་ཆེ་བ་སེང་གེ་འདྲ་བར་འགྱུར་བ་དང་། ནད་པ་རྣམས་ལ་རིམ་གྲོ་དང་ནད་གཡོག་ལ་སོགས་པ་བྱས་ཏེ། གསོས་པས་དཔུང་མགོ་ཕན་ཚུན་གྱི་བར་ཤས་ཁེངས་པ་ཐལ་གོང་རྒྱས་པ་དང་། འཕྲལ་འབྲུལ་མེད་པར་བརྟན་པས་བདག་ཉིད་རྣལ་དུ་གནས་པ་དང་ནད་པ་ལ་སྨན་བྱིན་པས་ཟས་རོ་བྲོ་བའི་མཆོག་ཏུ་འགྱུར་བ་དང་། ཆོས་དང་མཐུན་པའི་བྱ་བ་ལ་ཐོག་དྲངས་ཤིང་གཙོ་བོ་བྱས་པས་ཁྱོད་ཀྱི་གཙུག་ཏོར་ལེགས་པར་གནས་པ་དང་། སྐུ་ཤིང་ཉ་གྲོ་ཏ་ལྟར་འདོམ་དང་ཡན་མན་དུ་མཉམ་པས་ཆུ་ཞེང་གབ་པ་དག་ཏུ་འགྱུར་བ་དང་། གཞན་ལ་ཚིག་བདེན་ལ་འཇམ་པ་དག་ཡུན་རིང་པོའི་དུས་སུ་བརྗོད་པ་ཡིས་མིའི་དབང་པོ་ཁྱེད་ཀྱི། ལྗགས་ཡངས་ཤིང་གསུང་ཚངས་པ་ཡི་ནི་དབྱངས་དང་ལྡན་པར་འགྱུར་བ་དང་། ཇི་སྐད་བཤད་པའི་བདེན་པའི་ཚིག་མཁྱེན་པར་བགྱིས་ནས་ཡུན་རིང་པོའི་དུས་སུ་བརྗོད་པ་ཡིས་འགྲམ་པ་སེང་གེའི་ལྟ་བུ་དང་། དཔལ་ལྡན་གཞན་གྱིས་ཐུབ་པར་དཀའ་བར་འགྱུར་བ་དང་། སེམས་ཅན་གཞན་ལ་ལྷག་པར་གུས་པ་དང་། བཀུར་སྟི་དག་གང་ལ་གང་འོས་(༣༨བ)པ་ཇི་ལྟར་རིགས་པས་རྗེས་སུ་འཇུག་པས་ཚེམས་ནི་ཤིན་ཏུ་དཀར་བ་དང་། སྤྲ་བས་མདོག་ལྡན་དང་མཐོ་དམན་མེད་པས་མཉམ་པའི་ཚེམས་སུ་འགྱུར་བ་དང་། ཚིག་བདེན་པ་དང་ཕྲ་མ་མེད་པའི་ཚིག་ནི་ཡུན་རིང་པོ་གོམས་པ་ཡིས་དཔལ་ལྡན་ཚེམས་ནི་བླ་འོག་ཉི་ཤུ་ཉི་ཤུ་ཡོད་པས་བཞི་བཅུ་ཐམ་པ་དང་། ཚེམས་ཀྱི་བར་མ་དོད་པས་མཉམ་པར་

ཐགས་ཀྱང་བཟང་བར་འགྱུར་བ་དང་། ཆགས་པ་དང་སྡང་བ་དང་རྨོངས་པ་མེད་ཅིང་བདེ་བ་དང་ལྡན་འདོད་ཀྱི་བྱམས་པར་སེམས་ཅན་ལ་བལྟས་པ་ཡིས་སྤྱན་ནི་འོད་དང་ལྡན་པའི་བཀྲག་ཅན་དང་། མཐོན་མཐིང་ལ་རྫི་མ་གནག་ཅིང་མ་འདྲེས་ལ་གཞོལ་བས་རྫི་མ་བའི་ལྟ་བུར་འགྱུར་རོ། །

དོན་བསྡུ་བ་ནི། དེ་ལྟར་མདོར་ན་མཚན་གྱི་རྒྱུར་བཅས་པའི་སུམ་ཅུ་རྩ་གཉིས་པོ་དེ་དག་ནི་སྐྱེས་བུ་སེང་གེ་ཆེན་པོའི་མཚན་རྣམས་ལེགས་པར་མཁྱེན་པར་མཛོད། དེའི་རྒྱུ་སྒྲུབ་པ་ལ་གུས་པར་བྱ་ལ་རྒྱུ་སྒྲུབ་པའི་ཚེ་ཡང་རྒྱུ་འབྲས་ཀྱི་འབྲེལ་བ་དང་། འབྲས་བུའི་ཁྱད་པར་ལ་སྨོན་ལམ་དྲི་མ་མེད་པས་མཚམས་སྦྱར་བར་བྱ་བ་ཡིན་ནོ། །

༣༣ དགེ་བྱེད་ཀྱི་རྒྱུ་འབྲས་འདིར་རྒྱས་པར་མ་སྨོས་པའི་རྒྱུ་མཚན།

གསུམ་པ་ནི། དགེ་བྱེད་བཟང་པོ་བརྒྱད་ཅུ་ནི་ཐུན་མོང་གི་རྒྱུ་སེམས་ཅན་བདེ་བ་དང་ལྡན་འདོད་ཀྱི་བྱམས་པའི་རྒྱུ་མཐུན་ལས་བྱུང་བ་ཡིན་ལ། སོ་སོར་ངེས་པའི་རྒྱུ་གཞུང་ནི་མངས་དོགས་པ་ཡིས་རྒྱལ་པོ་ཁྱོད་ལ་རྒྱས་པར་མ་བཤད་དོ། ། ཐུན་མོང་གི་རྒྱུ་ལ་འབད་པར་མཛོད་ཅིག་ཅེས་དོན་གྱིས་བསྟན་ཏོ། །

༣༤ སངས་རྒྱས་དང་འཁོར་ལོས་སྒྱུར་བའི་རྒྱལ་པོའི་མཚན་དཔེའི་ཁྱད་པར།

༡༧ འབྲས་བུའི་ཁྱད་པར།

བཞི་པ་ལ་གསུམ། འབྲས་བུའི་ཁྱད་པར་དང་། རྒྱུའི་ཁྱད་པར་དང་། དཔེ་བཤད་པའོ། །དང་པོ་ནི། སངས་རྒྱས་དང་འཁོར་ལོས་སྒྱུར་བའི་མཚན་དང་དཔེ་བྱད་ལ་ཁྱད་པར་ཅི་ཡོད་ཅེ་ན། འཁོར་ལོས་སྒྱུར་བ་ཐམས་ཅད་ལ་མཚན་དཔེ་འདི་དག

འོལ་སྤྱི་ཙམ་ཡོད་པར་འདོད་མོད་ཀྱི་(༣༧ན)སངས་རྒྱས་རྣམས་ཀྱི་དང་ཁྱད་པར་ཤིན་ཏུ་ཆེ་སྟེ། མི་མཐུན་ཕྱོགས་ཀྱི་དྲི་མ་མེད་པས་དག་པ་དང་ཡིད་དུ་འོང་བས་མཛེས་པ་དང་སྒྲིབ་བྱེད་མེད་ཅིང་ཆ་ཐམས་ཅད་ཀྱིས་ཐམས་ཅད་དུ་ཡོངས་སུ་རྫོགས་པས་གསལ་བ་ནི་སངས་རྒྱས་རྣམས་ཀྱི་ཆར་ཡང་མི་ཕོད་དོ། །

༡༢ རྒྱུའི་ཁྱད་པར།

གཉིས་པ་ནི། དེ་གཉིས་ཀྱི་རྒྱུ་ཆེས་ཁྱད་པར་ཞུགས་པ་ཡིན་ཏེ། འཁོར་ལོས་སྒྱུར་བའི་མཚན་དང་ནི་དཔེ་བྱད་བཟང་པོ་གང་དག་ཅིག་ཡོད་པ་དེ་དག་ཐུབ་པའི་དབང་པོ་ལ་སེམས་དང་བའི་རྒྱུའི་ཡན་ལག་གཅིག་ལས་ཀྱང་བྱུང་བར་བཤད་པ་ཡིན་ལ། འཁོར་སྒྱུར་གྱི་མཚན་དཔེ་རྫོགས་པའི་རྒྱུ་དེ་དག་བསྐལ་པ་བྱེ་བ་བརྒྱ་ཕྲག་ནི་གཅིག་ཏུ་བསགས་པའི་དགེ་བས་ཀྱང་སངས་རྒྱས་ཀྱི་བ་སྤུའི་ཁུང་བུ་གཅིག་ཀྱང་རྫོགས་པར་སྐྱེད་པར་ནུས་པ་མིན་ནོ། །

༡༣ དཔེ་བཤད་པ།

གསུམ་པ་ནི། ཉི་མ་རྣམས་ཀྱིས་འཇིག་རྟེན་ན་ཉིན་མོར་བྱེད་པའི་འོད་བྱེད་པ་དང་། སྲིན་བུ་མེ་ཁྱེར་རྣམས་དང་བག་ཙམ་འདྲ་བ་ལྟར་སངས་རྒྱས་རྣམས་ཀྱི་མཚན་ཡང་ནི་འཁོར་ལོས་སྒྱུར་བ་རྣམས་དང་འདྲ་བ་ནི་དཔེ་དེ་ལྟར་རོ། །

ལེའུའི་མཚན་ནི། རྒྱལ་པོ་ལ་གཏམ་བྱ་བ་རིན་པོ་ཆེའི་འཕྲེང་བ་ལས། མངོན་མཐོ་ངེས་ལེགས་རྒྱུ་འབྲས་སྤེལ་མར་བསྟན་པ་ཞེས་བྱ་བ་སྟེ་ལེའུ་གཉིས་པའི་འགྲེལ་པའོ།། །།

ལེའུ་གསུམ་པ།

ང༢ བླ་ན་མེད་པའི་བྱང་ཆུབ་ཀྱི་རྒྱུ་ཚོགས་གཉིས་ལ་བསླབ་པར་གདམས་པ།

ཅ༡ ཚོགས་སུ་འགྱུར་བའི་ཚུལ།

ཆ༡ རྒྱལ་པོ་ལ་མཉན་པར་སྐུལ་བ།

གཉིས་པ་བླ་ན་མེད་པའི་བྱང་ཆུབ་ཀྱི་རྒྱུ་ཚོགས་གཉིས་ལ་བསླབ་པར་གདམས་པ་ལ་དྲུག །ཚོགས་སུ་འགྱུར་བའི་ཚུལ་དང་། འབྲས་བུ་གང་གི་ཚོགས་ཡིན་པ་དང་། ཚོགས་གཉིས་གསོག་པ་ལ་སྙིད་ལུག་མི་བྱ་བར་གདམས་པ་དང་། ཚོགས་གཉིས་ཀྱི་ངོ་བོ་དང་། ཚོགས་གཉིས་ཀྱི་ཡན་ལག་དང་། ཚོགས་གསོག་པ་ལ་(༣༧བ)ཕན་ཡོན་འབྱུང་བའི་ཚུལ་ལོ། །དང་པོ་ལ་བཞི། རྒྱལ་པོ་ལ་མཉན་པར་སྐུལ་བ་དང་། བསོད་ནམས་ཀྱི་ཚོགས་མཐའ་ཡས་པའི་ཚུལ་དང་། ཡེ་ཤེས་ཀྱི་ཚོགས་མཐའ་ཡས་པའི་ཚུལ་དང་། དེ་གཉིས་ཀྱི་འབྲས་བུ་མཐའ་ཡས་པའོ། །དང་པོ་ནི། རྒྱུའི་གཙོ་བོའི་དབང་དུ་བྱས་ནས་གསུམ་དུ་བཤད་ཀྱི། བླ་ན་མེད་པའི་བྱང་ཆུབ་ཀྱི་རྒྱུ་མཐའ་དག་ཚོགས་གཉིས་སུ་འདུས་པས་འདིར་དེ་འཆད་པའོ། །ལུས་ངག་གི་ལས་དེ་ལྟ་བུ་དང་ལྡན་ན། སངས་རྒྱས་ཀྱི་གོ་འཕང་ཐོབ་ནས་མཚན་དེ་ལྟ་བུ་ཅན་དུ་འགྱུར་རོ་ཞེས་བཤད་ཀྱི། བསོད་ནམས་ཇི་ཙམ་གྱིས་དེ་དག་ཏུ་འགྱུར་བར་ནི་མ་བཤད་པས། དེ་འཆད་པ་ནི། །བསོད་ནམས་བསམ་གྱིས་མི་ཁྱབ་པ་ལས་ཇི་ལྟར་སངས་རྒྱས་ཀྱི་མཚན་འབྱུང་བ་སྔར་མ་བཤད་པས་རྒྱལ་པོ་ཆེན་པོ་ཞེས་ཐོས་ནས་གསོན་ཅིག་ཅེས་བསྐུལ་བའོ། །དེ་ཡང་ཐེག་པ་ཆེན་པོའི་ལུང་ཆེན་པོ་ལས་གསུང་བ་དེ་བཞིན་དུ་བཤད་པར་བྱའོ། །

ཆ༢ བསོད་ནམས་ཀྱི་ཚོགས་མཐའ་ཡས་པའི་ཚུལ།

ཇ༡ དངོས།

ཉ༡ རང་རྒྱལ་སོགས་ཀྱི་བསོད་ནམས་བཅུར་བསྒྱུར་བའི་ཚད་ཀྱིས་ཐུབ་པའི་བ་སྤུའི་བུ་ག་གཅིག་འགྲུབ་པ།

གཉིས་པ་ལ་གཉིས། དངོས་དང་། ཚད་མེད་ཀྱང་གདུལ་བྱའི་བསམ་ངོར་ཚད་དང་ལྡན་པར་བསྟན་པའོ། །དང་པོ་ལ་ལྔ། རང་རྒྱལ་སོགས་ཀྱི་བསོད་ནམས་བཅུར་བསྒྱུར་བའི་ཚོད་ཀྱིས་ཐུབ་པའི་བ་སྤུའི་བུ་ག་གཅིག་འགྲུབ་པ་དང་། བ་སྤུའི་བུ་ག་ཐམས་ཅད་འགྲུབ་པའི་བསོད་ནམས་བརྒྱ་འགྱུར་གྱིས་དཔེ་བྱད་གཅིག་འགྲུབ་པ་དང་། དཔེ་བྱད་ཐམས་ཅད་སྐྱེད་པའི་བསོད་ནམས་བརྒྱ་འགྱུར་གྱིས་མཚན་གཅིག་འགྲུབ་པ་དང་། མཚན་ཐམས་ཅད་སྐྱེད་པའི་བསོད་ནམས་སྟོང་འགྱུར་གྱིས་མཛོད་སྤུ་འགྲུབ་པ་དང་། དེ་སྐྱེད་པའི་བསོད་ནམས་སྟོང་ཕྲག་བརྒྱར་བསྒྱུར་བས་གཙུག་ཏོར་འགྲུབ་པའོ། །དང་པོ་ནི། འཇིག་རྟེན་ཁམས་ཀུན་ན་བཞུགས་པའི་རང་སངས་རྒྱས་ཀུན་རྒྱུ་གང་ལས་བྱུང་བ་(༣༨ན)དང་། ཐེག་པ་དམན་པའི་འཕགས་པ་སློབ་པ་བདུན་དང་མི་སློབ་པ་རྒྱུ་གང་ལས་བྱུང་བ་དང་འཇིག་རྟེན་པ་མ་ལུས་ཀུན་གྱི་བདེ་འགྲོ་སྐྱེད་པའི་བསོད་ནམས་འཇིག་རྟེན་དཔག་ཏུ་མེད་པ་བཞིན་དུ་དཔག་མེད་གང་ཡིན་པ་དེ་བཅུར་སྒྲེས་པར་གྱུར་པ་ཡིས། སངས་རྒྱས་ཀྱི་བ་སྤུའི་བུ་ག་གཅིག་འགྲུབ་སྟེ་སངས་རྒྱས་ཀྱི་བ་སྤུའི་བུ་ག་ནི་ཐམས་ཅད་བསོད་ནམས་དེ་དང་འདྲ་བས་འབྱུང་བས་སོ། །

༡༢ བ་སྤུའི་བུ་ག་ཐམས་ཅད་འགྲུབ་པའི་བསོད་ནམས་བརྒྱ་འགྱུར་གྱིས་དཔེ་བྱད་གཅིག་འགྲུབ་པ།

གཉིས་པ་ནི། བ་སྤུའི་བུ་ག་ཐམས་ཅད་ནི་སྐྱེད་པར་བྱེད་པའི་བསོད་ནམས་གང་ཡིན་པ་དེ་དག་བརྒྱར་ནི་བསྒྱུར་བ་ཡིས་དཔེ་བྱད་བཟང་པོ་གཅིག་ཏུ་བཞེད་ལ། བསོད་ནམས་དེ་སྙེད་དེ་སྙེད་ཀྱིས་རྒྱལ་པོ་ཞེས་པོས་ནས། དཔེ་བྱད་བཟང་པོ་ནི་ཅིའི་མཐར་ཕྱིན་ཏེ་ཇི་ལྟ་བུར་དཔེ་བྱད་བརྒྱད་ཅུའི་བར་དུ་འབྱུང་བར་འགྱུར་རོ། །

༡༣ དཔེ་བྱད་ཐམས་ཅད་སྐྱེད་པའི་བསོད་ནམས་བརྒྱ་འགྱུར་གྱིས་མཚན་གཅིག་འགྲུབ་པ།

གསུམ་པ་ནི། དཔེ་བྱད་བཟང་པོ་བརྒྱད་ཅུའི་དག་འགྲུབ་པའི་བསོད་ནམས་ཀྱི་ཚོགས་གང་ཡིན་པ་དེ་དག་བརྒྱ་ནི་བསྒྱུར་བ་ཡིས་སྐྱེས་བུ་ཆེན་པོའི་མཚན་གཅིག་གོ། །

༡༤ མཚན་ཐམས་ཅད་སྐྱེད་པའི་བསོད་ནམས་སྟོང་འགྱུར་གྱིས་མཛོད་སྤུ་འགྲུབ་པ།

བཞི་པ་ནི། མཚན་སུམ་ཅུ་རྩ་གཉིས་འགྲུབ་པའི་རྒྱུ་བསོད་ནམས་རྒྱ་ཆེན་པོ་གང་ཡིན་པ་དེ་དག་སྟོང་དུ་བསྒྱུར་བ་ཡིས་ཟླ་བ་ཉ་འདྲའི་མཛོད་སྤུའོ། །

༡༥ དེ་སྐྱེད་པའི་བསོད་ནམས་སྟོང་ཕྲག་བརྒྱར་བསྒྱུར་བས་གཙུག་ཏོར་འགྲུབ་པ།

ལྔ་པ་ནི། མཛོད་སྤུ་འགྲུབ་པའི་ནི་བསོད་ནམས་དེ་དག་སྟོང་ཕྲག་བརྒྱར་ནི་བསྔོམས་པ་ཡིས་སྤྱི་གཙུག་ལྟར་ནི་མི་སྣང་བ་སྐྱོབ་པའི་གཙུག་ཏོར་སྐྱེད་པར་བྱེད་དོ། །

ཛ༢ ཚད་མེད་ཀྱང་གདུལ་བྱའི་བསམ་ངོར་ཚད་དང་ལྡན་པར་བསྟན་པ།

གཉིས་པ་ནི། དེ་ལྟར་སངས་རྒྱས་ཀྱི་ཡོན་ཏན་འགྲུབ་པའི་བསོད་ནམས་ཚད་མེད་ཀྱང་ཇི་ལྟར་འཇིག་རྟེན་པའི་བསོད་ནམས་ཕྱོགས་བཅུར་སྒྲིས་པ་མ་ལུས་པ་བརྗོད་པ་ལྟར་སངས་རྒྱས་ཀྱི་ཡོན་ཏན་ཚད་གཟུང་བར་མི་ནུས་ཀྱང་གདུལ་བྱའི་བསམ་ངོར་གདུལ་བྱ་གཞུག་པའི་ཆེད་དུ་ཚད་དང་ལྡན་པར་བག་(༣༨བ)ཙམ་བརྗོད་པའོ། །

ཚ༣ ཡེ་ཤེས་ཀྱི་ཚོགས་མཐའ་ཡས་པའི་ཚུལ།

གསུམ་པ་ནི། གང་གི་ཚེ་སངས་རྒྱས་ཀྱི་གཟུགས་སྐུ་ཡི་རྒྱུ་ཡང་དེ་ལྟར་འཇིག་རྟེན་མཐའ་ཡས་པ་བཞིན་དུ་གཞལ་དུ་མེད་པ་དེའི་ཚེ་ཆོས་སྐུའི་རྒྱུ་ལྟ་ལ་ལ་ཞིག་ཅི་ལྟར་གཞལ་དུ་ཡོད་མཐའ་ཡས་པའི་ཕྱིར་རོ། །

ཚ༤ དེ་གཉིས་ཀྱི་འབྲས་བུ་མཐའ་ཡས་པ།

བཞི་པ་ནི། ཤིང་ཉྱ་གྲོ་ཏའི་ས་བོན་བྲ་མོ་ལས། སྡོང་པོ་ཡལ་འདབ་རྒྱས་པའི་གྲིབ་མ་ལ་རྒྱལ་པོ་དཔུང་གི་ཚོགས་ཡན་ལག་བཞི་དང་བཅས་པ་ཤོང་ཞིང་ཆར་ཡང་སྐྱོབ་པར་བྱེད་པ་སྐྱེ་བ་བཞིན་དུ་འབྲས་བུ་ཐམས་ཅད་ཀྱི་ནི་རྒྱུ་ཆུང་དུ་ཡང་འབྲས་བུ་རྒྱ་ཆེན་པོ་སྐྱེད་པར་འགྱུར་ན་སངས་རྒྱས་ཀྱི་རྒྱུ་ནི་དཔག་མེད་ལ་འབྲས་བུ་དཔག་ཏུ་ཡོད་པ་བསམ་ཐག་བཅད་དེ། འདི་ཙམ་ཞིག་ཏུ་ཟད་དོ་ཞེས་བསམ་པར་མི་ནུས་པའི་ཕྱིར་རོ། །

༣༢ འབྲས་བུ་གང་གི་ཚོགས་ཡིན་པ།

གཉིས་པ་ནི། འབྲས་བུ་གང་གི་རྒྱུའི་ཚོགས་ཡིན་ཞེ་ན། སངས་རྒྱས་རྣམས་ཀྱི་གཟུགས་ཀྱི་སྐུ་ནི་ཚོགས་གཉིས་བཤད་པ་འདི་བསོད་ནམས་ཀྱི་ཚོགས་ལས་འབྱུང་བ་སྟེ་ཆོས་ཀྱི་སྐུ་ནི་མདོར་བསྡུས་ན་རྒྱལ་པོ་ཞེས་བོས་ནས་ཡེ་ཤེས་ཀྱི་ཚོགས་ལས་འབྲུངས་པ་དེ་ལྟ་བས་ན་ཚོགས་འདི་གཉིས་འབྲས་བུ་སངས་རྒྱས་ཉིད་ནི་འཐོབ་པའི་རྒྱུ་ཡིན་པས་སངས་རྒྱས་མྱུར་དུ་ཐོབ་པར་འདོད་པས་རྒྱུ་དེ་ལྟ་བུས་འགྲུབ་པར་འགྱུར་བས། མདོར་ན་བསོད་ནམས་དང་ཡེ་ཤེས་ཀྱི་ཚོགས་འདི་ནི་རྟག་ཏུ་སྟེན་པར་མཛོད་ཅིག་ཅེས་གདམས་ཏེ། ཚོགས་བཅད་དང་པོས་འབྲས་བུ་གང་གི་རྒྱུ་ཚོགས་ཡིན་པ་དང་། གཉིས་པས་ཚོགས་དེ་གཉིས་བསྟེན་པར་གདམས་པའོ། །རིགས་པ་དྲུག་ཅུ་པའི་བསྔོ་བའི་སྐབས་སུ། བསྟན་བཅོས་ཀྱི་ལུས་མདོར་བསྡུས་ནས་བསྟན་པ་ལྟར་ཤེས་པར་བྱ་སྟེ། ཕུང་པོ་དང་གང་ཟག་ཆོས་ཅན། རང་བཞིན་གྱིས་སྟོང་སྟེ། རྟེན་འབྲེལ་ཡིན་པའི་ཕྱིར། ཅེས་པའི་སྦྱོར་བ་སྔར་གཅིག་པོ་དེའི་(ཞ་ན)ཕྱོགས་ཆོས་རྟོགས་པའི་ཚད་མ་དེ་ཉིད་ཡང་དང་ཡང་དུ་གོམས་པར་བྱས་ཤིང་དེའི་གསལ་བའི་དབྱེ་བ་རྟེན་འབྲེལ་རྒྱུ་འབྲས་མཐའ་ཡས་པའི་འདོར་ལེན་ཕྱིན་ཅི་མ་ལོག་པ་ལམ་གྱི་གནས་སྐབས་སུ་གོམས་པར་བྱས་པ་ལས་བསོད་ནམས་ཀྱི་ཚོགས་སུ་འགྱུར་ཞིང་། རྟགས་དེའི་བསྒྲུབ་བྱ་རྟོགས་པའི་ཚད་མ་དེའི་འབྲས་བུ་ཡེ་ཤེས་ཀྱི་ཚོགས་ཀྱི་ཐབས་སུ་འགྱུར་བ་ཡིན་ནོ། །ཐབས་ཀྱི་ཆ་རྒྱ་ཆེན་པོ་དེ་དག་གིས་བརྒྱན་ནས་བསྒྲུབ་བྱ་རྟོགས་པའི་ཚད་མ་དེའི་རྒྱུན་ལམ་དུས་སུ་གོམས་པར་བྱས་པ་ལས། ཡེ་ཤེས་ཀྱི་ཚོགས་སུ་འགྱུར་ཞིང་ཚོགས་དེ་གཉིས་ཀྱི་འབྲས་བུ་གཟུགས་སྐུ་དམ་པ་དང་། ཆོས་སྐུ་དམ་པ་གཉིས་སུ་འགྱུར་བ་ཡིན་ནོ། །གཞི་ལྟ་བ་གཏན་ལ་འབེབས་པའི་ཚེ་བདེན་པ་གཉིས་ཚ་རེག་དང་གྲང་རེག་ལྟར་མ་སོང་བར་ཟུང་འཇུག་ཏུ་མ་ཤེས་ན་ལམ་གྱི་ཚོགས་གཉིས་དང་།

འབྲས་བུ་སྐུ་གཉིས་ཀྱི་རྣམ་གཞག་ལེགས་པར་མི་ཤེས་པས་བདེན་པ་གཉིས་ཀྱི་རྣམ་དབྱེ་ལ་མཁས་པར་བྱའོ། །ཀུན་རྫོབ་རང་ལུགས་ལ་ཚད་མས་གྲུབ་པའི་རྣམ་གཞག་ལེགས་པར་མ་ཤེས་ན་གཟུགས་སྐུ་གཉིས་སངས་རྒྱས་རང་རྒྱུད་ཀྱིས་མ་བསྡུས་པའི་གདུལ་བྱའི་གཞན་སྣང་ལ་བཞག་དགོས་པ་སོགས་གྲུབ་མཐའ་ངན་པ་རྣམས་འབྱུང་བ་ཡིན་ནོ། །འདི་དག་གི་རྣམ་གཞག་རྒྱས་པར་ཐེག་པ་ཆེན་པོ་རྒྱུད་བླ་མའི་བསྟན་བཅོས་ཀྱི་རྣམ་བཤད་ན་གཏན་ལ་ཕབ་ཡོད་པས་དེར་བལྟ་བར་བྱའོ། །

ཅ༣ ཚོགས་གཉིས་གསོག་པ་ལ་སྙིད་ལུག་མི་བྱ་བར་གདམས་པ།

ཆ༡ མདོར་བསྟན་པ།

གསུམ་པ་ལ་གསུམ། མདོར་བསྟན་པ་དང་། རྒྱས་པར་བཤད་པ་དང་། དོན་བསྡུ་བའོ། །དང་པོ་ནི། སངས་རྒྱས་བསྒྲུབ་པ་ལ་ཚོགས་མཐའ་ཡས་པ་དེ་ཙམ་བསག་དགོས་ན་སུས་ནུས་སྙམ་དུ་ཞུམ་པར་(༣་བ)མི་བྱ་སྟེ། བླ་ན་མེད་པའི་བྱང་ཆུབ་སྒྲུབ་པའི་བསོད་ནམས་ཀྱི་ཚོགས་ནི་གསོག་པ་འདི་ལ་སྙིད་ལུག་པར་མི་བྱའོ། །ལུས་སེམས་ཀྱི་སྡུག་བསྔལ་མཐའ་ཡས་པ་ཉམས་སུ་མྱོང་མི་དགོས་པར་ཚོགས་བདེ་བླག་ཏུ་གསོག་ནུས་པའི་རིགས་པ་དང་ནི་ལུང་དཔྱད་པ་གསུམ་གྱིས་དག་པའི་ངེས་པ་བརྟན་པོ་སྐྱེད་པ་རྗོ་རྗེ་གཅོད་པ་ལ་སོགས་པ་ཚོགས་གསོག་པའི་གང་ཟག་དབུགས་འབྱིན་པར་བྱེད་པའི་རྒྱུ་མཚན་འདི་ཡིས་ཚོགས་གསོག་པ་ལ་སྤྲོད་པ་ཆེན་པོ་སྐྱེད་པར་འགྱུར་བའི་ཕྱིར་རོ། །

ཆ༢ རྒྱས་པར་བཤད་པ།

གཉིས་པ་ལ་གཉིས། བསོད་ནམས་ཀྱི་ཚོགས་ལ་སྙིད་ལུག་མི་བྱ་བར་གདམས་པ་དང་། ཚོགས་གཉིས་གསོག་པ་ལ་སྙིད་ལུག་མི་བྱ་བར་གདམས་པའོ། །

ཛ༧ བསོད་ནམས་ཀྱི་ཚོགས་ལ་སྙིད་ལུག་མི་བྱ་བར་གདམས་པ།

ཀ༡ བྱང་ཆུབ་ཏུ་སེམས་བསྐྱེད་པའི་བསོད་ནམས་མཐའ་ཡས་པ།

དང་པོ་ལ་གསུམ། བྱང་ཆུབ་ཏུ་སེམས་བསྐྱེད་པའི་བསོད་ནམས་མཐའ་ཡས་པ་དང་། རྒྱུ་དེས་སངས་རྒྱས་ཐོབ་སླ་བ་དང་། དཔག་མེད་བཞི་ལྡན་གྱི་རྒྱུ་མཚན་གྱིས་སངས་རྒྱས་ཐོབ་སླ་བའོ། །དང་པོ་ནི། སྟེང་འོག་ལ་སོགས་པའི་ཕྱོགས་རྣམས་ཀུན་ཏུ་ནམ་མཁའ་དང་ས་དང་ཆུ་དང་མེ་དང་རླུང་རྣམས་ཇི་ལྟར་མཐའ་ཡས་པ་དེ་བཞིན་དུ་སྡུག་བསྔལ་ཅན་གྱི་སེམས་ཅན་མཐའ་ཡས་པར་འདོད་ལ་སེམས་ཅན་མཐའ་ཡས་པ་དེ་དག་ནི་བྱང་ཆུབ་སེམས་དཔའ་སྙིང་བརྩེ་བས་ཀུན་ནས་བསླངས་ནས་སྡུག་བསྔལ་དག་ལས་དྲངས་པར་བྱས་ཏེ་སངས་རྒྱས་ཉིད་ལ་དགོད་པར་ངེས་སོ། །

ཀ༢ རྒྱུ་དེས་སངས་རྒྱས་ཐོབ་སླ་བ།

གཉིས་པ་ནི། དམ་བཅས་པའི་བྱང་ཆུབ་སེམས་དཔའ་དེ་ལྟར་སེམས་བསྐྱེད་བརྟན་པར་གནས་པ་དེ་ནི་མི་ཉལ་བའམ་ཉལ་ཡང་ཏུང་དམ་བཅའ་དེ་ཉིད་ཡང་དག་པར་བླངས་པ་ནས་བཟུང་སྟེ། དགེ་བ་ལ་ཡིད་མི་གཏོད་པའི་བག་མེད་པར་འགྱུར་ཀྱང་སེམས་ཅན་རྣམས་མཐའ་ཡས་པའི་ཕྱིར་ན་སེམས་ཅན་མཐའ་ཡས་པ་(༥༠ན)བཞིན་དུ་བསོད་ནམས་མཐའ་ཡས་པ་དུས་རྟག་པར་གསོག་པར་འགྱུར་བས་རྒྱུ་མཐའ་ཡས་པ་དེས་ན་སངས་རྒྱས་ཉིད་མཐའ་ཡས་པ་འཐོབ་མི་དཀའ་བར་ཤེས་པར་བྱའོ། །སྤྱོད་འཇུག་ལས། འགྲོ་བར་འདོད་དང་འགྲོ་བ་ཡི། །བྱེ་བྲག་ཇི་ལྟར་ཤེས་པ་ལྟར། །དེ་བཞིན་མཁས་པས་འདི་གཉིས་ཀྱི། །བྱེ་བྲག་རིམ་བཞིན་ཤེས་པར་བྱ། །ཞེས་གསུངས་པ་ལྟར། སྨོན་པ་དང་འཇུག་པའི་བདག་ཉིད་ཅན་གྱི། བྱང་ཆུབ་ཀྱི་སེམས་རྣམ་པ་གཉིས་ཀྱི་བསོད་ནམས་མཐའ་ཡས་པས་འབྲས་བུ་མཐའ་ཡས་པ་

བདེ་བླག་ཏུ་འགྲུབ་པར་འགྱུར་བའོ། །

ཉ༣ དཔག་མེད་བཞི་ལྡན་གྱི་རྒྱུ་མཚན་གྱིས་སངས་རྒྱས་ཐོབ་སླ་བ།

གསུམ་པ་ནི། བྱང་ཆུབ་སེམས་དཔའ་ཚོགས་མཐའ་ཡས་པ་གསོག་པ་དེས་ཀོ་དེས་ནི་བྱང་ཆུབ་དཔག་མེད་ཀྱང་དཔག་ཏུ་མེད་པ་རྣམ་བཞི་ཡི་ཚོགས་ཀྱིས་རིང་པོར་མི་ཐོགས་པར་ཇི་ལྟ་བུར་ན་འཐོབ་པར་མི་འགྱུར་ཏེ་འཐོབ་པར་འགྱུར་བར་ཐལ། བྱང་ཆུབ་སེམས་དཔའ་གང་ཞིག་དཔག་མེད་ཀྱི་དུས་སུ་འཁོར་བར་གནས་པ་ལུས་ཅན་དཔག་ཏུ་མེད་པ་སྡུག་བསྔལ་ལས་སྒྲོལ་བའི་དོན་དུ་བྱང་ཆུབ་ཡོན་ཏན་དཔག་ཏུ་མེད་པས་བརྒྱན་པ་འདོད་ཅིང་ཚོགས་གཉིས་ཀྱིས་བསྡུས་པའི་དགེ་བ་དཔག་ཏུ་མེད་པ་བྱེད་པའི་ཕྱིར་རོ། །

ཛ༢ ཚོགས་གཉིས་གསོག་པ་ལ་སྙིད་ལུག་མི་བྱ་བར་གདམས་པ།

ཉ༡ ཚོགས་གཉིས་ཀྱིས་ལུས་སེམས་ཀྱི་སྡུག་བསྔལ་སེལ་བ་ཕྱིར་བསྟན་པ།

གཉིས་པ་ལ་ལྔ། ཚོགས་གཉིས་ཀྱིས་ལུས་སེམས་ཀྱི་སྡུག་བསྔལ་སེལ་བ་ཕྱིར་བསྟན་པ་དང་། བསོད་ནམས་ཀྱིས་ལུས་ཀྱི་སྡུག་བསྔལ་སེལ་བ་དང་། ཡེ་ཤེས་ཀྱིས་ཡིད་ཀྱི་སྡུག་བསྔལ་སེལ་བ་དང་། ཚོགས་གསོག་པ་ལ་སྐྱོ་བའི་རྒྱུ་མེད་པ་དང་། སྙིང་རྗེ་ཆེན་པོའི་ནུས་མཐུ་བསྟན་པའོ། །དང་པོ་ནི། སངས་རྒྱས་ཀྱི་རྒྱུ་ཚོགས་གཉིས་གསོག་པ་ལ་སྙིད་ལུག་པར་མི་བྱ་སྟེ། བསོད་ནམས་ཀྱི་ཚོགས་མཐའ་ཡས་ཞིང་པ་དང་ཡེ་ཤེས་ཀྱི་ཚོགས་(༥༠བ)མཐའ་ཡས་ཞིང་པ་དེས་ལུས་དང་སེམས་ཀྱི་སྡུག་བསྔལ་དག་མྱུར་བ་ཉིད་དུ་སེལ་བར་བྱེད་པའི་ཕྱིར་རོ། །འཁོར་བའི་རྒྱུ་སྦྱུབ་པ་ཉིད་ལ་སྙིད་ལུག་པར་རིགས་ཏེ། དེས་རང་ལ་སྡུག་བསྔལ་མཐའ་ཡས་པ་སྐྱེད་པའི་ཕྱིར་རོ། །

༡༢ བསོད་ནམས་ཀྱིས་ལུས་ཀྱི་སྡུག་བསྔལ་སེལ་བ།

གཉིས་པ་ནི། ཚོགས་གསོག་པ་ལ་ལུས་ཀྱི་སྡུག་བསྔལ་མཐའ་ཡས་པ་ཉམས་སུ་མྱོང་དགོས་སྙམ་དུ་སྐྱིད་ལུག་པར་མི་བྱ་སྟེ། སྡིག་པ་བྱས་པས་ངན་འགྲོར་ལུས་ཀྱི་ནི་སྡུག་བསྔལ་བཀྲེས་སྐོམ་དང་ཚ་གྲང་ལ་སོགས་སྡུག་བསྔལ་མ་ལུས་པ་འབྱུང་ལ་བྱང་ཆུབ་སེམས་དཔའ་དེས་སྡིག་པ་མ་བྱས་ཤིང་ཚོགས་གསོག་པའི་བསོད་ནམས་ཀྱིས་སྲིད་པ་གཞན་ན་བདེ་བ་འབའ་ཞིག་འབྱུང་གི་ལུས་ཀྱི་སྡུག་བསྔལ་ཅུང་ཟད་ཀྱང་དེ་མེད་དོ། །

༡༣ ཡེ་ཤེས་ཀྱིས་ཡིད་ཀྱི་སྡུག་བསྔལ་སེལ་བ།

གསུམ་པ་ནི། ཚོགས་གསོག་པ་ལ་ཡིད་ཀྱི་སྡུག་བསྔལ་དུ་མ་འབྱུང་སྙམ་དུ་སྐྱིད་ལུག་པར་མི་བྱ་སྟེ། ཡོད་མེད་ཀྱི་མཐར་ལྟ་ཞིང་གནས་ལུགས་ཀྱི་དོན་ལ་རྨོངས་པས་ཡིད་ཀྱི་སྡུག་བསྔལ་ནི་ཆགས་ཡུལ་དོན་དུ་གཉེར་བ་དང་། སྡང་བའི་ཡུལ་མཇོན་པ་དང་། རྒྱལ་པོ་དང་གདོན་ལ་སོགས་པའི་འཇིགས་པ་དང་། གཞན་གྱི་རྫས་ཐོབ་ཏུ་རེ་བའི་འདོད་པ་ལ་སོགས་དཔག་ཏུ་མེད་པ་འབྱུང་ལ། བྱང་ཆུབ་སེམས་དཔའ་ཚོགས་གསོག་པ་དེས་ཆོས་ཐམས་ཅད་ཀྱི་རྩ་བ་དང་གཞི་དང་རྟེན་རང་བཞིན་གྱིས་སྟོང་པའི་གནས་ལུགས་ཀྱི་དོན་རྟོགས་པའི་ཤེས་པ་ཡིས། ཡིད་ཀྱི་སྡུག་བསྔལ་དེ་ནི་མྱུར་བ་ཉིད་དུ་སྤོང་བའི་ཕྱིར་རོ། །

༡༤ ཚོགས་གསོག་པ་ལ་སྐྱོ་བའི་རྒྱུ་མེད་པ།

བཞི་པ་ནི། བྱང་ཆུབ་སེམས་དཔའ་གལ་ཏེ་འཇིག་རྟེན་མཐས་གཏུགས་པར་འཇིག་རྟེན་འདྲེན་ཡང་ཅིས་ཏེ་སྐྱོ་སྟེ་སྐྱོ་བ་མ་ཡིན་ཏེ། དེ་ལ་ལུས་སེམས་ཀྱི་སྡུག

བསྔལ་མི་འབྱུང་བ་གང་ཞིག །ལུས་དང་ཡིད་ཀྱི་སྡུག་བསྔལ་གྱིས་དེ་ལྟར་ཤིན་ཏུ་མ་སླས་(༦༧ན)ཤིང་མ་གནོད་པར་སྐྱོ་བའི་རྒྱུ་མེད་པའི་ཕྱིར་རོ། །ལུས་སེམས་ཀྱི་སྡུག་བསྔལ་བས་གཟིར་བ་ལ་དུས་ཐུང་ངུ་ཡང་བཟོད་དཀའ་ན་ཡུན་རིང་པོས་གཟིར་བ་ལ། སྨོས་ཅི་དགོས་བྱང་ཆུབ་སེམས་དཔའ་ལུས་སེམས་ཀྱི་སྡུག་བསྔལ་མེད་ཅིང་བདེ་བས་བརྒྱན་པ་ལ་མཐའ་ཡས་པའི་དུས་ཀྱང་ཅི་ཞིག་གནོད་འདོད་པ་འབབ་ཞིག་ཡིན་གྱི་མི་འདོད་པ་ཅུང་ཟད་ཀྱང་མེད་པས། གདོན་མི་ཟ་བར་ཚོགས་གཉིས་གསོག་པ་ལ་འབད་པར་རིགས་ཀྱི་སྒྲིད་ལུག་པར་མི་བྱའོ། །

༧༥ སྙིང་རྗེ་ཆེན་པོའི་ནུས་མཐུ་བསྟན་པ།

ལྔ་པ་ནི། འོ་ན་བྱང་ཆུབ་སེམས་དཔའ་དེ་ལ་ཡིད་ཀྱི་གདུང་བ་ཅུང་ཟད་ཀྱང་མེད་དམ་ཞེ་ན། རང་དོན་གྱི་སྡུག་བསྔལ་ཅུང་ཟད་ཀྱང་མེད་དེ། དེ་ལ་ལུས་ཀྱི་སྡུག་བསྔལ་མེད་ལ་ཡིད་ཀྱི་སྡུག་བསྔལ་ག་ལ་ཡོད་ཅུང་ཟད་ཀྱང་མེད་པའི་ཕྱིར་རོ། །འོན་ཀྱང་བྱང་ཆུབ་སེམས་དཔའ་དེ་ནི་སྙིང་རྗེས་འཇིག་རྟེན་གྱི་སྡུག་བསྔལ་དང་མ་བྲལ་བས། ཐུགས་གདུངས་ལ་དེ་ཡང་དགེ་བ་ཁྱད་པར་ཅན་ཉིད་ཡིན་གྱི་མི་འདོད་པའི་དོན་མིན་ནོ། །སྙིང་རྗེ་དེ་ཉིད་ཀྱིས་ནི་བྱང་ཆུབ་སེམས་དཔའ་འཁོར་བར་ཡུན་རིང་པོ་གནས་པ་ཡིན་ནོ། །

ཆ༢ དོན་བསྡུ་བ།

གསུམ་པ་དོན་བསྡུ་བ་ནི། རྒྱུ་མཚན་དེ་བས་སངས་རྒྱས་ཐོབ་པ་ལ་དུས་རིང་པོ་ཐོགས་ཞེས་བློ་དང་ལྡན་པས་སྒྲིད་ལུག་པར་མི་བྱ་སྟེ། སྒྲིད་མི་ལུག་ཅིང་ཉེས་པ་ཟད་ཅིང་ཡོན་ཏན་ཐོབ་པའི་དོན་དུ་ནི་ཚོགས་གཉིས་གསོག་པ་འདི་ལ་རྟག་ཏུ་འབད་པར་བྱའོ། །

ཅ༤ ཚོགས་གཉིས་ཀྱི་ངོ་བོ།

ཆ༡ བསོད་ནམས་ཀྱི་འགལ་ཟླ་སྤང་ཞིང་ངོ་བོ་བསྟེན་པར་གདམས་པ།

བཞི་པ་ཚོགས་གཉིས་ཀྱི་ངོ་བོ་ལ་གསུམ། བསོད་ནམས་ཀྱི་འགལ་ཟླ་སྤང་ཞིང་ངོ་བོ་བསྟེན་པར་གདམས་པ་དང་། དུག་གསུམ་དང་དེ་ལས་ལོག་པའི་འབྲས་བུ་དང་། ཚོགས་གཉིས་དངོས་སོ། །དང་པོ་ནི། འདོད་ཆགས་དང་ཞེ་སྡང་དང་། གཏི་མུག་དག །སྡུག་བསྔལ་དུ་མའི་འབྱུང་ཁུངས་ཀྱི་ཉེས་པར་མཁྱེན་ནས་(༧བ)ཡོངས་སུ་སྤོངས་ཤིག །མ་ཆགས་པ་དང་། མི་སྡང་བ་དང་། གཏི་མུག་མེད་པའི་དགེ་བའི་རྩ་བ་ཡོན་ཏན་མ་ལུས་པའི་འབྱུང་ཁུངས་སུ་མཁྱེན་ནས་གུས་པར་སྟེན་ཅིག་པའོ། །

ཆ༢ དུག་གསུམ་དང་དེ་ལས་ལོག་པའི་འབྲས་བུ།

གཉིས་པ་ནི། ཐོས་ལ་ཆགས་པས་ཡི་དྭགས་ཀྱི་འགྲོ་བར་འགྲོ་ལ་ཞེ་སྡང་གིས་ནི་དམྱལ་བར་འཕེན་ཞིང་། རྨོངས་པས་བདེ་འགྲོ་ཡང་འཕེན་མོད་ཀྱི། ཕལ་ཆེར་དུད་འགྲོར་འགྱུར་རོ། །དེ་ལས་ལྡོག་པས་དགེ་རྩ་གསུམ་གྱིས་ལྷ་དང་མི་ཉིད་དོ། །

ཆ༣ ཚོགས་གཉིས་དངོས།

གསུམ་པ་ནི། དུག་གསུམ་གྱི་སྐྱོན་སྤངས་ནས་དགེ་བའི་རྩ་བ་གསུམ་གྱི་ཡོན་ཏན་འཛིན་པ་ནི་མངོན་པར་མཐོ་བའི་ཆོས་ཡིན་ལ། དེ་ཉིད་བྱང་ཆུབ་ཀྱི་སེམས་ཀྱིས་ཀུན་ནས་བསླངས་པས་བསོད་ནམས་ཀྱི་ཚོགས་སུ་འགྱུར་བའོ། །གནས་ལུགས་ཀྱི་དོན་ཤེས་པས་བདེན་པར་འཛིན་པ་ཡོངས་སུ་ཟད་པར་བྱེད་པར་ཐབས་ནི་ངེས་པར་ལེགས་པའི་ཆོས་ཡེ་ཤེས་ཀྱི་ཚོགས་སོ། །

ཅ༥ ཚོགས་གཉིས་ཀྱི་ཡན་ལག །

ཆ༡ མདོར་བསྟན་པ།

ཇ༡ བསོད་ནམས་ཀྱི་ཚོགས་ཀྱི་ཡན་ལག །

ཉ༡ མཆོད་ཡུལ་བསྒྲུབ་པ།

ཏ༡ གསར་དུ་བསྒྲུབ་པ།

ལྔ་པ་ཚོགས་གཉིས་ཀྱི་ཡན་ལག་ལ་གཉིས། མདོར་བསྟན་པ་དང་། རྒྱས་པར་བཤད་པའོ། །དང་པོ་ལ་གཉིས། བསོད་ནམས་ཀྱི་ཚོགས་ཀྱི་ཡན་ལག་དང་། ཡེ་ཤེས་ཀྱི་ཚོགས་ཀྱི་ཡན་ལག་གོ། །དང་པོ་ལ་གསུམ། མཆོད་ཡུལ་བསྒྲུབ་པ་དང་། དེ་ལ་མཆོད་པ་དང་། མཆོད་ཡུལ་མིན་པ་མཆོད་པ་དགག་པའོ། །དང་པོ་ལ་གཉིས། གསར་དུ་བསྒྲུབ་པ་དང་། གྲུབ་ཟིན་མཆོད་པའོ། །དང་པོ་ནི། རྒྱལ་པོ་ཁྱོད་ཀྱིས་དགེ་འདུན་གྱི་གཙུག་ལག་ཁང་དག་གྲུས་པའི་ཚུལ་དུ་རྒྱུ་བཟང་ལ་ཡངས་པས་ཤིན་ཏུ་རྒྱ་ཆེན་པོ་དང་། དེར་དགེ་འདུན་བཞུགས་པའི་གནས་མལ་དང་། དེའི་གཉེར་བྱེད་པ་སོགས་རྒྱ་ཆེན་དང་། ཕྱུག་པ་བཟའ་བཏུང་ཁྱད་པར་ཅན་དང་བཅས་པ་སྒྲུབ་པར་མཛོད་ཅིག །དེར་བཞུགས་པའི་རྒྱུ་རིན་པོ་ཆེ་ལས་གྲུབ་པའི་སངས་རྒྱས་ཀྱི་སྐུ་གཟུགས་དང་སངས་རྒྱས་ཀྱི་མཆོད་རྟེན་དང་སྣ་ཚོགས་པའི་(༨༢ན)རིན་པོ་ཆེ་ཀུན་ལས་བགྱིས་པའི་སངས་རྒྱས་ཀྱི་སྐུ་གཟུགས་དབྱིབས་མཛེས་ཤིང་ལེགས་པར་བྲིས་པ་པདྨ་ལ་བཞུགས་པ་དག་ཀྱང་བགྱིད་དུ་སྩོལ་ཞིག །

ཏ༢ གྲུབ་ཟིན་མཆོད་པ།

གཉིས་པ་ནི། སྔ་ན་བཞུགས་པའི་དམ་ཆོས་གླེགས་བམ་དང་། དགེ་སློང་གི་དགེ་འདུན་དག་བཟའ་བཏུང་དང་བགོ་བ་དང་། དགྲ་མེད་པ་ལ་སོགས་པའི་ནན་

ཏན་ཀུན་གྱིས་བསྐྱང་བར་མཛོད་ཅིག །

༡༢ དེ་ལ་མཆོད་པ།

གཉིས་པ་ནི། གསེར་གྱི་ཏོག་དང་རིན་ཆེན་དྲ་བ་དག་ཉིད་ཀྱིས་མཆོད་རྟེན་རྣམས་ལ་ཐོགས། གསེར་དང་དངུལ་གྱི་རྒྱུ་ལས་བྱས་པའི་མེ་ཏོག་དང་རྡོ་རྗེ་རིན་པོ་ཆེ་དང་། བྱུ་རུ་དང་མུ་ཏིག་དང་ནོར་བུ་ཨིན་ད་ནཱིལ་དང་བཻ་ཌཱུར་དང་། མཐོན་ཁ་ཆེན་པོས་མཆོད་རྟེན་མཆོད་པ་དང་། དམ་པའི་ཆོས་སྨྲ་བ་ལ་མཆོད་པ་ནི། ན་བཟའ་ལ་སོགས་པའི་རྙེད་པ་དང་། སྟན་སྟོབ་པ་ལ་སོགས་པའི་བཀུར་སྟི་དང་ལྡན་པ་མཆོད་ནས་དགའ་བར་འགྱུར་བ་རྣམས་བགྱི་ཞིང་མཐུན་པར་འགྱུར་བའི་སྒྲར་བཤད་པའི་ཆོས་དྲུག་གིས་གུས་པར་བསྙེན་པར་མཛོད་ཅེས་གདམས་སོ། །དཔེ་ཁ་ཅིག་ལས། ཆོས་ནི་ངེས་པར་བསྙེན་པར་མཛོད་ཅེས་འབྱུང་ངོ་། །ཆོས་ཉན་པའི་ཚེ། བླ་མར་རིམ་གྲོ་དང་གུས་པར་ཉན་པ་དང་། ཞབས་འབྲིང་ལ་སོགས་པའི་དགོས་པ་ལ་ཡོངས་སུ་དཔྱད་པ་དང་བསྟན་འདྲི་བའི་མདོང་གསོལ་དང་རང་ལ་ཆོས་སྟོན་པ་མ་ཡིན་པའི་བྱང་ཆུབ་སེམས་དཔའ་རྣམས་ལ་ཡང་རྟག་ཏུ་གུས་པར་མཆོད་པར་མཛོད། །

༡༣ མཆོད་ཡུལ་མིན་པ་མཆོད་པ་དགག་པ།

གསུམ་པ་ནི། མུ་སྟེགས་ཅན་གཞན་ལ་གུས་པ་ཡི་མཆོད་པ་དང་ཕྱག་ཀྱང་མི་བགྱི་སྟེ་སྐྱོན་དང་ཡོན་ཏན་མི་ཤེས་པ་རྣམས་རྒྱལ་པོས་དེ་ལ་གུས་པར་བྱས་པ་ན། གཞན་དག་ཀྱང་འདི་བཟང་པོའོ་ཞེས་དགེ་ལེགས་ཉམས་པར་བྱེད་པའི་སྐྱོན་དང་བཅས་(༧༢བ)པའི་གང་ཟག་ལ་ཆགས་པར་གྱུར་པ་གདའ་བའི་ཕྱིར་རོ། །བཤེས་གཉེན་དུ་མིང་བཏགས་པའི་ཆོས་ལོག་པར་སྟོན་པ་ནི་རྣམ་པ་ཐམས་ཅད་དུ་སྤང་བར་བྱའོ། །

ཛ༢ ཡེ་ཤེས་ཀྱི་ཚོགས་ཀྱི་ཡན་ལག །

གཉིས་པ་ནི། ཐུབ་པའི་དབང་པོའི་གསུང་དང་དེས་བདག་རྐྱེན་བྱས་ནས་བྱུང་བའི་བསྟན་བཅོས་རྣམ་དག་གི་གཞུང་རྣམས་བྲི་བ་དང་གླེགས་བམ་ཤོག་བུ་ནི་སྦྱིན་པར་མཛད། དེ་ཡང་སྣག་ཚ་དག་དང་སྨྱུ་གུ་དག་སྟོན་དུ་འགྲོ་བ་དག་གོ། །ཡུལ་དུ་ཡི་གེའི་གྲྭ་གང་དུ་སློག་པ་དང་། བྲིས་དང་། རྩིས་ལ་སོགས་སློབ་པའི་སློབ་དཔོན་འཚོལ་བའི་བྱ་བ་ཁང་བཟང་དག་དང་ཞིང་རྩལ་བ་ཡིས་འདི་ཙམ་གྱིས་འཚོ་བའི་ཚད་དང་། བརྟན་པོར་གནས་པའི་ངེས་པ་ནི་རང་དང་གཞན་གྱི་ཡེ་ཤེས་ཀྱི་ཚོགས་སྤེལ་བའི་སླད་དུ་མཛད་ཅིག་ཅེས་པའོ། །

ཆ༢ རྒྱས་པར་བཤད་པ།

ཛ༡ བསོད་ནམས་ཀྱི་ཚོགས་ཀྱི་ཡན་ལག །

ཉ༡ རང་གི་རྫས་དངོས་སུ་བྱིན་པའི་ཚོགས།

གཉིས་པ་རྒྱས་བཤད་ལ་གཉིས། བསོད་ནམས་ཀྱི་ཚོགས་ཀྱི་ཡན་ལག་དང་། ཡེ་ཤེས་ཀྱི་ཚོགས་ཀྱི་ཡན་ལག་གོ། །དང་པོ་ལ་བཞི། རང་གི་རྫས་དངོས་སུ་བྱིན་པའི་ཚོགས་དང་། དེ་ལས་གཞན་པའི་སྦྱིན་པ་དང་། བདོག་པ་ཀུན་གཏང་བ་དང་། དོན་དུ་གཉེར་བའི་ཁྱད་པར་ལ་ལྟོས་པའི་སྦྱིན་པའོ། །དང་པོ་ལ་བཅུ་བཞི་ཡོད་པ་ནི། རྒས་པ་དང་བྱིས་པ་ནད་པ་ཡི་སེམས་ཅན་གྱི་ནད་ལ་སོགས་པའི་སྡུག་བསྔལ་བསལ་བའི་སླད་དུ་རང་གི་ཡུལ་དུ་སྨན་པ་དང་སྐྲ་ལ་སོགས་པའི་འབྲེག་མཁན་དག་རང་ཉིད་དབང་བའི་ཞིང་གིས་བརྟན་པར་འཛོག་ཏུ་སྩོལ། གཉིས་པ་ནི། གྲོང་དང་ལམ་གྱི་མདོར་འགྲོན་པོ་སྡོད་པའི་འགྲོན་གནས་དང་། གྲོང་ཁྱེར་གྱི་དབུས་སུ་ནེའུ་གསིང་གི་གཞི་ལ་མཐའ་སྐོར་ཞིང་མེ་ཏོག་དང་ཤིང་ལ་སོགས་པ་བཙུགས་པའི་ཀུན་

དགའ་དང་། མཚོ་ལ་སོགས་པའི་ནང་ངོགས་ཕན་ཚུན་རྗོ་ལ་སོགས་པས་བཅད་ནས་བར་དུ་ལམ་བྱེད་པའི་ཆུ་ལོན་དང་རྫིང་དང་འགྲོན་པོ་འདུས་ནས་གྲོས་བྱེད་པའི་མདུན་ཁང་(༤༣ན)དང་། ཆུ་ར་དག་དང་། མལ་དང་། ཟས་དང་རྩྭ་དང་ཤིང་ལྡན་པ་དེ་འདྲ་ལེགས་པར་ཤེས་པའི་ཤེས་རབ་བཟང་པོ་དག་བགྱིད་དུ་སྩོལ། གསུམ་པ་ནི། གྲོང་དང་གཙུག་ལག་ཁང་དག་དང་གྲོང་ཁྱེར་ཀུན་ཏུ་མདུན་ཁང་དང་། བཞི་པ་ནི། ཆུ་དཀོན་པའི་ལམ་རྣམས་ཐམས་ཅད་དུ་ཆུ་ར་དག་ནི་བགྱིད་དུ་སྩོལ། ལྔ་པ་ནི། ནད་པ་དང་། མགོན་མེད་པ་དང་། སྡུག་བསྔལ་གྱིས་ཉམ་ཐག་པ་དང་། རིགས་དམན་པ་དང་དབུལ་པོ་ངན་པ་དག་སྙིང་རྗེས་རྟག་ཏུ་ཡོངས་བཟུང་ཞིང་དེ་དག་གསོ་ཕྱིར་སྦྱོར་བས་གུས་པར་བསྟེན་པར་མཛོད། དྲུག་པ་ནི། དགུན་དྲོ་བ་དང་དབྱར་བསིལ་བག་ཏུ་གྱུར་པའི་དུས་སུ་འབྱུང་བའི་ཟས་སྐོམ་དང་བཅའ་བ་དང་། འབྲས་བུ་དང་ཤིང་ཏོག་དང་དགེ་སློང་དང་། སློང་བའི་སྐྱེ་བོ་ལ་མ་སྩལ་བར་དུ་རྒྱལ་པོ་རང་ཉིད་ཀྱིས་གསོལ་མི་རིགས་པའོ། །བདུན་པ་ནི། ལྷམ་མེད་ཅིང་ཚད་པ་སོགས་ཀྱི་ཉེན་པ་ལ་ལྷམ་དང་གདུགས་དང་ཆུ་ཚགས་དང་ཚེར་མ་དབྱུང་བའི་ཆ་སྟེ་ལག་ཆ་དང་། ཁབ་སྐུད་དང་ནི་བསིལ་གཡབ་དག་ཆུ་ར་ཡི་ནི་གནས་སུ་བཞག་པར་མཛོད་ཅིག །བརྒྱད་པ་ནི། འགྲོན་པོ་ནད་པའི་ཆེད་དུ་འབྲས་བུ་གསུམ་དང་ཚ་བ་གསུམ་དང་། མར་དང་སྦྲང་རྩི་དང་མིག་སྨན་དང་དུག་སེལ་བ་ཆུ་ར་རེ་གཞག་པར་བགྱི་ཞིང་། བཟླས་པ་ཙམ་གྱིས་ནད་ཞི་བའི་གྲུབ་པའི་སྔགས་དང་ནད་འདིའི་གཉེན་པོ་འདིའོ་ཞེས་པའི་སྨན་ཀྱང་ཡི་གེར་འབྲི་བར་མཛོད་ཅིག །དགུ་པ་ནི། འགྲོན་པོའི་ཆེད་དུ་ལུས་དང་རྐང་པ་དང་། མགོར་བསྐུ་བའི་འབྲུ་མར་དང་བལ་དང་བྱིས་པ་སྡོད་པའི་ཁྲིའུ་དང་སྐྱོ་མ་དང་ཆུ་ལེན་པའི་བུམ་པ་དང་། ཤ་ལ་(༤༣བ)སོགས་པ་འཚོད་པའི་ཟངས་དང་ཤིང་གཤེག་པའི་དགྲ་སྟ་སོགས་ཆུ་ར་དག་ཏུ་སྩོལ་ཅིག །བཅུ་པ་ནི། ཏིལ་དང་འབྲས་དང་འབྲུ་དང་ཟས་དང་བུ་རམ་སྣུམ་དང་

ལྡན་པའི་ཚུ་ར་ཚུང་དུ་བསིལ་གྲིབ་དག་ཏུ་ཉུང་བའི་ཚུས་བཀང་བ་བགྱིད་དུ་སྩོལ་བ་དང་། བཅུ་གཅིག་པ་ནི། གྲོག་སྦུར་གྱི་ཚང་གི་སྒོ་དག་ཏུ་ཟས་དང་ཆུ་དང་བུ་རམ་དང་འབྲུའི་ཕུང་པོ་རྟག་པར་ནི་ཐུགས་བརྟན་ཞིང་དུས་ལས་མི་འདའ་བའི་མི་རྣམས་བགྱིད་དུ་སྩོལ་ཅིག །ཡང་ན། ཐུགས་བརྟན་པ་རྒྱལ་པོ་ལ་འབོད་པའོ། །བཅུ་གཉིས་པ་ནི། བཤོས་གསོལ་བའི་སྔོན་དང་འོག་དག་ཏུ་ཡི་དྭགས་འཕྲོག་མ་སོགས་དང་ཁྱི་དང་གྲོག་སྦུར་དང་བྱ་ལ་སོགས་ལ་ཅི་བདེ་བར་རྟག་ཏུ་ཟས་དག་སྩོལ་བར་མཛོད་ཅིག །བཅུ་གསུམ་པ་ནི། རྒྱལ་པོ་ལ་སོགས་པས་གཅེས་པ་དང་ནི་ལོ་ཉེས་བྱུང་བ་དང་། གནོད་པ་དང་ནི་ཡམས་ནད་བྱུང་བ་དང་། དགྲས་བཅོམ་པས་ཕམ་པར་གྱུར་པའི་ཡུལ་དུ་འཇིག་རྟེན་ལ་ཟས་ལ་སོགས་པས་རྗེས་སུ་བཟུང་བ་རྒྱ་ཆེན་པོ་མཛོད་ཅིག་ཅེས་པའོ། །བཅུ་བཞི་པ་ནི། ཞིང་པ་ས་བོན་དང་། རྨོན་པ་སོགས་མེད་པའི་ཉམ་ཐག་པར་གྱུར་པ་རྣམས་ལ་ས་བོན་དང་། ཟས་ཀྱིས་རྗེས་སུ་ཟུངས་ཤིག་པའོ། །

༣༢ དེ་ལས་གཞན་པའི་སྦྱིན་པ།

གཉིས་པ་ལ་དགུ་ཡོད་པའི་དང་པོ་ནི། རྒྱལ་པོ་སྔ་མས་བཙན་ཐབས་སུ་ཁྲལ་ཕབ་པ་ནི། ནན་གྱི་དཔྱ་ཁྲལ་ཡིན་ལ་དེ་མེད་པར་བཏང་བ་དང་། གཉིས་པ་ནི། ཐོག་གི་ཤས་རྣམས་ཀྱང་ནི་སྐྱུང་བ་དང་། གསུམ་པ་ནི། དབུལ་པོ་ཚུར་ཆགས་པས་ཉེན་པ་ལས་ཡོངས་སུ་སྐྱོབ་པ་དང་། བཞི་པ་ནི། རྒྱལ་པོ་གསར་པས་བྱས་པའི་ཤོ་གམ་བཏང་བ་དང་། ལྔ་པ་ནི། ཏ་ཅང་ཆེས་པའི་ཤོ་གམ་དབྲི་བ་དང་། དྲུག་པ་ནི། ཚོང་པ་ཡུལ་གཞན་ནས་འོངས་པའི་ཚེ་ནོར་ལ་རྒྱས་འདེབས་པ་དང་། ཚོང་པ་དེ་དག་སྒོ་ན་སྡོད་པ་ཡི་ཞུ་བ་དུས་སུ་མི་གཏོང་བའི་ཉོན་མོངས་པ་(༦༦ན)ལས་ཀྱང་ཟློག་པར་མཛོད། བདུན་པ་ནི། རང་གི་ཡུལ་དང་ཡུལ་གཞན་གྱི་ཚོམ་རྐུན་རྣམས་ཀྱང་ཞི་བར་མཛོད་ཅིག་པའོ། །བརྒྱད་པ་ནི། དཀོན་མོད་མཉམ་པའི་དུས་སུ་ཡང་ཏ་ཅང་རིན་

ཆེ་བ་འདིབས་སུ་མ་གཞུག་པ་དབྱིག་གི་སྤྱོགས་ནི་མཉམ་པ་དང་རིན་ཐང་མཚུངས་ན། རིགས་པར་བགྱིད་དུ་སྩོལ། དགུ་པ་ནི། ཁྱོད་ལ་མང་དུ་བཤད་པས་ཅི་ཞིག་བྱ་སློན་པོས་ཞུ་བ་ཅི་དང་ཅི་གསོལ་བ་གསན་པར་མཛད་ནས་འཇིག་རྟེན་ལ་གནོད་པ་ཡང་ཞུ་བ་སྲིད་པས་དེའི་བསམ་པ་ཉིད་ཀྱིས་ཀུན་ཏུ་མཁྱེན་པར་མཛད་ནས་དགེ་ཞིང་བཟང་བ་འཇིག་རྟེན་ལ་སྨོན་པ་གང་ཡིན་པ་དེ་དང་དེ་ཀུན་རྟག་ཏུ་མཛོད་བདག་ལ་ཕན་པ་ཅི་དང་ཅི་བྱ་ཞེས། ཇི་ལྟར་ཁྱོད་ལ་གུས་པ་ཡོད་པ་དེ་བཞིན་དུ་གཞན་ལ་ཕན་པ་ཅི་དང་ཅི་བྱ་ཞེས་ཁྱོད་ནི་གུས་པར་མཛོད་ཅེས་གདམས་སོ། །

༡༢ བཪོག་པ་ཀུན་གཏང་བ།

གསུམ་པ་བཟོག་པ་ཀུན་བཏང་བ་ནི། གཞན་གྱིས་བདག་གིར་མ་བཟུང་བའི་ས་དང་ཆུ་དང་མེ་དང་རླུང་དང་། སྨན་དང་ནགས་ཀྱི་ཤིང་བཞིན་དུ་རྒྱལ་པོ་བདག་ཉིད་ཀྱི་ལུས་དང་ལོངས་སྤྱོད་གཏན་དུ་མ་གྲུབ་ན་ཡང་། ཡུད་ཙམ་ཞིག་ཏུ་ཡང་གཞན་གྱིས་འདོད་རྒུར་སྤྱད་པ་ཉིད་དུ་མཛོད། གོམ་པ་བདུན་པའི་དུས་སུ་ཡང་སྤྱིར་བས་མ་གྲུབ་ཀྱང་། བཟོག་པ་ཀུན་གཏོང་བའི་སེམས་འཆང་བའི་བྱང་ཆུབ་སེམས་དཔའ་རྣམས་ལ་བསོད་ནམས་ནམ་མཁའ་འདྲ་བ་དཔག་མེད་སྐྱེ་བས་དེ་ལྟར་མཛད་པར་རིགས་སོ། །

༡༨ དོན་དུ་གཉེར་བའི་ཁྱད་པར་ལ་སྟོས་པའི་སྦྱིན་པ།

ཏ༧ མིའི་བྱེ་བྲག་དོན་དུ་གཉེར་བ་ལ་སྦྱིན་པ།

བཞི་པ་ལ་གསུམ། མིའི་བྱེ་བྲག་དོན་དུ་གཉེར་བ་ལ་སྦྱིན་པ་དང་། བཟོག་པ་ཀུན་དོན་དུ་གཉེར་བ་ལ་སྦྱིན་པ་དང་། ཆོས་དང་མཐུན་པའི་སྦྱིན་པའོ། །དང་པོ་ནི། བུ་མོ་གཟུགས་མཛེས་པ་རིན་པོ་ཆེ་ལ་སོགས་པའི་རྒྱན་གྱིས་ལེགས་པར་བརྒྱན་པ་

དེ་དོན་དུ་གཉེར་བ་རྣམས་ལ་སྨྲས་ན་དེས་ནི་དམ་པའི་(༥༥བ)ཆོས་ཡོངས་སུ་འཛིན་པའི་ཚིག་དོན་གྱི་གཟུངས་ནི་སོ་སོར་ཐོབ་པར་འགྱུར་རོ། །དེ་བྱིན་དུ་མི་རུང་ངམ་སྙམ་ན་རྒྱུན་རྣམས་ཀུན་དང་ལྡན་པའི་བུ་མོ་སྟོང་ཕྲག་བརྒྱད་ཅུ་དག་དེ་ལ་དགོས་པ་ཡོ་བྱད་ཀུན་དང་ལྡན་ཅིག་ཐུབ་པ་ཡིས་ནི་སྟོན་གྲགས་པ་མཐའ་ཡས་སུ་གྱུར་པའི་ཚེ་བསྒྲལ་ཏོ། །

ཏ༢ བཙོག་པ་ཀུན་དོན་དུ་གཉེར་བ་ལ་སྦྱིན་པ།

གཉིས་པ་ནི། གྲངས་སྣ་ཚོགས་པ་དང་། རྣམ་པར་བཀྲ་ཞིང་སོ་སོའི་དྲི་མ་དང་བྲལ་བས་འོད་གསལ་བའི་བགོ་བ་དག་དང་རྒྱན་རྣམས་དང་དྲི་དང་ཕྲེང་བ་དང་། བཟའ་བཏུང་ལ་སོགས་པའི་ལོངས་སྤྱོད་དག་སློང་བ་རྣམས་ལ་བརྩེ་བས་སྩོལ་ཅིག་ཅེས་གདམས་སོ། །

ཏ༣ ཆོས་དང་མཐུན་པའི་སྦྱིན་པ།

གསུམ་པ་ནི། གང་ཟག་གང་ལ་ཆོས་དོན་གང་ཆོས་ཉན་པའི་མཐུན་རྐྱེན་མེད་ན་དེ་མེད་པས་ཤིན་ཏུ་ཉམ་ཐག་པར་འགྱུར་བ་དེ་དེའི་མོད་ལ་མཐུན་རྐྱེན་ནི་སྟྱལ་ན་དེ་ལས་སྦྱིན་མཆོག་གཞན་མ་མཆིས་སོ། །གང་ཉན་པའི་ཆོས་དེ་ཡང་སྦྱིན་པར་འགྱུར་བའི་ཕྱིར་རོ། །བྱང་ཆུབ་སེམས་དཔས་གཞན་ལ་དུག་སྦྱིན་པར་མི་རིགས་སོ་སྙམ་ན། ནད་ལ་སོགས་པ་གང་ལ་དུག་ནི་ཕན་པར་འགྱུར་བ་དེ་ལ་དུག་ཀྱང་སྦྱིན་པར་བགྱི་སྟེ། ཁ་ཟས་མཆོག་ཡིན་ཀྱང་མི་ཕན་ན་དེ་ལ་དེ་ནི་སྦྱིན་པར་མི་བགྱི་ཞིང་སྦྲུལ་གྱིས་ཟིན་པ་ལ་ཛི་ལྟ་བུར་སོར་མོ་བཅད་པ་ཕན་པར་བཤད་པ་དེ་བཞིན་ཐུབ་པས་གཞན་ལ་ཕན་པ་ཡིན་ན་འཕྲལ་མི་བདེ་བ་ཡང་བྱ་བར་གསུངས་པའི་ཕྱིར་རོ། །

ཟ༢ ཡེ་ཤེས་ཀྱི་ཚོགས་ཀྱི་ཡན་ལག །

གཉིས་པ་ཡེ་ཤེས་ཀྱི་ཚོགས་ཀྱི་ཡན་ལག་ལ་ཉེར་ལྔ་ཡོད་པའི་དང་པོ་ནི། དམ་པའི་ཆོས་ནང་རིག་པའི་བསྟན་བཅོས་དང་ཆོས་སྨྲ་བ་ལ་ཉིད་ཀྱིས་ན་བཟའ་དང་ཟས་ལ་སོགས་པའི་བཀུར་སྟི་མཆོག་དང་ནི་བཅས་པར་མཛོད། གཉིས་པ་ནི། ཁྲིངས་པ་སྤྲངས་ཏེ། གུས་པར་བཅས་ཏེ་ཆོས་ཉན་ཞིང་བསྟོད་པ་དང་། གསུམ་པ་ནི། གླེགས་བམ་ལ་སོགས་པའི་ཆོས་ཀྱི་སྦྱིན་པ་(༥༥ན)དག་ཀྱང་མཛོད་ཅིག་པའོ། །བཞི་པ་ནི། གཞན་ལ་གནོད་པ་དང་། ཕན་གནོད་མེད་པའི་འཇིག་རྟེན་པའི་གཏམ་ལ་དགའ་བར་མ་མཛད་ཅིག་སྟེ། ཆོས་ཀྱི་བར་ཆད་དུ་འགྱུར་བའི་ཕྱིར་རོ། །ལྔ་པ་ནི། འཁོར་བ་ལས་འདས་པའི་ཐབས་ལ་སོགས་པ་འཇིག་རྟེན་ལས་འདས་པའི་གཏམ་ལ་དགྱེས་པར་མཛོད། དྲུག་པ་ནི། བདག་ལ་ཐོས་བསམ་སྒོམ་གསུམ་གྱི་ཡོན་ཏན་སྐྱེད་པར་འདོད་པ་ཇི་ལྟ་བ་དེ་བཞིན་དུ་གཞན་ལ་ཡང་ཡོན་ཏན་བསྐྱེད་པར་མཛོད་ཅིག་པའོ། །བདུན་པ་ནི། སྟར་གསན་པའི་ཆོས་ཀྱིས་མི་ངོམས་ཤིང་ལྷག་པར་ཡང་དོན་དུ་གཉེར་བའོ། །བརྒྱད་པ་ནི། ཐོས་པའི་དོན་བསྡུས་ནས་བཟུང་བ་དང་། དགུ་པ་ནི། རྣམ་པར་དབྱེ་བ་དང་། བཅུ་པ་ནི། བླ་མ་དག་ལ་ཡོན་དབུལ་བ་སོགས་རྟག་ཏུ་གུས་པར་མཛད་དུ་གསོལ་ཞིག་པའོ། །བཅུ་གཅིག་པ་ནི། འཇིག་རྟེན་རྒྱང་ཕན་སོགས་ཀྱི་བསྟན་བཅོས་མི་གདོན་ཏེ། ཡེ་ཤེས་ཀྱི་ཚོགས་ཀྱི་བར་ཆད་དུ་འགྱུར་བའི་ཕྱིར་རོ། །བཅུ་གཉིས་པ་ནི། རྩོད་པ་ལྷུར་བླང་བའི་དོན་གྱི་ང་རྒྱལ་སྤང་བ་དང་། བཅུ་གསུམ་པ་ནི། རང་གི་ཡོན་ཏན་མི་བསྔགས་ཤིང་མི་སྨྲོག་པ་དང་། བཅུ་བཞི་པ་ནི། དགྲ་ལའང་ཡོན་ཏན་བརྗོད་པར་མཛོད་ཅིག་པའོ། །བཅོ་ལྔ་པ་ནི། རྩོད་པའི་ཚེ་གནད་ལ་དབབ་པར་མི་བགྱི་ཞིང་། བཅུ་དྲུག་པ། ངན་སེམས་ཀྱིས་ནི་ཉེས་པ་སྒྲོགས་བར་མི་བགྱི་བ་དང་། གཞན་རྣམས་ཀྱི་ཉེས་པའོ། །བཅུ་བདུན་པ། བདག་

ཉིད་ཀྱི་འཁྲུལ་བ་སོ་སོར་བརྟག་པར་བྱ་བ་དང་། བཅོ་བརྒྱད་པ། ཉེས་པ་གང་གིས་གཞན་དག་ལ་མཁས་པས་བྱ་བ་སྨད་པར་འོས་པ་ནི་དེ་ནི་རང་གིས་ཡོངས་སུ་སྤང་ཞིང་ནུས་པས་གཞན་ཡང་ཟློག་པར་མཛོད་ཅིག་པའོ། །བཅུ་དགུ་པ། གཞན་གྱིས་གནོད་པ་བགྱིས་པ་ལས་སྟོན་གྱིས་(ཡབ)ལས་ཀྱི་འབྲས་བུར་དགོངས་ལ་དེ་ལ་ཁྲོ་བར་མི་བགྱི་སྟེ། ཁྲོས་ན་ཕྱི་མར་ཡང་སྡུག་བསྔལ་གྱི་རྒྱུར་འགྱུར་བས་སྡུག་བསྔལ་ཡང་འབྱུང་བར་མི་འགྱུར་བར་རང་གི་ཉེས་པ་དེ་ནི་མེད་པར་བགྱིའོ། །ཉི་ཤུ་པ་ནི། སྦྱིན་པ་བཏང་བའི་ལན་ལ་རེ་བ་མ་མཆིས་པར་གཞན་དག་ལ་ནི་ཕན་པར་མཛོད་ཅིག་པའོ། །ཉེར་གཅིག་པ། གཞན་གྱིས་རང་ལ་སྡུག་བསྔལ་བསྐྱེད་པའི་ཚེ་སྡུག་བསྔལ་རང་གཅིག་པུས་བཟྒགས་པར་བགྱི་ཞིང་བདེ་བ་ཡི་རྒྱུ་འབྲས་ལ་སོགས་པ་སློང་བ་དང་ལྷན་ཅིག་དཔྱད་པར་བྱའོ། །ཉེར་གཉིས་པ། ཅུང་ཟད་ཙམ་གྱིས་ཁེངས་པ་དང་ཞུམ་པ་ལྟ་ཅི་སྨོས། ལྷའི་ཕུན་སུམ་ཚོགས་པས་ཀྱང་ཁེངས་པ་ཉིད་དུ་མི་བགྱི་ཞིང་ཡི་དྭགས་བཞིན་དུ་དབུལ་བ་ཡི་ཀྲུད་པས་ཀྱང་ནི་ཞུམ་པར་མི་བགྱིའོ། །ཉེར་གསུམ་པ། གཞན་དོན་དུ་འགྱུར་བའི་བདེན་པ་སྨྲས་པ་གང་གིས་རང་འཆི་བའི་རྒྱལ་སྲིད་ཉམས་པར་འགྱུར་ནའང་དེ་རང་གི་དོན་ལ་རྟག་ཏུ་བརྗོད་ཅིང་དེ་ལས་གཞན་དུ་མི་བདེན་པ་དང་། གཞན་ལ་མི་ཕན་པ་ནི་གསོན་ཞིང་རྒྱལ་སྲིད་ཐོབ་ཀྱང་སྨྲ་བར་མི་བགྱིའོ། །ཉེར་བཞི་པ། ཇི་སྐད་གསུངས་པ་དེ་བཞིན་དུ་ཁས་བླངས་པ་དང་མཐུན་པར་མཛད་པའི། བརྟུལ་ཞུགས་རྟག་ཏུ་བརྟན་པར་མཛོད་ཅིག །དེ་ལྟར་བྱས་པ་དེས་ན་དཔལ་ལྡན་རྒྱལ་པོ་ཁྱོད། ས་སྟེང་དུ་ཚད་མ་ཡི་ནི་དམ་པར་འགྱུར་བས་དམ་བཅའ་བརྟན་པར་མཛོད་ཅིག་པའོ། །ཉེར་ལྔ་པ་ནི། མང་དུ་སྨོས་ཅི་དགོས་རྒྱལ་པོ་ཁྱོད་ནི་རྟག་ཏུ་བླང་དོར་གྱི་གནས་ཐམས་ཅད་ལ་སྔོན་དུ་བྱ་བར་ཅུང་མི་ཅུང་ལེགས་པར་བརྟགས་ཏེ་མཛད་པ་དང་ཡང་དག་པ་ཇི་ལྟ་བ་བཞིན་དུ་བླང་དོར་གྱི་དོན་གཟིགས་པས་གཞན་ལ་དྲི་མི་དགོས་པས་གཞན་གྱི་དྲིང་མི་འཇོག

པར་མཛོད་ཅིག་པའོ། །

ཅ༨ ཚོགས་གསོག་པ་ལ་ཕན་ཡོན་འབྱུང་བའི་ཚུལ།

ཆ༧ ཐུན་མོང་གི་ཡོན་ཏན་ལྔ་འབྱུང་བ།

དྲུག་པ་ཚོགས་གསོག་པ་པོ་ལ་ཕན་ཡོན་འབྱུང་བའི་ཚུལ་ལ་གཉིས། (༢༨ན)ཐུན་མོང་གི་ཡོན་ཏན་ལྔ་འབྱུང་བ་དང་། ཁྱད་པར་གྱི་ཡོན་ཏན་ཉེར་ལྔ་འབྱུང་བའོ། །དང་པོ་ལ་ལྔའི་དང་པོ་ནི། ཆོས་བྱས་པ་ལ་རྒྱལ་སྲིད་བདེ་བ་དང་། གཉིས་པ་ནི། སངས་རྒྱས་ཀྱི་བསྟན་པ་ལ་བྱ་བ་འདི་དང་འདི་བྱས་སོ་ཞེས། ཕྱོགས་རྣམས་ཀུན་ཏུ་སྙན་པའི་གྲགས་པ་ཡི་ རླ་རེ་རྒྱ་ཆེན་པོ་འབྱུང་བར་འགྱུར་ཞིང་ངོ་། །གསུམ་པ་ནི། ཆོས་ལྡན་ལ་འཁོར་འདུ་བ་ཆོས་ཉིད་ཡིན་པས་བློན་པོ་རྣམས་ཀྱང་ཀུན་ཏུ་འདུད་པར་འགྱུར་བའོ། །མྱུར་དུ་ཆོས་བསྒྲུབ་པར་བསྐུལ་བ་ནི། རང་གི་ལུས་ལ་གནས་པ་ལ་སོགས་པ་འཆི་བའི་རྐྱེན་དུ་མ་གྱུར་པ་མེད་པས་འཆི་བའི་རྐྱེན་ནི་མང་བ་སྟེ་གསོན་པའི་རྐྱེན་ཉུང་ཟད་ཅིག་ཡིན་ལ། མཇལ་བོས་བསྣུས་པ་དང་གནས་ཁང་བརྡིབས་པ་དང་ཁ་ཟས་མ་ཞུ་བ་སོགས་གསོན་རྐྱེན་དུ་འདོད་པ་དེ་དག་ཉིད་ནི་འཆི་བའི་ཡང་རྐྱེན་དུ་མ་གྱུར་པ་མེད་པ་དེ་བས་རྟག་ཏུ་ཆོས་མཛོད་ཅིག །འདི་ལྟར་རྟག་ཏུ་ཆོས་མཛད་ན་འཇིག་རྟེན་ཀུན་དང་བདག་ཉིད་ལ་རང་གཞན་གཉིས་ཀས་ཆོས་བྱས་པས་ཉམས་བདེ་བ་སྐྱེ་ཡིད་བདེ་ཞིང་ཆོམ་པར་འགྱུར་བ་གང་ལགས་པ་དེ་ཉིད་རེ་ཞིག་ལྟོག་མོ་ནི་བཟང་པོ་དང་དེས་ཚོག་པ་ལགས་པས་དེ་ལྟར་མཛོད་ཅིག །བཞི་པ་ནི། ཕར་གནོད་བྱས་ན་གཉིད་མི་འོང་ཞིང་གལ་ཏེ་སད་ན་ཡང་མི་བདེ་བས་ཕར་གནོད་མ་བྱས་པས་དགྲའི་འཇིགས་པ་མེད་པའི་ཕྱིར། ཆོས་ཀྱི་བདེ་བར་གཉིད་ལོག་ཅིང་བདེ་བར་སད་པ་དག་ཏུ་འགྱུར་རོ། །ལྔ་པ་ནི། བསམ་པ་དག་པའི་ནང་གི་བདག་ཉིད་ཀྱི་སྐྱོན་མེད་པས་རྨི་ལམ་དག་ཀྱང་བདེ་བ་མཐོང་བས་ཆོས་ལ་འབད་པ་བྱའོ། །

ཚ༢ ཁྱད་པར་གྱི་ཡོན་ཏན་ཉེར་ལྔ་འབྱུང་བ།

གཉིས་པ་ཁྱད་པར་གྱི་ཡོན་ཏན་ཉེར་ལྔ་འབྱུང་བའི་དང་པོ་ནི། ཕ་མ་ལ་ཟས་གོས་(༤༨བ)ལ་སོགས་པའི་སྲི་ཞུ་གཙོ་བོར་ལྷུར་ལེན་པ་དང་རིགས་ཀྱི་གཙོ་བོ་ལ་རིམ་གྲོ་དང་རང་གིས་ལོངས་སྤྱོད་ལེགས་སྤྱད་ཁ་ན་མ་ཐོ་བ་མེད་པའི་ཟས་ལ་སོགས་པ་སྤྱད་པ་དང་། བཟོད་པ་སྒོམ་པ་དང་སྦྱིན་པ་གཏོང་བ་དང་ཚིག་འཇམ་པ་དང་། གཞན་འཁྲིད་པའི་ཕྲ་མ་མེད་པ་དང་། བདེན་པའི་བརྟུལ་ཞུགས་དང་བརྒྱད་པོ་ཚེ་གཅིག་པོ་འདིའི་རིང་ལ་བྱས་པ་དེས་འབྲས་བུ་ལྷའི་དབང་པོ་ཉིད་ཐོབ་ནས་ད་དུང་ཡང་ལྷ་དབང་བགྱིད་པ་དེ་བས་ན་དེ་འདྲའི་ཆོས་བསྟེན་པར་མཛོད་ཅིག་པའོ། །གཉིས་པ་ནི། སྦྱིན་པར་བྱ་བའི་དངོས་པོ་མེད་ན་བསོད་ནམས་ཀྱི་ཚོགས་སུ་མི་འགྱུར་རམ་སྙམ་ན། ཆེས་ལྷག་པར་འགྱུར་བའི་དཔེ་སྟོན་པ་ནི། འབྲས་ཐུག་གི་ཕྲུ་བ་བྲེ་བཅུ་ལྷག་བཙོར་བཏུབ་པ་སུམ་བརྒྱ་བཙོས་པ་དེ་ལ་ཚོད་མའི་སྣ་གྲངས་ཀུང་དྲུག་ཅུ་དང་ལྡན་པའི་ཐྀཙུ་ཚོས་སུམ་བརྒྱའི་ཁ་ཟས་དག་ཉིན་རེ་དུས་གསུམ་དུ་བྱིན་པས་ཀྱང་སེམས་ཅན་བདེ་བ་དང་ལྡན་འདོད་ཀྱི་བྱམས་པ་ཡུད་ཙམ་དང་ཐང་གཅིག་གི་བསོད་ནམས་དག་ནི་ཆར་མི་ཕོད་དོ། །བྱམས་པ་སྒོམ་པའི་ཡོན་ཏན་ནམ། མཐོང་ཆོས་ཚེ་འདི་ལ་ཡང་ལྷ་མི་བྱམས་པར་འགྱུར་བ་དང་། མི་མ་ཡིན་པ་དེ་དག་ཀྱང་ནི་སྲུང་བ་དང་ཡིད་བདེ་བ་དང་ལུས་ཀྱི་བདེ་བ་མང་བ་དང་དུག་དང་མཚོན་གྱི་གནོད་པ་མེད་པ་དང་འབད་པ་མེད་པར་འདོད་བྱའི་དོན་ཐོབ་པ་དང་། ཕྱི་མ་ལ་ཚངས་པའི་འཇིག་རྟེན་དུ་སྐྱེ་བར་འགྱུར་ཏེ། གལ་ཏེ་སྲིད་པ་ལས་གྲོལ་བར་མ་གྱུར་ཀྱང་བྱམས་པ་བསྒོམས་པའི་ཆོས་རྣམ་པ་བརྒྱད་འཐོབ་བོ། །གསུམ་པ་ནི། སེམས་ཅན་རྣམས་ནི་བྱང་ཆུབ་ཏུ་སེམས་བསྐྱེད་དུ་བཙུག་ཅིང་། དེ་ཡང་མི་ཉམས་ཤིང་བརྟན་པའི་ཐབས་བྱས་ན་རི་དབང་རྒྱལ་པོ་ལྟར་བརྟན་(༤༩ན)པའི་

བྱང་ཆུབ་ཀྱི་སེམས་ནི་རང་ཉིད་ཀྱིས་འདི་དང་ཕྱི་མར་རྟག་ཏུ་འཐོབ་པའོ། །བཞི་པ་ནི། ཚོགས་ཀྱི་ནང་ནས་ཀྱང་དད་པས་མི་ཕྱེམ་པར་འགྲོ་བར་མི་འགྱུར་བ་དང་། ལྔ་པ་ནི། ཚུལ་ཁྲིམས་ཀྱིས་ལྷ་མིའི་འགྲོ་བ་བཟང་པོ་འཐོབ་པའོ། །དྲུག་པ་ནི། སྟོང་པ་ཉིད་རྟོགས་པ་ལ་གོམས་པ་ཡིས་ཡོན་ཏན་གྱི་མི་མཐུན་ཕྱོགས་འགྲིབ་པས་དགེ་བ་དག་ལ་མི་ཉམས་པའི་བག་ཡོད་འཐོབ་པ་དང་། བདུན་པ་ནི། ཆོས་ཉན་པ་ལ་སོགས་པའི་རྒྱུས་གཡོ་མེད་པ་ལས་དྲན་པ་དང་ལྡན་པ་འཐོབ་པ་ནི་ཡིད་གཞུངས་ཐོབ་པའོ། །བརྒྱད་པ་ནི། ཆོས་ལ་སེམས་པར་བྱེད་པའི་བློ་གྲོས་ཤེས་རབ་ཆེན་པོ་འཐོབ་པ་དང་། དགུ་པ་ནི། དམ་པའི་ཆོས་དང་ཆོས་སྨྲ་བ་ལ་བཀུར་སྟི་བྱེད་པས་ཆོས་ཀྱི་དོན་རྟོགས་པ་དང་ལྡན་པ་དང་། བཅུ་པ་ནི། ཐོས་པའི་ཆོས་བསྲུངས་པས་ཤེས་རབ་ཅན་དུ་འགྱུར་བའོ། །བཅུ་གཅིག་པ་ནི། ཆོས་ཉན་པ་དང་ཆོས་ཀྱི་སྦྱིན་པ་དག་བྱེད་པའི་ཚེ་དཔེ་མཁྱུད་ལ་སོགས་པའི་སྐྱོན་གྱི་སྒྲིབ་པ་མེད་པར་བྱས་པ་ཡིས་སངས་རྒྱས་རྣམས་དང་འགྲོགས་པ་ཉིད་འཐོབ་པར་འགྱུར་ཞིང་གཞན་ཡང་འདོད་པའི་དོན་མྱུར་དུ་ཐོབ་པར་འགྱུར་རོ། །བཅུ་གཉིས་པ་ནི། འདོད་ཡོན་ལ་མ་ཆགས་པས་ནི་ཆོས་ཀྱི་དོན་གྲུབ་སྟེ། བཅུ་གསུམ་པ་ནི། སེར་སྣ་མེད་པས་ལོངས་སྤྱོད་འཕེལ་བ་དང་། བཅུ་བཞི་པ་ནི། ང་རྒྱལ་མེད་པས་ཀུན་གྱིས་བཀུར་བའི་གཙོ་བོར་འགྱུར་རོ། །བཅོ་ལྔ་པ་ནི། སྟོང་པ་ཉིད་ཀྱི་ཆོས་ལ་བཟོད་པས་མི་བརྗེད་པའི་གཟུངས་འཐོབ་བོ། །བཅུ་དྲུག་པ་ནི། བུ་རམ་དང་ཞུན་མར་དང་སྦྲང་རྩི་དང་ཏིལ་མར་དང་ལན་ཚྭ་ལ་སོགས་སྙིང་པོ་ལྔ་རྣམས་བྱིན་པ་དང་དགྲ་ལ་སོགས་པས (༦༧བ) འཇིགས་པ་ལ་སྐྱིལ་མ་ལ་སོགས་མི་འཇིགས་པ་བྱིན་པ་ཡིས་བདུད་རྣམས་ཀུན་གྱིས་མི་ཚུགས་ཤིང་སྟོབས་པོ་ཆེའི་མཆོག་ཏུ་འགྱུར་རོ། །བཅུ་བདུན་པ་ནི། མཆོད་རྟེན་ལ་མར་མེའི་འཕྲེང་བ་དང་མུན་པས་ཉེན་པའི་མུན་པ་དག་ཏུ་སྒྲོན་མེ་དང་མར་མེའི་ཆེད་དུ་འབྲུ་མར་སྦྱིན་པ་ཡིས་ལྷའི་མིག་ནི་འཐོབ་པར་འགྱུར་རོ། །བཅོ་བརྒྱད་པ་

ནི། མཆོད་རྟེན་མཆོད་པར་དེའི་ཆ་རྐྱེན་དུ་རོལ་མོ་དང་དྲིལ་བུ་དག་ནི་ཕུལ་བ་དང་
རྔུང་དང་ཛ་ནི་རབ་ཕུལ་བས་ལྷའི་རྣ་བའི་མངོན་ཤེས་འཐོབ་པར་འགྱུར་རོ། །བཅུ་
དགུ་པ་ནི། གཞན་གྱིས་འཕྲུལ་བ་ཉེས་པ་བྱས་པ་མི་གླེང་ཞིང་ཞར་བ་ཞེས་སོགས་
ཡན་ལག་ཉམས་པ་རྣམས་མི་བརྗོད་ཅིང་གཞན་གྱི་སེམས་ནི་རྗེས་སུ་བསྲུངས་པས་
ན་གཞན་གྱི་སེམས་ནི་ཤེས་པའི་མངོན་ཤེས་འཐོབ་པའོ། །ཉི་ཤུ་པ་ནི། གཞན་ལ་ལྷམ་
དང་བཞོན་པ་སྦྱིན་པ་དང་། འགྲོ་མི་ནུས་པའི་ཉམ་ཆུང་ཕྲག་པས་འཁྱེར་བ་སོགས་
བཀུར་བ་བྱས་པ་དང་བཞོན་པས་བླ་མ་བཀུར་བ་ཡིས་མཁས་པས་གཅིག་ཏུ་འགྱུར་
ཞིང་མང་པོར་འགྱུར་བ་ལ་སོགས་པ་ཤེས་པའི་རྫུ་འཕྲུལ་གྱི་མངོན་ཤེས་འཐོབ་པར་
འགྱུར་རོ། །ཉེར་གཅིག་པ་ནི། ཆོས་ཀྱི་ཆེད་དུ་དཀའ་བ་བཟོད་ཅིང་གཙུག་ལག་ཁང་
བྱེད་པ་དང་། དེ་བཞིན་དུ་ཆོས་ཀྱི་གཞུང་དང་དོན་དག་མི་བརྗེད་པར་བྱེད་ཅིང་
དྲན་པ་དང་ལན་སོགས་ལ་རེ་བ་མེད་པའི་ཆོས་ཀྱི་སྦྱིན་པ་དྲི་མ་མེད་པས་རང་དང་
གཞན་གྱི་སྔོན་གྱི་ཚེ་རབས་དྲན་པའི་མངོན་པར་ཤེས་པ་འཐོབ་པར་འགྱུར་རོ། །ཉེར་
གཉིས་པ་ནི། དངོས་པོ་རྣམས་དོན་དམ་པར་ངོ་བོ་ཉིད་མེད་པར་ཡང་དག་པ་ཇི་
ལྟ་བ་བཞིན་དུ་ཡོངས་སུ་ཤེས་པས་མངོན་ཤེས་དྲུག་པ་ཉོན་སྒྲིབ་ཟད་པའི་བྲལ་བ་
དང་། དེའི་རྣམ་གྲོལ་(ཞན)ལམ་སོགས་མངོན་སུམ་དུ་ཤེས་པའི་ཟག་པ་ཀུན་ཟད་
པའི་མཆོག་ནི་འཐོབ་པར་འགྱུར་རོ། །ཉེར་གསུམ་པ་ནི། སེམས་ཅན་ཐམས་ཅད་གྲོལ་
བའི་ཕྱིར་དུ་དེ་བཞིན་ཉིད་ཤེས་པའི་ཤེས་རབ་མཉམ་ལྡན་པ། ཡེ་ཤེས་ཀྱི་ཚོགས་སྙིང་
རྗེས་བརླན་པ་སྟེ་སྟོང་པ་ཉིད་རྟོགས་པའི་ཤེས་རབ་སྙིང་རྗེའི་སྙིང་པོ་ཅན་བསྒོམས་
པ་ཡིས་སྦྱིན་སོགས་ཡོན་ཏན་ཐམས་ཅད་མ་ཚང་བ་མེད་པས་རྣམ་པའི་མཆོག་ཀུན་
དང་ལྡན་པའི་རྒྱལ་བར་འགྱུར་རོ། །ཉེར་བཞི་པ་ནི། སྨོན་ལམ་འབུམ་ཕྲག་གྲངས་
མེད་པ་བཅུ་ལ་སོགས་སྨོན་ལམ་སྣ་ཚོགས་དག་པ་ཡིས་རང་གང་དུ་འཚང་རྒྱ་བའི་
སངས་རྒྱས་ཀྱི་ཞིང་ནི་དག་པར་འགྱུར་རོ། །ཉེར་ལྔ་པ་ནི། ཐུབ་པའི་དབང་པོ་ལ་

རིན་ཆེན་ཕྲུལ་བ་ཡིས་མཐའ་ཡས་པའི་འོད་ནི་རྣམ་པར་འཕྲོ་བ་འཐོབ་པར་འགྱུར་རོ། །དོན་བསྡུ་བ་ནི། དེ་བས་ན་དེ་ལྟར་ལས་འབྲས་དག་སྟར་བཤད་པ་ལྟར་ཚོགས་འདི་བྱས་པས་འབྲས་བུ་འདི་འབྱུང་བའི་རྒྱུ་འབྲས་མཐུན་པར་མཁྱེན་པར་མཛད་ནས་རང་ལ་ཕན་པའི་དགོས་པའི་དོན་དུ་ནི་འགྲོ་ལ་ཕན་པ་རྟག་ཏུ་མཛོད་ཅིག་དང་། དེ་ཉིད་རྒྱལ་པོ་ཁྱོད་ལ་ཕན་པ་ལགས་པའོ། །

མཚན་དོན་ནི། རྒྱལ་པོ་ལ་གཏམ་བྱ་བ་རིན་པོ་ཆེའི་ཕྲེང་བ་ལས་བྱང་ཆུབ་ཀྱི་ཚོགས་བསྡུས་པ་ཞེས་བྱ་སྟེ། ལེའུ་གསུམ་པའི་འགྲེལ་པའོ།། །།

ལེའུ་བཞི་པ།

ང༢ རྒྱལ་པོའི་སྤྱོད་ཚུལ་ཁ་ན་མ་ཐོ་བ་མེད་པ་ལ་བསླབ་པར་གདམས་པ།

ཅ༡ འབྲེལ་དགོད་པ།

ཆ༡ རྒྱལ་པོའི་ངོར་སྨྲད་མི་ནུས་ཤིང་ཕལ་ཆེར་བསྟོད་པས་ལེགས་བཤད་གསན་རིགས་པ།

གསུམ་པ་རྒྱལ་པོའི་སྤྱོད་ཚུལ་ཁ་ན་མ་ཐོ་བ་མེད་པ་ལ་བསླབ་པར་གདམས་པ་ལ་བཞི། འབྲེལ་དགོད་པ་དང་། རྒྱས་པར་བཤད་པ་དང་། དོན་བསྡུ་བ་དང་། རྒྱལ་པོའི་ཀུན་སྤྱོད་ཁྱད་པར་ཅན་ལ་སློབ་མི་ནུས་ན་རབ་བྱུང་བྱ་བར་གདམས་པའོ། །དང་པོ་ལ་གསུམ། རྒྱལ་པོའི་(༤༨བ)ངོར་སྨྲད་མི་ནུས་ཤིང་ཕལ་ཆེར་བསྟོད་པས་ལེགས་བཤད་གསན་རིགས་པ་དང་། ཕན་པའི་ཚིག་ཉན་པར་སྟོན་པས་གསུངས་པ་བཞིན་བསླབ་པར་བསྟན་པ་དང་། རང་གཞན་ལ་ཕན་པའི་ཚིག་ཉན་པར་སྤྲུལ་བ་དངོས་སོ། །དང་པོ་ནི། རྒྱལ་པོ་ནི་ཆོས་མིན་རིགས་པ་མིན་པ་སྤྱོད་ཀྱང་བློན་པོ་དང་འབངས་ལ་སོགས་པ་རྒྱལ་པོའི་རྗེས་སུ་འཚོ་བ་ཕལ་ཆེར་ངོར་བསྟོད་པར་བྱེད་ཀྱི་སྨད་པར་བྱེད་མི་ནུས་ཏེ། གང་གི་ཕྱིར་ན་བཟོད་དམ་མི་བཟོད་པ་ཤེས་པར་དཀའ་

བས་སོ། །ངོར་བསྟོད་པས་འབྲུལ་རྒྱུ་བྱས་ནས་ཕན་མི་ཕན་ཤེས་དཀའ་བས་རེ་ཞིག་གཞན་སུ་ཡང་ཉུང་བ་ལའང་མི་སྙན་པའི་ཚིག་བསྙད་པས་ཏེ་དོན་ལ་རིགས་པ་ཡིན་ཀྱང་བརྗོད་དཀའ་ནས་ཆེན་པོའི་དབང་ཕྱུག་མངའ་བའི་རྒྱལ་པོ་ཁྱེད་ལ་དགེ་སློང་བདག་ལྟ་བུས་ཇི་ཞིག་སྨྲས། འོན་ཀྱང་དེ་ལྟར་གླེངས་པ་ལ་ཁྱོད་ཀྱིས་དགྱེས་པ་མཛད་པའི་སླད་དང་འགྲོ་བ་ལ་ཡང་བརྩེ་བའི་སླད་དུ་ཁྱོད་ལ་མི་སྙན་ཡང་དོན་ལ་སྨན་པ་ཡིན་པས་བདག་ལྟ་བུ་གཅིག་པུ་ཏེ་པོར་ཏེ་ཤིན་ཏུ་གསོལ་ཏོ། །

ཆ༢ ཕན་པའི་ཚིག་ཉན་པར་སྤྲོན་པས་གསུངས་པ་ བཞིན་བསླབ་པར་བསྟན་པ།

གཉིས་པ་ནི། རྒྱལ་པོ་ཁྱོད་ལ་དེ་སྐད་བརྗོད་པར་རིགས་ཏེ། གཞན་ལ་གཅིག་ཏུ་ཕན་པ་བདེན་པ་དང་། རྣམ་པར་འཇམ་པ་དང་། དོན་དང་ལྡན་པ་དང་། སློབ་མ་དང་མཐུན་པའམ་འགལ་བ་མེད་པའི་འཕྲོད་པ་ནི་བརྩེ་བས་ཀུན་ནས་བླངས་ནས་ཕན་པའི་དུས་སུ་སློབ་མ་ལ་བརྗོད་པར་བྱ་ཞེས་བཅོམ་ལྡན་འདས་གསུང་བ་དེ་ལྟ་བས་ནའོ། །

ཆ༣ རང་གཞན་ལ་ཕན་པའི་ཚིག་ཉན་པར་སྐུལ་བ་དངོས།

གསུམ་པ་ནི། བརྟན་པ་ཞེས་རྒྱལ་པོ་ལ་བོད་པ་དང་། བརྩོན་འགྲུས་དང་ཏིང་ངེ་འཛིན་དང་ལྡན་པའི་ཤེས་རབ་ནི་བརྟན་པ་ཡིན་ལ་དེའི་ཁྱད་པར་ཁྲོ་བ་མེད་པའི་བདེན་པའི་ཚིག་ནི་བསྒྲགས་པ་ན་དུས་དང་མཐུན་པའི་འབྲུད་(༥༠ན)བྱེད་བཟང་པོའི་ཆུ་བཞིན་དུ་མཉན་པར་འོས་ཤིང་ཡོངས་སུ་ལེན་པར་བགྱི་རིགས་པའོ། །རྒྱལ་པོ་ཁྱེད་ལ་བདག་གིས་ཚེ་འདི་དང་ནི་ཚེ་རབས་གཞན་དུ་བསྟོད་པར་རིགས་བརྗོད་པར་བགྱི་བ་མཁྱེན་པར་མཛོད་ལ་དེ་བདག་ཉིད་དང་གཞན་ལ་སྨན་པར་འགྱུར་བ་

དེ་མཛོད་ཅིག་པའོ། །ཡང་ན་འདིར་སྨན་པ་སྲིད་བརྟན་པ་དང་། གཞན་དུ་སྨན་པ་ཆོས་འཕེལ་བའོ། །

ཅ༢ རྒྱས་པར་བཤད་པ།

ཆ༡ རྒྱལ་པོའི་ཚུལ་ལུགས།

ཇ༡ སྦྱིན་གཏོང་སྤེལ་བ།

གཉིས་པ་ལ་གསུམ། རྒྱལ་པོའི་ཚུལ་ལུགས་དང་། ཆོས་མི་ཉམས་ཤིང་འགྲུབ་པ་ལ་བསླབ་པ་དང་། ཐར་པ་ཐོབ་ཅིང་ཐེག་པ་ཆེན་པོའི་སྡེ་སྣོད་མི་སྤོང་བ་ལ་བསླབ་པའོ། །དང་པོ་ལ་ལྔ། སྦྱིན་གཏོང་སྤེལ་བ་དང་། གཙུག་ལག་ཁང་བཟུང་བ་དང་། སྔར་ཡོད་ཀྱི་ནར་མའི་ཟས་ལ་སོགས་པ་བསྐྱང་བ་དང་། དོན་དུ་མི་གཉེར་བ་ཡང་རྗེས་སུ་བཟུང་བ་དང་། དཔོན་སྣ་བསྐོ་བའི་ཚུལ་ལོ། །དང་པོ་ནི། ཟས་གོས་སོགས་སློང་བ་ལ་སྟོན་ཆད་སྐྱེ་བ་སྔ་མར་སྦྱིན་པ་བགྱིས་པས་ད་ལྟ་རྒྱལ་པོའི་འཁོར་བ་ལ་སོགས་པའི་སྦྱིན་པའི་འབྲས་བུའི་དོན་བརྙེས་པར་གྱུར་ནས། དེ་ཡང་སློང་བ་པོ་ལ་མི་སྦྱིན་ན་སྔ་མའི་སྦྱིན་པ་དང་སློང་བ་པོ་སོགས་ལ་བྱས་པ་མི་བཟོད་པ་དང་། ལོངས་སྤྱོད་ལ་ཆགས་པ་ཡིས་ཕྱི་ནས་འཁོར་བའི་དོན་རྣམས་འཐོབ་པར་མི་འགྱུར་བས་སྦྱིན་པ་མཛད་རིགས་ཏེ། ད་ལྟ་འཇིག་རྟེན་འདི་ན་རང་གི་ལམ་རྒྱགས་འཕྲེར་བའི་ལས་བྱེད་པའི་སླ་མི་སླ་མེད་ན་ལམ་རྒྱགས་འཕྲེར་མི་བཏུབ་པ་ལ་རང་ལ་ཟས་གོས་སོགས་སློང་བ་དམན་པ་དག་རང་གི་སྦྱིན་པའི་འབྲས་བུ་ལོངས་སྤྱོད་དག་འཕྲེར་བའི་ཆེད་དུ་མ་བླན་པར་ཡང་ཕྱི་མའི་ཚེ་འདི་ལ་འདིར་བྱིན་པའི་རྫས་དེ་ལས་བརྒྱ་འགྱུར་འཕྲེར་བ་བསྐྱེད་དང་(༧༡བ)བཅས་པ་སྟེར་བའི་སློང་བ་པོ་ལ་དགའ་རིགས་ཤིང་སྦྱིན་པ་ལ་ལྷག་པར་སྤྲོ་བ་མཛད་པ་རིགས་སོ། །

ཛ༢ གཙུག་ལག་ཁང་བཞེངས་པ།

ཇ༡ བསམ་སྦྱོར་རྒྱ་ཆེ་བ་ལ་བསླབ་པ།

གཉིས་པ་ལ་གསུམ། བསམ་སྦྱོར་རྒྱ་ཆེ་བ་ལ་བསླབ་པ་དང་། ཆོས་བཞི་པོས་རབ་སྤྲུལ་པ་དང་། ཁྱད་པར་ཅན་སྤྲུལ་པའོ། །དང་པོ་ནི། དུས་རྟག་ཏུ་གཞན་ལ་ཕན་པའི་ཐུགས་རྒྱ་ཆེན་པོ་དང་སྦྱོར་བའི་སྒོ་ནས་མཛད་པ་རྒྱ་ཆེན་པོ་ལ་དགྱེས་པར་མཛོད་ཅིག་སྐྱེ་རྒྱུའི་དུས་ན་རྒྱ་ཆེན་པོའི་ལས་ལས་འབྲས་བུ་ནི་ཐམས་ཅད་རྒྱ་ཆེན་པོ་འབྱུང་བར་འགྱུར་བས་སོ། །

ཇ༢ ཆོས་བཞི་པོས་རབ་སྤྲུལ་པ།

གཉིས་པ་ནི། རྒྱལ་པོ་རང་ལས་དམན་པ་རྣམས་ཀྱིས་ནི་བློར་མི་ཤོང་ཞིང་ཡིད་ལའང་བསམ་པར་མ་གྱུར་པའི་ཆོས་བཞི་མཛོད་ཅིག །དེ་ཡང་དཀོན་མཆོག་གསུམ་གྱི་རྟེན་ཁྱད་པར་ཅན་བཞེངས་པས་རང་ལ་ཕྱོགས་བཅུར་སྙན་པའི་གྲགས་པ་དང་། མཛེས་པའི་དཔལ་དང་ལྡན་པར་མཛོད་ཅིག་པའོ། །

ཇ༣ ཁྱད་པར་ཅན་སྤྲུལ་པ།

གསུམ་པ་ནི། རྒྱལ་པོ་རང་དང་མཉམ་པ་དང་རང་བས་དམན་པ་བ་ལས་དེ་བྱས་ཀྱང་བ་སྤུ་མི་ལྡང་བ་གཏམ་ངན་བྱུང་བ་ཤི་ནའང་སྙན་པར་མི་འགྱུར་བས་རྒྱལ་པོས་དེ་ནི་མ་བྱས་ཀྱང་ཀླའོ། །གཙུག་ལག་ཁང་ལ་སོགས་པ་རྒྱ་རབ་ཏུ་ཆེ་བའི་ཕྱིར་རྒྱ་ཆེན་པོ་རྣམས་མཐོང་ནས་རང་དང་མཉམ་པའི་རྒྱལ་པོ་གཞན་ལས་ང་ལྷག་གོ་སྙམ་པའི་སྙེམས་པ་དང་བྲལ་བ་དང་། རང་དང་མཉམ་པ་གཞན་ལ་སྤྲོ་བ་སྐྱེད་ཅིང་སྐྱེ་རྒྱལ་པོས་དེ་ལྟ་བུ་བྱའོ་སྙམ་པའོ། །རྒྱལ་པོ་རང་ལས་དམན་པ་རྣམས་འདི་ལྟ་བུ

ག་ལ་འགྲུབ་སླམ་དུ་སྤྲོ་བ་འཇོམས་པར་བྱེད་པ་རྒྱལ་པོའི་ནོར་བདོག་པ་ཐམས་ཅད་གཏུགས་ཏེ་ཟད་ཀྱི་བར་དུ་མཛོད་ཅིག་པའོ། །ཡང་ན་རྒྱ་ཆེན་རྣམས་ཞེས་པ་རང་ལས་སྤོབས་ཆེ་བའི་རྒྱལ་པོ་ང་རྒྱལ་འཇོམས་པ་ལ་བཤད་དོ། །ལོང་ཡོད་མི་བྱ་བར་མྱུར་དུ་བསྒྲུབ་པར་(༥༠ན)བྱ་སྟེ། ཁྱོད་ནི་བདོག་པ་ཀུན་བོར་ནས་དབང་མེད་གཤིད་གཤེགས་འཚལ་བ་ཡིན་ལ་ཆོས་ཀྱི་སླད་དུ་སྤྱོད་པ་ཀུན་ཁྱོད་ཀྱི་མདུན་དུ་རང་ལ་ཕན་པའི་ཆེད་དུ་འདོད་པ་ཉིད་ཡིན་གྱི། ནོར་ཟས་ཤུལ་དུ་བཞག་ཀྱང་མི་དབང་སྔ་མའི་བདོག་པ་ཀུན་རྒྱལ་པོ་གསར་པ་ཡི་ནི་དབང་དུ་གྱུར་ན་རྒྱལ་པོ་སྔ་མའི་ཆོས་བདེ་བའམ་སྙན་པའི་གྲགས་པ་དག་ཏུ་འགྱུར་རམ་ཅི་ཙུང་ཟད་ཀྱང་མི་འགྱུར་ལ། རང་ཉིད་ཀྱིས་སྦྱིན་པ་བཏང་བས་ནོར་སྤྱད་པ་ཡིས་འདི་ལ་སྐྱུང་མི་དགོས་པས་བདེ་ལ་ཕྱིན་པས་གཞན་དུ་བདེ་བར་འགྱུར་རོ། །རང་གིས་མ་སྤྱད་པ་དང་གཞན་ལ་མ་ཕྱིན་པས་མེས་ཚོགས་པ་སོགས་ཀྱིས་ཆུད་ཟོས་པས་སྡུག་བསྔལ་འབའ་ཞིག་ཡིན་གྱི་གང་ལ་བདེ་བའི་རྒྱུར་མི་འགྱུར་རོ། །འཆི་ཁར་བྱ་སླམ་ན་ཁྲིལ་མེད་པའི་རྗེས་ངན་ཅན་རྣམས་ཀྱིས་རྒྱལ་པོ་ཁྱོད་ལ་གཅེས་པར་མི་རྩི་ཞིང་། རྒྱལ་པོ་གསར་པའི་ངོ་བསྲུངས་པས་རང་ལ་བྱམས་པར་འདོད་པ་རྣམས་ཀྱིས་ནི་འཆི་ཁར་ཁྱོད་དབང་མེད་པར་བྱས་པས་སྦྱིན་པ་མི་སྤྱོད་པ་དེ་ལས་ད་ལྟ་རང་དབང་ཡོད་པ་རྣལ་ན་གནས་པའི་དུས་སུ་མྱུར་དུ་ནི་བདོག་པ་ཀུན་གྱིས་ཆོས་བཞི་མཛོད་ཅིག །ལོ་ཕྱི་མ་དང་ཡང་ཕྱི་མ་སོགས་ལ་བྱའོ་སླམ་ན་ཁྱེད་འཆི་བདག་རྐྱེན་གྱི་ནང་ན་གནས་པ་ རླུང་དམར་གྱི་ནང་ན་འདུག་པའི་མར་མེ་བཞིན་མྱུར་དུ་འཆི་བས་འཇོམས་པས་ལོང་ཡོད་མི་བྱའོ། །

ཛ༣ སྔར་ཡོད་ཀྱི་ནར་མའི་ཟས་ལ་སོགས་པ་བསྲུང་བ།

ཀ༡ སྤྱིར་བསྟན་པ།

གསུམ་པ་ལ་གསུམ། སྤྱིར་བསྟན་པ་དང་། གཉེར་པ་བསྐོ་བ་དང་། སྐོམས་པར་བསྐྱེད་པའོ། །དང་པོ་ནི། སྟོན་གྱི་རྒྱལ་པོས་ཆོས་ཀྱི་གཞི་ལྷ་ཁང་ལ་སོགས་པ་གཞན་བགྱིས་པ་གང་དག་ལགས་པ་དེ་དག་ཀྱང་མཆོད་པ་ལ་སོགས་པ་ཇི་ལྟར་ཡོད་པ་སྔར་ལུགས(༥༠བ)བཞིན་དུ་ཆུད་མ་ཟོས་པར་བསྐྱེད་པར་མཛོད་ཅིག་པའོ། །

ཀ༢ གཉེར་པ་བསྐོ་བ།

གཉིས་པ་ནི། གཉེར་པ་གཙུག་ལག་ཁང་དེར་གནས་པ་འཚེ་བ་མེད་པ་དང་། དགེ་བ་སྤྱོད་ཅིང་སྡོམ་པ་སྣ་གཅིག་གི་བརྟུལ་ཞུགས་ལ་གནས་པ་དང་། སྔ་ནས་གནས་པ་དང་། གློ་བུར་དུ་འོངས་པ་ལ་བྱམས་པ་དང་། བདེན་པར་སྨྲ་བ་དང་། བྱ་བས་མི་སྐྱོ་བའི་བཟོད་པ་དང་། འཐབ་དཀྲོལ་མ་མཆིས་པ་དང་། དགེ་བ་ལ་རྟག་ཏུ་བརྩོན་པའི་ཆོས་བརྒྱད་ལྡན་གཉེར་དུ་བསྐོས་ལ་སྤྱོད་དུ་སྩོལ་ཅིག །

ཀ༣ སྐོམས་པར་བསྐྱེད་པ།

གསུམ་པ་ནི། ལོང་བ་དང་ནད་པ་དང་དམན་པ་དང་མགོན་མེད་ཅིང་སྡུག་ཕོངས་པ་དང་། ཡན་ལག་ཉམས་པ་དེ་དག་ཀྱང་ནི་ཟས་དང་། སྐོམ་ལ་སོགས་པ་དགག་པ་མེད་པར་སྐོམས་པར་འཐོབ་པར་མཛོད་ཅིག །

༣༤ དོན་དུ་མི་གཉེར་བ་ཡང་རྗེས་སུ་བཟུང་བ།

བཞི་པ་ནི། དེ་དག་ལྟ་བུ་ཆོས་ལྡན་ཁྱེད་ལ་ཟས་ལ་སོགས་པ་དོན་དུ་མི་གཉེར་བ་དང་། རྒྱལ་པོ་གཞན་གྱི་ཡུལ་དུ་གནས་པ་རྣམས་ལའང་ནུས་པ་ཅི་ཡོད་ཀྱི་རྗེས་སུ་བཟུང་བར་བགྱི་བ་དག་གནས་གཞན་དུ་སྐྱེལ་བ་སོགས་ཅི་རིགས་པར་ནི་རབ་ཏུ་མཛོད་ཅིག །

༣༥ དཔོན་སྣ་བསྒོ་བའི་ཚུལ།

༧༡ ཆོས་དཔོན་བསྒོ་བ།

ལྔ་པ་ལ་བཞི། ཆོས་དཔོན་བསྒོ་བ་དང་། བཀའ་ལ་གཏོགས་པ་དང་། དམག་དཔོན་དང་། ནོར་གྱི་གཉེར་ལ་སོགས་པ་བསྒོ་བའོ། །དང་པོ་ནི། གཙུག་ལག་ཁང་ལ་སོགས་པའི་ཆོས་ཀྱི་གཞི་ནི་ཐམས་ཅད་དུ་ཆོས་འཁོར་གྱི་སྣ་བོ་ནི་ལེ་ལོ་མེད་པས་མི་གཡེལ་བ་དང་། ནོར་དང་འཁོར་ལ་སོགས་པ་ལ་མི་གཟན་པ་དང་བྱ་བ་ལ་མཁས་ཤིང་ཆོས་མཐུན་པ་ཐ་ན་ཆ་རྐྱེན་བ་སླང་ཡན་ཆད་དེ་དག་རྣམས་ལ་མི་གནོད་པ་དཔོན་དུ་སྐོས་ཤིག་པའོ། །

༧༢ བཀའ་ལ་གཏོགས་པ་བསྒོ་བ།

གཉིས་པ་ནི། འཇིག་རྟེན་གྱི་ལུགས་ཤེས་པ་རྒྱལ་པོ་གཞན་དང་བསྟུན་པ་དང་། དེ་ལ་ནོར་ཅུང་ཟད་སྟེར་བ་དང་སྲིད་སྡེ་གཙོད་པ་དང་འགྲེད་པ་ལ་མཁས་པ་(༤༡ན) སོགས་དང་། ཆོས་མིན་པ་མི་བྱེད་པས་ཆོས་དང་ལྡན་ལ་རྒྱལ་པོ་ལ་འཇིགས་ཤིང་སྙིང་ཉེ་བ་དང་། རང་འདོད་ཀྱི་དྲི་མ་མེད་པས་གཙང་ཞིང་འཁོར་འབངས་ལ་སྙིང་ཉེ་བ་དང་། ཁོང་མི་སྟུང་བ་དང་། རིགས་བཟང་བ་དང་། ངང་ཚུལ་ཕུན་སུམ་

ཚོགས་པ་དང་ལྡན་པ་དང་བྱམས་སྣང་ཤེས་པའི་བྱས་པ་གཟོ་བའི་བློན་པོ་ཆོས་དགུ་ལྡན་སྐོས་ཤིག་པའོ། །

༧༣ དམག་དཔོན་བསྐོ་བ།

གསུམ་པ་ནི། གཏོང་ཕོད་ཆེ་ཞིང་ལོངས་སྤྱོད་ལ་མ་ཆགས་པ་དང་དཔའ་བ་དང་འཇམ་ཞིང་རྒྱལ་པོ་ལ་སྙིང་ཉེ་བ་དང་། རྒྱལ་པོའི་ནོར་རན་པར་སྤྱོད་པ་དང་། གཞན་གྱིས་བློ་མི་འཕྲོགས་པའི་བརྟན་པ་དང་། ཆང་མི་འཐུང་བའི་རྟག་ཏུ་བག་ནི་ཡོད་པ་དང་ཆོས་དང་ལྡན་པའི་དམག་དཔོན་སྐོས་ཤིག་པའོ། །

༧༤ ནོར་གྱི་གཉེར་ལ་སོགས་པ་བསྐོ་བ།

བཞི་པ་ནི། ཆོས་ཀྱི་ངང་ཚུལ་ནི་ཁྲིམ་པ་ཡིན་ཡང་ངང་ཚུལ་འཇམ་པ་དང་། རང་འདོད་མེད་པས་གཙང་ལ་བྱ་བ་ལ་བཟོ་བ་དང་། དོན་ཤེས་པ་སྐབས་སུ་བབས་པའི་བྱ་བ་ཤེས་པ་དང་རྒྱལ་པོའི་གཙུག་ལག་ལ་མཁས་པ་དང་བྱ་བའི་གོ་རིམ་ལ་མཁས་པ་ཚུལ་ལྡན་དང་སྙོམས་ཤིང་རྒྱལ་པོ་ལ་སྙིང་ཉེ་བའི་ངང་འཇམ་པ་དང་ཀུན་རབས་རྣམས་ནི་ནོར་གྱི་གཉེར་ལ་སོགས་པའི་སྣ་པོར་སྐོས་ཤིག་པའོ། །བསྐོས་ནས་བཞག་པ་ཙམ་གྱིས་མི་ཆོག་པས་ཟླ་རེ་ཞིང་དེ་དག་ལས་རྒྱལ་པོ་ཉིད་ཀྱི་འདུ་བ་དང་། འགོད་པ་ཀུན་གསོན་ཏེ། ཇི་ལྟར་བྱས་པ་གསན་ནས་ཆོས་ཀྱི་གཞི་སོགས་ཀྱི་དོན་ཀུན་འགོད་ཆེ་ན་བས་ཅུང་ཟད་སྟོམ་དུ་གཞུག །འདུས་ཆེ་ན་ད་དུང་སྣོན་པ་དང་། གནས་འདིར་འདི་ཙམ་ཕུལ་ཅིག་ཅེས་སོགས་ཉིད་ཀྱི་བཀའ་སྩོལ་ཅིག །རྒྱུ་མཚན་ནི་ཁྱོད་ཀྱིས་རྒྱལ་སྲིད་ཆོས་ཀྱི་དོན་དུ་ཡིན་པའི་ཕྱིར་དང་། ཚེ་འདིའི་གྲགས་པའི་དོན་(༥༧བ)དང་། འདོད་ཡོན་གྱི་སླད་དུ་མ་ལགས་ན་རྒྱལ་སྲིད་དེ་ནི་ཤིན་ཏུ་འབྲས་བུར་བཅས་ལ། དེ་ལས་གཞན་དུ་གྲགས་པ་ལ་སོགས་པའི་དོན་དུ་འགྱུར་ན

དོན་མ་མཆིས་པ་ངན་འགྲོའི་འབྲས་བུ་ཅན་དུ་འགྱུར་བས་སོ། །

ཆ༢ ཆོས་མི་ཉམས་ཤིང་འགྲུབ་པ་ལ་བསླབ་པ།

ཇ༡ ཆོས་སྤར་ཡོད་མི་ཉམས་པ་ལ་བསླབ་པ།

ཉ༡ འབྲེལ་དགོད་པ།

གཉིས་པ་མི་ཉམས་ཞིང་འགྲུབ་པར་བསླབ་པ་ལ་གཉིས། ཆོས་སྤར་ཡོད་མི་ཉམས་པ་ལ་བསླབ་པ་དང་། སྤར་མེད་འགྲུབ་པ་ལ་བསླབ་པའོ། །དང་པོ་ལ་གཉིས། འབྲེལ་དགོད་པ་དང་། དངོས་ཀྱི་དོན་ནོ། །དང་པོ་ནི། དེ་ལྟར་རྒྱལ་སྲིད་ཆོས་ལྡན་དུ་བྱས་ན་གཞན་ཚར་གཅོད་པ་ལ་སོགས་པ་རྒྱལ་པོའི་ལུགས་དང་འགལ་ལ། རྒྱལ་སྲིད་ཀྱི་ཆེད་དུ་གཞན་གསོད་པ་སོགས་བྱས་ན་ཆོས་ཉམས་པར་འགྱུར་བས་དེ་གཉིས་མི་འགལ་བར་བྱ་མི་ནུས་སོ་སྙམ་ན། མིན་ཏེ། མི་དབང་ཞེས་པོས་ནས་ད་ལྟ་འཛིག་རྟེན་ན་ཕལ་ཆེར་ཕན་ཚུན་གཅིག་གིས་གཅིག་མ་རུངས་པ་བྱེད་ཅིང་། ལྟར་འབྱུད་པས་རྒྱལ་སྲིད་ཉམས་པར་བྱེད་པ་ཡིན་ལ། ཇི་ལྟར་ཁྱོད་ཀྱི་རྒྱལ་སྲིད་དང་ཆོས་སུ་འགྱུར་བ་མི་འགལ་བ་དེ་ནི་གསོན་ཅིག་ཅེས་སྨྲུལ་བའོ། །

ཉ༢ དངོས་ཀྱི་དོན།

ཏ༡ དབང་བྱེད་ཁྱད་པར་ཅན་བསྟུ་བ།

གཉིས་པ་ལ་བཞི། དབང་བྱེད་ཁྱད་པར་ཅན་བསྟུ་བ་དང་། རང་ཉིད་བརྩེ་བ་དང་ལྡན་པར་བྱ་བ་དང་། བཙོན་བཏང་ཞིང་བཙོན་གྱི་ཚེ་ཡང་བདེ་བར་བྱ་བ་དང་། ལས་ཉུང་དུ་བྱ་མི་ནུས་ན་ཡུལ་ནས་བསྐྲད་པའོ། །དང་པོ་ནི། དབང་བྱེད་ཁྱད་པར་ཅན་མིན་པ་བསྐོས་ན་ཆད་པ་གཅད་འོས་ལ་མི་གཅོད་འོས་མིན་པ་ལ་བཅད་པས་ཉམས་པར་འགྱུར་བས་རིགས་པ་དང་མི་རིགས་པ་ཤེས་པའི་ཤེས་པས་རྒྱན་ཞིང་

རིགས་ངན་ན་སྙིང་ལ་དྲན་པ་ལྷག་མི་འཇོག་པས་རིགས་བཟང་བ་དང་། འཇིག་རྟེན་གྱི་ལུགས་རིགས་པ་ཤེས་ལ་སྡིག་ལ་འཛེམས་པ་དང་། (༥༢ན)དབང་བྱེད་རྣམས་ནང་གཉེན་པ་དང་། ཁྲིམས་ཀྱི་བྱ་བ་དེ་བྱས་པས་དགོས་པ་ཁྱད་པར་ཅན་མཐོང་བར་གྱུར་པ་མང་པོ་རྟག་ཏུ་ཁྱོད་ཀྱི་སྒྲོག་ལ་དབང་བྱེད་ལ་སྐོས་ཤིག །

ཏ༢ རང་ཉིད་བརྩེ་བ་དང་ལྡན་པར་བྱ་བ།

ཐ༡ བརྩེ་བས་གཟུང་བར་བྱ་བ།

གཉིས་པ་ལ་གསུམ། བརྩེ་བས་གཟུང་བར་བྱ་བ་དང་། སྡིག་བྱེད་པ་ལ་ཁྱད་པར་དུ་སྙིང་རྗེ་བྱ་བ་དང་། དེའི་འཐད་པའོ། །དང་པོ་ནི། དབང་བྱེད་རྣམས་ཀྱིས་ནོར་གྱི་ཆད་པ་དང་བཙོན་དུ་བཟུང་བ་དང་བརྡེག་པ་ལ་སོགས་ཇི་ལྟར་རིགས་པ་བྱེད་ན་ཡང་རིགས་པའང་ཁྱོད་ཀྱིས་མི་བགྱི་སྟེ། རྒྱུད་སྙིང་རྗེས་བརླན་པར་བགྱིས་ནས་ནི་ཞུས་ན་གཏོང་བ་སོགས་རྟག་ཏུ་རྗེས་སུ་བཟུང་བར་མཛོད་ཅིག །

ཐ༢ སྡིག་བྱེད་པ་ལ་ཁྱད་པར་དུ་སྙིང་རྗེ་བྱ་བ།

གཉིས་པ་ནི། མཚམས་མེད་སོགས་མི་བཟད་སྡིག་པ་བྱེད་པ་ཡི་ལུས་ཅན་དག་ནི་ཐམས་ཅད་ལའང་རྒྱལ་པོ་ཁྱོད་ཀྱིས་རྟག་པར་ཡང་སྙིང་རྗེས་ཕན་སེམས་ཁོ་ན་སྐྱེད་པར་བྱ་ཡི་ཡལ་བར་འདོར་བའམ། གནོད་པའི་སེམས་རྣམས་ཐམས་ཅད་དུ་མི་བྱའོ། །

ཐ༣ དེའི་འཐད་པ།

གསུམ་པ་ནི། མཚམས་མེད་སོགས་མི་བཟད་པའི་སྡིག་ཅན་ཕ་མ་སོགས་གསོད་པར་བྱེད་པ་ལ་ཁྱད་པར་དུ་ཡང་སྙིང་རྗེ་བགྱི་བར་རིགས་ཏེ། ཆོས་ཀྱི་བདག་ཉིད་

ཉམས་པ་དེ་དག་ནི་རྒྱལ་སྲས་བདག་ཉིད་ཆེན་པོའི་སྙིང་རྗེའི་གནས་ཡུལ་དུ་གྱུར་བ་ཡིན་པའི་ཕྱིར་རོ། །རྣལ་འབྱོར་སྤྱོད་པ་བཞི་བརྒྱ་པ་ལས། ཇི་ལྟར་མ་ནི་ཁྱད་པར་དུ། །ནད་ཐེབས་བུ་ལ་གདུང་འགྱུར་བ། །དེ་བཞིན་བྱང་ཆུབ་སེམས་དཔའི་བརྩེ། །དམ་པ་མིན་ལ་ཁྱད་པར་དུའོ། །ཞེས་བཤད་པ་ལྟར་རོ། །

ང༣ བཙོན་བཏང་ཞིང་བཙོན་གྱི་ཚེ་ཡང་བདེ་བར་བྱ་བ།

ཐ༡ བཙོན་གཏང་བ།

གསུམ་པ་ལ་གཉིས། བཙོན་གཏང་བ་དང་། བཙོན་གྱི་ཚེ་ཡང་བདེ་བར་བྱ་བའོ། །དང་པོ་ནི། ཉིན་གཅིག་བཞིན་ནམ་ཞག་ལྔ་ཞིང་ཉམ་ཆུང་སྟོབས་ཞན་པ་ལ་སོགས་པའི་བཙོན་རྣམས་གཏང་བར་(༥༢བ)མཛོད་ལྷག་མ་ཉམས་སྟོབས་ཆེ་བ་རྣམས་ཅི་རིགས་པར་འགའ་ཡང་མི་འགྲོལ་བ་རྒྱུན་དུ་བཞག་སྙམ་པ་མེད་པར་མཛོད་ཅིག་སྟེ། ཁྱོད་ནི་བཙོན་གང་ལ་གཏོང་སེམས་མེད་པ་དེ་ལས་སྡོམ་པ་མིན་པ་སྐྱེ་བས་སྡོམ་མིན་ཇི་སྲིད་ཡོད་པ་དེ་སྲིད་བསྙེན་གནས་ཀྱི་སྡོམ་པ་ཡང་གནས་པ་མི་སྲིད་ལ་སྡོམ་པ་མིན་པ་དེ་ལས་ནི་རྒྱུན་མི་འཆད་པར་དངོས་སུ་སྲོག་གཅོད་སོགས་མི་བྱེད་པའི་ཚེ་ཡང་ངན་སོང་གི་རྒྱུ་སྡིག་པ་ནར་མར་གསོག་པར་འགྱུར་བའི་ཕྱིར་རོ། །

ཐ༢ བཙོན་གྱི་ཚེ་ཡང་བདེ་བར་བྱ་བ།

གཉིས་པ་ནི། བཙོན་ནི་ཇི་སྲིད་མ་བཏང་བ་དེའི་བར་དུའང་སྒྲ་ལ་སོགས་པའི་འདྲིག་མཁན་དང་ཁྲུས་དང་བཟའ་བ་དང་བཏུང་བ་དང་ནད་ལ་ཕན་པའི་སྨན་དང་ལྡན་པས་བདེ་བར་བགྱིའོ། །སྡུག་བསྔལ་སྐྱེད་པའི་ཆེད་དུ་བཟུང་བ་མིན་ནམ། བདེ་བར་བྱེད་ན་ཅིའི་ཕྱིར་འཛིན་སྙམ་ན་མི་རིགས་པ་བྱེད་པ་སྣོད་ཙང་དུ་མེད་པ་བུ་དག་ལ་ཕ་མས་སྣོད་དུ་ཙང་བར་བྱ་འདོད་པས་ཚར་གཅོད་པ་ལྟར་སྙིང་རྗེ་ཡིས་ནི་ཀུན་

ནས་བསླངས་ནས་ཚར་གཅད་པར་བྱ་ཡི་ཞེ་སྡང་མ་ཡིན་ལ། ནོར་འདོད་པའི་ཕྱིར་དུ་ཚར་གཅད་བྱ་བ་མིན་ནོ། །

ད༤ ལས་རུང་དུ་བྱ་མི་ནུས་ན་ཡུལ་ནས་བསྐྲད་པ།

བཞི་པ་ནི། གཞན་ལ་རབ་སྡང་ཞེ་སྡང་ཅན་རྒྱལ་པོའམ་གཞན་གསོད་པར་བགྱིད་པའི་བརྩོན་དུ་བཟུང་བ་བཏང་ནས་སྲོག་གཅོད་ལ་སོགས་པའི་ངན་སྤྱོད་ཕྱིས་བྱེད་མི་བྱེད་བརྟགས་ཏེ་ལེགས་པར་བགྱིས་ནས་མི་བྱེད་ན་བཏང་སྙོམས་སུ་བཞག་ལ། ད་དུང་སྔར་གྱི་དེ་ལས་ལྡོག །མི་ནུས་ན་མི་གསོད་ཅིང་གནོད་པ་གཞན་ཡང་མི་བགྱི་བར་ཡུལ་ནས་བསྐྲད་པ་དག་ཏུ་མཛོད་ཅིག་པའོ། །

ཇ༢ སྡར་མེད་འགྲུབ་པ་ལ་བསླབ་པ།

ཉ༡ ཆོས་སྒྲུབ་པ།

ཏ༡ བྱ་མ་ཧ་ཁྱད་པར་ཅན་བྱ་བ།

གཉིས་པ་ཆོས་སྡར་མེད་འགྲུབ་པ་ལ་བསླབ་པ་ལ་གཉིས། ཆོས་སྒྲུབ་པ་དང་། ཆོས་མིན་དགག་པའོ། །དང་པོ་ལ་གཉིས། བྱ་མ་ཧ་ཁྱད་པར་ཅན་བྱ་(༥༣༩)བ་དང་། དེའི་དཔེའོ། །དང་པོ་ནི། རང་དབང་ཡོད་པར་བྱ་བའི་ཆེད་དུ། རྒྱལ་པོས་བཏང་བར་མི་ཤེས་པའི་ཧ་ཙུལ་བ་མགྱོགས་པ་བཏང་ནས་རྟག་ཏུ་གཞུག་ཅིང་། ཡུལ་ཀུན་ཡང་བྱ་མ་ཧའི་སྤྱན་གྱིས་གཟིགས་ལ་རྟག་ཏུ་བག་ཡོད་དང་དྲན་པ་དང་ལྡན་པར་ཆོས་དང་མཐུན་པའི་དོན་མཛོད་ཅིག་སྟེ། གཞན་བྱ་བ་མིན་པ་བྱེད་པ་སྤོང་ཞིང་། བག་ཡོད་ལྡན་པ་ལ་དགོངས་པའི་དོན་མཛོད་ཅེས་པའོ། །ཡོན་ཏན་གྱི་གནས་དགེ་སློང་ལ་སོགས་པ་ལ་བདག་ཉིད་ཀྱིས་ཟས་གོས་སོགས་རབ་ཏུ་སྦྱིན་པ་དང་བཀུར་སྟི་དང་རིམ་གྲོ་དག་རྒྱ་ཆེ་བ་རང་དང་། རྗེས་སུ་མཐུན་པ་སྦྱོར་ཞིང་ཡོན་ཏན་དེ་ཙམ་

མི་ཆེ་བའི་ལྷག་མ་རྣམས་ལའང་སྦྱིན་པ་ཅི་རིགས་པར་བགྱིའོ། །

༦༢ དེའི་དཔེ།

གཉིས་པ་ནི། རྒྱལ་པོ་ལྟོན་ཤིང་བཟོད་པའི་བསིལ་གྲིབ་ཅན་བཀུར་སྟིའི་མེ་ཏོག་རྒྱས་པར་གྱུར་ཅིང་རབ་ཏུ་སྦྱིན་པའི་འབྲས་བུ་རྒྱ་ཆེ་བ་དང་། ལྡན་པ་ལ་རྒྱངས་ཀྱི་བྱ་རྣམས་བརྟེན་པར་འགྱུར་བས་སོ། །འོ་ན་རྒྱལ་པོ་བཟོད་པ་དང་ལྡན་པ་གཅིག་པུ་བྱའམ་ཞེ་ན་རྒྱལ་པོ་གཏོང་བའི་ངང་ཚུལ་ཅན་ཡིན་ཡང་ཉེས་པ་མི་བཟོད་པའི་བསར་དང་ལྡན་ན་ཅུང་ཟད་ཁྲོ་ཡང་དགའ་བར་འགྱུར་ཏེ། དཔེར་ན་སུག་སྨེལ་དང་ན་ལེ་ཤམ་རྩུབ་པའི་སྣེ་བག་ཆགས་པའི་ཤ་ཁ་རའི་ལ་དུ་བཞིན་དུ་སྦྱངས་ན་ཞིམ་པ་ལྟར་ནང་འཛམ་ལ་ཕྱི་རྩུབ་བག་དང་ལྡན་པར་རོ། །ཇི་ལྟར་བཤད་པ་དེ་ལྟར་རིགས་པས་དཔྱད་ན་ནི་ཁྱོད་ཀྱི་རྒྱལ་སྲིད་འགོད་པ་དང་ཉམས་པར་མི་འགྱུར་ལ་རིགས་པ་མིན་པར་མི་འགྱུར་ཞིང་ཆོས་མིན་མ་ཡིན་པ་ཆོས་སུ་འགྱུར་བས་དེ་ལྟར་བསླབ་པར་བྱའོ། །

༧༢ ཆོས་མིན་དགག་པ།

གཉིས་པ་ནི། རྒྱལ་པོ་ཁྱེད་ཀྱིས་རྒྱལ་སྲིད་འཇིག་རྟེན་ཕ་རོལ་ལས་(༥༣བ)བསྣམས་ཏེ་མ་བྱོན་ལ། དེ་ཡང་ཕ་རོལ་ཏུ་བསྣམས་པར་མི་འགྱུར་ཞིང་ཆོས་ཀྱིས་བརྙེས་པས་རྒྱལ་སྲིད་དེའི་སླད་དུ་ཆོས་མིན་ཁྱོད་ཀྱིས་བགྱི་མི་རིགས་སོ། །དེ་ཡང་དགོས་ཆ་ཉེ་བའི་འཚོག་བཅས་ཀྱི་ཟོང་ནི་ལེགས་ན་བདེ་བ་སྐྱེད་ལ་ཉེས་ན་སྡུག་བསྔལ་སྐྱེད་པས། རྒྱལ་སྲིད་ཆོས་ཀྱིས་མ་བཟུང་ན་རྒྱལ་སྲིད་ཀྱིས་ཕྱི་མ་ལ་འབྲས་བུ་སྡུག་བསྔལ་བའི་ཚོགས་བཅས་བརྒྱུད་པ་དག་ཅི་ནས་འགྲུབ་པར་མི་འགྱུར་བར་རྒྱལ་པོ་ཁྱེད་དེ་ལྟར་ནན་ཏན་མཛོད། འཚོག་བཅས་ཀྱི་ཟོང་ནི་ད་ལྟའི་རྒྱལ་སྲིད་ཀྱིས་ཕྱི་མ་ཕན

ཚད་གཅིག་ནས་གཅིག་ཏུ་བརྒྱུད་པའི་འཚོག་བཅས་བརྒྱུད་པ་དག་ཅི་ནས་རྗེས་པར་འགྱུར་བ་དེ་ལྟ་བུར་ནི་རྒྱལ་པོ་ཁྱེད་ཀྱིས་ནན་ཏན་མཛོད་ཅིག་པ་སྟེ། ད་ལྟའི་རྒྱལ་སྲིད་འདི་མ་འོངས་པའི་སྐྱེ་བ་དུ་མའི་སྡུག་བསྔལ་ཉེ་བའི་ཐོང་དུ་མ་སོང་བར། སྐྱེ་བ་དུ་མའི་རྒྱལ་སྲིད་ཉེ་བའི་རིན་དུ་འགྱུར་བར་མཛོད་ཅིག་ཅེས་པའོ། །

ཆ༣ ཐར་པ་ཐོབ་བྱེད་ཐེག་པ་ཆེན་པོའི་སྡེ་སྣོད་མི་སྤོང་བ་ལ་བསླབ་པ།

ཇ༡ ཐར་པའི་ལམ་ལ་བསླབ་པ།

ཉ༡ སྲིད་པའི་ཡུལ་ཚོར་བ་བདེ་སྡུག་རང་བཞིན་གྱིས་གྲུབ་པ་དགག་པ།

ཏ༡ ཚོར་བ་བདེ་བ་རང་མཚན་པ་དགག་པ།

ཐ༡ འབྲེལ་དགོད་པ།

གསུམ་པ་ཐར་པ་ཐོབ་ཅིང་ཐེག་པ་ཆེན་པོའི་སྡེ་སྣོད་མི་སྤོང་བ་ལ་བསླབ་པ་ལ་གཉིས། ཐར་པའི་ལམ་ལ་བསླབ་པ་དང་། ཐེག་ཆེན་གྱི་སྡེ་སྣོད་སྤོང་བ་དགག་པའོ། །དང་པོ་ལ་གཉིས། སྲིད་པའི་ཡུལ་ཚོར་བ་བདེ་སྡུག་རང་བཞིན་གྱིས་གྲུབ་པ་དགག་པ་དང་། ཐེག་པ་ཆེ་ཆུང་གཉིས་ཀས་སྟོང་ཉིད་ཕྲ་མོ་རྟོགས་པ་མཚུངས་པར་བསྟན་པའོ། །དང་པོ་ལ་གསུམ། ཚོར་བ་བདེ་བ་རང་མཚན་པ་དགག་པ་དང་། སྡུག་བསྔལ་རང་བཞིན་གྱིས་གྲུབ་པ་དགག་པ་དང་། བཀག་པའི་འབྲས་བུའོ། །དང་པོ་ལ་གསུམ། འབྲེལ་དགོད་པ་དང་། བསྟན་པ་དང་། བཤད་པའོ། །དང་པོ་ནི། རྒྱལ་པོ་ཁྱོད་གླིང་བཞི་པའི་ས་ཐོབ་ཀྱང་འཁོར་ལོས་སྒྱུར་བའི་བདེ་བ་ནི་ལུས་ཀྱི་ཚོར་བ་བདེ་བ་དག་དང་སེམས་ཀྱི་བདེ་བ་དང་འདི་གཉིས་པོ་(༥༤ན)ནར་ཟད་པར་འདོད་ལ་ཟབ་མོར་ཅིར་འགྱུར་ཞེ་ན། ལུས་ཀྱི་ཚོར་བ་བདེ་བ་ནི་སྡུག་བསྔལ་ཕྱིར་ནི་བཅོས་པ་ཙམ་སྟེ། སྡུག་བསྔལ་ཙུང་ཟད་ཤུགས་ཆུང་དུ་སོང་བའི་གནས་སྐབས་ཀྱི་ཚོར་བ་སེམས་པ་དེ་ལ་བདེ་བ་རང་མཚན་པར་ཞེན་པ་ཡིན་གྱི་སྡུག་བསྔལ་ཕྱིར་བཅོས་ཀྱི་

བདེ་བ་ཙམ་མ་རྟོགས་འཇིག་རྟེན་ན་སྡུག་བསྔལ་རང་མཚན་པ་ཡོད་ཀྱང་བདེ་བ་རང་མཚན་པ་ཅུང་ཟད་ཀྱང་མེད་དོ། །དེའི་རང་མཚན་ནི། རྟགས་ཀྱི་དགག་བྱར་གྱུར་པའི་རང་མཚན་མིན་གྱི། སྡུག་བསྔལ་ཕྱིར་བཅོས་པ་ཙམ་ལ་བཞག་པར་ཟད་དེ། ཁ་དོག་སྔོན་པོ་སེར་པོ་དང་བསྒྲིགས་ཀྱང་སྔོན་པོའི་བློ་སྐྱེ་ཡི་སེར་པོའི་བློ་མི་སྐྱེ་བ་ལྟར། ཚོར་བ་སྡུག་བསྔལ་ནི་བདེ་བ་ཤུགས་ཆུང་བའི་གནས་སྐབས་ལ་བཞག་མི་དགོས་པར་སྡུག་བསྔལ་གྱི་བློ་སྐྱེ་ཞིང་། ཚོར་བ་སྡུག་བསྔལ་ཡོད་ལ་རིང་པོ་ལ་ལྟོས་ནས་ཐུང་ངུའི་བློ་སྐྱེ་བ་ལྟར་སྡུག་བསྔལ་ཤུགས་ཆུང་བའི་གནས་སྐབས་ཀྱིས་ཅུང་ཟད་སིམ་པར་སྣང་བ་ལ་བདེ་བའི་བློ་སྐྱེས་པར་ཟད་དོ། །ཡང་ཚོར་བ་བདེ་བ་ཐ་སྙད་དུ་མེད་དོ་ཞེས་སྐུར་བ་གདབ་པར་མི་བྱའོ། །རྒྱས་པར་ནི་རྣལ་འབྱོར་སྤྱོད་པ་བཞི་བརྒྱ་པ་ལས་ཤེས་པར་བྱའོ། །ཐ་སྙད་དུ་སེམས་ཀྱི་བདེ་བ་ནི་འདུ་ཤེས་ཀྱི་རང་བཞིན་ཏེ་རྟོག་པས་བདེ་བ་རང་མཚན་པར་བྱས་པ་ཕོ་ནར་ཟད་ཀྱི་རྟོག་པས་བཏགས་པའི་སྡུག་བསྔལ་རང་མཚན་པ་ཡོད་ཀྱང་བདེ་བ་རང་མཚན་པ་མེད་པར་ཤེས་པར་བྱའོ། །

ཐ༢ མདོར་བསྟན་པ།

གཉིས་པ་ནི། འཇིག་རྟེན་ཚོར་བ་བདེ་བའི་བདག་པ་ཀུན་སྡུག་བསྔལ་ཕྱིར་ནི་བཅོས་ཙམ་དང་རྟོག་པས་བཏགས་པ་ཙམ་ཉིད་ཡིན་པ་དེའི་ཕྱིར་བདེ་བ་དེ་ནི་དོན་དུ་བདེ་བ་རང་མཚན་པའི་དོན་(༥༨བ)མེད་དོ། །

ཐ༣ རྒྱས་པར་བཤད་པ།

གསུམ་པ་ལ་གཉིས། བདེ་བ་རང་མཚན་པའི་སྒྲུབ་བྱེད་དགག་པ་དང་། ངོ་བོ་དགག་པའོ། །

ད༡ བདེ་བ་རང་མཚན་པའི་སྒྲུབ་བྱེད་དགག་པ།

ན༡ ཡིད་ཀྱི་བདེ་བ་རང་མཚན་པའི་སྒྲུབ་བྱེད་དགག་པ།

དང་པོ་ལ་གཉིས། ཡིད་ཀྱི་བདེ་བ་རང་མཚན་པའི་སྒྲུབ་བྱེད་དགག་པ་དང་། ལུས་ཀྱི་བདེ་བ་རང་མཚན་པའི་སྒྲུབ་བྱེད་དགག་པའོ། །དང་པོ་ནི། ཡིད་ཀྱི་བདེ་བ་རང་མཚན་པ་ཡོད་དེ། དེ་སྐྱེད་པའི་རྒྱུ་དབང་ཕྱུག་དག་ཡོད་པའི་ཕྱིར་ཅེ་ན། མིན་ཏེ། བདེ་བ་སྐྱེད་པའི་རྒྱུར་འདོད་པ་དེ་དག་ངོ་བོ་ཉིད་ཀྱིས་བདེ་བའི་རྒྱུར་མེད་དེ། རྗེས་སུ་འགྲོ་ལྡོག་མ་ཚང་བའི་ཕྱིར་རོ། །དེ་ཡང་གླིང་དང་ཡུལ་དང་གནས་དང་ཁྱིམ་དང་། ཕྱོགས་དང་སྟན་དང་གོས་རྣམས་དང་མལ་ཆ་དང་བཟའ་བཏུང་དང་། གླང་པོ་དང་རྟ་དང་བུད་མེད་བཅུ་གསུམ་པོ་རྣམས་ལོངས་སྤྱོད་བྱ་རེ་རེ་ཟད་པ་གང་གི་ཚེ་གང་ཡང་རུང་བ་ལ་ལོངས་སྤྱོད་པས་བདེའོ་སྙམ་པའི་སེམས་འབྱུང་བ་དེའི་ཚེ་དེ་ཡིས་བདེ་ཞེས་རློམ་པར་གྲགས་ལ། གཅིག་ལོངས་སྤྱོད་ཅིང་བདེའོ་སྙམ་པའི་བློ་འབྱུང་བ་དེའི་ཚེ་ལྷག་མ་ཡིད་ལ་མི་བྱེད་པས་དེའི་ཚེ་ལྷག་མ་རྣམས་དོན་དུ་རང་མཚན་པའི་བདེ་བའི་རྒྱུར་དོན་མེད་པ་ཉིད་དེ། བཅུ་གསུམ་པོ་ངོ་བོ་ཉིད་ཀྱིས་བདེ་བའི་རྒྱུ་ཡིན་ན། ལོངས་མ་སྤྱད་ཅིང་མ་དྲན་པའི་ཚེ་ཡང་། བདེ་བ་སྐྱེ་བར་རིགས་ན། དེ་མེད་པའི་ཕྱིར་དང་ཡུལ་གཅིག་ལ་ལོངས་སྤྱོད་པའི་ཚེ་ལྷག་མ་རྣམས་ལ་ལོངས་སྤྱོད་པ་མེད་པའི་ཕྱིར། དེ་དག་ཡོད་པ་ཙམ་གྱིས་བདེ་བའི་རྒྱུར་མི་རིགས་སོ། །

ན༢ ལུས་ཀྱི་བདེ་བ་རང་མཚན་པའི་སྒྲུབ་བྱེད་དགག་པ།

པ༡ ཡུལ་ལྔ་བསྡུས་པ་དེའི་སྒྲུབ་བྱེད་ཡིན་པ་དགག་པ།

གཉིས་པ་ལ་གཉིས། ཡུལ་ལྔ་བསྡུས་པ་དེའི་སྒྲུབ་བྱེད་ཡིན་པ་དགག་པ་དང་། རེ་རེ་སྒྲུབ་བྱེད་ཡིན་པ་དགག་པའོ། །དང་པོ་ནི། ཡུལ་ལྔའི་བདེ་བ་དུས་གཅིག་ཏུ་

མྱོང་སྟེ། ཟློས་གར་མཁན་གྱི་གཟུགས་དང་གླིང་བུའི་སྒྲ་དང་། ཨ་ག་རུའི་དྲི་དང་། སྦྲང་རྩིའི་རོ་དང་། གོས་(༥༥ན)རེག་བྱ་དབང་པོ་ལྔས་ཉམས་སུ་མྱོང་ངོ་ཞེ་ན། མིག་ལ་སོགས་པའི་དབང་པོ་ལྔས་ཡུལ་ལྔ་འཛིན་པའི་ཚེ་དེའི་བདེ་བ་ལྔ་དུས་གཅིག་ཏུ་མེད་དེ། གང་གི་ཕྱིར་ན། རྟོག་པས་མ་བཟུང་ན་བདེ་བར་མི་ཤེས་པ་གང་ཞིག །ཡུལ་ལྔ་དང་བདེ་བ་ལྔ་ལ་དུས་གཅིག་ཏུ་རྟོག་པར་མི་བྱེད་པ་དེའི་ཕྱིར་གང་གི་ཚེ་གཟུགས་ལ་སོགས་པ་ཡུལ་ནི་གང་དང་གང་དབང་པོ་གང་གིས་ཤེས་པར་གྱུར་པ་དེའི་ཚེ་དབང་པོ་ལྷག་མས་ཡུལ་ལྷག་མ་འཛིན་པ་དང་དེ་ལ་སྐྱེས་པའི་བདེ་བ་མེད་དེ། གང་གི་ཕྱིར་ན་དེའི་ཚེ་ཡུལ་ལྷག་མ་རྣམས་བདེ་བའི་དོན་དུ་མེད་པ་ཉིད་ཀྱི་ཕྱིར་རོ། །དེར་ཐལ་དབང་པོ་ཡིས་ནི་ཡུལ་དམིགས་པར་གྱུར་པ་རང་དུས་ན་འདས་པའི་ཡུལ་གྱི་རྣམ་པ་ལ་ཡིད་ཀྱིས་དམིགས་ནས་རྟོག་པ་ན་བདེའོ་སྙམ་དུ་རློམ་པར་བྱེད་པ་ཡིན་ལ་རྒྱུད་གཅིག་ལ་རྟོག་པ་དུ་མ་ཅིག་ཅར་མི་སྐྱེ་བའི་ཕྱིར་རོ། །

ཕ༢ རེ་རེ་སྒྲུབ་བྱེད་ཡིན་པ་དགག་པ།

བ༡ དངོས།

གཉིས་པ་ལ་གཉིས། དངོས་དང་། སྒྲུབ་བྱེད་དགག་པའོ། །དང་པོ་(དངོས་)ནི། འཇིག་རྟེན་འདི་ནི་མིག་ལྟ་བུའི་དབང་པོ་གཅིག་གིས་ནི་གཟུགས་ལྟ་བུའི་དོན་གཅིག་ཤེས་པ་གང་ཡིན་པ་དེ་ཡང་གཟུགས་ཀྱི་དོན་མེད་པར་མིག་དབང་གི་དོན་མེད་ལ་གཟུགས་ཀྱི་དོན་ཡང་མིག་དབང་དེ་མེད་པར་དོན་མེད་པས་ཕན་ཚུན་ལྟོས་པའི་ཕྱིར། ངོ་བོ་ཉིད་ཀྱིས་མེད་ན་དེ་མེད་པས་ལུས་ཀྱི་བདེ་བ་རང་མཚན་པ་མེད་དོ། །

ཕ༢ སྐྱབ་བྱེད་དགག་པ།

བ༡ རྣམ་ཤེས་རང་བཞིན་གྱིས་གྲུབ་པ་དགག་པ།

གཉིས་པ་ལ་གསུམ། རྣམ་ཤེས་རང་བཞིན་གྱིས་གྲུབ་པ་དགག་པ་དང་། ཡུལ་རང་བཞིན་གྱིས་གྲུབ་པ་དགག་པ་དང་། དབང་པོ་རང་བཞིན་གྱིས་གྲུབ་པ་དགག་པའོ། །དང་པོ་ནི། ཡུལ་དང་དབང་པོ་རང་གི་ངོ་བོ་ཉིད་ཡོད་དེ། དེའི་འབྲས་བུ་རྣམ་(༥༥བ)ཤེས་ཡོད་པའི་ཕྱིར་རོ་ཞེ་ན། ཇི་ལྟར་ཕ་དང་མ་དག་ལ་བརྟེན་ནས་བུ་ནི་འབྱུང་བར་བཤད་པ་དེ་བཞིན་དུ་མིག་དང་གཟུགས་ལ་བརྟེན་ནས་རྣམ་པར་ཤེས་པ་འབྱུང་བར་བཤད་པས་རྣམ་པར་ཤེས་པ་རང་བཞིན་གྱིས་མེད་དེ། མིག་དང་གཟུགས་ལ་ལྟོས་པའི་ཕྱིར་རོ། །དཔེར་ན་ཕ་མ་དང་བུ་བཞིན་ཞེས་པའི་རྟེན་འབྲེལ་གྱི་གཏན་ཚིགས་སོ། །ཚིགས་བཅད་འདི་སློབ་དཔོན་ཟླ་བ་གྲགས་པས་ཚིག་གསལ་དུ་དྲངས་པ་ལ་སྒྲོན་གསལ་གྱི་བཤད་པ་བྱེད་པ་མང་པོ་དག་རྩ་ཤེའི་རྩ་ཚིག་ཏུ་འཁྲུལ་འདུག་པས། དེ་ལྟ་ན་རྩ་ཤེའི་ཚིགས་བཅད་བཞི་བརྒྱ་དང་ཞེ་དགུར། རྒྱ་གར་མཁས་པ་ཁ་ཅིག་གིས་མཛད་པ་དང་ཡང་འགལ་བའི་ཕྱིར་རོ། །

བ༢ ཡུལ་རང་བཞིན་གྱིས་གྲུབ་པ་དགག་པ།

གཉིས་པ་ནི། རྣམ་ཤེས་རང་བཞིན་གྱིས་ཡོད་དེ་དེའི་ཡུལ་ཡོད་པའི་ཕྱིར་རོ་ཞེ་ན། ཡུལ་ནི་འདས་པ་དང་མ་འོངས་པ་རྣམས་རྣམ་ཤེས་དང་བཅས་པ་འགགས་པ་དང་མ་ཐོབ་པའི་ཕྱིར། འདས་མ་འོངས་དེ་གཉིས་ལས་ནི་མ་འདས་པས་རང་བཞིན་གྱིས་མེད་པ་ད་ལྟར་བ་འདི་འདས་མ་འོངས་ཀྱི་དུས་ན་མེད་ན་དེ་གཉིས་ལ་མི་ལྟོས་པར་ཐལ། ལྟོས་པའི་ཕྱིར། དེ་གཉིས་ཀྱི་དུས་ན་ཡོད་པར་ཐལ། འདོད་ན་ད་ལྟར་བ་འདས་མ་འོངས་གཉིས་ལས་ཐ་དད་དུ་གྲུབ་པ་མེད་པའི་ཕྱིར་དབང་པོར་བཅས་པ་

དོན་མེད་ལ་གང་ད་ལྟའི་ཡང་དོན་མེད་པས་རྣམ་ཤེས་རང་བཞིན་གྱིས་གྲུབ་པ་མེད་དོ། །རྣམ་ཤེས་ད་ལྟར་བ་ཡུལ་ད་ལྟར་བ་འཛིན་པས་དབང་པོ་དང་དོན་གཉིས་རང་བཞིན་གྱིས་ཡོད་ཅེ་ན། ཇི་ལྟར་མིག་ནི་འཁྲུལ་བ་ཡིས་མགལ་མེའི་འཁོར་ལོ་འཛིན་པར་བྱེད་པ་དེ་བཞིན་དབང་པོ་རྣམས་ཀྱིས་ནི་ད་ལྟའི་ཡུལ་དག་འཛིན་པར་བྱེད་པ་ཡིན་གྱི། དབང་པོ་དང་ཡུལ་དང་རྣམ་པར་ཤེས་པ་གང་ཡང་རང་(༥༨ན)བཞིན་གྱིས་གྲུབ་པ་མེད་དེ། བློ་འཁྲུལ་བ་ལ་སྣང་བ་ཙམ་དུ་ཟད་པའི་ཕྱིར་རོ། །

བ༣ དབང་པོ་རང་བཞིན་གྱིས་གྲུབ་པ་དགག་པ།

མ༡ འབྱུང་བ་རང་བཞིན་གྱིས་གྲུབ་པ་བཀག་པས་དབང་དོན་རང་བཞིན་གྱིས་གྲུབ་པ་དགག་པ།

གསུམ་པ་ལ་གསུམ། འབྱུང་བ་རང་བཞིན་གྱིས་གྲུབ་པ་བཀག་པས་དབང་དོན་རང་བཞིན་གྱིས་གྲུབ་པ་དགག་པ་དང་། འབྱུང་བ་རང་བཞིན་གྱིས་གྲུབ་པ་དགག་པ་དང་། དེས་ན་གཟུགས་རང་བཞིན་གྱིས་མ་གྲུབ་པའོ། །དང་པོ་ནི། དབང་དོན་རང་བཞིན་གྱིས་ཡོད་དེ། དེའི་རྒྱུ་འབྱུང་བ་ཡོད་པའི་ཕྱིར་ཅེ་ན། དབང་དོན་འདི་དག་དོན་དུ་སྐྱེ་རང་བཞིན་གྱིས་དོན་མེད་དོ། །དབང་པོ་རྣམས་དང་དབང་དོན་རྣམས་འབྱུང་བ་རྣམས་ཀྱི་འབྲས་བུའི་རང་བཞིན་དུ་འདོད་ན་འབྱུང་བ་བཞི་འདུས་པ་དང་སོ་སོར་རང་བཞིན་གྱིས་གྲུབ་པའི་དོན་མེད་པས་སོ། །

མ༢ འབྱུང་བ་རང་བཞིན་གྱིས་གྲུབ་པ་དགག་པ།

གཉིས་པ་ནི། འབྱུང་རྣམས་སོ་སོར་ལྟོས་མེད་དུ་ཐ་དད་པར་ཡོད་ན་བུད་ཤིང་མེད་པའི་མེར་ཐལ་བར་འགྱུར་ལ། འདུས་ན་སོ་སོའི་མཚན་ཉིད་རང་བཞིན་གྱིས་མེད་པར་འགྱུར་ཏེ། ལྟོས་པའི་ཕྱིར་རོ། །འབྱུང་བ་ལྷག་མ་གསུམ་ལ་ཡང་ཉེས་

པ་དེ་ལྟར་ངེས་སོ། །

མ༽ དེས་ན་གཟུགས་རང་བཞིན་གྱིས་མ་གྲུབ་པ།

གསུམ་པ་ནི། དེ་ལྟར་འབྱུང་བ་རྣམས་སོ་སོ་དང་འདུས་པ་རྣམ་པ་གཉིས་སུའང་རང་བཞིན་གྱིས་གྲུབ་པའི་དོན་མེད་པས་ན་འདུས་པ་ཉིད་ཀྱང་རང་བཞིན་གྱིས་གྲུབ་པའི་དོན་མེད་དོ། །འདུས་པ་དོན་མེད་ཉིད་ཀྱི་ཕྱིར་གཟུགས་ཀྱང་དོན་དུ་སྟེ་རང་བཞིན་གྱིས་གྲུབ་པའི་དོན་མེད་དོ། །དེ་མེད་པས་ལུས་ཀྱི་བདེ་བ་རང་མཚན་པའི་རྒྱུ་ཡང་མེད་དོ། །

ང༽ ངོ་བོ་དགག་པ།

གཉིས་པ་བདེ་བ་རང་མཚན་པའི་ངོ་བོ་དགག་པ་ནི། ཚོར་བ་རྣམ་ཤེས་དང་འདུ་ཤེས་དང་འདུ་བྱེད་དང་ལྷན་ཅིག་ཏུ་འབྱུང་བས་རང་བཞིན་གྱིས་ཡོད་དོ་ཞེ་ན། བདེ་བའི་ཚོར་བ་དམ་པའི་དོན་དུ་རང་བཞིན་གྱིས་གྲུབ་པའི་དོན་མེད་དོ། །རྣམ་ཤེས་ཀྱི་ཕུང་པོ་དང་། (༥༨བ)ཚོར་བ་དང་འདུ་ཤེས་དང་འདུ་བྱེད་རྣམས་ཀྱང་ཐམས་ཅད་དུ་འདུས་པ་རང་བཞིན་གྱིས་མ་གྲུབ་ཅིང་སོ་སོར་ཡང་བདག་ཉིད་ཀྱིས་གྲུབ་པའི་དོན་མེད་པའི་ཕྱིར་རོ། །

ཏ༽ སྡུག་བསྔལ་རང་བཞིན་གྱིས་གྲུབ་པ་དགག་པ།

གཉིས་པ་སྡུག་བསྔལ་རང་བཞིན་གྱིས་གྲུབ་པ་དགག་པ་ནི། ཐྲད་པར་སྲིད་པའི་ཡུལ་བདེ་བ་རང་མཚན་པ་ངོ་བོ་དང་སྐྱབ་བྱེད་དང་བཅས་པ་བཀག་ནས་འབྲལ་བར་སྲིད་པའི་ཡུལ་སྡུག་བསྔལ་རང་བཞིན་གྱིས་གྲུབ་པ་འགོག་པ་ཡིན་ནོ། །ཇི་ལྟར་སྡུག་བསྔལ་ཕྱིར་བཅོས་ཚོར་བ་སྡུག་བསྔལ་ཅུང་ཟད་ཤུགས་ཆུང་བའི་གནས་སྐབས་

ལ་དོན་དུ་སྡེ་རང་མཚན་པའི་བདེ་བ་རང་རྒྱུད་བྱེད་པ་དེ་བཞིན་དུ་བདེ་བ་འཇོམས་ཤིང་མངོན་གྱུར་ཙུང་ཟད་ཀྱང་མེད་པ་འབྱུང་བ་ལ་རང་བཞིན་གྱིས་གྲུབ་པའི་སྡུག་བསྔལ་དུ་ཡང་ང་རྒྱུད་བྱེད་པར་ཟད་ཀྱི་རང་བཞིན་གྱིས་གྲུབ་པའི་སྡུག་བསྔལ་ཙུང་ཟད་ཀྱང་མེད་དེ། བསྙོས་ཆོས་ཙམ་དུ་ཟད་པའི་ཕྱིར་རོ། །

ད༣ བཀག་པའི་འབྲས་བུ།

ཐ༡ སྟོང་ཉིད་རྟོགས་པས་གྲོལ་བར་བསྟན་པ།

གསུམ་པ་བཀག་པའི་འབྲས་བུ་ལ་གཉིས། སྟོང་ཉིད་རྟོགས་པས་གྲོལ་བར་བསྟན་པ་དང་། སྟོང་ཉིད་རྟོགས་པའི་ཡུལ་ཅན་གྱི་བློ་ངོས་གཟུང་བའོ། །དང་པོ་ནི། སྔར་བཤད་པ་དེ་ལྟར་སྲིད་པ་ཡུལ་དང་བཅས་པ་ངོ་བོ་ཉིད་ཀྱིས་གྲུབ་པ་མེད་པའི་ཕྱིར་རང་བཞིན་གྱིས་སྟོང་པའི་དོན་གོམས་པར་བྱས་པ་ལས་ཚོར་བ་བདེ་བ་དང་བཅས་པའི་སྲིད་པ་དང་སྡུག་བསྔལ་བྲལ་བའི་སྲིད་པ་སྤོང་ལ། སྲིད་པ་སྤངས་པས་ལས་མི་གསོག་ཅིང་འཁོར་བ་ལས་གྲོལ་བར་འགྱུར་བ་དེའི་ཕྱིར། དེ་ལྟར་རྟེན་འབྱུང་སྤྲོས་པའི་མཐའ་ཐམས་ཅད་དང་བྲལ་བ་མཐོང་བ་ལས་གྲོལ་བར་འགྱུར་བས། སྟོང་ཉིད་ཀྱི་དོན་རྟོགས་པ་ལ་འབད་པར་བྱའོ། །

ཐ༢ སྟོང་ཉིད་རྟོགས་པའི་ཡུལ་ཅན་གྱི་བློ་ངོས་གཟུང་བ།

གཉིས་པ་ནི། འགའ་ཡང་མཐོང་བ་མེད་པ་དེ་ཁོ་ན་ཉིད་མཐོང་བའོ། །ཞེས་བཏགས་ནས་བཞག་པ་ཙམ་མ་ཡིན་ནམ། ཅིའི་ཕྱིར་དེ་ཁོ་ན་ཉིད་མཐོང་ཞེས་(༥༧ན) བརྗོད་ཅེ་ན། འཕགས་པའི་མཉམ་བཞག་ན་སྟོང་ཉིད་རྟོགས་པའི་ཡེ་ཤེས་འདུས་བྱས་ཀྱིས་བསྡུས་པ་ཡང་ལྡོག་པར་སྨྲ་བ་ནི། མ་རིག་པ་ལོག་པས་རིག་པ་ཙམ་ཡང་ལྡོག་པར་སྨྲ་བ་ཕྱིན་ཅི་ལོག་གི་ལུགས་དང་། མུ་སྟེགས་སྤྱོད་པ་པ་དྲི་མ་ཟད་ན་སེམས་ཀྱང་

ཟད་པར་འདོད་པ་ལྟར། སྐུར་འདེབས་ཆེན་པོར་ཤེས་པར་བྱའོ། །གཉིས་པ་ནི། འོ་ན་གང་གི་མཐོང་བར་འགྱུར་ཞེ་ན་དོན་དམ་པའི་བདེན་པ་མཐོང་བའི་སེམས་ཀྱང་དོན་དམ་པའི་བདེན་པར་འགྱུར་བ་མིན་གྱི་ཐ་སྙད་དུ་ནི། དོན་དམ་པའི་བདེན་པ་ལ་གཉིས་སྣང་ནུབ་པའི་ཚུལ་གྱིས་མཉམ་པར་བཞག་པའི་བློ་སྐད་ཅིག་གིས་སྒྲོ་འགག་བྱེད་པ་དེས་དོན་དམ་པའི་བདེན་པ་མཐོང་བར་བརྗོད་པ་སྟེ། དེ་ཡང་ལྟོས་ནས་བཞག་པ་ཙམ་ཡིན་གྱི་རང་བཞིན་གྱིས་གྲུབ་པ་མེད་དེ། སེམས་བྱུང་མེད་པར་སེམས་མི་འབྱུང་ཞིང་སེམས་མེད་པར་ཡང་སེམས་བྱུང་མི་འབྱུང་བས། རང་བཞིན་གྱིས་གྲུབ་པའི་དོན་མེད་ལ་སེམས་ཉིད་ཀྱིས་སེམས་མཐོང་བ་མིན་ཏེ། སོར་མོའི་རྩེ་མོ་རང་གིས་རང་ལ་མི་རེག་པའི་ཕྱིར་དང་། སེམས་གཉིས། ལྷན་ཅིག་ཏུ་འབྱུང་བའང་མི་འདོད་དོ། །

༡༢ ཐེག་པ་ཆེ་ཆུང་གཉིས་ཀས་སྟོང་ཉིད་ཕྲ་མོ་རྟོགས་པ་མཚུངས་པར་བསྟན་པ།

ད༡ ཐར་པ་ཙམ་ཐོབ་པ་ལ་སྟོང་ཉིད་ཕྲ་མོ་རྟོགས་དགོས་པ།

གཉིས་པ་ཐེག་པ་ཆེ་ཆུང་གཉིས་ཀའི་གང་ཟག་གིས་སྟོང་ཉིད་ཕྲ་མོ་རྟོགས་པ་མཚུངས་པར་བསྟན་པ་ལ་གཉིས། ཐར་པ་ཙམ་ཐོབ་པ་ལ་སྟོང་ཉིད་ཕྲ་མོ་རྟོགས་དགོས་པ་དང་། ཐེག་པ་ཆེ་ཆུང་གི་ཁྱད་པར་རོ། །དང་པོ་ནི། དེ་ལྟར་ཡང་དག་པ་ཇི་ལྟ་བ་བཞིན་དུ་འགྲོ་བ་རང་བཞིན་གྱིས་གྲུབ་པའི་དོན་མེད་པར་ཤེས་ནས་ནི་རྒྱུ་མེད་པའི་མེ་བཞིན་དུ་སྲིད་པར་སྐྱེ་བའི་རྒྱུ་མེད་པའི་ཕྱིར། ཡང་སྲིད་པར་སྐྱེ་བའི་གནས་མེད་པས་ཡང་སྲིད་ལེན་(༥༧བ)པ་མེད་པར་མྱ་ངན་ལས་འདས་པ་འཐོབ་པར་འགྱུར་བ་ཡིན་ནོ། །

གཞུང་འདི་དག་གིས་ནི། ཉན་རང་ལ་ཡང་སྟོང་ཉིད་ཕྲ་མོ་རྟོགས་པ་ཡོད་པ་

གསལ་བར་བསྟན་ལ། མདོ་ལས་ཉན་ཐོས་ཀྱི་ས་ལ་སློབ་པར་འདོད་པས་ཀྱང་ཞེས་སོགས་དང་། གང་དག་བདེ་གཤེགས་ཉན་ཐོས་འགྱུར་བར་བྱ་སྙམ་ན། ཞེས་སོགས་དང་། ཐེག་པ་དམན་པའི་སྡེ་སྣོད་ལས། གཟུགས་ནི་དབུ་བ་རྡོལ་པ་འདྲ། །ཞེས་སོགས་མདོ་ཡིས་བསྟན་པ་ཡིན་ནོ། །

ང༽ ཐེག་པ་ཆེ་ཆུང་གི་ཁྱད་པར།

གཉིས་པ་ནི། དེ་ནི་ཐེག་པ་ཆེན་པོའི་མྱང་འདས་ཀྱི་དབང་དུ་བྱས་པའོ་ཞེ་ན། མིན་ཏེ། དེ་ལྟར་བྱང་ཆུབ་སེམས་དཔས་ཀྱང་སྐྱེ་ཉན་ཐོས་སུ་མ་ཟད་ཅེས་པའོ། །སྟོང་ཉིད་མཐོང་ནས་རྫོགས་པའི་བྱང་ཆུབ་ངེས་པར་ཐོབ་པར་འདོད་པའོ། །འོ་ན་ཐེག་པ་ཆེ་ཆུང་ཁྱད་པར་ཅི་ཞིག་ཡོད་ཅིང་བྱང་ཆུབ་སེམས་དཔའ་ཡང་འཁོར་བར་གནས་པའི་རྒྱུ་མེད་པར་འགྱུར་རོ་ཞེ་ན། སྐྱོན་མེད་དེ། བྱང་ཆུབ་སེམས་དཔའ་དེ་ནི་སྙིང་རྗེ་འབའ་ཞིག་གིས་བྱང་ཆུབ་མ་ཐོབ་ཀྱི་བར་དུ་སྲིད་པར་ཉིང་མཚམས་སྦྱོར་བ་ཡིན་གྱི། ལས་དང་སྲིད་པའི་དབང་གིས་སྐྱེ་བ་ལེན་པ་མིན་ནོ། །

ཇ༽ ཐེག་ཆེན་གྱི་སྡེ་སྣོད་སྤོང་བ་དགག་པ།

༡༽ རྒྱས་པར་བཤད་པ།

གཉིས་པ་ཐེག་ཆེན་གྱི་སྡེ་སྣོད་སྤོང་བ་དགག་པ་ལ་གཉིས། རྒྱས་པར་བཤད་པ་དང་། དོན་བསྡུ་བའོ། །དང་པོ་ལ་བཞི། ཐེག་ཆེན་གྱི་སྡེ་སྣོད་སྤོང་བ་མི་རིགས་པའི་རྒྱུ་མཚན་དང་། ཐེག་ཆེན་གྱི་སྡེ་སྣོད་བཀར་སྐྱབ་པ་དང་། ཐེག་དམན་གྱི་སྡེ་སྣོད་ནས་བཤད་པ་ཐེག་པ་ཆེན་པོའི་ལམ་འབྲས་རྫོགས་པ་མིན་པ་དང་། ཐེག་པ་གསུམ་བསྟན་པའི་དགོས་པའོ། །

ཏ༡ ཐེག་ཆེན་གྱི་སྡེ་སྣོད་སྤོང་བ་མི་རིགས་པའི་རྒྱུ་མཚན།

ཐ༡ ཐེག་ཆེན་ལ་སྨོད་པའི་ཉེས་དམིགས།

ད༡ ཐེག་ཆེན་ལ་སྨོད་པའི་ཚུལ།

དང་པོ་ལ་གཉིས། ཐེག་ཆེན་ལ་སྨོད་པའི་ཉེས་དམིགས་དང་། དེས་ན་སྨད་པར་མི་རིགས་པའོ། །དང་པོ་ལ་གསུམ། ཐེག་ཆེན་ལ་སྨོད་པའི་ཚུལ་དང་། སྨོད་པའི་རྒྱུ་དང་། (༥༤ན)སྨོད་པའི་ཉེས་དམིགས་སོ། །དང་པོ་ནི། དེ་བཞིན་གཤེགས་པས་ཐེག་ཆེན་གྱི་སྡེ་སྣོད་ལས་བྱང་ཆུབ་སེམས་དཔའི་ཚོགས་གཉིས་རྒྱས་པར་བསྟན་ན་ཐེག་པ་ཆེན་པོའི་ལམ་འབྲས་རྫོགས་པ་དེ་ལ་ཀུན་ཏུ་སྨོད་པའི་ཉན་ཐོས་སྡེ་པ་རྣམས་རབ་ཏུ་སྡང་བས་སྨོངས་པར་བྱེད་དོ། །

ད༢ སྨོད་པའི་རྒྱུ།

གཉིས་པ་ནི། སྨོད་པའི་རྒྱུ་ནི་འདི་དག་ཡིན་ཏེ། བྱང་ཆུབ་སེམས་དཔའ་རང་གི་དོན་བཏང་ནས་གཞན་གྱི་དོན་འབའ་ཞིག་ལྷུར་ལེན་པའི་ཡོན་ཏན་དང་། རང་དོན་འབའ་ཞིག་ལྷུར་ལེན་ཅིང་གཞན་ལ་གནོད་པའི་སྐྱོན་དག་མི་ཤེས་པའི་ཡོན་ཏན་ལ་སྐྱོན་དུ་འདུ་ཤེས་པའི་ཡང་ན་ཡོན་ཏན་ལ་སྡང་བ་ཞིག་ཐེག་པ་ཆེ་ལ་སྨོད་བྱེད་བགྲང་རྒྱུ་གསུམ་པོ་དེ་དག་ལས་གཞན་མེད་པའི་ཕྱིར་རོ། །ཐེག་ཆེན་ལ་སྨོད་པ་ཡོན་ཏན་ལ་སྡང་བ་ཇི་ལྟར་ཡིན་ཞེ་ན། གཞན་ལ་གནོད་པ་སྐྱོན་དང་ནི་གཞན་ལ་ཕན་པ་ཡོན་ཏན་དུ་ཤེས་ནས་ཐེག་པ་ཆེ་ལ་སྨོད་པར་བྱེད་པ་ཡོན་ཏན་ལ་སྡང་ཞེས་བརྗོད་རིགས་ཏེ། ཐེག་པ་ཆེན་པོའི་སྡེ་སྣོད་ནས་གཞན་གྱི་སྐྱོན་འགོག་པ་དང་ཡོན་ཏན་སྒྲུབ་པའི་ཐབས་ཡོངས་སུ་རྫོགས་པ་བསྟན་གྱི་ཐེག་པ་དམན་པའི་སྡེ་སྣོད་ནས་ཆ་ཙམ་ལས་མ་བསྟན་པའི་ཕྱིར་རོ། །

ད༣ སྨོད་པའི་ཉེས་དམིགས།

གསུམ་པ་ནི། བྱང་ཆུབ་སེམས་དཔའ་རང་གི་དོན་མི་ལྟ་བའི་ཕྱིར་གཞན་དོན་ལ་རོ་གཅིག་ཏུ་དགའ་བ་གང་ཡིན་པའི་ཡོན་ཏན་གྱི་འབྱུང་གནས་བྱང་ཆུབ་སེམས་དཔས་ཉམས་སུ་བླང་བྱ་ཇོགས་པ་ཐེག་ཆེན་ཏེ་དེ་ལ་སྡང་བ་དེས་སྡང་བ་པོ་རང་ཉིད་ངན་འགྲོར་སྲེག་པར་འགྱུར་ཏེ། སྡིག་པའི་ཞུལ་དུ་བྱུང་བ་བསགས་པའི་ཕྱིར་རོ། །སྟོང་ཉིད་ལ་དད་པ་ཅན་བཟུང་ཉེས་པས་རྒྱུ་འབྲས་(༥༨༨བ)མེད་པའི་དོན་དུ་གོ་བ་དང་ཅིག་ཤོས་སྟོང་པ་ཉིད་ལ་སྡང་བའི་ཕྱིར་ཁྲིས་པ་ཡིས་སྟོང་པ་ཉིད་སྤོང་བར་བྱེད་པ་གཉིས་ལས། ལས་འབྲས་ཡོད་པ་མིན་པར་གོ་བའི་སྟོང་པ་ཉིད་ལ་དད་པ་ཅན་ཡང་ངན་འགྲོར་བསྲེགས་པར་མདོ་ལས་བཤད་ན་སྡང་བས་སྟོང་པ་ཉིད་ཤེས་རབ་ཀྱི་ཕ་རོལ་ཏུ་ཕྱིན་པའི་དོན་ལ་ཕྱིར་ཕྱོགས་པ་བསྲེགས་པ་སྨོས་ཅི་དགོས་ངེས་པར་བསྲེགས་པས་སོས་པ་མེད་དུ་ཟིན་ན་ཡང་སྟོང་པ་ཉིད་ཀྱི་དོན་ལ་སྐུར་བ་གདབ་པར་མི་བྱའོ། །

ཐ༢ དེས་ན་སྡང་བར་མི་རིགས་པ།

ད༡ སྡུག་བསྔལ་ཆུང་ངུས་ཀྱང་ཆེན་པོ་བསལ་རིགས་པ།

གཉིས་པ་ལ་ལྔ། སྡུག་བསྔལ་ཆུང་ངུས་ཀྱང་ཆེན་པོ་བསལ་རིགས་པ་དང་། ཐེག་ཆེན་གྱི་སྤྱོད་པ་ལ་སྡུག་བསྔལ་བ་ཅུང་ཟད་ཡོད་ཀྱང་གཏན་གྱི་སྡུག་བསྔལ་སེལ་བྱེད་དེ་ལ་སྡང་བར་མི་རིགས་པ་དང་། བདེ་བ་ཆེན་པོའི་དོན་དུ་འབད་རིགས་ཀྱི་ཆུང་ངུ་ལ་ཆགས་པར་མི་རིགས་པ་དང་། ཐེག་པ་ཆེན་པོ་ལ་དགའ་བར་རིགས་པ་དང་། དོན་བསྡུ་བའོ། །དང་པོ་ནི། ཁ་ཅིག་འདི་སྐད་དུ་ཐེག་པ་ཆེན་པོ་ལ་སྡང་བར་རིགས་ཏེ། མགོ་གཏོང་བ་ལ་སོགས་པའི་དཀའ་སྤྱད་ཆེན་པོ་མི་བཟོད་པའི་ཕྱིར་དང་། ཟབ་

མོ་རྟོགས་པར་དཀའ་བའི་ཕྱིར་རོ་ཞེ་ན། ཕྲལ་ལ་ན་ཚ་སྐྱེད་པའི་དུག་གིས་འཆི་བའི་སྡུག་བསྔལ་སྐྱེད་པའི་དུག་ནི་བསལ་བར་བྱ་བར་ཇི་ལྟར་སྨན་དཔྱད་ལས་བཤད་པ་བཞིན་དུ་ཚེ་འདིའི་ཆུང་ངུའི་སྡུག་བསྔལ་གྱིས་ཀྱང་མ་འོངས་པའི་མི་ཕན་པ་ཆེན་པོ་བསལ་བར་བགྱིས་པ་ཅི་ཞིག་འགལ་དེ་ལྟར་རིགས་པ་ཡོ་ནའོ། །

ད༢ ཐེག་ཆེན་གྱི་སྤྱོད་པ་ལ་སྡུག་བསྔལ་བ་ཅུང་ཟད་ཡོད་ཀྱང་གཏན་གྱི་སྡུག་བསྔལ་སེལ་བྱེད་དེ་ལ་སྤང་བར་མི་རིགས་པ།

གཉིས་པ་ནི། ཆོས་སྡུག་བསྔལ་གྱི་རྒྱུ་ཡིན་ཀྱང་སྤང་བར་མི་རིགས་ཏེ། སྡུག་བསྔལ་ཅུང་ཟད་ཀྱིས་གཞན་ལ་ཕན་པ་རྒྱ་ཆེན་པོ་སྒྲུབ་པའི་ཕྱིར་ཏེ། ཡིད་དགེ་བས་ཀུན་ནས་བསླངས་ནས་ལུས་ངག་གི་ལས་དགེ་བར་འགྱུར་ཞིང་། (༥་ན)ཆོས་རྣམས་སྔོན་དུ་ཡིད་འགྲོ་ཞིང་ཐེག་པ་ཆེན་པོའི་མདོ་ལས་ཡིད་ནི་གཙོ་བོ་ཞེས་གྲགས་པས་བྱང་ཆུབ་སེམས་དཔའི་དཀའ་སྤྱད་ཀྱི་སྡུག་བསྔལ་གྱིས་ཀྱང་གཞན་ལ་ཕན་པར་འདོད་ཡིད་ཀྱིས་ཕན་པར་བྱས་པ་ཅིས་མི་ཕན་པར་འགྱུར་ཏེ། གཏར་བ་དང་སྲེག་པ་ལ་སོགས་པ་ད་ལྟ་མི་བདེའང་ཕྱིས་རྗེས་སུ་ཕན་པར་འགྱུར་བ་བྱ་རིགས་ན་བདག་དང་གཞན་དག་ལ་བདེ་བ་དང་། ཕན་པ་རྒྱ་ཆེན་པོའི་རྒྱུར་འགྱུར་བའི་ད་ལྟའི་སྡུག་བསྔལ་བ་ཅུང་ཟད་ཉམས་སུ་ལེན་པར་རིགས་པ་ལྟ་ཅི་ཞིག་སྨོས་ཏེ་ཆོས་འདི་དུས་གསུམ་གྱི་སངས་རྒྱས་ཀྱི་གནས་ལུགས་ཡིན་ནོ། །ཡང་ན་བཟང་པོའི་ལུགས་ཡིན་ཞེས་པའོ། །

ད༣ བདེ་བ་ཆེན་པོའི་དོན་དུ་འབད་རིགས་ཀྱི་ཆུང་ངུ་ལ་ཆགས་པར་མི་རིགས་པ།

གསུམ་པ་ནི། གལ་ཏེ་བདེ་བ་ཆུང་ངུ་ཡོངས་སུ་བཏང་བས་བདེ་བ་རྒྱ་ཆེན་པོ་མཐོང་བར་འགྱུར་ན་བྱང་ཆུབ་སེམས་དཔའ་བརྟན་པས་བདེ་བ་སྤངས་ཤིང་རྒྱ་

ཆེ་བ་རང་དང་གཞན་གྱི་རྒྱུད་ལ་ཐར་པའི་བདེ་བ་འབྱུང་བ་གཟིགས་ལ་བདེ་བ་ཆུང་ངུ་མགོ་ཡོད་པའི་བདེ་བ་ཙམ་གཏོང་བར་མཛོད་ཅིག །གལ་ཏེ་བདེ་བ་ཆེན་པོའི་དོན་དུ་བདེ་བ་ཆུང་ངུ་དེ་ཡང་མ་བཟོད་ན་དེས་ནི་ནད་ཞི་བའི་དོན་དུ་སྨན་པ་དག་གིས་ནི་མི་ཞིམ་པའི་སྨན་སོགས་སྦྱིན་པར་བྱེད་པ་ཙུང་བར་གྱུར་ན་དེ་ནི་སྲང་བ་རིགས་པ་མ་ཡིན་པས་ཆུང་ངུའི་དོན་དུ་ཆེ་མི་གཏང་ཞེས་གསུངས་པ་ལྟར་བྱའོ། །གཞན་ཡང་སེམས་ཅན་དམན་པའི་ངོར་གནོད་པར་འགྱུར་བ་གང་ཡིན་པ་དེ་བྱང་ཆུབ་སེམས་དཔའི་སྤྱོད་པ་བྱེད་པའི་དུས་སུ་ལ་ལར་མཁས་པས་ཕན་པར་མཐོང་བས་སྡུག་བསྔལ་ཅུང་ཟད་ཙམ་གྱི་དོན་དུ་བདེ་(ཡ་བ)བ་ཆེན་པོ་ཉམས་པར་མི་བྱའོ། །འོ་ན་སྡུག་བསྔལ་གྱི་རང་བཞིན་ཡིན་པས་ཐམས་ཅད་དུ་ཡང་སྤང་བར་བྱའོ། །ཞེས་གསུངས་པའི་ལུང་དང་འགལ་ལོ་ཞེ་ན། སྤྱིར་བཏང་ལ་དེ་ལྟ་ཡིན་མོད་ཀྱི་དམིགས་ཀྱིས་བསལ་ན་བྱང་ཆུབ་སེམས་དཔའ་འཁོར་བར་གནས་པ་རང་གཞན་ཀུན་ལ་བདེ་བའི་རྒྱུ་འབའ་ཞིག་ཡིན་ནོ། །སྤྱིར་བཏང་བ་དང་དམིགས་ཀྱིས་བསལ་བའི་གནད་བཀག་དག་བསྟན་བཅོས་ནི་ཀུན་ལ་བརྟགས་པས་སྤྱིར་བཏང་དམིགས་བསལ་གྱི་དོན་ལ་མཁས་པར་བྱའོ། །

༤༽ ཐེག་པ་ཆེན་པོ་ལ་དགའ་བར་རིགས་པ།

བཞི་པ་ནི། ཐེག་པ་ཆེན་པོའི་སྡེ་སྣོད་གང་ཞིག་ལས་སེམས་ཅན་ཐམས་ཅད་སྡུག་བསྔལ་དང་འབྲལ་འདོད་ཀྱི་སྙིང་རྗེ་སྟོན་དུ་བཏང་བའི་བྱང་ཆུབ་སེམས་དཔའི་སྤྱོད་པ་ཡོངས་སུ་རྫོགས་པ་ཀུན་དང་། སྟོང་ཉིད་རྟོགས་པའི་ཡེ་ཤེས་དྲི་མ་མེད་པ་རྫོགས་པར་བཤད་པ་ལས་སེམས་ཡོད་ཤེས་རབ་ཅན་སུ་ཞིག་དེ་ལ་སྨད་སྨོད་པར་མི་རིགས་ཏེ། བླ་ན་མེད་པའི་བྱང་ཆུབ་ཐོབ་པའི་ཐབས་རྫོགས་པར་དེ་ལས་བསྟན་གྱི་ཐེག་པ་དམན་པའི་སྡེ་སྣོད་ལས་མ་བསྟན་པའི་ཕྱིར།

ད༥ ནོན་བསྡུ་བ།

ལྔ་པ་ནི། བྱང་ཆུབ་སེམས་དཔའི་སྤྱོད་པ་ཤིན་ཏུ་རྒྱ་ཆེན་པོ་དང་གནས་ལུགས་ཀྱི་དོན་རབ་ཏུ་ཟབ་མོ་ལ་ཐོས་པ་ཙམ་གྱིས་སྐྲག་ནས་སྐྱིད་ལུག་ཅིང་བདག་ཉིད་སྟོན་ཡང་ཐེག་པ་ཆེན་པོའི་སྡེ་སྣོད་ལ་མ་སྦྱངས་པས་སྐྱུར་བ་འདེབས་པར་བྱེད་པ་ནི། བདག་དང་གཞན་གྱི་དགྲ་ཕུལ་དུ་བྱུང་བ་ཡིན་ལ། དེ་ལྟ་བུའི་དགྲ་རྣམས་སྤོངས་པ་ཡིས་ད་ལྟ་འདི་ན་ཐེག་པ་ཆེན་པོ་ལ་སྨོད་པར་བྱེད་དོ། །

ཏ༢ ཐེག་ཆེན་གྱི་སྡེ་སྣོད་བཀར་སྒྲུབ་པ།

ཐ༡ ཕར་ཕྱིན་གྱི་སྤྱོད་པ་བསྟན་པ།

ད༡ ཐེག་ཆེན་གྱི་སྡེ་སྣོད་ལ་ཉེས་བཤད་ཙང་ཟད་ཀྱང་མེད་པ།

གཉིས་པ་ཐེག་པ་ཆེན་པོའི་སྡེ་སྣོད་བཀར་བསྒྲུབ་པ་ལ་གསུམ། ཕར་ཕྱིན་གྱི་སྤྱོད་པ་བསྟན་པ་དང་། བྱང་ཆུབ་ཆེན་པོའི་ལམ་རྫོགས་པ་(༨༠ན)དེ་ལས་ཤེས་དགོས་པ་དང་། སངས་རྒྱས་ཀྱི་ཆེ་བའི་བདག་ཉིད་དེ་ལས་རྫོགས་པར་ཤེས་དགོས་པས་བཀར་བསྒྲུབ་པའོ། །དང་པོ་ལ་གསུམ། ཐེག་ཆེན་གྱི་སྡེ་སྣོད་ལ་ཉེས་བཤད་ཙུང་ཟད་ཀྱང་མེད་པ་དང་། ཐེག་པ་ཆེན་པོའི་དོན་དེ་ལས་བསྟན་པ་དང་། དེས་ན་སྡེ་སྣོད་དེ་ཉིད་བཀར་གྲུབ་པའོ། །དང་པོ་ནི། ཐེག་ཆེན་གྱི་སྡེ་སྣོད་འདི་ལ་ཉེས་བཤད་ཀྱི་ཚིག་ཅི་ཞིག་ཡོད་ཙུང་ཟད་ཀྱང་མེད་པར་ཐལ། སྦྱིན་དང་ཚུལ་ཁྲིམས་བཟོད་བརྩོན་འགྲུས་བསམ་གཏན་ཤེས་རབ་སྟེ་སྤྱོད་པ་ཕར་ཕྱིན་དྲུག་དང་། སྤྱོད་པའི་རྟེན་སེམས་བསྐྱེད་དང་། དེའི་རྒྱུ་སྙིང་རྗེའི་བདག་ཉིད་རྣམས་ཐེག་པ་ཆེན་པོ་ཡིན་ལ། དེ་རྫོགས་པར་ཐེག་པ་ཆེན་པོའི་སྡེ་སྣོད་ལས་སངས་རྒྱས་ཀྱིས་གསུངས་པའི་ཕྱིར་རོ། །

ད༢ ཐེག་པ་ཆེན་པོའི་དོན་དེ་ལས་བསྟན་པ།

གཉིས་པ་ནི། ལག་རྗེས་སོ་སོའི་དབང་དུ་བྱས་ནས་ཚུལ་ཁྲིམས་དང་། སྦྱིན་པས་མངོན་མཐོའི་ལུས་དང་ལོངས་སྤྱོད་གྲུབ་པས། གནས་སྐབས་གཞན་གྱི་དོན་དང་བརྩོན་འགྲུས་དང་བཟོད་པས་གནས་སྐབས་ལ་ལྟོས་ནས་བདག་ཉིད་ཀྱི་དོན་གྲུབ་པ་དང་བསམ་གཏན་དང་ཤེས་རབ་གཉིས་ཀྱིས་ཆོས་ཡང་དག་པར་བསྡུ་བའི་མདོ་ལས། སེམས་མཉམ་པར་བཞག་ན་ཡང་དག་པ་ཇི་ལྟ་བ་བཞིན་དུ་ཤེས་པར་འགྱུར་རོ། །ཞེས་གསུངས་པ་ལྟར། ཐར་པའི་རྒྱུ་ཡིན་པས་ཕར་ཕྱིན་དྲུག་པོ་དེ་ནི་ཐེག་པ་ཆེན་པོའི་སྡེ་སྣོད་ཀྱི་དོན་ནི་བསྡུས་པ་ཡིན་ལ། དེའི་དོན་བཟུང་ན་ཐེག་པ་ཆེན་པོའི་དོན་བཟུང་བ་དང་། དེ་སྟོན་པའི་ཚིག་བཟུང་ན་ཐེག་ཆེན་གྱི་ཚིག་བཟུང་བར་འགྱུར་བའོ། །

ད༣ ངེས་ན་སྡེ་སྣོད་དེ་ཉིད་བཀར་གྲུབ་པ།

གསུམ་པ་ནི། བདག་དང་གཞན་ལ་ཕན་པའི་རྒྱུ་གནས་སྐབས་དང་། ཐར་པའི་(༤༠བ)དོན་མདོར་བསྡུས་ནས་ཐེག་པ་དམན་པའི་སྡེ་སྣོད་ལས་སངས་རྒྱས་ཀྱི་བསྔན་པ་དེ་དག་ནི་ཐེག་པ་ཆེན་པོའི་སྡེ་སྣོད་ལས་གསུངས་པའི་ཕ་རོལ་ཏུ་ཕྱིན་པ་དྲུག་གི་ཁོངས་ན་ལྷག་དང་བཅས་པ་འདུས་ནས་ཡོད་པ་དེ་བས་ན་ཐེག་པ་ཆེན་པོའི་སྡེ་སྣོད་འདི་ནི་སངས་རྒྱས་ཀྱི་བཀའ་ཡིན་པར་ངེས་པར་འདོད་པར་བྱའོ། །

ཐ༢ བྱང་ཆུབ་ཆེན་པོའི་ལམ་རྫོགས་པ་དེ་ལས་ཤེས་དགོས་པ།

གཉིས་པ་ནི། བླ་ན་མེད་པའི་བྱང་ཆུབ་ཀྱི་ལམ་ཆེན་པོའི་བསོད་ནམས་དང་ཡེ་ཤེས་ཀྱི་ཚོགས་གཉིས་ཀྱི་རང་བཞིན་སངས་རྒྱས་ཀྱིས་བྱང་ཆུབ་སེམས་དཔའི་སྡེ་

སྣོད་གང་ལ་བསྟན་པའི་ཐེག་པ་ཆེན་པོ་དེ་ཚོགས་གཉིས་ཀྱི་རང་བཞིན་རྒྱས་པར་མི་ཤེས་པས་མདོ་ངེས་པ་རྣམས་མི་བཟོད་དོ། །

ཐ༣ སངས་རྒྱས་ཀྱི་ཆེ་བའི་བདག་ཉིད་དེ་ལས་རྫོགས་པར་ཤེས་དགོས་པས་བཀར་བསྒྲུབ་པ།

ད༡ གཟུགས་སྐུའི་རྒྱུ་མཐའ་ཡས་པ་ཐེག་ཆེན་ལས་གསུངས་པ།

གསུམ་པ་ལ་གསུམ། གཟུགས་སྐུའི་རྒྱུ་མཐའ་ཡས་པ་ཐེག་ཆེན་ལས་གསུངས་པ་དང་། ཐེག་དམན་གྱི་སྡེ་སྣོད་ནས་བཤད་པའི་ཟད་པ་ཤེས་པ་དང་། ཐེག་ཆེན་གྱི་སྡེ་སྣོད་ནས་བཤད་པའི་ཟད་སྐྱེ་མི་ཤེས་པ་སྟོང་ཉིད་རྟོགས་པའི་དོན་དུ་གཅིག་པ་དང་། ཐེག་པ་ཆེན་པོའི་དོན་མ་རྟོགས་ན་བཏང་སྙོམས་སུ་བཞག་པར་རིགས་ཀྱི་སྨད་བར་མི་རིགས་པའོ། །དང་པོ་ནི། འབྲས་བུ་མཐར་ཐུག་པའི་གནས་སྐབས་ཀྱི་རྒྱུའི་ཡོན་ཏན་ནམ་མཁའ་ལྟར་བསམ་ཡས་པས་འབྲས་བུ་རྒྱལ་བའི་ཡོན་ཏན་བསམ་ཡས་པ་སངས་རྒྱས་ཀྱིས་གསུངས་པ་གང་གི་ཕྱིར་སངས་རྒྱས་བདག་ཉིད་ཆེན་པོས། ཐེག་ཆེན་ལས་བཤད་པ་འདིར་བཟོད་པར་གྱིས་ཤིག་པའོ། །དེ་བསམ་གྱིས་མི་ཁྱབ་པ་ཇི་ལྟར་ཞེ་ན། སྟོན་པས་ཤཱ་རིའི་བུ་ལ་སངས་རྒྱས་ཀྱི་ཚུལ་ཁྲིམས་ཀྱི་ཕུང་པོ་ལ་སོགས་པའི་མཐའ་ཤེས་སམ་དྲིས་པས། འཕགས་པ་ཤཱ་ར(༦༡ན)དྭ་ཏིའི་བུས་སངས་རྒྱས་ཀྱི་ཡོན་ཏན་མཐའ་ཡས་ལྟ་ཞིག་ཚུལ་ཁྲིམས་ཀྱི་ཕུང་པོ་ཙམ་ཡང་མ་ཤེས་པ་དེས་ན་སངས་རྒྱས་བདག་ཉིད་ཆེན་པོ་དེའི་ཡོན་ཏན་བསམ་ཡས་པར་ཅིས་མི་བཟོད་དེ་ལྟ་བུ་ཡོད་པ་ཡིད་ཆེས་པར་བྱ་ལ། རྒྱུ་མཐའ་ཡས་པ་སྟོན་དུ་མ་སོང་ན། འབྲས་བུ་མཐའ་ཡས་པ་མི་འབྱུང་ལ་སངས་རྒྱས་ཀྱི་ཡོན་ཏན་མཐའ་ཡས་པ་དེའི་ཕྱིར། དེའི་རྒྱུ་ཚོགས་གཉིས་མཐའ་ཡས་ལ་དེ་ཡང་རྫོགས་པར་ཐེག་ཆེན་གྱི་སྡེ་སྣོད་ཉིད་ལས་བསྟན་པས་ངེས་པར་བཀར་ཁས་བླང་བར་བྱའོ། །

ད༢ ཐེག་དམན་གྱི་སྡེ་སྣོད་ནས་བཤད་པའི་ཟད་པ་ཤེས་པ་དང་ ཐེག་ཆེན་གྱི་སྡེ་སྣོད་ནས་བཤད་པའི་ཟད་སྐྱེ་མི་ཤེས་པ་ སྟོང་ཉིད་རྟོགས་པའི་དོན་དུ་གཅིག་པ།

གཉིས་པ་ནི། རིགས་པ་དྲུག་ཅུ་པའི་འགྲེལ་པར་དྲངས་པའི་ཐེག་ཆེན་གྱི་སྡེ་སྣོད་ལས། གང་སྡུག་བསྔལ་འདི་མ་ལུས་པར་སྤངས་པ། ངེས་པར་སྤངས་པ་བྱང་བར་གྱུར་པ། ཟད་པ་འདོད་ཆགས་དང་བྲལ་བ། འགོག་པ་ཉེ་བར་ཞི་བ་ནུབ་པ། སྡུག་བསྔལ་གཞན་གྱིས་མཚམས་མི་སྦྱོར་ཞིང་མི་འབྱུང་མི་སྐྱེ་བ་འདི་ནི་ཞི་བ། གྱ་ནོམ་པ་སྟེ། འདི་ལྟ་སྟེ་ཕུང་པོ་ཐམས་ཅད་ངེས་པར་སྤངས་པ། སྲིད་པ་ཟད་པ། འདོད་ཆགས་དང་བྲལ་བ། འགོག་པ། མྱ་ངན་ལས་འདས་པའོ། །ཞེས་གསུངས་པ་དང་། ཡང་མདོ་ལས་གང་ཡང་སྐྱེ་བ་ཟད་དོ་ཚངས་པར་སྤྱོད་པ་བསྟེན་ཏོ། །བྱ་བ་བྱས་སོ། །འདི་ལས་སྲིད་པ་གཞན་མི་ཤེས་སོ། །ཞེས་གསུངས་པའི་དོན་སྡུད་པ་ན། རིགས་པ་དྲུག་ཅུ་པ་ལས། ཞིག་པ་ཤེས་པ་ཟེ་ལྟ་བུ་ཞེས་སོགས་ཡིན་ལ། དེ་ཡང་ཐེག་པ་དམན་པའི་དགྲ་བཅོམ་པ་ཐོབ་པའི་ཚེ་བདག་གི་སྐྱེ་བ་ཟད་དོ་སྙམ་པའི་ཤེས་པ་དེ་རང་བཞིན་གྱིས་སྐྱེ་བ་མེད་པ་ཤེས་པའི་དོན་དུ་ངེས་པར་བཤད་དགོས་པར་གསུངས་ཏེ། གཞན་དུ་ན་མདོ་སྡེ་མ་(༦༧བ)དང་འགལ་བའི་ཕྱིར། ཡང་སྲིད་ཕྱི་མར་ཉིང་མཚམས་སྦྱོར་བའི་སྐྱེ་བ་ཟད་པ་འབའ་ཞིག་ལ་བཤད་དུ་མི་རུང་སྟེ། ལྷག་བཅས་ཀྱི་དུས་ན་ཡང་སྐྱེ་མེད་ཀྱི་དོན་དུ་འགྱུར་བ་ལ་དགོངས་ནས། གང་འདི་ཞེས་ཉེ་ཚིག་གསུངས་པ་དང་ཡང་སྲིད་ཕྱི་མར་མི་སྐྱེ་བའི་དབང་དུ་མཛད་ནས་སྡུག་བསྔལ་གཞན་གྱི་ཞེས་པ་ནས། མྱ་ངན་ལས་འདས་པའོ་ཞེས་གསུངས་པའི་ཕྱིར་རོ། །སྡུག་བསྔལ་འདི་ཞེས་པ་སྤྱི་སྒྲ་བྱེ་བྲག་ལ་འཇུག་པས་ཉོན་མོངས་མཐའ་དག་ཟད་ཅིང་མི་སྐྱེ་བ་ལ་དགོངས་པའོ་ཞེ་ན། སྤྱིའི་སྒྲ་སྤྱིའི་དོན་ལ་བཤད་དུ་མི་རུང་ན་བྱེ་བྲག་ལ་བཤད་དགོས་ཀྱང་འདིར་

ནི། ཕྱིའི་སྙིང་ནས་བཤད་པ་ལ་འགལ་བ་ཅུང་ཟད་ཀྱང་མེད་པའི་ཕྱིར་རོ། །དེས་ན་ཐེག་པ་ཆེན་པོའི་སྡེ་སྣོད་ལས་རང་བཞིན་གྱིས་སྐྱེ་བ་མེད་པའི་འགོག་པ་བསྟན་པ་དང་། གཞན་ཀྱི་སྟེ་ཉན་ཐོས་སྡེ་པ་ཁྱོད་རང་བཀར་འདོད་པའི་ཐེག་པ་དམན་པའི་སྡེ་སྣོད་ལས་ཟད་པ་སྟོང་པ་ཉིད་བསྟན་པ་གཉིས་ཟད་མི་སྐྱེ་དོན་དུ་ནི་སྟེ་རང་བཞིན་གྱིས་ཟད་པ་དང་མི་སྐྱེ་བའི་དོན་དུ་གཅིག་པ་དང་། དེ་ཤེས་པ་ཟད་མི་སྐྱེ་ཤེས་པའི་དོན་དུ་གཅིག་པས་དེའི་ཕྱིར། ཐེག་པ་ཆེན་པོའི་སྡེ་སྣོད་བཀའ་ཡིན་པ་དེའི་བློའི་ཡུལ་དུ་བཟོད་པར་གྱིས་ཤིག །སྟོང་ཉིད་ཅེས་བྱ་བ་ལ་ལམ་གྱི་དམིགས་པ་དང་། སངས་རྒྱས་ཆེན་པོའི་ཆོས་སྐུའི་བདག་ཉིད་སྔར་བཤད་པ་དེ་ལྟར་རིགས་པས་རྗེས་སུ་བལྟས་ན་ཐེག་ཆེན་གྱི་སྡེ་སྣོད་དང་ཅིག་ཤོས་ཐེག་དམན་གྱི་སྡེ་སྣོད་ལས་གསུངས་པ་མཁས་པ་རྣམས་ལ་བཀའ་ཡིན་མིན་ཅེས་མི་མཉམ་སྟེ་མི་མཉམ་པའི་རྒྱུ་མཚན་མེད་ཅིང་མཉམ་པའི་སྐབས་བྱེད་མཐའ་ཡས་པའི་ཕྱིར་རོ། །

ད༣ ཐེག་པ་ཆེན་པོའི་དོན་མ་རྟོགས་ན་བཏང་སྙོམས་སུ་བཞག་པར་རིགས་ཀྱི་སྡང་བར་མི་རིགས་པ།

གསུམ་པ་ནི། དེ་བཞིན་གཤེགས་པས་དགོངས་ཏེ་གསུངས་པ་རྣམས་(༧༢ན)ཤེས་པར་སླ་བ་མིན་པ་དེ་ཡི་ཕྱིར་ཐེག་པ་གཅིག་ཏུ་ཟད་པ་དང་མཐར་ཐུག་པའི་ཐེག་པ་གསུམ་གསུངས་པས་ཕྱི་མ་དགོངས་ཏེ་གསུངས་པ་ཡིན་གྱི། སྔ་མ་ལ་སྐུར་བ་གདབ་པར་མི་བྱ་སྟེ། དོན་མ་རྟོགས་ན། བཏང་སྙོམས་སུ་བཞག་པ་ཉིད་ཀྱིས་བདག་བསྲུང་བར་བྱ་སྟེ་ཐེ་ཚོམ་མི་ཟ་བར་བཏང་སྙོམས་ཀྱིས་ནི་སྡིག་པར་མི་འགྱུར་ལ་སྡང་བས་སྡིག་པར་འགྱུར་ལ། དགེ་བར་མི་འགྱུར་བའི་ཕྱིར་རོ། །དེ་བས་ཐེག་ཆེན་ལ་ཞེ་སྡང་བ་བདག་ལེགས་སུ་འདོད་པས་བྱ་བར་མི་རིགས་པས་གནས་འདི་ལ་གཟབ་པར་བྱའོ། །

ཏ༣ ཐེག་དམན་གྱི་སྡེ་སྣོད་ནས་བཤད་པ་ཐེག་པ་ཆེན་པོའི་ལམ་འབྲས་རྫོགས་པ་མིན་པ།

ཐ༡ ཉན་ཐོས་ཀྱི་སྡེ་སྣོད་ལས་བྱང་ཆུབ་སེམས་དཔའི་སྤྱོད་པ་རྫོགས་པར་མ་གསུངས་པ།

གསུམ་པ་ཐེག་དམན་གྱི་སྡེ་སྣོད་ལས་བཤད་པ་ཐེག་པ་ཆེན་པོའི་ལམ་འབྲས་རྫོགས་པ་མིན་པ་ལ་གསུམ། ཉན་ཐོས་ཀྱི་སྡེ་སྣོད་ལས་བྱང་ཆུབ་སེམས་དཔའི་སྤྱོད་པ་རྫོགས་པར་མ་གསུངས་པ་དང་། བདེན་བཞི་དང་ཕྱོགས་མཐུན་ཙམ་ཉམས་སུ་བླངས་པས་སངས་རྒྱས་མི་འགྲུབ་པ་དང་། མཁས་པས་ཐེག་ཆེན་གྱི་སྡེ་སྣོད་བཀར་གཟུང་རིགས་པའོ། །དང་པོ་ནི། ཉན་ཐོས་ཀྱི་ཐེག་པ་སྟོན་པའི་ཐེག་དམན་གྱི་སྡེ་སྣོད་དེ་ལས་ནི་བྱང་ཆུབ་སེམས་དཔའི་སྨོན་ལམ་དང་བསྔོ་བ་རླབས་པོ་ཆེ་རྣམས་དང་། སྙིང་རྗེ་ཆེན་པོ་ལ་སོགས་པ་དང་། ས་དང་སྦྱིན་པ་སོགས་པའི་ཕར་ཕྱིན་གྱི་སྤྱོད་པ་དང་། ཚོགས་གཉིས་རླབས་པོ་ཆེ་དང་། བྱང་སེམས་ཀྱི་མཐུ་རྨད་དུ་བྱུང་བ་སོ་སྐྱེ་དང་ཉན་རང་གིས་བསམ་གྱིས་མི་ཁྱབ་པའི་ཐེག་པ་ཆེན་པོའི་སྡེ་སྣོད་ལས་གསུངས་ཀྱང་ཐེག་པ་དམན་པའི་སྡེ་སྣོད་ལས་སྤྱོད་པ་དང་ཡོངས་བསྔོ་སོགས་རྒྱས་པར་མ་བཤད་པས། ཐེག་དམན་གྱི་སྡེ་སྣོད་ནས་བཤད་པར་ངེས་ཏེ་དེ་ཙམ་ཞིག་ཁོ་ན་ཉམས་སུ་བླངས་པས་བསྐལ་པ་གྲངས་མེད་གསུམ་ན་འཚང་རྒྱ་བའི་ལམ་རྫོགས་པར་སྨོམ་པའི་བྱང་ཆུབ་སེམས་དཔར་ག་ལ་འགྱུར་ཏེ། བྱང་ཆུབ་(༦༢བ)སེམས་དཔའི་ལམ་མ་ཚང་བའི་ཕྱིར་རོ། །ཐེག་པ་དམན་པའི་སྡེ་སྣོད་ལས་ཀྱང་ཐེག་པ་གསུམ་གའི་ལམ་བཤད་པས་ཅིའི་ཕྱིར། ཐེག་ཆེན་མ་ཚང་ཞེ་ན། ཐེག་པ་དམན་པའི་སྡེ་སྣོད་ལས་ཐེག་པ་ཆེན་པོའི་ལམ་རྫོགས་པ་སངས་རྒྱས་ཀྱིས་མ་བཤད་དེ། ཉན་ཐོས་རྣམས་ལ་རེ་ཞིག་མ་བསྟན་པའི་ཕྱིར་རོ། །དེ་ཡང་བྱང་ཆུབ་སེམས་དཔའི་བླ་ན་མེད་པའི་བྱང་

ཆུབ་ཀྱི་ཕྱིར་དུ་བྱིན་གྱིས་བརླབས་པ་ཡིན་པའི་ཕྱིར་རོ། །དོན་འདི་ལ་རྒྱལ་བ་ལས་ལྷག་པའི་ཚད་མ་གཞན་སུ་ཡོད་མེད་པས་ཐེག་ཆེན་གྱི་སྡེ་སྣོད་སྤང་བར་མི་བྱའོ། །

ཐ༢ བདེན་བཞི་དང་ཕྱོགས་མཐུན་ཅམ་ཉམས་སུ་བླངས་པས་སངས་རྒྱས་མི་འགྲུབ་པ།

གཉིས་པ་ནི། འཕགས་པའི་བདེན་པ་བཞི་དང་ཕྱོགས་མཐུན་སོ་བདུན་པོ་ཙམ་བསྐལ་པ་གྲངས་མེད་གསུམ་དུ་བསྒོམས་པས་སངས་རྒྱས་འཐོབ་པར་འགྱུར་རོ་ཞེ་ན། ཐེག་པ་དམན་པའི་དགྲ་བཅོམ་པ་ལས་སངས་རྒྱས་ཀྱི་འབྲས་བུ་གང་གིས་ལྷག་སྟེ་སངས་རྒྱས་ལྷག་པ་མིན་པར་ཐལ། སངས་རྒྱས་གསུང་གི་བྱིན་རླབས་གང་གིས་ཉན་ཐོས་དགྲ་བཅོམ་པའི་འབྲས་བུ་ཐོབ་ནུས་པའི་འཕགས་པའི་བདེན་པ་བཞིའི་དོན་མི་རྟག་སོགས་བཅུ་དྲུག་དང་བྱང་ཆུབ་ཀྱི་ཕྱོགས་མཐུན་སོ་བདུན་པོ་ཙམ་ཞིག་བསྒོམས་པ་དང་ལྡན་པ་ཡི་ལམ་ནི་ཉན་ཐོས་དང་ཐུན་མོང་བ་ཡིན་ལ་རྒྱུ་ཐུན་མོང་བ་ལས་འབྲས་བུ་ཐུན་མོང་མིན་པ་འབྱུང་མི་སྲིད་པའི་ཕྱིར་རོ། །

ཐ༣ མཁས་པས་ཐེག་ཆེན་གྱི་སྡེ་སྣོད་བཀར་གཟུང་རིགས་པ།

གསུམ་པ་ནི། བྱང་ཆུབ་སེམས་དཔའ་སྤྱོད་པ་རྫོགས་པ་ལ་གནས་པའི་དོན་ཉན་ཐོས་ཀྱི་མདོ་ལས་ནི་བཀའ་མ་སྩལ་བ་ཐེག་པ་ཆེ་ལས་བཀའ་སྩལ་པ། དེའི་ཕྱིར་མཁས་པ་རྣམས་ཀྱིས་ཐེག་ཆེན་གྱི་སྡེ་སྣོད་བཀར་གཟུང་བར་བྱའོ། །ཡང་ན་བཟུངས་ཤིག་པའོ། །

ད༤ ཐེག་པ་གསུམ་བསྟན་པའི་དགོས་པ།

བཞི་པ་ཐེག་པ་གསུམ་གསུངས་པའི་དགོས་པ་(༦༣ན)ནི། གདུལ་བྱ་བགྲོ་བའི་རིམ་པ་ཡིན་ཏེ། བཛྲ་སྦྱོད་པ་དག་ཇི་ལྟ་བུར་དང་པོར་ཡི་གེའི་ཕྱི་མོ་སློག་ཏུ་འཇུག

པ་ལྟར་དེ་བཞིན་དུ་སངས་རྒྱས་རྣམས་གདུལ་བྱ་ལ་ཐོག་མ་ཉིད་ནས་རྟོགས་པར་དཀའ་བའི་ཆོས་མི་སྟོན་གྱི་བློ་ཡུལ་དུ་ཊི་ཙམ་བཟོད་པའི་ཆོས་སྟོན་ཏེ། དེའི་རིམ་པ་འདི་ལྟར་ཡིན་ཏེ། ཁ་ཅིག་ལ་ནི་སྲོག་གཅོད་སོགས་སྡིག་པ་ལས་རྣམ་པར་བཟློག་པའི་ཕྱིར་ཆོས་སྟོན་ཏེ་དེ་ཡང་གདུལ་བྱ་སྐྱེས་བུ་ཆུང་ངུའི་བསམ་པ་ཅན་ཁ་ཅིག་བསོད་ནམས་ཀྱི་འབྲས་བུ་ལྷ་མིའི་གོ་འཕང་འགྲུབ་པར་བྱ་བའི་ཕྱིར་རོ། །གདུལ་བྱ་སྐྱེས་བུ་འབྲིང་གི་བསམ་པ་ཅན་ཁ་ཅིག་ལ་ནི་འཁོར་བ་མཐའ་གཅིག་ཏུ་སྤང་བྱ་དང་སྤང་འདས་བླང་བྱ་གཟུང་འཛིན་རྫས་ཐ་དད་པ་གཉིས་ལ་བརྟེན་པ་སྟོན་ལ། གདུལ་བྱ་ཁ་ཅིག་ལ་ནི་གཟུང་འཛིན་རྫས་ཐ་དད་ཀྱིས་སྟོང་པའི་ཤེས་པ་དོན་དམ་དུ་གྲུབ་པ་སྟོན་པས་ཁ་ཅིག་ལ་ནི་གཉིས་མི་བརྟེན་པའོ། །གནས་ལུགས་ཟབ་མོ་དངོས་པོ་ལ་བདེན་པར་ཞེན་པའི་འཁྲུ་འཕྲིག་ཅན་འཇིགས་པ་སྐྱེད་པ་སྟོང་པ་ཉིད་དང་། སྙིང་རྗེའི་སྙིང་པོ་ཅན་ནི་བླ་ན་མེད་པའི་བྱང་ཆུབ་བསྒྲུབ་པ་དབང་པོ་རབ་ཏུ་གྱུར་པ་ཁ་ཅིག་ལ་སྟོན་ཏོ། །

༧༢ དོན་བསྡུ་བ།

གཉིས་པ་དོན་བསྡུ་བ་ནི། དེ་ལྟར་མཁས་པས་ཐེག་ཆེན་ལ་ཡོང་ཁྲོ་བ་ནི་ཟད་པར་བྱ་ཞིང་རྫོགས་པའི་བྱང་ཆུབ་འགྲུབ་པར་བྱ་བའི་ཕྱིར་དུ་ལྷག་པར་རབ་ཏུ་དད་པར་བྱའོ། །ཐེག་པ་ཆེན་པོའི་མདོ་སྡེ་ལ་རབ་ཏུ་དད་ཅིང་དེ་ལས་བཤད་པ་ཉམས་སུ་བླངས་ཤིང་སྦྱད་པ་ཡིས་བླ་ན་མེད་པའི་བྱང་ཆུབ་འཐོབ་པར་འགྱུར་ཞིང་འཇིག་རྟེན་པའི་བདེ་བ་ཀུན་ཀྱང་ཞར་ལ་འགྲུབ་པས་ཐེག་པ་ཆེན་པོའི་སྡེ་སྣོད་ལ་ལྷག་པར་གུས་པར་བྱ་ཞིང་དེའི་དོན་ཉམས་སུ་བླང་བར་བྱའོ། །

ཅ༣ དོན་བསྡུ་བ།

གསུམ་པ་(༤༣བ)དོན་བསྡུ་བ་ནི། རྒྱལ་སྲིད་ལ་གནས་པའི་སྐབས་དེར་ནི་སྦྱིན་པ་དང་དགེ་བསྙེན་དང་བསྙེན་གནས་ཀྱི་ཚུལ་ཁྲིམས་དང་བཟོད་པའི་ཆོས་ནི་ཁྱད་པར་དུ་ཁྲིམ་པས་སྒྲུབ་སླ་བས་ཁྲིམ་པ་ལ་བཤད་པ་ཡིན་ལ། ཁྱད་པར་དུ་ཞེས་པ་རབ་ཏུ་བྱུང་བ་ལས་ལྷག་པར་སྟོན་པ་མ་ཡིན་གྱི་ཁྲིམ་པས་དྲུག་གི་ནང་ནས་དེ་གསུམ་སྒྲུབ་སླ་བ་ཡིན་ནོ། །ཕར་ཕྱིན་དང་པོ་གསུམ། སྙིང་རྗེའི་སྙིང་པོ་ཅན་དེ་བསྟན་པར་གོམས་པར་མཛོད་ཅེས་པའོ། །

ཅ༤ རྒྱལ་པོའི་ཀུན་སྤྱོད་ཁྱད་པར་ཅན་ལ་སློབ་མི་ནུས་ན་རབ་བྱུང་བྱ་བར་གདམས་པ།

བཞི་པ་རྒྱལ་པོའི་ཀུན་སྤྱོད་ཁྱད་པར་ཅན་ལ་སློབ་མི་ནུས་ན་རབ་བྱུང་བྱ་བར་གདམས་པ་ནི། འོན་ཏེ་འཇིག་རྟེན་མི་བསྲུན་པའི་ཕྱིར་སྲོག་གཅོད་སོགས་དྲུག་པོ་མ་བྱས་པར་ཆོས་ཀྱིས་རྒྱལ་སྲིད་བསྐྱིད་དཀའ་ན་དེས་ན་ཆོས་ཀྱི་ཆེད་དང་སྙན་པའི་གྲགས་པའི་དོན་དུ་ཁྱོད་ཀྱིས་རབ་ཏུ་བྱུང་བ་འཐོབ་པར་མཛད་པར་རིགས་སོ། །

མཚན་དོན་ནི། རྒྱལ་པོ་ལ་གཏམ་བྱ་བ་རིན་པོ་ཆེའི་ཕྲེང་བ་ལས། རྒྱལ་པོའི་ཚུལ་བསྟན་པ་སྟེ། ལེའུ་བཞི་པའི་འགྲེལ་པའོ།། ༎

ལེའུ་ལྔ་པ།

ང༩ ཐར་པ་མྱུར་དུ་ཐོབ་པར་འདོད་པའི་བྱང་ཆུབ་སེམས་དཔས་ཀྱང་རབ་ཏུ་འབྱུང་བར་གདམས་པ།

ཅ༡ ཁྲིམ་པ་དང་རབ་ཏུ་བྱུང་བའི་བྱང་ཆུབ་སེམས་དཔའི་བླང་དོར་གྱི་གནས་མདོར་བསྟན་པ།

བཞི་པ་ཐར་པ་མྱུར་དུ་ཐོབ་པར་འདོད་པས་རབ་ཏུ་བྱུང་བར་གདམས་པ་ལ་གཉིས། ཁྲིམ་པ་དང་རབ་ཏུ་བྱུང་བའི་བྱང་ཆུབ་སེམས་དཔའི་བླང་དོར་གྱི་གནས་མདོར་བསྟན་པ་དང་། རྒྱས་པར་བཤད་པའོ། །དང་པོ་ནི། རྒྱལ་སྲིད་བཏང་བ་དེ་ནས་རབ་ཏུ་བྱུང་བ་ཡིས་དང་པོར་ལྷག་པའི་ཚུལ་ཁྲིམས་ཀྱི་བསླབ་པ་ལ་རབ་ཏུ་གུས་པར་བྱ་ལ་སོ་སོར་ཐར་པ་ནི་འདུལ་བ་མདོར་བསྡུས་དང་ལུང་དུམ་བུ་བཞི་འདུལ་བ་དང་། བཅས་པ་དང་སྡེ་སྣོད་གསུམ་ལ་མང་དུ་ཐོས་པ་དང་དེའི་དོན་གཏན་ལ་དབབ་པ་ལ་བསྒྲིམས་པར་བྱས་ནས་བླང་བྱའི་གནས་རྫོགས་པར་ཤེས་པར་བྱའོ། །དེ་ནས་ཉེས་པ་ཕྲན་ཚེགས་ཤེས་ནས་སྤང་བར་བྱ་བའི་གཞི་རྣམས་སྤང་བར་བྱའོ། །དེ་ལས་(༦༨ན)ཀྱང་སྤང་བྱ་ལྔ་བཅུ་རྩ་བདུན་བསྒྲགས་པ་རྣམས་འབད་དེ་ངེས་པར་རྟོགས་པར་བྱས་ནས་སྤང་བར་བྱའོ། །

ཅ༢ རྒྱས་པར་བཤད་པ།

ཆ༡ སྐྱོན་སྤང་བ།

གཉིས་པ་ལ་གཉིས། སྐྱོན་སྤང་བ་དང་། ཡོན་ཏན་བླང་བའོ། །དང་པོ་ལ་གཉིས། རྒྱས་པར་བཤད་པ་དང་། དོན་བསྡུ་བའོ། །

ཛ༽ རྒྱས་པར་བཤད་པ།

ཀ༽ ཁྲོ་བ་སོགས་དང་པོ་བཅོ་ལྔ་བཤད་པ།

ཀ༽ ཁྲོ་བ་སོགས་བཅུ་བཞི་བཤད་པ།

དང་པོ་ལ་གསུམ། ཁྲོ་བ་སོགས་དང་པོ་བཅོ་ལྔ་བཤད་པ་དང་། ཚུལ་འཆོས་ནས་ཞེ་གཅིག་པ་མི་འཆི་བའི་རྟོག་པའི་བར་བཤད་པ་དང་། ཞེ་གཉིས་པ་རང་གི་ཡོན་ཏན་སྒྲོག་པ་སོགས་བཤད་པའོ། །དང་པོ་ལ་གཉིས། ཁྲོ་བ་སོགས་བཅུ་བཞི་བཤད་པ་དང་། ང་རྒྱལ་བཤད་པའོ། །དང་པོ་ནི། ཁྲོ་བ་བཤད་བྱ་དང་སེམས་ཀྱི་འཁྲུག་པ་འཆད་བྱེད་དེ། མདོ་ལས་བསྟན་པའི་བཤད་བྱ་བཀོད་ནས་བསྟན་བཅོས་ཀྱི་འཆད་པ་ཡིན་ལ། འོག་མ་རྣམས་ལ་ཡང་དེ་བཞིན་དུ་ཤེས་པར་བྱའོ། །ཁྲོ་བ་དེ་དང་རྗེས་སུ་འབྲེལ་བ་ཁྲོ་བའི་རྒྱུན་དམ་དུ་འཛིན་པ་འཁོན་དུ་འཛིན་པ་དང་། འཆབ་པ་གཞན་གྱིས་ཉེས་པ་སྨྲིང་ན་སྒྲུ་ཐབས་ཀྱིས་མི་མངོན་པར་བྱེད་པའི་སྡིག་པ་འཆབ་པ་སྡེ་ཚིག་པ་ནི་སྡིག་པ་ལ་ཞེ་ནས་མི་གཏོང་བའོ། །གཡོ་ནི་གཞན་ཤིན་ཏུ་བསླུ་བ་སྡེ་སྒྲུ་ནི་སེམས་རྒྱུད་གྱ་གྱུ་བའོ། །ཕྲག་དོག་ནི་རྙེད་བཀུར་ལ་ཆགས་པའི་དབང་གིས་རྙེད་བཀུར་སོགས་གཞན་གྱི་ཡོན་ཏན་ལ་མི་བཟོད་པའི་གདུང་བའོ། །སེར་སྣ་ནི་གཏོང་བས་འཇིགས་པ་ཉིད་ཀྱིས་ཡོ་བྱད་དམ་དུ་འཛིན་པའོ། །ངོ་ཚ་མེད་པ་དང་ཁྲེལ་མེད་པ་ནི་རང་དང་གཞན་ལ་དམིགས་པ་རྒྱུ་མཚན་དུ་བྱས་པའི་སྒོ་ནས་ཉེས་སྤྱོད་ལ་མི་འཛེམ་པའོ། །ཁེངས་པ་ནི་བླ་མ་སོགས་ལ་འདུད་པར་མི་བྱེད་པའོ། །ཉེས་སྨོལ་ཁྲོས་པས་བསླང་བ་ཁྲོ་གཉེར་སོགས་ལུས་ངག་གི་གཡོ་བ་(༤༥བ)འབྱུང་བའོ། །རྒྱགས་པ་ནི་ཁོངས་སྤྱོད་སོགས་ཀྱིས་དྲེགས་པ་རང་གི་སེམས་གདུགས་པའོ། །བག་མེད་པ་ཆགས་པ་ལ་སོགས་པའི་དབང་གིས་དགེ་བ་རྣམས་ལ་མི་སྤྱོར་ཞིང་ཟག་པ་དང་བཅས་པ་ལ་སེམས་མི་སྲུང་བའོ། །

༨༢ ང་རྒྱལ་བཤད་པ།

གཉིས་པ་ནི། ང་རྒྱལ་རྣམ་པ་བདུན་ཡིན་ཏེ་དེ་ནི་རབ་ཏུ་ཕྱེ་སྟེ་བཤད་པར་བྱའོ། །ང་རྒྱལ་ནི་ལྔ་བཅུ་ཙ་བདུན་གྱི་ཡ་གྱལ་གཅིག་ཏུ་བགྲང་བར་བྱ་བ་ཡིན་ནོ། །དེ་ལ་དང་པོ་ནི། དེ་ལ་མངོན་པར་རློམ་བྱེད་པ་དམན་པས་བདག་དམན་ཞིང་མཉམ་པ་དང་མཉམ་མོ་སྙམ་པ་དང་། དམན་པས་བདག་ལྷག་པའང་མཉམ་སྙམ་པའི་བདག་ཉིད་ཀྱི་ང་རྒྱལ་ཞེས་བྱའོ། །དམན་པས་དམན་སྙམ་པ་ང་རྒྱལ་དུ་ཇི་ལྟར་འགྱུར་སྙམ་ན། དམན་པ་དེ་བས་བདག་དམན་ཡང་ཅུང་གི་སྙམ་དུ་ཁེངས་པའི་རྣམ་པ་ཅན་ནོ། །གཉིས་པ་ནི། ཆོས་གང་གིས་བདག་ཉིད་ལས་ཁྱད་འཕགས་པ་དང་མཉམ་པར་རློམ་པ་གང་ཡིན་པ་དེ་ལྷག་པའི་ང་རྒྱལ་ལོ། །གསུམ་པ་ནི། ཁྱད་པར་དུ་འཕགས་པས་བདག་ཁྱད་པར་འཕགས་པ་རློམ་པ་གང་ཤིན་ཏུ་མཐོ་བས་མཐོ་སྙམ་པ་ང་རྒྱལ་ལས་ཀྱང་ང་རྒྱལ་ཏེ་འབྲས་ཀྱི་སྙིང་དུ་ཕོལ་མིག་དག་འབྱུང་བ་བཞིན་དུ་ཉེས་དམིགས་ལྷག་པར་ཆེ་བ་ཐུབ་བ་ཡིན་ཏེ། ངན་འགྲོར་ང་རྒྱལ་གྱིས་འཁྲིད་ཅིང་། །མི་ཡི་དགའ་སྟོན་བཅོམ་པ་དང་། །གཞན་གྱི་ཟན་ཟའི་བྲན་དང་ནི། །གླེན་དང་མི་སྡུག་ཅན་དུ་འགྱུར། །ཞེས་གསུངས་པ་ལྟར་རོ། །བཞི་པ་ནི། ཐམས་ཅད་ཀྱི་གཞི་མ་ཉེ་བར་ལེན་པའི་ཕུང་པོ་ཞེས་བྱ་བ་ལྔ་པོ་ངང་གིས་སྟོང་པ་དེ་དག་ལ་རྨོངས་པས་ངའོ་སྙམ་དུ་འཛིན་པ་གང་ཡིན་པ་དེ་ནི་ངའོ་སྙམ་པར་བཤད་དེ་ངའོ་སྙམ་པའི་ང་རྒྱལ་ལོ། །ལྔ་པ་ནི། རྒྱུན་(༦༥ན)དུ་ཞུགས་པ་ལ་སོགས་པའི་འབྲས་བུ་མ་ཐོབ་པ་ཐོབ་སྙམ་པ་གང་ཡིན་པ་དེ་ནི་མངོན་པའི་ང་རྒྱལ་ཏེ། དྲུག་པ་ནི། སྡིག་ལས་བྱེད་པ་ལས་ངས་བྱ་སྙམ་དུ་བསྟོད་པ་ནི་མཁས་པས་ལོག་པའི་ང་རྒྱལ་དུ་རྟོགས་སོ། །བདུན་པ་ནི། བདག་གསོན་ཡང་དགོས་པ་མེད་པ་ཉིད་དོ་ཞེས་བདག་ཉིད་སྨོད་པ་གང་ཡིན་པ་དེ་དམན་པའི་ང་རྒྱལ་ཞེས་བྱ་སྟེ་དེ་དག་མངོན་པའི་མདོ་བདུན་དུ་བཤད་པ

ཡིན་ནོ། །ཡང་ན་གྲངས་མདོར་བསྡུས་པའི་དོན་ནོ། །

༡༢ རྩུལ་འཆོས་ནས་ཞེ་གཅིག་པ་མི་འཆི་བའི་རྟོག་པའི་བར་བཤད་པ།

གཉིས་པ་ནི། ཚུལ་འཆོས་སོགས་ནི་ཚུལ་འཆོས་ནི་རྙེད་དང་བཀུར་སྟིའི་ཕྱིར་དབང་པོ་སྡོམ་པར་བྱེད་པ་སྟེ་འདི་དག་གི་དོན་སྔར་རྒྱས་པར་བཤད་ཟིན་ཏོ། །ཁ་གསག་ནི་རྙེད་དང་བཀུར་སྟིའི་ཕྱིར་ཚིག་འཇམ་སྨྲ་ནི་སྨྲ་བའོ། །གཞོགས་སློང་ནི་རྫས་དེ་ནི་ཐོབ་པར་བྱ་བའི་ཕྱིར་གཞན་གྱི་རྫས་ལ་བསྔགས་པར་བྱེད་པའོ། །ཐོབ་ཀྱིས་འཇལ་བ་ནི། རྙེད་པའི་ཕྱིར་མངོན་སུམ་དུ་སེར་སྣ་ཆེ་བ་སོགས་གཞན་ལ་སྨོད་པར་བྱེད་པའོ། །རྙེད་པས་རྙེད་པ་རྣམས་འདོད་པ་ནི་སྔར་ཐོབ་པ་ལ་བསྔགས་པར་བྱེད་པའོ། །དེ་ལྟ་གྲངས་རེ་རེ་འཛིན་པའོ། །ཉེར་གཅིག་པ་ནི། སྐྱོན་བརྗོས་པ་ནི། གཞན་གྱིས་འཕྲུལ་པར་འགྱུར་བ་ཉེས་པ་གང་དང་གང་བྱས་པ་དེ་དང་དེ་ནི་གང་བརྗོས་པའོ། །ཉེར་གཉིས་པ་སྤྱངས་མེད་ནི་གཞན་ལ་མགུ་བར་མ་གྱུར་པ་ནད་ལས་གྱུར་པའི་དབང་གིས་ཡིད་སློང་བའོ། །ཉེར་གསུམ་པ་ནི། རྒྱུ་སྟེ་མ་གཉིས་དང་བདག་གི་ཡོ་བྱད་ངན་པ་ལ་ཆགས་པའི་རྒྱུ་གསུམ་ལས་བྱུང་ལ་དེ་ནི། ལེ་ལོ་ཅན་གྱི་ཡིན། ཉེར་བཞི་པ། བདག་གཞན་ཐ་དད་ཀྱི་འདུ་ཤེས་ནི་འདུ་ཤེས་གང་ཆགས་སྡང་མུན་གྱིས་བསྒྲིབས་པའོ། །ཆགས་སྡང་རྨོངས་གསུམ་གང་ཡང་(༦༥བ)ཡིད་ལ་མི་བྱེད་པ་གང་ཡིན་ཏེའམ་དགེ་མི་དགེ་ཡིད་ལ་མི་བྱེད་པ་ནི། ཉེར་ལྔ་པ་སེམས་ལ་ལྟ་བ་མེད་པར་བཤད་དོ། །ཆོས་མཐུན་པར་བྱ་བ་རྣམས་ལ་ནི་ལེ་ལོས་བཀུར་སྟི་ཉམས་པ་གང་ཡིན་པ་དེ་ནི་ཉེར་དྲུག་པའོ། །བླ་མར་བྱས་པ་ན་བཅོམ་ལྡན་འདས་ཀྱི་ཚུལ་དང་ལྡན་པས་བྱ་བ་མིན་ཏེ། དེ་ལྟར་བྱེད་པ་ནི་ཉེར་བདུན་པ་སྙེ་བོ་ངན་པ་ཡིན་པར་འདོད། །ཉེར་བརྒྱད་པ། ཞེན་པ་ནི་ཀུན་ནས་དཀྲིས་པ་མངོན་གྱུར་ཡིན་ཀྱང་ཆུང་ངུ་འདོད་པའི་འདོད་ཆགས་ལས་བྱུང་བའོ། །ཉེར་དགུ་པ། ཡོངས་ཞེན་ནི་གཟུགས་

སྒྲ་སོགས་ཡུལ་ལྔ་ལ་སྲེད་པ་འདོད་པ་ལས་བྱུང་བའི་ཀུན་ནས་དཀྲིས་པ་ཆེ་བ་རབ་ཏུ་གྱུར་པ་ཡིན་ནོ། །སུམ་ཅུ་པ། ཆགས་པ་ནི་རང་གི་རྫས་ལ་ཆགས་པའི་འདོད་བྱ་དང་ལྡན་པའི་ཡིད་དོ། །གཞན་གྱི་རྫས་ལ་ཞེན་པའི་བརྣབ་སེམས་ནི་སོ་གཅིག་པ་མི་རིགས་པའི་ཆགས་པ་ཞེས་བྱའོ། །སྲིད་པར་བྱ་བ་བུད་མེད་ལ་ཆགས་ནས་ཚིག་གིས་བསྟོད་པའི་ཀུན་སློང་ནི་སོ་གཉིས་པ་ཆོས་མིན་པའི་འདོད་ཆགས་སོ། །སྡིག་པ་འདོད་པའི་གང་ཟག་ཡོན་ཏན་མེད་བཞིན་དུ་ཡོན་ཏན་དང་ལྡན་པར་སྟོན་པ་ནི་སོ་གསུམ་པ་ཚུལ་འཆོས་པའོ། །སོ་བཞི་པ། འདོད་ཆེན་ནི་རྫས་ལ་ཤིན་ཏུ་བརྐམ་པ་སྟེ་ཚིག་ཤེས་པའི་དཔལ་ལས་འདས་པའོ། །སོ་ལྔ་པ། ཐོབ་འདོད་ནི་བདག་ཉིད་ཅི་ནས་ཀྱང་ཡོན་ཏན་ཡང་དག་པ་དང་ལྡན་ཞེས་ཕ་རོལ་པོས་གོ་བར་འདོད་པའོ། །སོ་དྲུག་པ། མི་བཟོད་པ་ནི་གཞན་གྱིས་གནོད་པ་བྱེད་པ་དང་རང་ལ་སྡུག་བསྔལ་བྱུང་བ་དག་ཀྱང་མི་བཟོད་པའོ། །སོ་བདུན་པ། ཚུལ་མེད་པ་ནི་སློབ་དཔོན་དང་བླ་མའི་བྱ་བ་རྣམས་ལ་མ་གུས་པའོ། །སོ་བརྒྱད་པ། བཀའ་བློ་བདེ་བ་མ་ཡིན་པ་ནི། གང་ལ་ཆོས་མཐུན་པས་རིགས་པར་ཚིག་སྨྲ་བ་ན་(༨༨ན)ང་དགེ་ཡང་རུང་སྡིག་ཀྱང་རུང་ཞེས་སོགས་ཀྱིས་མ་གུས་པའོ། །སོ་དགུ་པ། ཉེ་དུ་དང་འབྲེལ་བའི་རྣམ་རྟོག་ནི་ཉེ་དུ་ལ་བྱམས་པའི་ཆགས་པའོ། །བཞི་བཅུ་པ། དེ་བཞིན་དུ་ཡུལ་ལ་སྲེད་པ་ནི། དེ་ཐོབ་པའི་དོན་དུ་ཡུལ་ངན་པ་ལ་ཡང་དེའི་ཡོན་ཏན་བརྗོད་པའོ། །དེ་བཞིན་ཉིད་དུ་ཞེ་གཅིག་པ་ནི་མི་འཆི་བའི་རྟོག་པ་ནི་གང་འཆི་བའི་འཇིགས་པས་མི་དོགས་པའོ། །

༡༣ ཞེ་གཉིས་པ་རང་གི་ཡོན་ཏན་སྒྲིབ་པ་སོགས་བཤད་པ།

གསུམ་པ་ལ། རྗེས་སུ་རྣམ་རིག་གི་རྟོག་པ་སོགས་ནི་ཞེ་གཉིས་པ་རྗེས་སུ་རྣམ་རིག་དང་ལྡན་པའི་རང་གི་ཡོན་ཏན་གཞན་གྱིས་རིག་པར་འདོད་པའི་རྟོག་པ་ནི་བདག་ཉིད་ཅི་ནས་ཀྱང་གཞན་དག་གིས་ཡོན་ཏན་བདོག་པའི་རྣམ་པ་ཡིས་ཇི་ལྟར

བྱས་ན་བླ་མར་བྱེད་པར་འགྱུར་སྙམ་པའོ། །ཞེ་གསུམ་པ་གཞན་ལ་རྗེས་སུ་ཆགས་པ་དང་ལྡན་པའི་རྣམ་རྟོག་ཡིན་པ་ནི་སྐྱེས་པའམ་བུད་མེད་གཞན་དག་ལ་ཆགས་པ་དང་། ཞེ་བཞི་པ་གནོད་སེམས་རིག་པ་ནི་དེ་ཡིས་ཕན་པ་དང་མི་ཕན་པ་སེམས་པའོ། །ཞེ་ལྔ་པ་མི་དགའ་བས་བརྟན་པ་མེད་པའི་ཡིད་དོ། །ཞེ་དྲུག་པ་འདོད་པས་བརྟོགས་པའི་ཡིད་ཡིན་ནོ། །ཞེ་བདུན་པ་སྙམ་པ་ནི་དགེ་བ་ལ་བརྩོན་པ་མེད་པའི་ལུས་སྒྲིད་ལུག་པའི་དོན་གྱི་ལེ་ལོ་ཡིན་ནོ། །ཞེ་བརྒྱད་པ་འགྱུར་བ་ནི་ཉོན་མོངས་པའི་དབང་གིས་ནི་ལུས་དང་ཁ་ནི་འགྱུར་བའོ། །ཞེ་དགུ་པ། ཟས་མི་འདོད་པ་ནི་བཟའ་དྲགས་པས་ལུས་མི་བདེ་བ་ཡིན་པར་བཤད་དོ། །ལྔ་བཅུ་པ་སེམས་ནི་ཤིན་ཏུ་དམའ་བ་ཉིད་ནི་འདི་སེམས་ཞུམ་པ་ཡིན་པ་ཉིད་དུ་བསྟན་ཏོ། །ང་གཅིག་པ་འདོད་པ་ལ་འདུན་པ་ནི། འདོད་པའི་ཡོན་ཏན་ལྔ་དག་ལ་འདོད་པ་དང་། དོན་དུ་གཉེར་བ་ཉིད་དོ། །ང་གཉིས་པ་གནོད་སེམས་(༨༨བ)ནི་བདག་དང་། བདག་གི་གྲོགས་པོ་དང་། བདག་གི་དགྲའི་ཕྱོགས་ལ་དུས་གསུམ་དུ་བདག་དང་བདག་གི་གཉེན་ལ་གནོད་པ་བྱས་སོ་བྱེད་དོ་བྱེད་པར་འགྱུར་རོ་སྙམ་དུ་དོགས་པ་དང་བདག་གི་དགྲ་ལ་ཕན་བཏགས་སོ་འདོགས་སོ་འདོགས་པར་འགྱུར་རོ་སྙམ་དུ་གཞན་ལ་གནོད་པར་སེམས་པ་རྒྱུ་དགུ་ལས་ནི་བྱུང་བ་ཡིན་ནོ། །ལུས་སེམས་ལྗི་བའི་ཕྱིར་ལས་བྲལ་བ་ལས་བྱེད་མི་འདོད་གང་ཡིན་པ་ནི། ང་གསུམ་པ་རྨུགས་པའམ་རྨྱ་བའོ། །ང་བཞི་པ། གཉིད་ནི་གཉིད་ཉིད་དོ། །འཇུག་ཤེས་དྲུག་ཡུལ་ལ་འཇུག་པ་རང་དབང་མེད་པར་བསྡུས་བྱེད་དོ། །ང་ལྔ་པ་རྒོད་པ་ནི། ཟས་ཀྱིས་རྒྱགས་པས་ལུས་སེམས་རབ་ཏུ་མ་ཞི་བའོ། །ང་དྲུག་པ། འགྱོད་པ་ནི་བྱ་བ་ངན་པར་བྱས་པ་ལ་འགྱོད་པ་ཕྱིས་གདུང་བ་ལས་བྱུང་བའོ། །བདེན་པ་དང་དཀོན་མཆོག་གསུམ་དང་ལས་འབྲས་སོགས་ལ་བློ་རྣམ་གཉིས་ནི་ང་བདུན་པ་ཐེ་ཚོམ་མོ། །ལྔ་བཅུ་ཙ་བདུན་པོ་དེ་དག་ནི་ཕལ་ཆེར་སྤང་བྱའི་དབྱེ་བ་ཡིན་ལ། ཁ་ཅིག་སེམས་བྱུང་ངོས་བཟུང་བ་སྣང་བ་

ཡང་ཉེས་པའི་རྒྱུ་དང་འབྲས་བུ་ངོས་བཟུང་བའི་ཆེད་དུ་སྣང་བས་དེ་ལ་བརྟགས་ཏེ་འབད་པས་སྤང་བར་བྱ་ལ། ཕལ་ཆེར་བཤད་བྱ་དང་འཆད་བྱེད་གཉིས་གཉིས་ཀྱིས་བསྟན་ཅིང་། བཤད་བྱ་འབའ་ཞིག་བསྟན་པ་ཡང་ཡོད་དོ། །

ཇ༢ དོན་བསྡུ་བ།

གཉིས་པ་དོན་བསྡུ་བ་ནི། སྔར་བཤད་པའི་ཉེས་པ་དེ་དག་ཁྱིམ་པའི་བྱང་ཆུབ་སེམས་དཔས་ཀྱང་སྤང་བར་བྱ་ཞིང་། བྱང་ཆུབ་སེམས་དཔའ་རབ་ཏུ་བྱུང་བ་སྡོམ་བརྩོན་ཅན་གྱིས་ལྷག་པར་ཡང་སྤང་བར་བྱའོ། །

ཆ༢ ཡོན་ཏན་བླང་བ།

ཇ༡ གནས་སྐབས་ཀྱི་ཡོན་ཏན།

ཉ༡ སྤྱིར་བསྟན་པ།

ཏ༡ ཡོན་ཏན་གྱི་ངོ་བོ་བསྡུས་ཏེ་བསྟན་པ།

གཉིས་པ་ཡོན་ཏན་བླང་བ་ལ་གཉིས། གནས་སྐབས་ཀྱི་ཡོན་ཏན་དང་། མཐར་ཐུག་གི་ཡོན་ཏན་ནོ། །དང་པོ་ལ་གཉིས། སྤྱིར་བསྟན་པ་དང་། ས་བཅུའི་(༤༧ན)རྣམ་གཞག་གོ། །དང་པོ་ལ་བཞི། ཡོན་ཏན་གྱི་ངོ་བོ་བསྡུས་ཏེ་བསྟན་པ་དང་། སོ་སོའི་ངོ་བོ་ངོས་བཟུང་བ་དང་། སོ་སོའི་འབྲས་བུ་དང་། ཐུན་མོང་གི་འབྲས་བུའོ། །དང་པོ་ནི། བྱང་ཆུབ་སེམས་དཔའ་ཉེས་པ་དེ་རྣམས་དང་བྲལ་ན་ཡོན་ཏན་རྣམས་ལ་བདེ་བླག་ཏུ་བརྟེན་པར་འགྱུར་བས། ཉེས་པ་སྤང་ཞིང་ཡོན་ཏན་ལ་བརྟེན་པར་བྱའོ། །དེ་ལ་བྱང་ཆུབ་སེམས་དཔས་ཡོན་ཏན་མདོར་བསྡུས་ཏེ་བསྟེན་པར་བྱ་བ་ནི་གང་ཞེ་ན་སྦྱིན་པ་དང་ཚུལ་ཁྲིམས་དང་། བཟོད་པ་དང་། བརྩོན་འགྲུས་དང་། བསམ་གཏན་དང་། ཤེས་རབ་དང་། སྙིང་རྗེ་དང་། དེས་ཀུན་ནས་བསླངས་པའི་

ཚོ་བྲང་པོ་ཏ་ལར་བཞུགས་པའི་དགེ་ལུགས་པའི་དཔེ་དཀོན་ཕྱོགས་བསྒྲིགས་འདོན་ཐེངས་དང་པོ།

སེམས་བསྐྱེད་སོགས་སོ། །

ཏ༢ སོ་སོའི་ངོ་བོ་ངོས་བཟུང་བ།

གཉིས་པ་ནི། སྦྱིན་པ་ནི། རང་གི་ནོར་གཞན་ལ་ཡོངས་སུ་གཏོང་བའི་སེམས་པ་དང་དེས་ཀུན་ནས་བསླངས་པའི་ལུས་ངག་གི་ལས་སོ། །ཚུལ་ཁྲིམས་ནི་གཞན་ལ་ཕན་པར་བྱ་བའི་ཆེད་དུ་རང་ཉིད་འབའ་ཞིག་དོན་དུ་གཉེར་བ་སྤངས་པའོ། །བཟོད་པ་ནི་ཁྲོ་བ་སྤངས་པ་སྟེ་ཆོས་ལ་ངེས་པར་སེམས་པ་སོགས་སོ། །བརྩོན་འགྲུས་ནི་དགེ་བའི་བྱ་བ་ལ་སྤྲོ་བ་ཉིད་དོ། །བསམ་གཏན་ནི་དགེ་བ་ལ་རྩེ་གཅིག་པ་བྱིང་རྒོད་རོ་མྱང་གི་ཉོན་མོངས་མེད་པའོ། །ཤེས་རབ་ནི་བདེན་པ་གཉིས་དང་བཞི་ལ་སོགས་པའི་དོན་གཏན་ལ་འབེབས་པའོ། །སྙིང་རྗེ་ཆེན་པོ་ནི་སེམས་ཅན་ལ་དམིགས་ནས་སྡུག་བསྔལ་དང་འབྲལ་འདོད་ཀྱི་སྙིང་རྗེ་གཞན་དོན་ལ་རྩེ་གཅིག་པའི་བློ་གྲོས་སོ། །

ཏ༣ སོ་སོའི་འབྲས་བུ།

གསུམ་པ་ནི། སྦྱིན་པས་འབྲས་བུ་ལོངས་སྤྱོད་དང་ཚུལ་ཁྲིམས་ཀྱིས་བདེ་འགྲོའི་བདེ་བ་དང་། བཟོད་པས་མདངས་ལྡན་པ་དང་། བརྩོན་འགྲུས་དགེ་བས་གཟི་བརྗིད་དང་། (༤༧བ)བསམ་གཏན་གྱིས་བྱིང་རྒོད་ལ་སོགས་པའི་ཉོན་མོངས་ཞི་བ་དང་། བློ་ཡིས་སྲིད་པ་ལས་གྲོལ་བར་བྱེད་པའོ། །སྙིང་བརྩེ་བས་ནི་རང་གཞན་དོན་ཀུན་སྒྲུབ་པའོ། །

ཏ༤ ཐུན་མོང་གི་འབྲས་བུ།

བཞི་པ་ནི། ཡོན་ཏན་བདུན་པོ་འདི་དག་མ་ལུས་པར་ཅིག་ཅར་སློབ་ལམ་གྱི་གནས་སྐབས་སུ་གོམས་པར་བྱས་ཤིང་ཕ་རོལ་ཏུ་ཕྱིན་པ་ཡིས་ཡེ་ཤེས་བསམ་གྱིས

མི་ཁྲུབ་པའི་ཡུལ་འཛིག་རྟེན་གྱི་མགོན་པོ་ཡང་དག་པར་རྫོགས་པའི་སངས་རྒྱས་ཉིད་འཐོབ་པར་འགྱུར་རོ། །

༧༢ ས་བཅུའི་རྣམ་གཞག །

༦༡ སྤྱིའི་དོན།

གཉིས་པ་ལ་གཉིས། སྤྱིའི་དོན་དང་། ཡན་ལག་གི་དོན་ནོ། །དང་པོ་ནི། དབུ་མ་ལ་འཇུག་པའི་འགྲེལ་པ་ལས། བྱང་ཆུབ་སེམས་དཔའ་རྣམས་ཀྱི་ཟག་པ་མེད་པའི་སྙིང་རྗེ་ལ་སོགས་པས་ཟིན་པ་ཉིད་ཆར་རྣམ་པར་ཕྱེ་བ་ན། ས་ཞེས་བྱ་བའི་མིང་ཐོབ་སྟེ། ཡོན་ཏན་གྱི་གནས་སུ་གྱུར་པའི་ཕྱིར་རོ། །ཞེས་པའི་ངོ་བོ་དང་། ཡོན་ཏན་གང་གིས་ཟིན་པ་དང་། སའི་མིང་ཐོབ་ཚུལ་དང་། མིང་དོན་དང་བཞི་བསྟན་པའོ། །དང་པོ་ནི། ཉོན་མོངས་ཅན་གྱི་མ་རིག་པ་བདེན་འཛིན་དང་། དེའི་བག་ཆགས་གང་རུང་གིས་བསླད་པ་ནི། ཟག་བཅས་དང་བསླད་པ་དེ་དང་བྲལ་བའི་ཡེ་ཤེས་ནི་ཟག་པ་མེད་པ་ཡིན་ཏེ། ཚིག་གསལ་ལས། མ་རིག་པའི་རབ་རིབ་དང་བྲལ་བ་དག་གི་ཡེ་ཤེས་ཟག་པ་མེད་པའི་ཡུལ་གྱི་རང་བཞིན་ལ་ལྟོས་ནས་ནི་མ་ཡིན་ནོ། །ཞེས་གསུངས་པ་བཞིན་ནོ། །དེ་ཡང་སངས་རྒྱས་ཀྱི་ས་མ་ཐོབ་ཚུན་ཆད་དུ་མ་རིག་པའི་བག་ཆགས་ཀྱིས་མ་བསླད་པའི་ཤེས་པ་ནི། འཕགས་པ་རྣམས་ཀྱི་མཉམ་བཞག་མི་རྟོག་པའི་ཡེ་ཤེས་མིན་པ་མེད་ལ། རྗེས་ཐོབ་ཏུ་བག་ཆགས་ཀྱིས་བསླད་པ་ཅན་དུ་སྐྱེའོ། །ས་བདུན་པའི་བར་དུ་ཉོན་མོངས་ཅན་གྱི་མ་རིག་པས་བསླད་(༥༤ན) པ་ཡོད་ལ། ས་བརྒྱད་པ་ནས་དང་དག་བཅོམ་པ་གཉིས་ལ་དེ་ཟད་པས་དེས་བསླད་པ་མེད་ཀྱི་མ་རིག་པའི་བག་ཆགས་ཀྱི་བསླད་པ་ནི་ཡོད་དོ། །གཉིས་པ་ནི། སྙིང་རྗེ་ཆེན་པོ་དང་ཡོན་ཏན་བརྒྱ་ཕྲག་བཅུ་གཉིས་སོགས་ཀྱི་ནུས་པས་ཟིན་པའོ། །གསུམ་པ་ནི། ཡོན་ཏན་གྱི་གནས་སམ་རྟེན་བྱེད་པས་ས་ཞེས་བརྗོད་པའོ། །བཞི་པ་ལ་དེ་

ལྟར་རོ། །རབ་དགའ་སོགས་ས་སོ་སོར་འཇོག་ཚུལ་ནི། བཞིའི་སྒོ་ནས་འཇོག་པའི་ཁྱད་པར་དང་པོ་ནི། ས་དང་པོ་ལ་ཡོན་ཏན་བརྒྱ་ཕྲག་བཅུ་གཉིས་དང་། ས་གཉིས་པ་ལ་སྟོང་ཕྲག་བཅུ་གཉིས་སོགས་ཡོན་ཏན་གྱི་གྲངས་གོང་ནས་གོང་དུ་འཕེལ་བའོ། །ཁྱད་པར་གཉིས་པ་ནི། ས་སོ་སོའི་སྐབས་ཀྱི་དྲི་མ་སྦྱོང་བའི་སྟོབས་དང་ལམ་བགྲོད་པའི་སྟོབས་གོང་ནས་གོང་དུ་འཕེལ་བ་མཐུ་ཤུལ་དུ་བྱུང་བ་གོང་ནས་གོང་དུ་ཐོབ་པའོ། །ཁྱད་པར་གསུམ་པ་ནི། ས་དང་པོར་སྦྱིན་པའི་ཕར་ཕྱིན་ལྷག་པ་དང་། ས་གཉིས་པར་ཚུལ་ཁྲིམས་ཀྱི་ཕར་ཕྱིན་ལྷག་པ་སོགས་ཕར་ཕྱིན་ལྷག་པའི་ཁྱད་པར་རོ། །ཁྱད་པར་བཞི་པ་ནི། ས་དང་པོར་འཛམ་བུ་གླིང་ལ་དབང་བ་དང་གཉིས་པར་གླིང་བཞི་ལ་དབང་བའི་རྒྱལ་པོར་སྐྱེ་བ་སོགས་རྣམ་སྨིན་གྱི་སྐྱེ་བ་གོང་ནས་གོང་དུ་འཕེལ་བའོ། །ས་དེ་དག་ཀྱང་། རྗེས་ཐོབ་དང་བཅས་པ་ལ་ཟད་པ་ཡིན་གྱི། མཉམ་བཞག་འབའ་ཞིག་ཏུ་ཟད་པ་ནི་མིན་ནོ། །

ཏ༢ ཡན་ལག་གི་དོན།

ཐ༡ བྱང་ཆུབ་སེམས་དཔའི་ས་བཅུ་དབྱེ་བ།

གཉིས་པ་ལ་གསུམ། ཉན་ཐོས་ཀྱི་ས་བརྒྱད་ཡོད་པ་ལྟར། བྱང་ཆུབ་སེམས་དཔའི་ས་བཅུ་དབྱེ་བ་དང་། ས་བཅུ་སོ་སོའི་ངོ་བོ་ཡོན་ཏན་དང་བཅས་པ་དང་། དོན་བསྡུ་བའོ། །དང་པོ་ནི། ཇི་ལྟར་ཉན་ཐོས་ཀྱི་ཐེག་པ་ལ་རིགས་ཀྱི་ས་དང་། བརྒྱད་པའི་(༥༢བ)ས་དང་། མཐོང་བའི་ས་དང་། སྲབ་པའི་ས་དང་། འདོད་ཆགས་དང་བྲལ་བའི་ས་དང་། བྱས་པ་རྟོགས་པའི་ས་དང་། ཉན་ཐོས་ཀྱི་ས་སྟེ། ཉན་ཐོས་ཀྱི་ས་བདུན་དང་། རང་སངས་རྒྱས་ཀྱི་ས་དང་ནི་བརྒྱད་བཤད་པ་དེ་བཞིན་དུ་ཐེག་པ་ཆེན་པོ་ལ་རྒྱུའི་གནས་སྐབས་སུ་བྱང་ཆུབ་སེམས་དཔའི་ས་བཅུའོ། །

ཐ༢ ས་བཅུ་སོ་སོའི་ངོ་བོ་ཡོན་ཏན་དང་བཅས་པ།

གཉིས་པ་ལ་བཅུ་ཡོད་པའི་དང་པོ་ས་དང་པོ་ནི། ས་དེ་དག་ལས་ས་དང་པོར་ས་རབ་ཏུ་དགའ་བ་ཞེས་པ་མདོ་སྡེ་ས་བཅུ་པ་ལས་གསུངས་པའི་ཡོན་ཏན་བདུན་ཐོབ་པ་དང་། མི་མཐུན་ཕྱོགས་ཀྱི་མཐོང་སྤང་དང་བྲལ་བས་བྱང་ཆུབ་སེམས་དཔའ་ཐུན་མོང་མིན་པའི་དགའ་བ་ཁྱད་པར་ཅན་བྱེད་པའི་ཕྱིར་དང་ཐར་པ་ཐོབ་པའི་གེགས་ཀྱི་གཙོ་བོ་དང་། འཇིག་ཚོགས་ལ་ལྟ་བ་དང་། ཐེ་ཚོམ་དང་། ཚུལ་ཁྲིམས་དང་བརྟུལ་ཞུགས་མཆོག་ཏུ་འཛིན་པའི་ཀུན་ཏུ་སྦྱོར་བ་གསུམ་སྤངས་ཤིང་ཉན་ཐོས་དང་རང་སངས་རྒྱས་ཀྱི་ས་ལས་འདས་ཤིང་། དེ་པའི་ས་ཀུན་ཏུ་འོད་དང་རྗེས་སུ་མཐུན་པའི་མཐོང་ལམ་སྐྱེས་པས་དེ་པའི་རིགས་སུ་སྐྱེས་པའི་ཕྱིར་དང་། དེའི་རྣམ་པར་སྨིན་པས་ན་སྔེ་དེའི་དབང་གིས་སྦྱིན་པའི་ཕ་རོལ་ཏུ་ཕྱིན་པ་མཆོག་སྟེ་ཆེས་ལྷག་པར་འགྱུར་ཏེ། ས་དེར་སྦྱིན་པའི་མི་མཐུན་ཕྱོགས་དང་བྲལ་བས་སྦྱིན་པ་ཆེས་ལྷག་པ་དེ་ཙམ་དུ་ཕར་ཕྱིན་ལྷག་མ་རྣམས་ལ་མི་ལྡན་པས་སྦྱིན་པ་ལྷག་པ་ཞེས་བྱའོ། །ཡོན་ཏན་གྱི་གྲངས་ཀྱི་ཁྱད་པར་འཇིག་རྟེན་ཁམས་ནི་བརྒྱ་གཡོ་ཞིང་སྣང་བར་བྱེད་པ་སོགས་ཡོན་ཏན་བརྒྱ་ཕྲག་བཅུ་གཉིས་སོ། །འཛམ་གླིང་གི་དབང་ཕྱུག་ཆེན་པོར་འགྱུར་བ་ནི་རྣམ་སྨིན་འཕེལ་བའི་ཁྱད་པར་རོ། །

གཉིས་པ་ས་གཉིས་པ་དྲི་མ་མེད་པ་ཞེས་བྱ་བ་ནི། (༦༡ན)རང་ཉིད་འབབ་ཞིག་གི་ཆེད་དུ་ཐར་པ་ཡིད་ལ་བྱེད་པ་སྤོམ་པའི་ཕྱིར། ལུས་དང་ངག་དང་སེམས་ཀྱི་ལས་ལམ་བཅུ་ཆར་རྨི་ལམ་དུ་ཡང་འཆལ་ཚུལ་གྱི་དྲི་མ་མེད་པའི་ཕྱིར་རང་གིས་ཚུལ་ཁྲིམས་དེ་དག་གནས་པའི་ཕྱིར་ཡོན་ཏན་དེའི་རྣམ་པར་སྨིན་པས་ནི་དེ་ཐོབ་པའི་དབང་གིས་ཚུལ་ཁྲིམས་ཀྱི་ཕར་ཕྱིན་མཆོག་ལྷག་པར་འགྱུར་རོ། །ཡོན་ཏན་སྟོང་ཕྲག་བཅུ་གཉིས་སོགས་ཀྱང་སྦྱར་བར་བྱའོ། །རྣམ་སྨིན་འཕེལ་བའི་བྱེ་བྲག་ནི་དཔལ་ལྡན་

གླིང་བཞི་ལ་དབང་བའི་རྒྱལ་སྲིད་རིན་ཆེན་སྣ་བདུན་གྱི་བདག་པོ། འགྲོ་བ་ལ་ཕན་པའི་འཁོར་ལོས་སྒྱུར་བར་འགྱུར་རོ། །

གསུམ་པ་ས་གསུམ་པ་ནི་འོད་བྱེད་པ་ཞེས་བྱ་ལ། མཉམ་བཞག་ཏུ་ཤེས་སྒྲིབ་ཀྱི་བུད་ཤིང་སྲེག་པར་བྱེད་པའི་ཡེ་ཤེས་ཀྱི་མེ་མཚན་མ་ཞི་བའི་འོད་དེ་འབྱུང་བ་དེའི་སྟོབས་ཀྱིས་རང་གི་ལུས་དང་རྗེས་ཐོབ་ཀྱི་གནས་སྐབས་སུ་ཡང་ཉི་མ་འཆར་ཁའི་སྦྲ་རོལ་གྱི་འོད་དམར་སེར་ཟངས་ཀྱི་འོད་དང་འདྲ་བ་འབྱུང་བའི་ཕྱིར་རོ། །ས་དེར་བསམ་གཏན་བཞི་དང་། གཟུགས་མེད་བཞི་དང་། ཚད་མེད་པ་བཞི་དང་། མངོན་པར་ཤེས་པ་ལྔ་སྐྱེས་པ་དང་འདོད་ཆགས་དང་། ཞེ་སྡང་དང་གཏི་མུག་ཡོངས་སུ་ཟད་པའི་ཕྱིར་དེའི་རྣམ་པར་སྨིན་པས་ན་ཡོན་ཏན་དེ་དག་གི་དབང་གིས་ས་དེར་བཟོད་པ་ཆེས་ལྷག་པ་དང་བརྩོན་འགྲུས་ཀྱང་ལྷག་པར་སྤྱོད་པའི་ཕྱིར་དང་རྣམ་སྨིན་ལྷའི་དབང་པོ་ཆེན་པོ་མཁས་པར་འགྱུར་བ་སྟེ། མཁས་པ་དེའི་དབང་གིས་འདོད་པའི་འདོད་ཆགས་ཟློག་པར་བྱེད་པ་ཡིན་ནོ། །

བཞི་པ་ས་བཞི་པ་འོད་འཕྲོ་བ་ཅན་ཞེས་བྱ་བ་ནི་ཡང་དག་པའི་ཡེ་ཤེས་ཞི་བའི་འོད་ས་(༥༩བ)གསུམ་པ་ལས་ཆེས་ལྷག་པ་འབྱུང་བའི་ཕྱིར་འོད་འཕྲོ་བ་ཅན་ཞེས་བྱ་ལ། དྲན་པ་ཉེར་གཞག་ལ་སོགས་པ་སོ་ཚན་བདུན་གྱིས་བསྡུས་པའི་བྱང་ཆུབ་ཀྱི་ཕྱོགས་མཐུན་མ་ལུས་པ་སོ་བདུན་པོ་ཁྱད་པར་དུ་ནི་སྒོམས་པའི་ཕྱིར་དེའི་རྣམ་པར་སྨིན་པས་ན་རབ་མཐའ་ཁྲལ་བར་གནས་པའི་ལྷའི་རྒྱལ་པོར་འགྱུར་རོ། །འཇིག་ཚོགས་ལ་ལྟ་བ་རང་འབྱུང་བ་ལྷན་སྐྱེས་ཀྱིས་བསྡུས་པ་དེ་རང་གི་མཚན་ཉིད་ཀྱིས་གྲུབ་པར་འཛིན་པའི་ཕྲ་བ་དང་། གང་ཟག་རང་རྐྱ་བར་འཛིན་པའི་རགས་པ་རྣམས་ཀུན་ནས་འཇོམས་པར་བྱེད་པ་ལ་མཁས་པ་ཡིན་ནོ། །

ལྔ་པ་ས་ལྔ་པ་ཤིན་ཏུ་སྦྱང་དཀའ་བ་ནི། འཇིག་རྟེན་གྱི་ཁམས་ཐམས་ཅད་ན་གནས་པའི་ལྷའི་བུའི་བདུད་ཐམས་ཅད་ཀྱིས་ཀྱང་ཕམ་པར་བྱེད་མི་ནུས་ན། དེའི་

བཀའ་ཉན་པའི་བྲན་ལ་སོགས་པས་ལྷ་ཅི་སྨོས་པས་བདུད་ཀུན་གྱིས་ཤིན་ཏུ་ཐུབ་པར་དཀའ་བའི་ཕྱིར་ས་འདི་ལ་ཤིན་ཏུ་སྦྱང་དཀའ་བ་ཞེས་བྱའོ། །འཕགས་པའི་བདེན་བཞི་ཕྲ་རགས་སོགས་དང་། མདོ་སྡེ་ས་བཅུ་པ་ལས་དེ་ལས་ལོགས་སུ་གསུངས་པའི་བདེན་པ་གཉིས་ལ་སོགས་པ་ཤེས་བྱ་ཕྲ་མོའི་དོན་ཤེས་པ་ལ་མཁས་པ་འབྱུང་བའི་ཕྱིར་དེའི་རྣམ་པར་སྨིན་པས་དགའ་ལྡན་གྱི་གནས་ཀྱི་ལྷའི་རྒྱལ་པོར་འགྱུར་རོ། །སའི་འབྲས་བུ་ནི་ཕྱི་ནང་གི་མུ་སྟེགས་བྱེད་པ་ཐམས་ཅད་ཀྱི་ཉོན་མོངས་དང་ལྟ་བའི་གནས་ཟློག་པར་བྱེད་པའོ། །

དྲུག་པ་ས་དྲུག་པ་མངོན་དུ་ཕྱོགས་པ་ཞེས་བྱ་སྟེ་སངས་རྒྱས་ཀྱི་ཆོས་རྟེན་ཅིང་འབྲེལ་བར་འབྱུང་བ་གཟུགས་བརྙན་དང་འདྲ་བ་སོགས་ལ་མངོན་དུ་ཕྱོགས་པའི་ཕྱིར་དང་ཆོས་ཡང་དག་པར་བསྡུས་པ་ལས་སེམས་མཉམ་(༧༠ན)པར་བཞག་ན་ཡང་དག་པ་ཇི་ལྟ་བ་བཞིན་དུ་ཤེས་པར་འགྱུར། ཞེས་གསུངས་པ་ལྟར་ས་ལྔ་པར་བསམ་གཏན་གྱི་ཕར་ཕྱིན་རྫོགས་པ་དེའི་སྟོབས་ཀྱིས་ཤེས་རབ་ཀྱི་ཕར་ཕྱིན་རྫོགས་པས་བྱང་ཆུབ་སེམས་དཔའི་ཐུན་མོང་མ་ཡིན་པའི་ཞི་གནས་ལྷག་མཐོང་གོམས་པ་ཡིས་བསམ་གཏན་གྱི་ཕར་ཕྱིན་དེའི་མཐུ་ལ་བརྟེན་ནས། འདོད་ན་སྟོང་པ་ཉིད་ལ་ཡུན་རིང་པོའི་བར་དུ་མངོན་སུམ་དུ་མཉམ་པར་བཞག་ནུས་པའི་འགོག་པ་ཐོབ་པས་རྒྱས་པའི་ཕྱིར་དེའི་རྣམ་པར་སྨིན་པ་ན་རབ་འཕྲུལ་དགའི་ལྷའི་དབང་པོར་འགྱུར་རོ། །ཉན་ཐོས་རྣམས་ཀྱིས་མི་འཕྲོག་པ་དང་ལྷག་པའི་ང་རྒྱལ་ཅན་ཞི་བར་བྱེད་པའོ། །

བདུན་པ་ས་བདུན་པ་རིང་དུ་སོང་བ་སྟེ་དུས་བསྐལ་པ་གྲངས་མེད་གཉིས་དང་། ས་འོག་མ་རྣམས་ལས་ཡོན་ཏན་གྱི་གྲངས་ནི་རིང་དུ་སོང་བ་དང་ལྡན་ཕྱིར་དང་ས་བརྒྱད་པ་དང་ཆེས་ཉེ་བའི་རྒྱུ་ཡི་ཕྱིར། རིང་དུ་སོང་བ་ཞེས་བྱའོ། །ས་དྲུག་པ་མན་ཆད་ལས་རིང་དུ་སོང་བ་གང་གི་ཕྱིར་ན་སྐད་ཅིག་སྐད་ཅིག་ལ་སྟེ་སྐད་ཅིག་རེ་རེ་བ་དེར་ནི་འགོག་པ་ལ་སྙོམས་པར་འཇུག་ནུས་པས་སོ། །རྒྱུ་མཚན་དེ་ཉིད་

ཀྱིས་ཉན་ཐོས་དང་རང་སངས་རྒྱས་རྣམས་བློའི་སྟོབས་ཀྱིས་ཀྱང་ཟིལ་གྱིས་གནོན་ནུས་པའོ། །དེའི་རྣམ་པར་སྨིན་པས་ན་འདོད་པ་ལ་དབང་སྒྱུར་བའི་སའི་བདག་པོར་འགྱུར་རོ། །འཕགས་པའི་བདེན་པ་མངོན་པར་རྟོགས་པ་ཤེས་པའི་སློབ་དཔོན་འཕགས་པའི་ཐུ་བོ་ཁྱུ་མཆོག་ཆེན་པོར་འགྱུར་རོ། །

བརྒྱད་པ་ས་བརྒྱད་པ་ནི་དེ་བཞིན་དུ་གཡོན་ནུའི་ས་མི་གཡོ་བ་སྟེ་བདེན་འཛིན་ཟད་པར་སྤངས་པ་བདེན་པར་མི་རྟོག་པའི་ཕྱིར་མཚན་འཛིན་(༧༠བ)གྱིས་མི་གཡོ་བ་དང་དེ་བཞིན་དུ་ལུས་དང་ནི་ངག་དང་སེམས་ཀྱི་སྤྱོད་ཡུལ་བསམ་གྱིས་མི་ཁྱབ་པ་ལྡན་ལ་དེ་ཡི་རྣམ་པར་སྨིན་པས་ན་སྟོང་གི་བདག་པོ་ཚངས་པར་འགྱུར་རོ། །ཉན་ཐོས་དགྲ་བཅོམ་པ་དང་རང་སངས་རྒྱས་སོགས་ཀྱིས་ཆོས་ཀྱི་དོན་གཏན་ལ་འབེབས་པ་ལ་འཕྲོགས་པ་མེད་པའོ། །

དགུ་པ་ས་དགུ་པ་ནི་ལེགས་པའི་བློ་གྲོས་ཞེས་བྱ་བ་སྟེ་རྒྱལ་པོའི་བུ་རྒྱལ་ཚབ་ཏུ་དབང་བསྐུར་ལ་ཁད་པ་བཞིན་དུ་འོད་ཟེར་ཆེན་པོའི་དབང་བསྐུར་ལ་ཁད་པའོ། །གང་གི་ཕྱིར་ན་སོ་སོར་ཡང་དག་པར་རིག་པ་བཞི་རྫོགས་པར་ཐོབ་པས་ས་འདི་ལ་བློ་གྲོས་བཟང་པོ་ཞེས་བྱའོ། །དེའི་རྣམ་པར་སྨིན་པས་ན་སྟོང་གཉིས་ཀྱི་བདག་པོ་ཚངས་པར་འགྱུར་རོ། །གདུལ་བྱའི་སེམས་ཀྱི་བསམ་པ་དྲིས་པ་ལ་འགལ་བ་དང་འཁྲུལ་བ་སོགས་ཀྱི་སྒོ་ནས་དགྲ་བཅོམ་པ་སོགས་ཀྱིས་འཕྲོགས་པ་མེད་པའོ། །

བཅུ་པ་ས་བཅུ་པ་ཆོས་ཀྱི་སྤྲིན་ཡིན་ཏེ། ཆར་སྤྲིན་ལས་ཆར་ཆེན་པོ་འབྱུང་བ་ལྟར་འཇིག་རྟེན་གྱི་དགེ་བའི་ལོ་ཏོག་སྤེལ་བའི་ཆེད་དུ་དམ་པའི་ཆོས་ཀྱི་ཆར་འབེབས་པའི་ཕྱིར། ཆོས་ཀྱི་སྤྲིན་ཞེས་བྱའོ། །ས་འདི་ཐོབ་ན་བྱང་ཆུབ་སེམས་དཔའ་དེ་ལ་ཏིང་ངེ་འཛིན་གྲངས་མེད་པ་འབུམ་ཕྲག་བཅུ་ཛཱ་སྙེད་པའི་ཐ་མ་ལ་བྱང་ཆུབ་སེམས་དཔའ་ཏིང་ངེ་འཛིན་ཐམས་ཅད་མཁྱེན་པའི་ཡེ་ཤེས་དང་ཁྱད་པར་མེད་པར་དབང་བསྐུར་བ་དང་ལྡན་པ་ཞེས་བྱ་བ་མངོན་དུ་འགྱུར་ཏེ། དེ་མངོན་དུ་གྱུར་

མ་ཐག་སྟོང་གསུམ་འབུམ་ཕྲག་བཅུའི་གཏོས་དང་མཉམ་པའི་རིན་པོ་ཆེ་ཆེན་པོའི་པདྨ་རིན་པོ་ཆེ་རྣམ་པ་ཐམས་ཅད་ཀྱི་མཆོག་དང་ལྡན་པས་(༧༡ན)སྤྲས་པ་ཞེས་བྱ་བ་ནས་རྒྱས་པར་སྟོང་གསུམ་འབུམ་ཕྲག་བཅུར་ཚང་བའི་རྡུལ་ཕྲ་རབ་ཀྱི་རྡུལ་སྙེད་ཀྱི་པདྨའི་འཁོར་དང་ལྡན་པ་འབྱུང་བར་འགྱུར་ཏེ། བྱང་ཆུབ་སེམས་དཔའི་ལུས་ཀྱང་དེ་དང་འཚམ་ཞིང་དེའི་སྟེང་དུ་བབ་པར་གནས་སོ། །དེས་ཏིང་ངེ་འཛིན་དེ་ཐོབ་མ་ཐག་ཏུ་པདྨ་དེ་ལ་འདུག་པར་ཀུན་ཏུ་སྣང་ངོ་། །དེ་དེ་ལ་འདུག་པ་དང་། སངས་རྒྱས་བཅོམ་ལྡན་འདས་སངས་རྒྱས་ཀྱི་ཀུན་ནས་གདན་འཛོམས་རྣམས་ཀྱི་མཛོད་སྤུ་ནས་འོད་ཟེར་དག་ཕྱུང་ནས་དབང་བསྐུར་བ་མཛད་དོ་ཞེས་སོགས་བྱང་ཆུབ་སེམས་དཔའ་དེ་སངས་རྒྱས་ཀྱིས་འོད་ཟེར་ཆེན་པོའི་དབང་གིས་དབང་བསྐུར་བའི་ཕྱིར་དེའི་རྣམ་པར་སྨིན་པས་ན་གནས་གཙང་མའི་ལྷའི་བདག་པོར་འགྱུར་རོ། །བསམ་ཡས་ཡེ་ཤེས་ནི་སངས་རྒྱས་ཀྱི་ཡེ་ཤེས་ཡིན་ལ། དེ་ཡུལ་དུ་བྱས་ནས་དབང་བསྐུར་བའི་ཡུལ་གྱི་བདག་པོར་དབང་ཕྱུག་ཆེན་པོ་མཆོག་ཡིན་ནོ། །

ཐ༽ དོན་བསྡུ་བ།

གསུམ་པ་དོན་བསྡུ་བ་ནི། དེ་ལྟར་བཤད་མ་ཐག་པའི་ས་བཅུ་པོ་དེ་དག་ནི་བྱང་ཆུབ་སེམས་དཔའི་ས་བཅུར་མདོ་ལས་བསྒྲགས་ཤིང་བརྗོད་དོ། །

ཐ༽ མཐར་ཐུག་གི་ཡོན་ཏན།

གཉིས་པ་མཐར་ཐུག་གི་ཡོན་ཏན་ལ་གཉིས། སངས་རྒྱས་ཀྱི་ཡོན་ཏན་རེ་རེའང་ཚད་མེད་པར་བསྟན་པ་དང་། དེ་ལ་ཡིད་ཆེས་ཤིང་མོས་པ་སྐྱེད་པའི་རྒྱུའོ། །

ཀ༡ སངས་རྒྱས་ཀྱི་ཡོན་ཏན་རེ་རེའང་ཚད་མེད་པར་བསྟན་པ།

ཏ༡ སངས་རྒྱས་ཀྱི་ཡོན་ཏན་མཐའ་ཡས་པ་སྟོབས་བཅུ་ལ་བརྟེན་པ།

དང་པོ་ལ་གཉིས། སངས་རྒྱས་ཀྱི་ཡོན་ཏན་མཐའ་ཡས་པ་སྟོབས་བཅུ་ལ་བརྟེན་པ་དང་། ཡོན་ཏན་ཚད་མེད་པའི་དཔེའོ། །དང་པོ་ནི། སངས་རྒྱས་རྣམས་ཀྱིས་སྔར་བཤད་པ་བཅུ་ལས་གཞན་དེ་རྣམ་པ་ཀུན་ཏུ་གཞལ་ཡས་པར་(༧༡བ)རྒྱ་ཆེ་བ་དེ་ནི་ཕྱོགས་མཐའ་ཡས་ཀྱང་བཅུར་འདུས་པ་ལྟར་སྟོབས་བཅུ་དང་ལྡན་པ་ཡིན་པ་ཙམ་ཞིག་ཏུ་ཟད་པར་སྦྱར་བརྗོད་དོ། །

ཏ༢ ཡོན་ཏན་ཚད་མེད་པའི་དཔེ།

གཉིས་པ་ནི། སངས་རྒྱས་དེའི་སྟོབས་ནི་གནས་དང་གནས་མིན་པ་མཁྱེན་པའི་སྟོབས་ཀྱིས་མཚོན་པའི་སྟོབས་རེ་རེ་ཡང་མཐའ་ཡས་པའི་འགྲོ་བ་ཀུན་བཞིན་དུ་དཔག་ཏུ་མེད་པའོ། །སངས་རྒྱས་རྣམས་ཀྱི་ཡོན་ཏན་ཚད་མེད་པ་ཉིད་ཀྱིས་ཕྱོགས་རྣམས་ཀུན་གྱི་ནམ་མཁའ་དང་ས་ཆུ་མེ་རླུང་ཚད་མེད་པ་ཇི་འདྲ་བ་དེ་ཙམ་ཞིག་ཏུ་བརྗོད་པར་བས་སོ། །

ཀ༢ དེ་ལ་ཡིད་ཆེས་ཤིང་མོས་པ་སྐྱེད་པའི་རྒྱུ།

ཏ༡ སངས་རྒྱས་ཀྱི་ཡོན་ཏན་ཚད་མེད་པ་དེའི་རྒྱུ་མཚན་དེ་ཡི་རྒྱུ་ཕྱུག་ལ་སོགས་པ་བསོད་ནམས་ཚད་མེད་པ།

ཐ༡ སངས་རྒྱས་ཀྱི་ཡོན་ཏན་ཚད་མེད་པའི་ཤེས་བྱེད།

གཉིས་པ་ལ་བཞི། སངས་རྒྱས་ཀྱི་ཡོན་ཏན་ཚད་མེད་པ་དེའི་རྒྱུ་མཚན་དེ་ཡི་རྒྱུ་ཕྱུག་ལ་སོགས་པ་བསོད་ནམས་ཚད་མེད་པ་དང་། ཕན་བྱ་ཚད་མེད་པ་ལ་ཕན་

པར་སྨྲན་པས་རྒྱུ་ཚད་མེད་དང་། ཡོན་ཏན་གྱི་བསོད་ནམས་ཚད་གཟུང་མི་ནུས་པ་དང་། ཤེས་བྱེད་དགོད་པའོ། །དང་པོ་ལ་གསུམ། སངས་རྒྱས་ཀྱི་ཡོན་ཏན་ཚད་མེད་པའི་ཤེས་བྱེད་དང་། བསོད་ནམས་ཚད་མེད་གསོག་པའི་ཚུལ་དང་། ཡན་ལག་བདུན་པར་བསྡུས་ཏེ་བསྟན་པའོ། །དང་པོ་ནི། སངས་རྒྱས་ཀྱི་ཡོན་ཏན་འདི་ཙམ་དུ་ཟད་ཅེས་ཚད་གཟུང་མི་ནུས་པར་ཐལ། གལ་ཏེ་སངས་རྒྱས་ཀྱི་རྒྱུ་ནི་ཚད་དེ་ཙམ་དུ་ཟད་པར་བཟུང་ནས་ཚད་མེད་པ་ཉིད་དུ་མ་མཐོང་ན་འབྲས་བུ་སངས་རྒྱས་རྣམས་ཀྱི་ཡོན་ཏན་ཚད་མེད་པ་དེ་ལ་ཡིད་ཆེས་པར་མི་འགྱུར་བས་སངས་རྒྱས་ཀྱི་ཡོན་ཏན་དེའི་རྒྱུ་ཚད་མེད་ཅིང་མཐའ་ཡས་པའི་ཕྱིར་རོ། །

ཐ༢ བསོད་ནམས་ཚད་མེད་གསོག་པའི་ཚུལ།

གཉིས་པ་ནི། རྒྱུ་བསོད་ནམས་ཚད་མེད་པ་ཞིག་དགོས་པས་དེའི་ཕྱིར་ན་སངས་རྒྱས་ཀྱི་སྐུ་གཟུགས་དང་མཆོད་རྟེན་གྱི་སྤྱན་སྔའམ་ཡང་ན་ཚོགས་ཀྱི་ཞིང་ཁྱད་པར་ཅན་འཕགས་པའི་དགེ་འདུན་ལ་(༧༢ན)སོགས་པ་གཞན་དུའང་རུང་འོག་ནས་འཆད་པའི་ཚིགས་སུ་བཅད་པ་ཉི་ཤུ་འདི་ཉིན་གཅིག་ཡང་དུས་གསུམ་དུ་བརྗོད་པར་བྱའོ། །དེ་ལྟར་བརྗོད་པས་བསོད་ནམས་མཐའ་ཡས་པའི་ཕྱིར་རོ། །དེའི་འབྲས་བུ་སངས་རྒྱས་མཐའ་ཡས་པའོ། །

ཐ༣ ཡན་ལག་བདུན་པར་བསྡུས་ཏེ་བསྟན་པ།

གསུམ་པ་ནི། སངས་རྒྱས་དང་ལྷུང་དང་རྟོགས་པའི་དམ་ཆོས། སོ་སོ་སྐྱེ་བོ་དང་འཕགས་པའི་དགེ་འདུན་དང་བྱང་ཆུབ་སེམས་དཔའ་རྣམས་ལ་ཡང་སྒོ་གསུམ་རྣམ་པ་ཀུན་ནས་བཏུད་དེ་སྐྱབས་སུ་མཆིས་ནས་མཆོད་འོས་རྣམས་ལ་ཕྱག་འཚལ་ལོ། །རང་གི་སྡིག་པ་ཅི་མཆིས་པ་ཐམས་ཅད་སྟོབས་བཞི་ཚང་བའི་སྒོ་ནས་སྡིག་པ

ལས་ནི་ལྡོག་པར་བགྱི་ཞིང་། སྦྱིན་པ་དང་ཚུལ་ཁྲིམས་དང་སྒོམ་པ་ལས་བྱུང་བའི་བསོད་ནམས་ཐམས་ཅད་ཡོངས་སུ་གཟུང་བར་བགྱིའོ། །ལུས་ཅན་ཀུན་གྱི་བསོད་ནམས་དག་ཀུན་ལ་འདི་ལྟ་བུའི་དགེ་བ་ཡོད་པ་ཨ་རེ་ལེགས་སྙམ་དུ་རྗེས་སུ་ཡི་རང་ངོ་། །བདག་ནི་སྤྱི་བོ་ལ་སོགས་པའི་ཡན་ལག་ལྔ་བཏུད་ནས། ཐལ་མོ་སྦྱར་ཏེ་མངོན་པར་རྫོགས་པར་སངས་རྒྱས་ནས་རིང་དུ་མ་ལོན་པ་ཆོས་ཀྱི་འཁོར་ལོ་སྐོར་བར་མི་མཛད་པ་དེ་དག་ལ་ཆོས་ཀྱི་འཁོར་ལོ་བསྐོར་བའི་སླད་དང་མྱ་ངན་ལས་འདའ་བར་བཞེད་པ་རྣམས་ཇི་སྲིད་འགྲོ་བ་གནས་པའི་བར་དུ་བཞུགས་པའི་བསླད་དུ་རྫོགས་པའི་སངས་རྒྱས་རྣམས་ལ་གསོལ་བ་འདེབས་སོ། །

ཏ༢ ཕན་བྱ་ཚད་མེད་པ་ལ་ཕན་པར་སྨན་པས་རྒྱུ་ཚད་མེད་པ།

གཉིས་པ་ནི། གོང་དུ་བཤད་པ་དེ་ལྟར་བདག་གིས་བགྱིས་པའི་བསོད་ནམས་དང་དེ་སྔ་ཕན་ཆད་བདག་གིས་བགྱིས་པ་དང་ད་ལྟ་ཕན་ཆད་མ་བགྱིས་ཤིང་མ་འོངས་པ་ན་བགྱིད་(༧༢བ)པར་འགྱུར་བའི་བསོད་ནམས་གང་ཡིན་པ་དེས་ནི་སེམས་ཅན་ཐམས་ཅད་ཀྱང་བླ་ན་མེད་པའི་བྱང་ཆུབ་ལ་དམིགས་པའི་སེམས་དང་ལྡན་པར་ཤོག་ཅིག་པའོ། །ཕན་གདགས་པར་བྱ་བའི་ཡུལ་སེམས་ཅན་ཚད་མེད་པའི་ཕྱིར། དེ་ལ་དམིགས་པའི་བསོད་ནམས་ཇི་སྐད་བཤད་པ་དེ་ཚད་མེད་ལ་རྒྱུ་བསོད་ནམས་དེ་ཚད་མེད་པས། དེའི་སངས་རྒྱས་ཀྱི་ཡོན་ཏན་ཚད་མེད་པར་ཡིད་ཆེས་པར་བྱའོ། །འོག་མ་རྣམས་ལའང་རྒྱུ་མཚན་དེ་ལྟར་ཤེས་པར་བྱའོ། །སེམས་ཅན་ཐམས་ཅད་དྲི་མེད་དབང་སྐྱེ་ཟག་པ་མེད་པའི་དབང་པོ་ཡོངས་སུ་རྫོགས་པ་དང་མི་ཁོམ་བརྒྱད་པོ་ཀུན་ལས་འདས་ཤིང་གཞན་དབང་དུ་མ་སོང་བར་སྤྱོད་པ་རང་དབང་ཡོད་པ་དང་། ལོག་འཚོ་སྤངས་པའི་འཚོ་བ་བཟང་པོ་དང་ལྡན་པར་ཤོག །ལུས་ཅན་དག་ནི་ཐམས་ཅད་ཀྱང་སྐྱེས་མ་ཐག་ལག་ན་རིན་ཆེན་ཉིད་དང་ལྡན་ཞིང་ཡོ་

བྱིད་ཐམས་ཅད་མཐའ་ཡས་པ་དུས་འཁོར་བ་ཇི་སྲིད་དུ་མི་ཟད་པར་ཤོག །བུད་མེད་ཐམས་ཅད་དུས་ཀུན་དུ་སྐྱེས་པ་མཆོག་ཉིད་དུ་གྱུར་པར་ཤོག་ཅིག་པའོ། །ལུས་ཅན་ཐམས་ཅད་བདག་མེད་རྟོགས་པས་མཚོན་པའི་ལྷག་པ་ཤེས་རབ་ཀྱི་བསླབ་པའི་རིག་པ་དང་ཚུལ་ཁྲིམས་ཀྱི་རྐང་པར་ལྡན་པ་ཉིད་དུ་ཤོག །ལུས་ཅན་ཐམས་ཅད་ཁ་དོག་བཟང་པོ་དང་ལྡན་པ་དང་དབྱིབས་ལེགས་པའི་གཟུགས་བཟང་བ་དང་། གཟི་བརྗིད་ཆེ་བ་དང་། ལྟ་ན་སྡུག་ཅིང་ནད་མེད་པ་དང་སྟོབས་ཆེན་པོ་དང་ཚེ་རིང་པོ་དང་། མདོར་ན་མཐོ་རིས་ཀྱི་ཡོན་ཏན་བདུན་དང་ལྡན་པར་ཤོག །ལུས་ཅན་ཐམས་ཅད་སྡུག་བསྔལ་ཞི་བའི་ཐབས་ལ་མཁས་པར་གྱུར་ཏེ་སྡུག་བསྔལ་ཀུན་ལས་(༧༣ན) ཐར་པ་དང་རྒྱུའི་སྐྱབས་འགྲོ་དང་འབྲས་བུའི་སྐྱབས་འགྲོ་བྱེད་པའི་སྒོ་ནས་དཀོན་མཆོག་གསུམ་ལ་གཞོལ་བ་དང་། སངས་རྒྱས་ཀྱི་ཆོས་ཀྱི་ནོར་སྟོབས་བཅུ་ཆེར་ལྡན་ཤོག །བྱམས་དང་སྙིང་རྗེ་དང་དགའ་བ་དང་སེམས་ཅན་ལ་ཆགས་སྡང་གི་རིགས་སུ་གཅོད་པའི་ཉོན་མོངས་མེད་པའི་བཏང་སྙོམས་ལ་གནས་པ་དང་། སྦྱིན་དང་ཚུལ་ཁྲིམས་བཟོད་བརྩོན་འགྲུས་བསམ་གཏན་ཤེས་རབ་ཀྱིས་བརྒྱན་ཅིང་ཚོགས་གཉིས་པོ་རྣམས་ཐམས་ཅད་ཡོངས་སུ་རྫོགས་ཏེ་ལམ་གྱི་སྐབས་སུ་ཡང་མཚན་དང་དཔེ་བྱད་གསལ་བ་དང་ཉན་ཐོས་ལ་སོགས་པས་བསམ་གྱིས་མི་ཁྱབ་པ་ས་བཅུ་དག་རྒྱུན་མི་འཆད་པར་བགྲོད་པར་ཤོག་ཅིག་པའོ། །དེ་ལྟར་རང་གིས་བྱས་པའི་དགེ་བ་སོགས་གཞན་དོན་དུ་བསྔོས་ནས་རང་ཉིད་ཀྱང་ཡོན་ཏན་ཀུན་གྱིས་བརྒྱན་པ་དང་། སེམས་ཅན་གྱི་དོན་དུ་འགྱུར་བར་སྨོན་པ་ནི་བདག་ཀྱང་སྔར་བཤད་པའི་ཡོན་ཏན་དེ་དག་དང་འདིར་མ་བཤད་ཅིང་མདོ་ལས་བཤད་པའི་ཡོན་ཏན་གཞན་ཀུན་གྱིས་ཀྱང་བརྒྱན་པ་དང་ལྡན་ཏེ། ཉེས་པ་ཀུན་ལས་གྲོལ་བ་དང་སེམས་ཅན་ཀུན་ལ་མཆོག་ཏུ་བྱམས་པ་དང་སེམས་ཅན་ཀུན་ལ་ཡིད་ལ་རེ་བའི་དགེ་བ་ཐམས་ཅད་རྫོགས་བགྱིད་ཅིང་སྐྱེ་རྫོགས་པར་བྱེད་པར་ཤོག་ཅིག །རྟག་ཏུ་ལུས་ཅན་ཐམས་ཅད་ཀྱི་སྡུག་བསྔལ་

སེལ་བར་བགྱིད་པར་ཤོག །འཇིག་རྟེན་ཀུན་ན་སྐྱེ་བོ་གང་སུ་དག་དགྲ་དང་གདོན་དང་ངན་འགྲོ་ལ་སོགས་པའི་འཇིགས་པས་སྐྱེ་བ་དེ་བདག་གི་མིང་ཙམ་ཐོས་པས་ཀྱང་ཤིན་ཏུ་འཇིགས་པ་མེད་པར་ཤོག །བདག་ནི་མཐོང་དང་དྲན་པ་དང་མིང་ཙམ་ཐོས་པས་སྐྱེ་བོ་རྣམས་རབ་ཏུ་དང་ཞིང་(༧༣བ)ཉོན་མོངས་པས་འཁྲུལ་བ་མེད་པར་རང་བཞིན་དུ་གནས་པའི་རྣལ་མ་དང་། རྫོགས་པའི་བྱང་ཆུབ་ལས་ཕྱིར་མི་ལྡོག་པར་ངེས་པ་དང་། ཚེ་རབས་ཀུན་ཏུ་མི་ཉམས་པར་རྗེས་སུ་འབྲང་བའི་མངོན་ཤེས་ལྔ་པོ་ཐོབ་པར་ཤོག །སེམས་ཅན་ཀུན་ལ་རྣམ་ཀུན་ཏུ་དུས་རྟག་ཏུ་ཕན་བདེ་བགྱིད་པར་ཤོག །འཇིག་རྟེན་ཀུན་ན་སྐྱེ་བོ་གང་སྡིག་པ་བྱེད་པར་འདོད་པར་གྱུར་པ་དེ་དག་ཐམས་ཅད་ལ་གནོད་པ་མེད་པར་རྟག་ཏུ་ཅིག་ཅར་ལྡོག་གྱུར་ཅིག །སེམས་ཅན་ཐམས་ཅད་ཀྱི་དོན་བྱེད་པར་སྨོན་པ་ནི། ས་དང་ཆུ་དང་མེ་དང་རླུང་སྨན་དང་འབྲོག་དགོན་པའི་ཤིང་བཞིན་དུ་རྟག་ཏུ་སེམས་ཅན་ཐམས་ཅད་ཀྱིས་རང་དབང་ཡོད་བཞིན་དུ་རང་དགར་གཞན་གྱིས་དགག་ཏུ་མེད་པར་སྤྱད་བྱར་ཤོག །སེམས་ཅན་རྣམས་ལ་བདག་གིས་དགེ་བའི་བཤེས་གཉེན་བྱས་ནས་བདག་ལ་སྲོག་བཞིན་ཕངས་པ་དང་། བདག་ལ་སེམས་ཅན་དེ་དག་ཆེས་ཕངས་པར་ཤོག །བདག་གཞན་བརྗེ་བར་སྨོན་པ་ནི། བདག་ལ་སེམས་ཅན་དེ་དག་གི་སྡིག་པ་སྨིན་ཞིང་བདག་གི་དགེ་བ་མ་ལུས་པ་སེམས་ཅན་དེར་སྨིན་པར་ཤོག །

གཞན་དོན་སྲིད་མཐའི་བར་དུ་བྱེད་པར་བསྔོ་བ་ནི། ཇི་སྲིད་དུ་སེམས་ཅན་འགའ་ཞིག་ཀྱང་གང་དུ་མ་གྲོལ་བ་སྟེ། སེམས་ཅན་གཅིག་འཁོར་བར་ལུས་ན་འང་དེ་སྲིད་དུ་སེམས་ཅན་དེའི་ཕྱིར་ནི། བླ་ན་མེད་པའི་བྱང་ཆུབ་ཐོབ་ཀྱང་སྲིད་པར་གནས་པར་གྱུར་ཅིག །

༦༣ ཡོན་ཏན་གྱི་བསོད་ནམས་ཚད་གཟུང་མི་ནུས་པ།

གསུམ་པ་སྔར་བཤད་པའི་བསོད་ནམས་ཚད་གཟུང་མི་ནུས་པ་ནི། སྔར་གོང་དུ་བཤད་པའི་ཡན་ལག་བདུན་པ་དང་། བསྔོ་བ་དང་སྨོན་ལམ་སོགས་དེ་སྐད་བརྗོད་པའི་བསོད་ནམས་དག་[༧༨ན]གང་ཡིན་པ་དེ་ལ་གལ་ཏེ་དེ་ནི་གཟུགས་ཅན་གྱུར་ཅིང་གཟུགས་ཡོད་ན་གངྒཱའི་བྱེ་མ་སྙེད་ཀྱི་ནི་འཇིག་རྟེན་གྱི་ཁམས་སུ་ཤོང་བར་མི་འགྱུར་བས་སེམས་ཅན་ཚད་མེད་པ་ཡུལ་དུ་བྱས་པའི་བསོད་ནམས་ཀྱི་ཚོགས་ཚད་མེད་པས་དེའི་འབྲས་བུ་སངས་རྒྱས་ཀྱི་ཡོན་ཏན་ཚད་མེད་པ་ཡོད་པར་ཡིད་ཆེས་པར་བྱའོ། །

༦༤ ཤེས་བྱེད་དགོད་པ།

བཞི་པ་ཤེས་བྱེད་དགོད་པ་ནི། བསོད་ནམས་དེ་འདྲ་བ་ཚད་མེད་པ་ལ་སྒྲུབ་བྱེད་ལུང་དང་རིགས་པ་ཡོད་དེ་ཚད་མེད་པ་དེ་ནི་ཁྱིམ་བདག་དཔལ་བྱིན་གྱིས་ཞུས་པ་དང་། ཏིང་ངེ་འཛིན་རྒྱལ་པོ་དང་བློ་གྲོས་མི་ཟད་པའི་མདོ་སོགས་ལས་བཅོམ་ལྡན་འདས་ཀྱིས་གསུངས་པའི་ཕྱིར་དང་། ཤེས་བྱེད་ཀྱི་གཏན་ཚིགས་཈ུང་ནི་འདི་ལ་སྣང་སྟེ་སེམས་ཅན་གྱི་ཁམས་ནི་ཚད་མེད་ལ་ཕན་པར་འདོད་པའི་བསོད་ནམས་ཚད་མེད་པ་དེ་ནི་སེམས་ཅན་ཚད་མེད་དེ་འདྲའོ། །གཞན་དུ་ན་སེམས་ཅན་གཅིག་ལ་ཕན་བཏགས་པས་བསོད་ནམས་མི་འབྱུང་བར་ཁས་ལེན་དགོས་ལ། དེ་འབྱུང་ན་སེམས་ཅན་ཚད་མེད་པ་ལ་ཕན་བཏགས་པས་བསོད་ནམས་ཚད་མེད་པ་འབྱུང་བ་རིགས་པས་གྲུབ་བོ། །

ག༣ བཤད་པ་མཐར་ཕྱིན་པའི་བྱ་བ།

ང༡ ཆོས་ལ་སྒྲོ་བ་སྐྱེད་ཅིང་ཆོས་བཞི་བསྟེན་པར་གདམས་པ།

ཅ༡ སྒྲོ་བ་སྐྱེད་པ།

གསུམ་པ་བཤད་པ་མཐར་ཕྱིན་པའི་བྱ་བ་ལ་ལྔ། ཆོས་ལ་སྒྲོ་བ་སྐྱེད་ཅིང་ཆོས་བཞི་བསྟེན་པར་གདམས་པ་དང་། དགེ་བའི་བཤེས་གཉེན་ལ་སྐྲག་པའི་ཉེས་དམིགས། དགེ་བཤེས་ཀྱི་མཚན་ཉིད་དང་བཅས་པ་དང་། སྤྱོད་ཚུལ་ཕུན་སུམ་ཚོགས་པས་འབྲས་བུ་མཆོག་འགྲུབ་པ་དང་། ཆོས་འདི་རྒྱལ་པོར་མ་ཟད་གཞན་དང་ཡང་ཐུན་མོང་བ་ཡིན་པ་དང་། རྒྱལ་པོ་ལ་ཉན་པར་བསྐུལ་བའོ། །དང་པོ་ལ་གཉིས། སྒྲོ་བ་སྐྱེད་པ་དང་། ཆོས་(༧༤བ)བཞི་བསྟེན་པར་གདམས་པའོ། །དང་པོ་ནི། དེ་ལྟར་ཀླུ་སྒྲུབ་བདག་གིས་རྒྱལ་པོ་ཁྱོད་ལ་ནི་གསུང་རབ་རྒྱ་མཚོ་ལས་བླངས་པའི་སྙིང་པོ་མདོར་བསྡུས་རིན་པོ་ཆེ་ལྟ་བུའི་ཆོས་བཤད་པ་གང་ཡིན་པ་དེ་ཁྱོད་ལ་ཇི་ལྟར་རྟག་ཏུ་སྐྱ་སྲོག་ཕངས་པ་བཞིན་དུ་ཕངས་པར་མཛོད་ཅིག །གལ་ཏེ་ལུས་ཕངས་ཀྱང་ཆོས་དེ་ཙམ་དུ་ཕངས་ཅི་དགོས་སྙམ་ན། གང་ལ་ཆོས་དེ་ཕངས་པར་གྱུར་པ་དེ་ལ་དགོས་པའི་དོན་དུ་བདག་གི་ལུས་ཕངས་པ་ཉིད་ཡིན་ཏེ། ཆོས་མི་ཕངས་ན་ལུས་ཕངས་པར་བྱས་པ་ལ་འབྲས་བུ་ཅུང་ཟད་ཀྱང་མེད་པའི་ཕྱིར་རོ། །སྐྱེ་བ་བརྒྱུད་མར་ལུས་ཕངས་པ་ལ་ལུས་ལ་ཕན་པའི་རྒྱུ་བྱ་དགོས་ན་ལུས་ལ་ཕན་པ་དེ་ནི་ཆོས་ཀྱིས་བྱེད་པར་འགྱུར་བའི་ཕྱིར། ལུས་ཕངས་པ་ལ་ཆོས་ཀྱང་ཕངས་པར་རིགས་ཏེ། ཁྱེད་རང་གི་སྐྱ་ཕངས་པ་ཡིན་ན་དེ་ལ་ཕན་པའི་གཏན་དུ་བ་དང་རེ་ཞིག་གི་བདེ་བ་བྱ་དགོས་ན། དེའི་རྒྱུ་ནི་སྔར་བཤད་པའི་ཆོས་བཅུ་དྲུག་དང་། ཟབ་མོ་ཐོས་པ་སོགས་ཀྱིས་བྱེད་པའི་ཕྱིར་རོ། །

ཅ༢ ཆོས་བཞི་བསྟེན་པར་གདམས་པ།

གཉིས་པ་ནི། ལུས་དང་ཆོས་ཕངས་པར་མཚུངས་པ་དེ་བས་ན་ཆོས་ནི་བདག་བཞིན་དུ་གཅེས་སྤྲས་སུ་བསྟེན་པ་དང་། དེ་ཡང་ཆོས་ཚུལ་བཞིན་དུ་སྒྲུབ་པ་ལ་རག་ལས་པས་ཆོས་ཚུལ་བཞིན་དུ་ནི་སྒྲུབ་པ་དང་། དེ་ཚུལ་བཞིན་སྒྲུབ་པ་ཤེས་རབ་ལ་རག་ལས་པས་ཆོས་ཚུལ་བཞིན་སྒྲུབ་པ་བཞིན་དུ་ཤེས་རབ་སྐྱེད་ཅིང་དེ་ལ་གུས་པར་རིགས་པ་དང་ཤེས་རབ་སྐྱེད་པ་དགེ་བའི་བཤེས་གཉེན་ལ་རག་ལས་པ་ཤེས་རབ་ལ་གུས་པ་བཞིན་དུ་མཁས་པ་གུས་པར་བསྟེན་ལ་ཆོས་བཞི་ལ་བསླབ་པར་བྱའོ། །

ང༢ དགེ་བའི་བཤེས་གཉེན་ལ་སྐྲག་པའི་ཉེས་དམིགས་དགེ་བཤེས་ཀྱི་མཚན་ཉིད་དང་བཅས་པ།

ཅ༡ བཤེས་གཉེན་མ་བསྟེན་པའི་ཉེས་དམིགས།

གཉིས་པ་ལ་གཉིས། བཤེས་གཉེན་མ་བསྟེན་པའི་ཉེས་དམིགས་དང་། བཤེས་གཉེན་གྱི་མཚན་ཉིད་དོ། །དང་པོ་ནི། རྙེད་པ་དང་། (༧༥ན)བཀུར་སྟི་སོགས་ཆེད་དུ་མི་གཉེར་བས་གཙང་ཞིང་ཡང་ན་ཉེས་སྤྱོད་ཀྱིས་དབེན་པས་གཙང་བའོ་སློབ་མ་ལ་བྱམས་ལ་བློ་ལྡན་མཁས་པ་དང་། ཆོས་ལ་ཐོགས་པ་མེད་པའི་སྤོབས་པར་ལེགས་ཉེས་ཕན་པར་སྨྲ་བ་ལ་སློབ་མ་གང་ཞིག་བསམ་པ་བརྟན་ན་བདག་ངན་པར་སོང་དུ་དོགས་པར་བྱེད་པ་སྐྲག་པར་འགྱུར་བ་དེ་ནི་བདེ་ལེགས་ལས་ཉམས་པར་འགྱུར་བས་རང་དོན་ཆུད་ཀྱང་གཟོན་པས་དགེ་བཤེས་གུས་པར་བསྟེན་པར་བྱའོ། །

ཅ༢ བཤེས་གཉེན་གྱི་མཚན་ཉིད།

གཉིས་པ་ནི། འོ་ན་དགེ་བའི་བཤེས་གཉེན་ཇི་ལྟ་བུ་བསྟེན་པར་བྱ་ཞེ་ན། དགེ་བའི་བཤེས་གཉེན་དག་གི་མཚན་ཉིད་མདོར་བསྡུས་པ་ཆོས་བཞི་དང་ལྡན་པ་མཁྱེན་པར་མཛོད་ཅིག །ཇི་ལྟ་བུ་ཞེ་ན་ཆོག་ཤེས་ཆེ་བ་རྙེད་བཀུར་མི་འདོད་པ་དང་སྙིང་རྗེ་ཆེ་བ་དང་ཚུལ་ཁྲིམས་དང་ལྡན་པ་དང་སློབ་མའི་ཉོན་མོངས་སེལ་བའི་ཤེས་རབ་ཅན་དེ་དག་གིས་ནི་ཁྱོད་ལ་གདམས་པ་དང་རྗེས་སུ་བསྟན་ན་ཁྱོད་ཀྱིས་མཁྱེན་པར་གྱིས་ལ་གུས་པར་མཛོད་ཅིག་པའོ། །

ང༣ སྤྱོད་ཚུལ་ཕུན་སུམ་ཚོགས་པས་འབྲས་བུ་མཆོག་འགྲུབ་པ།

ཅ༡ འབྲས་བུ་མཆོག་འགྲུབ་པ།

གསུམ་པ་ལ་གཉིས། འབྲས་བུ་མཆོག་འགྲུབ་པ་དང་། སྤྱོད་ཚུལ་ཁྱད་པར་ཅན་བྱ་བར་གདམས་པའོ། །དང་པོ་ནི། འོག་ནས་འཆད་པར་འགྱུར་བའི་ཚུལ་ལུགས་འདི་ནི་ཕུན་སུམ་ཚོགས་པ་འདིས་གྲུབ་པ་ཡི་ནི་མཆོག་སངས་རྒྱས་འཐོབ་པར་འགྱུར་རོ། །

ཅ༢ སྤྱོད་ཚུལ་ཁྱད་པར་ཅན་བྱ་བར་གདམས་པ།

ཆ༡ སྤྱོད་ཚུལ་རྒྱས་པ།

གཉིས་པ་ལ་གསུམ། སྤྱོད་ཚུལ་རྒྱས་པ་དང་། བསྡུས་པ་དང་། ཤིན་ཏུ་བསྡུས་པའོ། །དང་པོ་ནི། སེམས་ཅན་ཀུན་ལ་འཇམ་པར་སྨྲ་ཞིང་བདེ་བའི་ངང་ཚུལ་ངེས་ཤིང་བསོད་ནམས་ཀྱི་རྒྱུར་འགྱུར་བའི་ཚིག་སྨྲ་བ་དང་། རྙེད་དཀའ་བ་བརྗིད་ཅིང་ཟབ་པར་བྱེད་པ་དང་ཚུལ་ལྡན་འཁོར་ལ་རིམ་པར་ཆོས་སྟོན་པ་དང་། (༧༥བ)གཞན་དམན་ཡང་ཁྱད་དུ་མི་གསོད་པ་དང་དབང་པོ་ཡུལ་ལ་

འཇུག་པ་ན་ཉོན་མོངས་ཀྱི་དབང་དུ་མི་འགྱུར་བར་རང་དབང་དང་། ཚིག་རྩུབ་པོ་མ་ཡིན་པར་ལེགས་པར་སྨྲ་བར་འདོད་དོ། །འཁོན་དུ་འཛིན་པ་མེད་པ་དང་། གཏོང་བ་དང་ལྡན་པ་དང་། བརྗིད་བག་དང་ལྡན་ཞིང་སེམས་ཞི་བ་དང་རྒོད་པ་མེད་ཅིང་འགྱུར་བག་མེད་པ་དང་། མཐའ་མི་རིང་བ་བྱ་བ་ལ་ལེ་ལོ་མེད་པ་དང་། གཞན་མི་བསླུ་བས་གཡོ་མེད་པ་དང་མཛངས་ཤིང་ངེས་པར་མཛོད་ཅིག་པའོ། །དཔེ་ཁ་ཅིག་ལས་ངེས་པ་ཞེས་འབྱུང་བ་ལྟར་ན་དམ་བཅའ་ལྟ་བུ་མི་འགྱུར་བའོ། །

ཆ༢ བསྡུས་པ།

གཉིས་པ་ནི། ཟླ་བ་ཉ་བ་བཞིན་དུལ་ཞིང་མཛངས་ལ་ངེས་པ་དང་། སྟོན་གྱི་ཉི་མ་བཞིན་བརྗིད་བག་ལྡན་པ་དང་། རྒྱ་མཚོ་བཞིན་དུ་གཞན་གྱིས་བློ་མི་འཕྲོགས་ཤིང་ཐུགས་ཀྱི་གཏིང་ཟབ་པ་དང་། རི་རབ་བཞིན་དུ་ཡོན་ཏན་ལས་གཞན་དུ་མི་འགྱུར་བའི་བརྟན་པར་མཛོད་ཅིག་པའོ། །

ཆ༣ ཤིན་ཏུ་བསྡུས་པ།

གསུམ་པ་ནི། ཆགས་སོགས་ཀྱི་ཉེས་པ་ཀུན་ལས་རྣམ་པར་གྲོལ་ཅིང་དད་པ་ལ་སོགས་པའི་ཡོན་ཏན་ཀུན་གྱིས་བརྒྱན་པར་གྱུར་ཏེ། སེམས་ཅན་ཀུན་གྱིས་ཕན་བདེ་མཐའ་དག་སྒྲུབ་པའི་ཉེར་འཚོ་དང་། ཐམས་ཅད་མཁྱེན་པ་ཉིད་དུ་འགྱུར་བར་མཛོད་ཅིག་པའོ། །

ང༩ ཆོས་འདི་རྒྱལ་པོར་མ་ཟད་གཞན་དང་ཡང་ཐུན་མོང་བ་ཡིན་པ།

བཞི་པ་ནི། གཏམ་བྱ་བ་རིན་ཆེན་ཕྲེང་བ་འདིར་བཤད་པའི་ཆོས་འདི་རྒྱལ་པོ་འབའ་ཞིག་ལ་བསྟན་པ་ཁོ་ནར་མ་ཟད་ཅིང་མ་བྱས་ཀྱི་རྒྱལ་པོའི་ཐུན་མོང་མ་ཡིན་པ་

འགའ་རེ་མ་གཏོགས་ཕྱིམ་པ་དང་རབ་ཏུ་བྱུང་བའི་སེམས་ཅན་གཞན་ལ་ཅི་རིགས་པར་ཕན་པར་འདོད་པས་བསྟན་པ་ལགས་པས་གཞན་གྱིས་ཀྱང་མངོན་པར་མཐོ་(༧༨ན)བ་དང་ངེས་པར་ལེགས་པའི་ལམ་ཚུལ་བཞིན་དུ་སྒྲུབ་པ་ལ་འགྲུས་པར་བྱའོ། །

ང༥ རྒྱལ་པོ་ལ་ཉན་པར་བསྐུལ་བ།

ཅ༡ གཞུང་དོན་རྒྱུན་དུ་བསམ་པར་རིགས་པ།

ལྔ་པ་ལ་གཉིས། གཞུང་དོན་རྒྱུན་དུ་བསམ་པར་རིགས་པ་དང་། ཡོན་ཏན་བླང་བར་རིགས་པའོ། །དང་པོ་ནི། རྒྱལ་པོ་ཞེས་པོས་ནས་མངོན་པར་མཐོ་བ་དང་ངེས་པར་ལེགས་པ་ཇི་ལྟ་བུར་སྒྲུབ་པའི་གཏམ་དུ་བགྱི་བ་འདི་གདུགས་རེ་རེ་ཞིང་ཡང་བསམ་པའི་རིགས་སོ་དེ་ཡང་བདག་དང་གཞན་རྣམས་ཡང་དག་པར་རྫོགས་པའི་བྱང་ཆུབ་འགྲུབ་པར་བགྱི་བའི་སླད་དུའོ། །

ཅ༢ ཡོན་ཏན་བླང་བར་རིགས་པ།

གཉིས་པ་ནི། དམ་པའི་ཆོས་དོན་དུ་གཉེར་བ་རྣམས་ཀྱིས་དུས་རྟག་ཏུ་བྱའོ། །གང་གི་ཆེད་དུ་ན། བླ་ན་མེད་པའི་བྱང་ཆུབ་ཐོབ་པའི་ཕྱིར་དུའོ། །ལས་སུ་བྱ་བ་གང་བྱ་ན། སྡོང་བ་བདུན་འཁོར་དང་བཅས་པའི་ཚུལ་ཁྲིམས་བསྲུང་བ་དང་། ལམ་གྱི་རྩ་བ་སྐྱེ་བོ་བླ་མ་མཆོག་བཀུར་བ་དང་། བཟོད་པ་དང་ལྡན་པ་དང་། དེ་བཞིན་དུ་གཞན་གྱི་ཕུན་ཚོགས་ལ་ཕྲག་དོག་མེད་པ་དང་སེར་སྣ་དང་བྲལ་བ་དང་། དོགས་པ་མེད་པར་བྱས་ནས་ལན་དང་རྣམ་སྨིན་ལ་རེ་བ་མེད་པའི་གཞན་དོན་གྱི་ནོར་ཅན་དང་ཟས་གོས་སོགས་ཀྱིས་ཕོངས་པར་གྱུར་པ་ལ་ཕན་པར་བྱེད་པ་དང་། གང་ཟག་མཆོག་སློབ་དཔོན་དང་བླ་མ་མ་ཡིན་ཀྱང་ཡོངས་སུ་བཟུང་བ་དང་། གང་ཟག་མཆོག་མིན་དོར་བ་དང་། ཡང་ན་གྲོགས་ལ་བཤད་པར་བྱའོ། །མདོར་ན་རྒྱལ་

བ་རྣམས་ཀྱི་དམ་པའི་ཆོས་མ་ལུས་པ་ཡོངས་སུ་གཟུང་བ་ལས་སུ་རིག་པར་བྱའོ། །

མཚན་དོན་ནི། རྒྱལ་པོ་ལ་གཏམ་བྱ་བ་རིན་པོ་ཆེའི་ཕྲེང་བ་ལས། ཕྱིམ་པ་དང་རབ་ཏུ་བྱུང་བ་ཀུན་གྱིས་བསླབ་པ་བསྟེན་པ་སྟེ། ལེའུ་ལྔ་པའི་འགྲེལ་པའོ།། ||(༧༨བ)

དཔེ་ཕལ་ཆེར་ལ་ལེའུ་ལྔ་པའི་མཚན་བྲིས་པ་མི་སྣང་ན་ཡང་། དཔེ་མ་དག་པ་ལས་བརྒྱུད་པར་གསལ་ཏེ། གོང་མ་ཀུན་ལས་འདིར་བཤད་པ་ལྟར་འབྱུང་བས་འདིར་ཡང་རིགས་པའི་ཕྱིར་དང་། སློབ་དཔོན་འཕགས་པ་བདག་ཉིད་ཆེན་པོས་ལེའུ་ཚན་པ་རེ་རེ་ལ་ཤོ་ལོ་ཀ་བརྒྱ་བརྒྱ་མཛད་ནས་ཤོ་ལོ་ཀ་ལྔ་བརྒྱ་པའི་བདག་ཉིད་དུ་མཛད་ཅིང་ལེའུ་གོང་མ་རྣམས་ལ་མཚན་འབྱུང་ཞིང་ལྔ་པ་ལ་མི་འབྱུང་བ་མི་འཐད་པའི་ཕྱིར་རོ། །བསྟན་བཅོས་འདིའི་ཚིག་དོན་རྣམས་གོ་སླ་ཞིང་གསལ་ལ་རྫོགས་པའི་ཚུལ་དུ་བྱས་ལ། མངོན་མཐོ་དང་ངེས་ལེགས་ཀྱི་ལམ་ཇི་ལྟར་ཉམས་སུ་ལེན་ཚུལ་རྒྱས་པ་དང་། མགོན་པོ་ཀླུ་སྒྲུབ་ཀྱི་བཞེད་པའི་སྟོང་པ་ཉིད་ཀྱི་དོན་རིགས་པས་རྒྱས་པར་གཏན་ལ་འབེབས་པའི་ཚུལ་ནི། རྗེ་རིན་པོ་ཆེ་བློ་བཟང་གྲགས་པའི་དཔལ་བཟང་པོའི་ཞལ་སྔ་ནས་མཛད་པའི་ཕ་རོལ་ཏུ་ཕྱིན་པའི་ལམ་གྱི་རིམ་པ་དང་། དབུ་མ་རྩ་བ་ཤེས་རབ་དང་། དབུ་མ་ལ་འཇུག་པའི་རྣམ་བཤད་ཆེན་མོ་རྣམས་ལས་ཤེས་པར་བྱ་བས། གཞུང་འདིར་དེ་དག་ཞིབ་ཏུ་མ་སྤྲོས་པ་ཡིན་ནོ། །

ཁ༽ མཇུག་གི་དོན།

ཀ༡ བསྟན་བཅོས་གང་གིས་མཛད་པ།

བཞི་པ་མཇུག་གི་དོན་ལ་གཉིས། བསྟན་བཅོས་གང་གིས་མཛད་པ་དང་། སྒྱུར་བྱེད་གང་གིས་བསྒྱུར་བའོ། །དང་པོ་ནི། ཐུབ་པ་སངས་རྒྱས་བཅོམ་ལྡན་འདས་ཀྱི་མདོ་སྔགས་ཀྱིས་བསྡུས་པའི་བསྟན་པ་ཡོངས་སུ་རྫོགས་པར་འགྲེལ་པར་མདོ་རྒྱུད་དུ་མ་ནས་ལུང་བསྟན་པའི་སློབ་དཔོན་བདག་ཉིད་ཆེན་པོ་མགོན་པོ་ཀླུ་སྒྲུབ་ཀྱིས་

ཕོ་བྲང་པོ་ཏ་ལར་བཞུགས་པའི་དགེ་ལུགས་པའི་དཔེ་དཀོན་ཕྱོགས་བསྒྲིགས་འདོན་ཐེངས་དང་པོ།

མཛད་པའི་རྒྱལ་པོ་ལ་གཏམ་བྱ་བ་རིན་པོ་ཆེའི་ཕྲེང་བའི་རྣམ་བཤད་སྙིང་པོའི་དོན་གསལ་བར་བྱེད་པ་ཞེས་བྱ་བ་རྫོགས་སོ།། །།

ག༢ སྒྱུར་བྱེད་གང་གིས་བསྒྱུར་བ།

གཉིས་པ་ནི། རྒྱ་གར་གྱི་མཁན་པོ་(༧༧ན)པཎྜི་ཏ་བིདྱ་ཀ་ར་པྲ་བྷ་སྔེ་རིག་བྱེད་འོད་ཟེར་དང་། ཞུས་ཆེན་གྱི་ལོཙྪ་བ་བནྡེ་དཔལ་བརྩེགས་ཀྱིས་བསྒྱུར་ཅིང་ཞུས་ཏེ་འཆད་ཉན་གྱིས་གཏན་ལ་ཕབ་པའོ།། །།

མཇུག་བྱང་།

དེད་དཔོན་བཟང་པོ་འཕགས་པའི་སྐྱེ་བོ་ཡི། །གསུང་རབ་རྒྱ་མཚོའི་གླིང་ནས་ལེགས་བསླུབས་པ། །འགྲོ་ཀུན་དབུལ་བ་སེལ་བའི་རིན་ཆེན་མཆོག །ལེགས་བཤད་གཏམ་འདིའི་རྣམ་བཤད་ཅུང་ཟད་བྱས། །མཐོ་རིས་ངེས་པར་ལེགས་པའི་དེ་ཉིད་ལམ། །ཚུལ་བཞིན་སེམས་པའི་རིགས་པས་ལེགས་མཐོང་ནས། །ཚུལ་བཞིན་སྒྲུབ་ལ་ཅུང་ཟད་གཞོལ་གྱུར་པ། །ཨེ་མའོ་དེ་འདྲའི་དལ་ཐོབ་སྐལ་བ་བཟང་། །ཐུབ་བསྟན་རྒྱས་པའི་བསམ་པ་སི་དམན་ཞིང་། །གཏོང་ཕོད་སྟོབས་དང་སྤྲོ་བའི་དཔལ་གྱིས་མཛེས། །སྔོན་གོམས་དད་དང་རྣམ་དཔྱོད་ལྡན་པ་ཡིས། །སྐྱེས་དང་བཅས་ཏེ་སྐུལ་བའི་གསུང་ལས་ཡིན། །འཁོར་བའི་ཆུ་གཏེར་ནང་གནས་ཀུན་ལ་བརྩེར་ལྡན་ཞིང་། །གོ་འཕང་མཆོག་དེར་འགྲོ་བའི་བསམ་པ་ལྷག་པར་རྒྱས། །ཡངས་པའི་མིག་ནི་དངོས་པོའི་དེ་ཉིད་དག་ལ་གཏད། །རྗེ་བཙུན་བླ་མ་གཉིས་ལ་གུས་པས་ཕྱག་འཚལ་ལོ། །རྣམ་དཔྱོད་བརྩོན་པའི་སྟོབས་ཀྱིས་འདི་བྱས་མོད། །འཕགས་པའི་དགོངས་པ་གཏིང་ཟབ་དཔག་པར་དཀའ། །གལ་ཏེ་འདི་ལ་ནོངས་པའི་ཚོགས་མཆིས་ན། །ཆོས་ཀྱི་སྤྱན་ལྡན་རྣམས་ཀྱིས་བཟོད་པར་རིགས། །ཚུལ་འདིར་འབད་པའི་དགེ་བ་ཅི་ཡོད་

དེས། །ཐོགས་མེད་བརྩེ་བས་བསྐྱངས་པའི་མ་རྣམས་ཀུན། །དངོས་འཛིན་གདོན་གྱི་མུན་པ་ཀུན་བསལ་ཏེ། །ཡང་དག་དོན་གྱི་སྣང་བ་རྒྱས་པར་ཤོག །(༧༧བ)བདག་ཀྱང་ལུགས་འདིར་ནམ་ཡང་མི་འབྲལ་ཞིང་། །ཡུལ་ལ་སྲིད་པའི་ཞགས་པ་ཀུན་བཅད་དེ། །སྲིད་པའི་ར་བ་མཚོངས་ནས་མྱུར་དུ་ནི། །འཇིགས་མེད་གྲོང་ཁྱེར་མཆོག་དེར་འཇུག་པར་ཤོག །

མགོན་པོ་ཀླུ་སྒྲུབ་ཀྱིས་མཛད་པའི་རྒྱལ་པོ་ལ་གཏམ་བྱ་བ་རིན་པོ་ཆེའི་ཕྲེང་བའི་རྣམ་བཤད་སྙིང་པོའི་དོན་གསལ་བར་བྱེད་པ་ཞེས་བྱ་བ་འདི་ནི། དམ་པའི་ཆོས་འཛིན་པའི་སྨོན་ལམ་ལེགས་པར་གྲུབ་པའི་ཆོས་རྒྱལ་བྱང་ཆུབ་སེམས་དཔའ་ལྷ་བཙུན་པ་བྱང་ཆུབ་འོད་ལ་སོགས་པའི་གདུང་རྒྱུད་དྲི་མ་མེད་པར་འབྲུངས་པ། གཅིག་ཏུ་བདེ་བར་གཤེགས་པའི་བསྟན་པ་ལ་མི་ཕྱེད་པའི་དད་པ་དང་ལྡན་ཞིང་། བསྟན་པ་རྒྱས་པའི་ཁུར་གྱིས་མི་ངལ་བ། སྦྱིན་པ་དང་། སྲོ་བ་ལ་སོགས་པའི་མཐོ་རིས་ཀྱི་ཡོན་ཏན་དུ་མས་མཛེས་པ། ཁྲི་ནམ་མཁའི་དབང་པོ་ཕུན་ཚོགས་ལྡེ་དཔལ་བཟང་པོས། གནང་སྦྱིན་མེ་ཏོག་རྒྱ་ཆེན་པོ་དང་བཅས་ཏེ། རིན་ཆེན་ཕྲེང་བ་འདི་སྔ་སོར་ཡང་དར་ཆ་ཆེར་མ་བྱུང་སྣང་བས། གུ་གེའི་ཕྱོགས་སུ་ཡང་ཅི་དར་བྱེད་ཅིང་། དེའི་ཕྱོགས་སུ་ཡང་དར་རྒྱས་ཀྱི་ཁུར་འཛིན་པར་བྱེད་དགོས་པས། ཅེས་ཀྱང་ཊཱིཀྐ་ཞིག་གྱིས་གསུང་བའི་བཀའ་སྩལ་དང་དུ་བླངས་ཏེ། རྒྱལ་བའི་རིང་ལུགས་པ་ཆེན་པོ་རྟེན་འབྱུང་གི་ཆོས་རྣམས་ཆུ་ནང་གི་ཟླ་བའི་གཟུགས་བརྙན་ལྟར་གཟིགས་ཤིང་། བདག་པས་གཞན་གཅེས་པའི་བྱང་ཆུབ་ཀྱི་ཐུགས་ཀྱི་སྐལ་བ་མི་དམན་པ་རྗེ་བཙུན་དམ་པ་རེད་མདའ་བ་ཀུ་མ་ར་མ་ཏི་ཞེས་གྲགས་པ་དང་། སྙིགས་དུས་ཀྱི་ཐམས་ཅད་མཁྱེན་པ་ཆེན་པོ་སྡེ་སྣོད་གསུམ་དང་རྒྱུད་སྡེ་བཞིའི་གནད་མ་ལུས་པ་ཡོངས་སུ་རྫོགས་པར་གཟིགས་ཤིང་བསླབ་པ་རིན་པོ་ཆེ་རྣམ་(༧༨ན)པ་གསུམ་ལ་ལྷག་པར་ཡང་གཅེས་སྤྲས་སུ་མཛད་པ་ཐུགས་རྗེ་དང་སྨོན་ལམ་གྱི་དབང་གིས་སྐུའི་

བཀོད་པ་མི་འདྲ་བ་དུ་མས་གཞན་གྱི་དོན་ལྷུར་ལེན་པ། རྗེ་རིན་པོ་ཆེ་བློ་བཟང་གྲགས་པའི་དཔལ་བཟང་པོའི་ཞལ་སྔ་ནས་གཉིས་ཀྱི་བཀའ་དྲིན་མཚོས་ཤིང་ཁྱད་པར་དུ་རྗེ་རིན་པོ་ཆེ་ཉིད་ཀྱི་ཞབས་ཀྱི་རྡུལ་ཕྲག་པ་མེད་པའི་ཟེའུ་འབྲུ་སྐྱི་བོས་ཡུན་རིང་པོའི་བར་དུ་གུས་པར་བསྟེན་ནས། གཞུང་ལུགས་དུ་མ་ལ་ཚུང་ཟད་འདྲིས་པར་བྱས་པ། རིགས་པར་སྨྲ་བ་དར་མ་རིན་ཆེན་གྱིས་འབྲོག་རི་བོ་དགེ་ལྡན་རྣམ་པར་རྒྱལ་བའི་གླིང་དུ་སྦྱར་བའོ། །

ཡི་གེ་པ་ནི་མདོ་སྔགས་ཀྱི་གཞུང་དུ་མ་ལ་མང་དུ་ཐོས་པའི་སྡོམ་བརྩོན་སྡེ་སྣོད་འཛིན་པ་གུ་གེ་དཔོན་པོ་ཕྱོགས་ལས་རྣམ་པར་རྒྱལ་བ་ཆོས་དབང་གྲགས་པའི་དཔལ་ལོ། །འདིས་ཀྱང་མདོ་སྔགས་ཀྱིས་བསྡུས་པའི་བསྟན་པ་རིན་པོ་ཆེ་སྙོ་ཐམས་ཅད་ནས་ཕྱོགས་ཐམས་ཅད་དུ་དར་ཞིང་རྒྱས་ལ་ཡུན་རིང་དུ་གནས་པར་གྱུར་ཅིག། །།དགེའོ། །

ཕོ་བྲང་པོ་ཏ་ལར་བཞུགས་པའི་དགེ་ལུགས་པའི་དཔེ་དཀོན་ཕྱོགས་བསྒྲིགས་འདོན་ཐེངས་དང་པོ།

ཟབ་མོ་དབུ་མའི་སྐོར།

༄། །དབུ་མ་བཞི་བརྒྱ་པ་དང་རིན་ཆེན་ཕྲེང་བའི་དར་ཊཱིཀ །

རྩོམ་པ་པོ།	རྒྱལ་ཚབ་དར་མ་རིན་ཆེན།
རྩོམ་སྒྲིག་འགན་འཁུར་བ།	གཞོན་ནུ་ནོར་བཟང་།
མཐའ་ཞུས་པ།	ཟླ་ཚུང་།
ཁ་ཤོག་རྟེན་འགོད་པ།	སྐལ་ཚེ།
པར་སྒྲིག་པ།	སྨོན་བཟང་དཔེ་སྐྲིན་འཚོལ་བསྡུ་ཁང་།
	སེར་གཙུག་ནང་བསྟན་དཔེ་སྐྲིན་འཚོལ་བསྡུ་ཕྱོགས་སྒྲིག་ཁང་།
དཔེ་སྐྲུན་འགྲེམས་སྤེལ།	བོད་ལྗོངས་བོད་ཡིག་དཔེ་སྐྲིན་དཔེ་སྐྲུན་ཁང་།
པར་འདེབས་ཚན་པ།	ཁྲིང་ཧྲུའུ་ཤིན་ཁའི་ཙང་པར་འདེབས་ཚད་ཡོད་ཀུང་སི།
རེབ་ཚད།	787×1092 1/16
པར་ཤོག	31.375
ཡིག་གྲངས།	ཁྲི་34.1
པར་གྲངས།	01–2,000
པར་གཞི།	2024ལོའི་ཟླ་བཅུ་པར་པར་གཞི་དང་པོ་བསྒྲིགས།
པར་ཐེངས།	2024ལོའི་ཟླ་བཅུ་པར་པར་ཐེངས་དང་པོ་བཏབ།
དཔེ་རྟགས།	ISBN 978-7-5700-0942-8
རིན་གོང་།	སྒོར། 72.00